山东统计年鉴

SHANDONG STATISTICAL YEARBOOK

2001

总第13期

山东省统计局　编

中国统计出版社
China Statistics Press

(京)新登字041号

图书在版编目(CIP)数据

山东统计年鉴.2001/山东省统计局编.- 北京：中国统计出版社，2001.7
ISBN 7-5037-3507-4
Ⅰ.山...
Ⅱ.山...
Ⅲ.社会经济统计-统计资料
Ⅳ.C832.52-54
中国版本图书馆CIP数据核字(2001)第028975号

山东统计年鉴-2001
作　　者/山东省统计局
责任编辑/蔡启新 张定新
E-mail/yearbook@stats.gov.cn
封面设计/刘　成
出版发行/中国统计出版社
通信地址/北京市西城区三里河月坛南街75号　中国统计出版社
电　　话/(010) 63262295
印　　刷/山东省统计局印刷厂
经　　销/新华书店
开　　本/ 890 × 1240 毫米1/16
字　　数/132万字
印　　张/37
印　　数/2000
版　　权/ 2001年7月第1版
版　　次/ 2001年7月第1次印刷
书　　号/ ISBN 7-5037-3507-4/C·1879
定　　价/ 190元
鲁临广字［2001］16号

编辑说明

一、《山东统计年鉴》是一部全面反映山东省国民经济和社会发展情况的资料性年刊，是认识和研究山东省情、制定政策、指导国民经济发展的重要资料和历史性的工具书。

二、《2001山东统计年鉴》收录了2000年度山东省国民经济和社会发展方面的统计数据以及部分单位情况的介绍，分二十一个部分：行政区划和自然资源、综合、人口、从业人员和劳动报酬、固定资产投资、能源、财政、物价、居民生活、城市建设、农业、工业、建筑业、交通运输和邮电通讯业、批发零售贸易业和餐饮业、对外经济贸易旅游和开发区情况、金融、教育科技文化、卫生体育民政司法测绘环保标准计量、企业基本情况、县（市、区）主要经济指标。并附有各省市区主要经济指标、国际统计资料、山东省统计局工作大事记、统计指标解释等。

三、本《年鉴》所列各项指标，除《政府工作报告》和《2001年统计公报》使用的数字为快报数或初步统计数外，其他均为正式年报数字，凡与本《年鉴》数字不符的一律以本《年鉴》为准。

四、本《年鉴》在编辑中，根据现行国家统计制度，对统计指标概念、口径、范围、计算方法、计算价格等，均作了统一调整，并分别在各部分的简要说明、主要指标解释或表末加以注释。各表中价值量指标，凡未加说明的，均按当年价格计算。

五、在编印过程中，由于时间紧和编者水平限制，难免存在不足之处，恳请广大读者提出宝贵意见，以便改进、提高。

《山东统计年鉴—2001》编辑委员会

渤海明珠

—山东海化集团有限公司

环渤海地区以其丰富的资源和良好的发展前景，形成了一条为经济学家称道的“渤海金项链”，位于渤海莱州湾南岸的山东海化集团就是这条“金项链”上的一颗明珠。

山东海化集团有限公司董事长、党委书记：肖庆周

海化集团是以发展海洋化工产业为主导，集科、工、贸为一体的跨行业、现代化特大型企业，现为“全国120家试点企业集团”和“山东省8大骨干企业集团”之一，综合实力居全国同行业首位。

近年来，海化集团以建设全国最大的现代化海洋化工基地为己任，依托得天独厚的资源优势，立足产品精深加工、滚动增值，依靠科技进步，坚持走新产品开发和技术改造同步、资源综合利用与环境保护并重的路子，实现了由原料产品向高科技产品的转变，初步形成了以产品链为联接的企业群体和以纯碱、原盐、溴素等主导产品为龙头、近百种海洋化工及辅助产品为基础的产业体系，走上了独具特色的可持续发展之路。纯碱、原盐、溴素等10多种名牌产品均具目前全国最大生产规模，产品畅销国内外市场。

二十一世纪是海洋世纪。丰富的资源，广阔的前景，良好的机遇，为企业的迅速崛起插上了腾飞的翅膀。海化集团将坚持以人为本，依靠科技创新，发挥资源优势，强化企业管理，实施名牌战略，构筑起现代化的海洋化工大基地。

渤海湾畔的这颗闪亮的明珠会更加璀璨。（供稿：任乐为）

中国最大的海盐生产基地－山东海化集团有限公司盐场

地址：山东省潍坊海洋化工高新技术产业开发区

电话：0536-5329888

传真：0536-5331634

邮编：262737

亚州目前最大的纯碱生产企业

——山东海化股份有限公司纯碱厂——

兖 矿 集 团

董事长：赵经彻

党委书记：刘玉彬

兖矿集团有限公司，位于举世闻名的孔孟之乡——山东济宁市境内，跨兖州、济宁、邹城、曲阜、微山等5县市，拥有兖州、济宁东部两大煤田，煤炭可采储量21.56亿吨，现有生产矿井8对，核定年生产能力2595万吨，2000年煤炭生产水平为3040万吨。兖州矿区建设立足于高起点、高科技、高水平，是国内第一个以大型矿井群为主体的现代化矿区。"兖州煤炭"被中国社会调查事务所评定为全国煤炭行业唯一的"中国公认名牌产品"，是中国重要的煤炭生产和出口基地。

兖矿集团有限公司经过30多年的开发建设，2000年形成固定资产原值186.34亿元，实现利税13.55亿元，为国内盈利最好的煤炭企业。1999年被国务院确定为全国100家现代企业制度试点单位之一、全国500家重点企业之一。矿业集团曾先后获得"国家科技进步特等奖"、"全国优秀企业（金马奖）"、"全国质量效益型先进企业"等殊荣。在1998年，集团公司质量体系通过了ISO9000系列标准认证审核。并且兖州矿业集团公司作为全国14家优秀企业单位之一，受到了国务院的表彰。

全国优秀企业金马奖

矿区景色远眺

有　限　公　司

总经理：莫立奇

国家科技进步特等奖

中国公认名牌产品奖

兖矿出口煤炭专用码头

矿区铁路集运站

地址：山东省邹城市凫山路40号
电话：0537-5383493
传真：0537-5312574
邮编：273500

山东晨鸣纸业集团股份有限公司

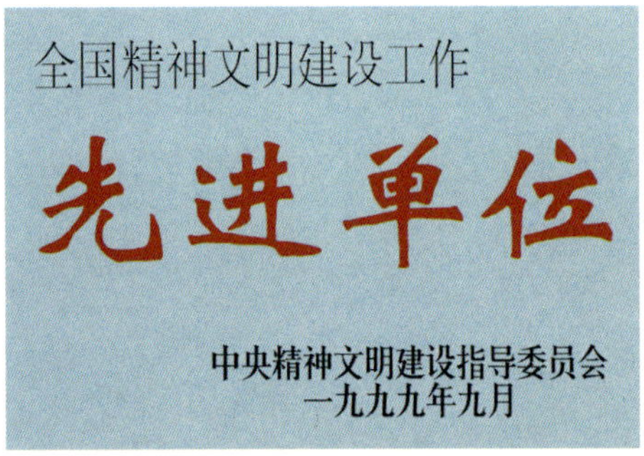

公司被评为全国精神文明建设先进单位

九届全国人大代表、公司董事长、党委书记：陈永兴

公司主导产品高档低定量涂布纸被评为“国家级新产品”，大量出口日本、韩国、台湾等国家和地区，二000年创汇5700多万美元。图为该产品正进入自动包装生产线。

山东晨鸣纸业集团是集制浆造纸于一体的大型企业集团，全国同行业唯一拥有A、B股的上市公司。集团总部设在山东寿光市，以晨鸣第一造纸厂、第二造纸厂为核心层；租赁山东齐河板纸厂，控股武汉晨鸣汉阳纸业公司、寿光晨鸣热电公司、襄樊晨鸣纸业公司、海拉尔晨鸣纸业公司、赤壁晨鸣纸业公司为紧密层；另有多家松散层企业。总资产55亿元，职工8000人，集团规模居中国造纸业首位，被列入520家全国重点企业。二000年，企业完成纸品产量46.8万吨，销售收入25.4亿元，同比增长13.3%和38.27%；实现利税5.34亿元，其中利润3.84亿元，同比增长17.22%和20.7%，经济效益连续12年保持全省同行业第一，连续6年位居全国同行业首位。企业先后荣获全国〞五一〞劳动奖状、轻工业全国十佳企业、中国企业管理杰出贡献奖、全国精神文明建设先进单位等省级以上荣誉称号120多项。

公司总投资7.5亿元的国家“双佳”项目——10万吨高级文化用纸生产线。

集团总部全貌

地址：山东·潍坊·寿光
电话：0536-5280000
邮编：262700

华 能 德 州 电 厂

党委书记、厂长刘国跃陪同上级领导视察三期工地

建设中的三期工程

华能德州电厂是全国第一家在美国挂牌上市的中外合资股份制火力发电企业，山东电网的主力发电厂之一，装机容量为2520MW。

德州电厂立足山东，面向世界。坚持以经济效益为中心，以深化改革为动力，以安全文明生产为基础，以创一流企业、与国际管理接轨为目标，转变观念，开拓创新，为国民经济发展做出了突出贡献。先后荣获“全国绿化先进单位”、“全国部门造林绿化400佳单位”、“电力安全生产达标企业”、“全国电力行业思想政治工作优秀企业”、“全国电力行业质量效益型先进企业”、国家电力公司“双文明单位”、“全心全意依靠职工办企业先进单位”、山东省“富民兴鲁劳动奖状”等荣誉称号。1999年7月8日被国家电力公司命名为〝一流火力发电厂〞。

恬静优美的电厂生活区

华德之夜

企业价值观：以持续发展为目标，追求利润的最大化，回报股东，贡献社会，追求科学、文明的物质和精神生活

企业精神：求严、创新、拼搏、争先

企业理念：逢山开路，遇水架桥

地址：山东省德州市华兴路10号
电话：(0534)2432121　传真：(0534)2468956
邮编：253024

胶州湾畔的明珠
—山东黄岛发电厂

全国一流火力发电厂－山东黄岛发电厂座落在鸥飞浪涌、风光秀丽的胶州湾西海岸，充满生机和活力的青岛经济技术开发区内。该厂始建于1978年，全厂总装机容量670MW，其中一期工程为两台125MW双水内冷发电机组，分别于1980年和1981年建成投产；二期工程为两台前苏制210MW氢冷发电机组，分别于1988年和1989年投运。2000年和2001年，该厂对三、四号机组进行了增容改造，全厂总装机容量达到700MW。

多年来，在山东电力集团公司的正确领导下，该厂致力于两个文明建设的整体推进，内部管理日趋完善，生产持续稳定，企业内质外型建设不断实现新突破，为青岛市经济的腾飞提供了源源不断的强大动力。特别是自1997年以来，以李济英厂长为首的厂领导班子面对电力工业改革逐步深入的新形势，为提高企业素质，增强市场竞争力，本着对国家、对社会、对企业和职工个人高度负责的态度，按照国家电力公司和省电力集团公司的统一部署，转变观念，理顺思路，超前决策，果断地将工作重点放在了“抓改革、抓发展、抓管理、抓队伍、创一流”上。突出以人为本，以科技为先导，以创一流总揽全局，以管理作为两个文明的最佳结合点，带领全厂干部职工积极探索和实践企业在由计划经济向市场经济、向“新经济”转变过程中实现可持续发展的新途径、新方法，并取得了显著成效，企业的物质文明和精神文明建设硕果累累，综合实力显著增强，与国际接轨的步伐进一步加快。

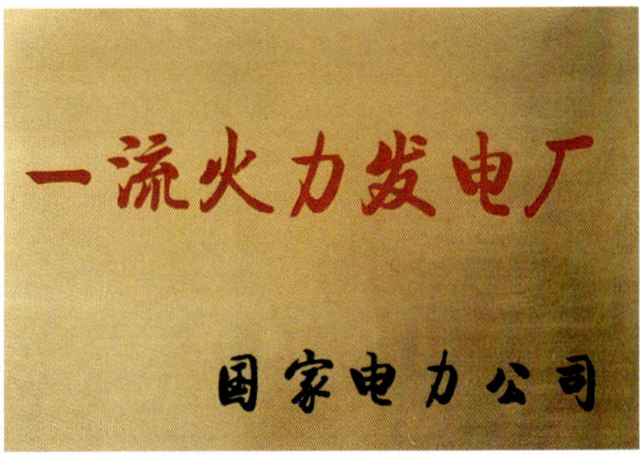

1999年7月8日，该厂被国家电力公司 授予“一流火力发电厂”称号

2000年8月30日，该厂被国家电力公司授予“双文明单位”荣誉称号

截止到2001年8月7日，黄岛发电厂创出连续安全生产六周年的建厂以来最高纪录，列全省600MW以上机组榜首，全国同类电厂第5名。企业还于1998年和1999年分别被山东省电力集团公司命名为“省一流发电企业”，被国家电力公司评为“一流火力发电厂”，圆满实现了两年跨上两个新台阶的目标。先后顺利通过了ISO9001质量管理体系、ISO14001环境管理体系和OHSAS18001职业安全卫生管理体系三大认证，被评为山东省环保先进企业，山东省现场管理样板企业，山东省思想政治工作最佳企业，中国企业信誉AAA单位、全国部门造林绿化“400佳”单位和国家电力公司双文明单位等。2001年4月22日，厂长李济英同志被山东省企业联合会、山东省企业家协会和山东省工业经济联合会共同授予“山东省优秀企业家”的光荣称号。

黄岛发电厂海上远景

目前，黄岛发电厂全厂干部职工正秉承“拼搏奉献、团结开拓”的企业精神，以更安全、更经济、更文明、更高效的崭新面貌昂首向国际一流火力发电厂目标迈进！

CCEMS

ISO14001认证证书

证书编号：01-2000-188

兹证明

山东黄岛发电厂

建立的环境管理体系符合标准：

GB/T-24001-ISO14001:1996

通过认证范围如下：

国家环保总局华夏环境管理体系审核中心

发证日期：2000年6月17日

有效期至：2003年6月17日

2000年6月30日，该厂通过了ISO14001环境管理体系认证

中国企业信誉AAA级单位

评估证书

(编号：99026)

山东黄岛发电厂：

为了营造诚信守法的经营环境，提倡"信誉高于一切"的经营方针，进一步树立我国企业良好形象，造就"名企"、"名店"、"名牌"效益，中国资信评价中心、中国工业设计协会、中国调查统计事务所联合举办了1999年（首届）中国企业信誉评估发布活动。

根据对企业素质、技术素质、管理素质、财务素质、发展前景等五项指标进行评估，贵单位符合AAA级资信条件，被认定为"中国企业信誉AAA级单位"。

特发此证，以资鼓励。

1999年12月颁发

2000年3月，该厂获得中国企业信誉AAA级单位荣誉称号

#4机组主控室

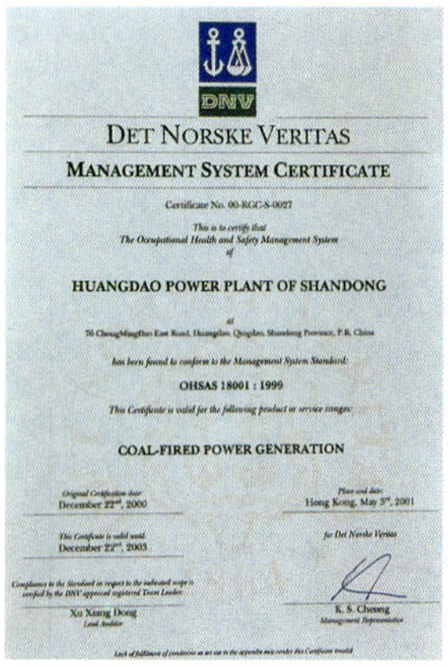

DNV

DET NORSKE VERITAS

MANAGEMENT SYSTEM CERTIFICATE

HUANGDAO POWER PLANT OF SHANDONG

OHSAS 18001 : 1999

COAL-FIRED POWER GENERATION

2000年12月22日，该厂顺利通过了OHSAS18001职业安全管理体系认证

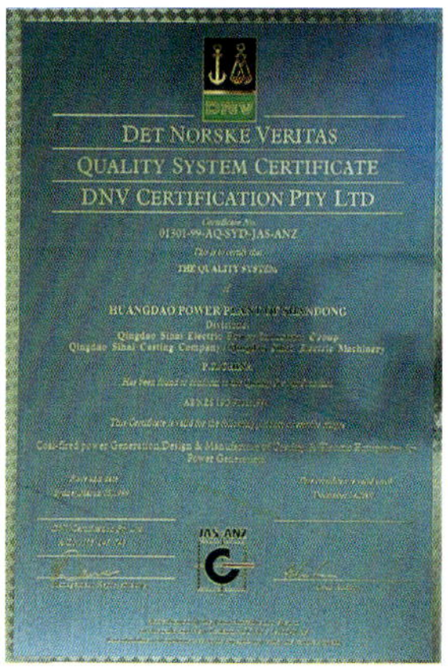

DNV

DET NORSKE VERITAS

QUALITY SYSTEM CERTIFICATE

DNV CERTIFICATION PTY LTD

1998年12月，该厂获得了国际权威认证机构DNV组织的ISO9001：1994国际质量认证

中日两国合作的国内首例高硫煤半干式烟气脱硫装置

日处理水量4000吨的污水处理工程

地址：青岛市黄岛区崇明岛东路76号

电话：0532-6909999

电挂：9268

山　东　里　能　集　团

董事长、总经理：曹务顺

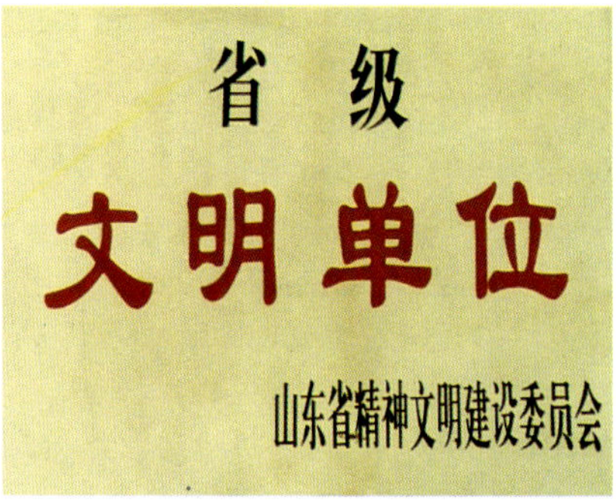

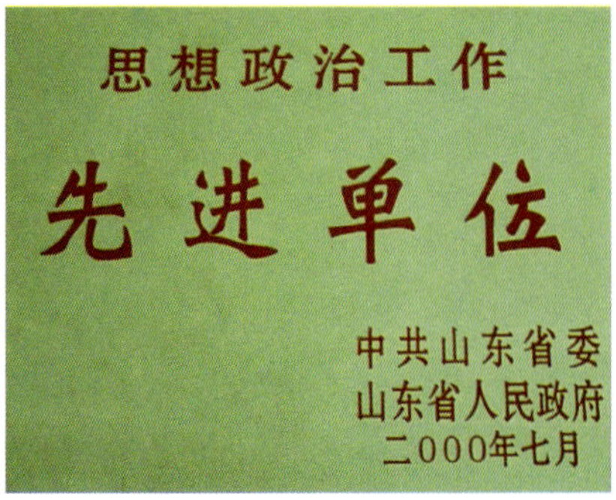

山东里能集团六年来始终坚持“团结拼搏创伟业、务实求新争一流”的企业精神，靠发展凝聚人心、靠创新激发活力、靠真情亲合员工，集团从无到有，迅速崛起，以山东里能集团有限公司为母公司，以里彦发电、里彦矿业、鲁西矿业、新河矿业、六四农场、发展集团、物业管理等为子公司，拥有资产22.79亿元的国有独资现代企业集团。先后被授予集体一等功一次、二等功五次，被命名为全省思想政治工作先进单位、省级文明单位、省级一流电力企业、AAA级信誉企业、省级现代化矿井、集体“五一”劳动奖状等荣誉称号，2001年通过ISO9002国际质量认证。集团董事长曹务顺同志2000年被评为全国先进工作者。里能集团以其广阔的发展前景倍受社会各界的注目。

夜景辉煌

一团结拼搏创伟业

总控室人员紧张有序地工作

优质高产小麦良种收割

厂景远眺

地址：山东里彦电厂
（驻邹城市太平镇）
电话：0537-5463066
邮编：273517

山东高密化纤集团有限公司

主要产品：棉浆粕、粘胶短纤维

中共中央政治局委员、山东省委书记吴官正视察高密化纤集团

山东高密化纤集团是以资产联结为基础的国有大型企业、山东省百家重点企业集团之一。拥有10处子、分公司，职工3000余人，总资产5.32亿元。主导产品：棉浆粕系山东省名牌产品，年生产能力50000吨以上；粘胶短纤维，年生产能力25000吨。同时还生产人棉坯布、涤纶长丝、聚丙烯BCF、塑编制品、卫生纸、密封毛条、元明粉等7大系列40多个品种。1998年11月通过了ISO9002质量体系认证。企业被授予“全国先进集团”，荣获“五·一”劳动奖状。2000年完成销售收入8.25亿元，利税5042.5万元，其中利润1718.4万元，分别比去年同期增长46.14%、62.54%和401.55%。集团于2000年6月新建一条20000吨出口棉浆粕生产线，预计2001年3月竣工，投产后年可新增销售收入1.2亿元，利润1500万元。到“十五”末，集团将发展壮大成为集纺织、轻工、化工、科研、商贸为一体的固定资产过15亿元，销售收入过30亿元，利税过4亿元的大型企业集团。

粘胶短纤维生产线一角

公司董事长：李桂荣

地址：山东省高密市人民大街101号

电话：(0536)2323121　邮编：261500

厂区鸟瞰

棉浆粕生产线一角

中国德州机床厂

厂长、党委书记
高 级 工 程 师 陈声环

国际质量体系注册证书

CK61125D 数控车床

中国德州机床厂是国家机床行业重点生产厂家，山东省环保产业重点企业，国家大型二级企业，中国最大500家机械工业企业之一，拥有自营进出口权，建有省级技术开发中心，专业生产各种普通车床、数控机床、深孔加工机床、汽车摩托车零件加工专用机床等。其中ZK2101、ZK2102数控深孔钻床，ZK2103三座标数控深孔钻床，TK2120数控深孔钻镗床，2M2125深孔强力珩磨机床等产品，属国内独家生产，达到当代产品先进水平，在国内外处于领先地位，产品销往全国各地，并出口40多个国家和地区。

车间鸟瞰图

厂门景一瞥

地址：山东省德州市铁西南路17号
电话：0534-2424959
传真：0534-2424201
邮编：253003
E-mail：dzjc@dz-public.sdcninfo.net

山东公路机械厂

厂长：崔天海

山东公路机械厂是全国筑养路机械产品和桥梁附件主要生产厂，山东省经济效益排头兵企业，综合经济实力列全国同行业第四位。工厂位于鲁西北古城、京杭大运河之畔的德州市，南邻山东省会济南，北靠天津、北京，交通十分发达。企业现有职工780余人，占地面积21万平方米，资产总值3.3亿元，是一个融生产经营、科研、综合服务于一体的国有大型企业。主要生产静碾压路机、振动压路机、轮胎压路机、稳定土拌和机、稳定土摊铺机、场拌设备及路面养护机械等8大系列23个规格产品。

山东公路机械厂把用户满意作为追求的最大目标，始终坚持科技兴厂、创一流品牌的发展方针，生产的"路星"牌静碾压路机系列产品，连续十四年保持省优称号，研制开发的YZC12型串联振动压路机、WBY210型稳定土拌和机、YL20型轮胎压路机和大吨位光轮压路机均达到国内领先水平，有多种产品获省以上科技进步奖，受到用户的广泛好评。近年与德国"毛勒·索尼"公司合作建立的"山东毛勒桥梁附件厂"，采用进口材料，按国际标准组织生产，成为华北地区最大的桥梁伸缩缝生产基地。工厂每年有两种以上新产品投放市场，高新技术产品实现的利润占利润总额的70%，在产品开发上具备了"生产一代、研制一代、预研一代"的雄厚技术实力。

山东公路机械厂由于产品品种全、质量优、服务好，主导产品被中国质量协会用户委员会评为全国同行业唯一"用户满意产品"，并被中国消费者协会授予"同行业品牌竞争十强"、"信得过产品"、"质量、服务双满意"称号。

目前，山东公路机械厂产品销往全国各地，并出口东南亚国家。随着新厂1999年建成和现代化制造设备的启用，工厂已进入一个更加辉煌的新时期。

厂长崔天海恭候国内外朋友来厂指导。

YZ20H型振动压路机

YL20型轮胎压路机

地址：中国山东德州市东风西路147号
电话：0534-2468540　传真：0534-2468788
邮编：253001

目　　录

特　　载

统　计　表

一、行政区划和自然资源

二、综　　合

三、人　　口

四、从业人员和劳动报酬

五、固定资产投资

六、能　　源

七、财　　政

八、物　　价

九、居 民 生 活

十、城 市 建 设

十一、农林牧渔业

十二、工　　业

十三、建　筑　业

十四、交通运输邮电通讯业

十五、批发零售贸易和餐饮业

十六、对外经济贸易旅游和经济开发区

十七、金　融

十八、教育、科技、文化

十九、卫生、体育、民政、司法、测绘、标准计量、环境保护

二十、企业基本情况

二十一、县、市、区主要经济指标

CONTENTS

CHAPTER 4 EMPLOYMENT AND PAYMENT FOR LABOUR

CHAPTER 5 INVESTMENT IN FIXED ASSETS

CHAPTER 6 PRODUCTION AND CONSUMPTION OF ENERGY

CHAPTER 7 GOVERNMENT FINANCE

CHAPTER 8 PRICE

CHAPTER 9 RESIDENTS' LIVELIHOOD

CHAPTER 10 CITY CONSTRUCTION

CHAPTER 11 FARMING, FORESTRY, ANIMAL HUSBANDRY AND FISHERY

CHAPTER 12 INDUSTRY

CHAPTER 13 CONSTRUCTION

CHAPTER 14 TRANSPORTATION, POSTAL AND TELECOMMUNICATION SERVICES

CHAPTER 15 WHOLESALE, RETAIL SALES AND CATERING SERVICE

CHAPTER 16 FOREIGN TRADE AND TOURISM

CHAPTER 17 BANKING

CHAPTER 18 EDUCATION, SCIENCE, CULTURE

CHAPTER 19 EALTH CARE, SPORTS, CIVIL ADMINISTRATION AND JUDICATURE MAPPING, STANDARD MEASUREMENT AND ENVIRONMENT PROTECTION

关于山东省国民经济和社会发展第十个五年计划纲要的报告

——2001年2月10日在山东省第九届
人民代表大会第四次会议上

山东省省长　李春亭

各位代表：

按照中央的部署和省委的要求，省政府在深入进行经济和社会发展战略研究、广泛征求各方面意见的基础上，制定了《山东省国民经济和社会发展第十个五年计划纲要（草案）》。党的十五届五中全会后，根据中央的《建议》精神作了认真修改，并提交省委七届五次全会原则通过。现在，我代表省人民政府，向大会作关于山东省国民经济和社会发展第十个五年计划纲要的报告，请连同《纲要（草案）》一并审议，并请省政协委员和其他列席会议的同志提出意见。

一、"九五"时期国民经济和社会发展情况的回顾

"九五"是极不平凡的5年。全省人民在以江泽民同志为核心的党中央的正确领导下，高举邓小平理论伟大旗帜，以党的十五大精神总揽全局，深入贯彻中央的方针政策和战略部署，认真落实省七次党代会精神和省人大及其常委会的决议，正确处理改革、发展、稳定的关系，解放思想，抢抓机遇，奋力开拓，加快发展，圆满完成了"九五"计划确定的主要任务，胜利实现了现代化建设的第二步战略目标，开创了改革和发展的新局面。

国民经济持续快速健康发展，运行质量和效益稳步提高，综合实力进一步增强。2000年，全省国内生产总值达到8542亿元，5年年均增长11%。人均国内生产总值达到9580元，5年增加3822元。农业和农村经济不断发展，粮食生产保持稳定，经济作物和林牧渔业快速增长，产业化、现代化步伐加快。经济结构调整和产业升级取得明显成效，一批优势企业和名牌产品在竞争中发展壮大，交通、电力、通信等"瓶颈"因素基本消除，高新技术产业化进程加快，第三产业占国内生产总值的比重提高，非公有制经济、房地产业、旅游业等开始成为新的经济增长点。全省一、二、三产业比例由20.2:47.4:32.4调整为14.8:49.5:35.7。投资、消费、出口持续增长，对经济发展的拉动力不断增强。5年累计完成固定资产投资10197亿元，新增高速公路1687公里，铁路营业里程556公里，港口吞吐能力2919万吨，电话交换机总容量2079万门，发电装机容量778万千瓦。全省社会消费品零售总额年均增长12%。宏观经济保持稳定运行态势，经济效益显著提高。全省地方财政收入从1995年的179亿元增加到463亿元，年均增长20.9%，已连续14年实现收支平衡。

改革开放不断深入，社会主义市场经济体制初步建立，经济国际化进程加快。国有企业改革取得突破性进展，"三年两个目标"基本实现。全省国有大中型企业改制面达81.8%，111户重点国有企业中有100户实行了公司制改造；国有大中型企业亏损面降到15.5%，列入国家重点考核的371户亏损企业脱困面达72.2%。以公有制为主体、多种所有制经济共同发展的格局基本形成，非公有制经济占国民经济的比重提高到31.6%。商品市场和资本、信息、技术、人才等要素市场快速发展，市场在资源配置中的基础性作用明显增强。养老、医疗、失业等社会保障制度建设取得较大进展，城镇医药卫生体制和住房制度改革迈出实质性步伐。政府机构改革进展顺利。实施经济国际化战略初见成效，新的对外开放格局基本形成。去年全省进出口总额249.9亿美元，比1995年增长79.1%，其中出口155.3亿美元，增长90.3%；5年累计实际利用外资181.3亿美元。

"科教兴鲁"成效显著，社会事业全面发展，人民生活总体上达到小康水平。全社会科技和人才意识增强，科技创新机制逐步形成。5年取得重要科技成果1.79万项。教育改革逐步深入，办学质量和效益提高。实现了基本普及九年制义务教育和基本扫除青壮年文盲的目标，普通高校在校生5年增加1倍。文化、卫生、体育、新闻出版、广播影视等事业取得新的进展。我省运动员在第27届奥运会上获得了2金1银1铜的好成绩。城乡人民收入增加，生活质量提高。去年，城镇居民人均可支配收入6490元，农民人均纯收入2659元，扣除价格因素年均分别增长5.8%和7.4%。全省城市化水平达到38%，5年提高6个百分点。全省农村小康实现程度达到96%。贫困县全部脱贫。人口自然增长率低于5‰，继续保持了低生育水平。环境保护和资源合理开发利用取得新进展，"一控双达标"的任务基本完成。

社会主义精神文明和民主法制建设进一步加强，社会风气好转，社会秩序稳定。坚持用邓小平理论和江泽民同志"三个代表"的重要思想武装干部群众，深入开展了爱国主义、集体主义、社会主义思想教育和多种形式的精神文明创建活动。以整风的精神在县以上领导班子和领导干部中进行了"三讲"教育。坚持依法治省、依法行政，民主法制化进程进一步加快。认真搞好国防教育和民兵预备役、人民防空建设，新时期"双拥"工作又上新台阶。加强廉政建设，深入开展反腐败斗争，查处了一批大案要案。坚决取缔和打击了"法轮功"邪教组织和其他封建迷信活动。不断强化社会治安综合治理，全省保持了良好的社会秩序，安定团结的政治局面进一步巩固和发展。

各位代表！随着"九五"计划的胜利完成，我省综合经济实力、人民生活水平跨上了新的台阶，社会面貌发生了巨大而深刻的变化，对国家的贡献越来越大，整个经济和社会进

入了新的繁荣发展时期。可以自豪地说，在建设有中国特色社会主义的伟大征程上，山东人民用智慧和汗水换来了丰硕的成果，以崭新的面貌满怀信心地跨入了新的世纪！

"九五"的成就来之不易。5年来，全省上下坚持党的解放思想、实事求是的思想路线，积极探索，大胆实践，积累了丰富的经验。其中最主要的是：第一，必须坚持以发展为主题，扎扎实实地做好中央指示精神与山东实际相结合的文章，创造性地开展工作。围绕推进改革和发展，我们全面实施"科教兴鲁"、经济国际化、可持续发展战略，狠抓高新技术产业化、发展非公有制经济等牵动全局的工作重点，已取得明显成效，并将对今后的发展产生长远影响。第二，必须审时度势，抢抓机遇。针对亚洲金融危机和通货紧缩趋势出现带来的冲击，我们认真落实中央扩大内需的方针，突出抓了调整结构、增加投资、开拓市场等工作，加快了农村电网改造、高速公路建设、城市基础设施建设和重点企业的技术改造，共争取国债项目525个，总投资527.3亿元，有效地拉动了经济增长，提高了经济素质。第三，必须以改革统揽全局，为加快发展创造良好的体制和机制条件。我们积极实施"抓大放小"的方针，推进企业股份制改造和资产重组，重点支持8大集团和136户重点企业集团的发展，推动中小企业多种形式改制，促进了企业机制的转换，增强了经济发展活力。第四，必须善于抓主要矛盾，集中力量办大事。省里先后拿出17.1亿元资金，通过专项投入、贴息、国家项目配套等方式，支持高新技术产业发展。筹集了21.5亿元资金，并成立担保机构，扶持中小企业发展。集中人财物力，狠抓了扶贫攻坚、黄河滩区群众搬迁、小清河治理"3件大事"。加大措施，加快了"海上山东"和黄河三角洲两大跨世纪工程的开发建设。实行东西结合、五方结对，帮促欠发达地区改革开放试点县，组织4市、5大企业对口支援菏泽，促进区域经济协调发展。第五，必须坚持"两手抓、两手都要硬"的方针，正确处理改革、发展、稳定的关系，充分发挥政治优势。各级高度重视解决群众关心的热点难点问题，加快建立社会保障体系，认真实施再就业工程，妥善安置下岗职工，努力化解不安定因素，为改革和发展创造良好的社会环境。

各位代表！"九五"巨大成就的取得，是以江泽民同志为核心的党中央坚强领导的结果，是全省人民同心同德、艰苦奋斗的结果，是社会各方面和海内外友好人士关心、支持的结果。在此，我代表省人民政府，对全省工人、农民、知识分子和各级干部，对各民主党派、工商联、无党派爱国人士，对人民解放军、武警驻鲁部队和公安干警，对港澳台同胞、海外侨胞和国际友人，表示衷心的感谢和崇高的敬意！

各位代表！我省现代化建设虽然取得了令人鼓舞的成就，但发展中仍然面临许多困难和问题。主要表现在：在干部队伍中，仍然存在着思想不够解放、观念不适应市场经济发展要求的问题；经济结构不合理问题仍比较突出，科技创新能力不强，高新技术产业比重较低；国有经济战略性调整进展不快，非公有制经济档次低、规模小；农业基础薄弱的状况尚未得到根本改变；城市化水平低，地区经济发展不平衡；农民和部分城镇居民收入增长缓慢；水资源不足的矛盾日趋突出，环境污染仍然较重；下岗职工增多，就业和再就业压力较大，社会保障能力较弱；有的地方、部门、企业忽视安全生产，给国家和人民造成不应有的损失；有的地方社会治安状况较差，民族宗教问题上存在不安定因素；有些领导干部和工作人员群众观念、法制观念淡薄，存有官僚主义、形式主义、弄虚作假等不良现象，有少数人以权谋私、贪污腐化。对这些问题，我们将高度重视，采取有效措施，努力加以解决。

二、"十五"时期的发展目标和任务

今后5到10年，是我省经济和社会发展极为重要的时期。从国际环境看，新科技革命迅速发展，知识经济初见端倪，经济全球化趋势不断增强，竞争日趋激烈；从国内环境看，结构调整到了关键时期，改革仍处于攻坚阶段，我国即将加入世贸组织，将会给我们带来许多新的课题。展望新世纪初期的国内外形势，我们面前既孕育着机遇，又充满着挑战。适应新形势要求，今后5年，我们要继续坚持以邓小平理论和党的基本路线为指导，按照江泽民同志"三个代表"重要思想的要求，深入贯彻党的十五大、十五届五中全会和省七次党代会精神，坚持以发展为主题，以结构调整为主线，以改革开放和科技进步为动力，以提高人民生活水平为根本出发点，进一步解放思想，抢抓机遇，全面推进经济发展和社会进步，为提前基本实现现代化奠定坚实的基础。"十五"时期的主要任务和目标是：

保持国民经济持续发展，综合实力再上新台阶。全省国内生产总值年均增长9%，期末达到13150亿元；人均国内生产总值达到14100元。经过5年努力，使全省产业结构优化升级，信息化、国际化、城市化达到新的水平，经济整体素质、人均占有水平和国际竞争力进一步提高。到2005年，全省一、二、三产业比例调整为11:49:40，高新技术产业占工业增加值的比重达到20%；城市化水平达到43%；进出口总额达到475亿美元，累计实际利用外资225亿美元左右；地方财政收入达到820亿元，年均增长12%。

进一步深化改革，完善社会主义市场经济体制。基本完成国有经济布局的战略性调整，国有企业建立起现代企业制度，建立科学的国有资产管理、监督和营运体系。所有制结构趋于优化，非公有制经济的水平和层次进一步提高，占国内生产总值的比重达到40%以上。市场在资源配置中发挥基础性作用，统一开放、竞争有序的市场体系初步形成。社会保障体系基本健全，保障能力显著增强。

推动社会全面进步，人民生活水平由小康向富裕迈进。

科技教育成为推动经济发展与效益提高的重要力量，科技进步贡献率达到50%，教育水平进一步提高，文化、卫生、体育等事业实现新的发展。城镇居民人均可支配收入和农民人均纯收入年均都增长6%。消费结构逐步优化，生活环境质量和医疗保障水平提高。总人口控制在9300万左右，人均期望寿命达到74岁。水资源短缺的矛盾得到缓解，生态环境明显改善。促进两个文明协调发展，民主法制建设不断加强，全省保持政治安定、社会稳定、人民安居乐业。

在完成"十五"计划的基础上，再经过15年左右的努力，建立起较完善的社会主义市场经济体制，实现经济结构的全面升级，综合竞争力提高到全国上游水平，成为产业结构优化、科技教育发达、生态环境优良、社会文明进步、人民生活比较富裕的地区，全省总体上基本实现现代化，展现"大而强、富而美"的崭新形象。

实现“十五”宏伟目标，并为长远发展奠定基础，在工作指导上必须遵循经济发展的客观规律，顺应国内外经济社会发展的趋势，把加快发展置于各项工作的首位，进一步强化人均意识，抓住体制创新、科技创新、管理创新等关键环节，加快实施“科教兴鲁”、经济国际化、城市化和可持续发展“四大战略”，促进经济持续增长和社会全面进步。发展是硬道理。解决经济和社会生活中的突出矛盾，增强综合实力，保持社会稳定，提高人民生活水平，都要求必须保持经济较快增长。我们要抓住机遇，乘势而上，在坚持速度与效益统一的基础上，千方百计保持较快的发展速度。实现新的发展，必须全面推进“科教兴鲁”战略，坚持素质教育为本、科技创新为先、高新技术产业化为重点，努力实现科技教育的新跨越，切实把经济建设转移到依靠科技进步和提高劳动者素质的轨道上来；必须全面实施经济国际化战略，在新一轮的全球资源、市场、人才、技术的重新组合和配置中争取主动，推动全省开放型经济向更高层次迈进；必须实施城市化战略，壮大城市经济实力，努力扩大城市规模，进一步拓展市场需求和经济增长空间；必须实施可持续发展战略，更加注重经济长远发展和人民生活质量的提高，树立人类与自然、经济与社会相互协调的发展观，建立永续发展的理念，促进人口、资源、环境与经济协调发展。

良好的机遇，严峻的挑战，又一次把我们推到了实现全面振兴的历史关头。我们坚信，只要坚定不移地贯彻党的基本路线，坚定不移地团结和依靠广大人民群众，坚定不移地沿着有中国特色的社会主义道路前进，就一定能够战胜一切困难，把“十五”的宏伟蓝图变为现实，创造更加辉煌的业绩，开创更加美好的未来！

三、“十五”时期的工作重点

（一）加强农业，努力增加农民收入

农业是经济发展和社会稳定的基础。在任何时候、任何情况下都不能放松农业，不能忽视农民问题。“十五”期间，要以持续增加农民收入为核心，以加速农业现代化进程为目标，理清发展思路，加大工作措施，确保农业稳步发展、农民收入持续增加和农村社会长治久安。增加农民收入牵动农业和农村工作全局。要立足多条途径、多种形式，着重抓好四个环节：第一，大力推进农业结构的战略性调整。牢固树立粮食安全意识，确保全省基本农田稳定在533万公顷，粮食总产稳定在4000万吨水平上。在此前提下，以市场为导向，以优化品质为重点，发展适销对路的优质专用和名特稀新品种，加快开发新兴产业和绿色食品，适度扩大饲料作物种植，大力发展优质林果业和食草型、节粮型畜牧业，突出发展奶业，开拓远洋和海外渔业发展空间，搞好海淡水养殖、滩涂开发和水珍品生产。第二，进一步加快发展农村二三产业，放手发展个体、私营经济，积极推进小城镇建设，促进农村劳动力向非农产业和城镇转移。引导乡镇企业积极创新机制、提升技术、改进管理，再造发展新优势，加快“二次创业”。第三，全面实施农业产业化经营战略，提高农产品加工转化水平，增加延伸效益。支持农业龙头企业膨胀规模，积极推广公司加农户、订单农业等经营形式，加快发展农产品深加工、保鲜、储藏、运销业和农村专业合作经济组织，带动农产品基地建设和农业的区域化、规模化、专业化发展。第四，切实减轻农民负担。农村税费改革是减轻农民负担的治本之策，今年在全省普遍推开。要严格按照新办法，除征收农业税、农业特产税及附加外，取消一切专门面向农民收取的行政事业性收费、政府性基金和集资摊派项目，实施过程中，要认真按政策办事，不得弄虚作假，不能简单化。同时以税费改革为契机，做好乡镇机构精简和区划调整等工作。

采取有力措施，强化农业基础。一是多渠道增加农业投入，不断改善农业生产条件。坚持开展以治水为重点的农业基本建设，保质保量地完成病险水库加固、骨干河道治理和水源工程项目，努力扩大农田有效灌溉面积，大力推广节水技术，增强农业综合生产能力和抵御自然灾害的能力。二是加快农业科技进步，提高农业物质技术装备水平。重点抓好农业科技创新、技术推广和农民教育培训3个体系建设，继续实施好“良种产业化工程”，加大农作物及畜牧良种的培育、引进和示范、推广力度。建立与国际接轨的质量标准体系，尽快形成具有山东特色的名牌农产品群体。三是健全农业社会化服务体系，突出产前信息服务、产中科技服务和产后销售服务，解决农民生产经营中的各种困难。

党在农村的各项方针政策是农业发展和农民增收的根本保证。要坚持稳定以家庭承包经营为基础、统分结合的双层经营体制，抓好土地延包、敞开收购农民余粮和减轻农民负担等项政策的落实，保护和调动农民的生产积极性，为农业稳定发展奠定坚实的制度基础和政策保障。

（二）加快结构调整，推进产业优化升级

结构调整是“十五”期间经济工作的主线。要坚持在调整中发展，在发展中调整，坚持有进有退、有所为有所不为，按照比较优势原则，合理配置和整合资源，推动产业结构由水平扩张到纵向提升的转变，提高全省经济整体素质、国际竞争力和发展后劲。

结构调整要以实现产业升级为核心，加大力度，重点突破。一是积极推进高新技术产业化。立足优势领域，依托重点企业，追踪世界前沿技术，重点发展电子信息、生物工程、新材料3大新兴产业群，带动海洋新兴产业、先进制造业、新能源等领域的发展，到2005年实现产业化或形成优势产品，成为带动全省经济发展的重要支撑力量。二是大力采用高新技术和先进适用技术改造传统产业。按照“四个一批”的思路，有重点地改造一批骨干企业，大幅度提高工艺技术和装备水平。“十五”期间，重点改造10大传统产业，使家电、汽车、装备制造、纺织、化工、建材、造纸、食品等成为优势明显的支柱行业，使大部分企业具备生产高、新、精、特产品的能力。要大力振兴装备制造业，引进关键技术和自主创新相结合，重点发展国内有需求、可替代进口的通用设备、船舶制造、环保设备等8大产品系列。采取措施积极推进老工业基地改造，努力提高其产业水平。积极发展建筑业。建立完善产业转移机制和企业的市场退出机制，综合运用经济、法律和必要的行政手段，淘汰落后生产能力。三是加快企业组织结构调整。抓大要强，放小要活，积极推进专业化分工协作，大力发展规模经济。重点培植136户重点企业集团，努力形成20个销售收入过百亿元的大型企业集团。积极扶持中小企业特别是科技型企业，在资金、技术、人才方面加大支持力度，形成以大企业为主导、大中小企业合理配套的企业组织

结构。四是大力发展服务业。突出发展现代物流业、金融保险业、旅游业、房地产业、社区服务业、文化传媒业等新兴产业，拓宽服务领域，提高服务水平。同时进一步放宽政策，大力发展各种类型的传统服务业。五是加快国民经济和社会信息化进程。以信息化带动工业化，使信息技术向经济社会各领域广泛渗透。应用信息技术改造传统产业，推行计算机辅助设计、辅助制造技术，提高设备智能化、柔性化制造技术水平。积极推进电子政务系统、社会公共领域服务、企业信息化工程。加快宽带高速多媒体传输网等基础设施建设，大力发展信息产品制造业，重点发展高性能计算机及外围设备、高速宽带网络及通信产品、高性能信息家电产品、新型元器件、新型电子材料及软件产品，培育具有自主知识产权的产品和技术，提升信息产业的技术水平和产品档次。

推进结构调整必须紧紧依靠体制创新和科技进步。要正确处理近期调整与长远发展的关系，高新技术产业与传统产业的关系，技术资金密集型产业与劳动密集型产业的关系，以增量调整带动存量优化，以存量优化促进结构升级。充分发挥市场机制的作用，以企业为主体，与调整投资结构相结合，努力实现技术资本、产业资本和人力资本的优化配置，不断增强企业的技术创新和市场竞争能力。

（三）加大改革力度，完善社会主义市场经济体制

坚定不移地深化国有企业改革。进一步贯彻“三改一加强”的方针，加快股份制改造，推进现代企业制度建设，健全法人治理结构，使企业真正成为市场竞争主体。支持更多企业到主板市场、创业板市场、海外市场上市。鼓励国有企业之间或与其他投资主体，进行合资经营或相互参股，实现投资主体多元化。已改制企业要进一步深化劳动、人事、分配制度改革，切实转换经营机制。抓好国有企业领导班子建设和企业思想政治工作，发挥好职工代表大会的作用，全心全意依靠工人阶级。大力采用现代管理方式和手段，提高科学管理水平。要切实重视安全生产，落实责任，健全制度，保证人民生命财产的安全。积极探索国有资产管理的有效形式，抓好国有资产授权经营，健全和完善监事会制度，加强企业财务稽查和监督，确保国有资产保值增值。

积极推进国有经济布局和所有制结构调整，大力发展非公有制经济。按照进而有为、退而有序的要求，促使国有资本向基础设施领域、关系国民经济命脉领域和高科技领域集中，增强控制力。以上市公司和优势企业为依托，加快国有资产重组，搞好资本运营。放宽非公有制经济市场准入范围，加快发展混合所有制经济。引导非公有制企业进行体制创新，逐步转向公司制或股份合作制，积极支持非公有制高科技企业进入创业板市场，推动非公有制经济上规模、上档次、上水平。

进一步开放市场，建立和完善统一开放、竞争有序的市场体系。打破部门、行业垄断和地区封锁，完善市场形成价格的机制，着力培育和发展资本、证券、技术、人才和信息、房地产等要素市场，继续发展各类商品市场，积极发展连锁、代理、配送等新型营销方式。规范发展各类社会中介机构。依法严厉打击制售假冒伪劣商品和偷逃抗骗税、逃汇骗汇、走私贩私等不法行为，整顿和规范市场秩序。

完善社会保障制度，尽快建立独立于企事业单位之外、资金来源多元化、保障制度规范化、管理服务社会化的社会保障体系。规范“三条保障线”制度，确保企业离退休人员养老金按时足额发放，稳步推进国有企业下岗职工基本生活保障与失业保险制度并轨，完善城镇最低生活保障制度。进一步深化城镇职工基本医疗保险制度和医药卫生体制改革。突出抓好资金筹措和基金监管、保值增值机制的建立，充实社会保障资金，增强保障能力。积极搞好社会福利、社会救济、优抚安置和社会互助。

加快收入分配制度改革。建立健全收入分配的激励机制和约束机制，贯彻效率优先、兼顾公平的原则，坚持实行按劳分配为主，鼓励资本、技术等生产要素参与分配，充分体现科学技术和经营管理工作的劳动价值。在试点的基础上，逐步对国有企业经营者和科技骨干实行年薪制、股权制、期权制。规范社会分配秩序，加强对垄断行业收入分配的监督管理。强化税收对收入分配的调节功能，保护合法收入，取缔非法收入。

（四）提高对外开放水平，加快经济国际化进程

面对我国即将加入世贸组织的新形势，我们要以更加积极的姿态，在更大范围内、更深程度上参与国际经济合作与竞争，把“引进来”与“走出去”结合起来，进一步构筑全方位、多层次、宽领域的对外开放格局。

加快与国际通行规则接轨，推进经济运行国际化。深入研究、积极运用世贸组织规则和我国过渡期条款，做好应对工作，尽快转换政府职能、经济管理方式和企业经营机制，清理、修订有关政策、法规，建立程序规范、政策透明、运作高效的对外开放体制。处理好按世贸组织规则办事与自我保护的关系，着力增强企业和产业竞争力，趋利避害，抓住用好机遇，尽可能减少冲击。

在全球范围内考虑和安排经济发展，推进资源配置国际化。突出吸引跨国公司投资，提高利用外资质量和水平。推进大集团和上市公司与跨国公司的全面合作，争取跨国公司在我省设立研发中心、投资性公司和地区总部。重视做好中小企业利用外资工作。结合结构调整和国有企业改革，探索运用收购、兼并、证券融资、投资基金等新的方式利用外资。加快金融保险、商贸流通、运输、通信、旅游、中介等服务领域利用外资步伐。广泛推行“政府推动、企业为主”的招商方式，拓宽渠道，提高成效。以体制创新促进各类开发区建设，增强辐射带动功能。积极实施“走出去”战略，完善政策措施，加强协调服务，鼓励和支持有竞争优势的企业到境外投资设厂，重点发展境外带料加工项目和资源开发项目，带动技术设备、商品和劳务输出。积极推动大企业承揽国外大项目，发展国际工程承包和劳务合作。加强与兄弟省市区的经济技术合作，扩大对内开放。

大力发展国际贸易，推进市场国际化。实施科技兴贸，加快调整出口商品结构，大力发展机电产品、高新技术产品出口，努力提高大宗传统出口商品的技术含量和附加值，着力培育优势品牌和骨干企业，增强国际竞争力。实行大进大出、进出结合、以进带出，加快发展加工贸易，扩大先进技术设备、重要资源进口。积极发展服务贸易，培植新的对外贸易增长点。更好地实施市场多元化和以质取胜战略，主攻欧美市场，巩固和发展亚洲市场，加快对新兴市场的开发。积极开展国际连锁经营，建设国际营销网络。

着眼于创造竞争优势，推进开放环境国际化。在继续搞

好硬环境建设的同时，下大力气改善软环境。要强化法制观念，严格依法办事，讲信誉，守合同，依法维护外商权益。加快对外商实行国民待遇，健全服务体系，提高服务质量。

(五)加快科技教育发展和人才队伍建设

大力推进科技进步和创新。一是集中力量，重点突破，提高重大关键共性技术的攻关能力，增加技术装备，实现技术跨越。二是完善科技创新体系。尽快建设一批国内一流水平的综合科研中心和重点实验室，建立一批高层次的博士后流动站和企业博士后工作站。推动企业成为技术创新的主体，重点企业都要建立技术中心，大中型企业都要建立技术开发机构。继续推进产学研结合。搞好与中国工程院的全面合作，加强与国内外著名高等院校、科研院所的联合，扩大国际科技交流与合作。三是搞好国家级和省级高新技术开发区建设，重点建设一批大学园区、产学研基地、留学生创业园和大企业工业园，使其成为技术创新和高新技术成果转化基地。四是加快科技体制改革，在应用开发型科研单位改制的基础上，加快基础性、公益性研究单位的改革。合理调整科研院所布局，优化重组科研资源。积极发展科技型中小企业。健全科技中介服务体系。建立风险投资机制。加大全社会科技投入，建立多元化科技投入体系。完善知识产权保护制度。

认真贯彻党的教育方针，全面推进素质教育，优化教育结构，提高办学能力和教育质量。进一步巩固“普九”成果，扩大高中阶段教育规模，城市市区和经济发达县市基本普及高中阶段教育。优化高教资源配置，扩大招生规模，高等教育毛入学率提高到13%。加强重点学科、重点实验室建设，集中力量把山东大学建设成为国内一流的综合性大学，带动全省高等教育办学水平的提高。完善终身教育体系，积极发展各类职业教育和成人教育，开展网络式远程教育和各类岗位培训。多渠道增加教育经费，大力发展民办教育。改革高校招生和毕业生就业体制，建立在政府宏观管理下学校自主办学的新机制。

从战略高度重视抓好人才队伍建设。加快人事制度改革，努力营造尊重知识、尊重人才、鼓励创业的社会氛围，尽快建立有利于人才脱颖而出、人尽其才的机制。高度重视高层次人才特别是高新技术人才和青年创新型人才的培养与使用，多形式、多渠道吸引和聘用海内外高层次人才，积极引进国外智力，全面推进整体性人才资源开发。加强和完善人才市场建设。健全和规范各种奖励制度，推进技术、管理等生产要素参与收益分配，实行一流人才、一流待遇。

(六)提高城市化水平，促进地区经济协调发展

按照合理发展大城市、重点发展中小城市、积极发展小城镇的总体思路，以中心城市和沿海港口为依托，以交通干线为主轴，逐步构建起功能互补、布局合理、等级规模有序的城镇体系，形成“两大中心、四个层次、五条城镇发展轴线”的总体格局。强化济南、青岛两个大城市的带动功能，充分发挥其他区域中心城市的集聚和辐射作用。要明确城市发展规模、特色和基本方向，搞好科学规划，严格按规划办事，提高城市规划建设的现代化水平。坚持政府主导、市场运作原则，形成多元化投资格局，特别要搞好土地批租、出售、转让公用设施经营权等，实现城建资金的滚动使用和增值。加强城市供水、供气、道路、绿化、人防、垃圾无害化处理等基础设施和生态环境建设。加快小城镇发展步伐，突出抓好户籍管理和土地管理制度改革，搞好行政区划调整，促进二三产业向县城和中心镇聚集。依法加强城市管理，推进城市社区建设，提高城市管理水平和文明程度。

在加快沿海和胶济沿线地区发展、争取率先实现现代化的同时，进一步加快欠发达地区发展。持续抓好多方结对、对口支援工作，争取“十五”期间使菏泽市和欠发达地区29个改革开放试点县走上良性发展轨道。要着力改善经济发展环境，强化基础设施建设，突出抓好西部地区高速公路、南水北调、开通老运河航运、煤电建设项目。重点培育壮大优势骨干企业，加快发展非公有制经济，努力抓好适宜本地区发展的高新技术产品，创造良好的环境，扩大招商引资。大力提高教育水平，培养、吸引并留住人才。借鉴国家西部大开发的有关政策，省里将在政府投资、财政转移支付、信贷投放及社会保障资金等方面，对欠发达地区继续给予倾斜。进一步搞好“黄河三角洲”开发和“海上山东”建设，加快“京九”和鲁南“大陆桥”产业带发展步伐。

(七)调整优化投资结构，做好财税金融工作

加大投资力度，调整优化投资结构，加强重点建设。把解决水资源短缺问题摆到战略位置，通过科学引用黄河水，大力拦蓄地表水，合理开发地下水，加大污水处理回用，相机实施海水利用等措施，基本缓解水资源供求矛盾。积极搞好西水东调和南水北调等工程，先期实施向胶东地区应急调水工程。提高全社会节水意识，大力发展节水农业、节水工业，建设节水型社会。把投资力度向城市基础设施、生态环保、城乡电网、高新技术产业化等方面倾斜，着力提高交通运输、信息传输、能源供应能力，实现基础产业和基础设施由供给导向为主向需求导向为主转变，由增加能力为主向提高质量效益为主转变。对关系经济发展全局、促进经济结构优化升级的项目，重点给予保证。深化投融资体制改革，扩大融资渠道，保证重点建设的资金需求。完善项目法人责任制和资本金制度，大力推进投资主体多元化。全面推行工程建设招投标、监理和审计制度，提高工程质量。以国家产业政策为导向，强化对投资的宏观调控，防止低水平重复建设，严禁建设污染环境、破坏生态的项目。

进一步深化财政体制改革和税费改革，完善财政政策体系和税收体系，强化税收征管，提高财政供给能力和保障水平。加强预算管理，规范预算的编制、执行和监督，逐步实行部门预算、综合预算、零基预算。重视规避财政风险。科学界定和规范财政支出范围，逐步建立规范化、法制化的财政转移支付制度、政府采购制度和国库集中支付制度。优化支出结构，优先保证重点领域的发展需要。

努力发挥金融对经济增长的促进作用。进一步完善金融组织体系，积极发挥国有银行的功能，规范发展中小金融机构，改进经营机制，提高融资能力和经营管理水平。充分运用货币市场和资本市场，逐步扩大社会直接融资。运用政府贴息等手段，引导银行信贷投入。加强和改进金融监管，防范化解金融风险。积极引进外资金融机构。改进金融服务，促进银行业务创新和信息化建设。

(八)高度重视人口、资源、环境与经济协调发展，增强可持续发展能力

加强人口与计划生育工作，努力稳定低生育水平。坚持

人口与发展综合决策，稳定现行的生育政策。加快建立以社会保障制度为重点的计划生育利益导向机制，提高人口素质，防止性别比例失调。搞好人口问题综合治理，把重点放在欠发达地区农村和城市流动人口上，促进工作均衡发展。坚持人口管理目标责任制，严格落实一票否决、追踪奖惩制度，建立健全调控有力、管理有效、政策法规完备的人口与计划生育保障体系和工作机制。切实加强资源的集约利用。依法保护和开发水、土地、矿产、森林、海洋等国土资源，建立健全资源有偿使用制度，严禁无证开采矿产资源，维护资源管理和使用秩序。推进资源深加工和综合利用，开发替代资源和可再生资源。搞好农业资源区划，合理利用和保护耕地，加强基本农田保护和管理，确保全省耕地占补平衡和总量动态平衡。

进一步加大生态建设和环境保护力度。制订和实施全省生态环境建设与保护规划，加强自然保护区和生态示范区建设，搞好流域综合治理。加快荒山、平原、村庄、干道绿化，对山岭薄地逐步实行退耕还林。重视农村污染防治，控制和防止工业污染，重点治理水污染和城市大气污染，严格控制新污染产生，逐步按环境容量实行污染物排放总量控制，基本解决主要河流和湖泊的污染问题，近海水质和城市空气质量达到功能区划标准。加强环保立法和综合治理，强化执法和监督。

（九）努力提高人民生活水平，全面发展社会事业

促进人民生活向富裕迈进，必须重视做好增加收入、扩大就业和社会保障等方面工作。在经济发展的基础上，实行国民收入再分配向城乡居民倾斜的政策，合理调节不同收入群体间的差距，不断增加城乡居民收入。多渠道扩大就业，大力发展多种所有制经济，发展劳动密集型产业，提供更多的就业岗位。进一步完善就业服务体系，规范发展劳动力市场，形成市场导向的就业机制。继续搞好扶贫开发，巩固扶贫成果。要特别注重改善城乡居民居住条件和交通通信条件，增加居住面积，提高环境质量，鼓励计算机、轿车进入家庭，提高电话普及率，并重视满足群众精神文化生活需求，提高人民生活质量。

以建设文化大省为目标，坚持“二为”方向和“双百”方针，挖掘齐鲁文化内涵，突出精品意识，创造时代精神与地方特色相结合的先进文化。完善文化产业政策，搞好重要文化设施建设和文化市场管理，坚持开展“扫黄打非”斗争。加强文物保护。建立健全医疗预防、健康保障与卫生监督执法“三位一体”的卫生服务体系，建立新的医疗机构分类管理制度和医药分别核算、分别管理制度，维护好药品和食品生产流通秩序。加快实现中药现代化步伐。认真实施《全民健身计划》，广泛开展群众性体育活动，提高竞技体育水平。切实保障妇女儿童和残疾人的合法权益，做好老龄工作。进一步做好新闻出版、广播影视和对台、侨务、档案、史志、气象、防震等项工作。认真宣传和落实党的民族宗教政策，依法管理民族宗教事务，积极引导宗教与社会主义社会相适应，促进民族团结。

进一步做好新时期“双拥共建”工作，深入开展“双四好”活动，落实好军转干部安置和优抚政策，密切军政军民关系。加强民兵预备役和人民防空建设，完善国防动员体系，把国防教育引向深入。

（十）推进社会主义精神文明和民主法制建设

坚持“两手抓、两手都要硬”的方针，切实加强社会主义精神文明建设，为改革开放和现代化建设提供强大的思想保证、精神动力和智力支持。用邓小平理论和江泽民同志“三个代表”的重要思想教育干部群众，按照“以德治国”的要求，加强和改进思想政治工作，弘扬爱国主义、集体主义、社会主义精神，加强自力更生、艰苦奋斗优良传统教育，努力培养和造就社会主义“四有”公民。重视发展哲学社会科学，加强对理论和实践重大问题的研究。搞好科普工作，弘扬科学精神，反对封建迷信和伪科学。广泛开展群众性精神文明创建活动，开展民主评议行风和创建文明行业活动，大力宣传体现时代精神的先进典型，重视加强对青少年的思想政治和道德品质教育。

发展社会主义民主政治，推进依法治省。各级政府要自觉接受人大及其常委会的监督，支持人民政协充分发挥政治协商、民主监督、参政议政的作用。进一步扩大基层民主，全面推行政务、厂务、乡镇和村务公开，完善村民自治和以职工代表大会为基本形式的企业民主管理制度。健全适应社会主义市场经济体制的地方法规体系，完善法制保障和法律服务体系。深入开展法制宣传教育，增强全社会的法制观念。大力加强司法队伍建设。支持和推进司法改革，强化监督，促进严格执法、公正司法。

正确处理新时期人民内部矛盾，维护社会稳定。教育、法律、行政手段与思想政治工作相结合，妥善处置群体性事件，努力把矛盾解决在萌芽状态。强化社会治安综合治理，坚持打防结合，依法严厉打击各种刑事和经济犯罪活动，深入开展“打黑除恶”斗争，扫除“黄赌毒”等社会丑恶现象。继续坚决打击“法轮功”等各种邪教组织和境内外敌对势力、敌对分子的破坏活动。完善打、控、防一体化治安体系，把“保一方平安”的责任落到实处。

各位代表！今年是进入新世纪、实施“十五”计划的第一年。今年的工作总的要以邓小平理论为指导，按照“三个代表”的要求，认真贯彻落实党的十五大、十五届五中全会和省委七届五次全会精神，正确处理改革、发展、稳定的关系，促进国民经济持续快速健康发展和社会全面进步，努力实现“十五”的良好开局。今年全省国内生产总值预期增长9%，其中一、二、三产业分别增长4%、11%、10%。工作中要把增加农民收入摆在突出位置，重点抓好农业和农村经济结构调整、减轻农民负担、保持农村社会稳定等工作；落实扩大内需的战略方针，努力增加投资，提高城乡居民收入；调整优化产业结构，提高经济的整体素质和效益；做好加入世贸组织的各项准备工作，提高对外开放水平；进一步深化国有企业改革，加快现代企业制度建设和企业经营机制转变；努力扩大就业，切实关心和安排好人民生活；积极发展科技教育和社会各项事业，推进精神文明和民主法制建设，促进社会全面进步。今年工作的具体安排部署，省政府还将向大会作计划报告和财政报告。

四、进一步加强政府自身建设

坚持从严治政，建设务实、高效、廉洁的政府，是实践“三个代表”重要思想的具体体现，也是实现“十五”宏伟目标的

重要保证。

抓学习实践，提高政府公务员队伍的整体素质。政府公务员要刻苦学习马列主义、毛泽东思想，特别要学好邓小平理论，增强政治敏锐性和坚定性，自觉与以江泽民同志为核心的党中央保持高度一致，坚定地贯彻执行党和国家的各项方针政策。要努力学习现代经济、科技、法律等知识，提高理论和专业知识水平。解放思想，勤于实践，勇于创新，不断提高分析、认识和解决问题的能力，努力做好中央指示精神与山东实际相结合的文章，创造性地开展工作。

抓规范职能，切实提高行政效率。要把政府职能转到规划、管理、协调、服务上，着力创造公平、公正、公开的竞争环境，保证市场机制在促进生产力发展和资源配置方面发挥积极作用。要在精简机构和人员的基础上，尽快建立精干高效、协调统一、运转有序的政府机构框架和职能规范。改革审批制度，精简审批事项，改进审批方式，规范程序，简化环节，增加透明度，提高办事效率。

抓依法行政，进一步提高廉政建设水平。坚持依法管理经济和社会事务，加快行政管理法制化进程。不断提高决策的民主化、科学化水平，避免因决策不当造成损失。坚持从严治政，加大反腐败斗争力度，以党风政风带民风。对经济犯罪和违法乱纪案件，不管涉及到什么人，都要坚决查处，决不姑息。各级领导干部要带头廉洁自律，遵守从政准则，并管好自己的配偶、子女和身边工作人员。认真纠正部门和行业不正之风，解决群众反映突出的问题。从改革体制、机制和完善制度入手，铲除滋生腐败的土壤，从源头上预防和治理腐败。强化领导干部经济责任审计，建立健全民主监督制度和政绩复核、责任追究制度，完善监督制约机制。

抓作风转变，扎扎实实地为经济发展、为基层、为群众服好务。要牢记全心全意为人民服务的宗旨，把群众利益作为工作的根本出发点和落脚点，高度重视并切实解决好群众生活中的热点难点问题。要说实话、办实事、求实效，狠抓工作落实，防止和克服官僚主义、形式主义、浮夸虚报等不良风气。要大兴调查研究之风，摆脱文山会海，减少公务应酬，多到基层去，到困难和问题多的地方去，不断研究新情况、总结新经验、解决新问题。

各位代表！20世纪，山东人民在中国共产党的领导下，在实践中探索，在探索中前进，走上了初步振兴之路，古老的齐鲁之邦焕发出青春活力。展望21世纪，谋求更大发展，实现全面振兴，光荣而艰巨的历史重任又摆在全省人民面前。让我们在中共山东省委的领导下，更加紧密地团结在以江泽民同志为核心的党中央周围，高举邓小平理论伟大旗帜，同心同德，开拓进取，推动改革开放和现代化建设更快更好地发展，为中华民族的伟大复兴作出更大的贡献！

山东省统计局关于
2000年山东省国民经济和社会发展统计公报

2000年，在省委、省政府领导下，我省各条战线高举邓小平理论的伟大旗帜，认真学习“三个代表”的思想，全面贯彻落实党中央、国务院确定的扩大内需、调整结构和深化改革、扩大开放等一系列方针和部署，正确处理改革、稳定和发展的关系，解放思想，抢抓机遇，努力开拓，两个文明建设取得新成就。国民经济快速增长，经济效益明显好转，经济运行质量显著改善，社会事业全面进步，人民生活水平稳步提高。

一、综　　合

2000年，全省继续采取综合性的宏观调控手段，进一步实施积极的财政政策，充分发挥货币政策的作用，在重视向基础设施投资的同时，重视技术改造投资，提高经济长期增长的内在动力；在扩大国内需求的同时，努力扩大出口需求；在增加有效需求的同时，注重调整优化供给结构。投资、消费、出口三大需求在一系列宏观经济政策的作用下，正向拉动作用明显增强。国民经济增长持续加快，初步核算，全省实现国内生产总值8542.4亿元，按可比价格计算，比上年增长10.5%，比全国平均水平高2.5个百分点。其中，第一产业完成增加值1268.6亿元，增长3.8%，第二产业完成增加值4226.6亿元，增长12.3%，第三产业完成增加值3047.3亿元，增长10.3%。分季度看，国民经济增长呈现持续加快的趋势。

宏观经济景气状况较上年明显上升。反映宏观经济环境的企业家信心指数全年平均为126.8，比上年提高15.3个百分点，反映企业税后利润情况的景气指数达到近年来的最高点，其中大中型企业的优势更加明显。

国有企业改革和脱困三年目标完成。紧紧围绕资本组织形式、公司法人治理结构、国有资本出资人制度等三个关键问题，大力推进国有企业公司制改革和建立现代企业制度，取得了明显进展。全省国有大中型企业改制面达81.8%，111户重点国有企业有100户实行了公司制改造，中小企业中有80%以上进行了多种形式的改革，涉及产权关系变革的占50.6%。以改革统揽全局，切实做好“扶优扶强”工作，重点扶持8大集团、111户重点国有企业和136个重点企业集团发展，年投入300亿元，用于国有重点工业企业技术改造；成立企业信用担保机构，筹集资金3.3亿元，帮助中小企业解决资金不足的问题。经过全省上下不懈努力，全省国有大中型企业亏损面降到15.5%。

经济结构逐步向合理的方向发展。加大了经济结构的战略性调整，大力推进产业优化升级，以国内外市场为导向，依托科技进步，大力加强第一产业，提高第二产业，发展第三产业。三次产业结构中，第一产业比重下降1.1个百分点，第二产业提高1.1个百分点，第三产业持平，三次产业结构进一步优化。努力创造良好的政策、社会环境，大力促进非公有制经济的发展，全省个体业户和私营企业已达312万户，从业人员883万人，提供的税收占全省地方财政收入的14%，以公有制为主体、多种所有制共同发展的格局初步形成，非公有制经济占国民经济的比重达31.6%。

大力推进高新技术产业化、城市化和经济国际化进程。成立高新技术风险投资公司，建立风险投资体系；积极利用资本市场，支持高新技术企业上市，解决这些企业资金困难等问题，扶持全省高新技术产业化的发展。遵循城市化发展规律，实施城市化发展战略，打破城乡分割体制，合理发展大城市，重点发展中小城市，积极发展小城镇，为经济发展提供广阔的市场空间和持续的增长动力。积极实施经济国际化战略，主动调整出口产品品种和市场结构，增加机电产品的出口比重，千方百计扩大全省的出口规模；加大政策优惠力度，简化审批手续，采取多种方式为全省利用外资创造良好的社会环境和政策环境，经过努力，全省对外贸易和对外经济合作与交流已恢复到正常状态。

社会保障体系的框架基本建立，再就业工作成果显著，职工工资水平提高。各级政府把加强社会保障作为扩大内需、解决群众后顾之忧的大事来抓，全省初步建立养老保险省级统筹框架，失业保险参加职工达715万人，参加全省最低生活保障的人数为47.4万人，共筹集下岗职工基本生活保障资金8.3亿元，做到了按时足额发放。16.5万人实现再就业，再就业率达40.9%。年末全省县以上机关企事业单位在岗职工人数为791.7万人，比上年减少17.4万人。在岗职工平均工资8516元，增长11.2%。

机构改革稳步推进。全省按照政企分开、统一、效能的原则，实施了全省机构改革，大力裁减专业经济管理部门，合并了一批职能重复交叉或职能单一的部门，省级机构改革已经基本完成，市、县、乡机构改革正在全面展开，乡镇合并稳步进行。全省范围内基本建立了政务公开制度。

当前经济和社会发展中仍然存在一些不容忽视的矛盾

和问题,表现在:经济回升的基础还不稳固,社会需求持续快速增长的机制尚未全面形成;体制性、结构性矛盾仍比较突出;制约民间投资快速增长的环境改善还不明显;农民收入增长缓慢等。这些问题需要我们在今后的工作中加以重视和解决。

二、农　　业

2000年,全省紧紧围绕农民增收和农村稳定两大目标,适应农村发展新阶段的要求,积极推进农业和农村经济结构的战略性调整,采取有力措施加强农业的基础地位,促进了农业和农村经济的健康发展。初步核算,全年农林牧渔业完成增加值1268.6亿元,比上年增长3.8%。其中,农业760.6亿元,增长4%;林业33.5亿元,增长6%;畜牧业265.1亿元,增长5.2%;渔业209.3亿元,增长0.4%。农业内部各业所占比重为,农业为56.7%、林业为2.1%,畜牧业为26.1%,渔业为15.1%。

粮食减产,经济作物增产。受种植结构调整和天气干旱的双重影响,粮食减产,全年粮食总产为3837.7万吨,比上年下降10.1%。其中夏粮总产量1860.3万吨,下降12.2%;秋粮总产为1977.5万吨,下降8.1%。棉花总产为59万吨,比上年增长50.4%;油料总产为356.9万吨,增长11.4%;蔬菜及瓜类总产为8372.5万吨,增长12.5%;水果总产为966.6万吨,增长5%。

林业生产继续发展。注重林业的生态效能,林业生产发展步伐稳中有快,全省共造林15.3万公顷。其中:用材林1.8万公顷,经济林10.1万公顷,防护林3.4万公顷。幼林抚育面积为60.8万公顷,育苗面积1.8万公顷。完成退耕还林2.1万公顷。

畜牧业生产稳定增长。年末生猪存栏为2660.3万头,比上年增长3.9%;牛存栏为1008.6万头,增长3.2%;羊存栏为2784.7万只,增长9.8%。全年肉类总产量为560.2万吨,比上年增长6.8%。其中猪牛羊肉产量为379.9万吨,增长5.1%;禽肉产量167.6万吨,增长10%。禽蛋产量为366.2万吨,增长4.9%;奶类产量为70.5万吨,增长15%。

渔业生产保持平稳。继续坚持控制捕捞、发展养殖的方针,注重效益,稳中求进。在加大对近海渔业资源的保护力度,严格执行海洋捕捞"零"增长的控制措施同时,海水养殖和内陆淡水养殖继续实施常规品种和名、特、优、新、珍、稀品种养殖相结合,进一步优化结构,确保了渔业生产的增产增收。全年水产品总量达到698万吨,比上年增长0.4%。其中,海水产品594.9万吨,下降1.2%;淡水产品103.1万吨,增长11.2%。

农业生产条件和农村基础设施进一步改善。全省农业机械化程度显著提高,大中型农业机械较大增长。年末农业机械总动力达7025.2万千瓦,比上年增长15.2%。其中,农用排灌动力机械1976.4万千瓦,增长5.2%;联合收割机达5.2万台,增长21.7%。农村用电量200.3亿千瓦小时,比上年增长9%。全年化肥施用量(折纯)423.2万吨,增长0.9%。年末耕地面积660.7万公顷,有效灌溉面积482.5万公顷,比重为73%,其中节水灌溉面积161万公顷,增长2.3%。全省农村通电、通车、通话、通自来水的"四通"程度有较大提高。年底,通电的农户数达到2015.3万户,比重达到99%;通汽车村数达到8.4万个,比重由上年的94.5%上升到95.9%;通电话村数达到8.7万个,比重由97.9%上升到99.6%;自来水受益村数达到4.4万个,比重由47.8%上升到50.1%。

三、工　　业

2000年,全省工业继续贯彻"改革、改组、改造、加强管理"的工作方针,深入开展"学邯钢、学海尔、学亚星"活动,按照"改造一批、壮大一批、培植一批、转移、淘汰一批"的调整思路,精心组织,开拓市场,结构调整取得积极进展,生产持续快速增长,经济效益大幅提高,经济运行质量明显改善。工业生产快速增长。全省全部工业完成增加值3723.4亿元,比上年增长12.6%。其中,全部国有和年销售收入500万元以上的非国有独立核算工业企业(下同)完成增加值2524.3亿元,增长14.6%。国有及控股工业完成增加值1243.5亿元,增长17.7%;集体工业完成增加值663.1亿元,增长12.9%;股份制工业完成增加值458.6亿元,增长15.3%;股份合作制工业完成增加值76.4亿元,增长16.2%;外商及港澳台投资工业完成增加值311.8亿元,增长15.7%;其他经济类型工业完成增加值74.2亿元,增长23.9%。重工业生产快于轻工业。轻工业和重工业完成增加值1008.5亿元和1515.8亿元,分别增长12.7%和16.2%。大中型工业完成增加值1760.4亿元,增长16.6%。工业产销率提高。全省工业产品销售率为97.9%,比上年提高0.6个百分点。其中,国有工业产销率为99.4%,大中型工业为98.6%。非国有工业中,集体工业产销率为96.9%,股份制工业为97.6%,股份合作制工业为97.8%,外商及港澳台投资工业为97.2%,其他经济类型工业为96.1%。重工业产销率略高于轻工业。轻工业产销率为97.7%,重工业产销率为98%。主要产品产量增降明显。在重点统计的121种产品中,比上年增长的有101种,占83.5%。在轻工产品中,保证人民日常生活供给的基本消费品大都保持了一定增长。其中,乳制品增长21.1%,啤酒增长10.5%。市场需求较旺的一批名优高档耐用消费品增长较快。其中,房间空调器增长11.3%,彩色电视机增长13.3%,家用洗衣机增长13%。但黑白电视机、照相机等产品市场需求减弱,生产均有不同程度下降。纺织行业通过几年的调整已取得初步效果,主要纺织产品生产明显加快。其中,纱增长23.4%,布增长17.2%,服装增长16.4%,化学纤维增长10.9%。重工产品中,发电量增长

9.8%，原油增长0.4%，原煤下降9.8%。主要原材料产品仍保持较快增长。其中，钢材增长9.4%，水泥增长12.7%，硫酸增长32.5%。投资类机电产品扭转了低迷局面，工业锅炉增长6.8%，金属切削机床增长42.7%，内燃机增长13.2%，发电设备增长38.6%。支农类产品增势明显下降。其中，化肥增长5.9%，化学农药下降12.7%，合成氨增长3.1%，小型拖拉机下降0.1%。随着信息产业的发展，高科技含量、高附加值产品增长较快。其中，微型电子计算机增长48.9%、程控交换机增长10.9%。经济效益明显提高。全年实现产品销售收入8060.3亿元，比上年增长22.1%；实现利润543.6亿元，增长88.6%；实现利税1003亿元，增长51.7%。经济效益综合指数为132.8，比上年提高20.9个百分点。其中，总资产贡献率为12.5%，提高2.7个百分点；资本增值保值率为112.9%，提高3.3个百分点；资产负债率（逆指标）为62.5%，下降0.6个百分点；流动资产周转率2.1次，加快0.2次；成本费用利润率为7.3%，提高2.7个百分点；全员劳动生产率达到36193元/人，增长16%。亏损面为12.4%，下降1.6个百分点，亏损企业的亏损额为41.5亿元，下降13.3%。

四、固定资产投资和建筑业

2000年，我省继续贯彻实施扩大投资、启动内需的政策措施，调整优化投资结构，出台了一系列鼓励企业技术改造投资的政策，培育经济增长的长期动力，加强对全社会投资的引导，保证了全省投资的持续增长，拉动全省经济持续、健康发展。

固定资产投资增长进一步加快。全省全社会固定资产投资完成2544.7亿元，比上年增长14.5%，增速比上年提高5.4个百分点。固定资产投资率达到29.9%，比上年提高0.6个百分点。按经济类型分，国有单位投资完成1189.5亿元，增长14%；城乡集体投资完成649.3亿元，增长6.6%；个体投资完成331.4亿元，增长9.7%；其他投资完成374.4亿元，增长40%。

更新改造投资增幅明显提高。基本建设投资完成784.1亿元，比上年增长9.2%；更新改造投资完成390.2亿元，增长26%，快于基本建设投资增速16.8个百分点，占全社会投资的比重由去年的13.9%上升为15.3%，成为固定资产投资增长中一个新亮点。

在建总规模有所扩大。全年全省固定资产投资施工项目（不包括农村集体和个体私营投资项目）9759个，其中当年新开工项目6502个。施工项目在建总规模达4781.6亿元，增加471.3亿元，比上年增长10.9%，为投资的持续快速增长积蓄了后备力量。

产业投资结构继续调整优化。在固定资产投资（不包括城乡集体和个体私营）中，第一产业投资完成39.8亿元，比上年增长22.4%，其中水利投资完成23亿元，增长35.6%。第二产业投资完成698.4亿元，增长23.8%，增速比上年提高18.6个百分点，其中：石油和电力工业投资分别增长21.6%和29.2%，原材料工业投资增长16%，机械工业投资增长14.7%，轻纺工业投资增长76.1%。第三产业投资完成825.8亿元，增长20%，增速比上年提高7.5个百分点，其中邮电通讯投资完成140.5亿元，增长80%；科研、教育、文化、卫生投资完成69.6亿元，增长17.8%。

房地产市场产销两旺。全年房地产投资完成219.7亿元，比上年增长26.6%。其中商品住宅投资完成151.2亿元，增长40%，占全省房地产投资的68.6%，比上年提高6.4个百分点。全年销售商品房1018.6万平方米，增长15.7%。其中销售给个人的807.2万平方米，增长40%，占商品房销售总量的79.3%。实现商品房销售额182.7亿元，增长54.4%。其中销售给个人的116.3亿元，增长61%。商品房的旺销，成为带动房地产投资快速增长的主要动力。

建筑业生产平稳增长，经济效益明显好转。全省完成建筑业增加值503.1亿元，比上年增长9.4%。全省资质五级及以上建筑企业4601个，全员劳动生产率为49291元/人，增长9.1%；实现利税47.2亿元，增长12.8%。国有建筑企业在“少数做强，多数做专”的改革思路指导下，经过优化组合，骨干企业进一步发展壮大，全员劳动生产率74003元/人，增长10.7%；实现利税12.5亿元，增长15.7%。建筑质量意识提高，招标投标工作进一步规范，全年招标投标推行面达45.9%，比上年提高4.5个百分点。

五、运输邮电业

2000年，全省进一步深化交通运输业改革，加大运输结构调整力度，努力提高运输能力；提升邮电通讯业公用通信能力，发展邮政新型业务，进一步普及现代化的通讯手段，数据和多媒体业务已成为新的增长点。

交通运输生产及建设继续保持良好的发展势头。全省高速公路通车里程达到2006公里，比上年净增647公里。客货运输有较大增长，全省公路旅客运输量和周转量完成8.6亿人、347亿人公里，比上年增长10.9%和11.7%；水路旅客运输量和周转量完成822万人、3.3亿人公里，分别下降4.8%和19.1%。公路货物运输量完成7.7亿吨、周转量405.8亿吨公里，分别增长14.1%和14.8%；水路货物运输量完成4452万吨、周转量2827.8亿吨公里，分别增长26.7%和70.9%。沿海港口货物吞吐量完成1.7亿吨，增长23.2%。中央与地方铁路旅客发送量完成4802万人次，增长3.4%；旅客周转量完成277.4亿人公里，增长6.7%；货物发送完成1.4亿吨，增长6.3%；货物周转量完成1022.2亿吨公里，增长9.95%。其中，省地方铁路通车里程达307公里，全年发送货物679.6万吨，周转量4.4亿吨公里，与上年基本持平。

航空业进一步发展。全年航空货邮量达到8.7万吨，比上年增长23.3%；客运量达到441万人次，增长17.9%。

邮电通信业增势强劲。全年完成业务总量260.7亿元，比上年增长47.6%。年末全省长途电路21.55万路；长途自动交换机容量335.3万路端。电话普及率达到12.4部/百人，比上年增加2部。移动通讯继续快速发展，年末移动电话户数已达501万户，比上年增长1倍。

六、国内贸易

2000年，全省继续贯彻扩大消费需求的一系列方针政策，充分利用假日经济做好开拓消费市场的文章，在努力提高居民消费需求的同时，大力调整供给结构，不断开拓新的消费热点，有力地推动了全省消费品市场的快速发展。

国内消费品市场稳中趋旺。全年实现社会消费品零售总额2545.9亿元，比上年增长10.2%。从各季度情况看，零售额增幅呈逐季加快态势，一季度增长9.0%，二季度增长10.6%，三季度增长10.5%，四季度增长10.7%。

各类商品销售呈增长势头。随着人们生活环境的改善，对精神文化、信息需求的增加，电子、电信产品销售较旺。在限额以上批发零售贸易企业商品零售额中，普通电话机比上年增长28%，移动电话机增长3.4倍，影碟机增长14%，电视机增长8%，空调器增长32%，家用电脑增长1.1倍；食品、饮料、烟酒类零售额增长13.3%；服装、鞋帽及针、纺织品类零售额增长20.4%。

批发零售贸易业和餐饮业零售额增长较快。在节假日消费的带动下，全年批发零售贸易业和餐饮业销售趋活，实现零售额1618.7亿元和265.4亿元，分别增长11.5%和17.1%。节假日居民举家外出旅游和用餐次数明显增多，餐饮业零售额一直保持高速增长，各月增幅均在10%以上。批发零售贸易业和餐饮业已在零售市场中占绝对优势地位，其零售额占社会消费品零售总额的比重达74%。

城镇消费品市场增幅高于农村。全省县及县以上城镇实现消费品零售额1816.6亿元，比上年增长10.8%；县以下农村实现消费品零售额729.3亿元，增长8.8%。

零售企业效益好转，批发企业亏损增加。全省限额以上批发零售贸易企业实现商品销售收入净额1537.8亿元，比上年增长7.4%；批发企业亏损3.8亿元，比上年增亏3.8亿元；零售企业实现利润总额1.8亿元，比上年增加1.5亿元，增长4.3倍。全省限额以上批发零售贸易企业亏损面为31%，比上年增加3.3个百分点；毛利率为8.2%，比上年减少0.3个百分点。

七、对外经济贸易与合作

2000年，全省充分利用世界经济好转的有利时机，大力实施经济国际化战略，积极调整出口产品和市场结构，提高外贸增长的质量和效益，创造吸引外资的良好环境，加快对外经济交流合作步伐，促进了全省外向经济的发展。

进出口总额大幅度增长。全省实现进出口总额249.9亿美元，比上年增长36.8%。其中出口155.3亿美元，增长34.1%。在全省出口中，一般贸易出口74.7亿美元，增长37.9%；加工贸易出口80亿美元，增长30.4%。全省实现进口94.6亿美元，比上年增长41.4%，实现贸易顺差60.7亿美元，对全省经济增长的拉动进一步增强。

利用外资平稳发展。全省新签利用外资项目2733项，比上年增长56.6%；合同外资额56.1亿美元，增长33.2%；实际利用外资38.1亿美元，增长1.8%。其中合同外商直接投资50.7亿美元，实际利用外商直接投资29.7亿美元，分别增长63.1%和20.4%；新批对外借款合同金额4.2亿美元，实际利用借款7.1亿美元，分别下降34.7%和7.6%。

对外承包和劳务合作下降。全省直接签定对外承包劳务1250份，比上年增长12%；直接签定合同额6.2亿美元，比上年下降9.1%；完成营业额4.5亿美元，下降28.9%；外派各类劳务人员1.9万人次，下降2.3%；平均单个项目合同额由上年的60.7万美元下降为49.3万美元。

国际和国内旅游进一步活跃。全年共接待海外游客72.3万人次，比上年增长16.3%。其中外国人48万人次、港澳同胞16.2万人次、台胞8.1万人次；国际旅游(外汇)收入3.2亿美元，增长18.8%。接待国内游客7006.9万人次，增长9%；国内旅游收入386.5亿元，增长35.5%。

各类开发区主要经济指标快速增长。全省各类开发区完成固定资产投资194.7亿元，比上年增长27.8%，其中用于基础设施投资35.8亿元，比上年增长44.4%；实现财政收入36.8亿元，增长41.9%；实现出口35.1亿美元，增长33.6%；实际利用外资11.6亿美元，增长33.1%。

八、财政金融

2000年，全省进一步完善税制，加强收入征管，积极稳妥地实施税费改革，规范收入分配秩序，财政收入保持了较快增长。调整优化支出结构，努力保证社会保障及科技、教育、农业、生态保护等重点领域的支出需要，改进财政投入方式，加强对企业的财政技术改造投入支出。适应稳健的货币政策的需要，及时化解各种金融风险，积极采用各种货币手段，加大贷款力度，提高了金融对经济增长的支持力度。

财政收入继续保持快速增长。全省共完成地方财政收入463.4亿元，比上年增长16.6%，地方财政收入占国内生产总值的比重为5.4%，比上年提高0.1个百分点。分税种看，与生产和效益紧密相关的税种增长较快。其中增值税增长14.5%，营业税增长11.1%，企业所得税增长29.7%。地方小税种也增长较快，个人所得税增长31.8%，城建税、耕地占用税等增幅都在15%以上。分所有制看，非公有制经济提供的税收增长较快，在增值税中，股份制、港澳台和外商投资、私营企业提供的税收分别增长118.2%、31.1%、78.1%。按分税制口径统计，全省地方财政收入亿元县达118个，比上年增加12个，其中超过3亿元的有20个县。在财政支出上，各级财政部门大力调整优化支出结构，科学运筹资金，压一般，保重点，集中资金办大事，全省共完成财政支出612.1亿元，比上年增长11.9%。分项目看，基本建设支出下降9.4%，对农业、教育、科技、社会保障等重点支出，分别增长10%、17.5%、12.1%、30.3%。注重培育经济增长的后劲，企业挖潜改造资金增长11.1%。

金融存贷款规模扩大。年末金融机构各项存款余额为7471.2亿元，比年初增加907.9亿元，比上年多增105.2亿元。年末企业存款余额2077.2亿元，比年初增加351.7亿元，比上年多增119亿元。年末城乡居民储蓄存款余额为4466.7亿元，比年初增加356.9亿元，比上年少增12.6亿元。在年末存款余额中，年末定期存款余额为3465.4亿元，比年初增加162.6亿元，比上年少增49.7亿元。年末全省金融机构各项贷款余额为6209亿元，比年初增加919.5亿元，比上年多增122.5亿元。从贷款期限看，短期贷款比年初增加500.7亿元(已扣除各商业银行剥离的贷款，下同)，比上年多增194.5亿元；中长期贷款增加270.9亿元，比上年少增20.2亿元。分项目看，工业贷款比年初增加28.4亿元，比上年少增90.6亿元；商业贷款比年初增加4.1亿元，比上年少增38.3亿元；而乡镇企业贷款、农业贷款、个体及私营企业贷款分别比年初增加58、109.3、5.3亿元，比上年多增20、84.6、1.9亿元。全省累计净回笼现金112.4亿元，比上年多回笼77.7亿元。

九、科学技术

科技事业取得新进展，科技实力有较大提高。2000年，全省共取得重大科技成果3728项，比上年增加40项，增长1.1%。有21项重要技术成果获国家级科技奖励。全省有两院院士22人，国家级有突出贡献的中青年专家108人。全省专利申请量达10019件，比上年增加1430件，增长16.6%；授权专利6962件，比上年增加426件，增长6.5%。

科技投入不断增加。全省科技三项经费和科学事业费达到12.9亿元，比上年增长12.1%。

高新技术研究与产业化开发成果显著。全省10个高新技术开发区预计共实现技工贸总收入760亿元，利税68亿元。实施省级以上火炬计划项目316项，其中国家级85项。

星火计划成绩斐然。全省共组织实施省级以上星火计划198项，其中国家级85项，总投资41.5亿元。

技术市场日益活跃。年末各类技术贸易机构达到14301个，比上年增长5.9%；从业人员24.2万人，其中科技人员12.7万人。全年签订技术合同30962项，比上年增加1827项，增长6.3%；合同金额达28.8亿元，增长4.7%；技术交易额19.1亿元，增长4.9%。

防震减灾能力继续加强。全省数字地震前兆试验台网完成了12个台站的43项观测手段的数字化改造，震害预测、地震应急与辅助决策等分系统基本建成，地震速报速度由40分钟左右提高到15分钟。地震科技为经济建设的服务领域拓宽，完成了青岛地铁、青岛海湾大桥、东营黄河大桥、费县电厂等25个国家和省市重点项目的地震安全性评价及其它科技项目120余项。

技术监督工作继续得到强化。全年有526种产品通过了采用国际标准和国外先进标准验收，56种产品使用采标标志，采标产品累计6113种，使用标志产品累计472种，有5项采标新产品列入国家新产品计划。对4540余家定量包装生产和经销企业进行了检查，抽查定量包装商品2.5万批次，完成计量器具强制鉴定达289.9万台(件)。全省有1776家企业取得质量体系认证证书，646家企业的4039个产品获得产品质量认证证书。为规范市场秩序，全省进一步加大了打假工作力度，全省共出动执法人员40万人次，查获假冒伪劣产品货值4亿元，查处案件3.6万起，捣毁制售假窝点4150个。

十、城市建设与环境保护

城市基础设施建设进一步加快。全省完成城市建设投资98亿元，新增污水处理能力76万吨/日，垃圾处理能力2300吨/日，供水能力30万吨/日，城市道路面积450万平方米，园林绿地900公顷，供热面积600万平方米。工程质量进一步提高，5个城建项目获得国家"市政工程金杯奖"，7个项目获中国建筑工程"鲁班奖"。威海市居住环境整治工程、青岛棚户区改造工程和黄河滩区移民建镇工程被列为迪拜居住环境最佳和良好范例。

环境保护事业取得新成果。"一控双达标"取得较大进展，完成了国家和省政府下达的12项主要污染物总量控制指标。全省7795个工业污染源中，废水工业污染源3186个，其中依法关停了568个，有2616个主要污染物经治理达标；废气工业污染源4609个，其中依法关停600个，有4009个主要污染物经治理达标。青岛、烟台、威海市环境功能区已达到国家环境质量标准。城市环境综合整治有了新起色。全省所有地级以上城市全部实现机动车用汽油无铅化，并在4个城市推行液化石油气与汽油"双燃料"试点。继威海、烟台、莱州、荣成市之后，青岛市被命名为国家环境保护模范城市。城市环境空气质量总体上有所好转，17个市政府驻地城市空气中二氧化硫均值较上年下降了24.2%，总悬浮颗粒物下降了15.6%；城市区域环境噪声和交通道路噪声声级值较上年也有所降低。全省累计建成城市烟尘控制区187个，总面积达1330平方公里；累计建成城市噪声达标区190个，面积为1095平方公里。生态环境保护工作进一步加强。目前,全省已建成各类自然保护区46处,面积55.5万公顷,占土地面积的3.5%。其中国家级4个,面积15.9万公顷。建立生态示范区21个,面积410.3万公顷。

十一、教育、卫生、文化、体育

教育事业进一步发展。全省普通高等院校招生、在校生规模扩大。26个培养研究生单位共招收研究生3850人,比上年增加1233人;在校研究生8522人,增加2091人。全省普通高等教育(含58所普通高校及部分成人高校举办的高职班,不含电大普通专科班,以下同)共招生12.5万人,比上年增加3万人。其中本科招生6万人,增加0.8万人;专科招生6.5万人,增加2.2万人;本专科招生数分别占招生总数的47.7%和52.3%。全省普通高等教育在校生30.4万人。其中本科在校生18.3万人,比上年增加3.6万人;专科在校生12.1万人,增加4.2万人;本专科在校生分别占在校生总数的60.1%和39.9%。全省中等职业技术学校在校生90.2万人,比上年减少2.3万人。全省普通高中在校学生108.6万人,普通初中在校学生570万人,分别比上年增加14.7万人和43.5万人。全省小学招生及在校生人数继续减少。小学招生104.5万人,比上年减少11.6人。小学在校生774.9万人,减少95.8万人。小学毕业生升学率由1999年的98%提高到98.3%。小学学龄儿童入学率为99.8%,比上年上升了0.2个百分点。全省幼儿园2.7万所,在园幼儿数161.3万人,比上年减少5.3万人。全省141所盲聋哑学校和弱智儿童辅读学校在校生1.7万人。成人教育健康发展。全省成人高等学历教育共招生8.2万人,在校学生22万人;成人中等专业学校在校学生12.3万人;各类成人技术培训学校共培训833.6万人次,其中农民技术培训774.1万人次。全年扫除文盲8.6万人。

卫生事业发展平稳,各项改革全面深化,卫生服务网络不断完善。全省已有医院、卫生院3150所,卫生防疫防治机构357所,妇幼保健机构127所。各类卫生机构拥有病床21.5万张,比上年增加0.2万张。全省卫生技术人员31.5万人,增加0.7万人。其中:医生14.5万人,增加0.6万人;护师、护士9.2万人,增加0.2万人。中医事业稳步发展,中医科病床2.2万张;中医医院卫生技术人员2.3万人,增加0.1万人。

文化广电事业繁荣发展。年末全省各种艺术表演团体117个,艺术表演场所107个,公共图书馆133个,群众艺术馆、文化馆158个。档案馆186个,其中国家综合档案馆157个,国家综合档案馆馆藏总量760万卷。全年共出版各类图书3851种,报纸146种,期刊274种。全省共有市级以上广播电台18座、电视台18座、有线电视台11座。县级广播电台、电视台83座。中、短波广播发射台和转播台30座。一千瓦以上电视发射台和转播台93座。全省广播电台平均日播音时间达到1104小时2分,电视台平均周播时间4171 小时3分。广播、电视人口覆盖率分别达93.5%和91%。

体育事业成绩突出。我省共有17名优秀运动员代表国家参加悉尼奥运会,获得金牌2枚、银牌1枚、铜牌1枚,实现了我省体育史上奥运金牌“零”的突破。在各项国际比赛中,我省运动员获得19个世界冠军和15个亚洲冠军。在各项全国最高水平比赛中,我省共有58人次获得53项全国冠军。本年度我省男女篮球、排球、足球(男子2支和女子)和女子手球队8支队伍首次同时进入全国甲级队行列。

十二、市场物价

2000年,我省积极调整和完善价格政策,努力做到以价格调整促经济结构优化。调整了小麦、玉米定购保护价格及蚕茧、烤烟收购价格,发布了棉花收购指导价格,调整了中小学、大中专院校和医疗服务收费标准,调整了城市公共交通、自来水、燃气等城市基础设施收费价格。经过价格结构有升有降的调整,价格总水平由降转升,全年全省居民消费价格总水平上升0.2%。分城乡看,城市居民消费价格总水平上升1.2%,农村下降0.7%。分商品类别看,对价格总水平影响最大的食品类价格下降2.3%,降幅较上年缩小1.5个百分点。其中肉禽及其制品上涨0.6%,水产品上涨6.6%,鲜菜上涨4.2%。工业消费品价格降多升少,总体水平仍在低位运行。其中,衣着类下降0.3%,家庭设备及用品下降2.9%,娱乐教育文化用品下降3.1%,交通及通讯工具下降6.8%,医疗保健下降0.4%。居住价格比上年上涨4.5%。服务价格在上年较高的基础上继续上涨14.6%。农业生产资料价格比上年下降1.3%,农产品收购价格下降9.2%。

工业品价格总水平进入上升通道。全年工业品出厂价格比上年上升5.9%,升幅比上年提高8.7个百分点。其中,轻工业产品出厂价格下降0.3%,重工业产品出厂价格上升10.9%;生产资料出厂价格上升9.5%、生活资料出厂价格下降1.2%。企业原材料购进价格上升4.7%,升幅比上年提高11.3个百分点。固定资产投资价格上升2.4%。其中,建筑安装工程价格上升5.1%,设备工器具价格下降2.8%,其它费用价格上升0.4%。

十三、居民生活

2000年,我省认真贯彻中央提出的加强社会保障的有关要求,确保离退休人员、下岗职工和城镇低收入家族的收入,提高机关企事业单位职工的工资,鼓励个体私营经济的发展,全省城乡居民收入水平得到提高,生活水平得到明显改善。

城镇居民收支快速增长。全省城镇居民人均可支配收入达6490元,比上年增长11.7%,增幅提高3.8个百分点。全年城镇居民人均消费性支出为5022元,比上年增长11.2%,增幅提高2.3个百分点。城镇居民消费支出中,教育、高档耐用消费品、医疗、娱乐、旅游等方面的需求继续呈现旺盛的势头。全年人均食品消费支出1744.1元,比上年增长4.1%;衣着消费支出665.6元,增长8.5%;设备用品服务支出561.2元,增长1.9%;医疗保健支出322.6元,增长46.8%;交通通讯支出353.6元,增长29.7%;娱乐文教服务支出712.4元,增长18.9%;教育支出405.8元,增长18.5%;居住支出395.3元,增长6.4%;杂项商品及服务支出267.2元,增长26.2%;旅游支出71.8元,增长66.3%。全省城镇居民人均居住面积达10.8平方米,比上年增加0.4平方米。每百户城镇居民拥有彩电115.3台、电冰箱86.5台、洗衣机88.5台、照相机50.2架、摩托车33.1辆、影碟机33.8台、空调器25.8台、微波炉15.7台、电脑9.5台、淋浴热水器53.1个、移动电话19.5部。其中移动电话增长1.9倍、家用电脑增长95.4%、影碟机增长50.5%、微波炉增长50.4%、空调器增长48.2%。

农民收支稳定增长。全省农民人均纯收入达2659.2元,比上年增加109.6元,增长4.3%。农民生活消费支出1770.4元,比上年增加90.7元,增长5.4%。其中,食品支出781.9元,下降4.7%;衣着支出117.5元,增长3.3%;住房支出299.8元,增长18.8%;文教娱乐用品及服务支出207.9元,增长14.2%。全省农村居民人均居住面积为23.6平方米,住房质量明显提高。全省农村居民每百户家庭拥有彩电51.6台、电冰箱15.7台、收录机19.3台、洗衣机18.3台、电风扇145.1台、照相机4.4架、摩托车37辆。

注:(1)公报所列国内生产总值(简称GDP)、增加值指标按当年价格计算,增长速度按可比价格计算。

(2)根据国家规定,人口数据待第五次人口普查汇总完成后公布。

(3)本公报所列各项数字均为年快报数或初步统计数。

2000年山东统计工作综述

2000年,在省委、省政府和国家统计局的领导下,全省统计系统广大干部职工认真学习领会江泽民同志关于"三个代表"的重要思想,继续巩固"三讲"教育成果,围绕省委、省政府的中心工作,深入开展了统计工作质量年活动,圆满完成了各项统计工作任务,在统计制度改革、信息自动化建设、统计服务、干部队伍建设等方面取得了新的成绩。

一、加大数据质量监控力度,统计数据质量得到有效保障

全省各级统计部门始终坚持以提高统计数据质量为中心,采取多种措施,加大数据质量监控力度,确保全省主要宏观数据能够比较客观地反映全省经济和社会发展实际。一是继续完善数据质量审核与评估办法。在认真分析总结以往下发的一系列评估文件的基础上,制定了《关于进一步完善主要统计指标数据质量评估办法的意见》,增强了评估方法的科学性和可操作性。二是继续实行统计数据质量下管一级制度。按照有关评估办法,对市地上报的国内生产总值等16项主要统计指标,从平衡关系、逻辑关系、对比关系、衔接关系上严格审核和把关,按季度进行评估。对数据异常又不能说明理由的,要求重新审核上报。三是严格落实数据质量责任制。加强了对数据质量控制工作的领导,由一把手负总责、亲自抓,分管领导具体抓,专业人员认真抓,做到了层层把关,责任到人。四是加强对基础数据质量的执法检查,严肃查处了一批虚报瞒报、伪造篡改等统计违法行为。由于措施有力,方法科学有效,使全省统计数据质量不断提高,为领导决策提供了准确的依据。

二、统计制度改革取得新突破

一是城市、农村、企业统计调查网络逐步健全,调查制度改革向纵深发展。针对城市调查网络不健全、样本老化的问题,及时制定城市调查改革方案,经省政府同意,与省计委、省经委、省财政厅、省人事厅、省建设厅联合下发了《关于健全城市调查网络加强物价和城市住户调查工作的通知》。按照全国农村统计改革方案的要求,结合我省实际,认真抓好全省农村多目标抽样调查网络的建设工作,与省财政厅联合下发了《关于建立全省农村多主题抽样调查网络的通知》,适时召开了全省农村统计工作会议,对此项工作进行专门部署。针对企业调查网络不健全的实际情况,通过在县级统计局、企业聘请信息员等多种措施,建立健全企业调查网络,较好地保障了各项业务的开展。

遵照既满足国家、省级需要,又对地方具有代表性的原则,增扩了工业品价格调查企业和调查产品,使我省工业品价格总指数和大类指数有充分的代表性,中类指数基本具有代表性。认真做好编制定基价格指数的准备工作,为成功编制以2000年为固定基期的居民消费价格指数打下了良好的基础。认真组织实施了国家点农村抽样调查县以下样本轮换工作,增强了调查网点对国家和省的代表性。开展了县县农产量抽样调查,县县抽样数与国家调查县抽样数基本一致,夏粮抽样一次运转成功,为全国农村统计方法改革积累了经验。继续对限额以下工业实行省、市、县三级抽样调查,进一步完善抽样方案,加强对调查数据质量的监控力度,为推广实施"一套样本、三级抽样"积累了经验。

二是推行了统计调查组织方式的改革。圆满完成了工业统计年报"以定代年"、固定资产投资和限额以上贸易企业统计年报"以定代年"试点。继工业效益月报成功实行超级汇总后,在国家调查县的农产量、农民收入统计和工业生产月报中也实行了超级汇总。积极实施企业联网直报制度,建立了全省500家工业企业、115家房地产企业、83家批发零售贸易企业和326家亿元交易市场联网直报制度。应用"一套样本、三级抽样"方法,对小型批发零售贸易、餐饮业和个体商业开展年度调查,取得了较好的效果。在充分论证"一套表"改革的基础上,研究制定了工业企业"一套表"改革方案,在章丘市进行了试点。结合第五次人口普查工作,在潍坊、济宁分别选择有代表性的区、县、镇开展了新的城乡划分标准试点工作。

三是积极开展统计评价监测工作。探索建立了市地经济和社会发展水平综合评价指标体系,对17市地1999年经济和社会发展水平进行了综合评价,并写出分析报告,报省委、省政府领导参阅。为贯彻"抓大放小"发展战略,研究建立了限额以上独立核算贸易业综合效益评价监测指标体系,并对1999年和2000年上半年的效益情况进行了监测。继续做好国有企业扭亏脱困统计监测工作,对全省国有及国有控股大中型亏损企业、微利企业及全国确定的407户重点调度亏损企业进行了监测,并将地方国有及国有控股大中型企业的监测结果按月反馈各市地,满足了各级领导决策需要。圆满完成了"百新工程"、科技进步、妇女和儿童发展统计监测,受到省领导和有关部门的关注和好评。

四是加强了对部门统计工作的管理。以省政府办公厅文件下发了《关于改进和加强部门统计工作的通知》,进一步明确了政府综合统计和部门统计工作的职责和分工。认真履行职责,依法行使对部门统计报表的管理职权,做好对部门统计报表的审批、备案工作。

五是进一步完善了新国民经济核算体系。将工作重点放在资金流量、资产负债、经济循环帐户与GDP核算之间的衔接方面,注重GDP核算与各专业核算、统计局内部数据与部门统计数据的衔接,加强了对核算基础资料的来源、质量的管理审核。在GDP核算方面,增加了用支出法核算季度GDP的内容;在资金流量核算方面,积极与银行协调,对有关

金融指标进行质量评估，较好地完成了全省资金流量收入分配部分的核算工作。

三、认真扎实做好第五次人口普查工作，年报及各项调查任务顺利完成

2000年是人口普查工作的关键年份，成功与否，关系重大。在时间紧、任务重、普查难度大的情况下，积极主动开展工作，较好地完成了人口普查的阶段性任务。正式普查登记之前，认真做好各项普查准备工作，全省共选调、培训普查员、普查指导员60万人；完成了人口普查地理区域划分和地图绘制工作；进行了户口整顿和普查摸底工作；通过多种形式认真开展人口普查宣传活动，使人口普查政策深入人心；组织召开了一系列的会议，研究部署人口普查工作。上述准备工作，为普查登记的全面展开打下了良好的基础。11月1日，正式普查登记开始后，派出六个检查组，对17市地普查登记工作进行检查指导，对发现的问题，及时加以解决，确保了普查登记工作顺利进行。正式登记结束后，又及时部署了查遗补漏和复查工作，从而保证了普查登记结果基本上反映了全省人口发展的趋势。

年报及各项调查任务顺利完成。各专业年报工作均在国家获奖，许多专业获一等奖。各项定期报表也按时按要求完成，满足了国家和省委、省政府的需要。在此基础上，开展了多项临时统计调查，主要有“十一”黄金周假日旅游调查、社会和个体旅馆业抽样调查、开发区统计调查、国债项目跟踪调查、大中型亏损企业脱困情况调查、第二次山东妇女地位调查、房地产价格调查、债转股专项调查、企业固定资产投资意向专项调查、企业经营者年薪制调查、钢铁企业限产情况调查、政府科研机构管理体制改革专项调查、全省国内旅游抽样调查，等等，为及时满足领导决策需要发挥了积极的作用。

四、统计服务和宣传工作取得丰硕成果

围绕各级党委、政府的中心工作，努力强化“精品”意识，增强针对性，分析研究水平不断提高。省统计局全年共完成统计分析资料144篇，统计快讯65篇，有17篇次被省委、省政府领导批示，进入了领导决策。其中，系列统计分析《近几年山东经济增速放慢的原因》、《启动新一轮经济回升的有利与不利因素》、《促进山东经济持续快速增长的基本思路与对策建议》等7篇分析报告被省长李春亭批示。同时，继续发挥“短、平、快”信息优势，充分发挥统计信息主渠道作用，向省委、省政府报送了大量经济信息，全年被省委、省政府和国家统计局采用914篇次，被省委、省政府采用的条数均居省直各部门首位，为党政领导提供了较好的信息服务。

各市、县统计部门也都充分发挥统计信息主渠道作用，向各级党委、政府报送了大量经济信息，提供了许多有参考价值的分析报告，为党政领导提供了较好的信息服务。各级统计部门不断加大统计宣传力度，按季度召开国民经济运行情况新闻发布会，满足了社会各界对统计信息的需求。

五、统计信息自动化建设进展顺利

一是加快了统计信息网络工程建设步伐，完成了市地－区县网络建设阶段性任务，促进了省－市－县三级联网工作。二是在全省统计系统推广应用了新的电子邮件系统OpenMail，方便了省－市－县三级统计部门之间的电子数据传输，促进了系统办公自动化业务的发展。三是改造了山东统计信息港，初步实现了全文检索功能。完成了统计信息港新页面的设计，增加了全文检索功能和主要经济指标对比栏目，完善了文档资料的自动加载程序，初步实现了文档资料的数据库管理。同时，各市、县统计信息网站建设也取得了很大进展，不仅成为当地社会经济信息的重要网站，而且接入了国际互联网，实现了统计信息化建设的新突破。

六、统计法制建设步入规范化轨道

——坚持统计执法制度化、经常化、规范化。结合统计年报、统计管理登记和人口普查工作，广泛开展了统计执法检查活动。全省全年共检查单位6036个，立案查处统计违法行为2373件，分别进行了经济处罚、警告、通报批评等处理。

——加强了统计普法宣传工作。结合“三五”普法验收活动，开展了形式多样的统计普法活动。为宣传贯彻新修订的《统计法实施细则》，组织收看了国家召开的电视会议，并对学习、宣传、落实新细则作出安排和部署。

——组织开展了统计管理登记工作。为保证统计管理登记工作规范有序开展，制定下发了全省统计管理登记方案和登记标准，对登记工作进行了全面部署。与省技术监督局联合下发了《关于加强组织机构代码与统计管理登记工作配合的通知》，减少了漏统、漏登单位数量，确保登记工作质量。

七、统计干部队伍建设取得明显成效

省统计局本着积极、慎重、稳妥的原则，积极主动地开展了机构改革各项工作，经过精心组织，顺利完成了人员定岗和分流，使全部人员都得到妥善安置，达到了省政府要求的改革目标。按照省委《关于认真开展“三讲”教育“回头看”活动的通知》要求，扎实有效地开展了“回头看”活动。通过开展这项活动，全局干部职工学习的积极性明显提高，政治意识、责任意识、大局意识明显增强，局领导班子的凝聚力和向心力进一步增强，干部的精神状态和工作作风明显改进，达到了巩固和加强“三讲”教育成果的目的。

各级统计部门深入学习领会江泽民同志关于“三个代表”的重要讲话精神，牢固树立党的宗旨意识。通过集中与个人自学相结合、召开座谈会等形式，加深了对马克思主义建党学说及党的性质、宗旨的认识和理解，牢固树立了党的宗旨意识和全心全意为人民服务的“公仆”思想。同时，结合统计部门工作实际，大力倡导实事求是，说实话、报实情、摸实数的良好风气，加强统计职业道德教育，强化统计业务知识和相关知识培训，促进了各项统计工作的开展。

一、行政区划和自然资源

ADMINISTRATIVE DIVISION AND NATURAL RESOURCES

简要说明：

一、本篇主要包括我省行政区划、自然状况和自然资源的开发和利用情况等。

二、行政区划资料由省民政厅提供。

三、自然资源包括土地面积、山脉、河流、湖泊、海洋、气象状况，其中林木资料由省林业厅提供，水利资料由省水利厅提供，气象资料由省气象中心提供。

1-1 行 政 区 划 一 览 表

（2000年）

名　　称	区市县数	区　市　县　名　称	街　道办事处（个）	乡（个）	镇（个）
济南市	5区1市4县	历下区　市中区　槐荫区　天桥区　历城区　章丘市　长清县　平阴县　济阳县　商河县	50	42	68
青岛市	7区5市	市南区　市北区　四方区　李沧区　黄岛区　崂山区　城阳区　胶州市　即墨市　平度市　胶南市　莱西市	83	11	112
淄博市	5区3县	张店区　淄川区　博山区　临淄区　周村区　桓台县　高青县　沂源县	18	17	89
枣庄市	5区1市	市中区　薛城区　峄城区　台儿庄区　山亭区　滕州市	7	30	54
东营市	2区3县	东营区　河口区　垦利县　利津县　广饶县	4	31	23
烟台市	4区7市1县	芝罘区　福山区　莱山区　牟平区　龙口市　莱阳市　莱州市　蓬莱市　招远市　栖霞市　海阳市　长岛县	41		97
潍坊市	4区6市2县	潍城区　寒亭区　坊子区　奎文区　青州市　诸城市　寿光市　安丘市　高密市　昌邑市　临朐县　昌乐县	24	43	184
济宁市	2区3市7县	市中区　任城区　曲阜市　兖州市　邹城市　微山县　鱼台县　金乡县　嘉祥县　汶上县　泗水县　梁山县	18	40	95
泰安市	2区2市2县	泰山区　郊　区　新泰市　肥城市　宁阳县　东平县	8	28	72
威海市	1区3市	环翠区　文登市　荣成市　乳山市	9		68
日照市	1区2县	东港区　五莲县　莒　县	6	11	36
莱芜市	2区	莱城区　钢城区	4	1	14
临沂市	3区9县	兰山区　罗庄区　河东区　郯城县　苍山县　莒南县　沂水县　蒙阴县　平邑县　费　县　沂南县　临沭县	8	62	132
德州市	1区2市8县	德城区　乐陵市　禹城市　陵　县　平原县　夏津县　武城县　齐河县　临邑县　宁津县　庆云县	11	37	77
聊城市	1区1市6县	东昌府区　临清市　阳谷县　莘　县　茌平县　东阿县　冠　县　高唐县	7	87	72
滨州市	1区6县	滨城区　惠民县　阳信县　无棣县　沾化县　博兴县　邹平县	6	38	61
菏泽市	1区8县	牡丹区　曹　县　定陶县　成武县　单　县　巨野县　郓城县　鄄城县　东明县	7	149	97

注：全省共17个地级市，31个县级市，47个市辖区，61个县，311个街道办事处，627个乡，1351个镇。

1-2 人口和自然资源

指标	2000年
一、人　口	
年底人口总数	8997万人
人口密度	574人/平方公里
二、土　地	
全省土地面积	1567.2万公顷(15.67万平方公里)
全省土地面积中各类土地所占比重	
1.中　山	0.84%
2.低　山	14.67%
3.丘　陵	13.19%
4.山间谷地	5.64%
5.山前倾斜地	12.94%
6.山前平原	9.16%
7.湖沼平原	4.35%
8.滨海低地	2.82%
9.滩　涂	2.52%
10.河滩高地	4.56%
11.决口扇形地	2.99%
12.冲积平原	19.01%
13.洼　地	4.07%
14.现代黄河三角洲	3.24%
三、森　林	
森林覆盖率	17.8%
林木蓄积量	7660万立方米
四、水文、水利	
1.多年平均水资源总量	308亿立方米
#地表水资源量	228亿立方米
2.多年平均地下水资源量	157.3亿立方米
#年开采总量	123亿立方米
3.水面养殖面积	52.56万公顷
淡水养殖面积	24.51万公顷
海水养殖面积	28.05万公顷
4.大陆海岸线长度	3000多公里

1－3 主要湖泊、河流基本情况

（2000 年）

湖　泊　名	面　积（平方公里）	蓄水量（亿立方米）	河　流　名	面　积（平方公里）	河　长（公里）
小　计	**1494.6**	**23.53**	徒骇河	13136.6	446.5
微山湖	531.7	7.78	沂河	10909.9	287.5
昭阳湖	337.1	4.29	马颊河	10638.4	448.0
独山湖	144.6	1.84	小清河	10498.8	233.0
南阳湖	211.0	3.39	大汶河	9069.0	211.0
东平湖	167.0	3.14	潍河	6493.2	233.0
麻大湖	110.0	0.97	沭河	6161.4	263.0
白云湖	16.2	0.28	大沽河	4161.9	179.9
青沙湖	11.1	0.16	弥河	3847.5	206.0

1－4 主要山脉高度

（2000 年）

山　名	标　高（米）	山　名	标　高（米）
泰山	1524	马耳山	707
蒙山	1156	龙须崮	707
崂山	1133	凤凰山	648
鲁山	1108	四海山	625
沂山	1032	鏊子崮	616
徂徕山	1028	黑山	612
昆嵛山	923	珂楼埠山	577
九顶山	834	大山	560
艾山	814	伟德山	554
牙山	806	招虎山	550
大泽山	737	孟良崮	536
摩天岭	735	布山	447

1-5 主要城市平均气温

（2000年）　　　　　　　　　　单位:摄氏度

城市名	一月	二月	三月	四月	五月	六月
济南	-3.3	0.7	10.6	16.7	21.6	26.6
青岛	-1.2	0.3	6.9	12.2	16.4	21.4
淄博	-2.6	1.1	10.5	16.4	21.4	27.0
枣庄	-0.4	1.9	9.9	16.2	21.2	25.6
东营	-3.3	-0.8	8.6	14.8	19.9	25.7
烟台	-2.1	-0.9	7.3	13.5	17.8	23.4
潍坊	-3.5	-1.8	7.0	13.1	18.3	24.6
济宁	-1.8	2.0	10.9	16.4	21.4	26.7
泰安	-2.2	0.1	9.0	14.7	19.5	25.6
威海	-2.1	1.2	6.5	12.7	17.3	23.1
日照	-0.9	0.3	7.2	13.3	17.6	22.1
莱芜	-3.0	-0.2	9.0	14.9	19.9	25.5
临沂	-0.9	0.6	8.6	15.0	19.8	24.5
德州	-3.6	0.6	9.9	15.9	21.0	26.9
聊城	-4.1	0.3	9.7	15.1	20.2	25.9
滨州	-3.8	-1.1	8.4	14.5	19.6	25.7
菏泽	-3.5	1.7	10.9	16.1	21.3	25.9

城市名	七月	八月	九月	十月	十一月	十二月	全年
济南	28.5	26.4	22.1	14.5	6.4	3.7	14.5
青岛	25.4	26.1	22.6	16.1	8.2	4.2	13.2
淄博	30.0	27.3	23.0	15.2	6.9	3.5	15.0
枣庄	27.7	26.5	22.8	15.8	7.2	3.8	14.9
东营	28.9	27.4	22.9	14.9	5.8	2.1	13.9
烟台	27.3	26.1	22.6	15.4	7.5	3.0	13.4
潍坊	27.8	26.2	21.1	14.3	5.1	1.2	12.8
济宁	28.4	26.5	22.4	15.0	6.9	3.9	14.9
泰安	27.2	25.5	21.5	14.2	5.5	2.6	13.6
威海	26.1	25.7	22.2	15.2	7.5	2.7	13.0
日照	25.9	26.0	22.3	15.8	7.3	3.6	13.4
莱芜	27.4	25.6	21.4	14.1	5.4	2.2	13.5
临沂	27.3	26.1	22.0	15.3	6.5	3.0	14.0
德州	29.0	27.1	22.7	14.3	5.5	2.4	14.3
聊城	27.6	25.9	21.2	13.8	5.5	2.6	13.6
滨州	28.6	26.6	21.7	14.2	5.0	1.5	13.4
菏泽	27.7	26.2	21.4	14.3	6.2	3.3	14.3

1-6 主要城市降水量

(2000年)　　　　单位:毫米

城市名	一月	二月	三月	四月	五月	六月
济南	17.2	17.0	0.3	25.8	40.3	138.4
青岛	39.5	7.3	1.6	10.9	59.9	99.8
淄博	12.8	7.0	0.1	6.5	54.4	19.7
枣庄	33.9	6.6	0.0	4.8	48.3	261.2
东营	13.5	6.4	0.1	3.2	26.8	15.8
烟台	21.2	5.3	0.2	10.1	20.2	40.9
潍坊	21.5	2.9	0.2	5.4	26.8	24.4
济宁	19.0	2.0	0.0	5.7	23.8	171.5
泰安	15.6	12.9	1.5	9.6	56.5	46.4
威海	14.3	5.8	0.5	17.9	26.0	43.5
日照	44.6	11.0	2.8	11.8	104.9	133.9
莱芜	16.4	10.9	1.1	8.5	79.9	50.7
临沂	37.5	10.0	0.2	6.0	51.3	120.8
德州	4.4	12.6	1.8	8.8	32.9	22.4
聊城	5.7	5.3	0.3	26.4	31.1	24.3
滨州	12.5	7.4	0.1	4.9	18.8	26.1
菏泽	16.6	0.9	0.3	9.4	23.2	49.6

城市名	七月	八月	九月	十月	十一月	十二月	全年
济南	90.3	218.6	40.4	103.9	28.8	0.2	721.2
青岛	74.9	276.8	99.5	68.9	46.4	2.7	788.2
淄博	37.0	164.5	32.0	77.5	24.6	2.3	438.4
枣庄	177.5	364.5	28.6	92.4	47.6	8.7	1074.1
东营	101.4	120.4	9.9	81.0	20.9	0.0	399.4
烟台	89.1	135.2	28.0	108.6	22.1	5.3	486.2
潍坊	58.3	96.8	48.0	102.6	32.4	1.4	420.7
济宁	162.1	331.3	26.7	87.1	33.2	5.2	867.6
泰安	165.2	207.9	40.5	79.4	27.9	3.2	666.6
威海	93.8	115.8	22.4	79.9	28.8	11.5	460.2
日照	162.8	349.2	66.2	61.2	51.7	3.0	1003.1
莱芜	127.4	365.9	31.5	78.7	28.2	3.3	802.5
临沂	170.9	325.8	33.8	102.3	45.2	5.7	909.5
德州	193.5	155.3	44.9	82.8	15.4	0.1	574.9
聊城	199.1	110.4	81.5	118.9	12.2	0.1	615.3
滨州	111.9	81.2	13.3	83.1	17.8	0.0	377.1
菏泽	258.1	128.6	79.7	59.3	19.9	1.3	646.9

1-7 主要城市日照时间

（2000年）　　单位：小时

城市名	一月	二月	三月	四月	五月	六月
济南	129.1	183.7	239.5	236.9	245.5	205.3
青岛	140.8	212.6	242.1	241.5	215.0	212.8
淄博	128.7	175.2	264.0	251.9	263.7	245.7
枣庄	109.5	196.7	240.5	251.1	243.8	204.7
东营	148.0	198.4	269.3	246.6	277.0	276.5
烟台	116.2	201.5	245.3	272.6	233.8	250.2
潍坊	109.5	180.7	238.4	239.7	241.2	233.2
济宁	114.5	181.3	248.7	266.9	269.9	236.6
泰安	144.4	191.7	271.9	251.5	249.6	237.1
威海	137.3	195.2	251.6	285.6	251.8	272.1
日照	151.4	215.0	253.4	254.7	236.9	204.0
莱芜	143.7	181.0	262.4	243.8	236.6	206.7
临沂	126.9	190.8	234.2	248.1	234.8	182.0
德州	121.4	163.7	258.1	245.7	273.3	254.0
聊城	96.1	155.9	238.1	224.7	237.9	202.3
滨州	139.6	198.1	262.2	254.8	277.8	265.4
菏泽	100.3	165.6	262.2	255.6	259.1	220.6

城市名	七月	八月	九月	十月	十一月	十二月	全年
济南	192.3	198.3	208.3	120.1	140.7	134.2	2233.9
青岛	199.9	185.7	210.6	177.4	142.2	180.0	2360.6
淄博	241.2	195.2	222.4	134.1	152.5	144.4	2419.0
枣庄	208.6	156.4	185.4	125.7	124.0	143.2	2189.6
东营	263.9	226.5	248.2	150.6	158.1	155.6	2618.7
烟台	274.5	213.4	248.6	169.1	154.8	137.1	2517.1
潍坊	260.4	165.1	212.6	140.7	134.4	147.2	2303.1
济宁	222.4	210.3	202.4	105.5	117.0	116.9	2292.4
泰安	214.7	201.5	220.5	135.1	157.4	119.1	2394.5
威海	273.1	216.0	259.9	173.9	163.1	156.7	2636.3
日照	203.1	189.5	197.0	149.9	144.1	184.1	2383.1
莱芜	206.8	183.1	216.1	119.8	141.6	135.0	2276.6
临沂	214.6	168.8	186.7	125.7	128.8	148.2	2189.6
德州	240.1	209.5	250.3	134.5	142.8	133.2	2426.6
聊城	171.3	162.1	224.2	100.4	114.9	110.2	2039.1
滨州	240.1	241.0	235.9	139.2	155.0	152.8	2561.9
菏泽	183.6	203.3	193.7	113.7	123.0	120.8	2201.5

二、综　　合

GENERAL SURVEY

简要说明：

一、本篇包括国民经济综合资料和国民经济核算资料。

二、国民经济综合资料中国民经济总量、速度、结构、比例数据均来自本年鉴各篇。

三、国民经济核算资料主要包括国内生产总值年度数据。

国内生产总值及其产业构成的资料，是由山东省统计局国民经济核算处根据不同产业部门的特点和资料来源情况而采用不同的方法计算的。有的部门以生产法计算的增加值为准，有的部门以收入法计算的增加值为准，最后将各产业部门增加值求和得到国内生产总值，这一结果是国内生产总值的标准数据。按支出法计算的国内生产总值等于最终消费、资本形成总额、货物和服务净出口（净流出）之和，由于资料来源等原因它与按生产法、收入法计算的国内生产总值不一定相等，两者的差额称为统计误差。为了避免在应用时产生混乱，国家统计局国民经济核算司对生产法、收入法和支出法国内生产总值及增长指数的名称作了如下规定：按生产法和收入法计算的国内生产总值简称为国内生产总值；按生产法和收入法计算的国内生产总值的增长指数简称为国内生产总值增长指数；按支出法计算的国内生产总值称为支出法国内生产总值。

本统计年鉴公布的国民经济核算资料，最后一年数据不是最终数，还会发生变动；如果遇到普查年，在能够获得更为详细的基础资料的情况下，国内生产总值的历史数据也会发生变动。1995 年，根据国家统计局的文件精神，依据第一次全省第三产业普查结果，对国内生产总值的历史数据做了调整，年鉴中的数据是调整以后的数据。表中所列分地区的数据来自各市统计局的国内生产总值年度报表资料，各地区数据相加不等于全省总计。

2－1 平均每天社会经济活动

项　　目	单　位	1990 年	1991 年	1995 年	1996 年	1997 年	1998 年	1999 年	2000 年
一、全省每天创造的财富									
国内生产总值	万元	41402	49604	137050	163299	182192	196224	209921	234039
工业总产值	万元	60297	71210	244020	250044	273538	289840	306725	342727
农业总产值	万元	17692	21347	45977	53757	56392	59576	60355	62859
地方财政收入	万元	2989	3521	4904	6621	8340	9655	11082	12704
布	万米	593	579	847	782	802	612	629	756
原　煤	万吨	16.4	16.6	24.2	24.6	24.9	24.6	24.6	22.0
发电量	万千瓦时	12229	13600	20253	21727	23396	22570	24946	27542
原　油	万吨	9.18	9.19	8.24	7.97	7.67	7.48	7.3	7.3
钢	吨	6219	6907	10660	12262	14332	15871	17076	17408
二、全省每天消费量									
城乡居民消费总量	万元	16122	18291	46253	54636	65328	69990	77312	84925
社会消费品零售额	万元	12606	14686	38362	46347	52444	58279	63289	69751
三、其他经济活动									
各种运输工具客运人数	万人	82.0	87.0	99.8	107.4	118.4	139.5	162.6	181.2
住宅竣工面积	平方米	16595	18827	40033	37007	39005	54381	67794	60659
邮寄函件	万件	108.0	76.0	106.3	96.2	90.0	90.7	95.8	90.1
四、全省人口变动和婚姻									
出生人口	人	4154	3599	2337	2532	2708	2795	2690	2644
死亡人口	人	1587	1528	1539	1615	1596	1477	1522	1547
结婚对数	对	1838	2020	1847	1977	2019	1973	2035	1853
离婚对数	对	103	105	132	147	157	159	159	167

2-2 国民经济主要比例关系

单位：%

项目	1978年	1980年	1985年	1990年	1995年	1996年	1997年	1998年	1999年	2000年
一、国内生产总值比例										
第一产业	33.3	36.4	34.7	28.1	20.2	20.1	18.0	17.0	15.9	14.8
第二产业	52.9	50.0	43.1	42.1	47.4	47.2	47.9	48.3	48.4	49.7
第三产业	13.8	13.6	22.2	29.8	32.4	32.7	34.1	34.7	35.7	35.5
二、国内支出总额比例										
#总消费	63.7	64.4	53.7	53.4	50.6	50.9	49.7	49.3	49.7	48.0
资本形成	34.2	32.6	37.3	42.3	45.9	46.9	48.3	48.4	47.7	49.2
三、人口比例										
按性别分										
男	50.6	50.6	51.0	51.0	50.9	50.9	50.9	50.9	50.9	50.8
女	49.4	49.4	49.0	49.0	49.1	49.1	49.1	49.1	49.1	49.2
按农业非农业分										
农业人口	91.2	90.5	86.8	81.3	75.1	74.1	73.8	74.1	74.0	73.2
非农业人口	8.8	9.5	13.2	18.7	24.9	25.9	26.2	25.9	26.0	26.8
四、社会从业人员比例										
第一产业	79.2	78.8	68.5	64.0	57.4	47.5	47.7	47.3	44.4	43.6
第二产业	12.3	12.3	19.8	22.8	25.9	22.2	22.0	20.7	22.7	22.2
第三产业	8.5	8.9	11.7	13.2	16.7	30.3	30.3	32.0	32.9	34.2
五、农林牧渔业总产值比例										
农　业	82.9	80.1	74.0	64.8	50.2	50.0	50.0	50.0	57.0	56.7
林　业	1.8	2.8	3.3	3.2	2.2	2.3	2.2	2.3	2.0	2.1
牧　业	11.9	14.6	18.7	23.4	33.0	33.5	33.4	33.3	26.0	26.1
渔　业	3.4	2.5	4.0	8.6	14.6	14.2	14.4	14.4	15.0	15.1
六、工业总产值中轻重工业比例										
轻工业	48.6	54.0	54.3	50.8	49.4	49.7	49.3	48.3	48.0	47.7
重工业	51.4	46.0	45.7	49.2	50.6	50.3	50.7	51.7	52.0	52.3
七、国有固定资产投资比例										
基本建设	85.3	75.2	48.5	51.3	53.0	55.2	54.9	58.9	59.8	56.4
更新改造	14.7	24.8	21.1	24.3	29.3	29.1	27.5	24.1	22.9	24.4
其他投资			30.4	19.4	9.1	8.7	10.6	9.9	8.8	11.6
房地产开发				5.0	8.6	7.0	7.0	7.1	8.6	7.6
八、财政收入占国内生产总值的比重	**27.4**	**16.0**	**10.4**	**8.2**	**7.7**	**7.5**	**8.1**	**8.7**	**9.0**	**8.8**
九、财政支出比例										
#基建拨款	26.2	15.5	10.8	6.3	6.5	6.9	5.7	6.5	5.9	4.8
文教卫生科学事业费	19.3	28.9	32.7	27.7	30.2	28.8	27.9	27.2	26.4	27.4
十、金融机构存款余额比例										
#企业存款	14.5	19.8	28.9	21.2	25.6	26.4	27.2	26.1	26.3	27.8
储蓄存款	16.0	24.6	47.4	61.6	64.2	65.6	63.5	64.9	62.6	59.8
财政存款	61.8	42.8	7.3	1.6	0.8	0.6	0.5	0.8	0.8	1.0

2-3 国民经济和社会发展主要指标占全国的比重

项目	单位	1999年			2000年		
		山东	全国	山东占全国比重(%)	山东	全国	山东占全国比重(%)
一、人口与就业							
年底总人口	万人	8883	125909	7.1	8997	126583	7.1
从业人员	万人	5314.2	70586	7.5	5382.5	71150	7.6
二、土地面积	**万平方公里**	**15.67**	**960**	**1.6**	**15.67**	**960**	**1.6**
三、工农业总产值							
规模以上工业总产值	亿元	6944.52	72707	9.6	8311.53	84871	9.8
农业总产值	亿元	2202.95	24519	9.0	2294.35	24916	9.2
四、国内生产总值	**亿元**	**7662.10**	**82054.3**	**9.3**	**8542.44**	**89404**	**9.6**
第一产业	亿元	1221.00	14211.9	8.6	1268.57	14212	8.9
第二产业	亿元	3705.44	40806.6	9.1	4244.40	45488	9.3
第三产业	亿元	2735.66	27035.9	10.1	3029.47	29704	10.2
五、人均国内生产总值	**元**	**8673**	**6546**		**9555**	**7078**	
六、主要工农业产品产量							
粮食	万吨	4269.0	50839	8.4	3837.7	46218	8.3
油料	万吨	320.5	2601.2	12.3	356.9	2955	12.1
水产品	万吨	695.1	4122.4	16.9	698.2	42785	1.6
棉花	万吨	39.2	382.9	10.2	59.0	442	13.3
烤烟	万吨	10.9	218.5	5.0	11.3	224	5.0
原油	万吨	2665.2	16000	16.7	2675.7	16300	16.4
原煤	万吨	8995.0	104500	8.6	8038.6	100000	8.0
发电量	亿千瓦时	910.5	12393	7.3	1005.3	13556	7.4
水泥	万吨	5949.2	57300	10.4	6547.1	59700	11.0
布	亿米	23.0	250	9.2	27.6	277	10.0
家用电冰箱	万台	242.7	1210	20.1	280.3	1279	21.9
家用洗衣机	万台	280.2	1342.2	20.9	312.4	1443	21.6
彩色电视机	万台	224.9	4262	5.3	254.8	3936	6.5
原盐	万吨	613.1	2812	21.8	829.9	3128	26.5
化肥	万吨	384.8	3251	11.8	424.2	3186	13.3
钢	万吨	623.4	12426	5.0	635.4	12850	4.9
平板玻璃	万重量箱	1501.7	16785	8.9	1559.7	18215	8.6
房间空调器	万台	255.1	1337.8	19.1	284.0	1827	15.5
化学纤维	万吨	43.3	600	7.2	39.6	694	5.7

2-3续表

项　　目	单　位	1999年			2000年		
		山　　东	全　　国	山东占全国比　重(%)	山　　东	全　　国	山东占全国比　重(%)
七、固定资产投资							
全社会固定资产投资额	亿元	2243.9	29876	7.5	2542.7	32619	7.8
#国有经济	亿元	1043.1			1153.7		
集体经济	亿元	635.6	4190	15.2	679.5	4739	14.3
八、运输、邮电							
货物周转量	亿吨公里	1273	40273	3.2	4033.2	44452	9.1
旅客周转量	亿人公里	518.3	11214	4.6	548.7	12261	4.5
沿海主要港口货物吞吐量	万吨	13915.8	105162	13.2	16024.9	125603	12.8
邮电业务总量(1990年不变价)	亿元	176.6	3311	5.3	260.7	4793	5.4
九、财政金融							
地方财政收入	亿元	404.5	5594.9	7.2	463.7	6394	7.3
地方财政支出	亿元	550.0	9035.4	6.1	613.1	10365	5.9
城乡居民储蓄存款余额	亿元	4109.8	59621.8	6.9	4466.7	64332	6.9
十、外贸外经旅游							
进口总额	亿美元	66.9	1657.2	4.0	94.6	2251	4.2
出口总额	亿美元	115.8	1949.3	5.9	155.3	2492	6.2
实际饮用外资	亿美元	37.5	526.6	7.1	38.1	594	6.4
旅游外汇收入	亿美元	2.7	141	1.9	3.2	162	1.9
十一、国内贸易							
社会消费品零售额	亿元	2310.1	31134.7	7.4	2545.9	34153	7.5
十二、物　价							
商品零售物价指数	%	97.1	97.0		98.6	98.5	
居民消费价格指数	%	99.3	98.6		100.2	100.4	
十三、人民生活							
在岗职工工资总额	亿元	620.1	9875.5	6.3	701.5	10656	6.6
在岗职工平均工资	元	7656	8346		8772	9371	
城镇居民人均可支配收入	元	5808.1	5854		6490.0	6280	
农民人均纯收入	元	2549.6	2210.3		2659.2	2253	
十四、教育、卫生							
高等学校在校生数	万人	21.4	413.4	5.2	30.4	556	5.5
中等专业学校在校生	万人	34.4	515.5	6.7	33.3	490	6.8
医院、卫生院床位数	万张	20.1	292.9	6.9	21.5	295	7.3
专业卫生技术人员数	万人	30.8	445.9	6.9	31.5	449	7.0
医生数	万人	13.9	204.5	6.8	14.5	208	7.0

2－4 国民经济和社会发展主要指标

指 标 名 称	单 位	1949 年	1952 年	1978 年	1985 年	1990 年	1995 年	1999 年	2000 年
一、人　口									
年底总人口	万人	4549	4827	7160	7711	8493	8705	8883	8997
按性别分									
男	万人	2199	2392	3624	3922	4299	4429	4537	4562
女	万人	2350	2435	3536	3773	4125	4272	4385	4413
按农业非农业分									
农业人口	万人	4289	4538	6533	6676	6846	6531	6600	6566
非农业人口	万人	260	289	627	1017	1578	2170	2322	2409
人口密度	人/平方公里	290	308	457	492	542	556	567	574
二、从业人员和劳动工资									
年末从业人员	万人	1859.3	1897.2	2969.8	3561.1	4043.2	5208.2	5314.2	5382.5
第一产业	万人			2350.9	2438.6	2585.7	2516.7	2358.6	2346.1
第二产业	万人			366.6	705.3	922.5	1170.8	1203.0	1197.0
第三产业	万人			252.3	417.2	535.0	1520.7	1752.6	1839.4
农村劳动者	万人	1745.3	1770.2	2499.7	2926.5	3254.3	3587.3	3644.5	3691.3
城镇从业人员	万人	114.0	127.0	470.1	634.6	788.9	1620.9	1669.7	1691.2
职工年末人数	万人		75.1	469.9	619.1	767.6	917.4	809.1	790.1
职工工资总额	亿元		2.7	26.0	66.8	161.9	464.1	620.1	695.1
职工平均工资	元		362	566	1110	2150	5145	7656	8772
三、国民经济核算									
国内生产总值	亿元		43.41	225.45	680.46	1511.19	5002.34	7662.10	8542.44
第一产业	亿元		28.55	75.06	235.96	425.29	1010.13	1221.00	1268.57
第二产业	亿元		7.87	119.35	293.07	635.98	2372.67	3705.44	4244.40
工　业	亿元		7.38	108.53	259.42	568.25	2113.34	3251.77	3737.38
建筑业	亿元		0.49	10.82	33.65	67.73	259.33	453.67	507.02
第三产业	亿元		6.99	31.04	151.43	449.92	1619.54	2735.66	3029.47
#交通运输仓储邮电通信业	亿元		1.01	8.27	28.22	81.87	297.71	490.90	553.17
批发零售贸易餐饮业	亿元		2.72	3.29	46.14	132.83	439.79	720.56	785.68
人均国内生产总值	元		91	316	887	1815	5758	8673	9555
支出法计算的国内生产总值									
#最终消费	亿元			143.67	365.69	807.32	2479.05	3809.13	4099.74
居民消费	亿元			120.59	297.92	588.46	1688.25	2821.87	3099.76
政府消费	亿元			23.08	67.77	218.86	790.80	987.26	999.98
资本形成总额	亿元			77.08	253.68	638.78	2247.58	3652.95	4200.61
#固定资产形成总额	亿元			62.32	195.39	412.59	1481.10	2662.95	3200.77
四、固定资产投资									
全社会固定资产投资额	亿元			41.87	194.33	335.66	1320.97	2222.17	2542.65
国有单位	亿元			29.27	100.42	185.44	611.92	1043.13	1153.65
集体单位	亿元			8.42	30.21	71.51	383.97	635.55	679.48
其他经济	亿元						184.55	232.85	355.59
个体经济	亿元			4.18	63.70	78.71	140.54	310.64	353.93
五、能　源									
能源生产总量	万吨标煤	120.79	258.58	5901.83	7531.89	9262.21	10762.35	10331.25	9657.36
原　煤	万吨标煤	120.79	258.58	2928.71	3516.00	4282.54	6305.32	6425.10	5741.96
原　油	万吨标煤			2781.49	3861.74	4786.7	4294.76	3807.55	3822.49
天燃气	万吨标煤			190.46	151.89	191.39	156.04	89.01	83.54
水　电	万吨标煤			1.17	2.26	1.58	1.55	0.73	0.76
六、财　政									
地方财政收入	万元		76284	641286	675316	1091082	1790025	4044829	4636788
#各项税收	万元		62545	327465	638230	1058745	1635139	3429430	3929022

2－4续表1

指标名称	单位	1949年	1952年	1978年	1985年	1990年	1995年	1999年	2000年
#工商税收	万元		38950	300729	601797	1007673	1238744	2499740	2787157
地方财政支出	万元		31886	319044	512953	1238530	2758656	5500034	6130774
#支援农业支出	万元		735	40221	42453	63662	62922	402651	411914
文教科学卫生事业费	万元		8119	61717	167613	354574	832336	1453237	1677928
七、金　融									
金融机构存款余额	万元		27761	900037	2745277	9340575	34243843	65629934	74711987
#居民储蓄存款	万元		4201	144302	1301760	5754706	21971982	41098425	44667153
金融机构贷款余额	万元		15674	1337139	4495372	11677376	31289040	56799537	62090468
八、物　价									
居民消费价格总指数									
以1952年为100			100.0	107.7	132.2	215.2	394.3	437.4	438.3
以1978年为100				100.0	122.7	199.7	365.9	406.9	407.7
商品零售物价总指数									
以1952年为100			100.0	113.2	131.3	210.0	354.5	360.0	355.0
以1978年为100				100.0	115.9	185.4	313.0	318.3	313.8
农产品收购价格总指数									
以1952年为100			100.0	150.6	257.1	403.3	790.4	603.8	548.3
以1978年为100				100.0	170.7	268.5	526.2	401.9	364.9
九、居民生活									
居民消费水平									
全省居民	元			169	388	698	1943	3194	3467
农村居民	元			136	338	563	1342	2188	2352
城镇居民	元			529	737	1310	3788	6060	6572
农村居民									
人均总收入	元			134.58	592.5	994.36	2626.96	3645.89	3880.98
人均纯收入	元			114.56	408.12	680.18	1715.09	2549.56	2659.2
人均总支出	元			116.57	521.5	878.27	2301.34	2845.88	3036.2
人均生活消费支出	元			93.69	321.98	547.05	1338.46	1679.75	1770.75
城镇居民									
人均可支配收入	元			391.45	747.56	1466.22	4264.08	5808.96	6489.97
人均消费性支出	元			340.00	667.13	1229.28	3285.48	4515.05	5022.00
十、农林牧渔业									
农林牧渔业总产值	亿元	20.07	40.00	102.22	335.42	645.75	1678.16	2202.95	2294.35
农　业	亿元	18.01	35.05	84.77	248.17	419.50	931.89	1254.87	1300.44
林　业	亿元	0.12	0.25	1.81	11.07	20.45	41.81	44.93	47.62
牧　业	亿元	1.66	3.98	12.19	62.82	150.19	433.62	572.95	599.17
渔　业	亿元	0.28	0.72	3.45	13.36	55.61	270.84	330.20	347.12
农业生产情况									
粮食总产量	万吨	870.0	1199.0	2288.0	3137.7	3570.0	4245.0	4269.0	3837.7
棉花总产量	万吨	8.1	16.9	15.4	106.2	102.8	47.1	39.2	59.0
油料总产量	万吨	55.6	84.5	95.9	267.9	212.1	315.0	320.5	356.9
肉类总产量	万吨			60.80	128.62	221.61	394.42	524.49	560.15
水产品总产量	吨			941159	1024494	2161755	5234832	6950476	6982259
海水产品产量	吨			889076	936278	2002686	4692437	6023034	5951085
#海洋捕捞	吨			556669	590494	1146278	1796112	3325182	3078395
淡水产品产量	吨			52083	88216	159069	542395	927442	1031174
水产品养殖面积	万亩			202.30	215.14	273.52	497.39	722.79	788.36
十一、工　业									
工业总产值	亿元	9.15	20.08	296.82	682.78	2200.85	8906.6	11195.46	12509.53
#国有经济	亿元	3.42	9.07	200.74	397.07	911.88	2600.54	2058.49	2474.49

2－4 续表 2

指　标　名　称	单位	1949 年	1952 年	1978 年	1985 年	1990 年	1995 年	1999 年	2000 年
集体经济	亿元	0.01	0.88	78.60	205.53	650.38	1840.75	2218.99	2393.99
按轻重工业分									
轻工业	亿元	8.25	17.84	144.28	370.41	1118.76	4403.84	5373.71	5964.7
重工业	亿元	0.90	2.24	152.54	312.37	1082.09	4502.76	5821.75	6544.83
十二、交通运输邮电		**1949**	**1952**	**1978**	**1985**	**1990**	**1995**	**1999**	**2000**
铁路通车里程	公里	887	954	1385	1572	2041	2048	2672	2672
公路通车里程	公里	3152	7669	34244	36327	40772	54243	67847	70686
客 运 量	万人	928	1196	9431	19772	29798	36425	59350	66128
＃铁　路	万人	846	938	3467	4073	3303	3414	3670	3840
公　路	万人	82	251	5897	15565	26136	32317	54817	61466
客运周转量	百万人公里	1368	1553	8448	20357	30138	35097	51828	54873
＃铁　路	百万人公里	1287	1365	5535	12433	14830	17418	20568	22180
公　路	百万人公里	81	180	2895	7901	15255	17449	28846	32358
货 运 量	万吨	547	1802	22964	27371	41443	66546	80212	92483
＃铁　路	万吨	381	640	5940	6403	8012	9256	10553	11253
公　路	万吨	166	1029	16128	20105	32654	55669	67696	76778
货运周转量	百万吨公里	1245	3711	31005	48431	77845	112655	127304	403315
＃铁　路	百万吨公里	1178	3346	25746	37342	58546	69857	73588	79964
公　路	百万吨公里	66	154	4060	8139	15705	26397	35350	40575
函　件	万件			15532	21930	29486	38789	35138	32878
电信业务总量	万元			10058	16186	39401	537135	1411800	1865000
市内电话用户数	万户			6.3	12.1	26.5	165.8	413.8	547
农村电话用户数	万户			3.8	5.2	7.3	46.1	283.8	559
十三、国内贸易									
社会消费品零售总额	亿元	6.23	19.01	79.73	227.03	460.13	1442.67	2310.06	2545.90
市	亿元			23.39	84.16	218.97	839.30	1418.25	1573.03
县	亿元			21.14	46.50	79.19	161.80	221.82	243.59
县以下	亿元			35.19	96.38	161.96	441.58	669.99	729.28
按行业分									
批零贸易业	亿元	3.92	13.23	68.40	173.62	338.02	933.17	1452.14	1618.70
餐饮业	亿元	0.63	1.92	3.65	13.86	25.07	118.08	226.67	265.40
制造业	亿元	1.68	3.21	4.57	25.27	50.24	177.58	277.04	280.26
农业生产者	亿元		0.53	2.34	8.94	30.41	143.81	243.95	259.54
其他行业	亿元		0.12	0.77	5.34	16.38	70.04	110.27	122.00
十四、对外贸易和旅游									
对外贸易									
海关出口总值	万美元				414448	428522	1395007	1827094	2498998
出口总值	万美元				234652	341719	816101	1157909	1552905
进口总值	万美元				179796	86803	578906	669185	946093
利用外资									
合同项目个数	个				232	674	5035	1745	2733
＃外商直接投资	个				32	366	2709	1717	2728
合同外资金额	万美元				10994	55164	532980	421333	561066
＃外商直接投资	万美元				4925	23283	462521	311087	507435
实际利用外资金额	万美元				6375	31123	326698	374464	381243
＃外商直接投资	万美元				559	15084	260719	246878	297119
对外承包工程和劳务合作									
合同金额	万美元				645	3377	38604	67729	61601
营 业 额	万美元				852	1712	18274	63615	45229
旅　游									

2－4续表3

指　标　名　称	单位	1949年	1952年	1978年	1985年	1990年	1995年	1999年	2000年
接待旅游人数	人次				76596	124670	450944	622033	723145
＃外国人	人次				56830	68855	304280	417911	480090
旅游外汇收入	万美元				627	3619	15400	26522	31513
人民币对美元、日元年平均汇价									
100美元	人民币元			168.36	293.67	478.38	835.07	827.96	827.72
100日元	人民币元			0.8058	1.2457	3.3233	8.9225	8.0720	7.3877
十五、教　育									
普通高等学校									
招生数	人	1405	2777	19712	32745	35023	55611	82410	124817
在校学生数	人	3969	6753	38390	83567	105822	160398	213679	303826
教职工数	人	1908	3684	20202	36383	46704	50829	49624	54910
＃专任教师	人	484	1024	7855	14974	18377	19932	21252	24764
中等专业学校									
招生数	人	4784	33756	25961	45163	48634	95442	122331	93493
在校学生数	人	13738	50175	49466	100176	148504	258801	344062	333184
普通中学									
招生数	万人	1.08	6.12	210.68	123.80	125.60	167.06	222.20	234.18
在校学生数	万人	3.89	10.44	478.22	356.32	367.30	470.46	620.43	678.60
教职工数	人	3431	10170	318128	268321	324027	358301	414538	430754
＃专任教师	人	1585	4507	264663	209202	249459	279301	333884	350353
技工学校									
招生数	人			1669	16748	42429	70251	50896	48008
在校学生数	人			19651	35163	118605	169023	161531	137718
小　学									
学校数	所	27476	55096	79375	71062	61845	47068	29453	26017
招生数	万人	64.85	138.44	234.57	167.67	158.09	205.33	116.04	104.48
毕业生数	万人	5.92	15.52	181.42	164.07	144.84	154.07	191.40	195.12
在校学生数	万人	193	453.75	1041.84	894.06	818.21	940.36	870.72	774.88
教职工数	人	47640	130791	395247	405550	446395	456568	451063	440161
＃专任教师	人	45710	122107	384540	379751	414653	422989	418828	408200
成人高等学校在校学生数	**人**				**85909**	**114764**	**198934**	**221161**	**219977**
十六、科　技									
重要科技成果数量	项			652	1196	2112	3251	3688	3728
国际领先先进水平	项			19	41	150	466	744	599
国内领先先进水平	项			283	566	1148	2272	2737	2861
省内领先先进水平	项			350	589	814	513	207	182
专利申请量	件				436	2553	4624	8589	10019
专利授权量	件				8	1273	2861	6536	6962
十七、卫生、文化事业基本情况									
卫生机构床位数	张	2959	18332	120227	147208	176952	200241	213264	214809
卫生技术人员数	人	26135	38608	150066	205082	241064	270558	307716	314685
＃医生数	人	17559	20324	56519	80108	107138	119353	138910	144907
文化(艺术)馆数	个	39	166	155	157	159	158	158	159
文化站数	个		139	2103	2198	2482	2363	2493	2422
艺术表演团体数	个	46	113	155	158	119	118	117	118
剧场(院)数	个	5	15	75	62	117	115	107	105
图书馆数	个	3	3	80	99	115	130	133	133
博物馆数	个			10	23	41	56	57	59

2-5 国民经济和社会发展主要指标速度

指标名称	2000年为以下各年%						年均递增速度(%)		
	1949年	1952年	1978年	1990年	1995年	1999年	1979-2000年	1991-1995年	1996-2000年
一、人　口									
年底总人口	197.8	186.4	125.7	105.9	103.4	101.3	1.0	0.5	0.7
按性别分									
男	207.5	190.7	125.9	106.1	103.0	100.6	1.1	0.6	0.6
女	187.8	181.2	124.8	107.0	103.3	100.6	1.0	0.7	0.7
按农业非农业分									
农业人口	153.1	144.7	100.5	95.9	100.5	99.5	0.0	-0.9	0.1
非农业人口	926.5	833.6	384.2	152.7	111.0	103.7	6.3	6.6	2.1
二、从业人员和劳动工资									
年末从业人员	289.5	283.7	181.2	133.1	103.3	101.3	2.7	5.2	0.7
第一产业			99.8	90.7	93.2	99.5	0.0	-0.5	-1.4
第二产业			326.5	129.8	102.2	99.5	5.5	4.9	0.4
第三产业			729.1	343.8	121.0	105.0	9.5	23.2	3.9
农村劳动者	211.5	208.5	147.7	113.4	102.9	101.3	1.8	2.0	0.6
城镇从业人员	1483.5	1331.7	359.8	214.4	104.3	101.3	6.0	15.5	0.9
职工年末人数		1052.1	168.1	102.9	86.1	97.7	2.4	3.6	-2.9
职工工资总额		25744.4	2673.5	429.3	149.8	112.1	16.1	23.4	8.4
职工平均工资		2423.2	1549.8	408.0	170.5	114.6	13.3	19.1	11.3
三、国民经济核算									
国内生产总值		5313.9	1139.9	365.1	168.4	110.5	11.7	16.7	11.0
第一产业		664.3	381.2	174.4	123.0	103.8	6.3	7.2	4.2
第二产业		32430.1	1667.2	470.6	182.0	112.4	13.6	20.9	12.7
工　业		32894.4	1727.3	479.8	182.4	112.6	13.8	21.3	12.8
建筑业		31405.2	1221.0	393.2	177.8	109.9	12.0	17.2	12.2
第三产业		6253.1	1646.9	396.2	173.4	110.3	13.6	18.0	11.6
#交通运输仓储邮电通信业		8528.3	1090.1	383.8	174.4	111.2	11.5	17.1	11.8
批发零售贸易餐饮业		4798.5	4537.2	392.1	182.2	110.8	18.9	16.6	12.8
四、固定资产投资									
全社会固定资产投资额			6072.7	757.5	192.5	114.4	20.5	31.5	14.0
#国有单位			3941.4	622.1	188.5	110.6	18.2	27.0	13.5
五、能　源									
能源生产总量	7995.2	3734.8	163.6	104.3	89.7	93.5	2.3	3.0	-2.1
原　煤	4753.7	2220.6	196.1	134.1	91.1	89.4	3.1	8.0	-1.9
原　油			137.4	79.9	89.0	100.4	1.5	-2.1	-2.3
天燃气			43.9	43.6	53.5	93.9	-3.7	-4.0	-11.7
水　电			65.0	48.1	49.0	104.1	-1.9	-0.4	-13.3
六、财　政									
地方财政收入					259.0	114.6			21.0
地方财政支出		19227.2	1921.6	495.0	222.2	111.5	14.4	17.4	17.3
七、金　融									
金融机构存款余额		269125.7	8301.0	799.9	218.2	113.8	22.2	29.7	16.9
#居民储蓄存款		1063250.5	30953.9	776.2	203.3	108.7	29.8	30.7	15.2
金融机构贷款余额		396136.7	4643.5	531.7	198.4	109.3	19.1	21.8	14.7
八、物　价									
居民消费价格总指数		438.3	407.0	203.7	111.2	100.2	6.6	12.9	2.1
商品零售物价总指数		355.0	313.6	169.0	100.1	98.6	5.3	11.0	0.1
农产品收购价格总指数		548.3	364.1	136.0	69.4	90.8	6.0	14.4	-7.1

注:1.本表中国内生产总值、农林牧渔业总产值、工业总产值、居民消费水平、电信业务总量等指标及其各分项均按可比价格计算;
2.固定资产投资及分项的年均递增速度按水平法计算。

2－5续表1

指标名称	2000年为以下各年%						年均递增速度(%)		
	1949年	1952年	1978年	1990年	1995年	1999年	1979－2000年	1991－1995年	1996－2000年
九、居民生活									
居民消费水平									
全省居民			491.1	256.5	156.6	107.7	7.5	10.4	9.4
农村居民			416.9	221.3	153.9	107.0	6.7	7.5	9.0
城镇居民			318.9	250.6	152.3	107.2	5.4	10.5	8.8
农村居民									
人均总收入			2883.8	390.3	147.7	106.4	16.5	21.4	8.1
人均纯收入			2321.2	391.0	155.0	104.3	15.4	20.3	9.2
人均总支出			2604.6	345.7	131.9	106.7	16.0	21.2	5.7
城镇居民									
人均可支配收入			1657.9	442.6	152.2	111.7	13.6	23.8	8.8
人均消费性支出			1477.1	408.5	152.9	111.2	13.0	21.7	8.9
十、农林牧渔业									
农林牧渔业总产值	1476.1	851.7	480.9	210.7	135.3	103.9	7.4	9.3	6.2
农　业	1082.6	639.8	398.4	190.6	144.8	104.0	6.5	5.7	7.7
林　业	3867.8	2200.8	323.5	178.2	119.6	106.2	5.5	8.3	3.6
牧　业	4491.0	2155.7	850.7	261.8	147.3	105.4	10.2	12.2	8.1
渔　业	7607.7	3362.6	876.4	292.2	123.6	100.5	10.4	18.8	4.3
主要农产品产量									
粮　食	441.1	320.1	167.7	107.5	90.4	89.9	2.4	3.5	－2.0
棉　花	728.4	349.1	383.1	57.4	125.3	150.5	6.3	－14.5	4.6
油　料	641.9	422.4	372.2	168.3	113.3	111.4	6.2	8.2	2.5
肉　类			921.3	252.8	142.0	106.8	10.6	12.2	7.3
水产品			741.9	323.0	133.4	100.5	9.5	19.3	5.9
十一、工　业									
工业总产值	116621.8	52713.1	2984.2	580.4	191.8	117.9	16.7	24.8	13.9
#国有经济	34843.4	13031.4	492.8	180.5	106.6	106.2	7.5	11.1	1.3
集体经济	24176333.8	314292.3	2952.0	468.0	143.4	117.6	16.6	26.7	7.5
按轻重工业分									
轻工业	61262.4	28303.2	3192.0	576.4	194.3	120.0	17.0	24.3	14.2
重工业	503107.9	200740.0	2689.3	563.3	182.4	115.9	16.1	25.3	12.8
十二、交通运输邮电									
铁路通车里程	301.2	280.1	192.9	130.9	130.5	100.0	3.0	0.1	5.5
公路通车里程	2242.6	921.7	206.4	173.4	130.3	104.2	3.3	5.9	5.4
客运量	7125.9	5529.1	701.2	221.9	181.5	111.4	9.3	4.1	12.7
客运周转量	4011.2	3533.4	649.5	182.1	156.3	105.9	8.9	3.1	9.3
货运量	16907.3	5132.2	402.7	223.2	139.0	115.3	6.5	9.9	6.8
货运周转量	32394.8	10868.1	1300.8	518.1	358.0	316.8	12.4	7.7	29.1
电信业务总量			18542.5	4733.4	347.2	132.1	26.8	68.6	28.3
市内电话用户数			8682.5	2064.2	329.9	132.2	22.5	44.3	27.0
农村电话用户数			14710.5	7657.5	1212.6	197.0	25.5	44.6	64.7
十三、国内贸易									
社会消费品零售总额	40865.2	13392.4	3193.2	553.3	176.5	110.2	17.1	25.7	12.0
市			6725.2	718.4	187.4	110.9	21.1	30.8	13.4
县			1152.3	307.6	150.6	109.8	11.8	15.4	8.5
县以下			2072.4	450.3	165.2	108.8	14.8	22.2	10.6
按行业分									
批零贸易业	41293.4	12235.1	2366.5	478.9	173.5	111.5	15.5	22.5	11.6
餐饮业	42127.0	13822.9	7271.2	1058.6	224.8	117.1	21.5	36.3	17.6
制造业	16682.1	8730.8	6132.6	557.8	157.8	101.2	20.6	28.7	9.6
农业生产者		48969.8	11091.5	853.5	180.5	106.4	23.9	36.4	12.5

2－5续表2

指 标 名 称	2000年为以下各年%						年均递增速度(%)		
	1949年	1952年	1978年	1990年	1995年	1999年	1979－2000年	1991－1995年	1996－2000年
其他行业		101666.7	15844.2	744.8	174.2	110.6	25.9	33.7	11.7
十四、对外贸易和旅游									
对外贸易									
海关进出口总值				583.2	179.1	136.8		26.6	12.4
出口总值				454.4	190.3	134.1		19.0	13.7
进口总值				1089.9	163.4	141.4		46.2	10.3
利用外资									
合同项目个数				405.5	54.3	156.6		49.5	－11.5
#外商直接投资				745.4	100.7	158.9		49.2	0.1
合同外资金额				1017.1	105.3	133.2		57.4	1.0
#外商直接投资				2179.4	109.7	163.1		81.8	1.9
实际利用外资金额				1225.0	116.7	101.8		60.0	3.1
#外商直接投资				1969.8	114.0	120.4		76.8	2.6
对外承包工程和劳务合作									
合同金额				1824.1	159.6	91.0		62.8	9.8
营 业 额				2641.9	247.5	71.1		60.6	19.9
旅 游									
接待旅游人数				580.0	160.4	116.3		29.3	9.9
#外国人				697.2	157.8	114.9		34.6	9.5
旅游外汇收入				870.8	204.6	118.8		33.6	15.4
十五、教 育									
普通高等学校									
招生数	8883.8	4494.7	633.2	356.4	224.4	151.5	8.8	9.7	17.5
在校学生数	7655.0	4499.1	791.4	287.1	189.4	142.2	9.9	8.7	13.6
教职工数	2877.9	1490.5	271.8	117.6	108.0	110.7	4.6	1.7	1.6
#专任教师	5116.5	2418.4	315.3	134.8	124.2	116.5	5.4	1.6	4.4
中等专业学校									
招生数	1954.3	277.0	360.1	192.2	98.0	76.4	6.0	14.4	－0.4
在校学生数	2425.3	664.0	673.6	224.4	128.7	96.8	9.1	11.7	5.2
普通中学									
招生数	21683.3	3826.5	111.2	186.4	140.2	105.4	0.5	5.9	7.0
在校学生数	17444.7	6500.0	141.9	184.8	144.2	109.4	1.6	5.1	7.6
教职工数	12554.8	4235.5	135.4	132.9	120.2	103.9	1.4	2.0	3.8
#专任教师	22104.3	7773.5	132.4	140.4	125.4	104.9	1.3	2.3	4.6
技工学校									
招生数			2876.5	113.1	68.3	94.3	16.5	10.6	－7.3
毕业生数			22108.3	232.2	101.7	93.1	27.8	18.0	0.3
在校学生数			700.8	116.1	81.5	85.3	9.3	7.3	－4.0
教职工数			347.7	128.3	63.0	84.8	5.8	15.3	－8.8
#专任教师			899.9	139.5	100.8	96.8	10.5	6.7	0.2
小 学									
招生数	161.1	75.5	44.5	66.1	50.9	90.0	－3.6	5.4	－12.6
在校学生数	401.5	170.8	74.4	94.7	82.4	89.0	－1.3	2.8	－3.8
成人高等学校在校学生数				**191.7**	**110.6**	**99.5**		**11.6**	**2.0**
十六、科 技									
重要科技成果数量			571.8	176.5	114.7	101.1	8.2	9.0	2.8
国际领先先进水平			3152.6	399.3	128.5	80.5	17.0	25.4	5.1
国内领先先进水平			1011.0	249.2	125.9	104.5	11.1	14.6	4.7
省内领先先进水平			52.0	22.4	35.5	87.9	－2.9	－8.8	－18.7
专利申请量				392.4	216.7	116.6		12.6	16.7
专利授权量				546.9	243.3	106.5		17.6	19.5

2-6 1952-2000年国内生产总值

单位:亿元

年份	国内生产总值	第一产业	第二产业	工业	建筑业	第三产业	#交通运输仓储邮电通信业	#批发零售贸易餐饮业	人均国内生产总值(元)
1952	43.41	28.55	7.87	7.38	0.49	6.99	1.01	2.72	91
1953	45.79	28.23	9.30	8.74	0.56	8.26	1.20	3.22	94
1954	52.98	32.48	10.98	10.38	0.60	9.52	1.31	3.92	106
1955	57.78	35.52	11.42	10.81	0.61	10.84	1.40	4.62	113
1956	63.13	35.67	16.34	14.98	1.36	11.12	1.44	4.53	121
1957	61.39	31.95	17.59	16.62	0.97	11.85	1.61	4.38	116
1958	72.97	33.94	23.73	21.29	2.44	15.30	3.28	4.88	135
1959	75.96	28.73	27.86	25.16	2.70	19.37	4.55	5.56	141
1960	71.37	20.61	31.07	28.11	2.96	19.69	5.38	4.68	135
1961	63.40	26.44	20.19	19.04	1.15	16.77	4.02	3.64	121
1962	64.38	30.42	16.91	15.90	1.01	17.05	3.89	3.93	120
1963	67.61	33.47	19.09	17.65	1.44	15.05	2.84	3.16	123
1964	71.66	33.05	23.43	21.74	1.69	15.18	3.25	2.64	128
1965	86.25	42.24	28.96	25.99	2.97	15.05	3.67	2.00	152
1966	97.58	46.99	34.44	31.34	3.10	16.15	3.98	2.67	169
1967	99.44	46.71	35.43	32.78	2.65	17.30	3.92	3.66	168
1968	99.34	44.46	37.43	34.72	2.71	17.45	3.77	3.77	165
1969	108.17	50.16	39.56	36.22	3.34	18.45	3.99	4.15	175
1970	126.31	52.23	53.71	50.16	3.55	20.37	4.84	4.69	199
1971	139.69	56.33	61.50	57.65	3.85	21.86	5.45	4.49	215
1972	146.52	59.11	63.22	58.57	4.65	24.19	6.07	4.51	221
1973	154.33	61.92	65.99	60.67	5.32	26.42	6.15	6.31	229
1974	130.81	59.19	47.44	42.70	4.74	24.18	5.15	4.60	191
1975	166.19	65.54	75.31	69.76	5.55	25.34	5.63	4.77	240
1976	179.58	68.88	84.70	78.23	6.47	26.00	6.27	4.40	242
1977	207.07	79.01	95.34	88.05	7.29	32.72	7.81	3.92	293
1978	225.45	75.06	119.35	108.53	10.82	31.04	8.27	3.29	316
1979	251.60	91.12	127.68	114.67	13.01	32.80	9.50	4.18	350
1980	292.13	106.43	146.11	130.55	15.56	39.59	10.07	6.39	402
1981	346.57	132.21	155.41	138.09	17.32	58.95	13.18	16.56	472
1982	395.38	154.07	166.05	147.10	18.95	75.26	14.10	22.39	531
1983	459.83	185.57	178.75	159.15	19.60	95.51	17.12	32.07	611
1984	581.56	222.13	239.27	214.20	25.07	120.16	22.25	37.97	765
1985	680.46	235.96	293.07	259.42	33.65	151.43	28.22	46.14	887
1986	742.05	252.73	313.21	274.80	38.41	176.11	34.03	49.85	956
1987	892.29	287.31	384.57	341.31	43.26	220.41	47.45	60.58	1131
1988	1117.66	331.94	497.10	435.51	61.59	288.62	55.50	86.71	1395
1989	1293.94	359.14	579.65	513.97	65.68	355.15	66.55	108.51	1595
1990	1511.19	425.29	635.98	568.25	67.73	449.92	81.87	132.83	1815
1991	1810.54	521.85	745.90	663.90	82.00	542.79	98.97	161.00	2122
1992	2196.53	534.62	999.11	889.59	109.52	662.80	120.18	200.93	2556
1993	2779.49	596.63	1358.94	1204.58	154.36	823.92	141.35	234.84	3222
1994	3872.18	775.03	1900.46	1700.31	200.15	1196.69	214.36	325.90	4473
1995	5002.34	1010.13	2372.67	2113.34	259.33	1619.54	297.71	439.79	5758
1996	5960.42	1200.17	2810.72	2500.07	310.65	1949.53	364.71	528.40	6834
1997	6650.02	1195.00	3185.05	2830.05	355.00	2269.97	424.36	599.06	7590
1998	7162.20	1215.81	3457.03	3052.44	404.59	2489.36	442.20	665.33	8128
1999	7662.10	1221.00	3705.44	3251.77	453.67	2735.66	490.90	720.56	8673
2000	8542.44	1268.57	4244.40	3737.38	507.02	3029.47	553.17	785.68	9555

2-7 1952-2000年国内生产总值指数

（以1952年为100）

年份	国内生产总值	第一产业	第二产业	工业	建筑业	第三产业	#交通运输仓储邮电通信业	#批发零售贸易餐饮业
1952	100.00	100.00	100.00	100.00	100.00	100.00	100.00	100.00
1953	102.06	92.72	127.81	128.52	117.66	113.71	114.20	113.81
1954	116.35	104.66	148.48	150.01	124.30	130.99	120.36	139.49
1955	127.37	115.59	155.24	157.08	126.52	146.98	122.03	162.78
1956	142.34	116.06	236.43	234.35	279.67	151.70	131.71	159.48
1957	137.42	101.54	261.87	264.46	226.56	154.55	147.34	146.35
1958	163.10	107.63	349.36	334.59	572.27	199.42	300.18	162.84
1959	169.46	90.25	410.15	396.19	625.95	249.49	412.45	183.18
1960	149.12	63.57	394.56	375.07	681.97	251.59	483.52	152.90
1961	116.45	65.20	269.01	264.12	325.16	170.48	354.66	79.65
1962	113.45	69.63	214.78	213.01	235.90	184.44	348.77	97.13
1963	125.96	81.85	245.26	239.79	322.22	180.92	264.30	92.37
1964	140.27	84.55	311.46	306.74	378.29	193.06	306.35	82.87
1965	171.10	107.06	404.77	385.51	691.36	197.89	369.70	61.56
1966	199.04	122.27	499.41	484.55	724.06	213.54	402.79	83.60
1967	203.66	121.54	538.46	536.30	585.98	207.92	334.28	112.00
1968	201.66	112.18	564.68	562.74	607.08	209.62	321.24	115.34
1969	217.47	124.70	596.92	588.18	744.77	222.28	340.35	127.53
1970	251.57	129.03	752.78	747.34	831.54	261.02	454.06	150.18
1971	290.84	135.35	1004.36	1013.62	911.28	266.74	513.50	143.99
1973	332.34	145.82	1179.86	1177.94	1265.14	323.55	582.45	203.05
1974	279.76	139.52	854.22	838.81	1129.26	296.66	488.97	148.17
1975	361.53	154.32	1364.79	1372.46	1321.35	310.66	533.76	153.62
1976	380.33	161.73	1450.64	1448.22	1539.24	318.46	593.81	141.50
1977	423.35	185.34	1551.60	1542.06	1733.65	376.74	740.12	126.27
1978	466.15	174.26	1945.24	1904.43	2572.05	379.68	782.31	105.76
1979	496.92	188.62	2067.79	2001.56	3049.68	395.25	885.89	132.28
1980	557.74	207.14	2315.51	2229.94	3573.92	470.07	925.40	199.37
1981	589.92	220.50	2388.45	2326.50	3370.21	524.93	908.00	387.16
1982	656.29	244.25	2522.20	2440.03	3760.48	667.66	967.93	521.74
1983	747.38	283.23	2712.63	2644.02	3807.49	825.90	1145.64	728.19
1984	877.20	334.95	3191.41	3084.78	4788.30	951.85	1363.77	789.94
1985	977.29	342.15	3780.23	3612.28	6172.12	1094.06	1577.75	875.57
1986	1038.37	339.93	4184.71	4028.78	6471.47	1189.35	1778.44	884.06
1987	1181.98	364.91	4898.20	4786.17	6727.09	1392.02	2319.26	1004.65
1988	1330.20	364.00	6007.64	5850.16	8490.93	1526.21	2271.25	1203.97
1989	1383.01	361.63	6431.18	6348.01	8057.04	1568.18	2273.98	1258.15
1990	1455.62	380.98	6891.01	6855.85	7986.14	1578.37	2222.36	1223.68
1991	1668.43	434.89	7852.31	7880.80	8429.37	1830.91	2583.05	1426.20
1992	1950.56	435.54	10095.71	10200.91	10167.51	2129.35	2987.30	1695.18
1993	2377.34	462.11	13180.96	13327.49	13186.24	2580.77	3425.84	1931.83
1994	2763.90	495.84	15481.04	15671.80	15303.95	3111.89	4125.27	2251.93
1995	3154.99	540.17	17820.23	18035.11	17660.76	3605.44	4890.28	2633.41
1996	3541.16	575.82	20323.97	20560.03	20223.34	4061.53	5608.17	2994.71
1997	3939.19	578.53	22964.05	23228.72	22868.55	4646.39	6340.60	3443.35
1998	4366.20	611.22	25712.85	26004.55	25647.08	5183.51	6880.82	3882.38
1999	4808.93	639.95	28854.96	29203.11	28565.72	5667.13	7666.61	4330.41
2000	5313.87	664.27	32430.09	32894.38	31405.15	6253.11	8528.34	4798.53

注：本表按可比价格计算。

2-7续表　　　　　　　　　　　　(以上年为100)

年份	国内生产总值	第一产业	第二产业	工业	建筑业	第三产业	#交通运输仓储邮电通信业	#批发零售贸易餐饮业
1952	100.00	100.00	100.00	100.00	100.00	100.00	100.00	100.00
1953	102.06	92.72	127.81	128.52	117.66	113.71	114.20	113.81
1954	114.00	112.88	116.17	116.72	105.64	115.20	105.39	122.56
1955	109.47	110.44	104.55	104.71	101.79	112.21	101.39	116.70
1956	111.75	100.41	152.30	149.19	221.05	103.21	107.93	97.97
1957	96.54	87.49	110.76	112.85	81.01	101.88	111.87	91.77
1958	118.69	106.00	133.41	126.52	252.59	129.03	203.73	111.27
1959	103.90	83.85	117.40	118.41	109.38	125.11	137.40	112.49
1960	88.00	70.44	96.20	94.67	108.95	100.84	117.23	83.47
1961	78.09	102.57	68.18	70.42	47.68	67.76	73.35	52.09
1962	97.42	106.79	79.84	80.65	72.55	108.19	98.34	121.94
1963	111.03	117.55	114.19	112.57	136.59	98.09	75.78	95.10
1964	111.36	103.30	126.99	127.92	117.40	106.71	115.91	89.71
1965	121.98	126.62	129.96	125.68	182.76	102.50	120.68	74.29
1966	116.33	114.21	123.38	125.69	104.73	107.91	108.95	135.80
1967	102.32	99.40	107.82	110.68	80.93	97.37	82.99	133.97
1968	99.02	92.30	104.87	104.93	103.60	100.82	96.10	102.98
1969	107.84	111.16	105.71	104.52	122.68	106.04	105.95	110.57
1970	115.68	103.47	126.11	127.06	111.65	117.43	133.41	117.76
1971	115.61	104.90	133.42	135.63	109.59	102.19	113.09	95.88
1972	108.35	103.03	112.04	111.56	121.08	110.99	111.75	100.75
1973	105.46	104.57	104.85	104.17	114.66	109.29	101.50	139.93
1974	84.18	95.68	72.40	71.21	89.26	91.69	83.95	72.97
1975	129.23	110.61	159.77	163.62	117.01	104.72	109.16	103.68
1976	105.20	104.80	106.29	105.52	116.49	102.51	111.25	92.11
1977	111.31	114.60	106.96	106.48	112.63	118.30	124.64	89.24
1978	110.11	94.02	125.37	123.51	148.38	100.78	105.70	83.76
1979	106.60	108.24	106.30	105.10	118.57	104.10	113.24	125.08
1980	112.24	109.82	111.98	111.41	117.19	118.93	104.46	150.72
1981	105.77	106.45	103.15	104.33	94.30	111.67	98.12	194.19
1982	111.25	110.77	105.60	104.88	111.58	127.19	106.60	134.76
1983	113.88	115.96	107.55	108.36	101.25	123.70	118.36	139.57
1984	117.37	118.26	117.65	116.67	125.76	115.25	119.04	108.48
1985	111.41	102.15	118.45	117.10	128.90	114.94	115.69	110.84
1986	106.25	99.35	110.70	111.53	104.85	108.71	112.72	100.97
1987	113.83	107.35	117.05	118.80	103.95	117.04	130.41	113.64
1988	112.54	99.75	122.65	122.23	126.22	109.64	97.93	119.84
1989	103.97	99.35	107.05	108.51	94.89	102.75	100.12	104.50
1990	105.25	105.35	107.15	108.00	99.12	100.65	97.73	97.26
1991	114.62	114.15	113.95	114.95	105.55	116.00	116.23	116.55
1992	116.91	100.15	128.57	129.44	120.62	116.30	115.65	118.86
1993	121.88	106.10	130.56	130.65	129.69	121.20	114.68	113.96
1994	116.26	107.30	117.45	117.59	116.06	120.58	120.42	116.57
1995	114.15	108.94	115.11	115.08	115.40	115.86	118.55	116.94
1996	112.24	106.60	114.05	114.00	114.51	112.65	114.68	113.72
1997	111.24	100.47	112.99	112.98	113.08	114.40	113.06	114.98
1998	110.84	105.65	111.97	111.97	112.04	111.55	109.74	109.40
1999	110.14	104.70	112.22	112.30	111.38	109.33	111.42	111.54
2000	110.50	103.80	112.39	112.64	109.94	110.34	111.24	110.81

2－8 1952－2000年国内生产总值构成

单位：%

年份	国内生产总值	第一产业	第二产业	工业	建筑业	第三产业	#交通运输仓储邮电通信业	#批发零售贸易餐饮业
1952	100	65.77	18.13	17.00	1.13	16.10	2.33	6.27
1953	100	61.65	20.31	19.09	1.22	18.04	2.62	7.03
1954	100	61.31	20.72	19.59	1.13	17.97	2.47	7.40
1955	100	61.47	19.77	18.71	1.06	18.76	2.42	8.00
1956	100	56.50	25.88	23.73	2.15	17.62	2.28	7.18
1957	100	52.04	28.65	27.07	1.58	19.30	2.62	7.13
1958	100	46.51	32.52	29.18	3.34	20.97	4.49	6.69
1959	100	37.82	36.68	33.12	3.56	25.50	5.99	7.32
1960	100	28.88	43.53	39.38	4.15	27.59	7.54	6.56
1961	100	41.70	31.85	30.03	1.82	26.45	6.34	5.74
1962	100	47.25	26.27	24.70	1.57	26.48	6.04	6.10
1963	100	49.50	28.24	26.11	2.13	22.26	4.20	4.67
1964	100	46.12	32.70	30.34	2.36	21.18	4.54	3.68
1965	100	48.97	33.58	30.13	3.45	17.45	4.26	2.32
1966	100	48.16	35.29	32.12	3.17	16.55	4.08	2.74
1967	100	46.97	35.63	32.96	2.67	17.40	3.94	3.68
1968	100	44.76	37.68	34.95	2.73	17.56	3.80	3.80
1969	100	46.37	36.57	33.48	3.09	17.06	3.69	3.84
1970	100	41.35	42.52	39.71	2.81	16.13	3.83	3.71
1971	100	40.32	44.03	41.27	2.76	15.65	3.90	3.21
1972	100	40.34	43.15	39.98	3.17	16.51	4.14	3.08
1973	100	40.12	42.76	39.31	3.45	17.12	3.98	4.09
1974	100	45.25	36.27	32.64	3.63	18.48	3.94	3.52
1975	100	39.44	45.31	41.97	3.34	15.25	3.39	2.87
1976	100	38.36	47.16	43.56	3.60	14.48	3.49	2.45
1977	100	38.16	46.04	42.52	3.52	15.80	3.77	1.89
1978	100	33.29	52.94	48.14	4.80	13.77	3.67	1.46
1979	100	36.22	50.75	45.58	5.17	13.03	3.78	1.66
1980	100	36.43	50.02	44.69	5.33	13.55	3.45	2.19
1981	100	38.15	44.84	39.84	5.00	17.01	3.80	4.78
1982	100	38.97	42.00	37.21	4.79	19.03	3.57	5.66
1983	100	40.36	38.87	34.61	4.26	20.77	3.72	6.97
1984	100	38.20	41.14	36.83	4.31	20.66	3.83	6.53
1985	100	34.68	43.07	38.12	4.95	22.25	4.15	6.78
1986	100	34.06	42.21	37.03	5.18	23.73	4.59	6.72
1987	100	32.20	43.10	38.25	4.85	24.70	5.32	6.79
1988	100	29.70	44.48	38.97	5.51	25.82	4.97	7.76
1989	100	27.75	44.80	39.72	5.08	27.45	5.14	8.39
1990	100	28.14	42.09	37.60	4.48	29.77	5.42	8.79
1991	100	28.82	41.20	36.67	4.53	29.98	5.47	8.89
1992	100	24.34	45.49	40.50	4.99	30.17	5.47	9.15
1993	100	21.47	48.89	43.34	5.55	29.64	5.09	8.45
1994	100	20.02	49.08	43.91	5.17	30.90	5.54	8.42
1995	100	20.19	47.43	42.25	5.18	32.38	5.95	8.79
1996	100	20.13	47.16	41.95	5.21	32.71	6.12	8.87
1997	100	17.97	47.90	42.56	5.34	34.13	6.38	9.01
1998	100	16.98	48.27	42.62	5.65	34.75	6.17	9.29
1999	100	15.94	48.36	42.44	5.92	35.7	6.41	9.40
2000	100	14.85	49.69	43.75	5.94	35.46	6.48	9.20

注：本表按当年价格计算。

2-9 国 内 生 产 总 值

单位:亿元

分　　组	1999 年	2000 年	2000 年为 1999 年%
国内生产总值	**7662.10**	**8542.44**	**110.50**
第一产业	1221.00	1268.57	103.80
第二产业	3705.44	4244.4	112.39
工　业	3251.77	3737.38	112.64
建筑业	453.67	507.02	109.94
第三产业	2735.66	3029.47	110.34
农林牧渔服务业	13.11	15.52	117.76
地质勘查业、水利管理业	13.47	17.85	124.55
交通运输、仓储及邮电通信业	490.90	553.17	111.24
交通运输和仓储业	424.10	460.76	108.10
邮电通信业	66.80	92.41	130.51
批发和零售贸易、餐饮业	720.56	785.68	110.81
金融保险业	435.96	450.94	103.41
房地产业	283.31	309.99	110.37
社会服务业	147.93	174.51	116.22
卫生、体育和社会福利业	100.72	111.41	110.69
教育、文艺及广播电影电视业	169.61	209.50	117.07
科学研究和综合技术服务业	24.00	28.75	117.07
国家机关、政党机关和社会团体	209.20	243.84	113.35
其他行业	126.89	128.31	101.35
支出法计算的国内生产总值中			
最终消费	3809.13	4099.74	109.71
居民消费	2821.87	3099.76	108.95
农村居民	1430.10	1546.85	107.68
城镇居民	1391.77	1552.91	110.26
资本形成总额	3652.95	4200.61	110.73
货物和服务净出口	200.02	242.09	119.39

注:本表中绝对数按当年价格计算,指数按可比价格计算。

2-10 1978-2000年支出法计算的国内生产总值

单位:亿元

年份	国内生产总值(支出法)	#最终消费	居民消费	政府消费	#资本形成总额	#固定资产形成总额
1978	225.45	143.67	120.59	23.08	77.08	62.32
1979	251.60	155.83	133.42	22.41	81.05	65.45
1980	292.13	188.26	161.67	26.59	95.27	71.31
1981	346.57	212.91	181.79	31.12	100.41	81.95
1982	395.38	257.12	221.77	35.35	126.52	102.30
1983	459.83	285.15	242.31	42.84	142.59	121.09
1984	581.56	318.40	264.67	53.73	192.49	153.86
1985	680.46	365.69	297.92	67.77	253.68	195.39
1986	742.05	410.40	330.87	79.53	279.80	230.54
1987	892.29	481.01	377.18	103.83	371.44	293.40
1988	1117.66	592.91	471.31	121.60	458.97	335.12
1989	1293.94	700.93	522.40	178.53	537.52	333.27
1990	1511.19	807.32	588.46	218.86	638.78	412.59
1991	1810.54	914.36	667.63	246.73	815.00	555.76
1992	2196.53	1078.95	780.50	298.45	1045.40	758.28
1993	2735.68	1263.34	907.58	355.76	1374.89	1024.84
1994	3810.03	1889.34	1321.60	567.74	1784.62	1229.55
1995	4895.26	2479.05	1688.25	790.80	2247.58	1481.10
1996	5894.82	2997.89	1994.23	1003.66	2761.80	1777.05
1997	6625.08	3293.88	2384.46	909.42	3202.30	2044.45
1998	7162.20	3533.34	2554.64	978.70	3463.15	2347.02
1999	7662.10	3809.13	2821.87	987.26	3652.95	2662.95
2000	8542.44	4099.74	3099.76	999.98	4200.61	3200.77

注:本表按当年价格计算。

2－11 各市国内生产总值

单位:亿元

地　　区	国内生产总值			第一产业增加值			第二产业增加值		
	1999年	2000年	2000年为1999年%	1999年	2000年	2000年为1999年%	1999年	2000年	2000年为1999年%
济南市	881.32	952.18	112.1	92.52	95.01	106.1	399.80	418.61	110.8
青岛市	992.83	1150.07	115.1	137.36	139.88	106.5	472.20	560.02	117.0
淄博市	568.00	642.20	111.1	46.50	46.30	104.1	326.38	377.39	111.9
枣庄市	227.13	248.81	110.8	40.01	41.68	105.3	109.51	123.12	114.0
东营市	330.84	465.11	109.1	29.34	30.13	102.0	252.78	379.60	110.0
烟台市	800.66	879.59	110.6	127.84	126.14	101.8	415.90	455.97	111.9
潍坊市	647.30	714.56	110.3	142.00	145.80	102.8	288.30	329.46	113.7
济宁市	528.71	578.44	111.0	112.60	114.80	106.0	223.96	248.51	113.0
泰安市	356.31	396.40	111.1	66.11	70.28	104.6	162.80	177.80	112.6
威海市	500.80	560.89	112.0	83.01	85.87	107.6	252.18	294.81	113.6
日照市	185.62	209.51	112.8	48.86	51.02	105.0	69.61	81.82	116.6
莱芜市	99.10	110.40	112.0	12.20	13.00	106.3	49.40	55.40	112.7
临沂市	501.59	554.60	111.4	112.03	113.51	103.0	227.98	259.08	113.1
德州市	312.00	360.30	113.0	87.00	88.60	106.0	129.00	158.00	115.9
聊城市	253.65	280.83	112.1	88.35	91.36	105.6	102.11	116.98	114.8
滨州市	238.12	270.02	113.0	59.90	61.37	104.2	109.73	130.50	117.3
菏泽市	189.94	208.59	109.8	98.40	104.69	107.2	49.40	55.73	112.5

注:本表绝对额按当年价格计算,速度按可比价格计算。

2－11续表

单位:万元

地　　区	#工业增加值			第三产业增加值			人均国内生产总值(元)	
	1999年	2000年	2000年为1999年%	1999年	2000年	2000年为1999年%	1999年	2000年
济南市	318.80	336.61	112.2	389.00	438.55	114.9	15863	16999
青岛市	420.70	500.32	117.3	383.27	450.17	114.8	13394	15410
淄博市	294.56	343.29	112.0	195.12	218.51	111.3	14035	15785
枣庄市	96.11	106.76	113.4	77.61	84.01	108.4	6395	6971
东营市	223.46	347.00	109.5	48.72	55.38	110.2	19471	27139
烟台市	384.40	422.47	112.1	256.92	297.48	113.7	12345	13537
潍坊市	259.30	295.63	113.6	217.00	239.30	109.4	7725	8483
济宁市	193.80	213.83	112.9	192.15	215.13	111.5	6763	7365
泰安市	139.10	151.70	113.3	127.40	148.32	112.4	6632	7345
威海市	229.71	276.81	113.5	165.61	180.22	111.0	20359	22746
日照市	59.20	68.80	116.4	67.15	76.67	114.6	6760	7599
莱芜市	40.20	46.00	113.9	37.50	42.00	112.5	8110	8987
临沂市	194.32	221.07	112.9	161.58	182.01	113.6	5060	5558
德州市	112.00	139.00	115.9	96.00	113.70	114.9	5873	6721
聊城市	87.47	100.84	115.2	63.19	72.49	114.6	4580	5072
滨州市	93.10	111.50	117.8	68.49	78.15	114.0	6650	7497
菏泽市	43.20	47.88	110.7	42.14	48.17	113.6	2274	2473

2－12 各市国内生产总值构成

单位：%

地　　区	国内生产总值		第一产业		第二产业		第三产业	
	1999 年	2000 年	1999 年	2000 年	1999 年	2000 年	1999 年	2000 年
济 南 市	100.0	100.0	10.5	10.0	45.4	44.0	44.1	46.0
青 岛 市	100.0	100.0	13.8	12.2	47.6	48.7	38.6	39.1
淄 博 市	100.0	100.0	8.2	7.2	57.5	58.8	34.4	34.0
枣 庄 市	100.0	100.0	17.6	16.7	48.2	49.5	34.2	33.8
东 营 市	100.0	100.0	8.9	6.5	76.4	81.6	14.7	11.9
烟 台 市	100.0	100.0	16.0	14.4	51.9	51.8	32.1	33.8
潍 坊 市	100.0	100.0	21.9	20.4	44.5	46.1	33.5	33.5
济 宁 市	100.0	100.0	21.3	19.8	42.4	43.0	36.3	37.2
泰 安 市	100.0	100.0	18.6	17.7	45.7	44.9	35.8	37.4
威 海 市	100.0	100.0	16.6	15.3	50.4	52.6	33.1	32.1
日 照 市	100.0	100.0	26.3	24.3	37.5	39.1	36.2	36.6
莱 芜 市	100.0	100.0	12.3	11.8	49.8	50.2	37.8	38.0
临 沂 市	100.0	100.0	22.3	20.5	45.5	46.7	32.2	32.8
德 州 市	100.0	100.0	27.9	24.6	41.3	43.9	30.8	31.5
聊 城 市	100.0	100.0	34.8	32.5	40.3	41.7	24.9	25.8
滨 州 市	100.0	100.0	25.2	22.7	46.1	48.3	28.8	29.0
菏 泽 市	100.0	100.0	51.8	50.2	26.0	26.7	22.2	23.1

注：本表按当年价格计算。

2－13　1978－2000 年居民消费水平及指数

年　　份	绝对额(元)			指数(上年＝100)			指数(1978 年＝100)		
	全省居民	农村居民	城镇居民	全省居民	农村居民	城镇居民	全省居民	农村居民	城镇居民
1 9 7 8	169	136	529	110.00	113.89	97.50	100.00	100.00	100.00
1 9 7 9	185	150	544	106.06	106.71	101.65	106.06	106.71	101.65
1 9 8 0	223	181	632	107.62	106.29	110.81	114.14	113.42	112.64
1 9 8 1	247	203	662	109.73	109.68	105.69	125.25	124.40	119.05
1 9 8 2	298	259	642	111.29	116.18	96.15	139.39	144.53	114.46
1 9 8 3	322	285	633	108.70	111.81	96.32	151.52	161.60	110.25
1 9 8 4	348	310	642	106.67	107.17	99.83	161.62	173.18	110.06
1 9 8 5	388	338	737	104.69	102.82	105.49	169.20	178.07	116.11
1 9 8 6	426	373	795	106.27	107.19	102.68	179.81	190.87	119.22
1 9 8 7	478	415	933	102.25	101.28	107.68	183.86	193.32	128.37
1 9 8 8	588	494	1160	104.95	101.89	105.56	192.96	196.97	135.51
1 9 8 9	644	514	1277	72.25	91.95	101.89	139.41	181.11	138.07
1 9 9 0	698	563	1310	137.32	104.04	92.18	191.44	188.43	127.28
1 9 9 1	780	617	1501	105.54	104.21	107.05	202.05	196.36	136.25
1 9 9 2	909	667	1893	108.50	102.48	115.32	219.22	201.23	157.12
1 9 9 3	1052	760	2150	110.14	108.18	106.29	241.45	217.69	167.01
1 9 9 4	1527	1058	3079	115.31	113.16	112.48	278.41	246.34	187.85
1 9 9 5	1943	1342	3788	112.64	109.95	111.47	313.60	270.85	209.39
1 9 9 6	2287	1558	4376	108.62	107.29	106.44	340.64	290.60	222.88
1 9 9 7	2722	1868	5124	111.45	111.94	110.18	379.64	325.30	245.57
1 9 9 8	2899	1998	5450	109.07	108.61	109.81	414.07	353.30	269.66
1 9 9 9	3194	2188	6060	110.16	110.27	110.36	456.14	389.59	297.59
2 0 0 0	3467	2352	6572	107.66	107.02	107.17	491.08	416.94	318.93

注：本表绝对额按当年价格计算，指数按可比价格计算。

2－14 各市居民消费水平及指数

地　　区	绝　　对　　额(元)						2000年为1999年%		
	全省居民		农村居民		城镇居民		全省居民	农村居民	城镇居民
	1999年	2000年	1999年	2000年	1999年	2000年			
济 南 市	4085	4452	2113	2298	7568	8182	108.8	109.4	107.5
青 岛 市	4149	4563	2463	2641	7266	7983	107.8	106.2	107.1
淄 博 市	3323	3519	2424	2585	5080	5333	108.9	106.3	111.3
枣 庄 市	3133	3421	2451	2608	4519	5172	108.4	105.6	113.7
东 营 市	3447	4360	1917	2085	6207	8171	110.0	112.3	105.4
烟 台 市	3859	4207	3085	3229	6361	7173	108.9	106.4	110.6
潍 坊 市	3166	3345	2209	2325	6090	6590	105.1	101.1	111.9
济 宁 市	2425	2602	1806	1906	4540	4906	107.0	105.5	107.9
泰 安 市	3115	3401	2191	2094	5450	6564	107.1	94.4	119.0
威 海 市	4369	4682	2759	2925	7184	7734	108.2	107.1	108.8
日 照 市	2609	2910	2012	2165	4570	5258	111.0	108.5	114.2
莱 芜 市	3197	3232	2336	2112	5064	5629	101.4	90.9	111.3
临 沂 市	2075	2200	1649	1689	4076	4593	107.1	103.8	113.9
德 州 市	1639	1787	1155	1157	3791	4218	107.1	106.7	106.7
聊 城 市	1700	1797	1255	1297	4116	4371	108.8	104.8	111.6
滨 州 市	2346	2679	1976	2268	4742	5267	112.9	113.3	110.5
菏 泽 市	1502	1559	1223	1257	3201	3310	104.0	103.0	103.6

注:本表绝对数按当年价格计算,指数按可比价格计算。

三、人　　口

POPULATION

简要说明：

一、本篇资料反映我省人口方面的基本情况，包括全省 17 个市的主要人口统计数据，历年人口总数、(非)农业人口数、人口出生率、死亡率、自然增长率。另外，我们还对建国以来进行的五次人口普查主要数据进行了比较。

二、本篇的 5 张表均有山东省统计局人口与就业处整理提供。

3-1 历 年 总 人 口

单位:万人

年份	总人口	按性别分		按农业非农业分		人口密度(人/平方公里)
		男	女	农业人口	非农业人口	
1949	(4549)	(2199)	(2350)	(4289)	(260)	290
1952	(4827)	(2392)	(2435)	(4538)	(289)	308
1953	(4924)	(2450)	(2474)	(4620)	(304)	314
1954	(5052)	(2520)	(2532)	(4732)	(320)	322
1955	(5174)	(2587)	(2587)	(4796)	(378)	330
1956	(5256)	(2627)	(2629)	(4871)	(385)	335
1957	(5373)	(2694)	(2679)	(4936)	(437)	343
1958	(5422)	(2719)	(2703)	(4810)	(612)	346
1959	(5373)	(2713)	(2660)	(4794)	(579)	343
1960	(5188)	(2597)	(2591)	(4642)	(546)	331
1961	(5265)	(2631)	(2634)	(4804)	(461)	336
1962	(5426)	(2718)	(2708)	(5015)	(411)	346
1963	(5585)	(2804)	(2781)	(5151)	(434)	356
1964	(5606)	(2816)	(2790)	(5161)	(445)	358
1965	(5711)	(2866)	(2845)	(5258)	(453)	364
1966	(5851)	(2940)	(2911)	(5398)	(453)	373
1967	(5968)	(2999)	(2969)	(5514)	(454)	381
1968	(6086)	(3060)	(3026)	(5631)	(455)	388
1969	(6265)	(3147)	(3118)	(5808)	(457)	400
1970	(6441)	(3241)	(3200)	(5966)	(475)	411
1971	(6568)	(3311)	(3257)	(6038)	(530)	419
1972	(6683)	(3368)	(3315)	(6157)	(526)	426
1973	(6793)	(3428)	(3365)	(6251)	(542)	434
1974	(6876)	(3471)	(3405)	(6327)	(549)	439
1975	(6971)	(3524)	(3447)	(6408)	(563)	445
1976	(7038)	(3561)	(3477)	(6455)	(583)	449
1977	(7099)	(3592)	(3507)	(6507)	(592)	453
1978	(7160)	(3624)	(3536)	(6533)	(627)	457
1979	(7232)	(3660)	(3572)	(6570)	(661)	462
1980	(7296)	(3694)	(3602)	(6605)	(691)	466
1981	(7395)	(3750)	(3645)	(6659)	(736)	472
1982	(7494)	(3806)	(3688)	(6720)	(774)	478
1983	(7564)	(3847)	(3717)	(6753)	(811)	483
1984	(7637)	(3887)	(3750)	(6701)	(936)	487
1985	7711(7695)	(3922)	(3773)	(6676)	(1017)	492
1986	7818(7776)	(3967)	(3810)	(6797)	(979)	499
1987	7958(7889)	(4029)	(3860)	(6844)	(1045)	508
1988	8061(8009)	(4092)	(3917)	(6702)	(1307)	514
1989	8160(8181)	(4181)	(4000)	(6698)	(1483)	521
1990	8493(8424)	(4299)	(4125)	(6846)	(1578)	542
1991	8570(8534)	(4352)	(4182)	(6884)	(1650)	547
1992	8610(8580)	(4373)	(4207)	(6819)	(1761)	549
1993	8642(8620)	(4392)	(4228)	(6724)	(1896)	551
1994	8671(8653)	(4407)	(4246)	(6574)	(2079)	553
1995	8705(8701)	(4429)	(4272)	(6531)	(2170)	556
1996	8738(8747)	(4452)	(4295)	(6484)	(2263)	558
1997	8785(8810)	(4483)	(4327)	(6500)	(2310)	561
1998	8838(8872)	(4513)	(4359)	(6575)	(2296)	564
1999	8883(8922)	(4537)	(4385)	(6600)	(2322)	567
2000	8997(8975)	(4562)	(4413)	(6566)	(2409)	574

注:1985－1999年为人口抽样调查推算数,2000年为人口普查推算数,括号内为户籍人口数。

3-2 历年人口出生率、死亡率、自然增长率

年　份	出生率 (‰)	死亡率 (‰)	自然增长率 (‰)	出生人口数 (万人)	死亡人口数 (万人)	自然增长人数 (万人)
1949	(28.10)	(12.20)	(15.90)			
1952	(31.50)	(12.20)	(19.30)			
1953	(32.60)	(12.10)	(20.50)	(160)	(59)	(101)
1954	(37.70)	(11.70)	(26.00)	(188)	(58)	(130)
1955	(37.30)	(13.70)	(23.60)	(191)	(70)	(121)
1956	(32.70)	(12.10)	(20.60)	(171)	(63)	(108)
1957	(35.80)	(12.10)	(23.70)	(190)	(64)	(126)
1958	(25.00)	(12.80)	(12.20)	(135)	(69)	(66)
1959	(20.90)	(18.20)	(2.70)	(113)	(98)	(15)
1960	(19.50)	(23.60)	(-4.10)	(103)	(125)	(-22)
1961	(21.40)	(18.40)	(3.00)	(113)	(97)	(16)
1962	(38.10)	(12.40)	(25.70)	(204)	(66)	(138)
1963	(44.20)	(11.80)	(32.40)	(244)	(65)	(179)
1964	(36.90)	(12.00)	(34.90)	(206)	(67)	(139)
1965	(35.50)	(10.20)	(25.30)	(201)	(58)	(143)
1966	(34.50)	(9.90)	(24.60)	(200)	(57)	(143)
1967	(30.00)	(9.00)	(21.00)	(177)	(53)	(124)
1968	(38.00)	(8.00)	(30.00)	(229)	(48)	(181)
1969	(30.40)	(6.60)	(23.80)	(191)	(41)	(150)
1970	(33.89)	(7.34)	(26.55)	(215)	(47)	(168)
1971	(29.01)	(7.81)	(21.20)	(189)	(51)	(138)
1972	(27.60)	(7.66)	(19.94)	(183)	(51)	(132)
1973	(23.89)	(6.94)	(16.95)	(161)	(47)	(114)
1974	(20.95)	(7.23)	(13.72)	(143)	(49)	(94)
1975	(21.56)	(7.53)	(14.03)	(149)	(52)	(97)
1976	(18.46)	(7.63)	(10.83)	(129)	(53)	(76)
1977	(16.96)	(7.24)	(9.72)	(120)	(51)	(69)
1978	(16.80)	(6.50)	(10.30)	(119)	(46)	(73)
1979	(16.94)	(6.15)	(10.79)	(122)	(44)	(78)
1980	(13.91)	(6.40)	(7.51)	(101)	(47)	(54)
1981	(16.48)	(6.41)	(10.07)	(121)	(47)	(74)
1982	(17.05)	(6.10)	(10.95)	(127)	(45)	(82)
1983	15.10(12.76)	6.73(5.87)	8.37(6.89)	114(96)	51(44)	63(52)
1984	13.80(12.99)	5.80(6.03)	8.00(6.96)	104(99)	44(46)	60(53)
1985	15.12(11.75)	6.64(5.90)	8.48(5.85)	116(90)	51(45)	65(45)
1986	19.90(14.71)	7.28(5.86)	12.62(8.85)	156(114)	57(46)	99(68)
1987	23.35(17.43)	7.07(5.64)	16.28(11.79)	184(137)	56(44)	128(93)
1988	17.54(17.95)	6.04(5.95)	11.50(12.00)	140(143)	48(47)	92(96)
1989	16.88(18.87)	5.70(5.51)	11.18(13.36)	137(153)	46(45)	91(108)
1990	18.21(26.10)	6.96(6.02)	11.25(20.08)	152(217)	58(50)	94(167)
1991	15.40(16.39)	6.54(5.73)	8.86(10.66)	131(139)	56(49)	75(90)
1992	11.43(10.95)	6.88(6.02)	4.55(4.93)	98(94)	59(52)	39(42)
1993	10.49(9.47)	6.76(5.84)	3.73(3.63)	90(81)	58(50)	32(31)
1994	9.69(9.31)	6.67(5.99)	3.02(3.32)	84(80)	58(52)	26(28)
1995	9.82(9.66)	6.47(5.83)	3.35(3.83)	85(84)	56(51)	29(33)
1996	10.60(10.33)	6.76(6.04)	3.84(4.29)	92(90)	59(53)	33(37)
1997	11.28(10.84)	6.65(5.90)	4.63(4.94)	99(95)	58(52)	41(43)
1998	11.58(11.52)	6.12(5.95)	5.46(5.57)	102(102)	54(53)	48(49)
1999	11.08(10.23)	6.27(5.72)	4.81(4.51)	98(91)	55(51)	43(40)
2000	10.75(11.38)	6.29(6.70)	4.46(4.68)	97(102)	56(60)	40(42)

注:1983-1999年为人口抽样调查数,2000年为人口普查推算数,括号内为户籍人口数。

3-3 第一、二、三、四、五次人口普查主要数据

项　目	单　位	第一次人口普查(1953.7.1)	第二次人口普查(1964.7.1)	第三次人口普查(1982.7.1)	第四次人口普查(1990.7.1)	第五次人口普查(2000.11.1)
一、总人口	**人**	**48876548**	**55496219**	**74419054**	**84392827**	**90793073**
按性别分						
男	人	24311397	27904495	37737424	42915180	45964376
女	人	24565151	27591724	36681630	41477647	44828697
二、总户数	**户**	**11097668**	**12770814**	**17390448**	**21976486**	**27634525**
家庭户	户			17335456	21875315	27006265
平均家庭户规模	人			4.20	3.75	3.21
三、民　族						
民族个数	个	17	32	39	54	
汉族人口	人	48624003	55200442	74011440	83889651	90172995
少数民族人口	人	252386	295464	407408	502965	620078
四、市镇人口	**人**	**3579208**	**7175677**	**14190511**	**23076729**	**34501368**
五、各种文化程度人口						
大　学	人		92840	262571	822606	3024400
高　中	人		385005	4376519	6025761	10020237
初　中	人		1515363	13171751	21251916	33261403
小　学	人		14108164	25103593	30600841	29722363
文盲半文盲	人		23723902	20863231	14348998	
(12周岁及以上)						
六、在业人口	**人**			**40097853**	**50772124**	
七、不在业人口	**人**			**11224180**	**11171614**	

3-4 各市人口自然变动情况

(2000年)

地区	出生率 (‰)	死亡率 (‰)	自然增长率 (‰)	出生人口 (人)	死亡人口 (人)	自然增长人口 (人)
全省总计	**10.75(11.38)**	**6.29(6.70)**	**4.46(4.68)**	**965061(1018599)**	**564729(599515)**	**400332(419084)**
济南市	10.22(11.08)	6.36(7.05)	3.86(4.03)	60402(62059)	37586(39499)	22816(22560)
青岛市	9.44(10.38)	6.37(7.02)	3.07(3.36)	70655(73141)	47665(49465)	22990(23676)
淄博市	10.85(11.35)	5.84(6.93)	5.01(4.42)	45277(46171)	24363(28180)	20914(17991)
枣庄市	10.83(10.97)	5.91(5.83)	4.92(5.15)	38324(39163)	20906(20800)	17418(18363)
东营市	11.94(12.53)	4.97(5.48)	6.97(7.05)	21331(21474)	8880(9388)	12451(12086)
烟台市	7.56(8.50)	6.81(7.33)	0.75(1.17)	50168(54848)	45145(47269)	5023(7579)
潍坊市	10.40(10.98)	6.06(6.56)	4.34(4.43)	88146(92527)	51373(55218)	36773(37309)
济宁市	11.14(12.17)	6.01(5.95)	5.13(6.21)	86029(95789)	46381(46879)	39648(48910)
泰安市	11.54(11.27)	6.57(6.72)	4.97(4.54)	61418(60803)	34968(36279)	26450(24524)
威海市	6.36(7.62)	6.86(7.63)	-0.5(-0.01)	16511(18796)	17822(18821)	-1311(-25)
日照市	12.26(12.10)	6.59(7.00)	5.67(5.10)	32846(33362)	17665(19302)	15181(14060)
莱芜市	11.69(11.75)	6.01(6.25)	5.68(5.49)	14379(14430)	7390(7680)	6989(6750)
临沂市	11.16(13.68)	5.79(5.91)	5.37(7.77)	110655(136514)	57462(58984)	53193(77530)
德州市	12.49(10.94)	6.77(6.17)	5.72(4.77)	65921(58366)	35760(32909)	30161(25457)
聊城市	11.34(10.40)	6.54(9.55)	4.80(0.85)	61217(57569)	35305(52884)	25912(4685)
滨州市	12.07(12.72)	6.70(8.33)	5.37(4.39)	42916(45799)	23823(29999)	19093(15800)
菏泽市	12.24(12.78)	6.47(5.45)	5.77(7.33)	98866(107788)	52235(45959)	46631(61829)

注:本表为2000年人口普查推算数,括号内为户籍统计数字。

3-5 各市人口数和总户数

(2000年)

地区	总人口 (人)	按性别分(人)		按农业非农业分(人)		年末总户数 (户)
		男	女	非农业人口	农业人口	
全省总计	**89973073(89754623)**	**45549248(45620599)**	**44423825(44134024)**	**(24096280)**	**(65658343)**	**(26532688)**
济南市	5921697(5626543)	3002898(2841955)	2918799(2784588)	(2331027)	(3295516)	(1666336)
青岛市	7494187(7066481)	3757487(3577367)	3736700(3489114)	(2923545)	(4142936)	(2247257)
淄博市	4184750(4079874)	2113092(2057453)	2071658(2022421)	(1745307)	(2334567)	(1300451)
枣庄市	3546563(3579949)	1837935(1858911)	1708628(1721038)	(1114840)	(2465109)	(1039764)
东营市	1793035(1721357)	915014(874742)	878021(846615)	(711856)	(1009501)	(531226)
烟台市	6635736(6457983)	3352697(3258353)	3283039(3199630)	(2039924)	(4418059)	(2163912)
潍坊市	8495295(8445697)	4286959(4285967)	4208336(4159730)	(1970002)	(6475695)	(2461339)
济宁市	7740267(7900072)	3953021(4052043)	3787246(3848029)	(1870452)	(6029620)	(2135794)
泰安市	5334623(5407434)	2698388(2749534)	2636235(2657900)	(1614257)	(3793177)	(1575452)
威海市	2596953(2469542)	1302913(1248346)	1294040(1221196)	(904467)	(1565075)	(848395)
日照市	2686187(2760642)	1351139(1400429)	1335048(1360213)	(666093)	(2094549)	(896573)
莱芜市	1233525(1231853)	626767(628795)	606758(603058)	(393921)	(837932)	(390155)
临沂市	9942644(10013756)	5075128(5130146)	4867516(4883610)	(1789474)	(8224282)	(2995259)
德州市	5293674(5357316)	2666155(2709846)	2627519(2647470)	(1095821)	(4261495)	(1507595)
聊城市	5411909(5535832)	2710708(2795527)	2701201(2740305)	(943092)	(4592740)	(1496085)
滨州市	3564064(3610910)	1790042(1828256)	1774022(1782654)	(727486)	(2883424)	(1047638)
菏泽市	8097964(8489382)	4108905(4322929)	3989059(4166453)	(1254716)	(7234666)	(2229457)

注:本表为2000年人口普查推算数,括号内为户籍统计数字。

四、从业人员和劳动报酬

EMPLOYMENT AND PAYMENT FOR LABOR

简要说明:

一、本篇资料主要反映山东省2000年劳动经济方面的基本情况。包括历年劳动工资基本情况、从业人员及在岗职工人数、从业人员劳动报酬及在岗职工工资总额、在岗职工平均工资、企业职工下岗情况、单位从业人员变动情况、城乡劳动力资源配置情况、城镇从业人员(不含非正规就业、自由职业者等)等。

二、本篇资料主要来源:

从业人员和在岗职工情况根据国家统计调查制度搜集汇总的资料。

企业下岗职工情况由省劳动和社会保障厅有关处室提供的资料。

城乡劳动力资源配置情况2000年部分,是根据2000年劳动统计年报,结合2000年第五次全国人口普查资料、省统计局农调队、省中小企业办公室、省工商行政管理局有关年报数据整理而成的,1995年部分,是根据1995年全省城乡劳动力资源配置情况、结合统计方法制度的改革,略作调整而增加的。

三、调查范围、调查方法和使用的分类标准

(一)调查范围:劳动统计报表的调查范围为辖区内全部独立核算的企业、事业和机关。

(二)分类标准:单位隶属关系采用国家标准《GB12404－90》,国民经济行业划分采用国家标准《GBT4754－94》,企业、事业和机关的划分是按其执行的会计制度类型划分,单位经济类型是按登记注册类型划分的。

(三)调查方法:均为全面调查。

四、本篇中的历史资料,自1998年起,根据现行的统计报表制度改为在岗职工口径,之前各个年份仍为全部职工口径。

4－1 历年劳动工资基本情况

地区	职工年末人数（万人）	#国有单位	#城镇集体单位	职工工资总额（亿元）	#国有单位	#城镇集体单位	职工平均工资（元）	国有单位	城镇集体单位	其他单位
1952	75.1	75.1		2.7	2.7		362	362		
1953	79.2	79.2		3.3	3.3		404	404		
1954	86.4	86.4		3.6	3.6		429	429		
1955	91.4	91.4		4.1	4.1		459	459		
1956	128.4	128.4		6.2	6.2		516	516		
1957	126.9	126.9		7.1	7.1		550	550		
1958	274.8	274.8		8.8	8.8		480	480		
1959	234.8	234.8		11.6	11.6		478	478		
1960	246.1	246.1		12.4	12.4		501	501		
1961	201.9	201.9		11.3	11.3		510	510		
1962	187.8	150.8	37	9.5	9.5		563	563		
1963	190.1	147.0	43.1	9.1	9.1		603	603		
1964	196.0	152.9	43.1	9.5	9.5		624	624		
1965	203.4	157.4	46.0	9.6	9.6		616	616		
1966	213.0	163.4	49.6	9.7	9.7		604	604		
1967	223.1	169.9	53.2	9.9	9.9		589	589		
1968	234.6	177.7	56.9	10.1	10.1		579	579		
1969	243.3	182.8	60.5	10.4	10.4		579	579		
1970	269.9	205.8	64.1	11.0	11.0		564	564		
1971	309.3	230.9	78.4	12.0	12.0		551	551		
1972	331.4	242.1	89.3	13.7	13.7		574	574		
1973	328.8	244.5	84.3	14.0	14.0		573	573		
1974	333.3	248.2	85.1	14.5	14.5		581	581		
1975	357.9	263.3	94.6	15.0	15.0		585	585		
1976	383.2	278.2	105.0	15.3	15.3		568	568		
1977	393.4	278.4	115.0	16.0	16.0		577	577		
1978	469.9	353.5	116.4	26.0	20.5	5.5	566	597	472	
1979	485.2	368.5	116.7	30.0	23.8	6.2	632	664	537	
1980	514.0	389.9	124.1	37.1	29.2	7.9	745	774	654	
1981	539.6	410.6	129.0	39.6	31.2	8.4	755	782	667	
1982	560.4	427.0	133.4	42.2	33.2	9.0	769	797	679	
1983	570.7	437.0	133.7	44.2	35.0	9.2	789	818	696	
1984	596.7	418.3	178.4	57.1	42.2	14.9	985	1037	864	
1985	619.1	438.2	180.9	66.8	50.0	16.8	1110	1170	938	
1986	649.5	461.4	187.3	82.7	62.7	19.9	1313	1401	1057	1128
1987	684.6	490.3	193.0	94.4	72.2	22.0	1428	1516	1158	1465
1988	733.7	528.3	203.7	125.1	96.9	27.9	1782	1909	1449	1951
1989	739.4	533.4	203.1	139.6	108.8	30.3	1920	2067	1529	1905
1990	767.6	553.9	209.0	161.9	126.2	34.8	2150	2315	1707	2218
1991	803.4	580.0	216.2	179.8	139.8	38.4	2292	2463	1826	2394
1992	837.9	604.0	224.2	214.3	167.7	44.2	2601	2823	2002	2614
1993	857.2	619.5	213.4	266.2	208.7	49.4	3149	3410	2352	3482
1994	872.4	619.1	201.3	372.7	290.4	59.4	4338	4753	2999	4580
1995	917.4	650.1	200.1	464.1	357.8	72.3	5145	5585	3668	5299
1996	930.7	661.2	198.6	532.7	414.2	78.2	5809	6356	3980	5850
1997	937.7	665.6	190.9	580.4	450.0	79.7	6241	6817	4186	6373
1998	836.8	595.1	132.7	575.4	444.4	61.6	6854	7469	4558	6346
1999	809.1	566.7	119.1	620.1	475.9	60.1	7656	8389	4988	6882
2000	790.1	542.1	103.9	695.1	524.4	58.8	8772	9656	5585	7771

4－2 城乡劳动力资源配置情况

单位：万人

类别	1995年			2000年		
	总计	城镇	乡村	总计	城镇	乡村
一、年末劳动力资源总数	**6308.8**			**6520.2**		
＃当年新增加的劳动力资源	125.4			128.6		
1、年末16岁及以上全部人数	6603.6			6825.1		
＃不计入劳动力资源的人数	300.4			309.5		
2、机械变动差额地区调整数(＋、－)	5.6			4.6		
二、经济活动人口	**5245.5**			**5421.6**		
从业人员	**5207.3**	**1620.9**	**3586.4**	**5382.5**	**1691.2**	**3691.3**
按就业身份分						
在岗职工	917.4	917.4		790.1	790.1	
再就业的离退休人员	6.6	6.6		5.4	5.4	
私营业主	9.9	4.6	5.3	34.8	21.6	13.2
个体户主	224.9	35.7	189.2	132.0	52.9	79.1
私营企业和个体从业人员	316.6	64.2	252.4	322.8	140.8	182.0
乡镇企业从业人员	295.0		295.0	719.3		719.3
农业从业人员	2516.7	12.8	2503.9			
其他从业人员	920.2	579.6	340.6	3378.1	680.4	2697.7
按经济类型分						
国有单位	678.4	678.4		555.1	555.1	
城镇集体	496.9	201.9	295.0	824.6	105.3	719.3
私营经济	73.7	28.6	45.1	214.1	105.3	108.8
个体经济	477.8	75.9	401.9	275.5	110.0	165.5
联营经济	1.0	1.0		2.7	2.7	
股份合作	28.7	28.7		12.1	12.1	
有限责任公司				43.3	43.3	
股份有限公司				37.4	37.4	
外商投资	24.7	24.7		38.7	38.7	
港、澳、台投资	13.6	13.6		11.9	11.9	
其　　他	3412.5	568.1	2844.4	3367.1	669.4	2697.7
按国民经济行业分						
农、林、牧、渔业	2516.7	12.8	2503.9	2346.3	11.1	2335.0
采掘业	76.1	76.1		66.2	66.2	
制造业	757.8	385.3	372.5	742.1	335.8	406.3
电力、煤气及水的生产和供应业	16.9	16.9		19.8	19.8	
建筑业	320.0	42.9	277.1	368.9	89.5	279.4
地质勘查业、水利管理业	5.6	5.6		4.8	4.8	
交通运输、仓储及邮电通信业	185.0	87.0	98.0	326.7	136.9	189.8
批发和零售贸易、餐饮业	547.9	348.9	199.0	694.7	399.1	295.6
金融、保险业	18.2	18.2		32.2	32.2	
房地产业	4.1	4.1		4.3	4.3	
社会服务业	334.4	291.5	42.9	424.1	337.1	87.0
卫生、体育和社会福利业	29.3	29.3		46.6	46.6	
教育、文化艺术和广播电影电视业	105.6	105.6		121.5	121.5	
科学研究和综合技术服务业	7.1	7.1		7.2	7.2	
国家机关、政党机关和社会团体	75.8	75.8		78.2	78.2	
其　　他	206.8	113.8	93.0	99.3	1.1	98.2
失业人员	**37.3**	**37.3**		**39.1**	**39.1**	
三、非经济活动人口	**1063.3**			**1098.6**		
＃16岁以上在校学生	280.1			289.4		
家务劳动者	697.1			720.2		

注：根据统计方法制度改革，1995年全省城乡劳动力资源配置情况进行了调整。

4－3 城乡劳动力资源构成

单位：%

类　　别	1995 年			2000 年		
	总　计	城　镇	乡　村	总　计	城　镇	乡　村
一、年末劳动力资源总数	**100.00**			**100.00**		
＃当年新增加的劳动力资源	1.99			1.97		
1、年末 16 岁及以上全部人数	104.67			104.68		
＃不计入劳动力资源的人数	4.76			4.75		
2、机械变动差额地区调整数(＋、－)	0.09			0.07		
二、经济活动人口	**83.15**			**83.15**		
从业人员	**82.54**	**25.69**	**56.85**	**82.55**	**25.94**	**56.61**
按就业身份分						
在岗职工	14.54	14.54		12.12	12.12	
再就业的离退休人员	0.10	0.10		0.08	0.08	
私营业主	0.16	0.07	0.08	0.53	0.33	0.20
个体户主	3.56	0.57	3.00	2.02	0.81	1.21
私营企业和个体从业人员	5.02	1.02	4.00	4.95	2.16	2.79
乡镇企业从业人员	4.68		4.68	11.03		11.03
农业从业人员	39.89	0.20	39.69	35.98	0.17	35.81
其他从业人员	14.59	9.19	5.4	51.81	10.44	41.37
按经济类型分						
国有单位	10.75	10.75		8.51	8.51	
城镇集体	7.88	3.20	4.68	12.65	1.61	11.03
私营经济	1.17	0.45	0.71	3.28	1.61	1.67
个体经济	7.57	1.20	6.37	4.23	1.69	2.54
联营经济	0.02	0.02		0.04	0.04	
股份合作	0.45	0.45		0.19	0.19	
有限责任公司				0.66	0.66	
股份有限公司				0.57	0.57	
外商投资	0.39	0.39		0.59	0.59	
港、澳、台投资	0.22	0.22		0.18	0.18	
其　　他	54.09	9.00	45.09	51.64	10.27	41.37
按国民经济行业分						
农、林、牧、渔业	39.89	0.20	39.69	35.98	0.17	35.81
采 掘 业	1.21	1.21		1.01	1.01	
制 造 业	12.01	6.11	5.90	11.38	5.15	6.23
力、煤气及水的生产和供应业	0.27	0.27		0.30	0.30	
建 筑 业	5.07	0.68	4.39	5.66	1.37	4.29
地质勘查业、水利管理业	0.09	0.09		0.07	0.07	
交通运输、仓储及邮电通信业	2.93	1.38	1.55	5.01	2.10	2.91
批发和零售贸易、餐饮业	8.68	5.53	3.15	10.65	6.12	4.53
金融、保险业	0.29	0.29		0.49	0.49	
房地产业	0.06	0.06		0.07	0.07	
社会服务业	5.30	4.62	0.68	6.50	5.17	1.33
卫生、体育和社会福利业	0.46	0.46		0.71	0.71	
教育、文化艺术和广播电影电视业	1.67	1.67		1.86	1.86	
科学研究和综合技术服务业	0.11	0.11		0.11	0.11	
国家机关、政党机关和社会团体	1.20	1.20		1.20	1.20	
其　　他	3.28	1.80	1.47	1.52	0.02	
失业人员	**0.59**	**0.59**		**0.60**	**0.60**	
三、非经济活动人口	**16.85**			**16.85**		
＃16 岁以上在校学生	4.44			4.44		
家务劳动者	11.05			11.05		

注：各项均是占年末劳动力资源总数的比重。

4－4 历年从业人员年末人数

单位:万人

年份	从业人员年末人数	第一产业	第二产业	第三产业	农村从业人员	#农业劳动者	城镇从业人员	#城镇私营	#城镇个体
1949	1859.3				1745.3	1483.5	114.0		
1950	1840.8				1724.8	1465.6	116.0		
1951	1884.2				1764.2	1499.5	120.0		
1952	1897.2				1770.2	1504.7	127.0		
1953	1885.7				1736.7	1476.2	149.0		
1954	1874.7				1712.7	1455.8	162.0		
1955	1959.7				1788.7	1520.4	171.0		
1956	1824.0				1648.0	1384.3	176.0		
1957	2150.4				1961.4	1567.8	189.0		
1958	2155.3				1821.1	1346.8	334.2		
1959	2033.2				1727.6	1076.4	305.6		
1960	1958.2				1663.6	1246.9	294.6		
1961	1936.1				1706.2	1492.2	229.9		
1962	1981.2				1799.2	1662.7	182.0		4.5
1963	2027.8				1849.7	1792.7	178.1		3.6
1964	2099.8				1919.2	1861.4	180.6		
1965	2146.0								
1966	2199.0								
1967	2219.0								
1968	2254.0								
1969	2274.0								
1970	2606.0								
1971	2752.0								
1972	2744.0	2362.1	217.9	164.0	2412.7	2350.0	331.3		
1973	2869.1	2485.6	220.2	163.3	2540.3	2475.0	328.8		
1974	2894.0								
1975	2925.0								
1976									
1977									
1978	2969.8	2350.9	366.6	252.3	2499.7	2330.8	470.1		0.2
1979									
1980	3117.5	2458.1	382.5	276.9	2595.6	2439.5	521.9		8.0
1981	3192.4	2508.2	389.0	295.2	2650.9	2489.3	541.5		1.9
1982	3270.0	2520.8	442.2	307.0	2707.0	2502.3	563.0		2.5
1983	3795.1	2950.8	465.8	378.5	3216.3	2932.7	578.8		3.6
1984	3563.7	2509.1	528.8	525.8	2955.6	2491.4	608.2		6.7
1985	3561.1	2438.6	705.3	417.2	2926.5	2769.7	634.6		9.7
1986	3651.2	2431.1	776.0	444.1	2990.0	2414.4	661.2		11.7
1987	3765.7	2422.6	848.2	494.9	3065.3	2405.9	700.4		15.9
1988	3887.1	2474.5	905.1	507.5	3133.5	2457.0	753.6		
1989	3940.3	2527.6	902.6	510.1	3182.5	2510.4	757.8		
1990	4043.2	2585.7	922.5	535.0	3254.3	2570.0	788.9		21.3
1991	4219.3	2708.0	958.7	552.6	3388.3	2691.2	831.0	2.2	25.5
1992	4302.6	2705.1	1000.8	596.7	3431.2	2687.9	871.4		
1993	4379.3	2689.9	1070.4	619.0	3439.4	2676.6	939.9		
1994	4382.1	2541.6	1098.0	742.5	3559.3	2530.4	822.8	18.2	61.5
1995	5208.2	2516.7	1170.8	1520.7	3587.3	2503.9	1620.9	28.6	75.9
1996	5227.9	2487.9	1160.4	1579.6	3600.9	2475.1	1627.0	39.1	87.8
1997	5256.1	2510.5	1157.9	1587.7	3620.0	2497.5	1636.1	50.1	101.6
1998	5287.6	2499.0	1097.5	1691.1	3626.2	2487.0	1661.4	78.4	125.9
1999	5314.2	2358.6	1203.0	1752.6	3644.5	2346.8	1669.7	87.6	165.8
2000	5382.5	2346.1	1197.0	1839.4	3691.3	2335.0	1691.2	105.3	110.0

4－5 历年从业人员构成

单位:%

年份	从业人员年末人数	第一产业	第二产业	第三产业	农村从业人员	#农业劳动者	城镇从业人员	#城镇私营	#城镇个体
1949	100				93.87	79.79	6.13		
1950	100				93.70	79.62	6.30		
1951	100				93.63	79.58	6.37		
1952	100				93.31	79.31	6.69		
1953	100				92.10	78.28	7.90		
1954	100				91.36	77.66	8.64		
1955	100				91.27	77.58	8.73		
1956	100				90.35	75.89	9.65		
1957	100				91.21	72.91	8.79		
1958	100				84.49	62.49	15.51		
1959	100				84.97	52.94	15.03		
1960	100				84.96	63.68	15.04		
1961	100				88.13	77.07	11.87		
1962	100				88.73	82.00	8.98		0.22
1963	100				91.22	88.41	8.78		0.18
1964	100				91.40	88.65	8.60		
1965	100								
1966	100								
1967	100								
1968	100								
1969	100								
1970	100								
1971	100								
1972	100	86.08	7.94	5.98	87.93	85.64	12.07		
1973	100	86.63	7.67	5.69	88.54	86.26	11.46		
1974	100								
1975	100								
1976	100								
1977	100								
1978	100	79.16	12.34	8.5	84.17	78.48	15.83		0.01
1979	100								
1980	100	78.85	12.27	8.88	83.26	78.25	16.74		0.26
1981	100	78.57	12.19	9.25	83.04	77.98	16.96		0.06
1982	100	77.09	13.52	9.39	82.78	76.52	17.22		0.08
1983	100	77.75	12.27	9.97	84.75	77.28	15.25		0.09
1984	100	70.41	14.84	14.75	82.94	69.91	17.07		0.19
1985	100	68.48	19.81	11.72	82.18	77.78	17.82		0.27
1986	100	66.58	21.25	12.16	81.89	66.13	18.11		0.32
1987	100	64.33	22.52	13.14	81.40	63.89	18.60		0.42
1988	100	63.66	23.28	13.06	80.61	63.21	19.39		
1989	100	64.15	22.91	12.95	80.77	63.71	19.23		
1990	100	63.95	22.82	13.23	80.49	63.56	19.51		0.53
1991	100	64.18	22.72	13.10	80.30	63.78	19.70	0.05	0.60
1992	100	62.87	23.26	13.87	79.75	62.47	20.25		
1993	100	61.42	24.44	14.13	78.54	61.12	21.46		
1994	100	58.00	25.06	16.94	81.22	57.74	18.78	0.42	1.40
1995	100	48.32	22.48	29.20	68.88	48.08	31.12	0.55	1.46
1996	100	47.59	22.20	30.21	68.88	47.34	31.12	0.75	1.68
1997	100	47.76	22.03	30.21	68.87	47.52	31.13	0.95	1.93
1998	100	47.26	20.76	31.98	68.58	47.03	31.42	1.48	2.38
1999	100	44.38	22.64	32.98	68.58	44.16	31.42	1.65	3.12
2000	100	43.59	22.24	34.17	68.58	43.38	31.42	1.96	2.04

注:各年的分项均是占从业人员年末人数的比重。

4－6 国有单位从业人员及劳动报酬

（2000年）

类别	从业人员年末人数（人）	从业人员劳动报酬（万元）	平均劳动报酬（元）
总计	**5551010**	**5308086**	**9540**
一、按隶属关系分			
中央	850879	1266190	14710
省、自治区、直辖市	675288	761005	11099
市属（地区）	1158250	1111422	9529
县及县以下	2855755	2156400	7591
其他	10838	13068	12101
二、按企业、事业、机关分			
企业	3027994	2864729	9360
#地方	2271681	1713866	7468
#省属	523993	562485	10536
事业	1783515	1722061	9726
#地方	1713457	1636576	9626
#省属	103131	141731	13715
机关	739501	721296	9841
#地方	709925	684548	9730
#省属	50816	59436	11623
三、按国民经济行业分			
农、林、牧、渔业	80757	59193	7204
采掘业	581399	749658	12688
制造业	1191747	891095	7401
电力、煤气及水的生产和供应业	177523	223370	12916
建筑业	168859	142336	8379
地质勘查业、水利管理业	47174	41561	8810
交通运输、仓储及邮电通讯业	299869	366577	12137
批发和零售贸易、餐饮业	372190	220421	5836
金融、保险业	145057	196763	13168
房地产业	32736	34098	10420
社会服务业	180258	154704	8610
卫生、体育和社会福利业	81057	321818	11578
教育、文化艺术及广播电影电视业	1103061	1025279	9363
科学研究和综合技术服务业	59242	71683	12125
国家机关、政党机关和社会团体	780651	764456	9881
其他行业	49430	45073	9043

4－7 城镇集体单位从业人员及劳动报酬

（2000年）

类别	从业人员年末人数（人）	从业人员劳动报酬（万元）	平均劳动报酬（元）
总计	**1052554**	**597693**	**5580**
一、按企业、事业、机关分			
企业	972223	532424	5372
事业	77034	63003	8225
机关	3297	2266	6663
二、按国民经济行业分			
农、林、牧、渔业	11842	12064	10172
采掘业	40905	20192	4914
制造业	446568	239089	5262
电力、煤气及水的生产和供应业	3022	2225	7351
建筑业	128322	83043	6192
地质勘查业、水利管理业	183	139	7691
交通运输、仓储及邮电通讯业	23510	12982	5436
批发和零售贸易、餐饮业	234955	97363	4059
金融、保险业	53080	46854	8797
房地产业	2620	2299	7610
社会服务业	21007	13366	6592
卫生、体育和社会福利业	54330	45601	8452
教育、文化艺术及广播电影电视业	10617	8953	8494
科学研究和综合技术服务业	976	1091	10573
国家机关、政党机关和社会团体	1529	1185	7682
其他行业	19088	11249	5891

4－8 其他单位从业人员及劳动报酬

（2000 年）

类　　别	从业人员年末人数（人）	从业人员劳动报酬（万元）	平均劳动报酬（元）
总　计	**1465360**	**1168796**	**7995**
一、按登记注册类型分			
（一）内　资	958692	722626	7483
股份合作	121164	67053	5509
联营经济	27318	20049	7195
＃国有联营	14173	10443	7390
集体联营	1903	1597	7410
有限责任公司	432816	338512	7757
＃国有独资	107951	124703	11366
股份有限公司	373699	294635	7835
其　他	4404	2760	6412
（二）港澳台商投资	119370	86801	7273
（三）外商投资	387298	359370	9537
二、按企业、事业分			
企　业	1464743	1168377	7996
事　业	617	420	6888
三、按国民经济行业分			
农、林、牧、渔业	3621	3166	7077
采 掘 业	19791	16460	8161
制 造 业	1190672	912959	7698
电力、煤气及水的生产和供应业	17174	25669	15112
建筑业	36359	30667	8130
地质勘查业、水利管理业	135	124	9022
交通运输、仓储及邮电通讯业	20632	24304	12034
批发和零售贸易、餐饮业	105319	72566	6784
金融、保险业	23618	32572	14732
房地产业	7986	9298	11615
社会服务业	36550	37051	10374
卫生、体育和社会福利业	82	119	14825
教育、文化艺术及广播电影电视业	891	839	9548
科学研究和综合技术服务业	1433	1698	12604
国家机关、政党机关和社会团体			
其他行业	1097	1306	12229

4－9 单位从业人员变动情况

（2000年） 单位：人

分组	本年增加人数	从农村招收	从城镇招收	录用的复员转业退伍军人	录用的大中专技工学校毕业生	调入人数	#由外省调入	其他
总计	**569107**	**128967**	**62701**	**23840**	**132941**	**171641**	**1677**	**49017**
一、国有单位	**308884**	**33555**	**23121**	**18535**	**95937**	**108409**	**1122**	**29327**
企业	187187	26750	17961	9504	44235	65765	568	22972
#地方	132812	23995	13895	6612	36034	38751	402	13525
#省属	26643	944	2181	1242	8580	11565	119	2131
事业	91748	5306	3667	3746	42832	31218	461	4979
#地方	88826	5058	3306	3608	42000	30371	377	4483
#省属	4102	240	283	225	2267	896	108	191
机关	29949	1499	1493	5285	8870	11426	93	1376
#地方	29109	1497	1448	5202	8564	11054	71	1344
#省属	990	78	171	184	169	362	0	26
二、城镇集体单位	**63214**	**13006**	**14032**	**1630**	**11163**	**17022**	**169**	**6361**
三、其他单位	**197009**	**82406**	**25548**	**3675**	**25841**	**46210**	**386**	**13329**

4－9续表 （2000年） 单位：人

类别	本年减少人数	离退休退休职	开除除名辞退	终止解除合同	离开本单位仍保留劳动关系的职工	调出人数	#调至外省	其他
总计	**754794**	**88505**	**50393**	**121772**	**240783**	**164055**	**2019**	**89286**
一、国有单位	**427267**	**62161**	**19937**	**48903**	**152551**	**111249**	**1546**	**32466**
按企业、事业、机关分								
企业	330162	27379	15633	44337	141510	76452	745	24851
#地方	231819	23408	13742	34922	99887	45927	314	13933
#省属	43650	4387	2474	3800	24131	6246	106	2612
事业	72036	26809	3472	3003	6298	26301	739	6153
#地方	68223	25322	3260	2881	5794	25279	629	5687
#省属	4735	1989	231	226	607	1237	238	445
机关	25069	7973	832	1563	4743	8496	62	1462
#地方	24096	7633	801	1557	4699	8120	53	1286
#省属	1688	766	74	106	49	568	6	125
二、城镇集体单位	**142711**	**13861**	**10124**	**26323**	**49068**	**24227**	**64**	**19108**
三、其他单位	**184816**	**12483**	**20332**	**46546**	**39164**	**28579**	**409**	**37712**

4－10 国民经济各部门在岗职工年末人数

（2000 年）　　单位：人

行业名称	总计	国有单位	城镇集体单位	其他单位
总　　计	**7901104**	**5420681**	**1038872**	**1441551**
农、林、牧、渔业	95607	80203	11804	3600
采 掘 业	641694	581050	40895	19749
制 造 业	2809643	1185248	442988	1181407
电力、煤气及水的生产和供应业	196920	176953	2999	16968
建 筑 业	326243	164500	125914	35829
地质勘查业、水利管理业	47322	47006	183	133
交通运输、仓储及邮电通讯业	335829	292288	23075	20466
批发和零售贸易、餐饮业	702453	367692	232182	102579
金融、保险业	193274	127384	51100	14790
房地产业	41983	32133	2593	7257
社会服务业	230384	175308	19567	35509
卫生、体育和社会福利业	330857	277029	53753	75
教育、文化艺术及广播电影电视业	1040741	1029428	10480	833
科学研究和综合技术服务业	60092	57865	962	1265
国家机关、政党机关和社会团体	778883	777362	1521	
其他行业	69179	49232	18856	1091

4－11 国民经济各部门在岗职工工资总额

（2000 年）　　单位：万元

行业名称	总计	国有单位	城镇集体单位	其他单位
总　　计	**6951327**	**5244262**	**588363**	**1118702**
农、林、牧、渔业	74066	58881	12046	3139
采 掘 业	785964	749359	20175	16430
制 造 业	2006621	889104	236928	880589
电力、煤气及水的生产和供应业	250935	223175	2208	25552
建 筑 业	249431	139163	80213	30055
地质勘查业、水利管理业	41737	41476	139	121
交通运输、仓储及邮电通讯业	398320	361799	12642	23879
批发和零售贸易、餐饮业	385617	219276	96028	70314
金融、保险业	247862	180775	45682	21406
房地产业	44452	33684	2271	8497
社会服务业	199187	151729	12562	34896
卫生、体育和社会福利业	364326	318974	45242	111
教育、文化艺术及广播电影电视业	1008820	999142	8874	804
科学研究和综合技术服务业	73391	70699	1081	1612
国家机关、政党机关和社会团体	764033	762852	1180	
其他行业	56566	44174	11093	1298

4－12 国民经济各部门在岗职工平均工资

（2000 年）　　单位：元

行业名称	总计	国有单位	城镇集体单位	其他单位
总计	**8772**	**9656**	**5585**	**7771**
农、林、牧、渔业	7574	7223	10193	7052
采掘业	12067	12698	4911	8166
制造业	7101	7422	5256	7482
电力、煤气及水的生产和供应业	13058	12946	7354	15227
建筑业	7530	8373	6272	8094
地质勘查业、水利管理业	8821	8824	7691	8985
交通运输、仓储及邮电通讯业	11779	12277	5402	11899
批发和零售贸易、餐饮业	5397	5877	4050	6739
金融、保险业	12612	13806	8935	14798
房地产业	10477	10488	7599	11605
社会服务业	8733	8690	6676	10066
卫生、体育和社会福利业	11129	11647	8472	15205
教育、文化艺术及广播电影电视业	9784	9797	8530	9663
科学研究和综合技术服务业	12219	12226	10626	13211
国家机关、政党机关和社会团体	9896	9900	7695	
其他行业	8261	9102	5874	12272

4－13 各市企业下岗职工及再就业情况

（2000 年）　　单位：人

地区	年初下岗职工人数	新增加下岗职工人数	＃进入再就业服务中心的人数	本年度减少下岗职工	＃从中心转出人数	＃解除终止劳动关系的人数	＃再就业人数	＃协议到期人数	年底实有下岗职工人数
全省总计	**234855**	**167316**	**144804**	**197730**	**174357**	**72923**	**164613**	**40174**	**204441**
济南市	37943	14436	14436	26712	26712	26712	26712	24912	25667
青岛市	19628	54779	36151	39979	21351	21351	21351	1864	34428
淄博市	15845	5974	5974	8295	8295	2974	7951		13524
枣庄市	11770	3414	3414	4086	3956	722	3325	562	11098
东营市	3892	2153	2153	3585	3585	1459	3525	3525	2460
烟台市	8826	1021	1021	5698	5698	1280	5698		4149
潍坊市	21274	16027	15741	14535	14534	2442	12436	453	22766
济宁市	14003	12914	11212	9679	8748	1366	7897	763	17238
泰安市	11374	9899	9899	11214	11214	3527	11209	1301	10059
威海市	1314	20	20	662	662	504	260	275	672
日照市	1792	2007	1816	2254	2254	58	2230		1545
莱芜市	873			106	106		106		767
临沂市	14251	2481	2481	6539	6539	2730	3645	164	10193
德州市	19878	7292	7014	12538	12089	6044	12084	5161	14642
聊城市	9351	4339	2912	6534	3290		2566		7156
滨州市	6790	4662	4662	7261	7261	1364	6704	435	4191
菏泽市	36051	25898	25898	38063	38063	390	36914	759	23886

4－14 各市全部在岗职工年末人数

（2000 年）　　　　单位：人

地　　区	全部在岗职工年末人数	第一产业	第二产业	第三产业	农林牧渔业	采掘业	制造业
全省总计	**7901104**	**95607**	**3974500**	**3830997**	**95607**	**641694**	**2809643**
济南市	773118	5803	356008	411307	5803	5947	273401
青岛市	1013530	7675	575405	430450	7675	6977	514420
淄博市	510451	2544	317550	190357	2544	41304	240243
枣庄市	345589	1714	185182	158693	1714	79919	86898
东营市	322711	10533	230947	81231	10533	178665	34349
烟台市	662090	12260	347617	302213	12260	46552	252177
潍坊市	644825	9003	327498	308324	9003	12087	277308
济宁市	603364	5191	309607	288566	5191	116761	158575
泰安市	497785	6468	273241	218076	6468	113893	129231
威海市	332292	4345	197922	130025	4345	5243	171841
日照市	176833	1958	74202	100673	1958	2156	58101
莱芜市	138253	2014	93226	43013	2014	9412	72002
临沂市	494157	10906	190784	292467	10906	18378	143370
德州市	328808	2819	138729	187260	2819	187	110200
聊城市	323427	3773	142612	177042	3773		119237
滨州市	223228	3023	96463	123742	3023	3145	83402
菏泽市	372733	5578	108663	258492	5578	1068	80840

4－14 续表 1　　　　（2000 年）　　　　单位：人

地　　区	电力、煤气及水的生产和供应业	建筑业	地质勘查业、水利管理业	交通运输、仓储及邮电通信业	批发和零售贸易、餐饮业	金融、保险业	房地产业
全省总计	**196920**	**326243**	**47322**	**335829**	**702453**	**193274**	**41983**
济南市	18674	57986	7058	23566	82926	20796	6575
青岛市	17271	36737	2206	50210	78072	22816	10161
淄博市	13446	22557	1902	9241	46884	11599	2133
枣庄市	9073	9292	743	8017	29345	7868	2593
东营市	2155	15778	1441	5980	14499	4188	475
烟台市	21027	27861	2659	35454	48225	19300	4739
潍坊市	15411	22692	3135	16197	55476	15596	3109
济宁市	17476	16795	3286	15766	61859	12684	2122
泰安市	10430	19687	2845	10566	62211	10217	1473
威海市	10143	10695	921	6807	25973	9428	2912
日照市	4991	8954	678	12400	19695	4725	928
莱芜市	4598	7214	423	2539	6796	2822	69
临沂市	12628	16408	5084	12759	52722	14225	2056
德州市	12886	15456	2484	7932	30623	10033	394
聊城市	10432	12943	1208	10393	26083	9459	1060
滨州市	4550	5366	2107	6717	18496	6741	423
菏泽市	11729	15026	3299	14640	39865	10584	638

4－14 续表 2　　(2000 年)　　单位:人

地　　区	社　　会 服 务 业	卫生、体育 和 社会福利业	教育、文化 艺术及广播 电影电视业	科学研究 和综合技术 服 务 业	国家机关、 政党机关和 社会团体	其他行业
全省总计	**230384**	**330857**	**1040741**	**60092**	**778883**	**69179**
济 南 市	35972	36344	101717	17819	69858	8676
青 岛 市	54850	35852	98421	11059	63818	2985
淄 博 市	10193	16535	49499	2946	38146	1279
枣 庄 市	9262	13108	39966	1293	33464	13034
东 营 市	2951	5971	21269	521	22775	1161
烟 台 市	22916	26249	80053	5209	53609	3800
潍 坊 市	14308	31707	104320	3264	57749	3463
济 宁 市	15205	24964	83462	2839	65081	1298
泰 安 市	10894	18723	66018	2153	31606	1370
威 海 市	11903	11590	33320	1654	22108	3409
日 照 市	3205	7325	28617	1049	21457	594
莱 芜 市	2034	4089	13205	504	10378	154
临 沂 市	9912	24544	93100	2677	71529	3859
德 州 市	7425	16294	50412	1495	58576	1592
聊 城 市	5706	16210	55994	981	47680	2268
滨 州 市	2933	12795	39877	924	31856	873
菏 泽 市	8448	24707	77671	2206	75304	1130

4－15 各市全部在岗职工工资总额

(2000 年)　　单位:万元

地　　区	全　　部 在岗职工 工资总额	第一产业	第二产业	第三产业	农　　林 牧 渔 业	采 掘 业	制 造 业
全省总计	**6951327**	**74066**	**3292951**	**3584310**	**74066**	**785964**	**2006621**
济 南 市	790179	5726	314908	469545	5726	4185	238939
青 岛 市	1148450	7255	538402	602793	7255	4010	469298
淄 博 市	475542	2254	289909	183379	2254	37917	211827
枣 庄 市	237169	963	123600	112606	963	64289	44324
东 营 市	493743	10323	395138	88282	10323	348014	27286
烟 台 市	593911	10596	274460	308855	10596	44166	176100
潍 坊 市	502249	6562	229755	265932	6562	8789	187728
济 宁 市	492539	3574	272495	216470	3574	153884	86155
泰 安 市	350036	4555	183988	161493	4555	91794	66012
威 海 市	267036	3448	136343	127245	3448	2894	112820
日 照 市	133642	1091	41113	91438	1091	1158	28691
莱 芜 市	124965	1453	86082	37430	1453	9058	66535
临 沂 市	357598	7949	114411	235238	7949	12896	77080
德 州 市	208986	1867	79318	127801	1867	202	56309
聊 城 市	227307	1560	88971	136776	1560		69128
滨 州 市	167312	2040	61234	104038	2040	1899	51144
菏 泽 市	211553	2852	50162	158539	2852	808	32964

4－15 续表 1 （2000 年） 单位:万元

地区	电力、煤气及水的生产和供应业	建筑业	地质勘查业、水利管理业	交通运输、仓储及邮电通信业	批发和零售贸易、餐饮业	金融、保险业	房地产业
全省总计	**250935**	**249431**	**41737**	**398320**	**385617**	**247862**	**44452**
济南市	21250	50534	8603	29582	59649	31910	8918
青岛市	27634	37460	2230	90466	70468	41375	13559
淄博市	19069	21096	2087	10810	27759	13942	1974
枣庄市	11098	3889	604	6209	11380	7539	2138
东营市	2407	17431	1496	7148	10366	5985	655
烟台市	31585	22609	2019	38270	31662	23286	4556
潍坊市	17287	15951	2214	13555	30052	15365	2828
济宁市	23909	8547	2660	11968	23736	14758	1610
泰安市	16264	9918	2105	8936	19840	10779	1370
威海市	12419	8210	943	7096	15359	10828	2467
日照市	4998	6266	663	18047	9594	3765	725
莱芜市	5722	4767	328	2334	3081	4539	66
临沂市	14239	10196	3819	6595	23663	15714	1680
德州市	14390	8417	1853	6642	12415	15799	371
聊城市	11717	8126	1133	9510	10832	12165	668
滨州市	5561	2630	1861	4724	8261	7284	320
菏泽市	11386	5004	2322	12297	14277	12417	321

4－15 续表 2 （2000 年） 单位:万元

地区	社会服务业	卫生、体育和社会福利业	教育、文化艺术及广播电影电视业	科学研究和综合技术服务业	国家机关、政党机关和社会团体	其他行业
全省总计	**199187**	**364326**	**1008820**	**73391**	**764033**	**56566**
济南市	34920	48937	125390	23454	88337	9845
青岛市	65574	57988	141302	18654	97192	3986
淄博市	7575	19821	53595	3152	41544	1121
枣庄市	5722	11890	31690	1023	29343	5070
东营市	2734	6654	24751	744	26995	754
烟台市	19136	31414	89083	5781	58918	4730
潍坊市	10360	32403	98160	2924	55118	2953
济宁市	10114	23312	68416	2768	55962	1167
泰安市	7374	19219	58655	2120	29820	1276
威海市	10240	12866	35898	1782	24717	5051
日照市	2287	7331	26704	946	20867	509
莱芜市	1494	3952	10202	397	10890	149
临沂市	6763	25137	80919	2724	64857	3367
德州市	3695	11231	33566	1203	40173	854
聊城市	3496	15126	42841	1015	38105	1886
滨州市	1963	14016	35627	878	28289	816
菏泽市	3939	17654	46615	1546	46457	696

4－16 各市全部在岗职工平均工资

(2000年)　　单位:元

地区	总计	第一产业	第二产业	第三产业	农林牧渔业	采掘业	制造业
全省总计	**8772**	**7574**	**8232**	**9368**	**7574**	**12067**	**7101**
济南市	10177	9781	8806	11376	9781	7034	8538
青岛市	11188	8494	9225	13882	8494	5576	9006
淄博市	9303	8713	9114	9627	8713	9250	8792
枣庄市	6874	5648	6685	7107	5648	8081	5098
东营市	15327	9718	17097	10979	9718	19278	8179
烟台市	8892	8106	7815	10172	8106	9509	6924
潍坊市	7701	7376	6849	8639	7376	6381	6657
济宁市	8184	6886	8806	7537	6886	13247	5411
泰安市	6962	7048	6629	7381	7048	7637	5167
威海市	8025	6696	6874	9844	6696	5528	6552
日照市	7552	5691	5525	9087	5691	5190	4989
莱芜市	9166	7222	9425	8706	7222	9668	9346
临沂市	7221	7324	5931	8072	7324	6725	5359
德州市	6450	6623	5702	7020	6623	10919	5117
聊城市	7021	4267	6198	7748	4267		5769
滨州市	7521	6814	6389	8416	6814	5770	6227
菏泽市	5733	5225	4691	6140	5225	7725	4159

4－16续表1　　(2000年)　　单位:元

地区	电力、煤气及水的生产和供应业	建筑业	地质勘查业、水利管理业	交通运输、仓储及邮电通信业	批发和零售贸易、餐饮业	金融、保险业	房地产业
全省总计	**13058**	**7530**	**8821**	**11779**	**5397**	**12612**	**10477**
济南市	13875	8945	12029	12166	7010	15153	13486
青岛市	16117	9797	10054	17768	8568	18194	13005
淄博市	13969	9371	10961	11660	5884	11660	9355
枣庄市	12283	4153	8140	7889	3890	9242	8300
东营市	11332	11544	10462	12052	7247	14377	14396
烟台市	14876	7752	7628	10739	6437	11780	8869
潍坊市	11322	6532	7015	8065	5331	9711	9179
济宁市	13881	5080	8115	7552	3814	11314	7634
泰安市	15637	5170	7363	8342	3124	10407	9772
威海市	12324	7567	10272	10028	5964	11528	8614
日照市	10079	6454	9764	14735	4754	7831	7729
莱芜市	15170	6810	8262	9476	4436	15804	9851
临沂市	11288	5900	7482	5064	4434	10938	8207
德州市	11141	5270	7632	8311	4115	15297	9513
聊城市	11194	6133	9310	9212	4121	12496	6423
滨州市	12174	4495	8820	7005	4424	10567	7583
菏泽市	9989	3285	7045	8347	3492	11411	5047

4-16 续表 2　　(2000 年)　　单位:元

地　　区	社会服务业	卫生、体育和社会福利业	教育、文化艺术及广播电影电视业	科学研究和综合技术服务业	国家机关、政党机关和社会团体	其他行业
全省总计	**8733**	**11129**	**9784**	**12219**	**9896**	**8261**
济南市	9911	13635	12363	13176	12734	11184
青岛市	11947	16309	14472	16553	15364	12933
淄博市	7395	12058	10906	10736	10932	8663
枣庄市	6200	9167	7959	7906	8767	3883
东营市	9322	11312	11753	14617	11931	6738
烟台市	8306	12010	11180	11122	11040	12372
潍坊市	7385	10344	9513	8958	9610	8587
济宁市	6724	9477	8310	10225	8643	9089
泰安市	6831	10356	8948	9944	9451	9348
威海市	8563	11186	10999	10826	11189	14756
日照市	7392	10200	9342	9131	9811	8469
莱芜市	7481	9724	7727	8020	10538	9490
临沂市	7002	10427	8768	10198	9141	8787
德州市	5219	6915	6882	8128	7228	5358
聊城市	6152	9468	7717	10368	8019	8301
滨州市	6748	10971	9006	9691	8910	9369
菏泽市	4649	7265	6075	6992	6201	6176

4-17 各市按登记类型分的在岗职工人数及构成

(2000 年)

地　　区	在岗职工人数(人)	国有单位	城镇集体单位	其他单位	在岗职工人数构成(%)	国有单位	城镇集体单位	其他单位
全省总计	**7901104**	**5420681**	**1038872**	**1441551**	**100**	**68.61**	**13.15**	**18.24**
济南市	773118	498317	95666	179135	100	64.46	12.37	23.17
青岛市	1013530	491177	93875	428478	100	48.46	9.26	42.28
淄博市	510451	362762	62982	84707	100	71.07	12.34	16.59
枣庄市	345589	265287	57837	22465	100	76.76	16.74	6.50
东营市	322711	257826	49368	15517	100	79.89	15.30	4.81
烟台市	662090	422740	87082	152268	100	63.85	13.15	23.00
潍坊市	644825	416428	91074	137323	100	64.58	14.12	21.30
济宁市	603364	471745	67404	64215	100	78.19	11.17	10.64
泰安市	497785	363248	95609	38928	100	72.97	19.21	7.82
威海市	332292	178575	64713	89004	100	53.74	19.47	26.79
日照市	176833	128894	13483	34456	100	72.89	7.62	19.49
莱芜市	138253	70174	29884	38195	100	50.76	21.62	27.62
临沂市	494157	380571	54500	59086	100	77.01	11.03	11.96
德州市	328808	247352	53367	28089	100	75.23	16.23	8.54
聊城市	323427	259046	39909	24472	100	80.09	12.34	7.57
滨州市	223228	175836	26130	21262	100	78.77	11.71	9.52
菏泽市	372733	296092	52853	23788	100	79.44	14.18	6.38

4－18 各市按登记类型分的在岗职工工资总额及平均工资

(2000 年)

地　区	总　计		国有单位		城镇集体单位		其他单位	
	工资总额（万元）	平均工资（元）	工资总额（万元）	平均工资（元）	工资总额（万元）	平均工资（元）	工资总额（万元）	平均工资（元）
全省总计	**6951327**	**8772**	**5244262**	**9656**	**588363**	**5585**	**1118702**	**7771**
济南市	790179	10177	572379	11509	59467	6211	158333	8645
青岛市	1148450	11188	676175	13488	78533	7649	393742	9321
淄博市	475542	9303	373602	10312	36010	5658	65930	7735
枣庄市	237168	6874	202509	7641	24453	4237	10206	4575
东营市	493743	15327	432407	16696	50679	10484	10657	7196
烟台市	593910	8892	420627	9872	56876	6449	116407	7579
潍坊市	502249	7701	362765	8658	52146	5524	87338	6292
济宁市	492540	8184	423906	9015	28426	4206	40208	6277
泰安市	350037	6962	297474	8085	30456	3163	22107	5730
威海市	267036	8025	160975	8982	40525	6174	65536	7457
日照市	133642	7552	107648	8353	7566	5228	18428	5483
莱芜市	124965	9166	58677	8537	20142	6943	46146	11956
临沂市	357598	7221	302177	7907	24822	4558	30599	5225
德州市	208986	6450	167276	6903	23778	4467	17932	6304
聊城市	227307	7021	194111	7488	18701	4662	14495	5941
滨州市	167311	7521	141925	8134	12768	4834	12618	5851
菏泽市	211553	5733	182145	6181	21569	4112	7839	3345

4－19 各市单位从业人员和构成

(2000 年)

地　区	单位从业人员年末人数（人）	第一产业	第二产业	第三产业	单位从业人员构成（%）	第一产业	第二产业	第三产业
全省总计	**8068924**	**96220**	**4002341**	**3970363**	**100**	**1.19**	**49.60**	**49.21**
济南市	786468	5863	361210	419395	100	0.75	45.93	53.32
青岛市	1033891	7710	581198	444983	100	0.75	56.21	43.04
淄博市	515641	2545	317939	195157	100	0.49	61.66	37.85
枣庄市	352247	1714	185577	164956	100	0.49	52.68	46.83
东营市	324797	10739	231166	82892	100	3.31	71.17	25.52
烟台市	683111	12274	351238	319599	100	1.80	51.42	46.78
潍坊市	657197	9021	328838	319338	100	1.37	50.04	48.59
济宁市	615377	5205	311665	298507	100	0.85	50.65	48.50
泰安市	500425	6536	273662	220227	100	1.31	54.69	44.00
威海市	337559	4345	198999	134215	100	1.29	58.95	39.76
日照市	180199	1965	74511	103723	100	1.09	41.35	57.56
莱芜市	139474	2014	93477	43983	100	1.44	67.02	31.54
临沂市	513049	10944	191546	310559	100	2.13	37.33	60.54
德州市	335798	2826	139277	193695	100	0.84	41.48	57.68
聊城市	332332	3775	142915	185642	100	1.14	43.00	55.86
滨州市	227063	3032	97583	126448	100	1.34	42.98	55.68
菏泽市	388718	5712	109833	273173	100	1.47	28.26	70.27

4-20 各市城镇从业人员

(2000 年)　　　　单位:万人

地　　区	总　　计	国有单位	城镇集体单位	其他单位	内　　资	港澳台投资	外商投资	城镇私营	城镇个体
全省总计	**1022.2**	**555.1**	**105.3**	**146.5**	**95.9**	**11.9**	**38.7**	**105.3**	**110.0**
济南市	105.0	50.5	9.9	18.3	14.9	1.2	2.1	13.9	12.4
青岛市	134.1	50.0	9.5	43.8	17.2	2.5	24.1	19.2	11.5
淄博市	65.7	36.6	6.3	8.7	7.6	0.3	0.8	9.0	5.2
枣庄市	43.9	27.2	5.8	2.3	1.3	0.7	0.3	3.4	5.3
东营市	38.5	26.0	5.0	1.6	1.3	0.1	0.2	2.8	3.2
烟台市	89.1	43.9	8.8	15.6	8.5	2.7	4.4	14.0	6.7
潍坊市	85.6	42.6	9.2	13.9	10.4	1.3	2.1	12.5	7.4
济宁市	74.8	48.3	6.8	6.4	5.2	0.3	0.9	3.0	10.3
泰安市	55.3	36.6	9.6	3.9	3.4	0.3	0.2	2.9	2.4
威海市	40.3	18.2	6.5	9.0	6.3	0.8	2.0	3.2	3.3
日照市	22.2	13.2	1.3	3.5	3.0	0.2	0.3	2.8	1.3
莱芜市	16.2	7.1	3.0	3.8	3.7	0.1		1.2	1.1
临沂市	131.6	39.8	5.5	6.0	5.3	0.5	0.3	64.5	15.8
德州市	47.9	25.4	5.3	2.8	2.6	0.1	0.1	3.9	10.4
聊城市	41.6	26.8	4.0	2.4	1.5	0.4	0.6	2.6	5.8
滨州市	26.5	17.9	2.7	2.1	1.5	0.5	0.1	1.2	2.6
菏泽市	46.4	31.1	5.4	2.4	2.1		0.3	2.1	5.4

注:城镇从业人员总计中不包括非正规就业、自由职业者等。

五、固定资产投资

INVESTMENT IN FIXED ASSETS

简要说明:

一、固定资产投资统计的范围包括:基本建设投资,更新改造投资,房地产开发投资,其他固定资产投资,农村集体固定资产投资,城镇工矿区私人建房投资,农村个人固定资产投资。

二、固定资产投资统计资料来源为:农村集体和农村个人固定资产投资资料由省统计局农村经济调查队根据乡村社会经济调查资料整理提供,除此以外的固定资产投资统计资料均由省统计局固定资产投资统计处整理提供。

三、固定资产投资统计的调查方法:除农村集体和农村个人固定资产投资统计采用抽样调查方法外,其他均为全面统计报表。

5-1 1978-2000年全社会固定资产投资总额

单位:亿元

年份	固定资产投资额	国有经济	集体经济	#城镇	其他经济	个体经济	#农村
1978	41.87	29.27	8.42	1.78		4.18	3.98
1979	61.35	31.62	18.97	1.55		10.76	10.41
1980	69.97	35.83	22.24	3.12		11.90	11.47
1981	79.60	29.63	32.08	3.27		17.89	17.28
1982	85.00	43.29	23.38	4.38		18.33	17.46
1983	96.46	49.11	19.19	3.76		28.16	26.48
1984	140.15	67.09	25.29	5.01		47.77	44.43
1985	194.33	100.42	30.21	8.64		63.70	58.51
1986	223.08	121.95	43.09	11.95		58.04	52.32
1987	297.77	155.65	78.75	17.84		63.37	56.05
1988	369.82	192.20	100.97	35.46		76.65	64.83
1989	305.54	162.30	69.68	19.68		73.56	62.00
1990	335.66	185.44	71.51	18.63		78.71	67.47
1991	439.82	234.04	104.73	25.06		101.05	85.73
1992	601.50	343.17	186.43	42.27		71.90	54.19
1993	892.48	476.26	245.90	49.90	64.88	105.44	83.05
1994	1108.00	537.59	318.42	56.42	133.54	118.45	92.30
1995	1320.97	611.92	383.97	51.62	184.55	140.54	113.13
1996	1558.01	691.76	484.79	79.79	178.81	202.65	166.14
1997	1792.22	773.30	569.70	60.15	207.46	241.76	198.68
1998	2056.97	938.73	610.20	66.70	233.84	274.20	227.00
1999	2222.17	1043.13	635.55	82.72	232.85	310.64	228.43
2000	2542.65	1153.65	679.48	108.63	355.59	353.93	254.11

5－2 1978－2000年全社会固定资产投资构成

单位：%

年　份	固定资产投资额	国有经济	集体经济	#城　镇	其他经济	个　体	#农　村
1978	100.0	69.9	20.1	4.2		10.0	9.5
1979	100.0	51.5	30.9	2.5		17.6	17.0
1980	100.0	51.2	31.8	4.5		17.0	16.4
1981	100.0	37.2	40.3	4.1		22.5	21.7
1982	100.0	50.9	27.5	5.1		21.6	20.5
1983	100.0	50.9	19.9	3.9		29.2	27.5
1984	100.0	47.9	18.0	3.6		34.1	31.7
1985	100.0	51.7	15.5	4.5		32.8	30.1
1986	100.0	54.7	19.3	5.4		26.0	23.5
1987	100.0	52.3	26.4	6.0		21.3	18.8
1988	100.0	52.0	27.3	9.6		20.7	17.5
1989	100.0	53.1	22.8	6.4		24.1	20.3
1990	100.0	55.2	21.3	5.6		23.5	20.1
1991	100.0	53.2	23.8	5.7		23.0	19.5
1992	100.0	57.1	31.0	7.0		11.9	9.0
1993	100.0	53.4	27.6	5.6	7.2	11.8	9.3
1994	100.0	48.5	28.7	5.1	12.1	10.7	8.3
1995	100.0	46.3	29.1	3.9	14.0	10.6	8.6
1996	100.0	44.4	31.1	5.1	11.5	13.0	10.7
1997	100.0	43.1	31.8	3.4	11.6	13.5	11.1
1998	100.0	45.6	29.7	3.3	11.4	13.3	11.0
1999	100.0	46.9	28.6	3.7	10.5	14.0	10.3
2000	100.0	45.4	26.7	4.3	14.0	13.9	10.0

5－3 1978－2000年按性质分的全社会固定资产投资及构成

单位：%

年 份	全社会投资额（亿元）	基本建设	更新改造	房地产投资	其他投资	占全社会固定资产投资额的比重（%）			
						基本建设	更新改造	房地产投	其他投资
1978	41.87	24.97	4.30		12.60	59.6	10.3		30.1
1979	61.35	24.91	6.70		29.74	40.6	10.9		48.5
1980	69.97	26.95	8.89		34.13	38.5	12.7		48.8
1981	79.60	18.08	11.55		49.97	22.7	14.5		62.8
1982	85.00	26.95	16.33		41.72	31.7	19.2		49.1
1983	96.46	24.77	18.73		52.96	25.7	19.4		54.9
1984	140.15	33.55	14.48		92.12	23.9	10.3		65.8
1985	194.33	48.65	21.20		124.48	25.0	10.9		64.1
1986	223.08	62.11	26.43		134.54	27.8	11.8		60.4
1987	297.77	77.93	37.66		182.18	26.2	12.6		61.2
1988	369.82	98.45	59.84		211.53	26.6	16.2		57.2
1989	305.54	85.62	43.67		176.25	28.0	14.3		57.7
1990	335.66	95.21	45.01	9.20	186.24	28.4	13.4	2.7	55.5
1991	439.82	111.97	62.57	16.14	249.14	25.5	14.2	3.7	56.6
1992	601.50	174.71	85.84	37.48	303.47	29.0	14.3	6.2	50.5
1993	892.48	239.46	129.63	60.97	462.42	26.8	14.5	6.8	51.9
1994	1108.00	328.02	171.05	102.58	506.35	29.6	15.4	9.3	45.7
1995	1320.97	382.06	211.04	121.10	606.77	28.9	16.0	9.2	45.9
1996	1558.01	461.43	237.24	103.28	756.06	29.6	15.2	6.6	48.6
1997	1792.22	519.21	263.45	107.77	901.79	29.0	14.7	6.0	50.3
1998	2056.97	658.47	283.49	131.92	983.09	32.0	13.8	6.4	47.8
1999	2222.17	717.78	309.70	173.61	1021.08	32.3	13.9	7.8	46.0
2000	2542.65	773.78	398.60	223.29	1146.98	30.4	15.7	8.8	45.1

5－4 历年国有单位固定资产投资总额

单位:万元

年份	固定资产投资额	基本建设投资额	更新改造投资额	其他单位投资额	房地产开发投资额
1949	1400	1400			
1950	3845	3845			
1951	6420	6420			
1952	13086	13086			
1953	22694	22694			
1954	22124	22124			
1955	19822	19822			
1956	41674	41674			
1957	39403	39403			
1958	106434	106434			
1959	122193	122193			
1960	149717	149717			
1961	41458	41458			
1962	32879	22200	10679		
1963	59602	39833	19769		
1964	65477	51791	13686		
1965	61800	49349	12451		
1966	80639	62488	18151		
1967	62495	53129	9366		
1968	55521	52894	2627		
1969	67755	64075	3680		
1970	99198	95330	3868		
1971	132498	120797	11701		
1972	148002	139810	8192		
1973	172999	157439	15560		
1974	138800	127525	11275		
1975	203530	179758	23772		
1976	200277	189379	10898		
1977	181795	167272	14523		
1978	292654	249690	42964		
1979	316174	249139	67035		
1980	358316	269454	88862		
1981	296282	180760	115522		
1982	432870	269533	163337		
1983	491140	247703	187281	56156	
1984	670905	335541	144834	190530	
1985	1004205	486524	212021	305660	
1986	1219520	621110	264283	334127	
1987	1556494	779285	376594	400615	
1988	1922020	984475	598375	339170	
1989	1622956	856183	436651	330122	
1990	1854397	952106	450050	360266	91975
1991	2340380	1119732	625707	433591	161350
1992	3431687	1747127	858400	451390	374770
1993	4762573	2394571	1296276	461994	609732
1994	5375888	2748482	1466563	597191	563652
1995	6119194	3241592	1791702	556496	529404
1996	6917577	3818093	2009959	598737	490788
1997	7732979	4248919	2128094	817225	538741
1998	9387285	5530671	2263152	929150	664312
1999	10431282	6233178	2390439	915682	891983
2000	11536545	6508519	2816436	1332939	878651

5－5 1994－2000年新增固定资产

单位:万元

类　别	1994 年	1995 年	1996 年	1997 年	1998 年	1999 年	2000 年
总　　计	**4935195**	**6216742**	**6667650**	**8461435**	**8730604**	**10317187**	**13464585**
按登记注册类型分							
内　资	4306149	5470911	5980640	7324551	7923900	9083887	12341411
国　有	3683739	4654442	4993953	6286871	6687788	7347532	9626597
集　体	402048	515583	642022	518159	543090	706256	801844
联　营	23302	9846	13958	45612	26936	81144	62576
股份制	180689	269102	303042	453297	615715	897807	1567622
其　他	16371	21938	27665	20612	50371	51148	282772
港澳台商投资	223497	256852	179300	173241	215687	206441	275062
#合资经营	150962	121780	109194	106870	109395	143826	203945
合作经营	48081	25043	810	16050	47958	17324	12296
独　　资	24454	110029	69296	50321	53507	38547	56531
外商投资	405549	488979	507710	963643	591017	1026859	848112
#合资经营	354835	371687	343237	484604	282972	830742	179323
合作经营	23510	48984	25676	23322	31815	10300	547334
独　　资	27204	68308	138797	455717	186300	169739	116286
按报表种类分							
基本建设	2033468	2781635	2842018	4574931	4233625	5058681	7003613
#国　有	1635605	2465584	2425373	3760533	3726305	3976292	5768836
更新改造	1325210	1575815	1874068	1841823	2404791	2659496	3009852
#国　有	1151944	1334456	1629402	1485042	1808265	2031169	2241514
其他投资	989269	1073945	1241531	1163281	1134638	1293070	1985816
#国　有	513858	460693	532976	557289	647096	667218	922631
房地产开发	587248	785347	710033	881400	957550	1305940	1465304
#国　有	382332	393709	406202	484007	506122	672853	693616

注:本表不含农村投资和城镇私人建房投资。

5－6 固定资产投资额

（2000年）　　　　　　单位：万元

分　组	总　计	基本建设	更新改造	其他投资	房地产业开　发
总　　计	**16721834**	**7737767**	**3985997**	**2765200**	**2232870**
一、按登记注册类型分					
内　资	15698662	7416562	3713470	2582985	1985645
国　　有	11536545	6508519	2816436	1332939	878651
集　　体	984516			740813	243703
股份合作	101802			33032	68770
国有联营	19968	6811	5664	100	7393
集体联营	11327			7499	3828
国有与集体联营	36340	6766	23874	4000	1700
其他联营	17258	903	11023		5332
国有独资公司	234429	115897	101192	7231	10109
其他有限责任公司	1243326	567166	273159	122409	280592
股份有限公司	941959	193618	480902	77704	189735
其　　他	825142	16882	1200	511208	295832
港澳台投资	386189	73630	83645	50159	178755
合资经营	278170	37259	76273	27718	136920
合作经营	28014	1107	5100	906	20901
独　　资	72553	29822	922	20875	20934
股份有限	7452	5442	1350	660	
外商投资	636983	247575	188882	132056	68470
合资经营	319217	145713	82660	46294	44550
合作经营	70801	42323	11286	1380	15812
独　　资	153335	48471	14672	83052	7140
股份有限	93630	11068	80264	1330	968
二、按隶属关系分					
中　　央	4274971	2048859	1450761	769723	5628
省（自治区，直辖市）	2448253	1637118	376319	191011	243805
地区（州，盟，省辖市）	3761678	1786337	869863	360744	744734
县（旗，县级市）	4633891	2080991	1167995	667593	717312
其　　他	1603041	184462	121059	776129	521391
三、按建设性质分					
#新　建	3400633	2817162	137371	446100	
扩　建	7686242	3589256	2512887	1584099	
改　建	2495232	767506	1177461	550265	
单纯建造生活设施	426623	349138	6643	70842	
迁　建	75402	45178	12778	17446	
恢　复	2055	1029	626	400	
单纯购置	402777	168498	138231	96048	

5－6续表　　(2000年)　　单位:万元

分　组	总　计	基本建设	更新改造	其他投资	房地产业开　发
四、按项目规模分					
#基本建设大中型	1179846	1179846			
基本建设小型	6389423	6389423			
更改限上项目	627845		627845		
其　他	3526650	168498	3358152		
五、按建设阶段分					
#筹　建	25315	25154	161		
本年正式施工	8063785	7436101	627684		
本年收尾	99724	99724			
全部停缓建	8290	8290			
单纯购置	168498	168498			
六、按国民经济行业门类分					
农、林、牧、渔业	102124	77444	3690	20990	
采掘业	1835437	660505	361935	812997	
制造业	3553043	736109	1906717	910217	
电力、煤气及水的生产和供应业	2088127	1636904	447062	4161	
建筑业	276574	159586	1962	115026	
地质勘查业、水利管理业	344064	312242	10843	20979	
交通运输、仓储及邮电通信业	3408758	1922307	1002407	484044	
批发和零售贸易、餐饮业	392155	179586	42071	170498	
金融、保险业	65094	51272	75	13747	
房地产业	2326493	39535	5568	48520	2232870
社会服务业	778935	609666	139080	30189	
卫生、体育和社会福利业	168357	155089	3722	9546	
教育、文化艺术及广播电影电视业	546422	510589	2618	33215	
科学研究和综合技术服务业	28551	26293	328	1930	
国家机关、政党机关和社会团体	759811	635482	49435	74894	
其他行业	47889	25158	8484	14247	
七、按农轻重分					
农　业	102124	77444	3690	20990	
轻工业	1816561	469754	848456	498351	
以农产品为原料的工业	1293954	262858	682616	348480	
以非农产品为原料的工业	522607	206896	165840	149871	
重工业	5660046	2563764	1867258	1229024	
采掘工业	1825416	659896	354036	811484	
原材料工业	2561951	1589648	873780	98523	
制造工业	1272679	314220	639442	319017	

注:本表不含农村投资和城镇私人建房投资。

5-7 国有单位固定资产投资额

（2000年）　　单位：万元

分　组	总　计	基本建设	更新改造	其他投资	房地产业开　发
总　计	**11536545**	**6508519**	**2816436**	**1332939**	**878651**
按建设性质分					
#新　建	2453667	2303269	46976	103422	
扩　建	5573219	3036069	1711826	825324	
改　建	2129285	753583	976988	398714	
按国民经济行业门类分					
农、林、牧、渔业	74027	70337	3690		
采掘业	1740832	610854	344507	785471	
制造业	1207947	356892	850455	600	
电力、煤气及水的生产和供应业	1619575	1202992	416583		
建筑业	225772	142883	1802	81087	
地质勘查业、水利管理业	325874	312052	10843	2979	
交通运输、仓储及邮电通信业	3116762	1714275	955279	447208	
批发和零售贸易、餐饮业	172301	127540	29167	15594	
金融、保险业	37851	37776	75		
房地产业	917104	32885	5568		878651
社会服务业	715660	581780	133880		
卫生、体育和社会福利业	150881	147159	3722		
教育、文化艺术及广播电影电视业	493481	490863	2618		
科学研究和综合技术服务业	25121	24793	328		
国家机关、政党机关和社会团体	679715	630280	49435		
其他行业	33642	25158	8484		
按农轻重分					
农　业	74027	70337	3690		
轻工业	692570	296326	396244		
以农产品为原料的工业	520943	162165	358778		
以非农产品为原料的工业	171627	134161	37466		
重工业	3875784	1874412	1215301	786071	
采掘工业	1733874	610245	338158	785471	
原材料工业	1720903	1145226	575677		
制造工业	421007	118941	301466	600	

5－8 基本建设投资效益情况

指标名称	单位	1990年	1995年	1996年	1997年	1998年	1999年	2000年
一、固定资产交付使用率								
本年完成投资额	亿元	95.21	382.06	461.43	519.21	658.47	717.78	773.78
本年新增固定资产	亿元	72.66	278.16	284.20	457.49	423.36	505.87	700.36
固定资产交付使用率	%	76.3	72.8	61.6	88.1	64.3	70.5	90.5
二、建成项目投产率								
本年施工项目	个	2948	4995	5218	5143	6064	5422	5054
本年建成投产项目	个	1389	2713	2779	2726	3288	3168	2782
建成项目投产率	%	47.1	54.3	53.3	53.0	54.2	58.4	55.0
三、房屋建筑面积竣工								
本年房屋施工面积	万平方米	1348.2	2468.0	2423.6	2635.2	3209.7	3002.0	3861.2
本年房屋竣工面积	万平方米	697.4	1192.8	1189.9	1229.2	1575.2	1662.4	1487.2
房屋面积竣工率	%	51.7	48.3	49.1	46.6	49.1	55.4	38.5
四、建设周期								
计划总投资	亿元	553.24	1402.80	1714.82	1883.24	2106.33	2360.79	2557.54
本年完成投资额	亿元	95.21	382.06	461.43	519.21	658.47	717.78	773.78
建设周期	年	5.8	3.7	3.7	3.6	3.2	3.3	3.3

5－9 更新改造投资效益情况

指标名称	单位	1990年	1995年	1996年	1997年	1998年	1999年	2000年
一、固定资产交付使用率								
本年完成投资额	亿元	45.01	211.04	237.24	263.45	283.49	309.70	398.60
本年新增固定资产	亿元	40.85	157.58	187.41	184.18	240.48	265.95	300.99
固定资产交付使用率	%	90.8	74.7	79.0	69.9	84.8	85.9	75.5
二、建成项目投产率								
本年施工项目	个	2742	2978	2839	2659	2562	3137	2408
本年建成投产项目	个	1509	1926	1855	117.21	1701	2169	1695
建成项目投产率	%	55.0	64.7	65.3	64.7	66.4	69.1	70.4
三、房屋建筑面积竣工								
本年房屋施工面积	万平方米	481.2	762.5	707.2	550.8	501.7	498.12	481.8
本年房屋竣工面积	万平方米	242.4	480.8	386.2	298.8	240.3	370.33	323.7
房屋面积竣工率	%	50.4	63.1	54.6	54.2	47.9	74.3	67.2
四、建设周期								
计划总投资	亿元	134.69	460.46	613.08	638.43	705.66	763.05	776.67
本年完成投资额	亿元	45.01	211.04	237.24	263.45	283.49	309.70	398.60
建设周期	年	3.0	2.2	2.6	2.4	2.5	2.5	1.9

5－10 施工、竣工项目个数

(2000 年)　　单位:个

分　组	施工项目个数	#基本建设	#更新改造	竣工项目个数	#基本建设	#更新改造
总　计	11470	5054	2408	6384	2782	1695
一、按登记注册类型分						
内　资	10809	4904	2243	6066	2716	1568
国　有	6697	4503	1598	3780	2518	1125
集　体	1565			885		
股份合作	108			56		
国有联营	11	2	3	1		1
集体联营	16			6		
国有与集体联营	22	6	13	15	3	11
其他联营	20	1	16	15	1	14
国有独资公司	112	31	65	54	9	43
其他有限责任公司	836	224	231	382	118	160
股份有限公司	606	122	313	319	58	210
其　他	816	15	4	553	9	4
港澳台投资	286	47	73	103	18	56
合资经营	202	27	67	78	13	52
合作经营	17	3	1	3	1	
独　资	60	14	2	17	3	1
股份有限	7	3	3	5	1	3
外商投资	375	103	92	215	48	71
合资经营	189	43	77	101	16	59
合作经营	14	3	2	3	1	1
独　资	165	54	11	107	28	10
股份有限	7	3	2	4	3	1
二、按隶属关系分						
中　央	938	439	484	574	216	356
省(自治区,直辖市)	742	432	200	352	187	142
地区(州,盟,省辖市)	2154	1044	587	1022	549	382
县(旗,县级市)	5433	2954	1012	3100	1719	711
其　他	2203	185	125	1336	111	104
三、按建设性质分						
#新　建	2053	1387	86	1126	685	51
扩　建	4839	2072	1302	3145	1171	893
改　建	1807	376	991	1282	230	734
单纯建造生活设施	1384	1175	17	785	678	12
迁　建	83	41	10	40	16	3
恢　复	7	3	2	6	2	2
单纯购置						

分　　组	施工项目个　　数	#基本建设	#更新改造	竣工项目个　　数	#基本建设	#更新改造
四、按项目规模分						
#基本建设大中型	33	33		8	8	
基本建设小型	5021	5021		2774	2774	
更改限上项目	57		57	17		17
其　他	2351		2351	1678		1678
五、按建设阶段分						
#筹　建						
本年正式施工	5034	4977	57	2799	2782	17
本年收尾	73	73				
全部停缓建	4	4				
单纯购置						
六、按国民经济行业门类分						
农、林、牧、渔业	126	93	4	70	48	3
采掘业	197	52	98	106	13	64
制造业	3591	698	1479	2405	370	1020
电力、煤气及水的生产和供应业	573	328	236	352	183	163
建筑业	245	99	10	135	51	9
地质勘查业、水利管理业	263	135	15	214	88	15
交通运输、仓储及邮电通信业	870	419	257	526	203	188
批发和零售贸易、餐饮业	737	335	65	477	189	44
金融、保险业	147	108	1	75	51	1
房地产业	1396	51	2	63	33	2
社会服务业	535	342	124	310	171	103
卫生、体育和社会福利业	333	296	12	181	161	3
教育、文化艺术及广播电影电视业	935	880	7	553	517	3
科学研究和综合技术服务业	66	60	2	38	33	1
国家机关、政党机关和社会团体	1347	1098	89	815	645	71
其他行业	109	60	7	64	26	5
七、按农轻重分						
#农　业	126	93	4	70	48	3
轻工业	1882	412	667	1318	233	488
以农产品为原料的工业	1308	264	475	927	150	357
以非农产品为原料的工业	574	148	192	391	83	131
重工业	2479	666	1146	1545	333	759
采掘工业	172	50	81	85	12	50
原材料工业	990	336	526	647	183	373
制造工业	1317	280	539	813	138	336

注:本表不含农村投资和城镇私人建房投资。

5－11 新 增 固 定 资 产

(2000 年)　　单位:万元

分　　组	总　计	基本建设	更新改造	其他投资	房地产业开　发
总　　计	**13464585**	**7003613**	**3009852**	**1985816**	**1465304**
一、按登记注册类型分					
内　资	12341411	6356311	2827339	1859552	1298209
国　　有	9626597	5768836	2241514	922631	693616
集　　体	741383			554726	186657
股份合作	60461			26180	34281
国有联营	11989	3743	1667		6579
集体联营	5530			2813	2717
国有与集体联营	30159	7495	17774	4000	890
其他联营	14898	903	10493		3502
国有独资公司	185355	92399	79917	3380	9659
其他有限责任公司	814734	306072	219131	103554	185977
股份有限公司	567533	174001	255623	55552	82357
其　　他	282772	2862	1220	186716	91974
港澳台投资	275062	48757	70737	27611	127957
合资经营	203945	25150	67799	18270	92726
合作经营	12296	51	866	906	10473
独　　资	56531	23276	722	7775	24758
股份有限	2290	280	1350	660	
外商投资	848112	598545	111776	98653	39138
合资经营	179323	45958	80568	25452	27345
合作经营	547334	518310	17518	1260	10246
独　　资	116286	29359	13439	71941	1547
股份有限	5169	4918	251		
二、按隶属关系分					
中　　央	3032753	1493727	1074200	458921	5905
省(自治区,直辖市)	2419069	1902796	332744	71637	111892
地区(州,盟,省辖市)	2801044	1289405	687341	351818	472480
县(旗,县级市)	3571683	1711396	817169	522580	520538
其　　他	1640036	606289	98398	580860	354489
三、按建设性质分					
#新　建	3536699	3123057	109568	304074	
扩　建	5664045	2740181	1865375	1058489	
改　建	1961108	607683	887445	465980	
单纯建造生活设施	401376	330482	9189	61705	
迁　建	53056	38273	3038	11745	
恢　复	1548	522	626	400	
单纯购置	381449	163415	134611	83423	

5-11 续表 (2000年) 单位:万元

分　　组	总　计	基本建设	更新改造	其他投资	房地产业开　发
四、按项目规模分					
#基本建设大中型	1577427	1577427			
基本建设小型	5262771	5262771			
更改限上项目	259645		259645		
其　他	2913622	163415	2750207		
五、按建设阶段分					
#筹　建	1045	1045			
本年正式施工	6782589	6522944	259645		
本年收尾	309252	309252			
全部停缓建	6957	6957			
单纯购置	163415	163415			
六、按国民经济行业门类分					
#农、林、牧、渔业	75979	58044	3672	14263	
采掘业	1739424	928616	316421	494387	
制造业	2503586	571088	1284967	647531	
电力、煤气及水的生产和供应业	1948605	1600613	344831	3161	
建筑业	140471	73078	1918	65475	
地质勘查业、水利管理业	306673	275024	10843	20806	
交通运输、仓储及邮电通信业	3063884	1785440	840877	437567	
批发和零售贸易、餐饮业	301010	133977	29088	137945	
金融、保险业	64286	50282	75	13929	
房地产业	1530427	32631	5568	26924	1465304
社会服务业	546437	406323	113331	26783	
卫生、体育和社会福利业	105814	96791	2074	6949	
教育、文化艺术及广播电影电视业	446933	422687	1735	22511	
科学研究和综合技术服务业	29913	27683	300	930	
国家机关、政党机关和社会团体	626293	527469	45798	53026	
其他行业	34850	13867	8354	12629	
七、按农轻重分					
#农　业	75979	58044	3672	14263	
轻工业	1307998	332566	602725	372707	
以农产品为原料的工业	870691	163972	454708	252011	
以非农产品为原料的工业	437307	168594	148017	120696	
重工业	4883617	2767751	1343494	772372	
采掘工业	1723403	928007	302522	492874	
原材料工业	2220212	1591382	565849	62981	
制造工业	940002	248362	475123	216517	

注:本表不含农村投资和城镇私人建房投资。

5－12 房地产开发投资与土地开发投资

（2000 年）

指标名称	单位	总计	内资	#国有	港澳台投资	外商投资
累计完成投资	万元	4712699	3885765	2127529	668969	157965
累计新增固定资产	万元	2632938	2296700	1420404	274716	61522
未完工程累计投资	万元	1906227	1464257	663035	345977	95993
本年计划投资	万元	2698187	2351833	1084063	280363	65991
本年完成投资	万元	2232870	1985645	878651	178755	68470
#商品房建设投资额	万元	1745754	1574383	726974	113666	57705
土地开发投资额	万元	190780	160622	70260	24422	5736
按构成分						
建筑工程	万元	1533487	1383216	641533	108289	41982
安装工程	万元	124239	110065	47193	10788	3386
设备工器具购置	万元	31173	23645	13213	5334	2194
#购置旧设备	万元	209	209	100		
其他费用	万元	543971	468719	176712	54344	20908
#旧建筑物购置费	万元	26962	24222	8596		2740
土地购置费	万元	349680	328800	116437	12414	8466
按工程用途分						
住宅	万元	1462130	1326530	633370	92398	43202
#别墅、高档公寓	万元	83972	62897	31882	9952	11123
经济适用房	万元	341542	335104	226009	3525	2913
办公楼	万元	112497	91610	40530	18596	2291
商业营业用房	万元	274111	239442	72628	25320	9349
其他	万元	384132	328063	132123	42441	13628
本年新增固定资产	万元	1465304	1298209	693616	127957	39138
本年完成开发土地面积	平方米	10895307	9848124	4971690	766775	280408
正在开发的土地面积	平方米	5123253	4257647	1464561	756651	108955
待开发土地面积	平方米	9415669	8624386	5398455	773459	17824
本年购置土地面积	平方米	11658811	11045253	4569363	291086	322472
竣工房屋住宅套数合计	套	138185	130985	67079	5336	1864
#别墅、高档公寓套数	套	1973	1365	441	230	378
经济适用房套数	套	38618	37534	26933	668	416
拆迁还建竣工房屋面积	平方米	1509709	1493114	709368	16595	
统建代建竣工房屋面积	平方米	1019093	1002013	653115	17080	
公益性建筑竣工面积	平方米	106201	105601	68115	600	
年平均从业人员数职工人数	人	58349	52803	21808	3427	2119
年末从业人员职工人数	人	55947	50785	21571	3377	1785
全年从业人员劳动报酬	万元	53193	47826	21480	3649	1718
商品房屋空置面积	平方米	4509473	3676535	1774224	691579	141359
#空置一年以下	平方米	2504791	2193355	974456	233305	78131
空置一年以上(含一年)	平方米	2004682	1483180	799768	458274	63228

5－13 房屋建筑面积和价值

（2000年）

项　目	单　位	总　计	#国　有	基本建设	#大中型项目	更新改造
本年施工房屋面积	平方米	89211180	52754104	38611754	655567	4818213
#住　宅	平方米	44799033	24220872	11907697	291530	1284500
本年竣工房屋面积	平方米	38074725	22265014	14871610	357017	3237383
#住　宅	平方米	22140550	13769230	7183956	198580	1202171
本年竣工房屋价值	万元	3358689	1990502	1369637	35624	284866
#住　宅	万元	1789069	1099884	537014	15180	112381

5－13续表　　（2000年）

项　目	单　位	#限额以上项目	其他投资	#国　有	房地产业开发	#国　有
本年施工房屋面积	平方米	733142	10270589	467445	35510624	14372925
#住　宅	平方米	20400	3134765	12800	28472071	12333999
本年竣工房屋面积	平方米	413410	5700444	104880	14265288	6934094
#住　宅	平方米	20400	1677441	11000	12076982	6170718
本年竣工房屋价值	万元	20154	428898	9312	1275288	598515
#住　宅	万元	1777	113477	618	1026197	515285

注：本表不含农村投资和城镇私人建房投资。

5－14 商品房屋销售与出租情况

（2000 年）　　单位：平方米

类　别	实际销售	预　售	空　置	出　租	实际销售额（万元）
总　计	**10783752**	**4722367**	**4509473**	**362489**	**1538824**
按工程用途分的房屋面积					
住　宅	9341980	4186412	3164051	43186	1254872
#别墅、高档公寓	192732	144708	217688	3865	68092
经济适用房	2358544	1493349	403557	360	254920
#个　人	7652251	2949569		7536	1042007
办公楼	214017	96134	247905	49499	57877
商业营业用房	1037831	412177	897920	190919	209545
其　他	189924	27644	199597	78885	16530
按登记注册类型分的房屋面积					
内　资	9804319	4216707	3676535	256310	1328514
国　有	4886873	2024267	1774224	125385	619517
集　体	1739231	647691	569542	20472	189403
股份合作	281630	32688	149457	4435	45335
国有联营	27357		36532		7964
集体联营	7500	14440	23300		752
国有与集体联营	15000	20000	6400		1230
其他联营	9282	7268	17839		3230
国有独资公司	25318	59911	40528		6228
其他有限责任公司	1280613	538102	474158	25735	205140
股份有限公司	797164	381073	253348	72154	111390
其　他	734351	491267	331207	8129	138325
港澳台投资	734889	352451	691579	88711	162797
合资经营	537861	234344	453261	46188	89189
合作经营	62034	104380	41217	1882	22312
独　资	134994	13727	197101	40641	51296
股份有限					
外商投资	244544	153209	141359	17468	47513
合资经营	170101	103023	118781	16728	24892
合作经营	50074	20000	8304	740	18861
独　资	19064	24881	14274		3162
股份有限	5305	5305			598

5－15 房地产开发经营情况

（2000 年）　　单位：万元

类　　别	总　　计	内　　资	#国　有	港澳台投资	外商投资
一、实收资本合计	**1664110**	**1096423**	**481243**	**488614**	**79073**
#国家资本	292344	246454	225752	40381	5509
二、年末资产负债情况					
资产总计	7072211	5656934	2910718	1115503	299774
固定资产累计折旧	106924	91266	44196	10617	5041
#本年折旧	20671	18108	8060	1705	858
负债总计	5623072	4569387	2450420	843868	209817
所有者权益合计	1449139	1087547	460298	271635	89957
三、损益情况					
1.经营收入总计	1721014	1505843	707141	172725	42446
土地转让收入	14081	9924	6127	3757	400
商品房屋销售收入	1524013	1354934	652059	128465	40614
#销售给个人	1243297	1122987	538123	91781	28529
#商品住宅销售收入	1310571	1176306	586956	99382	34883
#销售给个人	1088148	990094	487645	72066	25988
房屋出租收入	9183	6894	3489	1583	706
其他收入	173737	134091	45466	38920	726
2.经营成本	1386798	1216724	569370	138360	31714
3.销售费用	26195	21838	9075	2732	1625
4.经营税金及附加	81635	71121	31659	8414	2100
5.其他业务利润	6995	6656	3746	20	319
6.管理费用及财务费用	178572	148006	76044	24301	6265
7.投资收益及营业外收入	12730	8876	4064	3431	423
8.营业外支出	9944	8478	5155	1150	316
9.利润总额	57595	55208	23648	1219	1168

5－16 固定资产投资财务拨款情况

（2000 年）　　单位：万元

类　　别	总　计	#国　有	基本建设	#大中型项　目	更新改造
本年资金来源合计	17555849	11930945	8001529	1352763	4023885
上年末结余资金	842325	558656	403145	103722	86574
本年资金来源小计	16713524	11372289	7598384	1249041	3937311
国家预算内资金	717605	694104	467175	39793	113423
国内贷款	4182895	3029860	2374706	702534	1030013
债　　券	62777	46872	35440		27337
利用外资	566498	150352	312067	183182	96943
自筹资金	8946841	6301815	3742366	319747	2561589
中央各部门自筹	274947	273733	209610	10200	56745
省自筹	737243	689906	600129	39700	50248
地(市)自筹	598138	581849	420336	18013	130860
县自筹	639353	599451	454035		94236
企、事业单位自有资金	6376833	4038516	2058256	251834	2229500
其他资金来源	2236908	1149286	666630	3785	108006
本年各项应付款合计	1808441	1160326	772799	28830	360601

5－16 续表　　（2000 年）　　单位：万元

类　　别	#限额以上项目	其　他投　资	#国　有	房地产业开　　发	#国　有
本年资金来源合计	638255	2732012	1294991	2798423	1107643
上年末结余资金	23852	19328	900	333278	137434
本年资金来源小计	614403	2712684	1294091	2465145	970209
国家预算内资金	6223	128004	128004	9003	9003
国内贷款	210718	301129	100856	477047	231600
债　　券	15000				
利用外资		117088		40400	3710
自筹资金	374329	1978787	1042826	664099	253723
中央各部门自筹		8592	8474		
省自筹		86866	86836		
地(市)自筹		46942	45826		
县自筹	9970	91082	68993		
企、事业单位自有资金	364359	1745305	832697	343772	135363
其他资金来源	8133	187676	22405	1274596	472173
本年各项应付款合计	56760	141926	55066	533115	198985

注：本表不含农村投资和城镇私人建房投资。

5－17 各市固定资产投资额

（2000 年）

地区	投资总额	基本建设	更新改造	其他投资	房地产业开发
全省总计	**16721834**	**7737767**	**3985997**	**2765200**	**2232870**
济南市	2103375	896894	455976	245206	505299
青岛市	2426820	900592	619663	231423	675142
淄博市	991854	343171	337279	222178	89226
枣庄市	444459	217438	76854	81895	68272
东营市	1736355	539501	331752	824890	40212
烟台市	1279426	691183	200907	212866	174470
潍坊市	903169	368438	344633	68177	121921
济宁市	1032379	651374	241041	58057	81907
泰安市	497980	266988	118328	58685	53979
威海市	674988	243436	162544	93753	175255
日照市	481789	302415	60198	94377	24799
莱芜市	258223	156425	62861	20621	18316
临沂市	899419	375802	259819	182177	81621
德州市	818204	347808	235025	184121	51250
聊城市	431901	227821	123437	41920	38723
滨州市	507423	206880	236065	54314	10164
菏泽市	349976	186503	50619	90540	22314

注：本表不含农村投资和城镇私人建房投资。

5－18 各市施工、竣工项目个数和新增固定资产

（2000 年）

地区	施工项目个数（个）	#基本建设	#更新改造	竣工项目个数（个）	#基本建设	#更新改造	新增固定资产（万元）	#基本建设	#更新改造
全省总计	**11470**	**5054**	**2408**	**6384**	**2782**	**1695**	**13464585**	**7003613**	**3009852**
济南市	1412	491	251	913	258	209	1587987	633545	424094
青岛市	1447	416	333	709	240	238	1824195	789392	464588
淄博市	747	241	283	451	136	217	651619	320700	155176
枣庄市	333	170	66	204	106	55	465098	295542	46864
东营市	378	230	71	280	172	61	1425089	584505	299243
烟台市	1031	416	183	512	217	121	1155250	689690	169297
潍坊市	804	402	233	453	213	158	705103	309737	243091
济宁市	635	296	150	251	99	74	1059183	705676	203594
泰安市	523	283	95	203	110	45	368681	189116	81596
威海市	695	211	148	334	104	106	387197	85843	131065
日照市	403	261	54	200	140	38	787553	638873	46626
莱芜市	170	74	71	80	27	49	220819	147603	49814
临沂市	917	462	124	640	320	94	774147	362470	199003
德州市	754	359	140	447	204	107	527060	227419	160253
聊城市	432	247	74	248	137	38	298688	148478	96733
滨州市	481	300	81	306	195	61	378512	172362	158163
菏泽市	251	166	23	132	94	13	253880	143442	45348

注：本表不含农村投资和城镇私人建房投资。

5－19 各市房屋建筑面积

（2000 年）　　　　单位：平方米

地　　区	施　工 建筑面积	＃住　宅	竣　工 建筑面积	＃住　宅	竣工价值 （万元）	＃住　宅
全省总计	**89211180**	**44799033**	**38074725**	**22140550**	**3358689**	**1789069**
济南市	21519238	7238292	4918447	3293662	517251	334837
青岛市	15207693	8591524	6046614	3287420	593906	273569
淄博市	4206833	2420380	2102895	1315785	181654	96564
枣庄市	1746651	1170922	1049032	741378	80134	49786
东营市	2746058	1596803	1949245	1290963	203616	125306
烟台市	7884006	4283318	3280252	1723475	293438	139420
潍坊市	4910492	2893710	2593146	1408724	223672	107968
济宁市	4383590	2675136	2345732	1555143	181816	109332
泰安市	3325824	2188221	1931616	1328522	132804	86025
威海市	4203344	2512909	1631126	1031110	168716	100928
日照市	1796158	955078	817779	426095	68211	32833
莱芜市	949341	461086	381799	224230	31010	15783
临沂市	5216914	2695473	2931798	1591561	220217	120088
德州市	4280956	1681259	2267412	954801	182866	65830
聊城市	2655510	1508592	1218717	593707	90430	40351
滨州市	2329336	1055227	1597696	745427	100628	47011
菏泽市	1558388	664030	736669	421762	62710	27845
一、基本建设	**38611754**	**11907697**	**14871610**	**7183956**	**1369637**	**537014**
济南市	14407942	1980695	1711351	890803	179861	84660
青岛市	2671698	441303	1317629	254990	183758	20168
淄博市	1777409	885949	901171	574634	82579	42346
枣庄市	589262	198552	370477	159002	33836	10226
东营市	1050616	413598	670246	323286	73418	29938
烟台市	2162339	527700	1091975	326705	102735	22816
潍坊市	2048402	965970	1160700	497741	111319	37834
济宁市	2186590	1183433	1121670	691114	96494	50718
泰安市	1721443	908019	1036840	665982	75319	45049
威海市	1027019	233855	326682	130465	29322	10428
日照市	1124473	518227	559118	284960	49273	22875
莱芜市	584881	192281	168631	71917	13860	4808
临沂市	1829454	772301	1182132	577244	93515	43452
德州市	2040443	927188	1183925	615092	93612	40950
聊城市	1452904	738428	786994	367107	59570	24733
滨州市	1297212	731269	868303	542630	60197	33162
菏泽市	578727	273691	365075	195046	27664	11973

地　区	施　工建筑面积	#住　宅	竣　工建筑面积	#住　宅	竣工价值(万元)	#住　宅
二、更新改造	**4818213**	**1284500**	**3237383**	**1202171**	**284866**	**112381**
济　南　市	238814	95535	155519	81101	16635	7970
青　岛　市	660821	28757	427691	28757	34732	1626
淄　博　市	285684	80699	162564	76949	15860	7655
枣　庄　市	18714		18714		1269	
东　营　市	872289	658885	785325	658885	81136	65709
烟　台　市	161558	10540	68428	10540	4962	572
潍　坊　市	459749		222251		19530	
济　宁　市	139804	11805	94468	9205	8630	717
泰　安　市	83699	15000	57727	15000	3237	800
威　海　市	172740	28540	129994	24540	13368	4800
日　照　市	56204		32142		2932	
莱　芜　市	36137		26167		3374	
临　沂　市	309839	30452	190250	30452	14079	2583
德　州　市	268414	40647	121611	12647	12205	964
聊　城　市	198313	91805	94502	62548	6731	4270
滨　州　市	530842		382787		15661	
菏　泽　市	94684		41184		8220	
三、房地产开发	**35510624**	**28472071**	**14265288**	**12076982**	**1275288**	**1026197**
济　南　市	5596423	4572709	2358801	2112431	266796	227664
青　岛　市	10471506	7736701	3516443	2839599	319130	241348
淄　博　市	1449828	1219035	615385	536721	47294	37462
枣　庄　市	1048445	950197	610361	570003	41936	38823
东　营　市	638347	475714	346741	260186	34844	25063
烟　台　市	3922650	3318225	1371649	1149427	122013	98987
潍　坊　市	2103925	1842355	971699	837698	76081	64756
济　宁　市	1808844	1390004	932572	784085	65038	53673
泰　安　市	1197267	1120155	578533	544539	36887	34425
威　海　市	2757766	2158577	998995	804161	108026	78246
日　照　市	476923	409561	153656	117045	11359	8476
莱　芜　市	297773	260305	175451	152313	12857	10975
临　沂　市	1460768	1326639	756968	722420	61944	58920
德　州　市	857152	577724	359035	252478	30201	19220
聊　城　市	804055	621978	189729	134941	13430	9267
滨　州　市	167158	136013	68841	57679	5131	4415
菏　泽　市	451794	356179	260429	201256	22321	14477

5－20 各市国有单位施工、竣工项目个数和新增固定资产

（2000 年）

地　　区	施工项目个　数（个）	#基　本建　设	#更　新改　造	竣工项目个　数（个）	#基　本建　设	#更　新改　造	新　增固定资产（万元）	#基　本建　设	#更　新改　造
全省总计	**6697**	**4503**	**1598**	**3780**	**2518**	**1125**	**9626597**	**5768836**	**2241514**
济南市	711	442	180	408	231	151	1074711	487895	312557
青岛市	616	322	203	347	202	141	1121372	681365	299297
淄博市	415	213	161	260	119	128	420094	279531	88728
枣庄市	232	153	43	142	99	36	408167	275373	41907
东营市	273	196	49	214	150	41	1309110	559308	244190
烟台市	516	337	127	267	190	77	772575	582316	131358
潍坊市	514	352	122	287	183	88	504626	270319	163150
济宁市	421	283	98	147	92	47	898016	663285	153705
泰安市	357	256	73	142	98	38	251709	156477	49841
威海市	333	185	114	186	100	86	193532	78879	77556
日照市	276	227	26	144	119	20	236298	118987	35435
莱芜市	146	73	71	76	27	49	201218	147603	49814
临沂市	524	427	83	360	298	62	536948	303515	161932
德州市	466	341	88	278	196	65	387038	214542	129861
聊城市	300	234	57	162	131	30	201293	102204	85979
滨州市	351	279	64	234	184	50	303244	158271	140518
菏泽市	193	158	11	106	90	5	215122	132746	40382

5－21 各市商品房开发情况

（2000 年）　　单位：平方米

地　　区	房　屋施工面积	房　屋竣工面积	房　屋竣工价值（万元）	实际销售面　积	预售面积	空置面积	出租面积	实际销售额（万元）
全省总计	**35510624**	**14265288**	**1275288**	**10783752**	**4722367**	**4509473**	**362489**	**1538824**
济南市	5596423	2358801	266796	1252399	922207	538348	54223	228529
青岛市	10471506	3516443	319130	3006794	1649879	1264281	89621	550401
淄博市	1449828	615385	47294	493830	109104	165206	65161	57867
枣庄市	1048445	610361	41936	481408	119840	198188	13000	44786
东营市	638347	346741	34844	267787	77602	101873	6420	38420
烟台市	3922650	1371649	122013	1038276	364816	913093	51754	150488
潍坊市	2103925	971699	76081	827852	524320	198123	22868	90000
济宁市	1808844	932572	65038	640075	180776	157564	6764	62490
泰安市	1197267	578533	36887	424037	102924	165702	7073	49324
威海市	2757766	998995	108026	777611	138628	462567	23680	111530
日照市	476923	153656	11359	136033	126719	115299	4393	16196
莱芜市	297773	175451	12857	144354	41831	32051		12509
临沂市	1460768	756968	61944	500015	174457	41006	6360	48628
德州市	857152	359035	30201	364104	73892	81510	3172	36788
聊城市	804055	189729	13430	141601	12250			14971
滨州市	167158	68841	5131	84262	12344	12965	4000	6548
菏泽市	451794	260429	22321	203314	90778	61697	4000	19349

5－22 建成投产的基建大中型项目与更改限上项目

（2000 年）

项　目　名　称	类别	开工时间	投产时间	生产能力（或效益）名　称	生产能力单　位	本年新增生产能力
胜利石油管理局原油天燃气开采	基建	199601	200012	天然原油开采	万吨/年	125
鲁抗医药集团有限公司千吨青霉素项目	基建	199512	200010	化学原材料	吨/年	200
济宁运河电厂一期工程	基建	199811	200011	医药中间体	吨/年	140
日照发电有限公司一期工程	基建	199610	200010	火力发电	万千瓦	70
山东莱城电厂一期 2 * 300MW 工程	基建	199803	200009	火力发电	万千瓦	60
临沂红日化工集团 20 万吨复合肥	基建	199706	200012	氮肥	吨/年	40000
				磷肥	吨/年	30000
				钾肥	吨/年	30000
济南黄河大桥	基建	199610	200001	新建独立公路桥梁	延长米	5950
					座	1
济邯铁路	基建	199611	200005	新建铁路	公里	147
济南卷烟厂引进卷接包设备	更改	199512	200012	卷烟	箱/年	24000
青岛海尔洗碗机有限公司	更改	199902	200011	电淋浴器	万台/年	50
青岛海晶化工集团有限公司 6000 吨氯磺化聚乙烯工程	更改	199907	200012	塑料树脂及共聚物	吨/年	6000
齐鲁石化公司氯乙烯、聚氯乙烯改造	更改	199804	200010	塑料树脂及共聚物	吨/年	44000
山东铝业公司拜耳法氧化铝改造	更改	199703	200003	氧化铝	吨/年	50000
山推工程机械股份公司“双加工程”技改项目	更改	199512	200010	推土机	台/年	40
山东如意毛纺集团有限责任公司高档西服技改项目	更改	199906	200006			
清华同方鲁颖电子有限公司	更改	200003	200012			
郯化集团尿素六改十	更改	199806	200005	氮肥	吨/年	40000
蒙阴县银麦啤酒有限公司纯生啤酒工程	更改	200004	200012	啤酒	万吨/年	5
平原县化工实业公司新上合成氨	更改	200001	200012	合成氨	吨/年	90000
滨州活塞集团二期双加工程	更改	199807	200007			
山东鲁北企业集团总公司 6 万吨/年离子膜烧碱工程	更改	199902	200012	烧碱	吨/年	30000
山东魏桥纺织集团有限责任公司高仿真化纤面料工程	更改	200001	200012	棉印染	万米/年	3000
山东魏桥纺织集团有限责任公司工业大楼及配套工程	更改	200001	200012			
山东华中琥珀啤酒有限公司 40 万吨啤酒技改配套工程	更改	200001	200012	啤酒	万吨/年	10
成武县造纸厂世纪工程	更改	199904	200011	机制纸	万吨/年	4

5-23 新增生产能力

（2000年）

生产能力（或效益）名称	单位	新增生产能力	#基本建设	#更新改造	#其他投资
原煤开采	万吨/年	763	711	40	12
焦　炭	万吨/年	2		2	
天然原油开采	万吨/年	255	125		130
油罐容量	万立方米	4		4	
人造富铁矿	万吨/年	36	6	30	
#烧结铁矿	万吨/年	30		30	
球团铁矿	万吨/年	6	6		
炼　钢	万吨/年	10		10	
电炉钢	万吨/年	10		10	
铁合金	万吨/年	45		45	
钢　材	万吨/年	12		2	10
热轧钢材	万吨/年	2		2	
挤压钢材	万吨/年	10			10
#线　材	万吨/年	10			10
铜加工	吨/年	100			100
#铜板材	吨/年	50			50
铜管材	吨/年	50			50
氧化铝	吨/年	52000		52000	
铝加工	吨/年	37000	30000	7000	
#铝板材	吨/年	7000		7000	
发电机组容量	万千瓦	190	188	3	
火力发电	万千瓦	190	188	3	
输电线路长度(11万伏及以上)	公里	562	523	39	
变电设备能力(11万伏及以上)	万千伏安	205	201	4	
水　泥	万吨/年	166	30	136	
平板玻璃	万重量箱/年	642		244	398
釉面砖	万平方米	120		120	
墙地砖	万平方米	830	300	250	280
卫生陶瓷	万件/年	1800			1800
耐火材料制品	吨/年	500			500
石墨及炭素制品	吨/年	16000		10000	6000
纤维板	万立方米/年	7	6		2
人造板装饰加工板	万立方米/年	6	2	2	2
家　具	万件/年	1			1
硫　酸	吨/年	280000		280000	
浓硝酸	吨/年	75000		75000	
烧　碱	吨/年	156000	50000	100000	6000
合成氨	吨/年	588509		558509	30000
农用氮、磷、钾化学肥	吨/年	493296	100000	383296	10000
氮　肥	吨/年	163296	40000	123296	
磷　肥	吨/年	120000	30000	90000	
钾　肥	吨/年	210000	30000	170000	10000
化学农药	吨/年	3580		3570	10
精甲醇	吨/年	20000		20000	
油　漆	吨/年	12900		2600	10300
染　料	吨/年	5030	1500	3530	
塑料树脂及共聚物	吨/年	127250		124100	3150
合成橡胶	吨/年	3000			3000
轮胎外胎	万条/年	219		149	70
轮胎内胎	万条/年	50		30	20
化学原料药	吨/年	5040	200	4840	
化学药制剂：粉针剂	万瓶/年	69	69		
注射液	万支/年	200			200
片　剂	万片/年	40000		40000	
输　液	万瓶/年	160	150		10
胶囊剂	万粒/年	24000		24000	
医药中间体	吨/年	840	140	700	
中成药	吨/年	150		150	
交流电动机制造	万千瓦/年	30			30
大中型变压器	万千伏安	100		100	
电力电缆	公里	1100	100	1000	
光纤通讯电缆	芯公里	300185	185	300000	
原电池(折一号电池)	万只	1000			1000

注：本表不含农村投资和私人建房投资。

生产能力(或效益)名称	单位	新增生产能力	#基本建设	#更新改造	#其他投资
内燃机制造	台/年	255000		255000	
	万千瓦/年	185		185	
柴油机制造	台/年	255000		255000	
	万千瓦/年	185		185	
金属切削机床制造	台/年	252		202	50
#数控机床	台/年	52		2	50
拖拉机制造	台/年	50000		50000	
小型拖拉机制造	台/年	50000		50000	
装载机	台/年	700		700	
建筑机械制造	台/年	2140		340	1800
医疗器械制造	台/年	5000		5000	
汽车制造	辆/年	410			410
载货汽车制造	辆/年	300			300
轿车制造	辆/年	110			110
摩托车制造	辆/年	3000		1000	2000
修造船坞	万载重吨/年	2		1	1
电视机	万部/年	75	15		60
VCD盘	万张/年	900			900
CD盘	万张/年	300			300
化学纤维	吨/年	28500	5000	23000	500
#合成纤维	吨/年	18000		18000	
棉纺锭	锭	50000			50000
棉布织机	台	757		307	450
棉印染	万米/年	6689		3189	3500
原　盐	万吨/年	32	2	30	
食用植物油	日处理原料:吨	6187		3621	2566
	日精炼油:吨	1746		1042	703
肉加工品	吨/年	3000		3000	
糖　果	吨/年	1000		1000	
饼　干	吨/年	9000		9000	
酒	万吨/年	91		84	7
啤　酒	万吨/年	70		63	7
白　酒	万吨/年	2		2	
其他酒	万吨/年	19		19	
冷冻饮品	吨/年	50			50
软饮料	吨/年	61000	20000	40000	1000
方便主食品	吨/年	2000		2000	
卷　烟	箱/年	24000		24000	
机制纸	万吨/年	12		8	3
机制纸板	万吨/年	5	2	3	1
鞣制皮革(折合牛皮)	万张/年	8		1	7
轻　革	万平方米/年	9			9
皮　鞋	万双/年	60			60
服　装	万件/年	2457		1520	937
塑料制品	万吨/年	302			302
日用搪瓷制品	万吨/年	32			32
日用陶瓷器	万件/年	4251		4051	200
日用玻璃制品	万吨/年	5		5	
灯　管	万只/年	240			240
自行车	万辆/年	3			3
缝纫机	架/年	800		800	
钟	万只/年	1		1	
#机械钟	万只/年	1		1	
家用电冰箱	万台/年	20			20
家用洗衣机	万台/年	30		30	
家用空气调节器	万台/年	20		20	
电沐浴器	万台/年	50		50	
电熨斗	万个/年	4			4
电饭锅	万个/年	10			10
移动电话机(手持机)	部/年	683850	183800	500050	
移动通信基站设备	信道/年	807	631	176	
程控交换机	万线/年	366	44	322	
电话单机	万部/年	431	407	24	
铁路机车购置	台	3	3		

生产能力(或效益)名称	单位	新增生产能力	#基本建设	#更新改造	#其他投资
增建铁路第二线交付运营里程	公里	138	138		
新建公路	公里	1065	597	32	436
#高速公路	公里	276	185		91
一级公路	公里	13	13		
二级公路	公里	104	72	32	
改建公路	公里	2654	790	248	1615
#高速公路	公里	113	75		37
一级公路	公里	226	66		161
二级公路	公里	1237	374	1	862
新建独立公路桥梁	延长米	6830	6030		800
	座	4	3		1
新(扩)建港口码头	年吞吐量:万吨	270	270		
	泊位:个	6	6		
#新(扩)建沿海港口码头	年吞吐量:万吨	270	270		
	泊位:个	6	6		
船舶购置	艘	9	2	3	4
	载重量:吨位	13540	220	9320	4000
	载客量:客位	2780		1780	1000
	拖轮功率:千瓦	6014	3200	1914	900
改善内河航道里程	公里	20		20	
新(扩)建客、货运站	个	3	3		
	平方米	8500	8500		
飞机购置	架	6	3	2	1
长途电缆	延长公里	295	105	190	
耕地面积	万亩	3	3		
造林面积	万亩	5	5		
水库容量(总库容)	亿立方米	3	3		
有效灌溉面积	万亩	139	43	96	
商业石油库	万立方米	10			10
商业冷藏库	万吨	1			1
水产冷藏库	万吨	1		1	
粮食仓库	万公斤	54616	45216	9400	
	平方米	169923	144931	24992	
高等院校:学生席位	个	30979	28729		2250
建筑面积	平方米	289978	285578		4400
中等学校:学生席位	个	86583	78383		8200
建筑面积	平方米	657583	613914		43669
小学校:学生席位	个	31715	29345		2370
建筑面积	平方米	141018	132255		8763
其他学校:学生席位	个	5861	4871		990
建筑面积	平方米	53536	40036		13500
公共图书馆:藏书量	万册(件)	2	2		
阅览室座席	个	950	950		
建筑面积	平方米	1968	1968		
影剧院:座席	个	600	600		
	平方米	4500	4500		
医院病床	张	14156	5336		8820
疗养院、所病床	张	80	80		
宾馆、旅馆、招待所客房数	间	829	829		
宾馆、旅馆、招待所客房数	平方米	30360	30360		
城市自来水供水能力	万吨/日	21	20	1	
城市自来水管道长度	公里	64	56	8	
城市煤气生产能力	万立方米/日	8	1	7	
城市天然气储气能力	万立方米/日	12	12		
城市液化石油气储气能力	吨	905	705		200
城市供热能力:蒸汽	吨/小时	1863	1136	612	115
热水	兆瓦/小时	1318	765	497	56
城市公共交通车辆购置	辆	1538	660	819	59
城市道路扩建长度	公里	484	229	67	188
城市道路扩建面积	万平方米	1203	366	165	672
城市排水管道铺设长度	公里	96	48	46	2
城市污水处理能力	万吨/日	25	20	4	1
城市永久性桥梁	座	11	5	1	5
城市防洪堤长度	公里	52	52		

六、能　　源

ENERGY

简要说明：

一、本篇包括的主要内容有：历年能源生产、消费及品种构成，能源生产和消费弹性系数，综合能源平衡表和主要能源品种的单项平衡表。

二、本篇资料取自山东省统计局工交处编制的全省能源平衡表。地区能源平衡表的编制范围为辖区内除解放军总后勤部、工程兵以外的全部生产和消费能源的单位。

三、关于数据口径与计算的说明

1. 一次能源生产量与工业统计数字一致。

2. 行业分类采用现行统一的国民经济行业分类国家标准。

3. 能源生产与消费弹性系数分别以能源生产、消费增长速度与国内生产总值增长速度相比求得。

4. 能源平衡表中，进口量和出口量采用海关统计数据。进口量中包括我省轮船飞机在国外加油量，出口中包括外国轮船飞机在我国加油量。电力折算标准煤系数按平均发电煤耗计算。

6－1 历年能源生产总量

单位:万吨标煤

年　　份	能源生产总量	原　煤	原　油	天燃气	水　电
1949	120.79	120.79			
1950	158.65	158.65			
1951	188.86	188.86			
1952	258.58	258.58			
1953	259.01	259.01			
1954	293.72	293.72			
1955	342.73	342.73			
1956	386.58	386.58			
1957	440.37	440.37			
1958	981.18	981.02	0.16		
1959	1646.72	1645.97	0.75		
1960	1929.23	1928.04	1.05		0.14
1961	1280.47	1279.96	0.39		0.12
1962	1041.29	1041.17	0.01		0.11
1963	1103.55	1103.31	0.08		0.16
1964	1140.40	1140.10	0.10		0.20
1965	1362.94	1242.89	119.81		0.24
1966	1610.35	1418.18	192.12		0.05
1967	1505.04	1318.82	186.18		0.04
1968	1757.83	1450.32	307.48		0.03
1969	1512.19	1093.60	418.58		0.01
1970	2383.80	1716.18	667.59		0.03
1971	2776.74	1888.33	888.12		0.29
1972	3147.97	1993.40	1154.20		0.37
1973	3384.38	1836.04	1547.89		0.45
1974	2890.71	1021.88	1796.11	71.96	0.76
1975	4555.04	2036.54	2388.62	128.62	1.26
1976	5013.70	2382.91	2500.65	128.88	1.26
1977	5387.37	2727.99	2502.71	155.88	0.79
1978	5901.83	2928.71	2781.49	190.46	1.17
1979	6075.07	3170.21	2697.14	205.49	2.23
1980	5873.37	3064.71	2616.94	189.00	2.72
1981	5392.54	2950.42	2301.75	138.72	1.65
1982	5505.80	3040.71	2335.21	129.41	0.47
1983	5898.00	3132.28	2625.00	139.79	0.93
1984	6696.54	3258.96	3288.36	148.17	1.05
1985	7531.89	3516.00	3861.74	151.89	2.26
1986	8046.80	3642.79	4215.52	185.94	2.55
1987	8511.34	3798.47	4514.38	197.24	1.25
1988	8918.29	3970.94	4757.61	188.73	1.01
1989	9038.69	4067.83	4765.07	205.35	0.44
1990	9262.21	4282.54	4786.70	191.39	1.58
1991	9269.98	4282.53	4793.22	191.25	2.98
1992	9508.88	4535.86	4780.24	191.92	0.86
1993	9875.38	4519.97	5171.83	182.08	1.50
1994	10624.88	5560.85	4887.14	173.78	2.89
1995	10762.35	6305.32	4294.76	156.04	1.55
1996	10705.27	6392.56	4159.57	144.62	0.97
1997	10630.25	6496.14	4002.01	121.67	0.69
1998	10436.05	6412.17	3901.51	122.09	0.28
1999	10331.25	6425.10	3807.55	89.01	0.73
2000	9657.36	5741.96	3822.49	83.54	0.76

6－2 1979－2000年能源生产、能源消费弹性系数

年份	能源生产弹性系数				能源消费弹性系数			
	能源生产比上年增长（%）	电力生产比上年增长（%）	能源生产弹性系数	电力生产弹性系数	能源消费比上年增长（%）	电力消费比上年增长（%）	能源消费弹性系数	电力消费弹性系数
1979	1.69	9.68	0.15	0.84	0.02	11.03		0.95
1980	－3.33	8.78		0.55	0.62	5.96	0.03	0.40
1981	－8.17	4.58		0.25	－12.23	6.13		0.33
1982	2.12	4.62	0.15	0.33	21.98	6.06	1.56	0.43
1983	7.11	7.26	0.44	0.44	－13.50	7.43		0.46
1984	13.53	8.33	0.51	0.31	7.34	12.43	0.27	0.47
1985	12.46	10.83	0.73	0.63	－12.67	8.70		0.51
1986	6.83	14.46	0.75	1.59	7.34	11.02	0.81	1.22
1987	5.79	10.62	0.29	0.52	13.68	9.68	0.68	0.48
1988	4.78	14.41	0.19	0.57	5.73	8.04	0.23	0.32
1989	1.36	10.58	0.09	0.67	4.84	7.17	0.31	0.45
1990	2.46	6.33	0.15	0.38	3.46	9.76	0.21	0.58
1991	0.52	11.20	0.03	0.57	3.05	9.75	0.15	0.49
1992	2.14	14.06	0.16	0.66	1.92	13.92	0.09	0.65
1993	－0.14	7.85		0.30	－1.07	7.77		0.29
1994	8.27	10.95	0.21	0.28	13.09	10.50	0.33	0.29
1995	6.13	9.09	0.21	0.31	10.58	9.48	0.36	0.32
1996	－2.77	7.28		0.38	3.12	7.51	0.16	0.39
1997	1.52	7.68	0.13	0.66	－0.02	7.38		0.64
1998	－1.81	－7.09			12.70	－1.19	1.10	
1999	－1.01	14.84		0.58	0.22	14.57	0.87	0.53
2000	－6.52	9.91		0.55	－9.17	10.12		0.56

6－3 一次能源生产量及构成

指　　标	单　位	1990 年	1995 年	1996 年	1997 年	1998 年	1999 年	2000 年
能源生产总量(折标准煤)	**万吨标准煤**	**9247.86**	**10761.33**	**10703.26**	**10629.10**	**10436.60**	**10331.25**	**9657.36**
构　　成								
原　　煤	%	46.15	58.59	59.73	61.12	61.44	62.19	59.46
原　　油	%	51.76	39.91	38.86	37.65	37.38	36.85	39.58
电　　力	%	0.02	0.01	0.01	0.01	0.01	0.01	0.01

6－4 能源消费量及构成

指　　标	单　位	1990 年	1995 年	1996 年	1997 年	1998 年	1999 年	2000 年
一、一次能源消费量(折标准煤)	**万吨标准煤**	**7567.49**	**9938.71**	**10117.67**	**10128.81**	**10028.80**	**10104.56**	**9977.11**
构　　成								
原　　煤	%	75.35	78.45	78.48	77.53	78.53	76.99	74.09
原　　油	%	22.09	19.38	20.13	21.56	20.64	22.28	25.36
电　　力	%	0.02	0.01	0.01	0.01	0.01	0.01	0.01
二、终端能源消费量(折标准煤)	**万吨标准煤**	**6304.34**	**6263.60**	**6077.02**	**5919.30**	**6852.14**	**6814.85**	**6885.48**
构　　成								
原　　煤	%	44.89	42.40	39.20	38.59	47.02	46.76	31.23
油　　品	%	17.19	23.41	23.76	21.84	17.08	18.02	24.03
电　　力	%	25.52	14.54	16.11	17.76	14.16	14.53	17.86
其　　他	%	12.40	19.65	20.87	21.81	21.74	20.69	26.88

6－5 平均每天各种能源消费量

能源品种	单位	1990年	1995年	1996年	1997年	1998年	1999年	2000年
合计	**吨标准煤**	**251275**	**338195**	**346813**	**352838**	**341706**	**340988**	**356303**
煤炭	吨	219434	299046	304569	301200	302083	298387	283513
焦炭	吨	8699	12792	11151	11070	8393	9161	11639
原油	吨	32064	36929	39059	41878	39698	40482	48526
燃料油	吨	6806	8490	8832	8006	7095	7707	9432
汽油	吨	3392	5283	5319	6072	5439	4652	5165
煤油	吨	312	644	828	1018	1432	1333	1322
柴油	吨	6209	8487	8613	9564	8180	7896	9421
液化石油汽	吨	616	955	1011	1517	1446	1462	1680
电力	万千瓦时	12293	20303	21829	23439	21723	22068	27411

6－6 平均每人年生活用能源

能源品种	单位	1990年	1995年	1996年	1997年	1998年	1999年	2000年
合计	**千克标准煤**	**67.18**	**44.20**	**41.86**	**36.53**	**45.06**	**49.53**	**47.45**
煤炭	千克	80.18	38.81	32.08	19	35.52	34.16	30.98
煤油	千克	1.01	1.82	2.36	2.90	3.53	3.25	2.63
液化石油汽	千克	1.73	1.50	1.71	2.53	2.34	2.86	2.85
电力	千瓦小时	44.58	91.41	102.22	113.81	85.41	125.83	134.98

6－7 分品种生活能源年消费总量

能源品种	单位	1990年	1995年	1996年	1997年	1998年	1999年	2000年
合计	**万吨标准煤**	**565.94**	**384.61**	**366.20**	**321.86**	**399.79**	**440.04**	**430.77**
煤炭	万吨	675.42	337.68	280.60	170.44	315.16	303.44	281.25
煤油	万吨	8.48	15.81	20.61	26.26	31.28	28.86	23.85
液化石油汽	万吨	14.54	13.09	14.94	22.36	20.77	25.41	25.83
电力	亿千瓦时	37.55	79.54	89.42	100.27	75.78	111.78	122.55

6－8 单项能源平衡表

(2000 年)

项目	原煤（万吨）	洗精煤（万吨）	其它洗煤（万吨）	煤制品（万吨）	焦炭（万吨）	焦炉煤气（亿立方米）	其它煤气（亿立方米）
一、可供本地区消费的能源量	**10349.88**	**－1524.15**	**－120.79**		**64.96**		
1. 年初库存量	1802.36	38.36	56.83		72.26		
2. 一次能源生产量	8038.59						
3. 回收能							
4. 外省(区、市)调入量	2628.55	82.83	120.32		82.32		
5. 进口量							
6. 我轮、机在外国加油量							
7. 本省(区、市)调出量(－)	－462.81	－297.51	－266.68		－32.81		
8. 出口量(－)		－1315					
9. 外轮、机在我国加油量(－)							
10. 年末库存量(－)	－1656.81	－32.83	－31.26		－56.81		
二、加工转换投入(－)产出(＋)量	**－7241.6**	**2063.47**	**231.49**	**0.62**	**361.99**	**9.02**	**0.52**
1. 火力发电	－2868.92	－200.36	－29.46			－0.09	
2. 供　热	－500.93	－18.96	－105.21				
3. 洗 选 煤	－3623.46	2637.56	366.16				
4. 炼　焦	－199.05	－291.33			330.31	7.11	
5. 炼　油							
6. 制　气	－48.56	－63.44			33.35	2	0.52
#焦炭再投入量(－)					－1.67		
7. 煤制品加工	－0.68			0.62			
三、损失量	**96.38**						
#运输和输配损失	96.38						
四、终端消费量	**3010.26**	**536.76**	**108.31**	**0.62**	**423.16**	**9.02**	**0.52**
第一产业	321.36						
农、林、牧、渔业	321.36						
第二产业	2162.17	536.76	108.31		422.58	9.02	0.52
工　业	1943.81	536.76	108.31		410.26	9.02	0.52
#用作原料、材料		68.36	12.13		206.31		
建 筑 业	218.36				12.32		
第三产业	245.48			0.62	0.58		
交通运输、仓储及邮电通迅业	102.81				0.32		
批发和零售贸易业、餐饮业	82.36				0.26		
其　他	60.31			0.62			
生活消费	281.25						
城　镇	218.36						
乡　村	62.89						
五、平衡差额	**1.64**	**2.56**	**2.39**		**3.79**		
六、消费量合计	**10348.24**	**1110.85**	**242.98**	**0.52**	**424.83**	**9.11**	**0.64**

6－8续表1 (2000年)

项目	原油（万吨）	汽油（万吨）	煤油（万吨）	柴油（万吨）	燃料油（万吨）	液化石油气（万吨）	炼厂干气（万吨）
一、可供本地区消费的能源量	**1768.43**	**－91.89**	**1.76**	**－196.1**	**－7.81**	**4.99**	
1. 年初库存量	36.82	44.68	3.89	45.81	19.32	0.32	
2. 一次能源生产量	2675.69					5.02	
3. 回收能							
4. 外省(区、市)调入量	61.38		0.06	12.36	10.32		
5. 进口量	162.86						
6. 我轮、机在外国加油量				3.28	18.15		
7. 本省(区、市)调出量(－)	－908.81	－70.25	－0.02	－207.23	－26.81		
8. 出口量(－)	－192.65						
9. 外轮、机在我国加油量(－)					－7.23		
10. 年末库存量(－)	－66.86	－66.32	－2.11	－50.32	－21.56	－0.35	
二、加工转换投入(－)产出(＋)量	**－1695.19**	**280.15**	**44.96**	**540.09**	**274.66**	**54.33**	**42.61**
1. 火力发电	－19.63	－2.36		－3.02	－76.53		
2. 供　热		－1.02		－0.11	－5.72		
3. 洗选煤							
4. 炼　焦							
5. 炼　油	－1675.56	283.53	44.96	543.22	356.91	56.34	42.61
6. 制　气						－2.01	
＃焦炭再投入量(－)							
7. 煤制品加工							
三、损失量	**7.02**				**6.28**		
＃运输和输配损失	7.02				6.28		
四、终端消费量	**69.01**	**185.14**	**48.25**	**340.74**	**255.72**	**59.32**	**42.61**
第一产业		7.02		89.68			
农、林、牧、渔业		7.02		89.68			
第二产业	67.94	68.19	22.08	153.43	239.15	33.49	42.61
工　业	62.38	62.38	21.32	143.56	238.32	27.31	42.61
＃用作原料、材料	2.81	9.16		6.51	3.21	5.22	21.33
建筑业	5.56	5.81	0.76	9.87	0.83	6.18	
第三产业	1.07	109.93	2.32	97.63	16.57		
交通运输、仓储及邮电通迅业	1.02	20.26		30.23	15.31		
批发和零售贸易业、餐饮业	0.05	16.82	2.32	16.88	1.26		
其　他		72.85		50.52			
生活消费			23.85			25.83	
城　镇						19.32	
乡　村			23.85			6.51	
五、平衡差额	**－2.79**	**3.12**	**－1.53**	**3.25**	**4.85**		
六、消费量合计	**1771.22**	**188.52**	**48.25**	**343.87**	**344.25**	**61.33**	**42.61**

6-8续表2　　　　　　　　　　　　(2000年)

项　　目	天然气 (亿立方米)	其　它 石油制品 (万吨)	其　它 焦化产品 (万吨)	热　力 (万百万千焦)	电　力 (亿千瓦小时)	其它能源 (万吨标准煤)
一、可供本地区消费的能源量	**4.53**	**-10.25**	**3.45**		**0.5**	**50.32**
1.年初库存量		6.21				
2.一次能源生产量	6.88				0.62	
3.回收能						50.32
4.外省(区、市)调入量		0.68	6.81			
5.进口量						
6.我轮、机在外国加油量						
7.本省(区、市)调出量(-)	-2.35	-9.32	-3.36		-0.12	
8.出口量(-)						
9.外轮、机在我国加油量(-)						
10.年末库存量(-)		-7.82				
二、加工转换投入(-)产出(+)量	**-0.21**	**286.37**	**20.38**	**16545.15**	**1000.77**	**-20.23**
1.火力发电	-0.21			3263.84	982.18	-20.23
2.供　热		-52.11		13281.31	18.59	
3.洗选煤						
4.炼　焦			19.83			
5.炼　油		338.48				
6.制　气			0.55			
＃焦炭再投入量(-)						
7.煤制品加工						
三、损失量						
＃运输和输配损失						
四、终端消费量	**4.32**	**276.12**	**23.83**	**16545.15**	**1000.49**	**30.09**
第一产业					53.92	
农、林、牧、渔业					53.92	
第二产业	1.22	276.12	23.83	16450.21	752.91	30.09
工　业	1.22	276.12	23.83	16361.22	745.38	30.09
＃用作原料、材料	1.06	211.52	23.83			
建筑业				88.99	7.53	
第三产业				94.94	71.11	
交通运输、仓储及邮电通迅业					11.82	
批发和零售贸易业、餐饮业					20.85	
其　他				94.94	38.44	
生活消费	3.1				122.55	
城　镇	3.1				58.21	
乡　村					64.34	
五、平衡差额					**0.78**	
六、消费量合计	**4.53**	**328.23**	**23.83**	**16545.15**	**1000.49**	**50.32**

6-9 电力平衡表

单位:万吨标煤

类别	1985年	1990年	1995年	1996年	1997年	1998年	1999年	2000年
一、可供本地区消费的能源量	**1.92**	**3.21**	**4.60**	**4.91**	**2.46**	**3.22**	**0.59**	**0.61**
#一次能源生产量	0.56	0.02	0.41	0.79	0.56	0.76	0.73	0.76
回收能								
外省(区、市)调入量	1.50	3.23	4.19	4.31	2.01	2.74		
进口量								
我轮、机在外国加油量								
本省(区、市)调出量(-)	0.14	0.04		0.19	0.11	0.28	0.14	0.15
出口量(-)								
外轮、机在我国加油量(-)								
二、加工转换投入(-)产出(+)量	**261.49**	**446.70**	**736.16**	**792.21**	**853.39**	**974.40**	**1119.03**	**1229.95**
火力发电	261.49	446.70	732.38	787.68	848.84	968.65	1108.94	1207.10
供热			3.78	4.53	4.55	5.75	10.09	22.85
洗选煤								
炼焦								
炼油								
制气								
#焦炭再投入量(-)								
煤制品加工								
三、损失量								
#运输和输配损失								
四、终端消费量	**264.64**	**448.69**	**741.07**	**796.76**	**855.54**	**974.46**	**1116.51**	**1229.60**
第一产业	22.16	34.49	42.81	46.17	49.11	64.06	63.92	66.27
农、林、牧、渔业	22.16	34.49	42.81	46.17	49.11	64.06	63.92	66.27
第二产业	202.89	356.05	577.39	614.61	640.80	776.46	840.33	925.33
工业	198.89	353.25	571.27	607.95	634.08	769.99	831.16	916.07
#用作原料、材料								
建筑业	4.00	2.80	6.12	6.66	6.72	6.46	9.17	9.25
第三产业	1.90	20.60	41.33	46.56	65.36	40.82	74.88	87.39
交通运输、仓储及邮电通迅业	0.83	5.10	7.57	8.52	24.43	20.67	12.07	14.53
批发和零售贸易业、餐饮业	0.18	5.30	11.87	13.01	14.99	7.57	22.48	25.62
其他	0.89	10.20	21.89	25.03	25.03	12.57	40.34	47.24
生活消费	19.70	37.55	79.54	89.42	100.27	93.13	137.38	150.61
城镇	11.04	21.04	36.22	41.49	46.18	37.63	63.61	71.54
乡村	8.66	16.51	43.32	47.93	54.09	55.50	73.76	79.07
五、平衡差额			**-0.31**	**0.36**	**0.31**	**3.16**	**3.11**	**0.96**
六、消费量合计	**264.64**	**448.69**	**741.07**	**796.76**	**855.54**	**974.46**	**1116.51**	**1229.60**

七、财　政

GOVERNMENT FINANCE

简要说明：

一、本篇反映了全省财政收支状况，资料来源于省财政厅财政总决算表。全省财政总决算由省级财政决算和地市级财政决算汇总而成。

二、有关财政收支方面的资料，主要来源于决算收支总表，决算收入明细表、决算支出明细表和根据这些表的数据进行加工整理而成。

7－1 1950－2000年地方财政收入

单位:万元

年份	地方财政收入	#各项税收	#工商税收
1950	44253	35209	13844
1951	70001	55119	27913
1952	76284	62545	38950
1953	79758	69895	49715
1954	88446	78100	55843
1955	89333	79914	55350
1956	103099	88883	64134
1957	107262	92112	67360
1958	211004	105306	79658
1959	247460	122645	85857
1960	263795	113956	88502
1961	165664	87347	62205
1962	125506	96577	70263
1963	151111	93026	71810
1964	155357	100322	80181
1965	164766	100184	78136
1966	187716	105124	78893
1967	190489	109172	83795
1968	200665	117893	90336
1969	198303	120536	94448
1970	309438	167361	139035
1971	411058	174508	149778
1972	430416	191095	165707
1973	449172	206727	180565
1974	269542	163550	139694
1975	459668	233132	204907
1976	496749	270119	240545
1977	559590	313898	282400
1978	641286	327465	300729
1979	569948	322814	300078
1980	481097	335362	308145
1981	511850	368177	341841
1982	492888	416477	390612
1983	504050	428911	399641
1984	536022	484039	453624
1985	675316	638230	601797
1986	621535	567351	541455
1987	727901	652813	610879
1988	826814	825681	768616
1989	1009416	973118	922076
1990	1091082	1058745	1007673
1991	1285184	1145170	1091142
1992	1393225	1287334	1227004
1993	1943978	1908554	1757265
1994	1346611	1264642	991172
1995	1790025	1635139	1238744
1996	2416742	2156333	1575814
1997	3044232	2648693	1917073
1998	3523912	3019024	2236660
1999	4044829	3429430	2499740
2000	4636788	3929022	2787157

注:本表中1994年以来的财政收入及分组均系新口径数,与历史资料不可比。

7－2 1950－2000年地方财政支出

单位：万元

年　　份	地方财政支　　出	#基本建设	#城　　市维护费	#支援农业支　　出	#文教科学卫生事业费	#行　　政管理费
1950	10281	556	79	266	2053	4704
1951	15965	3221	490	364	3180	7357
1952	31886	8860	245	735	8119	8332
1953	32272	5719	263	433	11461	9548
1954	33657	6505	245	1447	10454	9381
1955	31143	4023	209	1954	10440	9868
1956	47155	13244	107	3484	12379	12695
1957	49164	10522	201	4770	15358	11790
1958	120740	75087	67	4468	17602	12461
1959	158857	78459	22	16116	19277	14162
1960	239314	98855	82	23717	26076	14571
1961	135988	19073	69	27392	20848	13612
1962	63594	6560	334	9526	19307	11753
1963	79714	10271	1018	12029	19187	13054
1964	89615	17557	1535	12620	21487	13212
1965	95407	18711	1807	10048	22091	13144
1966	104100	24115	1690	10425	24471	13691
1967	102007	33442	1669	9728	24950	12064
1968	88752	31016	1719	7476	22386	12264
1969	113952	49590	1756	7683	22199	12669
1970	142528	70447	1805	8389	25257	14245
1971	159105	67943	1743	11247	31086	17779
1972	188907	82551	1621	15603	37741	19336
1973	194872	66635	2419	21980	40891	18541
1974	191061	56996	2005	24284	43996	18435
1975	212560	52389	2194	26906	48271	21241
1976	214205	48383	2579	29119	50089	22899
1977	226136	48648	2610	32399	52296	24449
1978	319044	83503	3750	40221	61717	26553
1979	316239	69982	9535	41812	73158	31908
1980	300736	46680	9484	38422	86891	39017
1981	255341	32150	13144	28754	89999	39200
1982	294482	32395	17044	37525	105704	45512
1983	324119	39875	18184	38058	117496	52391
1984	389763	51801	22063	39512	137300	69508
1985	512953	55562	39340	42453	167613	70091
1986	679384	63375	47595	49892	200079	79655
1987	752168	48880	48156	57550	219751	83423
1988	940725	59630	63024	78301	278458	114421
1989	1136714	55472	75062	59187	324427	98493
1990	1238530	78060	76532	63662	354574	107220
1991	1320610	73926	80209	60901	390775	121071
1992	1456988	85542	89276	79487	457972	158948
1993	1883646	115922	104912	91452	536522	208572
1994	2187683	100904	121656	88295	721820	269520
1995	2758656	179597	163339	62922	832336	315337
1996	3589836	248334	226014	76363	1032168	402325
1997	4233342	239629	281070	127832	1182892	456970
1998	4878175	318452	367382	377198	1325393	501269
1999	5500034	325120	351390	402651	1453237	544497
2000	6130774	295068	388802	411914	1677928	622058

7－3 地方财政收支情况

单位:万元

项　　目	1997 年	1998 年	1999 年	2000 年
地方财政收入	**3044232**	**3523912**	**4044829**	**4636788**
＃工商税收类	1917073	2236660	2499740	2787157
＃增值税	617844	701402	782176	896895
营业税	622148	752239	789669	876638
农牧业税和耕地占用税类	250978	252069	275101	323614
企业所得税类	484919	468054	631666	818659
国营企业计划亏损补贴类	－63718	－49225	58284	－63177
专项收入类	140277	157410	172862	195281
其他收入类	84309	60442	61041	77510
所得税退税类	－4277	－269	－1221	－408
地方财政支出	**4233342**	**4878175**	**5500034**	**6130774**
＃基本建设支出类	239629	318452	325120	295068
企业挖潜改造类	251500	310392	356619	395370
简易建筑类	5575	5253		
科学事业费和科技三项费用类	81334	98337	115206	131002
流动资金类	13307	2860	3338	683
支援农村生产支出类	127832	111017	118580	200354
农林水利气象等部门的事业费类	173176	186817	211082	211560
工业交通等部门的事业费类	39480	31640	31178	45107
城市维护费类	281070	367382	351390	388802
文教卫生事业费类	1147918	1289690	1417746	1639385
税务等部门的事业费类	208107	198895	233811	288353
扶恤和社会福利救济费类	109341	121311	137890	155043
国防支出类	2846	3186	3877	3840
行政管理费类	456970	501269	544497	622058
公检法司支出类	228125	288817	322909	379550
政策性补贴类	171775	200655	256147	188804
支援不发达地区类	7737	15437	15957	11686
专项支出类	155464	150415	164255	181155

7-4 1979-2000年财政支出中用于文、教、科、卫的支出

单位：万元

年份	合计	文体广播事业费	教育事业费	科学事业费	卫生经费	科技三项经费
1979	80348	9219	43077	4141	20098	3813
1980	93350	9974	53296	4060	23290	2730
1981	95577	9791	54453	4094	24965	2274
1982	111630	11702	62804	4335	29737	3052
1983	125430	14353	67656	5040	33667	4714
1984	145710	18779	77533	6738	37382	5278
1985	175562	22631	97565	6513	44117	4736
1986	209611	29869	114757	8056	50910	6019
1987	225197	30555	125465	7053	56678	5446
1988	284003	39108	161889	10205	67256	5545
1989	333489	43029	187894	10535	82969	9062
1990	363035	48165	202060	11646	92703	8461
1991	401036	54145	225118	12757	98755	10261
1992	470129	61127	271681	14629	110310	12382
1993	568801	70133	337052	16678	129131	15807
1994	738553	84780	464330	22340	150028	17075
1995	856648	112065	523754	22551	173966	24312
1996	1066333	124463	670721	27256	209728	34165
1997	1229252	154418	753374	34974	240126	46360
1998	1388027	150517	886208	35703	252965	62634
1999	1532952	159272	999902	35491	258572	79715
2000	1770387	175745	1181042	38543	282598	92459

7－5 各市地方财政收入

（2000年）　　　　单位：万元

地　　区	地　方 财政收入	增值税	营业税	个　人 所得税	城市维护 建设税	农业五税	其他各项 收　入
全省总计	**4636788**	**896895**	**876638**	**247492**	**276205**	**323615**	**2015943**
济南市	490485	78518	118227	42008	38772	15352	197608
青岛市	749888	146468	214174	57050	49291	25659	257246
淄博市	256524	49639	36180	13943	28286	8597	119879
枣庄市	112703	16757	13382	8346	10147	5547	58524
东营市	148117	12172	25658	8645	25356	5773	70513
烟台市	376909	63830	73062	21962	18508	34335	165212
潍坊市	342771	68680	40238	18383	22537	41166	151767
济宁市	277829	51673	43322	12764	18432	20775	130863
泰安市	190685	26534	25418	5849	9367	17977	105540
威海市	226634	27782	31748	10570	12516	38880	105138
日照市	84329	11543	14821	4133	4283	16247	33302
莱芜市	42007	10291	5480	2023	3960	3036	17217
临沂市	226222	29387	34930	13338	8975	29492	110100
德州市	164616	14958	17880	8828	8365	15180	99405
聊城市	124277	18666	14785	8630	6036	12641	63519
滨州市	110667	15702	13437	6330	5483	11229	58486
菏泽市	98582	11921	12709	4690	3696	21728	43838

7-6 各 市 地 方 财 政 支 出

（2000 年） 单位：万元

地 区	地方财政支出	基本建设支出	支援农村生产支出	农林水利气象等部门事业费	教育事业费	社会保障补助支出	行政管理费	公检法司支出	其他各项支出
全省总计	**6130774**	**295068**	**127960**	**211560**	**1181042**	**160953**	**622058**	**379550**	**3152583**
济南市	547210	12975	8559	12150	85212	14579	49484	38593	325658
青岛市	826364	134437	12612	15737	135583	24823	80296	52459	370417
淄博市	288570		3463	8317	59692	4774	32864	18550	160910
枣庄市	160742		5631	5488	32123	4472	21520	12545	78963
东营市	173680		7724	5917	22445	1857	18281	9992	107464
烟台市	444077		8035	14206	84673	2892	43645	27989	262637
潍坊市	398848	10746	12900	18415	113177	6587	52582	18969	165472
济宁市	365701		12258	15685	80305	6434	50034	23935	177050
泰安市	247872		4620	10357	50680	2429	25182	13163	141441
威海市	263299		6366	9483	43547	2714	24521	14985	161683
日照市	113016		2515	5179	26894	1216	14652	6894	55666
莱芜市	60841		1337	2996	12159	340	8237	4670	31102
临沂市	339581		6114	25130	81262	4450	43035	27086	152504
德州市	222076		15191	12022	52615	2833	35076	13403	90936
聊城市	197025		5429	11267	44127	2629	36351	13916	83306
滨州市	157855		4358	6771	36124	2237	19332	8623	80410
菏泽市	200316		2814	10365	49820	2896	30652	15760	88009

八、物　价

PRICE

简要说明：

消费价格：

一、目前，我省在流通和消费领域编制的价格指数主要包括居民消费价格指数、商品零售价格指数、农业生产资料价格指数和农产品收购价格指数。

二、价格指数统计由省城市社会经济调查队组织实施，各市、县城市社会经济调查队依据国家统计局统一制定的价格统计调查制度向基层采集原始数据汇总后上报。

三、编制居民消费、商品零售价格、农业生产资料价格和农产品收购价格指数资料是采用分层抽样调查方法取得的，即在全省选取不同经济区域和分布合理的地区、以及有代表性的商品作为样本，对市场价格进行经常性的调查，以样本推断总体。目前，全省抽选出调查市、县25个。编制过程分几个步骤：

1、调查市、县和调查点的选择。调查市、县选择原则是按不同经济类型、地域分布等原则分类抽选的。各调查市、县调查点的选定是以经营规模大、商品种类多的商场(包括集市)作为调查点。

2、代表商品和代表规格的选择。代表商品是选择那些消费量大、价格变动有代表性的商品，商品集团和服务项目基本上是由国家统一规定。代表规格品的确定：一是居民消费量最大的；二是生产前景比较好、市场供应比较稳定的；三是价格变动趋势和程度对其它规格品具有较强的影响与牵引作用的；四是所选代表规格品之间差异大的。

3、价格调查方法。采用定点、定时、定人直接到调查点登记调查，同时聘用辅助调查员协助登记调查。对价格变动频繁的每月必须正式调查登记6次，价格比较稳定的每月调查1－2次。

4、权数的确定。居民消费价格指数的计算权数是根据城乡居民家庭消费支出，商品零售价格指数的计算权数是根据全社会商品零售额统计确定的，农产品收购价格指数的计算权数是根据农村住户出售产品额、调查点收购额和用农产品的商品率按产量推算的商品量。

四、报告频率：月报为30日前，各市、县城市社会经济调查队传输上报的主要有居民消费价格指数数据、商品零售价格指数数据、农业生产资料价格指数数据。半年报为7月10日，传输上报农产品收购价格数据。年报为年后15日，传输各种价格指数数据。

生产价格：

一、本价格指数资料，反映生产和投资环节的价格变动趋势和变动幅度。主要包括工业品出厂价格指数、原材料购进价格指数、固定资产投资价格指数。

二、价格指数统计由国家统计局城市社会经济调查总队组织实施。2000年工业产品出厂价格及原材料购进价格调查进行了制度、方法的改革。1－7月份价格指数资料，由抽中的11个市城调队依据国家统计局统一制定的改革前的价格统计调查制度向调查企业采集原始数据上报省队后汇总而成；8月份以后的价格指数资料，由扩点后的14个市城调队依据国家统计局统一制定的新的价格统计调查制度向调查企业采集原始数据上报省队后汇总而成，价格指数代表性进一步提高，资料更趋全面；固定资产投资价格，由省队直接抽中的调查企业依据国家统一制定的价格统计调查制度采集原始数据上报省队后汇总而成。

三、工业产品出厂价格及原材料购进价格指数资料，采用重点调查方法统计；固定资产投资价格指数资料，采用重点调查与典型调查相结合的方法。调查范围包括抽中的各种经济类型的工业、建筑业企业及建设单位。

8－1 历年全省居民消费价格总指数

年　份	以1950年为100	以1952年为100	以1978年为100	以1990年为100	以1995年为100	以上年为100
1952	113.2					102.2
1953	116.9	103.3				103.3
1954	120.9	106.8				103.4
1955	120.8	106.7				99.9
1956	121.7	107.5				100.7
1957	122.9	108.6				101.0
1958	122.4	108.2				99.6
1959	123.1	108.9				100.6
1960	123.7	109.4				100.5
1961	131.5	116.3				106.3
1962	132.2	116.9				100.5
1963	130.5	115.4				98.7
1964	127.6	112.9				97.8
1965	124.8	110.4				97.8
1966	123.2	109.0				98.7
1967	123.3	109.1				100.1
1968	123.1	108.9				99.8
1969	123.0	108.8				99.9
1970	121.7	107.6				98.9
1971	121.6	107.5				99.9
1972	121.6	107.5				100.0
1973	121.4	107.3				99.8
1974	121.3	107.2				99.9
1975	121.5	107.4				100.2
1976	121.7	107.6				100.2
1977	121.5	107.4				99.8
1978	121.9	107.7				100.3
1979	122.8	108.5	100.7			100.7
1980	128.9	113.9	105.7			105.0
1981	131.2	116.0	107.6			101.8
1982	132.4	117.0	108.6			100.9
1983	135.6	119.8	111.2			102.4
1984	137.6	121.6	112.9			101.5
1985	149.6	132.2	122.7			108.7
1986	156.3	138.1	128.2			104.5
1987	169.1	149.5	138.7			108.2
1988	200.7	177.4	164.7			118.7
1989	235.5	208.1	199.1			117.3
1990	243.5	215.2	199.7			103.4
1991	255.4	225.7	209.5	104.9		104.9
1992	272.8	241.1	223.7	112.0		106.8
1993	307.4	271.7	252.2	126.3		112.7
1994	379.4	335.3	311.2	155.8		123.4
1995	446.1	394.3	365.9	183.2		117.6
1996	489.0	432.1	401.1	200.8	109.6	109.6
1997	502.6	443.2	412.3	206.4	112.7	102.8
1998	499.6	440.5	409.8	205.2	112.0	99.4
1999	496.1	437.4	406.9	203.8	111.2	99.3
2000	497.1	438.3	407.7	204.2	111.4	100.2

8－2 历年城市居民消费价格总指数

年　份	以战前为100	以1952年为100	以1978年为100	以1980年为100	以1990年为100	以1995年为100	以上年为100
1949	260.9						
1952	302.2						102.2
1953	312.2	103.3					103.3
1954	322.8	106.8					103.4
1955	322.5	106.7					99.9
1956	324.8	107.4					100.7
1957	328.0	108.5					101.0
1958	326.7	108.1					99.6
1959	328.7	108.7					100.6
1960	330.3	109.2					100.5
1961	351.2	116.2					106.3
1962	352.9	116.8					100.5
1963	348.3	115.2					98.7
1964	341.0	112.8					97.8
1965	333.5	110.3					97.8
1966	329.2	108.9					98.7
1967	329.5	109.0					100.1
1968	328.8	108.8					99.8
1969	328.5	108.7					99.9
1970	324.9	107.4					98.9
1971	324.6	107.4					99.9
1972	324.6	107.4					100.0
1973	323.9	107.2					99.8
1974	323.6	107.1					99.9
1975	324.2	107.3					100.2
1976	324.9	107.5					100.2
1977	324.3	107.3					99.8
1978	325.2	107.6					100.3
1979	329.7	109.1	101.4				101.4
1980	339.3	112.3	104.3				102.9
1981	346.4	114.6	106.5	102.1			102.1
1982	347.4	115.0	106.9	102.4			100.3
1983	345.3	114.3	106.2	101.8			99.4
1984	350.5	116.0	107.8	103.3			101.5
1985	381.4	126.2	117.3	112.4			108.8
1986	400.5	132.5	123.2	118.0			105.0
1987	436.9	144.6	134.4	128.8			109.1
1988	526.9	174.4	162.1	155.3			120.6
1989	609.6	201.7	187.5	179.7			115.7
1990	625.5	207.0	192.4	184.4			102.6
1991	664.3	219.8	204.3	195.8	106.2		106.2
1992	721.4	238.7	221.9	212.6	115.3		108.6
1993	826.7	273.6	254.3	243.7	132.1		114.6
1994	1036.7	343.1	318.9	305.6	165.7		125.4
1995	1210.9	400.7	372.5	356.9	193.6		116.8
1996	1338.0	442.8	411.6	394.4	213.9	110.5	110.5
1997	1380.8	457.0	424.8	407.0	220.7	114.0	103.2
1998	1376.7	455.6	423.5	405.8	220.0	113.7	99.7
1999	1376.7	455.6	423.5	405.8	220.0	113.7	100.0
2000	1393.2	461.1	428.6	410.7	222.6	115.1	101.2

8－3 历年商品零售价格总指数

年　　份	以战前为100	以1952年为100	以1978年为100	以1980年为100	以1990年为100	以1995年为100	以上年为100
1949	257.0						
1952	303.6						100.4
1953	315.2	103.8					103.8
1954	325.0	107.0					103.1
1955	325.6	107.2					100.2
1956	327.9	108.0					100.7
1957	333.5	109.8					101.7
1958	333.8	109.9					100.1
1959	337.1	111.0					101.0
1960	338.8	111.6					100.5
1961	358.4	118.1					105.8
1962	359.9	118.5					100.4
1963	362.7	119.5					100.8
1964	358.0	117.9					98.7
1965	349.4	115.1					97.6
1966	347.7	114.5					99.5
1967	348.0	114.7					100.1
1968	348.0	114.7					100.0
1969	346.6	114.2					99.6
1970	343.8	113.3					99.2
1971	343.5	113.2					99.9
1972	342.5	112.8					99.7
1973	342.2	112.7					99.9
1974	341.8	112.6					99.9
1975	342.2	112.7					100.1
1976	342.5	112.8					100.1
1977	342.2	112.7					99.9
1978	343.5	113.2					100.4
1979	349.0	115.0	101.6				101.6
1980	359.5	118.5	104.6				103.0
1981	365.6	120.5	106.4	101.7			101.7
1982	367.8	121.2	107.1	102.3			100.6
1983	363.0	119.7	105.6	101.0			98.7
1984	367.0	121.0	106.8	102.1			101.1
1985	398.2	131.3	115.9	110.8			108.5
1986	416.1	137.2	121.1	115.8			104.5
1987	450.6	148.6	131.2	125.4			108.3
1988	536.3	176.8	156.1	149.2			119.0
1989	626.9	206.7	182.5	174.4			116.9
1990	636.9	210.0	185.4	177.2			101.6
1991	668.1	220.3	194.5	185.9	104.9		104.9
1992	709.5	233.9	206.6	197.4	111.4		106.2
1993	782.6	258.0	227.8	217.7	122.9		110.3
1994	941.5	310.4	274.1	261.9	147.8		120.3
1995	1075.2	354.5	313.0	299.1	168.8		114.2
1996	1150.6	378.9	334.9	320.1	180.6	107.0	107.0
1997	1159.8	381.9	337.6	322.7	182.0	107.9	100.8
1998	1126.2	370.8	327.8	313.3	176.7	104.8	97.1
1999	1093.5	360.0	318.3	304.2	171.6	101.8	97.1
2000	1078.2	355.0	313.8	299.9	169.2	100.4	98.6

注：本表已根据现行物价调查统计制度予以调整，均不包括农业生产资料部分。

8－4 历年农村工业品零售价格总指数

年份	以战前为100	以1952年为100	以1978年为100	以1980年为100	以1990年为100	以1995年为100	以上年为100
1949	256.2						
1952	294.8						98.4
1953	295.4	100.2					100.2
1954	299.5	101.6					101.4
1955	299.2	101.5					99.9
1956	296.2	100.5					99.0
1957	299.8	101.7					101.2
1958	296.8	100.7					99.0
1959	296.2	100.5					99.8
1960	297.1	100.8					100.8
1961	304.8	103.4					102.6
1962	308.1	104.5					101.1
1963	310.6	105.3					100.8
1964	305.9	103.7					98.5
1965	295.8	100.3					96.7
1966	291.4	98.8					98.5
1967	285.3	96.7					97.9
1968	284.7	96.5					99.8
1969	282.7	95.8					99.3
1970	281.0	95.2					99.4
1971	277.1	93.9					98.6
1972	275.2	93.2					99.3
1973	274.4	92.9					99.7
1974	273.6	92.6					99.7
1975	273.3	92.5					99.9
1976	273.3	92.5					100.0
1977	273.0	92.4					99.9
1978	272.5	92.2					99.8
1979	272.8	92.3	100.1				100.1
1980	273.3	92.5	100.3				100.2
1981	274.4	92.9	100.7	100.4			100.4
1982	276.3	93.6	101.4	101.1			100.7
1983	275.5	93.3	101.1	100.8			99.7
1984	283.2	95.9	103.9	103.6			102.8
1985	293.1	99.3	107.5	107.2			103.5
1986	302.8	102.6	111.1	110.7			103.3
1987	317.6	107.6	116.5	116.1			104.9
1988	361.4	122.5	132.6	132.1			113.8
1989	432.5	146.6	158.7	158.1			117.9
1990	445.5	151.0	163.5	162.8			103.0
1991	458.4	155.4	168.2	167.5	102.9		102.9
1992	472.2	160.1	173.2	172.5	106.0		103.0
1993	513.3	174.0	188.3	187.5	115.2		108.7
1994	599.0	203.1	219.7	218.8	134.4		116.7
1995	704.4	238.8	258.4	257.3	158.1		117.6
1996	743.8	252.2	272.9	271.7	167.0	105.6	105.6
1997	743.1	251.9	272.6	271.4	166.8	105.5	99.9
1998	726.0	246.1	266.3	265.2	163.0	103.1	97.7
1999	715.1	242.4	262.3	261.2	160.6	101.6	98.5
2000	703.7	238.5	258.1	257.0	158.0	100.0	98.4

8－5 历年农产品收购价格总指数

年份	以战前为100	以1952年为100	以1978年为100	以1980年为100	以1990年为100	以1995年为100	以上年为100
1949	198.1						
1952	247.1						98.5
1953	268.1	108.5					108.5
1954	283.1	114.6					105.6
1955	278.9	112.9					98.5
1956	281.1	113.8					100.8
1957	295.2	119.5					105.0
1958	297.9	120.6					100.9
1959	303.9	123.0					102.0
1960	313.9	127.1					103.3
1961	362.2	146.7					115.4
1962	355.0	143.8					98.0
1963	346.5	140.4					97.6
1964	342.7	138.9					98.9
1965	343.0	139.0					100.1
1966	351.2	142.3					102.4
1967	348.7	141.7					97.6
1968	348.4	142.0					100.2
1969	346.7	141.9					99.9
1970	344.3	141.5					99.7
1971	341.2	145.5					102.8
1972	347.3	148.1					101.8
1973	348.0	148.4					100.2
1974	347.7	148.3					99.9
1975	348.7	148.7					100.3
1976	349.1	148.9					100.1
1977	349.5	149.1					100.1
1978	353.0	150.6					101.0
1979	455.7	194.4	129.1				129.1
1980	496.7	211.9	140.7				109.0
1981	519.1	221.4	147.0	104.5			104.5
1982	524.8	223.8	148.6	105.7			101.1
1983	562.6	239.9	159.3	113.3			107.2
1984	568.2	242.3	160.9	114.4			101.0
1985	602.7	257.1	170.7	121.4			106.1
1986	619.0	264.0	175.3	124.7			102.7
1987	674.1	287.5	190.9	135.8			108.9
1988	848.0	361.7	240.2	170.8			125.8
1989	953.3	406.6	270.7	192.0			112.4
1990	945.5	403.3	268.5	190.5			99.0
1991	938.9	400.5	266.6	189.2	99.3		99.3
1992	995.2	424.5	282.6	200.6	105.3		106.0
1993	1104.7	471.2	313.7	222.7	116.9		111.0
1994	1642.7	700.7	466.5	331.2	173.8		148.7
1995	1853.0	790.4	526.2	373.6	196.0		112.8
1996	1960.5	836.2	556.7	395.3	207.4	105.8	105.8
1997	1791.9	764.3	508.8	361.3	189.6	96.7	91.4
1998	1627.0	694.0	462.0	328.1	172.2	87.8	90.8
1999	1415.5	603.8	401.9	285.4	149.8	76.4	87.0
2000	1285.3	548.3	364.9	259.1	136.0	69.4	90.8

8－6 居民消费和商品零售价格总指数

（2000 年）

类别	居民消费价格总指数			商品零售价格总指数			农业生产资料价格总指数
	全省	城市	农村	全省	城市	农村	
以 1950 年价格为 100	497.1	521.9		412.0	420.9	368.6	245.8
以 1952 年价格为 100	438.3	461.1		355.0	368.8	334.2	253.9
以 1957 年价格为 100	403.9	429.2		323.4	303.0	306.4	237.0
以 1965 年价格为 100	397.9	417.8		308.6	328.5	292.5	263.8
以 1970 年价格为 100	408.2	428.9		313.5	337.5	297.2	291.6
以 1978 年价格为 100	407.7	428.6	377.1	313.8	336.1	297.8	315.8
以 1980 年价格为 100	385.8	410.7	354.8	299.9	326.6	284.8	312.7
以 1985 年价格为 100	332.5	347.9	302.2	270.8	291.7	258.7	265.5
以 1990 年价格为 100	204.2	222.6	186.8	169.2	176.2	163.9	175.7
以 1995 年价格为 100	111.4	115.1	108.2	100.4	100.3	100.4	92.0
以上年价格为 100	100.2	101.2	99.3	98.6	98.8	98.3	98.7

8－7 居民消费价格分类指数

（以上年价格为100）

商品类别	1999年			2000年		
	全省	城市	农村	全省	城市	农村
居民消费价格总指数	**99.3**	**100.0**	**98.6**	**100.2**	**101.2**	**99.3**
食品类	**96.2**	**96.6**	**95.8**	**97.7**	**98.8**	**96.8**
粮食	97.3	97.4	97.2	88.3	91.1	85.7
细粮	97.8	97.8	97.9	87.7	90.8	84.8
粗粮	90.1	90.6	89.8	96.2	95.7	96.5
淀粉及薯类	96.4	97.2	95.8	100.2	101.5	99.1
干豆类及豆制品	85.2	87.0	83.6	107.3	106.0	108.4
油脂类	90.8	89.7	91.3	87.9	94.4	84.4
肉禽及其制品	88.6	88.0	89.3	100.6	99.9	101.4
蛋类	89.8	90.5	89.2	82.9	83.7	82.3
水产品类	92.2	96.0	87.7	106.6	107.3	105.8
菜类	106.4	107.5	105.5	104.0	105.6	102.4
鲜菜	106.5	107.6	105.5	104.2	105.8	102.7
干菜	108.0	106.3	109.8	101.7	103.0	101.0
菜制品	101.4	104.7	99.0	98.6	101.3	97.0
调味品	99.5	97.8	100.5	98.5	97.1	99.5
糖类	94.7	94.6	94.8	100.0	97.6	101.4
食糖	90.9	93.0	90.2	101.7	97.4	102.8
糖果	98.1	95.4	100.2	98.9	97.7	99.9
烟草类	98.2	98.3	98.1	97.7	97.4	97.8
酒和饮料	98.1	98.2	98.1	98.6	98.4	98.8
干鲜瓜果类	102.7	103.9	101.4	95.7	97.0	94.2
鲜果	105.0	106.0	103.8	94.5	96.5	92.1
干果	90.9	91.1	90.8	100.7	100.4	101.0
糕点类	98.5	98.4	98.6	99.4	101.0	97.9
奶及奶制品	99.6	99.4	99.8	99.3	98.3	101.5
其他食品	102.1	98.8	104.9	98.0	97.7	98.3
饮食业	99.3	99.2	99.3	99.7	100.2	98.9
主食	99.6	100.3	98.6	98.6	99.1	97.8
炒菜	98.7	98.1	99.9	100.8	101.5	99.0
地方小吃	100.2	100.1	100.3	99.8	98.1	102.5
衣着类	**96.4**	**96.3**	**96.5**	**99.7**	**101.3**	**98.3**
服装	96.1	96.1	96.1	100.0	101.3	98.9
衣着材料	96.9	96.8	97.0	97.9	99.6	97.2
棉布	98.5	100.2	97.9	98.0	97.8	98.1
棉花化纤混纺布	97.3	97.0	97.4	99.2	99.6	99.2
化纤布	96.0	96.4	95.8	98.2	99.8	97.4
尼绒	97.3	95.0	98.8	97.0	100.4	95.2
绸缎	97.3	97.4	97.1	97.9	98.8	97.1
毛线	96.8	97.7	96.2	97.7	99.6	96.9

（以上年价格为100）

商品类别	1999年			2000年		
	全省	城市	农村	全省	城市	农村
鞋袜帽及其他衣着	96.6	96.4	96.8	100.1	102.3	98.2
鞋类	96.3	96.3	96.3	100.3	102.8	98.1
袜子	97.9	96.1	99.6	98.7	100.0	97.6
帽子	98.0	98.2	97.9	99.9	99.0	100.5
其他衣着	98.3	97.5	99.0	99.2	99.0	99.4
家庭设备及用品	**97.5**	**96.9**	**98.2**	**97.1**	**96.6**	**97.6**
耐用消费品	97.4	97.3	97.6	96.6	96.3	96.8
家具	97.3	96.2	98.4	96.9	96.9	96.9
家庭设备	97.5	97.9	97.1	96.4	96.1	96.7
室内装饰品	99.1	98.6	99.8	98.7	99.4	97.6
床上用品	97.2	96.1	98.1	99.1	99.6	98.7
家庭日用杂品	97.4	95.8	98.7	97.5	96.5	98.1
其他日用品	97.4	96.4	98.4	97.2	95.8	98.8
医疗保健	**99.7**	**100.2**	**99.3**	**99.6**	**98.0**	**100.8**
医疗器具及保健用品	100.6	99.7	101.4	99.0	98.6	99.4
中药材及中成药	103.2	104.5	102.2	104.0	101.8	105.8
西药	97.6	97.7	97.6	97.3	95.6	98.4
交通和通讯工具	**95.0**	**96.1**	**94.2**	**93.2**	**92.4**	**93.9**
交通工具	95.3	96.3	94.7	95.1	95.9	94.6
通讯工具	94.2	95.7	92.9	89.6	87.6	91.9
娱乐教育文化用品	**97.8**	**97.0**	**98.7**	**96.9**	**95.3**	**98.2**
文娱用耐用消费品	93.7	93.6	93.8	92.1	90.1	94.2
教材及参考书	103.0	100.8	104.2	104.9	105.8	104.4
文化娱乐用品	102.0	102.1	101.9	100.9	101.6	100.2
文娱用品	100.8	101.0	100.5	99.2	99.7	98.7
报纸杂志	103.4	103.5	103.2	102.9	104.2	101.7
居住	**101.8**	**106.3**	**98.5**	**104.5**	**107.5**	**102.2**
住房	102.0	109.5	97.3	103.4	108.2	100.5
建筑材料	95.9	96.8	95.7	99.6	98.5	100.0
房租	113.7	123.6	102.9	110.8	119.1	102.4
水、电、燃料	101.5	103.9	99.6	105.4	107.0	104.1
服务项目	**118.3**	**118.9**	**117.7**	**114.6**	**116.8**	**111.8**
电讯费	92.6	93.5	90.9	97.8	97.9	97.6
邮费	130.5	130.4	130.5	106.0	106.2	105.8
交通费	101.6	101.4	101.9	103.5	105.1	101.1
洗理美容费	105.8	111.3	102.9	101.9	101.0	102.5
文娱费	108.4	114.8	101.2	106.3	109.7	101.0
学杂保育费	138.5	141.5	135.7	125.9	133.6	118.4
修理及其他服务费	101.2	100.9	101.5	101.5	100.7	102.3
医疗保健服务	111.9	117.3	108.0	126.2	127.2	124.9

8－8 全省居民消费价格分类指数

（以上年价格为100）

商品类别	1994年	1995年	1996年	1997年	1998年	1999年	2000年
居民消费价格总指数	**123.4**	**117.6**	**109.6**	**102.8**	**99.4**	**99.3**	**100.2**
食品类	**130.5**	**122.2**	**110.2**	**100.7**	**96.2**	**96.2**	**97.7**
粮　食	148.7	139.3	108.1	90.0	91.7	97.3	88.3
细　粮	150.6	136.9	107.6	90.4	91.6	97.8	87.7
粗　粮	127.4	166.8	116.0	84.0	93.0	90.1	96.2
淀粉及薯类	140.2	147.4	109.0	89.4	105.0	96.4	100.2
干豆类及豆制品	112.3	114.5	126.3	107.3	92.0	85.2	107.3
油脂类	159.6	110.8	89.1	105.8	101.0	90.8	87.9
肉禽及其制品	150.5	123.2	105.0	114.3	88.4	88.6	100.6
蛋　类	110.6	114.3	118.2	75.4	104.0	89.8	82.9
水产品类	122.5	111.2	105.4	107.5	95.1	92.2	106.6
菜　类	129.5	129.6	131.5	93.4	98.0	106.4	104.0
鲜　菜	141.4	129.1	132.5	93.2	98.2	106.5	104.2
干　菜	108.7	141.6	114.1	91.6	94.7	108.0	101.7
菜制品	116.2	124.5	123.3	102.2	96.6	101.4	98.6
调味品	115.8	120.5	125.3	106.5	99.8	99.5	98.5
糖　类	127.5	130.7	107.8	102.8	96.8	94.7	100.0
食　糖	135.8	132.9	98.9	98.5	94.2	90.9	101.7
糖　果	120.2	128.7	114.5	105.9	98.9	98.1	98.9
烟草类	104.8	102.5	103.6	104.7	100.0	98.2	97.7
酒和饮料	110.3	111.3	106.3	102.0	100.1	98.1	98.6
干鲜瓜果类	126.9	119.0	106.1	93.3	93.1	102.7	95.7
鲜　果	125.4	118.4	106.0	90.6	93.2	105.0	94.5
干　果	134.6	122.8	106.6	108.0	93.0	90.9	100.7
糕点类	127.3	125.3	111.7	105.7	100.2	98.5	99.4
奶及奶制品	130.0	130.0	110.3	102.8	101.0	99.6	99.3
其他食品	116.0	115.9	109.9	104.6	102.1	102.1	98.0
饮食业	124.9	124.6	109.3	103.6	99.6	99.3	99.7
主　食	128.8	125.9	110.9	102.6	97.3	99.6	98.6
炒　菜	119.3	120.3	106.0	105.1	102.3	98.7	100.8
地方小吃	127.1	129.1	111.2	103.0	100.5	100.2	99.8
衣着类	**117.1**	**115.5**	**107.2**	**101.9**	**98.4**	**96.4**	**99.7**
服　装	118.4	115.7	106.8	102.3	97.7	96.1	100.0
衣着材料	112.3	111.7	105.7	100.1	99.2	96.9	97.9
棉　布	120.7	131.1	109.6	101.8	99.5	98.5	98.0
棉花化纤混纺布	111.6	116.7	108.8	98.8	99.0	97.3	99.2
化纤布	111.7	112.4	103.9	99.0	98.7	96.0	98.2
呢　绒	110.8	106.4	106.9	100.8	99.6	97.3	97.0
绸　缎	120.5	109.7	103.4	100.6	97.7	97.3	97.9
毛　线	108.7	108.9	105.8	100.5	100.2	96.8	97.7

8-8续表 (以上年价格为100)

商品类别	1994年	1995年	1996年	1997年	1998年	1999年	2000年
鞋袜帽及其他衣着	119.8	119.2	109.2	102.6	99.1	96.6	100.1
鞋　类	120.5	119.3	109.1	102.5	98.5	96.3	100.3
袜　子	111.5	114.0	110.1	101.3	103.6	97.9	98.7
帽　子	117.8	106.4	109.6	99.2	98.5	98.0	99.9
其他衣着	120.5	122.6	108.8	103.8	102.0	98.3	99.2
家庭设备及用品	**109.9**	**109.3**	**103.8**	**100.9**	**99.0**	**97.5**	**97.1**
耐用消费品	107.2	104.0	101.3	99.9	98.7	97.4	96.6
家　具	107.5	103.7	103.2	101.4	98.4	97.3	96.9
家庭设备	107.1	104.3	100.1	98.9	98.9	97.5	96.4
室内装饰品	106.0	109.1	102.9	100.2	100.0	99.1	98.7
床上用品	111.5	112.2	106.6	102.3	101.2	97.2	99.1
家庭日用杂品	115.5	119.5	107.4	102.6	98.8	97.4	97.5
其他日用品	111.4	110.2	106.7	101.3	98.8	97.4	97.2
医疗保健	**111.0**	**110.8**	**110.8**	**103.9**	**102.9**	**99.7**	**99.6**
医疗器具及保健用品	110.3	115.5	112.3	105.9	101.5	100.6	99.0
中药材及中成药	111.9	106.6	114.9	108.9	107.0	103.2	104.0
西　药	110.6	112.6	107.6	100.5	100.7	97.6	97.3
交通和通讯工具	**108.0**	**101.3**	**97.9**	**97.1**	**94.0**	**95.0**	**93.2**
交通工具	109.2	101.9	98.1	97.7	93.2	95.3	95.1
通讯工具	100.1	97.9	97.1	95.4	95.8	94.2	89.6
娱乐教育文化用品	**114.7**	**107.1**	**111.8**	**102.5**	**96.2**	**97.8**	**96.9**
文娱用耐用消费品	107.2	103.4	98.4	94.7	90.8	93.7	92.1
教材及参考书	124.0	112.6	126.8	118.6	102.6	103.0	104.9
文化娱乐用品	122.0	108.8	121.0	103.9	101.3	102.0	100.9
文娱用品	107.7	107.8	105.4	101.8	101.2	100.8	99.2
报纸杂志	142.7	110.1	139.3	106.4	101.4	103.4	102.9
居　住	**129.5**	**118.4**	**114.7**	**108.9**	**102.0**	**101.8**	**104.5**
住　房	129.4	126.2	115.3	107.0	100.1	102.0	103.4
建筑材料	108.7	104.5	99.7	97.9	93.4	95.9	99.6
房　租	149.5	156.2	135.6	124.1	113.8	113.7	110.8
水、电、燃料	129.7	112.2	114.3	110.3	103.4	101.5	105.4
服务项目	**124.5**	**120.5**	**116.8**	**114.1**	**119.1**	**118.3**	**114.6**
电讯费	114.3	104.9	99.6	104.1	100.1	92.6	97.8
邮　费	100.6	101.4	108.3	196.0	100.6	130.5	106.0
交通费	113.3	111.7	111.3	102.8	102.4	101.6	103.5
洗理美容费	134.7	122.9	114.7	108.4	106.1	105.8	101.9
文娱费	135.2	127.6	120.5	113.9	110.4	108.4	106.3
学杂保育费	131.1	127.9	124.0	116.0	137.3	138.5	125.9
修理及其他服务费	117.0	118.2	108.0	106.5	105.0	101.2	101.5
医疗保健服务	122.7	111.6	120.1	119.7	113.8	111.9	126.2

8－9 商品零售价格分类指数

（以上年价格为100）

商品类别	1999年			2000年		
	全省	城市	农村	全省	城市	农村
商品零售价格总指数	**97.1**	**97.1**	**97.1**	**98.6**	**98.8**	**98.3**
食品类	96.4	96.7	96.0	98.0	98.7	96.7
粮食	96.9	97.5	95.8	90.8	92.1	88.6
细粮	98.3	98.5	97.9	88.8	91.0	84.9
粗粮	88.0	89.6	86.2	104.0	103.7	104.7
油脂类	90.0	89.4	91.0	90.4	94.1	84.7
肉禽蛋	89.5	89.4	89.7	96.2	96.0	96.6
水产品	92.2	94.5	88.3	105.4	105.4	105.5
鲜菜	104.7	104.6	104.8	105.4	106.5	103.1
干菜	97.3	98.6	96.1	98.4	99.0	97.7
鲜果	104.4	105.4	102.5	95.0	96.7	92.0
其他食品类	98.0	97.4	98.5	99.2	98.6	99.9
食糖	91.1	92.8	90.2	100.6	96.8	102.8
奶及奶制品	99.4	99.3	99.8	98.5	97.3	101.3
饮食业	98.2	97.5	99.4	99.8	100.2	99.1
主食	98.3	98.2	98.4	98.1	98.1	98.0
饮料、烟酒类	98.3	98.4	98.2	98.7	98.8	98.7
饮料	99.1	99.4	98.6	99.6	99.7	99.5
烟酒	98.0	97.9	98.0	98.4	98.4	98.4
服装、鞋帽类	96.7	96.9	96.3	100.0	100.7	98.8
服装	96.6	97.0	96.0	99.8	100.2	99.1
纺织品类	96.7	96.4	97.1	98.5	99.5	97.5
棉布	98.7	100.0	97.7	97.8	97.1	98.3
棉花化纤混纺布	96.4	95.1	97.3	99.0	98.4	99.5
中、西药品类	100.0	100.2	99.6	99.6	98.8	100.9
中药	103.6	104.2	102.4	104.0	102.9	106.1
西药	97.4	97.1	97.8	97.0	96.0	98.5
医疗用品	100.5	100.0	102.4	98.3	98.0	99.1
化妆品类	99.8	99.8	99.9	97.0	95.3	99.7
书报、杂志类	104.1	103.3	105.3	102.5	102.3	102.9
文化体育用品类	98.6	97.8	100.0	98.3	98.1	98.8
文化用品	98.4	97.8	99.4	98.1	97.5	99.0
体育用品	99.1	97.9	101.5	99.0	99.5	98.2
日用品类	97.1	96.5	98.2	97.3	97.1	97.7
一般日用品	98.2	98.1	98.2	97.0	97.1	96.9
家具类	96.4	95.2	98.3	96.8	96.4	97.5
日用杂品	95.5	93.7	98.1	99.2	98.7	99.7
家用电器类	95.2	95.3	95.0	94.0	93.4	95.1
首饰类	93.0	93.0	92.9	94.9	93.9	96.9
燃料类	97.8	97.8	97.8	115.7	117.7	112.5
建筑装璜材料类	98.6	98.5	98.7	99.2	99.6	98.8
机电产品类	95.2	95.6	94.7	96.4	96.4	96.9

8－10 全省商品零售价格指数

（以上年价格为100）

商品类别	1994年	1995年	1996年	1997年	1998年	1999年	2000年
商品零售价格总指数	**120.6**	**114.2**	**107.0**	**100.8**	**97.1**	**97.1**	**98.6**
食品类	135.2	124.1	111.0	99.7	95.5	96.4	98.0
粮食	147.3	134.0	109.7	93.0	91.5	96.9	90.8
细粮	150.6	132.7	108.6	93.1	91.6	98.3	88.8
粗粮	123.1	144.9	119.9	92.9	90.5	88.0	104.0
油脂类	158.8	107.6	89.5	108.0	101.3	90.0	90.4
肉禽蛋	139.5	121.9	108.0	104.5	92.8	89.5	96.2
水产品	122.2	111.8	104.2	107.6	96.1	92.2	105.4
鲜菜	141.8	130.6	128.5	92.5	99.2	104.7	105.4
干菜	111.4	126.0	117.3	100.7	95.0	97.3	98.4
鲜果	126.3	119.1	108.4	90.0	92.5	104.4	95.0
其他食品类	125.3	126.0	112.1	103.9	99.3	98.0	99.2
食糖	137.1	131.3	97.2	98.8	94.9	91.1	100.6
奶及奶制品	129.0	132.1	110.4	103.0	99.6	99.4	98.5
饮食业	123.3	123.0	107.7	103.7	98.2	98.2	99.8
主食	128.6	125.8	111.9	101.6	97.1	98.3	98.1
饮料、烟酒类	108.9	108.7	105.0	103.7	99.8	98.3	98.7
饮料	113.4	111.3	106.3	104.3	100.6	99.1	99.6
烟酒	106.9	107.5	104.5	103.5	99.5	98.0	98.3
服装、鞋帽类	119.6	116.3	107.5	102.5	98.0	96.7	100.0
服装	118.7	114.7	105.9	102.6	97.1	96.6	99.8
纺织品类	113.7	112.8	106.1	100.9	99.4	96.7	98.5
棉布	120.5	132.2	108.3	102.1	99.3	98.7	97.8
棉花化纤混纺布	110.2	111.3	105.9	99.6	98.0	96.4	99.0
中、西药品类	111.7	110.2	111.6	104.6	103.4	100.0	99.6
中药	112.7	107.3	119.5	110.3	107.2	103.6	104.0
西药	111.1	111.4	106.9	101.0	101.3	97.4	97.0
医疗用品	110.9	113.8	108.9	103.8	100.8	100.5	98.3
化妆品类	116.3	115.5	109.6	102.7	101.0	99.8	97.0
书报、杂志类	137.4	109.5	134.5	114.3	103.1	104.1	102.5
文化体育用品类	108.0	106.6	106.1	100.9	99.1	98.6	98.3
文化用品	109.2	105.4	105.9	100.1	98.9	98.4	98.1
体育用品	105.0	109.9	106.2	103.1	99.7	99.1	99.0
日用品类	112.2	108.1	104.3	102.0	98.2	97.1	97.3
一般日用品	114.0	109.1	104.7	101.6	98.1	98.2	97.0
家具类	109.6	103.9	102.9	102.6	99.2	96.4	96.8
日用杂品	112.7	113.6	105.5	101.9	96.6	95.5	99.2
家用电器类	107.1	101.7	98.6	96.8	94.9	95.2	94.0
首饰类	108.2	101.4	99.6	98.7	91.3	93.0	94.9
燃料类	119.8	111.8	106.1	104.7	96.5	97.8	115.7
建筑装璜材料类	112.2	105.7	101.0	100.0	97.0	98.6	99.2
机电产品类	100.4	97.3	95.2	95.6	94.3	95.2	96.4

8-11 农产品收购价格指数

类　　别	以1978年价格为100						以上年价格为100
	1985年	1990年	1995年	1998年	1999年	2000年	
总　指　数	**170.8**	**267.9**	**525.1**	**461.0**	**401.1**	**364.2**	**90.8**
一、粮食类	126.3	225.6	428.8	408.2	353.9	305.4	86.3
二、经济作物类	123.0	184.6	446.1	473.4	401.4	364.9	90.9
食用植物油及油料	132.9	195.6	355.6	391.7	332.2	277.7	83.6
棉　花	123.6	222.5	518.4	469.0	377.5	382.4	101.3
烟　叶	124.3	141.5	421.1	547.8	640.9	665.9	103.9
三、竹木材类	223.2	436.8	1293.8	1646.8	1549.6	1549.6	100.0
木　材	223.2	436.8	1293.8	1646.8	1549.6	1549.6	100.0
四、禽畜产品类	164.3	267.7	544.0	493.9	465.7	448.5	96.3
肉　畜	160.9	308.8	810.9	727.5	674.4	655.5	97.2
禽　蛋	158.9	261.2	414.7	391.0	368.7	344.7	93.5
皮　张	169.0	337.2	669.9	574.0	481.0	539.2	112.1
鬃　毛	256.3	226.1	307.7	250.9	263.9	290.6	110.1
其它畜产品	170.6	250.0	583.7	599.4	670.7	645.2	96.2
五、蚕茧蚕丝类	116.3	238.6	426.4	447.6	397.5	445.2	112.0
六、干鲜果类	177.2	315.9	325.6	287.9	296.0	266.1	89.9
瓜　果	178.6	314.0	311.6	274.1	281.8	246.9	87.6
干　果	147.6	244.6	423.3	394.1	405.5	461.5	113.8
七、干鲜菜及调味品类	122.2	159.3	544.4	366.6	371.0	382.1	103.0
鲜　菜	156.0	177.6	721.7	484.7	490.5	506.2	103.2
干　菜	110.0	180.1	275.6	231.6	214.9	188.5	87.7
调味品	119.8	169.3	316.0	181.5	192.0	316.8	165.0
八、药材类	124.2	240.7	526.4	684.6	710.6	675.8	95.1
九、土副产品类	105.2	152.8	196.3	187.3	200.4	177.8	88.7
十、水产品类	217.1	348.6	689.1	544.6	515.2	547.1	106.2
海水鲜品	298.9	408.3	832.6	564.4	699.3	741.3	106.0
淡水鲜品	210.5	274.2	429.5	503.3	409.7	434.3	106.0
其它水产品	119.8	412.3	1498.4	1359.4	1162.3	1294.8	111.4

8－12 主要农产品综合平均收购价格

单位:元/百公斤

商品名称	1990 年	1995 年	1998 年	1999 年	2000 年
小麦	72.32	135.22	132.87	121.75	104.60
粳稻	113.32	180.95	183.02	138.03	124.59
玉米	58.04	137.78	119.89	99.00	85.63
黄豆	115.37	244.68	262.99	212.25	202.22
花生果	139.06	330.36	373.36	276.76	268.77
花生油	431.70	962.30	999.82	805.20	853.99
皮棉	613.96	1428.13	1299.08	1044.60	1057.46
烤烟	200.43	433.80	563.93	660.08	686.10
肥猪	313.22	737.99	634.43	547.19	547.64
山羊	569.83	1145.92	1089.72	1284.53	1091.50
鸡	429.87	723.65	699.31	676.84	651.71
鸡蛋	429.65	574.80	497.24	438.34	373.09
猪皮	315.34	634.61	561.87	467.32	536.40
兔毛	8005.98	14751.00	13341.00	8280.00	8770.00
猪鬃	1270.03	2857.13	1963.38	2098.44	2480.97
牛奶	77.04	160.53	171.48	196.91	169.96
苹果	178.10	156.77	117.00	118.17	96.04
西瓜	34.52	53.15	52.74	62.35	64.85
红枣	285.77	622.06	583.45	629.61	769.52
大白菜	18.41	34.26	53.84	57.15	39.32
韭菜	31.64	206.06	110.81	107.70	121.03
黄瓜	46.88	188.75	133.67	132.88	128.18
菜柿子	46.18	198.23	113.62	108.26	122.06
生地	489.67	500.60	1090.87	907.26	578.70
银花	951.06	2827.16	2488.10	2556.70	3177.88
蜂蜜	291.89	596.46	614.47	702.77	617.01
带鱼	532.91	814.92	802.22	919.30	1000.68
鲅鱼	445.44	1624.33	647.23	865.47	891.20
鲤鱼	738.10	803.79	1029.37	745.37	724.26

8-13 工业品出厂价格总指数

（2000年）

类　　别	价格指数(以上年同期为100)				
	全年平均	一季度	二季度	三季度	四季度
全部工业品	**105.9**	**102.2**	**106.3**	**108.4**	**106.7**
轻工业	99.7	96.9	100.2	101.2	100.5
以农产品为原料	100.2	97.2	100.8	101.9	101.0
以非农产品为原料	97.8	95.7	97.5	98.8	99.2
重　工　业	110.9	106.8	111.5	114.2	111.3
采　　掘	139.3	125.5	139.9	150.9	140.6
原　　料	111.3	106.9	112.1	114.1	112.1
加　　工	98.0	97.6	97.4	98.3	98.7
生产资料	109.5	105.3	109.7	112.8	110.3
采　　掘	139.2	125.5	139.9	150.7	140.4
原　　料	109.4	104.1	108.8	113.2	111.6
加　　工	99.1	98.0	97.8	99.8	100.8
生活资料	98.8	97.0	100.4	99.4	98.3
食　　品	97.5	94.6	98.0	99.1	98.2
衣　　着	102.4	101.2	105.8	102.3	100.4
一般日用品	98.6	96.8	99.4	99.3	99.0
耐用消费品	94.3	92.5	93.9	94.3	96.6
按工业部门分					
冶金工业	111.1	109.9	116.5	111.1	106.9
电力工业	100.4	99.4	100.8	100.8	100.7
煤炭及炼焦工业	97.3	94.8	93.4	98.8	102.2
石油工业	161.4	139.3	163.6	179.4	163.4
化学工业	102.1	99.9	102.2	103.2	103.1
机械工业	97.2	97.0	97.0	97.5	97.5
建筑材料工业	98.1	98.9	96.1	98.3	98.9
森林工业	98.1	96.5	97.9	97.1	101.0
食品工业	97.4	94.3	97.7	99.1	98.3
纺织工业	105.8	100.9	109.0	107.3	105.9
缝纫工业	97.9	99.5	92.1	99.2	100.7
皮革工业	100.0	96.9	95.0	104.8	103.2
造纸工业	101.6	100.0	100.3	102.9	103.1
文教艺术用品工业	104.0	101.8	109.9	102.6	101.6
其它工业	103.3	96.0	98.6	106.8	111.7
按工业行业分					
煤炭采选业	96.6	94.1	91.9	98.5	102.0
#煤炭开采业	96.2	94.5	90.6	97.8	102.1
煤炭洗选业	96.7	93.2	94.5	97.7	101.5
石油和天然气开采业	184.7	150.5	184.0	214.2	189.9
#天然原油开采业	185.0	150.8	184.6	214.4	189.9

8-13 续表 1 (2000 年)

类别	价格指数(以上年同期为 100)				
	全年平均	一季度	二季度	三季度	四季度
黑色金属矿采选业	93.0	96.7	84.4	92.7	98.2
有色金属矿采选业	109.3	111.4	114.0	104.9	106.9
#重有色金属采选业	111.1	111.4	114.0	112.9	106.1
贵金属矿采选业	103.9			100.9	106.9
非金属矿采选业	102.8	111.7	100.1	96.6	102.8
#土砂石开采业	107.3	126.4	102.6	95.0	105.1
采盐业	100.7	99.4	102.8	101.2	99.2
其他非金属矿采选业	97.0	97.6	93.1	95.0	102.4
食品加工业	96.4	92.2	96.5	99.3	97.6
#粮食及饲料加工业	92.7	91.3	91.4	92.8	95.3
植物油加工业	86.7	84.0	86.4	88.7	87.4
屠宰及肉类蛋类加工业	102.9	97.6	108.3	105.3	100.3
产品加工业	100.0	95.5	99.5	107.2	97.7
盐加工业	99.1	98.7	98.7	98.2	101.0
其他食品加工业	102.8			97.5	108.1
食品制造业	96.6	97.1	94.9	96.6	97.6
#糕点、糖果制造业	98.1	96.4	98.1	98.1	99.8
乳制品制造业	99.2	98.8	99.1	98.6	100.5
罐头食品制造业	100.4			100.8	100.0
发酵制品业	85.4			86.5	84.3
调味品制造业	96.8	97.3	92.3	98.9	98.5
其他食品制造业	98.1			95.5	100.7
饮料制造业	98.3	94.5	98.5	99.7	100.4
#酒精及饮料酒制造业	98.2	94.7	98.4	99.6	100.3
软饮料制造业	96.4	88.9	98.2	99.9	98.8
制茶业	113.2			108.6	117.7
其他饮料制造业	100.0			100.0	100.0
烟草加工业	101.1	101.9	101.7	100.3	100.4
纺织业	105.0	101.0	107.6	106.2	105.2
#纤维原料初步加工业	103.1	96.2	107.0	106.1	
棉纺织业	105.0	101.0	105.9	106.8	106.2
毛纺织业	103.7	105.3	106.1	104.3	99.2
麻纺织业	99.0			100.6	97.4
丝绢纺织业	103.8	94.8	102.5	110.0	108.0
针织品业	110.0	118.2	120.0	102.6	99.3
服装及其他纤维制品制造业	98.2	99.5	92.1	99.6	101.5
#服装制造业	89.8	100.0	87.8	102.4	103.3
制鞋业	96.0	96.6	96.7	96.0	94.7
皮革、毛皮、羽绒及其制品业	100.0	96.9	95.0	104.8	103.3
#制革业	104.0	94.3	91.3	113.6	116.7

8-13 续表 2　　　　　　　　　　　　(2000 年)

类　　别	价格指数(以上年同期为 100)				
	全年平均	一季度	二季度	三季度	四季度
皮革制品制造业	100.3	100.4	100.0	100.7	100.1
毛皮鞣制及制品业	115.7			127.9	103.4
羽毛(绒)加工及制品业	101.8			100.7	102.9
木材加工及竹、藤、棕、草制品业	93.9	86.3	89.8	97.9	101.6
#人造板制造业	93.9	86.3	89.8	97.0	102.1
家具制造业	98.1	97.1	97.9	97.4	100.2
#木制家具制造业	98.1	97.1	97.9	97.3	100.2
金属家具制造业	100.0			100.0	100.0
造纸及纸制品业	101.7	100.0	100.3	103.1	103.3
#造纸业	101.8	100.0	100.3	103.2	103.6
纸制品业	102.5			102.8	102.1
印刷业、记录媒介的复制	101.6			101.4	101.7
文教体育用品制造业	101.9	104.5	97.3	104.8	101.0
文化用品制造业	100.4	104.5	97.3	102.0	97.9
体育用品制造业	100.0			100.3	99.6
乐器及其他文娱用品制造业	100.0			100.0	100.0
玩具制造业	105.5			108.0	102.9
石油加工及炼焦业	133.6	120.2	131.6	142.8	139.7
#原油加工业	140.1	127.8	141.5	148.3	142.8
石油制品业	120.1	107.7	118.1	131.1	123.5
炼焦业	99.9	93.7	95.6	104.2	106.1
化学原料及化学制品制造业	104.4	102.6	105.2	104.4	105.2
基本化学原料制造业	104.2	92.2	102.2	107.6	114.8
化学肥料制造业	91.3	89.6	92.3	89.6	93.7
化学农药制造业	97.9	93.9	96.8	100.7	100.0
有机化学产品制造业	117.1	111.1	120.3	118.3	118.7
合成材料制造业	122.0	134.0	127.3	122.3	104.2
专用化学产品制造业	101.2	104.1	102.7	101.5	96.4
日用化学产品制造业	94.8	94.8	89.2	94.9	100.5
医药制造业	91.1	87.9	88.5	93.5	94.5
#化学药品原药制造业	93.8			96.8	90.8
化学药品制剂制造业	89.4	85.2	86.9	91.0	94.6
中药材及中成药加工业	97.0	94.5	92.5	98.0	103.1
生物制品业	97.2			98.5	95.8
化学纤维制造业	112.5	97.6	126.1	119.8	106.4
#纤维素纤维制造业	121.4	97.6	126.1	136.5	125.5
合成纤维制造业	105.8			108.4	103.2
渔具及渔具材料制造业	106.8			113.3	100.3
橡胶制品业	97.1	94.9	95.1	98.9	99.5
轮胎制造业	97.4	94.7	96.1	99.1	99.8

8-13 续表 3　　　　　　　　　　　(2000 年)

类　　别	价格指数(以上年同期为 100)				
	全年平均	一 季 度	二 季 度	三 季 度	四 季 度
力车胎制造业	95.5	91.2	98.4	98.1	94.4
橡胶板、管、带制造业	95.7	96.3	91.7	96.9	98.1
橡胶零件制品业	99.4			102.9	95.8
再生橡胶制造业	103.0			101.4	104.6
橡胶靴鞋制造业	98.6			99.1	98.1
塑料制品业	102.4	99.5	101.8	104.3	104.1
#塑料薄膜制造业	105.1	102.0	104.9	106.0	107.6
塑料板、管、棒材制造业	99.5	94.6	98.5	102.1	102.8
塑料丝、绳及编织品制造业	101.8			102.8	100.7
泡沫塑料及人造革、合成革制造业	96.6	97.3	86.4	101.6	100.9
塑料包装箱及容器制造业	99.6	93.9	102.9	102.4	99.2
非金属矿物制品业	97.6	97.5	95.9	98.5	98.3
#水泥制造业	95.5	94.1	94.0	96.4	97.5
水泥制品和石棉水泥制品业	98.7	98.6	93.9	98.8	103.7
砖瓦、石灰和轻质建筑材料制造业	100.3	96.9	107.0	102.8	94.4
玻璃及玻璃制品业	110.1	113.3	112.3	111.6	103.0
陶瓷制品业	97.2	96.4	95.8	98.6	97.8
耐火材料制品业	102.4	116.0	98.9	98.7	95.9
其他类未包括的非金属矿物制品业	106.5	127.2	107.1	95.3	96.3
黑色金属冶炼及压延加工业	104.8	95.1	103.1	108.0	113.1
#炼铁业	103.6	102.0	102.1	103.2	107.1
炼钢业	104.8	98.2	91.8	110.6	118.8
钢压延加工业	103.0	91.6	104.9	105.9	109.6
铁合金冶炼业	103.4			104.3	102.5
有色金属冶炼及压延加工业	135.9	142.6	154.4	138.7	108.0
#重有色金属冶炼业	113.3	119.0	117.0	111.4	105.9
轻有色金属冶炼业	142.9	146.0	159.6	154.0	112.1
贵金属冶炼业	99.5			103.2	95.8
有色金属合金业	105.4			106.2	104.5
有色金属压延加工业	105.0			107.2	102.8
金属制品业	97.2	93.8	96.8	98.3	99.6
#铸铁管制造业	100.0			99.8	100.1
工具制造业	97.1	91.7	93.8	102.0	100.8
集装箱和金属包装物品制造业	98.8			97.3	100.2
金属丝绳及其制品业	97.1	92.3	97.4	98.2	100.7
建筑用金属制品业	97.0			95.5	98.4
日用金属制品业	100.8	101.0	104.3	98.3	99.6
其他金属制品业	96.6	95.1	99.4	95.1	96.9
普通机械制造业	99.2	99.4	98.4	99.2	99.7
#锅炉及原动机制造业	99.1	97.1	97.7	100.2	101.6

8-13续表4 (2000年)

类别	价格指数(以上年同期为100)				
	全年平均	一季度	二季度	三季度	四季度
金属加工机械制造业	103.4	103.0	104.8	101.7	104.1
通用设备制造业	97.5	99.1	96.9	97.7	96.3
轴承、阀门制造业	98.9	98.2	97.4	99.1	100.7
他通用零部件制造业	100.1	100.1	99.8	99.9	100.6
专用设备制造业	96.1	95.4	96.3	97.4	95.2
#冶金、矿山、机电工业专用设备	102.4	106.2	100.0	102.2	101.1
石化及其他工业专用设备制造业	99.0	99.5	101.0	98.9	96.7
轻纺工业专用设备制造业	101.0	97.8	98.1	104.1	104.1
农、林、牧、渔、水利业机械制造业	92.0	91.4	93.1	92.1	91.5
医疗器械制造业	100.0	92.3	104.6	103.1	100.0
其他专用设备制造业	101.3	104.6	103.2	100.5	97.0
交通运输设备制造业	100.0	102.5	101.3	98.2	98.0
#铁路运输设备制造业	99.5			99.5	99.5
汽车制造业	103.6	108.5	105.9	100.3	99.6
摩托车制造业	88.4	85.1	85.8	90.4	92.2
自行车制造业	93.9	89.0	92.3	96.7	97.8
船舶制造业	103.9			103.5	104.2
电气机械及器材制造业	96.2	92.9	92.8	98.1	100.8
#电机制造业	95.8	94.7	98.3	95.8	94.5
输配电信控制设备制造业	91.8	88.0	82.4	96.2	100.6
电工器材制造业	97.7	94.9	92.3	98.6	104.8
日用电器制造业	97.4	94.1	97.8	98.6	99.2
照明器具制造业	93.4	90.7	93.8	94.4	94.5
其他电气机械制造业	96.5			93.0	99.9
电子及通信设备制造业	93.6	93.5	95.9	93.0	92.0
#通信设备制造业	91.9			93.3	90.4
电子计算机制造业	92.3	82.9	90.1	95.4	100.9
电子器件制造业	92.9	101.9	66.8	100.2	102.6
日用电子器具制造业	93.9	96.0	97.4	91.2	91.0
仪表及文化、办公用机械制造业	98.3	100.2	98.2	97.1	97.7
#通用仪器仪表制造业	97.3	98.7	97.6	97.7	95.2
专用仪器仪表制造业	87.5			85.2	89.7
计量器具制造业	96.1	99.1	96.0	95.7	93.7
钟表制造业	101.1	101.0	98.9	100.4	104.2
其他制造业	104.1	101.3	112.3	101.1	101.7
#工艺美术品制造业	104.2	101.3	112.3	101.3	102.1
日用杂品制造业	112.7			115.8	109.5
电力、蒸气、热水生产供应业	100.4	99.4	100.8	100.8	100.7
煤气生产和供应业	100.8	101.6	100.5	99.9	101.3
自来水的生产和供应业	118.3	119.0	117.3	118.9	118.1

8－14 原材料购进价格总指数

（2000年）

类别	价格指数(以上年同期为100)				
	全年平均	一季度	二季度	三季度	四季度
全部原材料	**104.7**	**100.7**	**104.4**	**107.1**	**106.7**
燃料、动力类	114.6	112.1	113.1	116.5	116.6
黑色金属材料类	103.5	97.9	104.2	105.9	106.0
钢材	104.9	99.6	105.9	107.0	107.2
其它	101.0	94.8	101.1	103.9	104.2
有色金属材料和电线类	107.4	106.8	109.5	108.2	104.9
化工原料类	104.9	102.4	105.9	108.0	103.4
木材及纸浆类	103.0	100.7	99.9	105.5	106.1
建筑材料及非金属矿类	99.4	98.7	97.7	98.5	102.6
其它工业原材料及半成品类	101.8	100.5	103.7	101.8	101.2
农副产品类	99.9	91.4	98.6	103.7	106.1
纺织原料类	101.9	97.7	101.2	104.7	103.9

8－15 固定资产投资价格指数

（以上年为100）

项目	1999年	2000年	项目	1999年	2000年
社会总投资指数	**99.6**	**102.4**	化工材料	101.7	106.0
建筑安装工程类	**101.3**	**105.1**	电料	99.7	100.0
直接工程费	101.2	105.6	其它材料	101.0	101.6
材料费	100.1	106.2	人工费	105.8	105.1
钢材	98.4	107.4	机械使用费	100.4	102.2
木材	102.1	109.9	间接工程费	102.2	102.5
水泥	99.8	98.2	**设备工器具购置类**	**96.2**	**97.2**
地方材料	102.4	115.2	**其它费用类**	**98.3**	**100.4**

九、居民生活

RESIDENTS' LIVELIHOOD

简要说明：

城市居民生活：

一、本资料反映我省城镇居民生活状况，包括家庭基本情况、人口就业情况、居民收支情况、居住及耐用消费品拥有情况、消费性支出情况等；

二、城镇居民消费性支出包括八大类：食品、衣着、设备用品及服务、医疗保健、交通和通讯、娱乐文教服务、居住、杂项商品和服务。

三、本部分数据来源于对全省25个调查市、县共计2500户城镇居民家庭的抽样调查汇总资料（莱芜、莱州两市的数据资料没有参加全省汇总）。

四、资料数据缺少部分是由于方法制度变动，指标口径不一致，数据无法获取造成的。

五、年人均指标是按全部家庭人口进行平均的。如，年人均职工工资是职工工资总额按全部家庭人口的平均数，而不是按职工人数计算的职工平均工资。其他指标类同。

农民生活：

一、资料主要来源于省农调队的农村居民家计调查。主要内容包括农村居民家庭基本情况、人均总收入和纯收入、人均总支出、生活消费支出、人均现金收支情况、购买商品情况、耐用消费品拥有情况、粮食收支平衡、出售产品情况等。

二、省农调队的农村住户调查是按照国家农调总队的要求，采取多阶段、随机起点、对称等距的抽样方法抽选调查样本。抽样时一般分为县抽村、村抽户几个阶段。

农村住户调查的抽样框编制以近三年的农民人均纯收入为有关标识，按高低顺序排队，再以近三年平均分配人口为辅助资料进行累计，计算抽样距离，采用随机起点对称等距抽样方法，抽选调查村。村抽选调查户时，则利用全村各户的上年人均纯收入作为有关标识，按高低顺序排队，以家庭常住人口作为辅助资料，逐户累计，计算抽样距离，采用随机起点，对称等距抽样方法抽选调查户。

农村住户调查的样本单位包括42个县、420个调查村、4200个调查户，占全省总县数的31%。

三、农村住户调查要求抽样误差不得超过正负3%。为保证农村住户调查资料的正确性，国家统计局农调总队为调查户设置了两本账，现金账和实物账，每个调查村聘请了一名辅助调查员帮助做好记账工作，及时核实、汇总住户调查资料。

农村住户调查资料实行账页超级汇总方式，即由县队人员将调查户记的现金账和实物账逐户逐笔录入计算机后，直接上报省队，再由省队将分户资料进行汇总生成全省资料。

四、为解决调查户的厌烦情绪及样本老化问题，增强抽样调查网点的代表性，更加准确、及时地反映农村社会经济情况，国家统计局农调总队对农村住户调查网点实行样本轮换制度，每四年为一个周期。

9－1 居民物质文化生活提高情况

项　　目	单　位	1995 年	1996 年	1997 年	1998 年	1999 年	2000 年
一、城乡居民收入							
农民人均纯收入	元	1715.09	2086.31	2292.12	2452.83	2549.56	2659.20
职工平均工资	元	5145	5809	6241	6854	7656	8772
城镇居民每人每月可支配收入	元	355.34	407.52	432.57	448.34	484.08	540.83
二、每人每年生活消费							
城镇居民							
粮　食	千克	81.7	85.7	71.5	67.2	66.84	63.57
食用植物油	千克	5.3	4.9	4.9	5.0	4.56	4.93
肉　类	千克	21.6	21.5	21.7	21.5	22.44	19.48
农村居民							
粮　食	千克	234.28	240.73	240.33	232.37	245.74	235.38
食用植物油	千克	4.67	4.56	5.24	4.85	4.79	7.32
肉　类	千克	7.64	9.98	10.65	11.07	13.01	15.03
居民消费水平	**元**	**1943**	**2287**	**2722**	**2899**	**3194**	**3467**
城镇居民	元	3788	4376	5124	5450	6060	6572
农村居民	元	1342	1558	1868	1998	2188	2352
三、平均每人居住面积							
城　镇	平方米	12.35	12.13	12.7	12.82	13.10	13.75
农　村	平方米	21.56	22.32	23.16	23.91	25.07	23.61
四、交　通							
城镇居民每百人拥有自行车	辆	75.53	73.21	72.13	71.96	72.90	70.02
农民每百人拥有自行车	辆	47.15	49.18	51.29	51.35	52.18	45.10
城市万人拥有公共交通车辆	标台	5.70	6.53	6.51	7.02	7.52	8.32
五、储　蓄							
年末城乡居民储蓄余额	亿元	2197.20	2817.71	3261.11	3735.38	4109.84	4466.72
人均储蓄余额	元	2524.21	3224.66	3712.09	4226.5	4626.64	4964.67
六、文　化							
城镇居民每百人拥有彩色电视机	台	28.39	30.12	31.75	33.82	35.49	37.20
农村居民每百人拥有电视机	台		26.05	26.48	27.50	28.98	28.48
七、教　育							
学龄儿童入学率	%	99.51	99.48	99.62	99.60	99.61	99.78
每万人口拥有大学生数(在校生)	人	18.89	19.40	20.02	21.28	24.12	33.77
八、卫　生							
每万人口拥有病床数	张	23.00	22.86	23.5	23.58	24.07	23.88
每万人口拥有医生数	人	13.71	14.66	15.16	15.08	15.68	16.11
九、就　业							
城镇每一就业者负担人数(包括本人)	人	1.63	1.59	1.58	1.59	1.62	1.66
农村每一就业者负担人数(包括本人)	人	1.46	1.50	1.49	1.48	1.48	1.46

9－2 主要年份城镇居民家庭基本情况

年份	调查户数（户）	平均每户家庭人口（人）	平均每户就业人口（人）	国有单位职工	集体单位职工	其他经济单位职工	平均每一就业者负担人数	平均每户离退休者人数	平均每户无收入者人数
1957	500	4.35	1.46				2.98		
1963	230	5.15	1.64				3.14		
1964	230	5.26	1.61	1.49	0.12		3.26		
1978	380	4.37	2.20	1.76	0.44		1.99		
1980	380	4.35	2.50	1.99	0.50		1.74		
1981	380	4.19	2.45	1.96	0.48		1.71		
1982	430	4.07	2.42	1.93	0.48		1.68		
1983	430	3.97	2.37	1.95	0.41		1.68		
1984	430	3.93	2.35	1.97	0.37		1.67	0.12	
1985	900	3.57	2.10	1.54	0.50		1.70	0.25	
1986	1630	3.54	2.05	1.45	0.56		1.72	0.15	
1987	1730	3.53	2.05	1.60	0.41		1.72	0.17	
1988	1830	3.51	2.06	1.58	0.43		1.71	0.17	1.27
1989	2080	3.43	2.01	1.58	0.40		1.71	0.20	1.21
1990	2180	3.38	2.00	1.61	0.36		1.69	0.21	1.16
1991	2180	3.31	1.98	1.60	0.34		1.67	0.20	1.12
1992	2180	3.26	1.98	1.61	0.32		1.65	0.22	1.05
1993	2080	3.24	1.96	1.62	0.31		1.65	0.24	1.04
1994	2080	3.21	1.96	1.62	0.31	0.01	1.64	0.24	1.00
1995	2050	3.19	1.96	1.63	0.29	0.01	1.63	0.23	1.00
1996	2050	3.16	1.99	1.65	0.29	0.03	1.59	0.17	1.00
1997	2100	3.17	2.01	1.66	0.30	0.03	1.58	0.16	1.00
1998	2300	3.14	1.98	1.65	0.27	0.04	1.59	0.17	0.99
1999	2400	3.12	1.93	1.60	0.25	0.06	1.62	0.20	0.99
2000	2500	3.10	1.87	1.50	0.25	0.08	1.66	0.23	0.99

9－2续表

年份	人均全年可支配收入（元）	人均全年消费性支出（元）	人均全年非消费支出（元）	人均净存入银行款（元）	人均年末手存现金（元）	年末人均居住面积（平方米）	平均每户居住房间（间）
1957	206.31	191.84		4.78	3.07		
1963	208.38	199.60		5.16	6.09	3.72	1.60
1964	211.10	207.20		2.37	5.58	3.80	1.60
1978	391.45	340.00		11.00		5.40	2.00
1980	448.21	396.00		19.29	14.72	5.70	2.10
1981	495.48	450.36		8.53	18.71	6.10	2.10
1982	524.90	455.28		24.48	22.32	6.11	2.10
1983	537.03	472.92		29.80	24.78	6.65	2.30
1984	638.64	520.91		49.29	54.35	6.90	2.30
1985	747.56	667.13		10.30	51.08	7.77	2.40
1986	853.50	751.34		23.28	63.29	9.15	2.80
1987	987.11	812.54		85.96	56.51	9.61	2.60
1988	1163.46	1025.78		0.98	72.09	9.96	2.60
1989	1349.16	1160.52		25.44	93.48	10.25	2.60
1990	1466.22	1229.28		128.64	123.19	10.05	2.61
1991	1687.56	1407.12		99.00	123.49	10.49	2.62
1992	1974.48	1598.88	151.44	131.40	159.86	10.80	2.59
1993	2515.08	1946.88	270.12	103.56	188.36	11.20	2.62
1994	3444.36	2635.20	438.72	226.80	229.26	11.88	2.65
1995	4264.08	3285.48	566.40	263.16	283.27	12.35	2.71
1996	4890.24	3770.99	725.52	216.48	330.88	12.13	2.61
1997	5190.79	4040.64	730.68	254.16	362.78	12.70	2.65
1998	5380.08	4143.96	1079.40	69.21	398.98	12.82	2.62
1999	5808.96	4515.05	1082.04	30.96	471.77	13.10	2.68
2000	6489.97	5022.00	1037.04	147.78	535.45	13.75	2.69

9－3 主要年份城镇居民家庭人均全年现金收支情况

单位:元

年份	一、实际收入	国有职工工资	#奖金	集体职工工资	#奖金	国有集体职工从单位得到其他收入	其它类型职工全部收入	#奖金	个体劳动者收入
1957	228.98					0.75			
1962	226.23								
1963	225.92								
1964	227.48	203.04	60.00						7.13
1981	497.04	357.24	32.28	75.48	6.36	26.16			
1982	525.84	379.44	37.20	80.52	6.36	25.20			
1983	546.24	406.20	43.80	69.36	5.64	26.88			0.24
1984	651.84	481.32	71.40	75.60	8.40	32.52			0.36
1985	754.57	460.18	63.39	134.41	18.43	51.29			5.61
1986	855.22	488.99	60.56	170.52	20.94	49.58			6.85
1987	987.20	639.67	107.57	147.63	25.77	55.33			4.22
1988	1169.70	730.28	151.52	169.95	33.30	65.75			4.49
1989	1349.28	812.40	178.44	169.92	35.28	86.88			6.48
1990	1516.44	930.84	173.52	172.68	28.44	106.32			5.64
1991	1687.56	1034.64	215.19	191.65	32.16	115.33			5.70
1992	1976.64	1301.76	260.40	212.64	34.32	124.20	4.56	0.72	13.92
1993	2517.48	1654.44	325.68	259.92	45.48	154.08	4.92	1.20	15.96
1994	3445.08	2317.32	344.16	331.92	46.08	227.52	11.28	1.44	16.20
1995	4265.40	2902.20	323.40	413.76	38.88	246.84	28.32	5.88	12.84
1996	4893.36	3414.72		480.24		276.36	65.88		5.40
1997	5217.12	3679.56	366.48	518.28	61.44	240.96	81.12	14.64	10.32
1998	5414.17	3774.69	338.44	480.58	43.48	236.86	132.20	18.73	22.83
1999	5840.54	4039.80	345.96	463.68	35.76	239.10	175.32	21.60	26.64
2000	6521.60	4389.33	332.47	507.79	36.82	261.03	240.85	22.10	74.05

单位:元

年份	其他劳动收入	赠送赡养收入	退离休人员收入	其他收入	二、储蓄借贷收入	提取储蓄存款	借入款	其他借贷收入	三、实际支出
1957	1.90			13.35	26.51	10.88	14.88	0.75	214.51
1962				14.67	29.24	6.60	22.64		229.41
1963	3.04			13.40	20.45	7.92	12.53		219.56
1964	6.68			3.50	23.26	7.76	13.93		223.51
1981	5.16	7.20		25.84	75.12	46.44	18.12	10.56	485.76
1982	4.20	7.56		28.92	70.56	47.16	12.72	10.68	491.40
1983	2.88	7.68		33.00	65.04	49.20	9.48	6.36	509.16
1984	5.40	7.44		49.20	65.88	50.40	8.16	7.32	562.20
1985	7.94	16.77	48.41	29.97	138.85	109.45	18.42	10.95	711.19
1986	8.55	16.05	60.47	54.22	151.85	129.91	13.77	8.17	802.13
1987	9.73	16.62	62.94	51.07	151.02	118.73	20.36	11.93	880.39
1988	10.96	21.01	77.55	89.71	241.41	192.03	34.49	13.89	1107.32
1989	12.24	29.88	96.84	134.64	270.12	203.40	48.24	18.48	1249.32
1990	14.64	29.76	117.60	138.96	209.88	163.56	30.24	16.08	1328.76
1991	16.23	34.89	142.86	146.33	241.44	190.08	31.80	19.56	1537.80
1992	19.92	44.04	185.28	70.32	316.68	249.96	33.36	2.64	1752.36
1993	30.12	49.80	265.68	82.56	466.44	365.16	67.92	6.60	2219.16
1994	33.60	55.56	361.92	89.76	620.64	449.64	121.80	11.76	3074.52
1995	38.52	70.68	435.84	116.40	751.68	598.20	99.36	20.76	3852.24
1996	46.56	64.32	367.08	172.80	943.44	718.68	122.40	17.40	4497.00
1997	64.08	86.52	339.12	197.16	1085.52	785.16	198.48	45.00	4773.12
1998	85.88	105.43	377.24	198.46	1506.14	1067.18	265.70	76.08	5225.99
1999	99.72	143.88	472.44	179.96	1633.83	1223.16	220.92	93.84	5598.14
2000	123.92	119.54	610.54	194.55	1645.48	1216.51	226.06	98.58	6060.42

9－3 续表 2 单位:元

年份	消费性支出	赡养支出	赠送支出	其它非消费性支出	四、储蓄借贷支出	存入储蓄款	借出款	其它借贷支出
1957	191.84			22.67	44.56	15.66	2.01	26.89
1962	209.96	9.00	7.91	2.54	24.46	6.05	0.95	19.46
1963	199.60	16.48		3.48	25.36	13.08		12.28
1964	207.20			16.31	26.18	10.13		16.05
1981	450.36	18.04	17.00	0.36	83.40	54.96	1.92	26.52
1982	455.28	18.76	17.00	0.36	101.76	71.64	5.28	24.84
1983	472.92	23.04	13.08	0.24	100.20	79.08	6.72	14.40
1984	520.92	24.36	16.20	0.72	126.00	99.72	7.68	18.60
1985	667.13	19.11	20.32	4.64	160.65	119.75	22.62	18.28
1986	751.34	21.01	27.78	2.01	191.60	153.19	19.50	18.91
1987	812.54	25.21	38.64	4.01	252.55	204.69	23.25	24.61
1988	1025.78	24.81	45.12	11.61	275.65	198.06	40.27	37.31
1989	1160.52	29.64	47.28	12.00	335.76	225.24	50.52	60.00
1990	1229.28	34.44	55.80	9.24	355.08	292.20	30.84	32.04
1991	1407.12	35.76	69.96	24.96	342.12	289.08	22.68	30.36
1992	1598.88	36.96	82.92	18.24	479.04	381.36	39.96	12.24
1993	1946.88	44.40	117.12	23.04	693.36	468.72	80.16	28.92
1994	2635.20	56.52	170.76	26.04	887.16	676.44	73.44	19.08
1995	3285.48	70.20	219.36	38.28	1056.20	861.36	41.40	46.32
1996	3770.99	92.40	276.36	43.20	1203.10	935.16	49.08	73.68
1997	4040.64	100.32	305.64	46.44	1420.50	1039.30	64.80	120.60
1998	4143.96	103.25	324.60	39.15	1597.60	1136.40	50.96	154.89
1999	4515.05	100.92	384.96	44.64	1743.50	1254.10	46.08	146.76
2000	5022.00	118.21	428.99	58.21	1903.92	1362.36	60.07	188.40

9－4 城镇居民年人均主要指标

指标名称	单位	1995年	1996年	1997年	1998年	1999年	2000年
一、调查户数	户	**2050**	**2050**	**2100**	**2300**	**2400**	**2500**
二、家庭人口数	人	**3.19**	**3.16**	**3.17**	**3.14**	**3.12**	**3.10**
＃就业人口数	人	1.96	1.99	2.01	1.98	1.93	1.87
＃国有集体职工人数	人	1.92	1.94	1.96	1.92	1.85	1.75
三、期初手存现金	元	**174.69**	**194.26**	**253.69**	**302.28**	**339.01**	**332.71**
四、可支配收入	元	**4264.08**	**4890.24**	**5190.79**	**5380.08**	**5808.96**	**6489.97**
五、实际收入	元	**4265.40**	**4893.36**	**5217.12**	**5414.17**	**5840.54**	**6521.60**
＃国有集体职工收入	元	3562.80	4171.32	4435.76	4492.13	4742.61	5158.15
1.工资性收入	元	3315.96	3894.96	4195.33	4255.27	4503.51	4897.12
＃奖　金	元	362.28		427.92	381.92	381.79	369.29
2.非工资收入	元	246.84	276.36	240.43	236.86	239.10	261.03
六、储蓄、借贷收入	元	**751.68**	**943.44**	**1085.52**	**1506.14**	**1633.83**	**1645.48**
七、实际支出	元	**3852.24**	**4497.00**	**4773.12**	**5225.99**	**5598.14**	**6060.42**
＃消费支出	元	3285.48	3770.99	4040.64	4143.96	4515.05	5022.00
(一)食　品	元	1484.44	1645.80	1655.10	1642.13	1675.75	1744.09
粮　食	元	203.52	221.64	193.05	172.23	168.85	152.05
油　脂	元	51.96	45.00	49.30	50.28	43.28	43.91
肉禽及制品	元	312.00	331.32	349.42	335.89	311.53	326.32
蛋　类	元	97.92	111.48	93.77	88.92	85.98	72.16
水产品	元	84.48	94.92	99.76	101.73	112.42	121.93
菜　类	元	148.32	166.32	150.40	138.88	142.43	143.26
烟　草	元	52.08	53.04	56.27	57.55	56.87	56.27
酒和饮料	元	91.32	96.60	102.89	106.68	114.89	120.87
干鲜瓜果	元	102.96	111.24	124.58	113.42	122.41	120.26
奶及奶制品	元	31.32	38.76	45.41	53.59	66.39	84.25
(二)衣　着	元	570.84	657.60	674.46	581.02	613.32	665.62
服　装	元	304.44	356.28	383.51	343.57	385.61	434.02
衣着材料	元	108.60	110.64	98.32	68.15	55.96	46.23
(三)家庭设备用品及服务	元	336.36	354.36	383.12	429.45	550.71	561.15
＃日用耐用消费品	元	213.24	207.36	236.28	274.15	375.24	379.73
(四)医疗保健	元	107.16	147.24	180.20	188.13	219.79	322.60
(五)交通与通讯	元	159.36	183.00	221.86	255.53	272.59	353.61
(六)娱乐、教育、文化服务	元	276.60	378.00	452.91	531.49	599.43	712.42
文娱耐用消费品	元	63.12	89.40	105.94	148.08	136.76	172.76
教　育	元	147.72	203.76	239.38	271.28	342.36	405.76
文化娱乐	元	65.76	84.72	107.59	112.14	120.31	133.90
(七)居　住	元	196.80	231.72	285.66	326.49	371.62	395.26
(八)杂项商品与服务	元	154.08	173.28	187.16	189.72	211.84	267.24
八、储蓄借贷支出	元	**1056.20**	**1203.10**	**1420.57**	**1597.62**	**1743.47**	**1903.92**
九、期末手存现金	元	**283.27**	**330.88**	**362.78**	**398.98**	**471.77**	**535.45**

9－5 城镇居民年人均现金收支情况

（2000 年） 单位:元

指标名称	全省平均	最低收入户	#更低收入户	低收入户	中等偏下收入户	中等收入户	中等偏上收入户	高收入户	最高收入户
一、期初手存现金	**332.71**	**151.48**	**131.41**	**241.23**	**281.20**	**327.37**	**424.71**	**421.41**	**506.59**
二、可支配收入	**6489.97**	**2905.45**	**2486.42**	**3987.81**	**4962.89**	**6234.31**	**7683.05**	**9414.39**	**12391.86**
三、现金收入	**8167.08**	**3660.65**	**3159.98**	**4640.70**	**6194.11**	**7620.34**	**9400.54**	**12222.75**	**16848.07**
(一)实际收入	6521.60	2925.41	2500.35	4006.33	4982.96	6264.12	7715.50	9462.99	12464.89
1.国有单位职工收入	4631.85	1735.68	1454.81	2688.39	3261.06	4506.52	5525.05	7143.80	9436.48
(1)工资性收入	4389.33	1675.17	1385.40	2598.99	3139.39	4300.37	5199.81	6703.82	8809.73
#奖　金	332.47	50.34	32.49	130.04	137.64	241.86	347.31	615.43	1249.06
(2)非工资性收入	242.51	60.52	69.41	89.40	121.67	206.15	325.24	439.98	626.75
2.集体单位职工收入	526.31	550.93	519.10	587.32	698.42	557.85	507.68	344.67	185.38
(1)工资性收入	507.79	538.80	513.14	570.17	673.14	535.92	483.41	335.82	182.84
#奖　金	36.82	14.22	7.06	46.96	28.77	33.89	43.64	63.78	34.90
(2)非工资性收入	18.52	12.14	5.96	17.15	25.28	21.93	24.27	8.85	2.55
3.其它单位职工收入	240.85	50.22	18.63	94.75	164.34	197.80	339.69	381.94	564.48
#奖　金	22.10	2.28	0.65	4.11	7.73	11.49	39.87	67.23	39.57
4.个体经营者的净收益	74.05	63.11	35.41	55.76	83.80	57.48	38.99	46.33	228.79
5.个体被雇者收入	19.72	24.25	30.08	21.64	3.94	21.57	23.78	6.37	49.28
6.离退休再就业者收入	13.13			1.92	3.99	10.79	23.94	31.13	27.04
7.其它就业者收入	3.00	5.29	9.84			9.81	2.34		
8.其它劳动收入	123.92	137.63	111.27	95.02	95.34	80.73	147.82	251.29	119.49
9.财产性收入	112.52	50.18	44.17	61.36	71.51	104.86	119.97	215.21	239.26
(1)利　息	25.39	4.86	4.42	12.79	14.98	24.80	27.64	41.14	69.91
(2)红　利	27.96	5.20	7.38	2.26	9.51	25.21	20.79	83.02	93.41
(3)其它财产租金	59.18	40.12	32.37	46.31	47.02	54.85	71.53	91.06	75.94
10.转移性收入	774.00	307.72	276.31	396.82	594.25	716.69	986.06	1039.48	1611.87
(1)离退休金	610.54	205.66	164.73	311.22	492.42	595.45	827.91	752.20	1160.41
(2)价格补贴	0.91	0.75	1.40				1.28	0.26	6.24
(3)赡养收入	28.34	21.04	23.12	18.81	18.33	30.18	18.63	55.32	60.46
(4)赠送收入	91.20	39.50	31.51	42.63	48.53	64.50	82.30	170.94	307.50
(5)亲友搭伙费	2.25	1.49	2.78	0.66	2.54		5.02	0.98	4.81
(6)记帐补贴	21.05	14.93	12.56	15.98	17.44	23.31	21.63	27.97	29.52
(7)出售财物收入	4.61	1.21	1.20	2.70	3.04	1.57	9.32	13.19	2.44
(8)其　它	15.09	23.14	39.02	4.82	11.96	1.68	19.98	18.63	40.48
11.家庭副业生产收入	2.24	0.38	0.71	3.34	6.30		0.19	2.77	2.81

指标名称	全省平均	最低收入户	#更低收入户	低收入户	中等偏下收入户	中等收入户	中等偏上收入户	高收入户	最高收入户
（二）借贷收入	1645.48	735.24	659.63	634.37	1211.16	1356.22	1685.04	2759.76	4383.19
1.提取储蓄存款	1216.51	447.39	452.07	502.17	877.44	969.73	1257.09	2130.47	3316.57
2.提取储金会款	3.77	1.57		17.28	6.35	0.04	1.04	1.61	0.94
3.借入款	226.06	220.63	112.16	76.85	233.73	190.89	184.40	305.09	479.61
4.收回借出款	44.23	2.66	3.62	9.45	15.28	34.19	51.15	135.81	115.87
5.收回储蓄性保险本金	4.64	7.24	1.38	1.82	3.30	2.85	9.24	4.02	2.72
6.兑售有价证券	31.03				13.12	7.57	17.95	14.09	246.54
7.赊购									
8.购买房屋从银行贷款	20.66				1.70	75.61	26.69		
9.其它借贷收入	98.58	55.75	90.41	26.80	60.24	75.34	137.49	168.67	220.94
四、现金支出	**7964.34**	**3521.20**	**3034.24**	**4496.06**	**6053.81**	**7424.60**	**9189.23**	**11956.85**	**16422.18**
（一）实际支出	6060.42	3131.19	2694.62	3830.77	4980.67	5921.40	6772.46	8951.59	10601.38
1.消费性支出	5022.00	2759.11	2490.49	3416.90	4052.43	4945.85	5655.22	7313.86	8391.46
2.非消费性支出	1037.04	367.16	202.82	412.04	927.86	974.15	1116.81	1637.02	2208.54
（1）贷款利息	1.11				0.37	1.07	2.95	0.72	2.06
（2）个人所得税	9.20	0.12	0.05	0.70	2.25	5.09	10.40	19.93	42.13
（3）其它各种税金	3.55	0.15	0.13	2.10	1.86	1.97	6.88	2.93	10.45
（4）非储蓄性保险	65.74	19.26	8.86	27.91	45.73	62.43	85.46	103.79	139.85
（5）赡养支出	118.21	40.50	25.19	49.91	86.71	97.01	132.33	204.83	295.37
（6）赠送支出	428.89	167.81	146.55	232.82	324.91	437.35	511.92	658.70	788.56
（7）购房与建房支出	352.13	115.75	9.97	72.71	373.31	325.84	313.71	591.43	822.00
（8）其它非消费性支出	58.21	23.57	12.07	25.88	92.73	43.39	53.17	54.70	108.12
3.家庭副业生产支出	1.37	4.92	1.32	1.84	0.38	1.41	0.43	0.70	1.37
（二）借贷支出	1903.92	390.02	339.61	665.29	1073.14	1503.19	2416.78	3005.26	5820.80
1.存入储蓄款	1362.36	270.15	258.08	523.49	809.72	1097.45	1712.20	2207.68	3950.90
2.存入储金会款	5.70	1.72	0.28	3.89	4.78	4.30	8.64	6.96	10.41
3.归还借款	89.77	20.19	16.32	27.42	55.50	73.18	80.53	193.78	277.97
4.借出款	60.07	7.64	0.20	12.93	11.78	19.49	115.56	93.07	229.85
5.储蓄性保险支出	97.40	28.32	13.62	37.31	55.89	106.24	130.32	153.11	201.63
6.购买有价证券	86.24	19.57	13.36	7.42	33.12	54.13	117.84	110.15	364.66
7.预购	8.44					0.18	42.51	0.11	2.32
8.归还购买住房银行贷款	5.54				0.90	5.52	4.90		36.96
9.其它借贷支出	188.40	42.43	37.75	52.84	101.43	142.71	204.27	240.40	746.09
五、期末手存现金	**535.45**	**290.92**	**257.16**	**385.87**	**421.51**	**523.10**	**636.01**	**687.31**	**932.48**

9－6 城镇居民年人均消费支出情况

(2000 年)　　单位:元

指标名称	全省平均	最低收入户	#更低收入户	低收入户	中等偏下收入户	中等收入户	中等偏上收入户	高收入户	最高收入户
消费性支出	**5022.00**	**2759.11**	**2490.49**	**3416.90**	**4052.43**	**4945.85**	**5655.22**	**7313.86**	**8391.46**
一、食品	**1744.09**	**1172.43**	**1075.30**	**1373.43**	**1573.92**	**1782.36**	**1913.88**	**2184.04**	**2376.54**
(一)粮食	152.05	139.67	136.27	143.23	153.82	153.68	154.75	156.19	160.12
细粮	145.34	133.99	131.62	136.32	147.90	146.96	147.90	148.37	152.00
粗粮	6.71	5.68	4.65	6.91	5.92	6.72	6.85	7.82	8.12
(二)淀粉及薯类	17.60	16.37	15.81	16.77	16.84	18.18	18.22	19.03	17.77
(三)干豆类及制品	21.94	19.58	17.39	18.69	21.58	20.65	23.05	26.28	25.59
(四)油脂类	43.91	43.64	43.51	46.47	48.76	43.20	43.92	38.10	37.70
植物油	43.84	43.50	43.45	46.28	48.74	43.13	43.88	38.02	37.67
动物油	0.07	0.14	0.06	0.19	0.02	0.07	0.04	0.07	0.03
(五)肉禽及制品	326.32	227.92	197.05	266.58	307.51	338.76	368.04	382.43	386.66
猪肉	130.10	103.73	91.68	116.87	129.30	130.83	141.32	145.98	138.04
牛羊肉	22.32	15.72	11.09	18.57	21.70	22.61	23.58	23.29	32.05
鸡鸭	34.56	21.49	18.90	29.14	32.60	35.27	41.29	38.91	41.15
(六)蛋类	72.16	65.95	63.29	71.98	71.53	71.08	77.18	72.39	72.93
(七)水产品类	121.93	70.51	61.06	90.56	105.15	130.89	139.06	156.60	168.62
鱼类	57.95	38.73	36.62	49.19	52.46	60.54	65.55	69.02	71.15
虾类	28.04	14.96	11.24	18.96	24.25	29.81	31.15	38.37	42.44
(八)菜类	143.26	113.67	110.27	124.40	134.77	145.47	151.14	170.14	172.04
鲜菜	134.97	108.62	105.65	118.65	127.38	137.04	141.51	158.37	161.43
干菜	3.85	2.40	2.25	2.61	3.26	3.93	4.54	5.75	4.83
(九)调味品	22.05	18.60	18.79	19.33	21.96	21.69	22.55	25.75	25.70
(十)糖类	20.12	12.49	12.06	13.54	16.41	21.26	22.99	26.40	30.65
(十一)烟草类	56.27	37.83	35.82	40.08	56.78	55.59	61.77	59.67	83.45
(十二)酒和饮料	120.87	77.60	70.55	91.27	118.42	121.22	126.77	162.54	158.41
(十三)干鲜瓜果类	120.26	75.35	70.79	88.51	106.90	125.51	137.40	152.19	162.64
(十四)坚果及果仁	24.24	14.99	13.36	15.99	20.49	25.62	27.28	33.42	34.91
(十五)糕点类	55.04	33.45	30.40	38.70	47.46	60.33	62.07	71.11	74.98
(十六)奶及奶制品	84.25	40.95	36.35	62.53	70.25	90.76	98.87	112.05	121.06
(十七)其它食品	47.58	27.13	27.42	31.38	39.96	50.20	51.38	64.22	78.36
(十八)在外用餐	292.87	135.53	113.91	192.41	214.01	286.51	326.01	454.42	563.80
(十九)食品加工费	1.35	1.20	1.23	0.99	1.33	1.77	1.44	1.11	1.15

9-6 续表1　　(2000年)　　单位:元

指标名称	全省平均	最低收入户	#更低收入户	低收入户	中等偏下收入户	中等收入户	中等偏上收入户	高收入户	最高收入户
二、衣着支出	**665.62**	**334.36**	**326.68**	**409.87**	**520.73**	**689.81**	**804.37**	**929.81**	**1086.61**
服　装	434.02	200.74	196.36	252.75	329.21	446.15	536.32	622.13	737.32
衣着材料	46.23	27.00	25.72	32.41	37.24	46.69	56.36	60.88	69.10
鞋袜帽及其它	168.59	99.91	99.88	112.28	140.50	180.38	191.26	221.87	254.86
衣着加工费	16.78	6.72	4.71	12.44	13.79	16.59	20.44	24.92	25.32
三、设备用品及服务	**561.15**	**134.16**	**106.85**	**238.48**	**356.14**	**542.67**	**628.59**	**1123.89**	**1256.45**
(一)耐用消费品	379.73	52.76	33.11	129.03	219.43	355.93	422.84	841.04	932.34
家　具	97.23	13.55	11.26	31.98	62.72	99.51	109.92	143.25	277.98
住房装饰	86.91	4.82	3.26	12.65	41.73	76.51	69.26	315.03	204.20
家庭设备	195.60	34.38	18.59	84.39	114.98	179.92	243.66	382.76	450.16
(二)室内装饰品	29.76	7.10	3.27	9.95	17.48	36.15	32.80	48.70	69.15
(三)床上用品	18.16	5.14	4.69	10.23	11.92	19.76	24.14	27.90	31.50
(四)家庭日用杂品	100.53	58.42	56.51	72.24	82.54	102.31	112.24	146.66	150.56
(五)家具材料	3.55	2.94	5.08	4.58	3.78	3.35	4.72	1.60	2.57
(六)家庭服务	29.42	7.81	4.21	12.45	20.99	25.17	31.85	57.99	70.33
四、医疗保健	**322.60**	**223.20**	**166.50**	**207.97**	**246.96**	**306.04**	**356.83**	**526.22**	**507.74**
医疗器具	1.55	0.68	0.39	0.45	1.18	1.51	1.03	2.04	5.54
保健用品	4.21	2.17	2.31	2.98	2.75	5.04	5.46	6.23	4.91
医药费	236.10	175.88	122.24	144.04	185.71	223.20	261.70	390.89	348.90
滋补药品	15.95	4.10	2.27	7.12	11.61	16.84	17.13	22.70	39.63
医疗保健服务	61.64	37.91	35.06	52.08	43.79	56.80	68.91	99.78	98.93
其　它	3.15	2.46	4.24	1.29	1.92	2.65	2.61	4.59	9.83
五、交通和通讯	**353.61**	**161.23**	**135.58**	**209.96**	**271.09**	**319.86**	**404.72**	**557.95**	**706.02**
(一)交　通	157.53	73.21	58.80	86.35	117.93	140.81	171.24	237.58	362.80
家庭交通工具	52.52	21.63	7.33	19.28	36.52	38.09	58.07	81.54	157.53
燃料充电费	9.68	3.05	4.50	8.13	9.64	10.48	12.17	12.04	10.22
交通费	82.43	38.31	34.06	48.60	60.64	78.82	87.60	128.67	176.44
交通工具维修服务	12.90	10.23	12.92	10.34	11.12	13.43	13.40	15.33	18.61
(二)通　讯	196.07	88.02	76.78	123.61	153.16	179.05	233.48	320.38	343.22
通讯工具	45.38	13.70	14.09	17.95	29.35	32.73	51.58	103.13	108.98
电讯费	145.10	72.67	61.66	103.06	118.65	140.51	174.85	210.75	223.64

指标名称	全省平均	最低收入户	#更低收入户	低收入户	中等偏下收入户	中等收入户	中等偏上收入户	高收入户	最高收入户
邮　费	2.36	0.36	0.16	0.88	2.10	2.41	2.34	2.40	7.12
其　它	3.24	1.29	0.87	1.72	3.05	3.39	4.71	4.09	3.48
六、娱乐文教服务	**712.42**	**360.48**	**337.52**	**528.32**	**565.25**	**651.53**	**790.16**	**1052.98**	**1321.16**
(一)耐用消费品	172.76	40.75	18.97	99.94	108.33	144.99	210.58	329.54	388.86
(二)教　育	405.76	257.89	264.02	345.71	357.24	373.16	424.14	521.68	685.09
教材及参考书	25.00	21.48	26.09	25.44	23.14	25.04	22.67	32.23	30.49
学杂费	310.24	200.59	202.20	265.89	275.28	271.71	314.62	391.45	571.98
托幼费	27.41	22.97	28.31	25.80	31.61	28.17	29.86	20.40	25.55
成人教育	18.62	3.90	1.32	10.74	11.74	21.62	26.67	31.67	24.42
其　它	24.48	8.96	6.10	17.85	15.47	26.63	30.31	45.93	32.66
(三)文化娱乐	133.90	61.84	54.53	82.67	99.68	133.38	155.44	201.75	247.21
文娱用品	43.96	19.29	16.54	25.68	31.70	42.98	51.91	64.45	88.27
书报杂志	40.45	17.18	14.92	24.31	29.27	41.36	48.35	60.45	74.32
文娱费	49.50	25.37	23.06	32.67	38.71	49.04	55.18	76.85	84.61
七、居　住	**395.26**	**252.90**	**223.39**	**299.00**	**324.16**	**407.22**	**438.48**	**526.99**	**593.04**
(一)住　房	146.44	73.15	53.99	93.93	104.96	149.83	165.58	218.44	271.57
建筑材料	64.58	23.43	7.20	32.62	36.26	73.73	64.35	103.04	158.83
房　租	63.10	46.27	43.21	55.74	56.51	56.44	74.33	80.57	80.46
维修服务费	18.76	3.45	3.57	5.56	12.19	19.66	26.90	34.83	32.29
(二)水电燃料其它	248.82	179.75	169.40	205.07	219.20	257.40	272.90	308.55	321.47
水	22.23	19.15	17.83	20.13	19.93	21.66	24.73	25.06	26.80
电	90.59	65.82	65.78	75.83	76.23	94.38	100.41	114.62	117.27
燃　料	81.65	74.00	67.04	73.93	80.15	85.39	83.78	84.98	87.33
其　它	53.01	20.48	18.60	33.71	41.83	55.14	61.74	81.46	88.87
自有房物业管理费	1.34	0.31	0.15	1.47	1.07	0.82	2.24	2.42	1.20
八、杂项商品和服务	**267.24**	**120.36**	**118.67**	**149.86**	**194.17**	**246.35**	**318.20**	**411.98**	**543.91**
(一)个人消费	213.05	83.41	77.23	106.63	153.03	198.72	254.31	340.86	449.00
个人用品	78.78	37.50	32.75	45.99	59.01	75.37	96.25	113.92	148.01
理发、美容用品	42.43	20.96	22.33	26.06	34.90	40.34	47.16	64.37	77.56
旅　游	71.76	13.64	10.69	22.01	42.88	63.98	89.24	131.05	187.73
服务费	20.08	11.31	11.46	12.57	16.25	19.03	21.66	31.52	35.70
(二)其它商品	26.04	14.04	14.25	14.12	18.45	27.08	30.56	38.83	47.15
(三)其它服务	28.16	22.91	27.19	29.10	22.69	20.55	33.33	32.28	47.76

9－7 城镇居民年人均购买衣着和用品支出

（2000 年）　　　　单位：元

指标名称	全省平均	最低收入户	#更低收入户	低收入户	中等偏下收入户	中等收入户	中等偏上收入户	高收入户	最高收入户
服　装	434.02	200.74	196.36	252.75	329.21	446.15	536.32	622.13	737.32
男士服装	183.71	91.59	90.31	106.89	139.11	189.94	220.65	238.94	341.26
毛皮大衣	10.17	5.44	1.25	8.52	5.80	8.74	16.47	9.25	18.74
呢大衣	1.19			1.40	0.05	1.01	1.91	2.30	2.73
风雨衣	0.73	0.04			0.58	1.13	0.82	0.99	1.45
西　服	24.66	15.17	21.72	11.34	18.68	25.81	25.05	26.96	60.38
中山装				0.21	0.08		0.05		0.18
茄克衫	8.21	6.77	5.43	3.03	6.69	9.82	7.52	9.52	16.23
羽绒衣	10.56	5.36	7.53	9.02	7.18	11.07	10.86	15.30	19.87
毛线衣	18.77	9.85	9.71	8.89	12.38	21.95	23.36	27.98	29.68
衬　衫	22.98	9.11	7.68	12.69	19.14	23.37	26.73	32.16	42.81
裤　子	31.07	13.85	11.14	17.60	25.59	33.16	36.62	39.59	55.62
其它男士服装	55.30	26.00	25.84	34.20	42.95	53.90	71.26	74.89	93.58
女士服装	216.72	91.64	88.96	120.20	159.08	219.91	276.78	339.15	355.54
毛皮大衣	14.33	9.39	11.43	8.08	10.95	14.11	17.69	28.81	13.87
呢大衣	7.87	3.24	4.31	5.86	5.95	6.83	10.29	8.67	16.71
风雨衣	2.14	1.04	1.94	0.24	1.10	2.76	2.81	2.98	4.41
西　服	10.77	3.93	3.30	5.01	9.13	9.70	12.44	20.38	18.61
茄克衫	3.12	1.37	1.09	2.11	2.74	2.83	3.11	7.34	3.59
羽绒衣	17.84	7.59	5.81	12.96	14.07	16.09	24.85	28.67	22.56
毛线衣	30.72	8.54	6.91	13.35	21.94	33.08	42.54	45.23	53.26
衬　衫	11.50	4.03	4.02	4.68	9.04	11.48	14.59	17.58	21.67
连衣裙	9.80	2.15	1.30	4.06	5.14	9.39	11.53	19.24	24.18
单　裙	8.09	2.60	2.59	4.44	4.99	7.36	10.05	12.95	18.76
裤　子	28.99	14.96	13.64	17.31	22.20	29.85	36.66	43.02	42.84
其它女士服装	71.56	32.80	32.62	42.09	51.82	76.43	90.21	104.30	115.06
各式童装	33.59	17.50	17.09	25.66	31.02	36.30	38.88	44.03	40.52
棉　布	4.45	3.02	2.92	2.73	3.49	4.24	5.34	7.48	5.90
棉化纤混纺布	2.30	1.59	1.59	1.79	1.55	2.86	2.10	3.89	3.05
化纤布	14.20	8.07	7.00	11.71	12.12	14.19	18.81	17.61	16.10

指标名称	全省平均	最低收入户	＃更低收入户	低收入户	中等偏下收入户	中等收入户	中等偏上收入户	高收入户	最高收入户
呢绒	7.62	3.73	3.61	4.76	5.47	7.16	9.41	10.09	15.41
绸缎	3.51	2.37	2.71	2.02	2.25	2.52	3.70	4.98	9.90
毛线	9.81	6.48	6.28	7.11	9.65	11.25	11.15	11.72	9.40
鞋类	137.77	80.28	83.30	93.67	114.96	149.95	154.03	177.99	209.95
皮鞋	83.88	43.87	47.16	50.35	67.80	92.98	97.02	110.39	134.14
旅游鞋	8.56	4.64	3.52	5.92	6.31	9.94	9.43	13.01	12.15
布鞋	3.41	3.22	3.16	3.03	2.97	3.77	3.34	3.77	4.04
雨鞋	0.10	0.04	0.07	0.07	0.13	0.16	0.10	0.04	
凉鞋	20.13	13.44	12.62	14.54	16.91	20.44	22.36	24.85	32.14
拖鞋	4.78	3.40	3.19	3.81	4.19	5.02	5.11	6.35	6.14
其它鞋	16.92	11.68	13.58	15.95	16.65	17.64	16.67	19.58	21.34
各种袜子	8.46	5.06	4.97	5.85	7.58	8.75	9.55	12.25	10.84
各种帽子	1.86	1.02	1.33	1.17	1.38	1.56	2.52	2.66	3.30
组合家具	7.93	0.63	1.17	1.12	4.58	4.28	7.11	4.23	46.75
沙发床	15.23	3.34	6.21	3.76	13.55	13.37	22.00	22.38	29.66
沙发	25.88	0.54		11.88	17.66	23.79	30.59	43.87	68.72
大衣柜	3.13			0.80	1.18	5.93	3.61		10.21
写字台	1.39	0.73	0.60		0.71	0.70	3.21	2.84	1.51
地毯	1.05				0.08	0.19	2.99	4.01	0.45
地板革	0.65			0.02	0.01	1.13	0.39	0.42	3.41
缝纫机	0.25				0.49	0.27	0.28		0.49
洗衣机	19.51	1.38	2.57	11.50	11.82	16.27	26.64	33.66	46.45
电风扇	2.82	1.12	1.56	2.12	2.01	3.22	2.89	4.14	5.17
电冰箱	19.82	9.20		15.88	9.63	21.52	23.20	30.84	38.52
冰柜	2.19				1.92	2.12	0.75	9.11	4.16
微波炉	7.73	1.00		2.42	5.78	5.67	11.03	12.50	19.41
空调器	75.03			15.34	29.03	71.51	94.37	174.46	207.68
电炊具	3.58	0.96	1.25	1.36	2.95	3.78	4.51	5.39	6.61
淋浴热水器	16.01	8.94	8.08	8.95	9.74	9.00	22.13	36.50	28.82
脱排油烟机	10.57	2.60		3.59	5.97	9.62	14.91	20.75	21.59

9－7续表2　　　　　　　　　　　　　　（2000年）　　　　　　　　　　　　　　单位：元

指标名称	全省平均	最低收入户	#更低收入户	低收入户	中等偏下收入户	中等收入户	中等偏上收入户	高收入户	最高收入户
排风扇	0.42	0.15	0.07	0.09	0.08	0.70	0.69	0.52	0.64
吸尘器	1.23			1.35	0.43	0.36	1.08	5.43	2.32
钟	0.79	0.13	0.25	0.60	0.47	0.78	1.28	1.67	0.60
毛　毯	1.11	0.13	0.14	1.06	0.55	1.20	1.72	1.45	1.81
床　罩	1.65	0.68	0.53	0.41	1.34	2.15	1.45	2.34	3.59
肥　皂	4.36	4.49	4.37	3.99	4.36	4.27	4.52	4.76	4.09
洗衣粉	5.87	6.04	6.42	5.64	6.00	5.57	5.98	6.40	5.47
摩托车	29.40	13.01		9.63	24.32	14.69	32.49	60.06	79.43
自行车	15.46	6.36	6.14	9.17	11.67	17.34	21.81	17.60	22.88
家用汽车	4.85								54.31
电　话	9.66	7.40	6.36	9.07	9.15	8.14	13.94	8.68	9.54
BB机	2.40	0.25		2.47	1.55	1.25	4.11	1.74	6.50
彩色电视机	58.79	31.21	7.98	39.15	45.26	48.83	67.70	87.13	121.22
影碟机	12.23	2.94	3.75	12.80	10.20	14.35	13.55	19.39	12.67
录放相机	0.35				0.45	1.29			
家用电脑	62.62			23.19	34.63	50.97	83.74	126.64	165.57
组合音响	3.15			1.27	1.01	1.39	1.38	3.90	21.27
录音机	2.73	1.39	1.82	2.03	2.30	2.71	3.25	3.38	4.45
摄像机	2.74				2.70	4.81	0.75		12.00
收音机	0.91	0.78	0.62	0.24	0.74	0.67	1.38	1.24	1.37
照相机	2.58			0.09	1.23	1.65	5.91	0.71	8.74
钢　琴	8.23						14.31	58.49	
其它中高档乐器	2.51			0.16	1.72	3.49	5.22	0.19	4.62
水	22.23	19.15	17.83	20.13	19.93	21.66	24.73	25.06	26.80
电	90.59	65.82	65.78	75.83	76.23	94.38	100.41	114.62	117.27
煤　炭	20.75	25.75	19.74	26.14	21.41	20.87	19.16	17.07	13.54
液化石油气	33.61	30.68	32.47	30.20	35.53	34.58	33.90	34.38	33.32
管道煤气	20.90	13.71	12.09	16.54	17.98	23.13	22.31	24.82	29.64
手　表	2.30	0.47	0.53	1.41	1.71	1.73	3.03	1.94	7.11

9－8 城镇居民年人均购买衣着和用品数量情况

(2000 年)

指标名称	单位	全省平均	最低收入户	#更低收入户	低收入户	中等偏下收入户	中等收入户	中等偏上收入户	高收入户	最高收入户
服装	件	6.52	3.92	3.92	4.89	5.81	6.86	7.37	8.28	8.93
男士服装	件	2.50	1.55	1.49	1.89	2.24	2.64	2.71	3.07	3.63
毛皮大衣	件	0.01	0.01		0.01	0.01	0.01	0.02	0.01	0.01
呢大衣	件				0.01			0.01	0.01	0.01
风雨衣	件						0.01		0.01	
西服	件	0.08	0.05	0.07	0.05	0.07	0.08	0.09	0.08	0.13
中山装	件									
茄克衫	件	0.07	0.05	0.05	0.04	0.06	0.08	0.06	0.08	0.11
羽绒衣	件	0.05	0.02	0.03	0.04	0.03	0.05	0.05	0.06	0.07
毛线衣	件	0.16	0.09	0.09	0.09	0.13	0.18	0.19	0.20	0.23
衬衫	件	0.39	0.23	0.19	0.27	0.34	0.42	0.43	0.49	0.63
裤子	件	0.44	0.25	0.22	0.33	0.42	0.49	0.48	0.52	0.63
其它男士服装	件	1.30	0.85	0.85	1.05	1.17	1.33	1.39	1.61	1.81
女士服装	件	2.96	1.75	1.81	2.10	2.56	3.03	3.48	3.92	4.15
毛皮大衣	件	0.01	0.01	0.01	0.01	0.01	0.01	0.02	0.03	0.02
呢大衣	件	0.02	0.01	0.02	0.01	0.02	0.02	0.02	0.02	0.04
风雨衣	件	0.01	0.01	0.02		0.01	0.02	0.02	0.02	0.02
西服	件	0.05	0.03	0.03	0.03	0.05	0.04	0.06	0.08	0.08
茄克衫	件	0.03	0.01	0.01	0.02	0.03	0.03	0.02	0.04	0.03
羽绒衣	件	0.08	0.04	0.03	0.05	0.06	0.07	0.10	0.12	0.09
毛线衣	件	0.28	0.11	0.11	0.18	0.23	0.29	0.33	0.37	0.48
衬衫	件	0.22	0.12	0.12	0.14	0.20	0.23	0.26	0.28	0.36
连衣裙	件	0.08	0.03	0.02	0.05	0.05	0.08	0.11	0.13	0.15
单裙	件	0.14	0.07	0.06	0.10	0.10	0.14	0.17	0.19	0.22
裤子	件	0.50	0.31	0.30	0.37	0.44	0.54	0.58	0.68	0.60
其它女士服装	件	1.54	1.00	1.08	1.13	1.37	1.55	1.79	1.97	2.06
各式童装	件	1.06	0.62	0.62	0.89	1.00	1.19	1.18	1.30	1.16
棉布	米	0.59	0.35	0.29	0.32	0.50	0.60	0.68	1.00	0.74
棉化纤混纺布	米	0.17	0.15	0.17	0.15	0.13	0.18	0.19	0.24	0.17
化纤布	米	0.87	0.54	0.50	0.71	0.81	0.80	1.18	1.00	0.97

9－8 续表 1　　　　　　　　　　　　　(2000 年)

指标名称	单位	全省平均	最低收入户	#更低收入户	低收入户	中等偏下收入户	中等收入户	中等偏上收入户	高收入户	最高收入户
呢绒	米	0.15	0.07	0.05	0.10	0.16	0.14	0.18	0.18	0.29
绸缎	米	0.10	0.07	0.06	0.07	0.07	0.08	0.10	0.12	0.23
毛线	千克	0.26	0.19	0.19	0.25	0.27	0.28	0.29	0.25	0.20
鞋类	双	2.83	2.23	2.30	2.49	2.75	2.92	2.94	3.28	3.28
皮鞋	双	0.79	0.52	0.53	0.56	0.73	0.84	0.87	0.96	1.05
旅游鞋	双	0.12	0.08	0.07	0.12	0.10	0.13	0.13	0.18	0.16
布鞋	双	0.28	0.29	0.31	0.25	0.26	0.29	0.28	0.25	0.32
雨鞋	双					0.01	0.01	0.01		
凉鞋	双	0.42	0.36	0.37	0.42	0.42	0.43	0.45	0.44	0.46
拖鞋	双	0.64	0.51	0.49	0.58	0.61	0.64	0.65	0.84	0.72
其它鞋	双	0.57	0.46	0.53	0.56	0.62	0.58	0.56	0.62	0.56
各种袜子	双	3.06	2.31	2.17	2.31	2.92	3.19	3.40	3.73	3.45
各种帽子	顶	0.14	0.10	0.11	0.11	0.12	0.14	0.18	0.21	0.17
组合家具	套							0.01		0.01
沙发床	个	0.01				0.01	0.01	0.01	0.02	0.02
沙发	个	0.03			0.02	0.03	0.03	0.04	0.04	0.07
大衣柜	个									
写字台	张							0.01	0.01	
地毯	平方米	0.01						0.01	0.05	0.01
地板革	平方米	0.02					0.02	0.01	0.01	0.16
缝纫机	台									
洗衣机	台	0.01			0.01	0.01	0.01	0.02	0.02	0.03
电风扇	台	0.02	0.01	0.02	0.02	0.02	0.03	0.02	0.03	0.04
电冰箱	台	0.01			0.01		0.01	0.01	0.01	0.02
冰柜	台								0.01	
微波炉	台	0.01				0.01	0.01	0.02	0.02	0.02
空调器	台	0.02				0.01	0.01	0.02	0.03	0.04
电炊具	台	0.02	0.01	0.01	0.01	0.01	0.02	0.02	0.03	0.03
淋浴热水器	台	0.02	0.01	0.01	0.01	0.01	0.01	0.02	0.03	0.02
脱排油烟机	台	0.02			0.01	0.01	0.02	0.03	0.03	0.03

9-8续表2 (2000年)

指标名称	单位	全省平均	最低收入户	#更低收入户	低收入户	中等偏下收入户	中等收入户	中等偏上收入户	高收入户	最高收入户
排风扇	台	0.01					0.01	0.01	0.01	0.01
吸尘器	台								0.01	
钟	个	0.02		0.01	0.01	0.02	0.01	0.02	0.03	0.01
毛　毯	条	0.01			0.01	0.01	0.01	0.01	0.01	0.01
床　罩	条	0.04	0.02	0.01	0.02	0.03	0.04	0.04	0.04	0.07
肥　皂	块	3.35	3.65	3.60	3.09	3.36	3.27	3.35	3.41	3.32
洗衣粉	千克	1.13	1.26	1.39	1.10	1.16	1.10	1.09	1.21	0.99
摩托车	辆	0.01				0.01		0.01	0.02	0.02
自行车	辆	0.06	0.03	0.03	0.04	0.05	0.07	0.08	0.06	0.07
家用汽车	辆									
电　话	部	0.03	0.03	0.02	0.03	0.03	0.03	0.03	0.03	0.03
BB机	部	0.01			0.01		0.01	0.01	0.01	0.01
彩色电视机	台	0.02	0.01	0.01	0.01	0.02	0.02	0.02	0.03	0.04
影碟机	台	0.01		0.01	0.01	0.01	0.01	0.01	0.02	0.01
录放相机	台									
家用电脑	台	0.01				0.01	0.01	0.01	0.02	0.02
组合音响	套									0.01
录音机	台	0.01	0.01	0.01	0.01	0.01	0.01	0.01	0.01	0.01
摄像机	台									
收音机	台	0.01	0.01	0.01	0.01	0.01	0.01	0.01	0.01	0.02
照相机	架							0.01		0.01
钢　琴	架								0.01	
其它中高档乐器	件									0.01
水	吨	19.34	17.17	16.30	18.12	17.08	18.49	21.19	22.23	23.59
电	度	197.64	142.75	142.21	163.89	164.48	206.90	221.19	250.56	255.64
煤　炭	千克	87.02	111.58	84.90	107.24	87.60	86.76	83.61	67.91	59.01
液化石油气	千克	10.81	9.72	10.36	10.82	11.18	11.02	10.88	10.83	10.62
管道煤气	立米	23.42	15.88	13.79	19.11	20.58	26.47	24.34	27.12	31.81
手　表	只	0.03	0.02	0.01	0.02	0.03	0.02	0.05	0.03	0.06

9－9 城镇居民家庭年末主要消费品百户拥有量

（2000 年）

指标名称	单位	全省平均	最低收入户	#更低收入户	低收入户	中等偏下收入户	中等收入户	中等偏上收入户	高收入户	最高收入户
毛皮大衣	件	74.73	43.48	41.63	58.96	66.81	78.25	79.72	93.90	101.42
呢大衣	件	190.00	148.78	141.87	163.12	185.46	187.38	199.50	215.73	227.66
毛　毯	条	164.17	125.84	100.19	156.48	158.85	161.16	164.37	194.56	196.05
地　毯	平方米	156.05	93.66	86.12	121.87	125.24	141.17	187.97	255.77	180.48
组合家具	套	74.14	64.91	62.81	69.68	73.75	74.38	77.07	79.66	76.74
沙发床	个	78.98	62.86	60.60	59.90	74.33	79.35	83.39	96.43	96.43
沙　发	个	311.31	256.22	253.55	276.46	296.98	325.31	317.59	329.39	371.28
大衣柜	个	83.67	78.43	77.00	76.41	76.69	88.60	83.67	89.70	94.23
写字台	张	92.39	82.26	75.97	88.36	87.53	89.53	98.35	100.38	102.10
摩托车	辆	33.14	24.38	23.77	25.70	29.04	31.25	36.44	47.71	40.19
自行车	辆	217.05	208.92	201.87	216.16	218.86	219.77	219.43	206.95	222.32
家用汽车	辆	0.19	0.08			0.50	0.29			0.30
缝纫机	台	56.22	57.03	59.11	51.95	55.88	54.31	55.32	60.72	61.42
洗衣机	台	88.50	73.78	70.01	79.82	83.16	88.84	95.62	98.95	97.25
电风扇	台	184.37	170.37	171.81	181.11	185.08	188.28	179.00	193.95	193.53
电冰箱	台	86.54	72.92	64.48	78.93	83.55	90.89	88.99	92.25	94.49
冰　柜	台	14.70	8.12	9.24	9.86	10.95	14.69	14.10	26.52	23.02
彩色电视机	台	115.32	103.62	98.53	108.57	111.58	115.06	116.20	128.28	127.03
影碟机	台	33.75	20.07	15.73	26.03	30.87	33.26	36.22	48.10	42.59
录放相机	台	25.13	16.54	13.30	16.78	19.03	29.78	26.25	35.72	32.08
家用电脑	台	9.53	3.79	4.43	5.40	6.43	7.01	11.04	15.35	21.78
组合音响	套	20.60	11.90	10.86	14.69	17.67	20.50	21.34	30.13	30.22
录音机	台	63.71	56.06	59.70	62.15	64.49	65.14	63.79	65.50	66.58
摄像机	台	1.97	1.43	1.07	0.76	1.51	0.90	2.29	1.47	6.63
照相机	架	50.23	29.66	25.24	32.38	43.82	52.48	55.61	62.58	73.85
钢　琴	架	2.52	0.89	0.87	0.78	2.00	2.07	2.99	5.20	4.20
其它中高档乐器	件	7.96	2.13	1.02	4.30	6.79	6.55	8.73	12.77	16.26
微波炉	台	15.66	3.42	2.45	11.16	10.21	16.00	21.84	18.36	27.55
空调器	台	25.83	10.14	6.92	12.75	13.41	25.13	34.12	40.49	49.59
电炊具	台	79.95	52.50	48.94	53.08	67.69	78.82	85.24	109.88	120.52
淋浴热水器	台	53.11	35.58	30.34	41.42	43.03	52.55	61.47	67.92	72.08
脱排油烟机	台	71.71	55.52	52.80	58.23	65.04	73.09	79.35	84.94	83.41
吸尘器	台	15.62	7.50	5.92	11.70	11.78	15.12	17.95	21.62	25.65
健身器材	件	5.20	1.66	1.00	2.51	4.12	3.40	4.48	10.05	13.76
移动电话	台	19.52	12.35	13.94	11.05	12.69	17.31	23.70	31.24	33.16

9－10 各调查市县城镇居民年人均主要指标

（2000 年）

市县名称	调查户数（户）	家庭人口数（人）	＃就业人口数	＃国有集体职工人数	可支配收入（元）	实际收入（元）	＃国有集体职工收入	工资性收入	非工资性收入
全　省	**2500**	**3.10**	**1.87**	**1.75**	**6489.97**	**6521.60**	**5158.15**	**4897.12**	**261.03**
济南市	300	3.06	1.79	1.70	8471.32	8538.07	6457.44	6145.14	312.30
青岛市	400	2.98	1.64	1.30	8016.37	8071.14	4346.83	4284.34	62.49
淄博市	150	2.95	1.57	1.41	6842.55	6856.23	4400.44	4310.25	90.19
枣庄市	100	3.16	1.96	1.96	5266.25	5272.82	4736.40	4587.47	148.92
东营市	100	3.14	1.90	1.88	8596.68	8640.64	7960.13	7564.53	395.60
烟台市	150	3.05	1.96	1.75	7317.61	7370.00	5923.58	5764.76	158.82
潍坊市	100	3.05	1.96	1.67	6307.48	6342.45	4880.76	4801.00	79.76
济宁市	100	3.19	1.99	1.99	5732.70	5762.35	5165.06	4536.46	628.60
泰安市	100	3.10	2.04	2.03	6322.66	6349.04	5555.42	5108.21	447.20
威海市	100	3.03	1.92	1.85	8047.73	8077.41	7076.87	6813.64	263.23
日照市	100	3.12	1.97	1.90	6501.77	6562.38	5797.11	5352.98	444.13
莱芜市	100	3.13	1.96	1.89	6532.29	6562.81	5788.16	5725.08	63.08
临沂市	50	3.14	1.92	1.84	6420.29	6426.93	5644.58	4413.01	1231.57
德州市	100	3.08	1.99	1.98	5113.52	5157.68	4508.09	4472.19	35.91
莱州市	50	2.96	1.94	1.90	7612.30	7682.51	6277.13	5587.40	689.73
青州市	100	3.15	1.96	1.20	5997.97	6088.97	3696.73	3386.88	309.86
临清市	50	3.28	1.88	1.68	4334.30	4344.80	2950.24	2923.61	26.62
滨州市	50	3.11	1.93	1.64	6302.15	6313.07	5028.69	4932.71	95.98
菏泽市	50	3.24	1.98	1.94	5192.06	5204.19	4587.62	4487.76	99.86
文登市	50	3.00	2.06	1.68	6187.25	6192.61	5076.85	4852.76	224.09
诸城市	50	3.14	2.02	1.96	5402.21	5417.40	4729.64	4705.32	24.33
微山县	50	3.36	2.00	1.98	4615.82	4632.29	4119.26	3670.46	448.81
利津县	50	3.00	1.96	1.94	6374.77	6388.33	5924.63	5637.68	286.95
武城县	50	2.94	1.52	1.32	4619.32	4623.08	2951.42	2948.35	3.06
东阿县	50	3.32	1.92	1.92	4403.82	4413.35	4213.62	4030.29	183.34
巨野县	50	3.48	1.90	1.88	3475.22	3488.77	3069.67	3029.29	40.38
费　县	50	3.20	2.02	2.02	4711.65	4713.24	4586.23	4285.32	300.91

9－10续表　　(2000年)　　单位:元

市县名称	人均全年实际支出	#人均全年消费支出	食品支出	衣着支出	家庭设备用品服务支出	医疗保健支出	交通与通讯支出	娱乐教育文化服务支出	居住支出	杂项商品与服务支出
全省	**6060.42**	**5022.00**	**1744.09**	**665.62**	**561.15**	**322.60**	**353.61**	**712.42**	**395.26**	**267.24**
济南市	7869.91	6891.75	2387.06	756.89	805.41	455.28	461.29	1067.32	582.38	376.12
青岛市	7766.10	6676.51	2834.77	656.25	588.23	377.43	456.75	881.94	604.25	276.88
淄博市	6635.63	5227.16	1708.52	573.00	730.33	549.79	353.96	634.76	410.09	266.70
枣庄市	4822.64	3761.14	1271.61	457.97	272.15	320.99	246.96	604.67	343.39	243.40
东营市	8391.85	6994.61	1827.07	1123.94	1390.83	341.36	401.90	1040.05	360.47	509.00
烟台市	7183.56	6163.26	2317.91	962.76	563.23	342.56	410.78	813.26	421.18	331.58
潍坊市	5914.90	5278.33	1795.89	695.36	646.64	286.93	500.92	543.97	529.25	279.37
济宁市	5295.72	4170.44	1564.50	551.61	461.30	171.33	220.72	740.39	245.45	215.15
泰安市	6821.49	5066.01	1630.70	614.54	715.62	235.27	375.27	698.96	511.79	283.86
威海市	6765.79	5932.80	1809.75	1049.41	496.48	338.03	456.13	749.41	687.73	345.85
日照市	6303.31	4720.59	1518.86	706.15	618.16	276.40	465.78	639.13	253.63	242.48
莱芜市	5653.57	4826.03	1666.39	668.28	421.40	244.50	355.55	906.65	322.55	240.71
临沂市	5254.89	4396.25	1473.71	619.05	420.85	370.81	359.01	592.59	270.21	290.02
德州市	5206.62	4218.17	1438.63	528.66	544.83	200.18	248.30	749.13	307.98	200.47
莱州市	8093.87	5072.27	1660.79	859.57	616.88	265.28	355.61	659.27	446.74	208.13
青州市	5835.97	4764.59	1485.88	673.57	683.79	330.74	396.56	504.64	443.95	245.47
临清市	3678.56	2843.54	1157.31	355.45	282.36	268.87	120.86	248.21	294.48	116.00
滨州市	5710.81	4485.59	1651.70	618.06	451.55	260.07	322.29	722.57	253.29	206.06
菏泽市	5127.01	4327.33	1381.72	547.18	636.31	257.23	350.38	660.94	272.14	221.44
文登市	5711.98	5063.49	1337.78	905.04	346.54	334.30	518.48	909.55	494.57	217.24
诸城市	5384.40	3969.19	1512.50	614.73	381.49	288.18	254.63	422.43	308.87	186.36
微山县	4999.42	3703.81	1198.53	496.99	608.60	325.49	217.24	480.36	263.19	113.40
利津县	5106.65	3802.42	1106.85	613.19	452.59	292.67	263.35	778.01	145.75	150.02
武城县	3497.54	2982.89	1126.83	306.00	224.88	275.78	171.56	391.72	273.58	212.54
东阿县	3849.37	3341.86	1106.10	506.40	361.90	241.45	246.26	522.82	190.08	166.85
巨野县	3030.31	2593.44	1029.06	344.14	227.27	152.67	170.47	327.55	177.08	165.20
费县	3808.07	3205.47	1059.10	562.97	326.34	99.15	248.06	466.06	174.92	268.86

9－11 1978－2000 年农民家庭主要指标变动情况

年份	调查户数（户）	调查户常住人口（人）	平均每户常住人口（人）	平均每户整半劳力（人）	人均年末生活用房面积（平方米）
1978	715	4126	5.77	2.54	9.81
1979	732	4138	5.65	2.67	9.91
1980	825	4649	5.64	2.70	10.98
1981	827	4538	5.49	2.63	10.03
1982	1529	7849	5.13	2.54	10.64
1983	1438	7266	5.05	2.85	12.50
1984	1558	7730	4.96	2.86	14.54
1985	4000	18896	4.72	2.84	15.13
1986	4200	19667	4.68	2.85	15.74
1987	4200	19339	4.60	2.86	16.48
1988	4200	19074	4.54	2.86	17.34
1989	4200	18749	4.46	2.85	17.96
1990	4200	18486	4.40	2.82	18.48
1991	4200	18241	4.34	2.77	19.87
1992	4200	17886	4.26	2.75	19.31
1993	4200	17494	4.17	2.77	20.64
1994	4200	17239	4.10	2.76	21.15
1995	4200	17089	4.07	2.78	21.56
1996	4200	16847	4.01	2.68	22.32
1997	4200	16574	3.95	2.65	23.16
1998	4200	16379	3.90	2.64	23.91
1999	4200	16116	3.84	2.60	25.07
2000	4200	15918	3.79	2.60	23.61

注：1978 年到 1980 年生活用房面积中包括生产用房。

9－11 续表

年　　份	平均每人全年总收入（元）	平均每人全年纯收入（元）	平均每人全年总支出（元）	#购置生产性固定资产	#生活消费支出
1978	134.58	114.56	116.57		93.69
1979	184.66	159.81	157.41		128.01
1980	240.98	210.23	204.75		165.34
1981	282.07	251.62	247.90	8.99	202.12
1982	343.99	299.95	296.21	17.87	230.02
1983	500.68	360.64	428.14	22.23	264.38
1984	554.61	394.99	461.31	18.11	287.24
1985	592.50	408.12	521.50	18.71	321.98
1986	644.65	449.27	570.40	14.81	364.56
1987	740.61	517.69	639.75	16.36	406.34
1988	857.76	583.74	780.24	23.72	482.11
1989	939.57	630.56	841.95	21.05	513.10
1990	994.36	680.18	878.27	18.14	547.05
1991	1152.02	764.04	1037.81	29.79	612.99
1992	1241.82	802.90	1121.22	27.81	655.69
1993	1413.69	952.74	1210.98	29.48	724.49
1994	1975.12	1319.73	1671.34	30.01	995.72
1995	2626.96	1715.09	2301.34	56.70	1338.46
1996	3246.92	2086.31	2955.16	68.33	1652.51
1997	3468.72	2292.12	2855.26	84.34	1626.27
1998	3561.87	2452.83	2782.48	93.23	1595.09
1999	3645.89	2549.56	2845.88	97.36	1679.75
2000	3880.98	2659.20	3036.20	107.85	1770.75

9－12 农村住户调查基本情况

指 标 名 称	单位	1985 年	1990 年	1995 年	1996 年	1997 年	1998 年	1999 年	2000 年
调查户数	户	4000	4200	4200	4200	4200	4200	4200	4200
调查人口	人	18896	18486	17089	16847	16574	16379	16116	15918
一、户均常住人口	人	**4.72**	**4.4**	**4.07**	**4.01**	**3.95**	**3.9**	**3.84**	**3.79**
户均整半劳动力	人	2.84	2.82	2.78	2.68	2.65	2.64	2.6	2.6
＃整劳动力	人	2.3	2.38	2.31	2.14	2.1	2.03	1.95	1.92
半劳动力	人	0.54	0.44	0.47	0.55	0.55	0.61	0.65	0.68
每百个常住人口中：									
学龄前人数	人	8.57	6.93	3.6	3.02	2.94	3	3	4.64
6－11 岁人口	人	9.56	9.47	10.9	11.93	11.27	9.61	8.23	
＃在校人口	人	8.47	7.91	8.85	10.63	10.53	8.93	7.73	
12－14 岁人口	人		6.05	5.82	6.02	6.12	6.78	7.31	
＃在校人口	人		5.64	5.62	5.91	5.97	6.67	7.21	
15－17 岁人口	人		6.59	3.96	4.49	4.97	4.96	5.22	
＃在校人口	人		4.28	3.72	4.18	4.65	4.68	4.85	
二、每百个劳动力中									
职工人数	人		0.05	2.55	2.91	2.83	2.8	2.92	
乡镇企业从业人员	人		0.13	6.89	6.77	7.3	6.55	6.8	
外出劳动人数	人			4.39	4.92	5.07	5.52	6.58	
三、每百个劳动力中									
文盲或半文盲人数	人	25.76	18.24	10.29	7.73	6.54	6.92	6.55	5.36
小学程度人数	人	35.4	37.08	30.06	28.1	28.24	28.29	27.37	25.98
初中程度人数	人	30.85	36.03	45.77	47.31	48.41	48.91	49.29	52.61
高中程度人数	人	7.64	7.65	11.51	13.56	13.44	12.32	13.33	12.77
中专程度人数	人	0.26	0.9	2.07	2.81	2.81	2.95	2.75	2.62
大专以上人数	人	0.09	0.11	0.31	0.5	0.55	0.61	0.71	0.66
四、经营耕地、山地、水面情况									
经营耕地面积	亩	1.55	1.48	1.39	1.44	1.44	1.46	1.45	1.45
＃承包耕地面积	亩	1.47	1.35	1.36	1.38	1.39	1.41	1.41	
自留地面积	亩	0.07	0.03	0.03	0.05	0.04	0.04	0.03	0.03
经营山地面积	亩	0.03	0.02	0.02	0.02	0.02	0.02	0.01	0.04
＃承包山地面积	亩	0.02	0.02	0.02	0.01	0.01	0.01	0.01	
自留山地面积	亩	0.01	0.004	0.005	0.007	0.01	0.007	0.005	
植树造林面积	亩	0.01	0.001	0.003	0.004	0.004	0.005		
经营水面面积	亩	0.01	0.002	0.005	0.001	0.07	0.001	0.004	0.004
五、平均每户年末生产用固定资产原值	元	**582.02**	**923.74**	**2188.9**	**3109.11**	**3641.99**	**4036.86**	**4626.32**	**5252.78**
役畜、产品畜	元	198.6	251.36	661.68	528.18	554.97	529.77	512.57	500.25
大中型铁木农具	元	23.4	35.87	128.42	176.2	174.62	202.51	180.69	262.93
农林牧渔业机械	元	73.79	217.46	541.49	885.2	1113.34	1231.07	1551.15	2022.2

9－12 续表

指　标　名　称	单位	1985 年	1990 年	1995 年	1996 年	1997 年	1998 年	1999 年	2000 年
工业机械	元	11.97	29.00	48.83	83.95	57.82	53.22	54.16	87.22
运输机械	元	160.44	223.50	373.67	593.82	852.37	919.56	1064.3	
生产用房	元	100.38	129.43	430.86	653.89	773.88	877.40	1019.0	
其他生产用固定资产	元	13.44	37.12	3.97	187.87	114.99	223.33	244.38	
六、平均每百户年末拥有主要固定资产									
汽　车	辆	0.11	0.06	0.36	0.43	0.57	0.67	1.19	4.02
大中型拖拉机	台	0.37	0.66	0.82	1.42	1.52	1.87	2.33	3.49
小型和手扶拖拉机	台	1.73	3.52	9.13	12.60	14.46	17.31	22.65	24.53
机动脱粒机	台	1.52	2.23	5.91	6.14	6.54	7.40	7.11	5.07
胶轮大车	辆	4.87	12.24	16.46	19.00	19.22	17.27	16.29	25.17
胶轮手推车	辆	92.79	88.91	83.55	77.65	77.10	75.95	67.54	
抽水机	台	2.79	7.26	12.15	13.23	14.10	15.09	15.59	
水　泵	台	3.43	8.49	16.17	17.75	20.53	23.62	23.61	37.90
机动船	条	0.06	0.02	0.02	0.17	0.05		0.16	
役　畜	头	32.71	4	39.36	39.82	42.06	31.23	24.19	26.94
产品畜	头	15.78	10.87	23.81	15.43	18.88	15.93	18.22	28.45
七、年内建房情况									
年内新建房屋户数	户	490	263	202	254	247	278		
年内户均新建房屋间数	间	0.43	0.23	0.21	0.21	0.22	0.24	0.21	
年内人均新建房屋面积	平方米	1.26	0.80	0.82	0.86	0.99	0.97	0.99	
＃砖木结构面积	平方米	0.97	0.70	0.47	0.45	0.64	0.58	0.61	
钢筋混凝土结构面积	平方米	0.03	0.07	0.26	0.31	0.32	0.36	0.35	
平均每间新建房屋价值	元	678.67	1429.58	2561.65	3272.93	3908.07	3384.27	4085.26	
人均新建生活用房面积	平方米	1.16	0.64	0.72	0.66	0.79	0.76	0.86	
人均新建楼房面积	平方米	0.007	0.02	0.03	0.02	0.05	0.01	0.04	
八、年内购房情况									
平均每百户购买集体统建房屋间数	间					0.38			
平均每百户购买集体统建房屋面积	平方米					6.55			
平均每间集体统建房屋价值	元					15937.50			
九、年内住房情况									
年末户均住房间数	间	6.24	6.76	6.22	5.81	6.01	6.04	6.11	
年末人均住房面积	平方米	16.19	18.48	21.56	22.32	23.16	23.91	25.07	23.61
＃砖木结构面积	平方米	8.16	12.00	17.09	15.95	16.50	17.08	17.34	18.35
钢筋混凝土结构面积	平方米	0.28	0.54	1.95	2.76	3.54	3.78	4.50	2.69
年末平均每间住房价值	元	436.05	653.41	1540.97	2131.39	2322.84	2445.96	2631.21	
十、平均每百户新建房屋占耕地面积	亩		**0.56**				**0.16**	**0.15**	

注:1985 年、1990 年年末住房间数和年末平均每间住房价值两个指标包括生产用房在内。

9－13 农民人均总收入和纯收入

单位:元

指标名称	1985年	1990年	1995年	1996年	1997年	1998年	1999年
一、全年总收入	**603.27**	**994.36**	**2626.96**	**3246.92**	**3468.72**	**3561.87**	**3645.91**
(一)基本收入	**569.95**	**962.75**	**2544.14**	**3142.95**	**3347.04**	**3421.10**	**3472.02**
1.劳动者的报酬收入	80.94	167.80	408.97	522.92	686.31	722.66	791.15
(1)在集体组织中劳动的报酬	30.87	44.03	127.76	191.93	254.78	261.29	277.89
(2)在企业劳动得到的报酬	26.42	67.74	269.42	288.57	364.34	374.81	399.42
在集体企业劳动得到的		52.52	135.31	135.51	174.07	176.69	189.84
在个体企业劳动得到的			31.78	39.36	51.06	96.74	98.78
在其他企业劳动得到的		15.22	102.32	113.70	139.20	101.37	110.80
(3)其他单位劳动得到的报酬	23.65	56.03	11.80	42.41	67.19	86.56	113.85
2.家庭经营收入	489.01	794.95	2135.17	2620.03	2660.73	2698.44	2680.87
(1)种植业收入	318.35	549.24	1520.01	1881.84	1743.48	1780.76	1711.76
#粮食收入	153.72	260.32	977.62	1074.10	864.82	933.06	865.43
(2)林业收入	5.45	7.16	24.37	15.59	23.15	31.17	35.41
(3)牧业收入	90.46	137.24	388.24	451.90	553.14	470.15	453.57
(4)渔业收入	2.45	0.87	2.60	1.46	2.38	1.06	20.04
(5)手工业收入	17.75	21.48	33.12	41.20	47.50	58.29	64.80
(6)采集捕猎收入	1.51	1.09	1.11	6.80	5.79	7.46	7.24
(7)工业收入	3.15	10.52	14.11	29.66	54.59	64.63	46.37
#粮食加工收入		0.18	6.03	7.46	10.15	7.33	9.70
(8)建筑业收入	9.26	17.19	35.17	40.19	45.86	58.82	76.52
(9)运输业收入	12.00	17.58	24.47	40.04	53.89	52.42	62.66
(10)商业收入	9.20	10.59	19.33	34.81	47.20	66.75	72.39
(11)饮食业收入	4.00	3.12	5.65	9.41	13.47	15.19	17.99
(12)服务业收入	4.92	6.14	11.48	18.02	21.40	32.10	37.68
(13)其他家庭经营收入	10.51	12.73	55.51	49.10	48.90	59.66	74.43
(二)转移性收入	**14.63**	**31.61**	**54.03**	**56.42**	**92.12**	**91.69**	**105.01**
1.在外人口寄回和带回	4.33	4.25	10.64	16.22	22.72	17.32	20.10
2.农村外部亲友赠送收入	2.23	1.92	4.10	4.49	6.71	6.51	7.50
3.调查补贴	4.57	5.25	7.26	7.19	10.97	13.68	15.22
4.保险赔款			0.21	0.19	0.72	1.09	0.86
5.救济金			0.05	0.13	0.11	0.14	0.53
6.救灾款			0.01	0.02	0.78	0.10	
7.退休金			1.62	3.05	6.07	7.10	9.27
8.怃恤金			0.94	1.05	1.27	1.37	2.49
9.五保户的供给				0.03	0.06	0.01	0.18
10.奖励收入			5.19	3.79	5.38	4.66	6.21
11.土地征用补偿收入			1.24	1.73	9.46	8.02	9.11
12.其他转移性收入	3.50		22.76	18.53	27.87	31.68	33.53
(三)财产性收入	**7.92**		**28.79**	**47.55**	**29.57**	**49.09**	**68.89**
1.利息收入			12.78	17.92	17.41	35.06	35.87
2.股息收入			0.71	1.83	1.73	2.03	3.68
3.租金收入			0.91	1.08	4.77	6.39	7.09
4.出让特许权收入				0.20	0.09	0.05	0.18
5.集体财产收入			0.20	0.24	0.39	0.02	0.34
6.其他财产收入	7.92		14.19	26.28	5.18	5.52	21.73
二、全年纯收入	**408.12**	**680.18**	**1715.09**	**2086.31**	**2292.12**	**2452.83**	**2549.58**

注:由于指标体系的变化,1990年转移性收入指标包括财产性收入。

9－14 农民人均总支出

单位:元

指 标 名 称	1985 年	1990 年	1995 年	1996 年	1997 年	1998 年	1999 年
全年总支出	**533.15**	**878.27**	**2301.31**	**2955.16**	**2855.26**	**2766.77**	**2845.88**
一、家庭经营费用支出	**144.79**	**237.33**	**722.76**	**932.22**	**950.55**	**879.94**	**849.83**
1.种植业生产支出	65.90	150.65	415.87	549.39	474.60	468.42	452.18
2.林业生产支出	1.97	2.06	2.99	4.92	4.33	3.92	4.66
3.牧业生产支出	55.11	66.42	270.29	300.61	385.39	294.53	291.29
4.渔业生产支出	0.95	0.34	0.47	1.04	1.45	0.56	6.76
5.手工业生产支出	5.70	6.48	7.29	12.57	11.15	12.05	10.64
6.工业生产支出	1.24	2.94	2.54	14.25	30.53	37.82	19.81
7.建筑业支出	0.75	0.16	3.88	5.11	4.94	7.77	7.10
8.运输业支出	3.48	5.32	9.31	11.10	11.24	8.13	10.18
客运支出			0.45	0.66	0.47	1.27	1.15
货运支出			8.86	10.44	10.77	6.86	9.03
9.商业支出	5.00	0.94	2.77	4.98	5.76	23.95	17.66
10.饮食业支出	1.75	0.30	2.49	3.55	3.24	3.95	3.96
11.服务业支出	0.66	0.51	1.47	3.16	2.76	2.55	2.77
12.其他经营支出	3.28	1.21	3.40	21.55	15.17	16.29	22.82
二、购置生产用固定资产支出	**18.71**	**18.14**	**56.70**	**68.33**	**84.34**	**93.23**	**97.36**
#大中型铁木农具		0.58	1.12	1.40	0.94	1.37	1.56
农林牧渔业机械		7.32	15.74	20.83	32.67	32.38	39.25
工业机械		0.80	1.45	2.09	2.98	1.80	8.53
运输机械			13.51	17.49	22.35	30.66	21.28
役畜、产品畜			16.17	11.49	10.66	10.96	9.75
三、缴纳税金	**5.74**	**7.62**	**16.42**	**35.74**	**30.77**	**28.85**	**29.63**
第一产业的税金			15.43	33.42	27.46	25.57	26.25
第二产业的税金			0.03	0.46	0.24	0.18	0.17
第三产业的税金			0.95	1.85	3.07	3.10	3.21
四、上交集体承包任务	**20.98**	**50.01**	**45.16**	**47.66**	**41.17**	**36.36**	**36.78**
五、集体提留和摊派			**84.40**	**85.42**	**81.62**	**81.25**	**84.50**
六、生活消费支出	**321.98**	**547.05**	**1338.46**	**1652.51**	**1626.27**	**1595.09**	**1679.75**
七、其他非借贷性支出	**9.30**	**18.12**	**37.41**	**133.28**	**40.54**	**52.05**	**68.03**
#寄给和带给在外人口	0.76	0.78	2.84	3.33	2.96	4.89	4.97
赠送农村外部亲友	1.32	3.31	2.70	2.88	3.15	5.34	10.26
附:生产用固定资产折旧	**8.30**	**13.97**	**35.86**	**52.39**	**61.52**	**68.96**	**80.38**

注:1990 年上交集体承包任务中包括集体提留和摊派。

9－15 1999－2000年农民人均总收入和总支出

单位:元

指标名称	1999年	2000年
一、总收入	**3684.26**	**3880.98**
(一)工资性收入	**791.15**	**850.56**
1.在非企业组织中劳动得到的	277.89	235.42
2.在本地企业中劳动得到的	189.83	280.76
#在本地乡镇企业得到的	189.83	186.06
(1)在第一产业劳动得到的	51.64	54.88
(2)在第二产业劳动得到的	115.15	189.08
(3)在第三产业劳动得到的	23.04	36.80
3.常住人口外出从业得到的	209.59	218.16
(1)在第一产业从业得到的	34.70	18.93
(2)在第二产业从业得到的	106.64	128.09
(3)在第三产业从业得到的	68.24	71.15
4.其　他	113.85	116.21
(二)家庭经营收入	**2680.85**	**2809.40**
1.农业收入	1718.98	1662.23
#种植业收入	1711.76	1620.99
2.林业收入	35.41	46.29
3.牧业收入	453.57	536.64
4.渔业收入	20.04	15.08
5.工业收入	111.17	115.21
6.建筑业收入	76.52	47.19
7.交通、运输和邮电业收入	62.66	120.71
8.批发零售贸易餐饮业收入	90.39	123.00
9.社会服务业收入	37.68	39.24
10.文教卫生业收入		4.49
11.其他家庭经营收入	74.43	99.32
(三)财产性收入	**78.00**	**57.80**
1.利　息	35.87	23.55
2.股　息	3.68	3.48
3.租　金	7.09	8.87
4.红　利		
5.土地征用补偿	9.11	9.30
6.其　他	22.25	12.60
(四)转移性收入	**134.26**	**163.23**
1.家庭非常住人口寄回带回	20.10	24.92
2.亲友赠送	46.67	91.98
#农村外部亲友赠送	7.50	10.14
3.调查补贴	15.22	8.77
4.救济金	0.53	0.57
5.救灾款		0.02
6.保险年金		
7.退休金	9.27	11.08
8.抚恤金	2.49	
9.其　他	39.98	25.89

指标名称	1999年	2000年
二、总支出	**2934.53**	**3036.21**
(一)家庭经营费用支出	**849.83**	**905.62**
1.农业生产	452.18	474.86
#种植业	452.18	471.75
2.林业生产	4.66	8.10
3.牧业生产	291.29	310.78
4.渔业生产	6.76	1.68
5.工业生产	30.45	31.42
6.建筑业生产	7.10	9.06
7.交通、运输和邮电业	10.18	22.87
8.批发和零售贸易、餐饮业	21.61	31.91
9.社会服务业	2.77	4.44
10.文教卫生业		1.42
11.其他家庭经营支出	22.82	9.09
(二)购置生产性固定资产支出	**97.36**	**107.85**
(三)生产性固定资产折旧	**80.38**	**92.40**
(四)税费支出	**150.92**	**134.48**
1.缴纳生产税	29.63	16.23
第一产业	26.25	12.57
第二产业	0.17	0.80
第三产业	3.21	2.86
2.缴纳其他直接税		
3.村提留	84.50	39.29
4.乡统筹		51.09
5.其他各项收费	36.78	27.86
(五)生活消费支出	**1679.75**	**1770.75**
1.食品消费支出	820.76	781.88
#主　食	298.49	218.16
副　食	318.17	340.70
其他食品	159.24	160.56
在外饮食	35.67	54.12
2.衣着消费	113.77	117.51
3.居住消费	252.34	299.76
#住房装饰、装修	10.10	3.87
4.家庭设备、用品及服务	106.76	114.95
5.医疗保健	89.64	118.69
6.交通通讯消费	90.33	101.64
7.文教娱乐用品及服务	182.09	207.87
8.其他商品和服务消费	24.06	28.45
(六)财产性支出	**40.89**	**10.12**
非生产性贷款利息支出	1.07	1.03
其　他	39.82	9.09
(七)转移性支出	**115.80**	**107.38**
1.寄给带给家庭非常住人口	4.97	5.79
2.赠送亲友	98.81	86.38
#赠送农村外部亲友	10.26	5.93
3.缴纳保险费	6.41	5.43
4.缴纳罚款	1.82	0.95
5.其　他	3.69	8.83

注:本表各项指标为新口径,与历史数据不可比。

9－16 农民人均生活消费支出

单位:元

指 标 名 称	1985 年	1990 年	1995 年	1996 年	1997 年	1998 年	1999 年
总　　计	**321.98**	**547.05**	**1338.46**	**1652.51**	**1626.27**	**1595.09**	**1679.75**
一、食　　品	**168.19**	**297.11**	**748.68**	**871.53**	**871.73**	**820.35**	**820.76**
1.主　食	80.97	117.81	349.67	381.74	346.22	309.17	298.49
2.副　食	56.99	113.89	263.27	320.81	341.49	330.37	318.17
3.其他食品	27.32	55.66	111.73	135.81	146.56	139.40	159.24
4.在外饮食	2.91	4.94	15.79	23.32	27.95	31.66	35.66
5.食品加工费		4.81	8.23	9.86	9.50	9.74	9.20
二、衣　着	**36.30**	**52.83**	**102.03**	**131.26**	**131.25**	**116.37**	**113.77**
1.服　装			45.35	60.13	60.85	52.48	53.77
2.衣着材料			23.19	30.46	28.68	26.77	22.54
3.鞋袜帽类			28.30	35.78	34.98	32.00	32.11
4.衣着加工修理费		0.77	1.58	2.54	3.50	3.50	3.44
5.其　他			3.62	2.36	3.24	1.62	1.90
三、居　住	**66.10**	**105.73**	**208.63**	**265.35**	**215.97**	**225.37**	**252.34**
1.住　房	46.36	73.44	100.60	138.10	116.75	128.87	150.36
(1)建筑材料			91.55	117.67	105.11	105.97	116.55
(2)房　租		0.05	0.16	0.52	0.69	0.48	0.58
(3)其　他			8.89	19.91	10.95	22.42	33.23
2.电　费	1.32	5.14	17.40	18.73	24.89	29.37	32.60
3.燃　料	18.29	27.15	85.61	93.14	56.09	38.25	40.34
4.其　他	0.13		5.03	15.38	18.24	28.88	29.03
四、家庭设备、用品及服务	**21.90**	**28.83**	**73.68**	**97.63**	**98.03**	**92.05**	**106.76**
1.耐用消费品			32.77	40.41	39.15	35.01	43.81
(1)家　具			14.84	20.49	19.07	17.07	20.04
(2)家庭设备			12.78	13.62	12.60	10.30	12.41
(3)住房装饰			3.67	4.04	5.05	5.95	8.77
(4)其　他			1.48	2.26	2.42	1.69	2.59
2.室内装饰品			0.30	0.78	0.90	1.48	1.34
3.床上用品	0.58	0.73	4.31	6.87	6.69	6.12	6.76
4.家庭日用杂品	18.61	24.36	31.83	42.13	43.96	42.88	47.75
5.做家具材料			1.34	3.03	2.40	1.95	2.32
6.设备用品加工修理费	0.30	0.54	1.04	2.12	2.61	2.39	2.60
7.其他	2.41	3.20	2.09	2.30	2.32	2.23	2.19
五、医疗保健	**6.69**	**20.85**	**40.25**	**64.09**	**71.26**	**84.64**	**89.64**
1.医药卫生保健用品	4.91	12.49	24.92	34.26	35.07	38.49	39.03
2.医疗保健服务费	1.67	4.10	15.08	27.23	33.08	43.66	47.60
3.医疗保健设备用品修理费		0.54	0.01	0.26	0.23	0.16	0.08
4.其　他			0.24	2.34	2.89	2.34	2.93
六、交通和通讯	**5.40**	**6.35**	**43.05**	**58.81**	**64.37**	**78.64**	**90.33**
1.交通工具	4.39	4.06	33.47	41.36	39.93	48.43	53.34
2.通讯工具			2.51	3.47	4.50	4.51	4.47
3.交通费	0.88	1.64	4.35	6.77	8.66	10.46	11.88
4.邮电费		0.11	0.55	2.96	5.99	9.49	14.22
5.交通、通讯工具修理费		0.54	2.16	4.26	5.28	5.75	6.41
七、文教娱乐用品及服务	**14.17**	**32.73**	**106.08**	**143.51**	**149.40**	**156.34**	**182.09**
1.文化教育娱乐用品	10.15	17.88	27.72	36.29	37.36	35.45	45.16
2.文化教育娱乐服务	4.02	14.85	78.35	107.23	112.04	120.89	136.93
八、其他商品和服务	**3.82**	**6.34**	**16.06**	**20.32**	**24.26**	**21.33**	**24.06**
1.商品性支出			2.90	4.41	6.08	3.21	4.95
2.服务支出			13.16	15.92	18.18	18.12	19.11

9－17 1999－2000年农民人均生活消费现金支出

单位:元

指 标 名 称	1999年	2000年
一、食 品	**439.23**	**506.71**
(一)主 食	**23.25**	**32.47**
#粮 食	5.14	16.22
豆 类	1.76	2.48
粮食复制品	16.34	13.78
(二)副食	**229.67**	**258.01**
蔬 菜	38.05	42.02
豆制品	4.84	5.80
油脂类	27.59	32.25
食 糖	4.61	4.46
肉、禽及其制品	85.96	96.32
蛋 类	31.57	34.75
水产品	18.74	21.08
调味品	10.06	10.44
其 他	8.25	10.89
(三)其他食品	**141.45**	**153.77**
烟草类	40.19	44.54
酒 类	44.92	51.40
饮料类	9.62	10.95
干鲜果品	23.20	22.87
糖果糕点	15.43	13.48
奶和奶制品	3.37	2.89
罐头类	0.18	
其 他	4.54	7.64
(四)在外饮食	**35.67**	**54.12**
(五)食品加工费	**9.20**	**8.34**
二、衣 着	**111.92**	**116.18**
服 装	53.77	56.17
衣着材料	20.69	16.30
鞋、帽、袜类	32.11	40.58
衣着加工费	3.44	3.09
其 他	1.90	0.05
三、居 住	**242.90**	**288.05**
(一)住 房	**149.92**	**204.67**
建筑材料	116.55	151.08
住房装饰、装修		3.87
房 租	0.58	0.52
其 他	32.79	49.20
(二)电 费	**32.60**	**35.71**
(三)水 费		**1.74**
(四)燃 料	**31.35**	**45.94**
煤 炭	24.52	32.61
柴 草	0.13	0.22
其 他	6.70	13.12
(五)其 他	**29.03**	

指 标 名 称	1999年	2000年
四、家庭设备、用品及服务	**106.71**	**114.83**
耐用消费品	43.81	39.06
家 具	20.05	18.10
家庭设备	12.41	14.66
其 他	11.36	6.29
床上用品	6.76	5.35
家庭日用杂品	47.75	39.34
日用小五金	3.26	3.85
日用百货	20.13	19.11
其 他	24.36	16.38
设备用品加工修理费	2.60	3.05
其 他	5.79	28.03
五、医疗保健	**89.64**	**118.69**
医疗卫生保健用品	39.03	59.01
医疗保健服务费	47.60	46.64
医卫保设备用品修理费	0.08	0.20
其 他	2.93	12.83
六、交通和通讯	**90.33**	**101.64**
交通工具	53.34	35.52
动力燃料		
通讯工具	4.47	10.77
交通费	11.88	16.56
客运交通费		14.82
货运费		1.75
邮电费	14.22	28.48
交通、通讯工具修理费	6.41	10.31
七、文教娱乐用品及服务	**182.09**	**207.87**
文化教育娱乐用品	45.16	41.84
文教娱乐用机电用品	32.72	27.05
书、报、杂志	7.58	6.04
纸张、文具	2.71	3.04
其他用品	2.16	5.72
文化教育、娱乐服务	136.93	166.03
学杂费	126.84	154.36
技术培训费	2.86	3.89
文娱费	1.80	1.70
用品加工修理服务费	0.98	0.67
其 他	4.45	5.42
八、其他商品和服务	**24.06**	**28.45**
商品性支出	4.95	5.12
化妆品	1.60	2.04
首饰饰品	1.97	0.82
其 他	1.38	2.26
服务支出	19.11	23.33
旅店住宿费	0.15	0.20
殡殓费	4.42	6.56
旅游支出		2.04
其 他	14.54	14.54

注:本表各指标为新口径,与历史资料不可比。

9－18 农民人均现金收支情况

单位:元

指标名称	1985年	1990年	1995年	1996年	1997年	1998年	1999年
现金收入合计	**405.50**	**810.74**	**1882.32**	**2374.51**	**2791.81**	**2856.92**	**3171.16**
一、基本收入		**641.17**	**1501.90**	**1858.14**	**2204.81**	**2272.30**	**2515.20**
1.劳动者的报酬收入	73.54	158.55	403.99	501.64	670.91	715.51	786.93
(1)在集体组织中劳动的报酬	24.33	39.63	124.52	176.90	252.47	260.09	276.93
(2)在企业劳动得到的报酬	26.12	65.50	267.81	283.19	351.56	369.02	397.01
在集体企业劳动得到的		50.13	134.38	131.48	166.15	174.51	188.36
在个体企业劳动得到的			31.32	39.29	50.82	94.80	98.53
在其他企业劳动得到的		15.37	102.11	112.42	134.59	99.71	110.12
(3)其他单位劳动得到的报酬	23.09	53.42	11.66	41.55	66.88	86.39	112.99
2.家庭经营现金收入	188.43	482.62	1097.91	1356.80	1533.90	1556.79	1728.27
1)出售产品的现金	250.85	416.17	931.06	1123.27	1244.27	1210.85	1306.26
(1)出售种植业产品的现金	143.03	264.11	612.54	748.30	781.49	780.55	846.07
(2)出售林业产品的现金	4.52	5.98	11.70	11.96	12.04	14.29	15.88
(3)出售牧业产品的现金	78.55	116.22	292.98	329.58	406.58	367.03	398.97
(4)出售渔业产品的现金	1.84	0.76	1.31	0.79	0.69	0.64	13.98
(5)出售手工业产品的现金	16.99	20.99	8.17	13.63	9.92	10.43	11.42
(6)出售采集捕猎产品现金	0.75	0.46	0.18	1.33	2.19	0.86	0.67
(7)出售工业产品的现金	3.13	6.12	0.43	14.04	29.31	35.25	14.93
(8)出售其他产品的现金	2.06	1.53	3.76	3.64	2.05	1.81	4.33
2)工业加工费的现金收入		4.13	13.14	15.60	23.87	22.68	31.43
#粮食加工收入			6.03	7.46	10.15	7.33	9.70
3)建筑业的现金收入	8.84	16.55	35.09	40.04	45.40	53.84	76.52
4)运输业的现金收入	11.47	16.84	24.47	40.03	53.41	50.51	62.66
5)商业的现金收入	12.96	10.15	19.31	34.81	47.05	66.75	72.39
6)饮食业的现金收入		3.05	5.65	9.41	13.47	15.19	17.99
7)服务业的现金收入	4.73	6.00	11.48	18.26	21.40	28.06	37.66
8)其他家庭经营的现金收入	7.40	9.73	57.11	75.37	85.05	108.93	123.34
二、转移性收入	**19.07**	**45.70**	**65.68**	**76.32**	**114.65**	**121.87**	**136.56**
#在外人口寄回和带回	4.19	4.09	10.55	15.91	22.52	16.87	19.80
亲友赠送收入	7.63	10.18	16.72	25.70	31.93	38.85	46.67
#农村外部亲友赠送	2.20	1.53	4.09	4.14	6.08	6.37	7.45
三、财产性收入	**10.26**		**40.74**	**46.30**	**43.21**	**65.82**	**73.72**
四、储蓄借贷现金收入	**82.55**	**123.87**	**274.00**	**393.45**	**429.13**	**396.93**	**445.68**
1.银行信用社得到的贷款	10.55	10.31	17.73	17.81	37.17	30.88	34.65
2.借入款	32.76	50.54	117.26	156.44	207.26	157.23	152.62
3.收回借出款	11.74	27.46	53.36	67.40	65.16	60.31	81.94
4.从银行信用社取回存款	27.04	34.33	79.19	149.02	127.21	139.63	170.65
#兑换国库券的现金		0.35	0.53	1.62	0.04	0.11	0.32
兑换公债的现金			0.01	0.01			
5.转让股票收入			0.06	0.35		0.01	
6.收回投资款	0.46	1.23	6.41	2.42	2.33	8.87	5.82

注:1990年转移性收入指标包括财产性收入。

9－18 续表 单位:元

指 标 名 称	1985 年	1990 年	1995 年	1996 年	1997 年	1998 年	1999 年
现金支出合计	**440.04**	**750.71**	**1750.60**	**2236.68**	**2503.83**	**2691.10**	**2870.88**
一、生产费用支出的现金	**117.20**	**176.66**	**479.52**	**631.95**	**702.62**	**698.06**	**697.74**
1.家庭经营费用支出的现金	98.67	158.74	422.82	563.62	618.28	604.83	600.39
(1)种植业生产支出	49.82	115.73	271.42	400.31	380.87	365.34	372.35
(2)林业生产支出	1.84	1.75	2.92	4.75	4.33	3.86	4.66
(3)牧业生产支出	26.69	25.08	121.45	104.79	162.03	148.19	137.14
(4)渔业生产支出	0.69	0.32	0.41	0.32	0.93	0.31	6.46
(5)手工业生产支出	5.45	6.02	7.04	11.80	11.15	12.05	10.64
(6)工业生产支出	1.17	1.83	2.23	11.41	29.02	29.41	19.48
(7)建筑业支出	0.73	0.15	3.35	5.11	4.94	7.77	7.10
(8)运输业支出	3.16	5.17	8.73	10.55	11.03	8.13	10.18
客运支出			0.45	0.63	0.26	1.27	1.15
货运支出			8.28	9.91	10.77	6.86	9.03
(9)商业支出	0.95	0.93	1.50	4.98	5.76	20.77	17.66
(10)饮食业支出	4.78	0.30	1.80	3.34	3.24	3.95	3.96
(11)服务业支出	0.63	0.48	0.88	3.16	2.76	2.55	2.77
(12)其他现金支出	2.76	0.98	1.09	3.10	2.24	2.51	8.00
2.购置生产用固定资产支出	18.53	17.92	56.70	68.33	84.34	93.23	97.36
#大中型铁木农具	1.34	0.56	1.12	1.40	0.94	1.37	1.56
农林牧渔业机械	5.54	7.02	15.74	30.83	32.67	32.38	39.25
工业机械	0.74	0.80	1.45	2.09	2.98	1.80	8.53
运输机械			13.51	17.49	22.35	30.66	21.28
役 畜			14.22	10.48	7.65	9.65	8.41
产品畜			1.96	1.01	3.01	1.31	1.34
二、缴纳税金	**5.16**	**7.00**	**11.32**	**16.04**	**17.08**	**17.04**	**17.65**
三、上交集体承包任务现金	**18.66**	**44.20**	**22.04**	**26.14**	**20.92**	**20.56**	**24.44**
四、集体提留和摊派			**84.39**	**82.80**	**80.05**	**81.25**	**84.50**
五、生活消费支出的现金	**211.69**	**379.60**	**851.91**	**1124.23**	**1179.48**	**1204.48**	**1286.87**
六、其他非借贷性支出	**19.67**	**38.50**	**65.45**	**106.29**	**111.89**	**125.70**	**141.47**
#寄给和带给在外人口的	0.74	0.78	2.83	3.24	2.96	4.88	4.95
赠送亲友的现金	12.95	24.69	43.76	65.95	76.97	79.61	98.81
#赠送农村外部亲友		1.63	2.60	2.57	3.15	5.19	10.15
七、储蓄借贷现金支出	**67.66**	**104.75**	**235.97**	**249.24**	**391.79**	**544.00**	**618.21**
1.归还银行信用社贷款	6.72	6.42	7.79	9.37	15.56	15.83	17.63
2.借出款	13.07	20.97	19.82	18.20	56.07	62.20	89.75
3.归还借款	18.59	23.92	52.82	56.48	73.66	91.34	88.96
4.存入银行信用社款	28.26	51.12	151.26	161.29	242.72	367.01	407.91
#购买国库券		0.36	1.03	0.04	0.31	0.31	
5.购买股票支出	1.02		0.44	0.25	0.06	2.16	0.05
6.支出投资额		2.32	3.83	3.64	3.72	5.46	13.91

注:1990 年上交集体承包任务的现金指标包括集体提留和摊派。

9－19 1999－2000年农民人均现金收支

单位:元

指标名称	1999年	2000年	指标名称	1999年	2000年
一、期内现金收入	**2704.78**	**3090.67**	**(三)财产性收入**	**62.13**	**54.05**
(一)工资性收入	**786.93**	**848.68**	利　息	35.87	23.55
1.在非企业组织中劳动得到	276.93	235.02	股　息	3.68	3.48
2.在本地企业中劳动得到的	188.36	279.53	租　金	7.09	8.87
#在本地乡镇企业劳动得	188.36	185.47	红　利		
在第一产业劳动得到的	50.58	54.72	土地征用补偿	9.11	9.30
在第二产业劳动得到的	114.74	188.11	其　他	6.38	8.84
在第三产业劳动得到的	23.04	36.71	**(四)转移性收入**	**127.45**	**158.37**
3.常住人口外出从业得到的	208.65	218.00	家庭非常住人口寄回带回	19.80	24.68
在第一产业从业得到的	34.49	18.83	亲友赠送	46.67	90.39
在第二产业从业得到的	105.94	128.07	#农村外部亲友赠	7.45	8.55
在第三产业从业得到的	68.21	71.10	调查补贴	14.46	8.65
4.其　他	112.99	116.13	救济金	0.53	0.57
(二)家庭经营收入	**1728.27**	**2029.57**	救灾款		0.02
1.出售产品的收入	1306.26	1481.57	保险年金收入		
出售农业产品收入	846.75	910.14	退休金	9.27	11.08
#种植业	846.07	904.27	抚恤金	2.49	
出售林业产品收入	15.88	45.05	其　他		22.98
出售牧业产品收入	398.97	490.33	**二、非收入所得**	**466.38**	**612.59**
出售渔业产品收入	13.98	10.48	从银行信用社得到的贷款	34.65	43.53
出售工业产品的收	26.36	14.53	借入款	152.62	215.43
出售其他产品的收入	4.33	11.03	收回借出款	81.94	100.72
2.工业加工费	31.44	100.69	从银行信用社取回存款	170.65	238.27
3.建筑业	76.52	47.19	收回投资款	5.82	1.32
4.交通运输	62.66	120.71	出售财产所得款	20.70	12.00
5.批发和零售贸易餐饮业	90.39	123.00	一次性工伤补贴		
6.社会服务业	37.68	39.24	保险公司赔付		1.32
7.文教卫生业		4.49	其　他		
8.其他家庭经营收入	123.34	88.29	**三、期内现金支出**	**2870.88**	**2574.97**

注:本表各指标为新口径,与历史资料不可比。

单位：元

指标名称	1999年	2000年	指标名称	1999年	2000年
（一）生产费用支出	**697.74**	**850.76**	**（三）生活消费支出**	**1286.87**	**1482.43**
1.家庭经营费用支出	600.39	742.90	**（四）财产性支出**	**1.07**	**9.38**
农业生产支出	372.35	422.77	非生产性贷款利息支出	1.07	1.03
＃种植业支出	372.35	419.67	其　他		8.35
林业生产支出	4.66	8.10	**（五）转移性支出**	**140.40**	**105.80**
牧业生产支出	137.14	201.52	寄给带给家庭非常住人口	4.96	5.75
渔业生产支出	6.46	1.68	赠送亲友支出	98.81	85.43
工业生产支出	30.12	30.44	＃赠送农村外部亲友	10.16	4.97
建筑业生产支出	7.10	8.90	支付保险费支出	6.41	5.43
交通运输支出	10.18	22.83	缴纳罚款	1.82	0.95
批发和零售贸易餐饮业	21.61	31.91	其　他	18.25	8.24
社会服务业支出	2.77	4.43	**四、非消费性现金付出**	**618.21**	**526.16**
文教卫生业		1.42	归还银行信用社贷款	17.63	19.31
其他经营支出	8.00	8.90	借出款	89.75	103.15
2.购置生产性固定资产支出	97.36	107.85	归还借款	88.96	113.53
＃房屋及建筑物		0.08	存入银行信用社	407.91	280.21
大中型铁木农具	1.56	2.30	购买股票支出	0.05	0.52
农林牧渔业机械	39.25	40.71	支出投资额	13.91	9.43
工业机械	8.53	2.05	其　他		
运输机械	21.28	37.62	**五、期末金融资产余额**		**1772.78**
役　畜	8.41	7.64	债　券		0.11
产品畜	1.34	7.64	股　票		5.88
（二）税费支出	**126.59**	**126.60**	银行存款	1407.41	1230.58
缴纳生产税	17.65	16.15	手存现金	1187.61	524.90
第一产业		12.54	其　他		11.30
第二产业		0.78	**六、期末债务余额**		**15.49**
第三产业		2.84	银行、信用社贷款		1.67
缴纳直接税			乡村组织、企业借（欠）款		0.34
村提留		36.18	个人借（欠）款		12.89
乡统筹		46.63			
其他各项收费		27.64	其　他		0.59

9－20 农民购买商品情况

指标名称	单位	1985年	1990年	1995年	1996年	1997年	1998年	1999年
一、人均购买食品	元			**347.28**	**377.24**	**416.28**	**400.83**	**405.76**
1.粮食(原粮)	千克		14.54	10.38	15.22	20.13	17.81	12.65
#从集市购买	千克		6.62	4.71	13.88	19.72	17.29	12.65
2.食用植物油	千克			1.92	2.71	3.53	3.34	3.05
3.动物油	千克			0.83	0.70	0.63	0.81	0.58
4.蔬　菜	千克		30.37	32.48	36.65	38.28	38.42	40.64
5.豆制品	千克		2.24	2.33	1.99	1.96	2.57	2.63
6.猪　肉	千克		5.91	5.64	6.84	5.50	6.46	7.33
7.牛　肉	千克		0.40	0.16	0.36	0.59	0.44	0.28
8.羊　肉	千克			0.15	0.26	0.24	0.21	0.18
9.家　禽	千克			0.47	0.63	1.17	1.20	1.20
10.其他肉禽	千克			0.81	1.17	1.98	1.55	1.25
11.鲜　蛋	千克			3.02	3.59	6.35	5.99	6.65
12.蛋制品	千克			0.04	0.24	0.11	0.09	0.03
13.鲜活鱼类	千克			0.10	1.29	1.37	1.37	1.50
14.各种冷冻鱼	千克			2.10	1.35	1.26	1.40	1.24
15.调味品	千克			10.65	11.15	13.20	14.83	7.60
16.食　糖	千克		1.22	1.11	1.09	1.21	1.25	1.25
17.糕　点	千克		1.98	2.89	2.91	2.97	2.72	2.81
18.糖　果	千克		0.37	0.42	0.37	0.44	0.39	0.35
19.卷　烟	盒		35.10	28.26	27.87	27.39	26.42	28.55
20.酒	千克		5.88	8.25	9.49	11.50	10.59	10.54
#啤　酒	千克		1.15	2.71	3.44	5.16	4.49	4.98
21.茶　叶	千克		0.26	0.41	0.36	0.10	0.36	0.32
22.水　果	千克		4.16	12.03	16.31	17.91	21.95	18.53
#鲜　瓜	千克			4.94	6.96	7.43	11.82	7.91
甘　蔗	千克			0.04	0.03	0.03	0.03	0.03
23.干　果	千克			0.38	0.30	0.38	0.47	0.32
24.鲜　奶	千克			0.05	0.07	0.06	0.10	0.19
25.奶制品	千克			0.10	0.22	0.25	0.31	0.31
26.罐　头	千克			0.19	0.13	0.14	0.26	0.12
27.冷冻饮品	千克			1.10	1.56	1.94	1.41	1.76
二、购买衣着和床上用品	元			**102.91**	**131.60**	**129.88**	**113.76**	**115.37**
1.棉布(包括成衣折量)	米	3.54	1.38	0.83	0.90	0.94	0.73	0.66
#棉布服装	件	0.18	0.10	0.09	0.10	0.09	0.08	0.08
2.化纤布(包括成衣折量)	米	3.05	2.09	1.90	2.33	3.21	2.08	2.07
#化纤布服装	件	0.44	0.57	0.82	0.85	0.80	0.83	0.83
3.呢绒(包括成衣折量)	米	0.18	0.08	0.10	0.10	0.12	0.06	0.05
#呢绒服装	件	0.04	0.03	0.05	0.05	0.03	0.03	0.02
4.绸缎(包括成衣折量)	米	0.06	0.04	0.01	0.02	0.03	0.01	0.01
#绸缎服装	件	0.01	0.01			0.01		
5.毛线及毛线织品	千克	0.07	0.06	0.17	0.22	0.44	0.21	0.21
#毛　线	千克			0.09	0.11	0.13	0.10	0.09
6.麻　布	米			0.03	0.05	0.04	0.04	0.05
7.针纺织品	元			6.87	10.04	9.93	9.19	9.70
8.毛皮制品	件						0.01	0.01
9.背　心	件			0.14	0.15	0.16	0.17	0.17
10.帽　子	顶			0.10	0.11	0.11	0.11	0.12
#草　帽	顶			0.03	0.04	0.04	0.04	0.04

注:1990年人均购买牛肉指标中包括羊肉。

9－20 续表 1

指 标 名 称	单位	1985 年	1990 年	1995 年	1996 年	1997 年	1998 年	1999 年
11.皮　鞋	双		0.13	0.24	0.27	0.26	0.27	0.30
12.胶　鞋	双		0.41	0.17	0.17	0.14	0.14	0.13
13.球　鞋	双			0.18	0.16	0.15	0.14	0.12
14.布　鞋	双			0.41	0.42	0.42	0.40	0.43
15.塑料鞋	双			0.31	0.31	0.32	0.32	0.34
16.袜　子	双			0.65	0.70	0.82	0.86	1.06
17.手　套	双			0.05	0.07	0.08	0.07	0.11
18.围　巾	条			0.03	0.04	0.03	0.03	0.03
19.凉　席	张			0.03	0.03	0.05	0.03	0.03
三、平均每百人购买文化体育用品	**元**			**2772.69**	**3630.02**	**3735.57**	**3544.81**	**4516.76**
1.收音机	台		0.29	0.51	0.45	0.36	0.37	0.60
2.黑白电视机	台		1.23	0.49	0.65	0.46	0.35	0.23
3.彩色电视机	台		0.17	0.44	0.46	0.66	0.74	1.30
4.收录机	台		0.22	0.40	0.52	0.39	0.38	0.47
5.录放像机	台			0.05	0.03	0.05	0.02	0.07
6.照相机	架		0.02	0.04	0.04	0.01	0.01	0.04
7.纸　张	元			36.68	39.73	30.57	29.53	24.99
8.文　具	元			223.68	287.56	306.77	258.10	246.28
9.文娱体育用品	元			387.96	195.91	165.46	184.52	189.79
10.胶　卷	盒			0.36	0.69	0.98	0.87	0.56
11.相　纸	元			2.00	1.60	0.84	1.39	0.61
12.录音带	盒			3.31	3.52	2.84	2.96	3.34
13.录像带	盒			0.20	0.17	0.27	0.38	0.30
四、平均每百户购买建筑材料				**32791.26**	**47155.21**	**41474.45**	**47337.10**	**44723.64**
1.水　泥	千克		19166.40	19919.26	23907.71	22823.36	34618.48	36263.88
2.木　材	立方米		6.14	5.97	11.49	8.25	7.91	6.05
3.钢　材	千克		678.57	926.21	1105.81	932.98	1361.95	1683.76
4.水泥预制件	件		274.74	71.81	176.81	151.62	192.33	125.71
5.玻　璃	平方米		45.40	32.96	68.71	56.01	39.06	30.71
6.砖　瓦	块		100007.55	81948.64	118435.62	110163.98	116735.38	109377.60
7.石　灰	千克			9633.57	11657.81	10889.40	14792.05	15230.43
8.沙　石	立方米			106.07	440.33	695.26	368.57	194.26
9.油　毡	捆		1.24	2.33	3.31	3.07	4.52	1.45
10.其　他	元			3444.14	6126.05	7103.98	7166.81	6839.90
五、人均购买燃料	**元**			**21.82**	**29.73**	**31.92**	**30.66**	**31.35**
1.煤　炭	千克			56.80	62.86	70.30	58.40	63.73
2.煤制品	千克			31.57	41.56	42.95	48.12	47.62
3.煤　油	千克			0.09	0.17	0.26	0.48	1.22
六、人均购买日用品	**元**			**105.65**	**133.66**	**135.93**	**137.35**	**156.93**
1.肥　皂	块		1.37	0.52	0.47	0.42	0.41	0.41
2.洗衣粉	千克		0.78	1.17	1.23	1.34	1.42	1.43
3.香　皂	块			0.30	0.29	0.33	0.34	0.36
4.药　皂	块			0.01		0.01		
5.保温瓶	个			0.04	0.06	0.06	0.05	0.05
6.保温杯	个				0.01	0.01	0.01	0.01
7.牙　膏	支			0.37	0.39	0.41	0.51	0.54
8.生活用塑料制品	元			0.50	0.53	0.56	0.60	0.56
9.日用陶瓷制品	元			0.65	0.87	0.67	0.54	0.60
10.搪瓷制品	元			0.21	0.25	0.26	0.21	0.22

注：1990 年人均购买胶鞋是指胶鞋和球鞋两种。

9－20 续表 2

指 标 名 称	单位	1985 年	1990 年	1995 年	1996 年	1997 年	1998 年	1999 年
11.金属制炊具	元			1.45	1.71	1.71	1.53	1.59
12.玻璃容器、器皿	元			0.09	0.05	0.07	0.05	0.05
13.皮　箱	只							
14.火　柴	盒			12.66	10.30	9.60	9.14	10.64
15.油　漆	克			8.69	27.84	11.18	40.93	11.39
16.染　料	克			1.30	0.06	0.05	1.78	0.05
17.拉　链	条				0.01	0.01	0.01	0.01
18.钮　扣	粒			0.25	0.33	0.32	0.30	0.27
19.照明器具	元			1.47	2.12	1.53	1.48	1.57
20.化妆用品	元			0.73	1.17	1.73	1.43	1.60
21.金银珠宝饰品	元			1.16	0.81	2.07	0.95	1.97
22.室内装饰品	元			0.29	0.78	0.90	1.48	1.34
七、平均每百户购买耐用物品								
1.大衣柜	个		1.67	0.62	0.69	0.71	0.64	1.07
2.沙　发	个		4.21	6.02	7.07	5.55	4.45	4.88
3.写字台	张		1.45	1.29	1.14	0.71	0.71	0.67
4.做家具用木材	立方米			0.43	0.72	1.65	0.58	0.33
5.做家具用胶合板	块			13.21	21.74	15.79	9.24	11.29
6.自行车	辆		7.38	11.62	11.31	9.33	9.40	10.83
7.缝纫机	架		1.50	0.98	0.71	0.93	0.48	0.67
8.洗衣机	台		0.12	0.76	0.48	0.81	0.45	0.79
9.电风扇	台		7.26	7.79	6.67	9.10	8.64	8.74
10.电冰箱	台		0.07	1.05	1.29	1.07	0.86	1.29
11.钟	只		2.14	2.12	2.55	2.02	1.62	2.29
12.手　表	只		5.71	7.98	9.05	11.19	1	14.38
13.摩托车	辆		0.14	2.02	2.93	2.62	3.40	4.07
八、人均购买药品及医疗用品	**元**			**24.65**	**34.26**	**35.07**	**38.49**	**39.03**
1.药　品	元		12.49	23.86	33.38	33.63	37.81	38.18
＃中成药	克			0.38	3.51	3.33	2.92	
2.医疗用品	元			0.78	0.89	1.44	0.68	0.86
九、人均非商品支出	**元**			**180.57**	**251.63**	**289.80**	**333.64**	**372.37**
十、平均每人购买生产资料	**元**			**457.97**	**560.43**	**614.54**	**589.62**	**572.97**
1.化肥(平均每户,下同)	千克	413.17	522.08	610.93	672.52	652.11	654.51	693.28
2.饼　肥	千克	20.46	12.27	8.14	8.61	3.77	5.98	9.33
3.农　药	千克	1.96	2.60	6.66	8.22	11.94	8.69	14.61
4.农用薄膜	千克	1.18	1.92	4.70	6.48	7.40	7.96	7.55
5.生产用柴油	千克	11.89	17.28	16.36	26.82	34.84	29.13	40.00
6.生产用汽油	千克	2.17	0.57	4.37	3.74	4.20	4.71	5.36
7.生产用煤	千克		24.92	23.96	27.76	38.97	25.98	25.30
8.汽车(平均每百户,下同)	千克			0.05	0.29	0.07	0.15	0.10
9.大中型拖拉机	台		0.05	0.11	0.07	0.10	0.04	0.10
10.小型和手扶拖拉机	台		0.67	0.94	1.27	1.84	1.63	2.55
11.机动脱粒机	台		0.33	0.08	0.72	0.78	0.48	0.40
12.胶轮大车	辆		0.17	0.19	0.57	0.48	0.21	0.26
13.胶轮手推车	辆		0.85	0.77	1.07	0.86	0.43	0.55
14.抽水机	台		0.50	0.63	0.62	0.73	0.36	0.55
15.水　泵	台		0.61	0.93	2.24	2.62	1.76	3.49
16.机动船	条							
17.役　畜	头		1.93	4.83	4.00	2.71	3.10	2.46
18.产品畜	头		0.32	4.56	1.24	2.52	1.31	1.45

9－21 农民人均购买商品情况

(2000 年)

指标名称	单位	2000 年	指标名称	单位	2000 年
一、购买食品	**元**	**443.95**	18.糖　果	千克	0.47
1.粮食(原粮)	千克	10.34	金　额	元	2.05
金额	元	9.77	19.卷　烟	盒	29.38
2.食用植物油	千克	5.18	金　额	元	43.81
金　额	元	30.23	20.酒	千克	13.80
3.动物油	千克	1.23	金　额	元	51.40
金　额	元	2.02	#啤酒	千克	6.66
4.蔬　菜	千克	44.15	金　额	元	14.09
金　额	元	40.66	21.茶　叶	千克	1.23
5.豆制品	千克	3.34	金　额	元	8.00
金　额	元	5.80	22.水　果	千克	14.10
6.猪　肉	千克	8.18	金　额	元	14.89
金　额	元	61.95	23.鲜　奶	千克	0.27
7.牛　肉	千克	0.23	金　额	元	0.77
金　额	元	2.34	24.奶制品	千克	0.44
8.羊　肉	千克	0.25	金　额	元	2.12
金　额	元	2.81	25.罐　头	千克	
9.家　禽	千克	2.36	金　额	元	
金　额	元	14.51	**二、购买衣着和床上用品**	**元**	**118.40**
10.鲜　蛋	千克	9.63	1.棉　布	米	0.77
金　额	元	34.53	金　额	元	4.06
11.淡水鱼类	千克	1.26	2.棉布服装	件	0.36
金　额	元	5.94	金　额	元	4.71
12.淡水虾贝蟹类	千克	0.04	3.化纤布	米	0.87
金　额	元	0.33	金　额	元	9.29
13.海水鱼类	千克	2.10	4.化纤布服装	件	0.98
金　额	元	9.85	金　额	元	25.90
14.海水虾贝蟹类	千克	0.47	5.毛　料	米	0.66
金　额	元	2.57	金　额	元	1.35
15.海水藻类	千克	0.12	6.毛料服装	件	0.06
金　额	元	0.34	金　额	元	4.57
16.食　糖	千克	1.38	7.皮　料	米	0.01
金　额	元	4.46	金　额	元	0.11
17.糕　点	千克	3.40	8.皮料服装	件	0.01
金　额	元	11.44	金　额	元	3.26

指 标 名 称	单 位	2000年	指 标 名 称	单 位	2000年
9.鞋帽类金额	元	40.58	3.钢　材	千克	5.60
10.床上用品金额	元	5.35	金　额	元	13.10
三、购买文化体育用品	**元**	**41.82**	维修房屋用钢材	千克	1.49
1.黑白电视机	台	0.01	金　额	元	0.71
金　额	元	0.41	4.水泥预制件	件	2.41
2.彩色电视机	台	0.01	金　额	元	10.04
金　额	元	18.66	维修房屋用	件	0.77
3.收录机	台	0.01	金　额	元	0.65
金　额	元	0.49	5.玻　璃	平方米	0.37
4.录像机	台		金　额	元	0.82
金　额	元	0.01	维修房屋用	平方米	0.03
5.照相机	只		金　额	元	0.18
金　额	元	0.25	6.砖　瓦	块	321.16
6.影碟机	台	0.01	金　额	元	41.64
金　额	元	4.31	维修房屋用砖瓦	块	43.78
7.摄像机	台		金　额	元	6.25
金　额	元	0.01	7.沙　石	立方米	3.57
8.组合音响	台	0.03	金　额	元	12.58
金　额	元	0.93	维修房屋用沙石	立方米	0.87
9.家用计算机	台		金　额	元	1.30
金　额	元	0.48	**五、购买生活用燃料**	**元**	**45.94**
10.文具纸张	元	3.04	1.柴　草	千克	13.55
11.中高档乐器	元	0.06	金　额	元	0.22
12.音像制品	元	0.38	2.煤	千克	142.68
13.玩　具	只	0.41	金　额	元	32.61
金　额	元	0.62	3.液化气	元	7.72
四、购买建筑材料	**元**	**151.08**	**六、购买用品**	**元**	**134.86**
1.水　泥	千克	90.94	1.购买卫生纸	元	2.46
金　额	元	25.77	2.购买洗涤及用品	元	9.37
维修房屋用	千克	13.48	3.购买护肤、化妆用品	元	2.04
金　额	元	3.45	4.购买日用金属制品	元	3.31
2.木　材	立方米	0.15	5.购买日用塑料制品	元	2.20
金　额	元	14.82	6.购买日用橡胶制品	元	0.29
维修房屋用木材	立方米	0.01	7.购买日用陶瓷制品	元	0.82
金　额	元	1.93	8.购买日用玻璃制品	元	0.66

9－21 续表 2　　(2000 年)

指标名称	单位	2000 年	指标名称	单位	2000 年
9.购买其它日用百货	元	0.06	**七、购买药品及医疗用品**	**元**	**59.01**
10.购买其他日用杂品	元	16.38	1.药　品	元	57.54
11.购买日用小五金	元	3.85	2.医疗用品	元	1.48
12.购买住房装饰用品	元	3.87	**八、购买生产资料**	**元**	**694.49**
13.购买住房装饰、装饰材料	元		1.化　肥	千克	163.25
14.购买洗衣机	台		金　额	元	174.48
金　额	元	1.69	2.饼　肥	千克	3.19
15.购买缝纫机	台		金　额	元	2.91
金　额	元	0.59	3.农　药	千克	5.94
16.购买电风扇	台	0.03	金　额	元	33.00
金　额	元	1.81	4.农用薄膜	千克	2.76
17.购买电冰箱	台		金　额	元	21.53
金　额	元	3.54	5.生产用燃料	千克	21.03
18.购买空调机	台		金　额	元	45.46
金　额	元	1.58	6.生产用种籽	千克	14.46
19.购买吸尘器	台		金　额	元	27.28
金　额	元	0.05	7.生产用饲料	千克	93.96
20.购买抽油烟机	台		金　额	元	110.58
金　额	元	0.10	8.汽　车	辆	
21.购买热水器	台		金　额	元	26.22
金　额	元	0.32	9.大中型拖拉机	台	
22.购买微波炉	台		金　额	元	6.17
金　额	元	0.05	10.小型和手扶拉机	台	0.01
23.购买家具	元	18.10	金　额	元	19.42
24.购买家具用材料	元	1.25	11.机动脱粒机	台	
25.购买自行车	辆	0.04	金　额	元	0.43
金　额	元	6.40	12.收割机	台	
26.购买摩托车	辆	0.01	金　额	元	3.39
金　额	元	24.55	13.动力机	台	
27.购买电话	部	0.05	金　额	元	3.28
金　额	元	6.62	14.胶轮大车	辆	
28.购买手机	部		金　额	元	0.92
金　额	元	3.22	15.水　泵	台	0.01
29.购买寻呼机	个		金　额	元	3.78
金　额	元	0.36	16.役　畜	头	0.01
			金　额	元	7.64
			17.产品畜	头	0.01
			金　额	元	7.64

9-22 平均每百户农村居民年末耐用消费品拥有量

指标名称	单位	1985年	1990年	1995年	1996年	1997年	1998年	1999年	2000年
自行车	辆	130.13	162.57	191.90	197.26	202.40	200.26	200.36	170.93
缝纫机	架	52.25	66.12	75.17	75.48	78.14	78.14	78.79	
钟	只	60.20	80.90	96.31	96.60	101.86	101.31	103.36	
手表	只	118.83	153.60	147.62	149.71	150.88	156.12	159.55	
#电子表	只		13.12	43.43	49.33	54.48	62.67	67.62	
电风扇	台	6.73	42.83	112.57	124.93	132.64	136.64	141.55	145.12
洗衣机	台	1.68	3.95	11.40	12.33	13.86	13.19	14.90	18.33
电冰箱	台	0.10	0.83	6.93	11.26	13.48	13.52	16.62	15.71
摩托车	辆	0.65	1.95	9.93	15.55	20.64	25.62	30.12	37.14
大型家具	件	188.45	263.74	703.43	762.38	792.86	823.69	820.31	264.10
#组合家具	件			19.12	25.02	26.64	29.50	39.05	
沙发	个		62.79	130.50	149.48	170.52	174.90	179.86	
床	张			180.40	188.48	191.62	199.74	201.57	
大衣柜	个		77.45	94.02	89.69	90.50	95.81	96.64	
写字台	张		41.12	72.19	73.40	75.07	74.79	76.83	
收音机	台	85.60	71.57	53.69	50.05	49.24	47.10	47.19	
黑白电视机	台	13.92	48.62	71.74	74.26	73.07	71.48	68.10	56.31
彩色电视机	台	1.58	6.29	18.14	25.00	31.43	35.79	43.17	51.62
录像机	台			1.40	1.29	1.98	1.74	1.83	
收录机	台	3.60	14.90	25.50	29.43	31.81	32.45	33.62	19.26
照相机	架	0.15	0.62	2.21	2.86	3.26	2.90	4.76	4.40
抽油烟机	台			0.90	1.11	1.24	1.62	3.45	2.40
吸尘器	台			0.16	0.19	0.48	0.36	0.48	0.19
空调机	台			0.45	0.36	0.36	0.36	0.05	1.07

9－23 农民人均粮食收支情况

单位：千克

指标名称	1985年	1990年	1995年	1996年	1997年	1998年	1999年	2000年
一、年初粮食结存	**242.09**	**389.03**	**524.99**	**460.99**	**538.25**	**554.97**	**562.23**	**92.97**
二、年内粮食收入合计	**493.48**	**544.40**	**712.20**	**746.50**	**742.49**	**792.32**	**834.17**	**899.29**
1.从集体统一经营中到得的		0.04	0.07	0.34	2.01	0.16	0.18	
2.家庭经营生产的	466.45	525.47	674.71	712.35	687.74	744.16	777.86	774.82
3.购　入	21.71	14.54	32.30	30.90	43.82	45.99	48.73	123.66
＃从集市上购入		6.62	4.77	14.15	18.67	16.06	12.50	
4.借　入		1.04	2.95	0.49	0.77	1.08	1.35	
5.收回借出粮		2.00	1.33	0.60	8.13	0.58	5.99	0.35
6.其他粮食收入	5.33	1.31	0.84	1.81	0.03	0.33	0.05	0.46
三、年内粮食支出合计	**475.18**	**505.44**	**577.88**	**651.73**	**700.88**	**715.30**	**781.55**	**777.18**
1.主食用粮	221.11	226.30	234.28	240.73	240.33	232.37	245.74	237.79
＃稻　谷		4.66	3.06	4.04	5.78	4.46	4.28	
小　麦		177.45	189.02	187.34	198.01	186.19	198.68	
2.其他生活用粮	7.93	7.22	3.30	0.83	0.04	0.68	0.27	1.06
3.出　售	79.66	119.18	173.36	198.81	259.77	282.79	302.48	315.19
＃出售给国家的		55.86	45.09	40.05	37.37	48.38	80.85	
＃稻　谷		1.11	0.34	0.56	0.92	0.66	2.41	
小　麦		44.99	35.20	38.30	36.45	47.72	78.44	
4.种　籽	17.02	18.95	18.59	21.94	19.83	20.94	15.66	19.86
5.饲　料	137.48	117.41	127.38	144.09	133.13	144.59	161.80	193.84
6.借　出		2.12	0.42	0.56	8.49	0.16	7.76	0.88
7.归还借粮		0.57	0.50	0.40	1.42	0.02	9.82	0.22
8.上交集体承包任务	4.46	5.60	15.31	14.27	17.09	12.56	11.91	
9.其他粮食支出	7.52	8.09	4.75	30.10	20.78	21.19	26.10	8.35
四、年末粮食结存	**260.39**	**427.99**	**659.30**	**555.76**	**579.87**	**631.98**	**614.85**	**621.84**
＃口　粮		224.64	310.07	251.11	252.72	257.30	254.62	335.73
饲　料		107.97	129.43	113.63	98.55	116.94	117.20	106.98
种　籽		13.28	22.96	19.13	18.42	20.95	13.96	9.27

9－24 农民人均出售产品情况

指标名称	单位	1985年	1990年	1995年	1996年	1997年	1998年	1999年	2000年
出售粮食的数量	千克	79.60	117.52	173.36	198.81	259.77	282.79	302.49	315.19
＃出售小麦数量	千克			85.32	97.81	112.45	146.91	148.28	153.06
出售稻谷数量	千克			2.71	5.78	4.41	6.94	7.72	8.88
出售玉米数量	千克			56.46	72.46	124.90	109.09	125.38	133.05
出售棉花数量	千克	16.76	14.51	6.89	4.17	4.28	4.20	4.76	7.45
出售油料的数量	千克	18.54	15.07	13.89	14.87	10.88	12.94	19.89	24.40
出售麻类的数量	千克		0.46	0.20	0.12	0.29	0.21	0.08	0.12
出售糖料的数量	千克		0.05			0.08	0.19	0.02	0.65
出售烟叶数量	千克	3.45	2.22	1.78	1.80	2.51	0.99	1.10	1.37
出售蔬菜的数量	千克	78.05	86.84	139.92	162.38	196.87	216.04	232.36	306.16
出售果用瓜数量	千克	10.60	21.27	26.62	41.06	50.55	76.98	69.37	
出售水果的数量	千克	13.49	15.61	39.13	65.48	61.10	60.53	76.86	89.57
出售药材的金额	元			0.94	2.12	3.43	2.64	3.44	
出售树苗数量	株		4.67	6.68	3.51	2.50	4.97	2.61	
出售木材的数量	立方米		0.004	0.0085	0.0149	0.01	0.02	0.01	0.06
出售畜禽的金额	元			249.42	297.65	353.03	314.56	292.88	
＃出售肉猪的数量	头		0.20	0.29	0.29	0.35	0.26	0.46	0.77
出售牛的数量	头			0.01	0.03	0.04	0.03	0.03	0.04
出售菜羊的数量	只		0.11	0.10	0.11	0.09	0.07	0.09	0.13
出售家禽的数量	只	0.76	1.08	2.93	1.75	2.52	2.57	4.23	7.33
出售兔的数量	只	0.13	0.07	0.12	0.22	0.34	0.20	0.22	
出售肉类金额	元			4.63	6.15	2.36	3.90	3.01	
＃出售猪肉的数量	千克			0.54	0.74	0.21	0.37	0.41	
出售牛肉的数量	千克				0.01	0.01	0.03		
出售羊肉的数量	千克			0.02	0.01		0.02	0.01	
出售蛋类的数量	千克	3.27	2.06	9.03	3.01	6.49	7.25	8.73	
出售毛皮的金额	元			1.59	4.46	5.11	6.36	6.16	
＃出售羊毛的数量	千克	0.03	0.02	0.005	0.005				
出售兔毛的数量	千克	0.02	0.01	0.014	0.018	0.01	0.01	0.02	
出售牛奶的数量	千克	1.65	0.52	0.13	0.01	0.98	1.36	2.97	
出售羊奶的数量	千克			0.06	0.09	0.12	0.08	0.33	
出售蚕茧数量	千克	0.16	0.28	0.84	0.70	0.59	0.60	0.82	0.81
出售蜂蜜的数量	千克		0.01	0.01	0.05	0.03	0.01	0.04	
出售水产品数量	千克	0.60		0.30	0.54	0.21	0.31	2.22	1.58

注：1990年出售牛奶的数量指出售牛奶和羊奶两项。

9－25 各市农村住户基本情况

（2000 年）

地　区	调查户数（户）	常住人口（人）	平均每人年末住房面积（平方米）	平均每人全年总收入（元）	平均每人全年纯收入（元）	平均每人全年总支出（元）	#生活消费支出
济南市	800	2954	28.58	4011.08	3046.75	3147.48	1976.76
青岛市	820	2856	25.86	5394.21	3636.95	4223.12	2379.58
淄博市	860	2954	30.25	4138.49	3246.75	3181.45	2159.99
枣庄市	660	2633	25.93	3617.61	2798.95	2811.52	1780.49
东营市	480	1769	25.23	4434.71	2783.65	3426.16	1785.05
烟台市	1190	3760	26.12	4504.74	3453.95	3081.42	1978.08
潍坊市	1320	4764	24.69	5094.43	3436.63	3848.63	2073.73
济宁市	2005	8139	27.63	3874.06	2671.69	2981.63	1617.54
泰安市	870	3298	21.96	3721.55	2779.96	2643.70	1487.75
威海市	520	1579	26.03	5036.90	3853.92	3322.12	1978.63
日照市	920	3240	29.26	4611.92	2844.40	3268.48	1431.54
莱芜市	300	936	21.29	4213.26	3246.55	2691.08	1551.59
临沂市	1220	4606	25.04	3399.80	2359.95	2707.21	1539.71
德州市	1480	5922	28.19	3780.20	2491.04	2514.05	1156.61
聊城市	840	3545	25.32	3269.27	2221.66	2212.96	1112.55
滨州市	700	2616	31.24	3653.64	2455.05	2812.72	1399.11
菏泽市	920	4031	20.83	3083.33	2066.81	2235.38	1205.21

十、城市建设

CITY CONSTRUCTION

简要说明:

一、本篇从城市市政设施、城市供水、公共交通、园林绿化等方面反映了我省17个省辖市和31个省辖县级市城市建设的规模、效益及综合水平等基本情况。

二、本部分资料均来自山东省建设委员会城市建设统计年报。

10－1 城市基础设施情况

指标名称	单位	1995年	1996年	1997年	1998年	1999年	2000年
一、设施水平							
城市人口密度	人/平方公里	589	578	596	615	617	625
人均拥有城市维护建设资金	元		348.80	461.26	637.22	733.79	786.93
人均住宅使用面积	平方米	13.00	13.48	14.04	14.69	15.26	15.82
人均住宅居住面积	平方米	8.80	9.23	9.55	10.19	10.53	11.03
人均日生活用水量	升	128.90	139.14	148.56	150.93	148.61	148.53
用水普及率	%	94.30	92.56	95.00	96.62	97.31	97.91
用气普及率	%	73.50	76.86	80.29	83.78	87.93	90.01
人均拥有道路面积	平方米	12.90	13.46	13.60	14.28	14.84	15.25
每万人拥有公共交通车辆	标台	5.70	6.53	6.51	7.02	7.52	8.32
排水管道密度	公里/平方公里	5.80	7.25	7.65	7.63	7.92	7.87
人均公共绿地面积	平方米	5.00	5.56	5.91	6.55	7.30	8.06
建成区绿化覆盖率	%	29.00	30.42	30.88	32.45	33.23	33.45
二、供水情况							
供水总量	万立方米	224286	222912	242944	241117	240016	231941
#生产用水	万立方米	138132	133619	143320	136726	138097	125719
生活用水	万立方米	65480	75344	84088	87916	90748	93394
用水人口	万人	1392	1484	1551	1596	1673	1723
三、公共交通							
客运总量	万人次	141528	123910	124907	126332	144537	163546
运营车数	辆	6586	7901	9161	9945	10874	12195
出租汽车数	辆	25435	31559	37939	42068	46261	45994
四、市政设施及污水处理							
道路面积	万平方米	14763	16740	17726	19219	20621	21755
道路长度	公里	11948	13227	13561	14555	15282	15856
人行道面积	万平方米		3431	3616	4078	4105	4330
路灯盏数	盏	156209	179723	328367	253517	281947	322004
桥梁数	座	2250	2378	2609	2540	2726	2841
污水年排放量	万立方米	141069	152601	155620	168898	171551	163369
污水年处理量	万立方米	15701	18961	23179	35335	48899	55539
防洪堤长度	公里	940	1071	1156	1381	1476	1507
五、园林绿化							
园林绿地面积	公顷	40331	45793	46034	51447	53424	56301
公共绿地面积	公顷	5788	6909	7706	8816	10147	11494
绿化覆盖面积	公顷	51181	50880	53081	58486	64819	64868
#建成区绿化覆盖面积	公顷	36346	40492	42932	45905	49025	51543
公园个数	个	237	279	286	309	332	346
公园面积	公顷	3910	4081	4299	4720	4953	5571
游人量	万人次	7008	6321	5078	5278	5817	6038

10－2 城市设施水平

城市名称	城市人口密度（人/平方公里）	人均拥有城市维护建设资金（元）	城市房屋建筑面积（万平方米）	城市住宅建筑面积（万平方米）	城市住宅居住面积（万平方米）
1995年	589	112.70	39279	20588	9966.70
1996年	578	348.80	44263	23320	11763.03
1997年	596	461.26	47461	25423	12666.93
1998年	615	637.22	49337	27818	13859.91
1999年	617	733.79	54162	29596	14873.82
2000年	625	786.93	57264	31607	16037.96
济南市	1247	1177.81	6467	3675	1749.00
章丘市	531	487.01	367	208	112.00
青岛市	1738	1807.86	6358	3366	1546.44
胶州市	626	631.85	588	428	214.00
即墨市	617	1050.50	666	428	193.71
平度市	421	481.06	570	454	221.57
胶南市	433	978.57	631	333	172.37
莱西市	477	1057.67	521	283	184.00
淄博市	906	511.88	4891	2299	1219.41
枣庄市	672	231.72	1461	1196	741.60
滕州市	1043	903.19	1150	748	330.00
东营市	226	1118.80	2994	1709	809.99
烟台市	610	887.83	3125	1612	772.25
龙口市	697	303.92	501	287	151.69
莱阳市	514	273.11	712	428	214.00
莱州市	464	1260.84	397	290	174.00
蓬莱市	402	683.44	329	222	107.71
招远市	402	622.41	398	217	107.20
栖霞市	327	308.47	251	123	51.88
海阳市	365	1272.69	276	141	77.00
潍坊市	874	553.42	2266	1302	700.72
青州市	571	367.88	875	445	267.00
诸城市	483	333.59	712	383	203.00
寿光市	480	334.39	663	358	196.90
安丘市	542	408.53	456	289	153.20
高密市	531	533.80	595	264	139.60
昌邑市	410	360.64	427	220	102.18
济宁市	1127	273.06	1218	645	370.00
曲阜市	705	168.51	521	278	130.00
兖州市	922	236.94	580	182	119.00
邹城市	688	266.95	914	489	301.94
泰安市	744	768.98	1616	905	450.00
新泰市	689	216.68	731	428	272.58
肥城市	759	88.36	607	260	108.40
威海市	678	1325.76	1260	629	348.00
文登市	402	616.21	678	460	276.00
荣成市	495	697.92	705	275	137.50
乳山市	362	661.62	387	194	97.05
日照市	602	689.51	1337	683	323.15
莱芜市	550	403.21	1066	600	306.00
临沂市	1035	246.21	2567	1284	499.00
德州市	987	492.31	1119	595	349.50
乐陵市	550	522.88	260	151	83.50
禹城市	506	566.36	367	283	105.18
滨州市	574	773.34	766	419	209.74
聊城市	762	864.08	791	400	232.00
临清市	744	583.57	455	318	156.00
菏泽市	887	79.69	672	421	251.00

10－2 续表 1

城市名称	住宅人均使用面积（平方米）	住宅人均居住面积（平方米）	自来水人均日生活用水量（升）	自来水普及率（%）	每万人拥有公共交通车辆（标台）	用气普及率（%）
1995年	13.00	8.80	128.90	94.30	5.70	73.50
1996年	13.48	9.23	139.14	92.56	6.53	76.86
1997年	14.04	9.55	148.56	95.00	6.51	80.29
1998年	14.69	10.19	150.93	96.62	7.02	83.78
1999年	15.26	10.53	148.61	97.31	7.52	87.93
2000年	15.82	11.03	148.53	97.91	8.32	90.01
济南市	16.72	10.47	162.14	100.00	11.42	90.67
章丘市	17.06	13.18	183.01	100.00	9.07	92.78
青岛市	14.53	9.82	173.13	100.00	21.24	98.00
胶州市	17.54	11.69	134.25	98.88	8.69	88.30
即墨市	17.56	10.89	114.49	99.83	6.84	87.65
平度市	18.24	13.68	150.35	100.00	7.01	90.43
胶南市	16.29	11.73	149.85	100.00	5.91	95.04
莱西市	16.20	14.06	130.34	100.00	4.44	94.60
淄博市	14.64	10.36	115.86	100.00		100.00
枣庄市	15.29	10.21	147.53	88.51	7.00	77.50
滕州市	17.51	13.87	125.16	98.33	7.11	94.72
东营市	18.62	12.14	171.82	100.00	10.86	100.00
烟台市	15.83	11.07	108.37	99.51	12.13	98.77
龙口市	17.47	11.16	147.87	99.51	9.80	98.67
莱阳市	15.97	10.65	207.20	87.18	6.74	100.00
莱州市	19.82	15.82	147.23	100.00	12.39	99.35
蓬莱市	16.02	10.88	120.55	99.60	12.58	98.94
招远市	16.49	10.72	161.13	98.91	12.04	97.93
栖霞市	13.89	8.65	99.11	96.35	7.15	93.43
海阳市	14.00	11.00	133.71	100.00	10.00	96.54
潍坊市	15.02	10.64	149.50	99.29	6.45	91.39
青州市	19.80	15.83	167.59	100.00	2.47	94.65
诸城市	20.50	14.50	128.44	100.00	6.41	100.00
寿光市	18.74	13.74	184.93	100.00	3.06	97.31
安丘市	17.40	12.30	148.35	98.64	0.80	88.28
高密市	16.41	11.59	169.99	99.53	5.19	90.01
昌邑市	15.99	11.59	172.75	100.00		100.00
济宁市	13.66	10.03	160.52	100.00	4.93	96.78
曲阜市	15.28	10.40	143.13	94.09	1.18	94.53
兖州市	10.00	7.78	136.69	86.31	4.17	57.14
邹城市	15.15	13.13	129.78	92.96	2.26	57.37
泰安市	15.85	11.25	147.64	99.78	5.26	95.00
新泰市	15.92	11.80	200.95	98.78	9.83	87.98
肥城市	15.82	11.06	199.52	98.83	2.30	76.99
威海市	16.32	12.21	133.01	100.00	7.70	98.10
文登市	20.06	16.05	138.63	98.74	3.31	96.09
荣成市	14.30	10.24	95.35	100.00	7.08	95.53
乳山市	14.44	10.31	118.22	97.47	4.34	84.85
日照市	16.30	11.50	140.36	99.16	6.02	93.56
莱芜市	18.58	12.80	188.49	97.71	6.97	91.74
临沂市	15.34	8.88	132.65	95.21	9.44	74.24
德州市	14.04	10.96	152.39	99.84	2.76	72.53
乐陵市	15.74	12.10	180.18	94.12	9.31	89.87
禹城市	17.01	13.18	128.26	98.95	3.02	46.39
滨州市	14.80	10.57	196.38	98.39	3.88	93.75
聊城市	12.92	9.67	140.97	89.04	5.44	53.51
临清市	14.00	9.79	106.29	84.26	1.46	27.86
菏泽市	12.68	10.04	162.68	85.76	2.64	79.51

10－2 续表 2

城市名称	市政工程人均拥有道路面积（平方米）	排水管道密度（公里/平方公里）	城市建成区面积（平方公里）	园林绿化人均公共绿地面积（平方米）	建成区绿化覆盖率（%）
1995年	12.90	5.80	1254.40	5.00	29.00
1996年	13.46	7.25	1330.94	5.56	30.42
1997年	13.60	7.65	1390.50	5.91	30.88
1998年	14.28	7.63	1414.77	6.55	32.45
1999年	14.84	7.92	1475.53	7.30	33.23
2000年	15.25	7.87	1540.79	8.06	33.45
济南市	12.57	9.40	119.57	7.20	36.10
章丘市	16.39	8.32	12.50	5.51	30.00
青岛市	10.68	12.26	119.09	8.50	37.02
胶州市	17.03	11.14	23.11	8.62	36.82
即墨市	21.83	9.37	16.05	10.73	40.75
平度市	17.08	7.27	17.25	8.24	38.20
胶南市	17.96	6.82	22.06	9.08	39.26
莱西市	20.74	6.40	15.00	10.85	37.27
淄博市	11.67	4.15	146.60	7.84	33.00
枣庄市	27.25	5.51	70.65	6.89	31.04
滕州市	10.91	6.18	22.18	4.10	32.60
东营市	32.11	19.37	58.00	11.19	20.52
烟台市	13.61	6.25	117.67	7.63	36.63
龙口市	18.99	7.57	16.80	6.78	35.12
莱阳市	12.01	5.39	16.34	9.30	35.37
莱州市	23.92	9.41	13.63	10.19	36.54
蓬莱市	25.17	7.56	10.00	10.34	34.80
招远市	17.16	12.09	11.79	10.08	31.89
栖霞市	12.70	4.34	8.80	8.01	31.59
海阳市	20.38	8.29	7.00	7.88	34.14
潍坊市	16.92	5.81	69.60	6.97	32.16
青州市	17.70	9.78	16.10	11.22	44.41
诸城市	27.69	6.48	17.90	11.37	34.08
寿光市	24.39	8.85	12.80	9.76	37.03
安丘市	12.51	4.71	14.49	9.43	37.89
高密市	22.95	5.59	20.70	7.98	35.99
昌邑市	18.48	4.71	10.20	8.50	40.98
济宁市	15.93	7.76	36.36	5.50	33.00
曲阜市	8.53	6.85	10.80	9.60	34.44
兖州市	10.30	9.82	15.80	4.23	23.54
邹城市	5.93	6.39	18.78	5.85	36.21
泰安市	13.74	8.57	41.20	7.80	33.96
新泰市	9.53	7.87	27.60	7.70	36.20
肥城市	9.03	9.93	13.48	5.51	42.80
威海市	18.48	11.07	43.65	16.47	37.55
文登市	12.15	10.41	15.20	7.30	38.55
荣成市	33.31	8.92	19.93	9.57	30.86
乳山市	16.11	9.33	13.50	10.62	33.48
日照市	24.31	7.57	35.19	10.54	37.17
莱芜市	13.85	9.42	25.04	8.03	34.82
临沂市	16.10	8.12	55.00	9.86	18.22
德州市	7.87	7.26	33.10	4.05	31.54
乐陵市	17.91	3.00	11.57	7.12	37.42
禹城市	28.07	2.22	14.58	7.24	21.19
滨州市	7.54	8.54	21.29	8.22	34.34
聊城市	19.87	4.21	30.90	7.68	28.96
临清市	8.58	4.44	16.00	4.64	30.94
菏泽市	8.33	1.91	35.94	5.95	26.82

10-3 城市供水情况

城市名称	自来水综合生产能力（万立方米/日）	#地下水	供水管道长度（公里）	供水总量（万立方米）	#生产用水量	#生活用水量	用水人口（万人）	#非农业
1995年	968.50	683.10		224286	138132	65480	1392.00	1082.00
1996年	1162.42	780.06	14494	222912	133619	75344	1483.58	1150.96
1997年	1080.35	717.83	16233	242944	143320	84088	1551.00	1237.84
1998年	1086.82	710.57	17152	241117	136726	87916	1596.00	1300.68
1999年	1140.72	726.76	18040	240016	138097	90748	1673.04	1352.56
2000年	1165.00	734.73	18949	231941	125719	93394	1722.76	1396.86
济南市	140.00	90.00	1229	28000	15520	10262	173.40	168.85
章丘市	7.50	7.50	84	1593	565	680	10.18	9.70
青岛市	85.73	5.30	1524	25414	11539	12165	192.51	167.43
胶州市	9.57	9.57	410	1738	834	884	18.04	14.11
即墨市	7.20	0.90	160	1350	607	743	17.78	11.96
平度市	13.37	13.37	229	1531	458	889	16.20	15.26
胶南市	17.00	6.00	207	2309	1266	804	14.70	12.69
莱西市	6.50	2.00	161	1610	1120	490	10.30	9.45
淄博市	122.80	121.60	1526	23967	15492	8475	200.41	119.78
枣庄市	56.90	48.50	612	11706	6190	5142	95.49	57.90
滕州市	15.00	15.00	387	3373	1654	1005	22.00	17.70
东营市	85.30		1959	22053	16268	4686	74.72	50.44
烟台市	63.40	28.90	1299	9606	4614	3687	93.21	81.70
龙口市	9.00	6.60	411	1970	992	978	18.12	14.22
莱阳市	13.80	13.80	190	2557	1536	1021	13.50	11.90
莱州市	8.40	6.20	181	1322	704	618	11.50	7.75
蓬莱市	4.40	2.90	167	782	204	396	9.00	7.52
招远市	3.50	3.50	157	1116	522	594	10.10	10.02
栖霞市	3.50	0.50	62	320	70	246	6.80	6.60
海阳市	5.10	5.10	101	606	320	286	5.86	5.20
潍坊市	57.65	42.15	779	8820	4880	3651	66.91	58.61
青州市	9.77	9.77	251	2391	1241	1150	18.80	16.63
诸城市	9.50	5.10	121	1614	928	661	14.10	11.70
寿光市	10.30	10.30	179	2925	1680	1190	17.63	16.33
安丘市	10.70	10.70	109	2723	1973	666	12.30	12.29
高密市	8.45	3.95	246	1845	1026	819	13.20	12.65
昌邑市	11.84	11.84	255	3048	928	1903	30.18	9.40
济宁市	58.00	58.00	510	5932	2174	2162	36.90	36.90
曲阜市	6.17	6.17	246	1436	688	711	13.61	12.74
兖州市	12.00	12.00	93	2414	1306	908	18.20	14.50
邹城市	8.90	8.90	404	2535	1346	1189	25.10	25.10
泰安市	31.00	26.00	480	6284	3059	2937	54.50	45.90
新泰市	13.10	4.60	304	3247	1252	1995	27.20	23.51
肥城市	9.70	9.70	114	2590	966	1624	22.30	21.90
威海市	24.00	4.30	831	3681	1327	1958	40.33	35.33
文登市	8.70	1.20	262	1270	425	845	16.70	14.90
荣成市	7.94	7.80	269	1219	762	442	12.70	9.61
乳山市	13.40	4.40	257	877	455	422	9.78	9.65
日照市	20.21	8.01	284	3014	1144	1435	28.01	25.88
莱芜市	21.90	17.30	267	5135	2680	1720	25.00	21.30
临沂市	36.30	21.30	603	7367	3864	3503	72.35	40.14
德州市	25.25	16.25	245	4360	2480	1880	33.80	31.80
乐陵市	2.70	2.70	56	725	335	390	5.93	5.76
禹城市	5.30	5.30	60	805	386	419	8.95	7.53
滨州市	19.75	0.25	120	2640	1215	1425	19.88	19.52
聊城市	19.00	19.00	308	2807	1652	1096	21.30	20.30
临清市	15.00	10.00	120	3504	2886	618	15.93	12.10
菏泽市	10.50	10.50	120	3810	2186	1624	27.35	24.70

10-4 城市公共交通

城市名称	运营车数（辆）	标准运营车数（标台）	运营线路网长度（公里）	客运总量（万人次）	出租汽车数（辆）
1995年	6586	6532	19608	141528	25435
1996年	7901	8117	11081	123910	31559
1997年	9161	8481	8114	124907	37939
1998年	9945	9446	9375	126332	42068
1999年	10874	10458	9049	144537	46261
2000年	12195	11865	9522	163546	45994
济南市	1700	1929	1092	45954	10700
青岛市	3141	3557	962	59879	7933
胶州市	168	124	115	1102	246
平度市	152	107	149	620	135
枣庄市	525	458	528	3742	814
滕州市	142	128	170	1497	450
烟台市	1204	996	437	13991	2170
莱州市	135	96	99	550	200
招远市	174	122	116	864	110
潍坊市	436	381	610	2244	2522
青州市	41	41	65	392	245
诸城市	75	75	140	270	75
寿光市	50	50	77	60	200
济宁市	191	182	142	2265	1300
兖州市	106	70	140	267	257
邹城市	85	61	175	618	270
泰安市	245	242	411	2093	1280
新泰市	247	234	137	564	262
肥城市	61	51	91	541	162
威海市	341	272	138	7104	1400
文登市	55	50	76	345	270
日照市	178	157	117	1819	930
莱芜市	177	152	169	1685	860
临沂市	455	398	390	4042	2600
德州市	125	88	163	701	2367
滨州市	96	77	90	567	645
聊城市	124	124	120	930	980
临清市	30	21	41	103	150
菏泽市	76	76	115	460	2150
章丘市	103	88	92	304	
即墨市	82	82	80	600	217
胶南市	75	75	114	283	162
莱西市	42	42	120	180	129
东营市	488	548	958	3800	1900
龙口市	130	140	173	788	240
莱阳市	134	92	49	380	
蓬莱市	118	95	103	336	589
栖霞市	70	49	30	119	98
海阳市	74	52	35	168	160
安丘市	20	10	88	30	110
高密市	66	66	169	650	129
昌邑市					64
曲阜市	23	16	85	150	262
荣成市	88	68	140	280	41
乳山市	62	43	110	200	210
乐陵市	57	57	60	6	
禹城市	28	23	41	3	

10－5 城市市政设施

城市名称	道路长度（公里）	道路面积（万平方米）	人行道面积（万平方米）	路灯盏数（盏）	下水道长度（公里）	桥梁数（座）
1995年	11948	14763		156209	7280	2250
1996年	13227	16740	3431	179723	9643	2378
1997年	13561	17726	3616	328367	10633	2609
1998年	14555	19219	4078	253517	10794	2540
1999年	15282	20621	4105	281947	11682	2726
2000年	15856	21755	4330	322004	12132	2841
济南市	1829	2123	318	18837	1124	447
章丘市	108	159	49	3670	104	31
青岛市	1192	1789	430	33556	1460	126
胶州市	181	243	50	1936	258	30
即墨市	212	262	45	1280	150	21
平度市	184	261	66	2545	125	59
胶南市	193	228	69	2382	151	39
莱西市	129	196	31	1181	96	16
淄博市	1086	1398	212	30009	608	236
枣庄市	1489	1783	174	8250	390	251
滕州市	184	196	39	2832	137	22
东营市	1042	1620	192	20524	1123	192
烟台市	898	1117	276	25568	736	111
龙口市	187	271	99	4066	127	18
莱阳市	116	164	56	3159	88	30
莱州市	134	185	67	2899	128	10
蓬莱市	109	190	35	2183	76	17
招远市	120	174	40	3646	143	25
栖霞市	65	87	29	1124	38	38
海阳市	53	106	29	1200	58	12
潍坊市	611	999	245	11804	404	57
青州市	267	294	96	3105	158	13
诸城市	157	324	56	1736	116	12
寿光市	369	398	51	1816	113	5
安丘市	90	156	31	1181	68	26
高密市	187	292	37	2469	116	35
昌邑市	75	174	42	1316	48	27
济宁市	439	588	104	11100	282	69
曲阜市	98	116	26	7632	74	29
兖州市	143	173	44	4650	155	29
邹城市	198	160	43	3993	120	9
泰安市	542	632	101	7178	353	66
新泰市	159	227	76	4225	217	22
肥城市	97	200	65	3316	134	17
威海市	421	653	104	24746	483	145
文登市	90	183	57	3060	158	13
荣城市	145	320	54	4725	178	27
乳山市	113	160	23	3562	126	34
日照市	462	635	158	6985	267	57
莱芜市	188	302	88	5140	236	116
临沂市	400	679	163	8589	447	54
德州市	216	251	75	9545	240	24
乐陵市	81	110	38	4198	35	16
禹城市	144	214	28	1522	32	28
滨洲市	98	150	37	2401	182	32
聊城市	217	453	90	3496	130	75
临清市	94	123	43	3261	71	26
菏泽市	244	240	49	4406	69	47

10－5 续表

城市名称	污水年排放量（万吨）	污水年处理量（万吨）	防洪堤长度（公里）	生活垃圾清运量（万吨）	垃圾无害化处理量（万吨）
1995年	141069	15701	940	547	454
1996年	152601	18961	1071	535	422
1997年	155620	23179	1156	594	515
1998年	168898	35335	1381	648	570
1999年	171551	48899	1476	712	622
2000年	163369	55539	1507	768	688
济南市	22270	9570	86	60	60
章丘市	1035			7	8
青岛市	1763	8702	73	83	83
胶州市	1105	630	22	8	8
即墨市	722	180	7	14	14
平度市	1071	365	17	18	18
胶南市	1686	742	18	6	6
莱西市	1368	870	15	7	7
淄博市	16775	7299	80	77	57
枣庄市	6860	1912	332	25	23
滕州市	2867	463	7	20	18
东营市	15185	650		33	26
烟台市	5201	2925	20	27	22
龙口市	1095	345	20	18	18
莱阳市	1800		7	6	6
莱州市	977	576	9	3	3
蓬莱市	375		6	5	5
招远市	948	617	18	6	6
栖霞市	256		22	5	5
海阳市	420		11	3	3
潍坊市	5967	3103	31	30	30
青州市	1787	1066	15	12	11
诸城市	1240	1128	20	16	16
寿光市	2048	1748	4	16	16
安丘市	2100	1376	15	5	4
高密市	1200	500	10	6	6
昌邑市	2039	1733		4	4
济宁市	4300		86	18	10
曲阜市	988		40	7	7
兖州市	1690		14	16	16
邹城市	2030		14	6	0
泰安市	4380	1825	57	18	21
新泰市	2475		12	9	9
肥城市	1996	360	12	4	4
威海市	1750	1239	71	11	11
文登市	1071	933	42	4	4
荣成市	665	622	17	11	11
乳山市	702		7	7	7
日照市	2416		36	8	7
莱芜市	4054	1080	26	12	12
临沂市	5304	1900	104	42	37
德州市	3545			14	13
乐陵市	493			4	4
禹城市	509			4	2
滨洲市	1848		9	9	8
聊城市	2300		65	18	13
临清市	2688	1080	14	4	2
菏泽市	2705		17	22	6

10－6 城 市 园 林 绿 化

城市名称	绿化覆盖面积（公顷）	#建成区	园林绿地面积（公顷）	公共绿地面积（公顷）	公园个数（个）	公园面积（公顷）	游人量（万人次）
1995年	51181	36346	40331	5788	237	3910	7008
1996年	50880	40492	45793	6909	279	4081	6321
1997年	53081	42932	46034	7706	286	4299	5078
1998年	58486	45905	51447	8816	309	4720	5278
1999年	64819	49025	53424	10147	332	4953	5817
2000年	64868	51543	56301	11494	346	5571	6038
济南市	4356	4316	3701	1215	15	868	580
章丘市	375	375	256	53	3	38	205
青岛市	7854	4409	7439	1423	37	790	1725
胶州市	978	851	785	123	4	52	101
即墨市	654	654	546	129	3	22	15
平度市	660	659	595	126	7	55	19
胶南市	866	866	750	115	3	38	31
莱西市	583	559	524	103	3	75	51
淄博市	10419	4838	10017	939	19	465	363
枣庄市	2514	2193	1524	451	20	160	147
滕州市	723	723	631	74	2	16	53
东营市	2040	1190	1717	564	18	260	166
烟台市	4310	4310	4019	627	17	263	91
龙口市	1127	590	1016	97	7	18	21
莱阳市	578	578	518	127	1	73	11
莱州市	498	498	413	79	9	33	28
蓬莱市	784	348	697	78	5	40	340
招远市	376	376	351	102	4	11	16
栖霞市	320	278	194	55	3	21	2
海阳市	239	239	205	41	1	20	10
潍坊市	2309	2238	2030	412	13	166	336
青州市	801	715	619	187	10	64	31
诸城市	675	610	518	133	6	107	46
寿光市	853	474	813	159	2	60	160
安丘市	549	549	491	118	4	74	18
高密市	843	745	674	101	2	36	30
昌邑市	537	418	386	80	2	22	16
济宁市	1200	1200	1014	203	7	16	120
曲阜市	372	372	337	130	7	71	175
兖州市	420	372	395	71	8	50	80
邹城市	746	680	602	158	8	92	65
泰安市	1410	1399	1049	359	7	57	100
新泰市	999	999	942	183	8	122	91
肥城市	577	577	439	122	5	47	51
威海市	1894	1639	1617	582	12	246	96
文登市	586	586	549	110	2	80	5
荣成市	778	615	549	92	5	68	7
乳山市	452	452	422	105	3	40	10
日照市	1333	1308	1115	275	2	56	37
莱芜市	872	872	792	175	4	74	42
临沂市	1155	1002	1004	416	17	316	198
德州市	1078	1044	1029	129	6	57	138
乐陵市	516	433	265	44	3	9	3
禹城市	419	309	309	55	2	17	8
滨州市	731	731	587	163	2	37	20
聊城市	915	895	848	175	8	97	138
临清市	630	495	199	67	2	22	12
菏泽市	964	964	809	171	8	148	30

10－7 城市燃气供热情况

城市名称	煤气供气量(万立方米)	#家庭用量	天然气供气量(万立方米)	#家庭用量	液化石油气供气量(吨)	#家庭用量	集中供热面积(万平方米)	#住宅
1995年	28925	20585	110655	39508	179692	160868	4252	
1996年	35482	24828	77412	21447	189587	165255	6272	4014
1997年	37891	26888	78012	30034	214789	191371	7215	5218
1998年	41394	31601	78350	30473	247450	222127	9198	6471
1999年	40665	27998	79970	31616	281750	256588	10738	7723
2000年	43041	27959	84065	33692	276543	229159	12378	8757
济南市	8091	3485	1104	1015	32849	26328	2098	1715
章丘市	1091	1091			3784	3784	82	50
青岛市	9567	6190			46951	22856	1185	606
胶州市					3000	2400	150	108
即墨市					3500	3150	36	14
平度市	207	159			1380	1380	100	46
胶南市					4520	4160	88	80
莱西市	101	101			1450	1450	75	60
淄博市	1939	1614			36719	29229	1363	997
枣庄市	1822	1154			2996	2679	361	160
滕州市	730	693			1570	1570	30	20
东营市			81649	31872	8058	8058	1065	789
烟台市	3594	3037			17019	15630	893	770
龙口市					3880	3595	224	166
莱阳市					4188	4188	54	42
莱州市					2050	2050	75	50
蓬莱市					2662	2200	47	44
招远市					2550	2500	120	90
栖霞市					1878	1865		
海阳市					1350	1350	38	20
潍坊市	5310	2844			6378	5707	263	182
青州市					3209	3209	108	74
诸城市					3300	2820	65	59
寿光市	140	140			3422	2679	157	120
安丘市					4000	3300	107	72
高密市					3220	3220	135	104
昌邑市			412	280	2530	2410	50	42
济宁市	2977	2031			2931	2931	150	120
曲阜市					2446	2446		
兖州市	382	382			1900	1900	39	33
邹城市	959	605			1210	1060	90	77
泰安市	2800	2030			3914	3914	525	338
新泰市					3180	3180	228	161
肥城市	790	790			1806	1806	111	83
威海市	1289	901			8040	7431	585	334
文登市					4850	4550	143	123
荣成市					2538	2418	100	72
乳山市					2550	2010	95	73
日照市					5068	4617	153	127
莱芜市	1252	712			2400	2220	210	125
临沂市					9271	9271	418	283
德州市			850	510	3130	3130	99	77
乐陵市					460	460	19	13
禹城市					730	730	36	26
滨州市					4782	4782	123	68
聊城市			50	15	2560	2450	116	89
临清市					490	480	170	57
菏泽市					3874	3606		

十一、农林牧渔业

FARMING,FORESTRY,ANIMAL HUSBANDRY AND FISHERY

简要说明：

一、本篇资料反映山东省农业生产和农村经济的基本情况，内容主要包括农林牧渔业总产值、中间消耗、增加值、农村劳动力、耕地、主要农产品产量、农业机械年末拥有量、农村电气化和农业化学化情况以及农田水利建设等方面的统计资料。

二、本篇的资料来源于农林牧渔业综合统计报表。农林牧渔业综合统计报表制度的统计范围包括省内所属的各种经济类型、各个系统的全部农林牧渔业生产单位以及各非农行业附属的农林牧渔业生产活动单位。军委系统的农业生产（除军马外）也应包括在内，但不包括农业科学试验机构进行的农业生产。刊载在本年鉴中的统计资料是按照报表制度的统一要求，由各市统计局收集、汇总后报送的。目前多数指标仍沿用逐级上报制度。如林业生产情况、渔业生产情况、农业机械年末拥有情况和农田水利建设情况等指标均取自同级业务部门的统计资料，有关农业主要产品生产情况指标，凡能从国家抽样调查直接取材的，则根据农产量、畜牧业抽样调查数量填报，其他农林牧渔业产量指标则采取抽样调查、重点调查和全面调查相结合的办法，或利用部门统计资料和住户调查资料加工计算。

三、农产量抽样调查采取多阶段、随机起点、对称等距的抽样方法。抽样一般分为省抽县、县抽村、村抽地块、地块抽样本等几个阶段。抽样框的编制以近三年粮食平均亩产作为有关标识，按高低顺序排队，以近三年粮食平均播种面积作为辅助材料。农产量抽样调查共抽选了585个农产量抽样调查村2.9万多个样本进行实割实测调查，误差系数要求不超过正负2%。农产量抽样调查与农村住户调查一样，实行样本轮换制度，四年为一个周期。

11-1 历年农林牧渔业总产值

单位:亿元

年份	农林牧渔业总产值	农业	#种植业	林业	牧业	渔业
1949	20.07	18.01	16.01	0.12	1.66	0.28
1950	26.36	23.85	21.02	0.12	1.98	0.41
1951	33.06	29.44	26.17	0.14	2.82	0.66
1952	40.00	35.05	31.16	0.25	3.98	0.72
1953	37.04	32.24	28.31	0.41	3.63	0.76
1954	41.92	36.93	33.03	0.49	3.67	0.83
1955	44.97	40.05	35.40	0.66	3.37	0.89
1956	44.05	38.49	36.53	0.81	3.88	0.87
1957	36.44	31.21	30.36	0.87	3.54	0.82
1958	41.66	36.73	36.64	1.30	2.69	0.94
1959	39.32	34.39	34.31	1.38	2.52	1.03
1960	26.32	23.26	23.24	0.28	1.73	1.05
1961	31.84	28.17	28.11	0.19	2.50	0.98
1962	38.32	32.77	32.71	0.26	4.09	1.20
1963	40.21	33.40	33.33	0.29	5.38	1.14
1964	40.18	33.10	33.02	0.37	5.48	1.23
1965	50.49	42.88	42.79	0.55	5.76	1.30
1966	55.93	46.08	46.00	0.54	8.03	1.28
1967	55.81	46.08	45.98	0.59	7.88	1.26
1968	51.83	42.43	42.32	0.62	7.42	1.36
1969	58.70	49.31	49.22	0.61	7.04	1.74
1970	66.78	55.75	55.62	0.90	8.14	1.99
1971	75.63	60.97	60.86	1.89	10.86	1.91
1972	81.42	65.29	65.14	2.33	11.34	2.46
1973	84.59	68.42	68.26	2.34	11.34	2.49
1974	78.47	61.65	61.48	2.30	11.83	2.69
1975	93.43	75.85	75.64	2.65	12.33	2.60
1976	100.36	80.37	80.12	2.60	14.24	3.15
1977	99.27	78.83	78.40	2.10	14.72	3.62
1978	102.22	84.77	83.71	1.81	12.19	3.45
1979	135.92	113.34	111.33	2.04	16.61	3.93
1980	160.91	128.81	126.22	4.52	23.43	4.15
1981	198.50	155.62	151.83	4.91	33.04	4.94
1982	218.51	171.58	167.98	7.22	34.12	5.59
1983	259.50	208.75	202.87	8.48	36.21	6.06
1984	310.11	245.19	236.64	8.60	48.20	8.12
1985	335.42	248.17	236.62	11.07	62.82	13.36
1986	361.19	269.51	255.92	12.67	62.84	16.17
1987	413.18	313.76	299.05	12.11	64.15	23.16
1988	494.53	331.59	313.98	14.80	108.07	40.07
1989	547.66	366.24	347.61	14.28	124.71	42.43
1990	645.75	419.50	397.85	20.45	150.19	55.61
1991	779.18	491.76	471.53	22.19	186.52	78.71
1992	815.62	462.58	437.03	23.73	215.73	113.58
1993	944.99	526.66	511.48	28.24	239.90	150.19
1994	1282.25	660.13	649.84	36.78	348.78	236.56
1995	1678.16	931.89	922.96	41.81	433.62	270.84
1996	1962.12	1090.64	1078.05	49.97	512.60	308.91
1997	2058.32	1137.19	1107.33	49.86	550.58	320.69
1998	2174.54	1219.85	1184.65	45.91	583.40	325.38
1999	2202.95	1254.87	1232.44	44.93	572.95	330.20
2000	2294.35	1300.44	1280.12	47.62	599.17	347.12

注:本表按当年价格计算,是与农业普查衔接后的数据。

11－2 历年农林牧渔业总产值指数

（以1952年为100）

年份	农林牧渔业总产值	农业	#种植业	林业	牧业	渔业
1949	57.7	59.1	59.1	56.9	48.0	44.2
1950	78.8	81.4	80.7	56.9	59.6	68.0
1951	81.4	82.7	82.8	56.9	69.8	90.5
1952	100.0	100.0	100.0	100.0	100.0	100.0
1953	89.9	89.3	88.2	160.8	88.5	102.7
1954	99.8	100.4	101.0	184.3	88.0	109.5
1955	108.1	109.9	109.3	256.9	81.3	118.4
1956	111.3	111.1	117.8	325.5	97.7	122.4
1957	94.2	92.1	100.8	360.8	91.9	118.4
1958	107.9	108.5	121.8	543.1	70.0	134.7
1959	102.7	102.5	115.0	578.4	66.1	149.7
1960	63.4	64.0	71.9	107.8	41.6	141.5
1961	61.5	62.1	69.7	58.8	48.6	106.1
1962	65.5	63.9	71.8	70.6	70.0	114.3
1963	75.5	71.6	80.4	86.3	101.6	119.7
1964	80.0	75.2	84.4	119.6	109.7	136.1
1965	99.8	96.7	108.6	174.5	114.3	142.9
1966	113.6	106.8	119.9	178.4	163.6	144.2
1967	113.7	107.1	120.2	194.1	161.1	142.9
1968	103.3	96.5	108.3	198.0	148.5	151.0
1969	113.9	109.2	122.6	186.3	137.1	188.4
1970	123.5	117.7	132.1	264.7	151.2	204.8
1971	136.9	126.0	141.4	547.1	197.5	191.8
1972	141.5	129.5	145.4	649.0	198.0	238.1
1973	147.2	135.9	152.5	654.9	198.2	240.8
1974	137.5	123.3	138.3	647.1	208.1	262.6
1975	163.2	151.2	169.6	745.1	216.5	252.4
1976	166.9	152.6	171.1	692.2	237.8	291.8
1977	164.8	149.4	167.1	556.9	245.5	334.7
1978	177.1	160.6	178.2	680.4	253.4	383.7
1979	193.9	177.1	195.7	637.3	287.2	338.8
1980	212.1	190.0	209.7	680.4	347.4	375.5
1981	218.8	198.2	218.1	627.5	352.9	336.1
1982	239.2	215.3	236.9	1043.1	373.1	383.0
1983	273.7	253.2	275.9	988.2	386.1	399.3
1984	326.0	302.4	326.8	1109.8	462.2	449.7
1985	338.2	306.5	326.8	1427.5	520.9	491.8
1986	339.2	304.4	321.2	1380.4	539.2	566.0
1987	366.3	331.7	350.4	1364.7	551.7	681.6
1988	378.6	324.4	337.3	1325.5	703.9	887.8
1989	383.5	321.8	333.9	1259.2	768.7	959.7
1990	404.2	335.6	345.3	1235.3	823.3	1150.7
1991	452.3	370.2	384.0	1315.6	922.9	1393.5
1992	455.9	345.4	352.9	1380.1	985.7	1721.0
1993	510.6	381.0	399.8	1526.4	1080.3	2103.1
1994	578.0	411.1	436.2	1770.6	1295.3	2523.7
1995	629.4	441.9	471.1	1839.7	1463.7	2720.5
1996	675.3	478.1	507.4	2141.6	1551.5	2902.8
1997	707.0	490.1	506.4	2154.4	1716.0	2975.4
1998	777.0	589.3	562.1	2068.2	1915.1	3121.2
1999	819.7	615.2	599.2	2072.3	2045.3	3345.9
2000	851.7	639.8	625.6	2200.8	2155.7	3362.6

注：本表按可比价格计算，是与农业普查衔接后的数据。

11-3 农林牧渔业总产值

单位:亿元

指标名称	1999年	2000年	2000年为1999年%
农林牧渔业总产值	**2202.95**	**2294.35**	**103.9**
一、农业产值	**1254.87**	**1300.44**	**104.0**
#种植业	1232.44	1280.12	104.4
#粮　食	491.36	423.79	89.1
油　料	78.42	87.56	111.2
棉　花	39.91	64.61	149.1
蔬菜、瓜类	484.80	555.04	110.5
茶桑果类	108.47	115.48	107.6
二、林业产值	**44.93**	**47.62**	**106.2**
三、牧业产值	**572.95**	**599.17**	**105.4**
#牲畜繁殖增长增重	284.21	299.09	102.6
家禽的饲养	102.75	112.05	109.1
活的畜禽产品	160.23	156.83	105.2
其它动物及产品	25.06	30.47	113.0
四、渔业产值	**330.20**	**347.12**	**100.5**
1.海水产品	270.86	281.02	98.4
#养　殖	121.32	135.60	106.0
2.内陆水域水产品	59.34	66.10	110.9

注:本表绝对数按当年价格计算,速度按可比价格计算。

11－4 历 年 粮、棉、油 产 量

年 份	粮 食		棉 花		油 料	
	总产量（万吨）	单 产（千克/公顷）	总产量（万吨）	单 产（千克/公顷）	总产量（万吨）	单 产（千克/公顷）
1949	870.0	795	8.1	180	55.6	1170
1950	1033.5	915	10.3	195	66.0	1320
1951	1023.5	915	12.4	180	73.4	1395
1952	1199.0	1035	16.9	240	84.5	1470
1953	1049.5	900	13.1	210	80.3	1380
1954	1247.0	1050	15.5	255	105.0	1530
1955	1276.0	1110	20.9	285	106.1	1485
1956	1372.5	1215	21.7	270	129.9	1650
1957	1126.0	990	17.4	225	70.0	945
1958	1226.0	1170	21.2	300	78.4	1320
1959	1049.0	1095	16.3	240	44.8	1185
1960	829.5	825	7.8	135	21.8	735
1961	840.5	855	3.1	75	39.7	1290
1962	910.0	915	3.9	105	42.4	1875
1963	992.5	990	8.6	165	51.1	2025
1964	1132.5	1140	12.1	180	64.3	2070
1965	1332.0	1350	19.9	300	67.1	1395
1966	1470.0	1545	20.2	300	97.3	1665
1967	1466.0	1575	21.8	315	82.2	1350
1968	1282.5	1395	22.7	330	69.2	1245
1969	1449.5	1545	23.9	360	47.0	915
1970	1465.0	1575	27.3	390	78.5	1575
1971	1607.5	1710	24.3	375	92.7	1725
1972	1735.0	1815	19.6	330	74.9	1365
1973	1917.0	2025	26.3	405	87.4	1710
1974	1683.0	1815	19.0	300	83.4	1530
1975	2170.5	2355	24.1	390	84.2	1515
1976	2241.5	2460	15.8	255	58.5	1065
1977	2099.0	2370	14.9	240	67.7	2025
1978	2288.0	2595	15.4	255	95.9	1785
1979	2472.0	2835	16.7	315	109.1	1800
1980	2384.0	2820	53.7	735	143.0	2160
1981	2312.5	2835	67.5	720	142.1	2010
1982	2375.0	3090	96.0	720	142.5	2190
1983	2700.0	3465	122.5	825	152.0	2460
1984	3040.0	3885	172.5	1005	182.0	2790
1985	3137.7	3930	106.2	915	267.9	2745
1986	3250.0	3840	94.1	930	207.6	2355
1987	3393.7	4125	124.4	1020	234.3	2940
1988	3225.0	3990	113.7	825	197.8	2505
1989	3250.0	4035	102.5	780	150.0	1995
1990	3570.0	4380	102.8	690	212.1	2910
1991	3916.9	4845	135.1	870	233.1	3285
1992	3589.3	4533	67.7	455	166.3	2380
1993	4100.0	4992	41.0	539	268.4	3434
1994	4091.1	5015	55.9	705	338.3	3781
1995	4245.0	5220	47.1	707	315.0	3580
1996	4332.7	5260	37.2	773	309.3	3767
1997	3852.2	4766	35.4	894	240.9	2977
1998	4264.8	5244	41.3	996	335.6	3908
1999	4269.0	5271	39.2	1072	320.5	3614
2000	3837.7	4938	59.0	1085	356.9	3730

11－5 1978－2000年畜牧业生产情况

年　　份	肉类总产量（万吨）	猪存栏（万头）	牛存栏（万头）	羊存栏（万只）	家禽存栏（万只）
1978	60.80	1992.00	227.60	756.40	6766.00
1979	65.18	2117.60	221.50	925.80	7204.00
1980	90.10	2112.50	217.80	1041.30	7997.00
1981	96.26	1901.10	213.70	1025.60	8075.00
1982	94.98	1726.20	213.60	989.50	9115.00
1983	94.54	1562.70	222.10	901.80	10216.80
1984	104.38	1681.50	232.60	753.90	14688.90
1985	128.62	1812.80	258.00	783.30	16548.20
1986	141.78	1668.90	292.50	985.30	15120.70
1987	141.02	1547.00	344.60	1404.10	16916.30
1988	171.47	1688.60	416.00	1436.40	21582.10
1989	195.63	1604.10	472.40	1491.30	20471.30
1990	221.61	1576.70	511.80	1528.10	23974.60
1991	241.49	1599.40	501.40	1591.20	24136.80
1992	250.67	1602.60	531.90	1655.20	25810.80
1993	286.61	1603.70	603.00	1703.50	27188.70
1994	338.77	1701.50	681.30	1799.80	35118.60
1995	394.42	1718.10	714.10	1866.10	34613.80
1996	405.52	1723.60	740.10	1877.20	37485.00
1997	460.64	2209.70	811.90	2038.60	41833.00
1998	497.90	2485.90	911.80	2322.00	48484.00
1999	524.49	2560.48	977.25	2536.22	53332.00
2000	560.15	2660.34	1008.61	2784.73	58558.00

11－5续表

年　份	猪出栏（万头）	牛出栏（万头）	羊出栏（万只）	家禽出栏（万只）	禽蛋产量（万吨）	奶类产量（万吨）
1978	901.20	4.60	142.40		22.50	6.83
1979	1047.50	6.70	228.60		23.67	6.95
1980	1241.60	8.80	377.50		25.62	6.80
1981	1296.80	11.50	460.70		29.47	5.24
1982	1213.20	10.60	521.60		34.30	8.77
1983	1159.20	18.90	616.30		41.07	11.43
1984	1284.00	18.40	519.10		62.28	13.34
1985	1482.60	27.60	558.30	8283.10	72.50	13.26
1986	1681.20	32.30	617.60	9234.50	69.66	15.81
1987	1514.00	49.80	842.10	11397.30	79.14	17.28
1988	1619.60	69.00	1219.00	15904.00	102.97	19.53
1989	1845.40	82.80	1348.40	16701.20	109.43	21.24
1990	1936.20	110.10	1416.40	22769.00	124.25	22.53
1991	1983.50	119.50	1348.70	30792.70	149.14	23.65
1992	2046.00	140.90	1366.10	33467.90	154.30	25.17
1993	2092.90	177.10	1411.00	42837.30	184.07	28.05
1994	2185.70	213.10	1668.20	64716.70	240.75	32.45
1995	2453.00	248.40	2034.10	71286.50	247.15	36.98
1996	2500.90	272.40	2051.80	73508.00	267.30	41.14
1997	2801.10	334.50	2269.30	82549.00	294.30	45.82
1998	3123.20	354.90	2518.90	91299.00	322.00	53.98
1999	3248.13	391.10	2838.80	100246.00	349.06	61.29
2000	3426.78	413.80	3014.91	109168.00	366.22	70.47

11－6 1978－2000年渔业生产情况

单位:吨

年份	水产品产量	海水产品	海洋捕捞	海水养殖
1978	941159	889076	556669	332407
1979	789574	740111	480297	259814
1980	784208	732234	462664	269570
1981	737756	685110	451985	233125
1982	813789	764945	530279	234666
1983	847481	792619	516574	276045
1984	941782	877043	582780	294263
1985	1024494	936278	590494	345784
1986	1139239	1027050	665307	361743
1987	1388134	1261202	796523	464679
1988	1755821	1617429	898900	718529
1989	2019553	1880286	998184	882102
1990	2161755	2002686	1146278	856408
1991	2591164	2385032	1263653	1121379
1992	3288171	3053853	1536937	1516916
1993	4374345	4072679	1726779	2345900
1994	4772976	4313706	1785071	2528635
1995	5234832	4692437	1796112	2896325
1996	5866931	5185635	2588250	2597385
1997	6102938	5359138	2974701	2384437
1998	6505106	5665247	3325599	2339648
1999	6950476	6023034	3325182	2697852
2000	6982259	5951085	3078395	2872690

11－6 续表

年　　份	淡水产品产　量（吨）	捕捞量	养殖量	水产品养殖面积（万亩）	海　水	淡　水
1978	52083	35758	16325	202.30	26.80	175.50
1979	49463	34065	15398	193.29	26.54	166.75
1980	51974	35610	16301	203.21	28.50	174.71
1981	52646	34638	18008	182.24	28.66	153.58
1982	48844	32666	16178	176.15	35.18	140.97
1983	54862	34884	19978	160.05	32.31	127.74
1984	64739	37882	26857	165.10	37.70	127.40
1985	88216	41107	47109	215.14	49.58	165.56
1986	112189	42505	69684	243.14	56.70	186.44
1987	126932	37513	89419	257.65	70.87	186.78
1988	138392	32289	106103	234.90	104.27	180.63
1989	139267	29532	109735	246.73	103.72	143.01
1990	159069	34700	124369	273.52	105.01	168.51
1991	206132	45949	160183	304.04	112.54	191.50
1992	234318	45181	189137	312.30	115.89	196.41
1993	301666	55097	246569	400.16	223.76	176.40
1994	459270	64210	395060	466.56	197.36	269.21
1995	542395	67504	474891	497.39	197.81	299.58
1996	681296	74424	606872	564.55	242.45	322.10
1997	743800	81066	662734	618.91	274.04	344.87
1998	839859	88943	750916	649.80	283.22	366.58
1999	927442	88574	838868	722.79	336.14	386.65
2000	1031174	89916	941258	788.36	420.72	367.64

11－7 农作物播种面积和产量

项　　　　目	1999年			2000年			总产量2000年比1999年增减(%)
	播种面积(公顷)	总产量(吨)	单　产(千克/公顷)	播种面积(公顷)	总产量(吨)	单　产(千克/公顷)	
农作物总播种面积	**11236495**			**11531620**			
一、粮食作物合计	**8099254**	**42690036**	**5271**	**7772368**	**38377350**	**4938**	**－10.1**
(一)夏收粮食	4007490	21178800	5285	3960835	18602505	4697	－12.2
1.谷物	4007009	21177856	5285	3960287	18601144	4697	－12.2
＃小麦	4006753	21176523	5285	3960040	18600396	4697	－12.2
2.夏杂豆	481	944	1963	548	1361	2484	44.2
(二)秋收粮食	4091764	21511236	5257	3811533	19774845	5188	－8.1
1、谷物	3080247	17204815	5586	2889825	16071390	5561	－6.6
(1)稻谷	195824	1312748	6704	176746	1108267	6270	－15.6
(2)玉米	2768166	15513719	5604	2615720	14674600	5610	－5.4
(3)谷子	65621	217047	3308	54554	165196	3028	－23.9
(4)高粱	34987	103233	2951	28570	79486	2782	－23.0
(5)其他谷物	15649	58068	3711	14235	43841	3080	－24.5
2.豆类合计	512683	1002895	1956	479901	1081055	2253	7.8
＃大豆	492174	969144	1969	458224	1045565	2282	7.9
3.薯类(按折粮薯类计算)	498834	3303526	6622	441807	2622400	5936	－20.6
二、油料	**886777**	**3204946**	**3614**	**956942**	**3569230**	**3730**	**11.4**
＃花生果	861010	3160103	3670	923466	3501435	3792	10.8
油菜籽	20543	37523	1827	24456	47985	1962	27.9
芝麻	5099	7075	1388	5598	10131	1810	43.2
三、棉花	**365782**	**392245**	**1072**	**543813**	**589900**	**1085**	**50.4**
四、麻类合计	**2917**	**8464**	**2902**	**2307**	**6293**	**2728**	**－25.6**
＃黄红麻	2763	8052	2914	2011	5522	2746	－31.4
五、甜菜	**704**	**11367**	**16146**	**211**	**904**	**4284**	**－92.0**
六、烟叶	**55895**	**113765**	**2035**	**62879**	**117122**	**1863**	**3.0**
＃烤烟	53868	108598	2016	61223	112840	1843	3.9
七、药材	**20258**			**26289**			
八、蔬菜、瓜类	**1721115**	**74414257**		**2056274**	**83724700**		**12.5**
1.蔬菜(含菜用瓜)	1477387	64072568		1788354	72567935		13.3
＃马铃薯	82761	2697116		114975	3794569		40.7
2.瓜类(果用瓜)	243728	10341689		267920	11156765		7.9
＃西瓜	214625	9134190		233580	9776491		7.0
九、其它农作物	**83793**			**110537**			
＃青饲料	1926			9600			

11-8 主要农业机械年末拥有量

项　　目	单　位	1990年	1995年	1996年	1997年	1998年	1999年	2000年
农用机械总动力	**万千瓦**	**3215.77**	**4016.47**	**4308.87**	**4763.59**	**5228.32**	**6096.58**	**7025.24**
一、耕作机械								
大中型农用拖拉机	万台	11.39	10.09	10.26	10.63	11.35	12.97	14.05
	万千瓦	339.79	321.32	330.3	342.60	365.38	419.24	451.16
小型农用拖拉机	万台	52.62	66.84	71.67	85.02	98.73	124.61	144.27
	万千瓦	443.22	560.67	602.8	703.82	808.32	1010.85	1164.08
大中型拖拉机配套农具	万部	17.76	19.63	20.23	21.20	23.47	26.35	27.70
小型拖拉机配套农具	万部	62.27	100.27	110.85	129.17	146.02	182.54	214.84
二、农用排灌机械								
柴油机	万台	101.08	119.40	122.91	136.07	142.17	164.87	172.69
	万千瓦	854.68	983.99	1001.16	1114.43	1157.44	1328.55	1408.18
电动机	万台	54.79	70.05	74.93	75.77	78.08	80.04	82.70
	万千瓦	454.95	499.35	527.59	531.84	544.01	550.41	568.17
农用水泵	万台	121.77	149.55	161.46	175.10	185.07	207.98	232.09
喷灌机械	万套	13.99	18.26	21.05	21.93	24.71	30.45	30.00
三、收获机械								
联合收割机	万台	0.07	0.42	0.79	1.77	2.82	4.24	5.16
	万千瓦	4.03	7.88	12.39	13.56	23.94	44.72	63.93
机动割晒机	万台	7.87	15.02	17.12	20.28	21.84	23.32	25.43
	万千瓦	0.39	2.80	3.05	4.53	5.64	7.39	9.10
机动脱粒机	万台	51.26	59.99	65.82	70.17	70.10	73.99	74.40
四、植保机械								
喷雾机	万部	5.13	19.67	21.26	23.59	22.63	25.88	24.78
	万千瓦	9.09	30.99	40.00	36.03	37.69	42.86	43.77
五、渔业机械								
渔用机动船	万艘	3.21	4.1	4.26	4.27	4.26	4.26	4.27
	万吨	36.21	50.45	50.44	51.24	48.24	54.31	52.37
	万千瓦	67.43	91.91	93.42	94.72	96.21	112.83	117.93
六、农产品加工机械								
农产品加工机械动力	万千瓦	401.04	415.42	445.84	466.62	481.70	519.40	673.75
七、运输机械								
农用载重汽车	万辆	4.65	5.98	7.12	7.62	8.31	9.50	10.21
	万千瓦	350.08	413.74	447.92	466.96	488.68	528.06	543.79
农用运输车	万辆	7.35	38.24	52.23	68.69	87.08	116.57	162.77
	万千瓦	39.60	327.36	444.24	609.80	812.67	1114.85	1670.33
八、其他农业机械								
推土机	万台	0.13	0.31	0.36	0.43	0.50	1.01	0.70

11－9 各市农林牧渔业总产值

（2000 年）　　单位:万元

地　　区	农林牧渔业总产值	农业产值	种植业	其他农业	林业产值	牧业产值	渔业产值
全省总计	**22943481**	**13004351**	**12801210**	**203141**	**476200**	**5991740**	**3471190**
济南市	1543046	1001846	933668	68178	36406	483408	21386
青岛市	2483256	1116397	1072849	43548	19102	692782	654975
淄博市	728380	526304	476746	49558	21097	165386	15593
枣庄市	697895	510752	479280	31472	23702	138342	25099
东营市	519387	297215	285086	12129	5017	100642	116513
烟台市	2302560	1149368	1084230	65138	44137	322187	786868
潍坊市	2766331	1619603	1537559	82044	27648	961978	157102
济宁市	2026043	1196821	1120262	76559	36508	645626	147088
泰安市	1205616	824208	792033	32175	39303	298904	43201
威海市	1447296	362177	299470	62707	9406	153415	922298
日照市	855440	402831	349089	53742	31673	163375	257561
莱芜市	228610	157779	153298	4481	13345	51913	5573
临沂市	1999445	1275505	1155242	120263	126601	549429	47910
德州市	1601411	1187515	1175199	12316	7120	370654	36122
聊城市	1569471	1132376	1116532	15844	15488	391531	30076
滨州市	1097722	698355	623613	74742	23162	250563	125642
菏泽市	1762461	1299323	1269095	30228	72764	332877	57497

注:本表按当年价格计算。

11－10 各市农业产值

（2000 年）　　单位:万元

地　　区	农业产值	一、种植业产值	主产品产值	粮食作物	谷物	豆类	薯类	油料
全省总计	**13004351**	**12801210**	**12328413**	**3839810**	**332781**	**232561**	**279430**	**824124**
济南市	1001846	933668	891839	236028	203492	11848	20688	13214
青岛市	1116397	1072849	1027211	274677	238793	19694	16190	133552
淄博市	526304	476746	464312	139642	130405	4194	5043	5011
枣庄市	510752	479280	462798	129012	106231	10220	12561	29419
东营市	297215	285086	276463	86045	75547	9696	802	2627
烟台市	1149368	1084230	1051538	222884	187557	14620	20707	81158
潍坊市	1619603	1537559	1487356	386747	343756	23227	19764	42424
济宁市	1196821	1120262	1066448	455779	381740	40992	33047	62768
泰安市	824208	792033	756218	237918	183501	11107	43310	51500
威海市	362177	299470	283871	99797	76507	7454	15836	58925
日照市	402831	349089	335191	105061	73617	6178	25266	47686
莱芜市	157779	153298	149741	32791	25832	238	6721	3244
临沂市	1275505	1155242	1109632	394576	282105	19083	93388	140794
德州市	1187515	1175199	1129909	315884	294603	14356	6925	21753
聊城市	1132376	1116532	1068378	319597	298304	16848	4445	65462
滨州市	698355	623613	588364	218179	201675	13685	2819	8075
菏泽市	1299323	1269095	1227360	360429	313897	32285	14247	107921

注:本表按当年价格计算。

11－10 续表 1　　　　(2000 年)　　　　单位:万元

地　区	棉　花	麻　类	糖　类	烟　叶	药　材	蔬菜瓜类食用菌	茶桑果	其他农作物
全省总计	**623796**	**1371**	**35**	**78219**	**96365**	**5550414**	**1154813**	**159466**
济南市	30382	21		4	160	527992	44047	39991
青岛市	2089		5	4682	1976	466004	86639	57587
淄博市	13175	100		4283	6896	246317	38644	10244
枣庄市	1964	1		484	1405	270568	21072	8873
东营市	27112	59				132584	7057	20979
烟台市				12	6561	252132	426327	62464
潍坊市	20850		20	29180	4218	811912	121364	70641
济宁市	61926	669		25	2377	408795	22486	51623
泰安市	4089	78		53	672	363860	58737	39311
威海市				76	5976	58080	60369	648
日照市	164			10135	12238	112404	35760	11743
莱芜市	135	13		548	168	106024	6415	403
临沂市	5821	43		27273	18902	367327	110994	43902
德州市	191886	134	8	1351	1970	496387	95637	4899
聊城市	66685	1			142	559992	34337	22162
滨州市	88519	70			4992	187152	65632	15745
菏泽市	219869	106		6	19875	428572	44897	45685

11－10 续表 2　　　　(2000 年)　　　　单位:万元

地　区	副产品产值	粮食作物	#谷物	其他作物	二、其他农业产值	采集野生植物产值	农民家庭兼营工业手工业(商品部分)
全省总计	**472797**	**398058**	**365976**	**74739**	**203141**	**40894**	**162247**
济南市	41829	40181	38170	1648	68178	6124	62054
青岛市	45638	37193	35240	8445	43548	695	42853
淄博市	12434	11553	11022	881	49558	3219	46339
枣庄市	16482	14577	10987	1905	31472	50	31422
东营市	8623	7287	6796	1336	12129	417	11712
烟台市	32692	28429	26178	4263	65138	7695	57443
潍坊市	50203	46830	43167	3373	82044	856	81188
济宁市	53814	46345	41466	7469	76559	775	75784
泰安市	35815	32758	26074	3057	32175	808	31367
威海市	15599	12800	10451	2799	62707	7643	55064
日照市	13898	11435	8088	2463	53742	385	53357
莱芜市	3557	3344	2656	213	4481	889	3592
临沂市	45610	37627	27813	7983	120263	2967	117296
德州市	45290	40306	38768	4984	12316	788	11528
[illegible]市	48154	40570	39126	7584	15844	1580	14264
[illegible]市	35249	31293	30551	3956	74742	5062	69680
[illegible]	41735	31520	28225	10215	30228	482	29746

11－11 各 市 林 业 产 值

（2000 年）

单位:万元

地　　区	林业产值	营　林	林产品	村及村以下竹木采伐
全省总计	**476200**	**119170**	**233858**	**123172**
济南市	36406	15171	16588	4647
青岛市	19102	7001	9755	2346
淄博市	21097	12325	7585	1187
枣庄市	23702	6704	14895	2103
东营市	5017	3980	529	508
烟台市	44137	12730	30459	948
潍坊市	27648	12373	11256	4019
济宁市	36508	10394	10557	15557
泰安市	39303	15694	17796	5813
威海市	9406	6400	2965	41
日照市	31673	10476	15867	5330
莱芜市	13345	6079	6467	799
临沂市	126601	21491	94050	11060
德州市	7120	4285	747	2088
聊城市	15488	3795	2958	8735
滨州市	23162	13449	6966	2747
菏泽市	72764	9044	22161	41559

注:本表按当年价格计算。

11－12 各 市 牧 业 产 值

（2000 年）

单位:万元

地　　区	牧业产值	牲畜繁殖增长增重	大牲畜	# 牛	猪
全省总计	**5991740**	**2990921**	**415040**	**390704**	**2213472**
济南市	483408	230071	48888	46535	151230
青岛市	692782	252719	53509	53239	181482
淄博市	165386	67856	7510	7234	56910
枣庄市	138342	74049	2655	2045	59043
东营市	100642	46520	9778	9062	26259
烟台市	322187	110838	14738	14700	91199
潍坊市	961978	317470	28708	27551	271680
济宁市	645626	346183	15629	14719	289647
泰安市	298904	175927	25104	24543	129164
威海市	153415	63614	2400	2399	59844
日照市	163375	92298	4983	4671	73852
莱芜市	51913	24828	499	499	22464
临沂市	549429	322451	18717	17082	280874
德州市	370654	195730	58441	55617	118370
聊城市	391531	177478	46158	41925	99769
滨州市	250563	106013	31418	29815	62993
菏泽市	332877	206843	17637	16735	137853

注:本表按当年价格计算。

11－12 续表　　(2000 年)　　单位:万元

地　　区	羊	家　禽 饲　养	活　的 畜禽产品	其他动物 及 产 品	捕　猎
全省总计	**362409**	**1120546**	**1568318**	**304747**	**7208**
济 南 市	29953	49564	191110	12442	221
青 岛 市	17728	225026	188951	26074	12
淄 博 市	3436	19807	65174	11434	1115
枣 庄 市	12351	17715	27169	19398	11
东 营 市	10483	21847	29790	2455	30
烟 台 市	4901	67523	114345	28548	933
潍 坊 市	17082	409345	183618	51407	138
济 宁 市	40907	87235	166034	45643	531
泰 安 市	21659	37630	73062	12039	246
威 海 市	1370	13575	43093	33133	
日 照 市	13463	21459	33220	16398	
莱 芜 市	1865	4858	12738	9489	
临 沂 市	22860	65278	96770	59972	4958
德 州 市	18919	28980	140805	5134	5
聊 城 市	31551	81290	125030	7690	43
滨 州 市	11602	30944	102425	10881	300
菏 泽 市	51353	24784	77917	23269	64

11－13 各 市 渔 业 产 值

(2000 年)　　单位:万元

地　　区	渔　业 产　值	海水产品	#养　殖	内陆水域 水 产 品	#养　殖
全省总计	**3471190**	**2810188**	**1356037**	**661002**	**603364**
济 南 市	21386			21386	19773
青 岛 市	654975	620419	323160	34556	34556
淄 博 市	15593			15593	14164
枣 庄 市	25099			25099	22141
东 营 市	116513	75623	28669	40890	36046
烟 台 市	786868	774459	308003	12409	12233
潍 坊 市	157102	123915	13096	33187	28062
济 宁 市	147088			147088	116815
泰 安 市	43201	4862		38339	31231
威 海 市	922298	900039	420026	22259	22259
日 照 市	257561	245107	48050	12454	12228
莱 芜 市	5573			5573	4807
临 沂 市	47910			47910	44992
德 州 市	36122			36122	35232
聊 城 市	30076			30076	28186
滨 州 市	125642	76161	34916	49481	44255
菏 泽 市	57497			57497	56367

注:本表按当年价格计算。

11－14 各市农林牧渔业中间消耗及增加值

（2000 年） 单位：万元

地区	一、总产值	二、中间消耗	农业	#种植业	林业	牧业	渔业
全省总计	**22943481**	**10257740**	**5397926**	**5284573**	**141398**	**3340327**	**1378089**
济南市	1543046	592921	326102	295365	11310	247834	7675
青岛市	2483256	1084462	400017	381848	7499	413519	263427
淄博市	728380	265373	178254	149530	4112	77185	5822
枣庄市	697895	281137	180774	163985	7675	84222	8466
东营市	519387	218056	104072	101555	2299	59624	52061
烟台市	2302560	1040153	536815	502502	15755	150267	337316
潍坊市	2766331	1308331	604614	570173	9253	630417	64047
济宁市	2026043	878059	492054	452697	8247	322803	54955
泰安市	1205616	502815	311313	291066	14315	164014	13173
威海市	1447296	588637	148488	122684	3763	85914	350472
日照市	855440	345295	138568	119496	5668	98030	103029
莱芜市	228610	98866	55783	54088	4330	36391	2362
临沂市	1999445	864362	460080	385612	28736	358556	16990
德州市	1601411	715411	498332	494161	3272	203860	9947
聊城市	1569471	658463	400727	392448	4703	244403	8630
滨州市	1097722	484031	284280	255158	8258	141387	50106
菏泽市	1762461	715547	492851	476807	21982	189292	11422

注：本表按当年价格计算。

11－14 续表 1 （2000 年） 单位：万元

地区	（一）中间物质消耗	农业	#种植业	林业	牧业	渔业
全省总计	**9722769**	**5068139**	**4982002**	**132912**	**3213296**	**1308422**
济南市	576044	317198	287974	10974	240567	7305
青岛市	1035294	375128	357303	7105	404382	248679
淄博市	252246	169111	141429	3792	73932	5411
枣庄市	264046	169346	153128	7243	79838	7619
东营市	213591	102282	99876	2245	57916	51148
烟台市	977238	501197	469131	15035	141780	319226
潍坊市	1234946	559243	526838	8903	605999	60801
济宁市	813378	450327	414263	7360	302905	52786
泰安市	480641	298292	279579	13385	157216	11748
威海市	561673	139098	118384	3700	83705	335170
日照市	315038	119525	104249	4884	94310	96319
莱芜市	93572	53059	51528	3944	34388	2181
临沂市	836631	441519	369470	27435	351288	16389
德州市	666429	459505	456121	2856	194562	9506
聊城市	638919	389170	380990	4510	236729	8510
滨州市	453359	263708	235917	7952	135348	46351
菏泽市	693903	475629	460424	21368	185822	11084

11－14 续表 2　　(2000 年)　　单位:万元

地　区	(二)对非物质生产部门劳务支出	农　业	#种植业	林　业	牧　业	渔　业
全省总计	**534971**	**329787**	**302571**	**8486**	**127031**	**69667**
济南市	16877	8904	7391	336	7267	370
青岛市	49168	24889	24545	394	9137	14748
淄博市	13127	9143	8101	320	3253	411
枣庄市	17091	11428	10857	432	4384	847
东营市	4465	1790	1679	54	1708	913
烟台市	62915	35618	33371	720	8487	18090
潍坊市	73385	45371	43335	350	24418	3246
济宁市	64681	41727	38434	887	19898	2169
泰安市	22174	13021	11487	930	6798	1425
威海市	26964	9390	4300	63	2209	15302
日照市	30257	19043	15247	784	3720	6710
莱芜市	5294	2724	2560	386	2003	181
临沂市	27731	18561	16142	1301	7268	601
德州市	48982	38827	38040	416	9298	441
聊城市	19544	11557	11458	193	7674	120
滨州市	30672	20572	19241	306	6039	3755
菏泽市	21644	17222	16383	614	3470	338

11－14 续表 3　　(2000 年)　　单位:万元

地　区	三、增加值	农　业	#种植业	林　业	牧　业	渔　业
全省总计	**12685741**	**7606425**	**7516637**	**334802**	**2651413**	**2093101**
济南市	950125	675744	638303	25096	235574	13711
青岛市	1398794	716380	691001	11603	279263	391548
淄博市	463007	348050	327216	16985	88201	9771
枣庄市	416758	329978	315295	16027	54120	16633
东营市	301331	193143	183531	2718	41018	64452
烟台市	1262407	612553	581728	28382	171920	449552
潍坊市	1458000	1014989	967386	18395	331561	93055
济宁市	1147984	704767	667565	28261	322823	92133
泰安市	702801	512895	500967	24988	134890	30028
威海市	858659	213689	176786	5643	67501	571826
日照市	510145	264263	229593	26005	65345	154532
莱芜市	129744	101996	99210	9015	15522	3211
临沂市	1135083	815425	769630	97865	190873	30920
德州市	886000	689183	681038	3848	166794	26175
聊城市	911008	731649	724084	10785	147128	21446
滨州市	613691	414075	368455	14904	109176	75536
菏泽市	1046914	806472	792288	50782	143585	46075

11－15 各市农村基层情况和农业生产条件

（2000年）

地　　区	一、农村基层组织情况（个）			二、农村社会基础设施（个）			
	乡、镇个数	#镇	村委会个数	通电户数（万户）	自来水受益村数	通汽车村数	通电话村数
全省总计	**2207**	**1426**	**87817**	**2015.29**	**43990**	**84182**	**87446**
济南市	110	68	4738	98.28	2498	4449	4728
青岛市	128	121	6026	148.20	4248	5845	6020
淄博市	106	89	3259	86.67	2630	3253	3256
枣庄市	84	53	3113	73.67	2137	3113	3111
东营市	54	23	1774	31.33	1456	1668	1755
烟台市	184	160	6601	164.96	4514	6600	6599
潍坊市	223	182	9498	194.07	6065	9498	9471
济宁市	182	99	6674	169.16	3622	6432	6657
泰安市	108	72	3673	113.33	1938	3659	3622
威海市	73	73	2724	68.94	1669	2722	2720
日照市	70	38	2989	71.23	1164	2975	2981
莱芜市	28	16	1053	29.01	833	1053	1051
临沂市	237	134	9542	256.54	3838	9539	9496
德州市	115	78	8331	114.76	2619	7675	8321
聊城市	153	64	6514	123.16	1001	5265	6505
滨州市	99	61	5389	86.79	3212	5291	5271
菏泽市	253	95	5919	185.19	546	5145	5882

注：本表中的乡、镇个数是我省乡、镇综合配套改革期间的数。

11－15 续表1

（2000年）

地　　区	三、乡村人口、从业人员资源及主要行业分布（万人）						
	乡村户数（万户）	乡村人口数	乡村从业人员数	男	女	农林牧渔业从业人员	#农业
全省总计	**2026.49**	**7035.87**	**3639.63**	**1933.95**	**1705.68**	**2462.62**	**2200.06**
济南市	98.31	357.97	189.15	99.34	89.81	108.93	96.14
青岛市	148.20	483.39	254.62	137.09	117.53	143.59	123.23
淄博市	86.70	275.22	149.62	78.91	70.71	81.06	72.84
枣庄市	73.67	272.69	145.23	76.91	68.32	95.07	84.56
东营市	31.33	105.36	51.52	27.35	24.17	37.52	33.95
烟台市	164.96	497.67	240.20	129.58	110.62	154.80	133.93
潍坊市	194.07	689.36	331.81	176.22	155.59	179.34	154.06
济宁市	172.35	636.94	332.66	180.74	151.92	230.37	196.08
泰安市	116.14	415.29	213.02	112.85	100.17	141.12	125.11
威海市	69.03	185.25	95.00	51.93	43.07	53.39	42.20
日照市	73.28	232.80	130.61	71.17	59.44	91.44	79.20
莱芜市	29.01	89.76	48.33	26.03	22.30	29.84	25.77
临沂市	257.47	867.92	490.96	262.28	228.68	364.12	330.18
德州市	115.37	434.90	225.29	117.24	108.05	177.61	164.23
聊城市	123.16	469.73	223.41	115.67	107.74	179.99	172.53
滨州市	86.79	301.07	153.58	81.33	72.25	110.09	97.47
菏泽市	186.65	720.55	364.62	189.31	175.31	284.34	268.58

11－15续表2

(2000年)

地　　区	乡村人口、从业人员资源及主要行业分布(万人)					
	工　业	建筑业	交通运输仓储及邮电通讯业	批发、零售贸易、餐饮业	其他从业人员	#外出合同工、临时工
全省总计	**352.93**	**285.58**	**112.71**	**153.15**	**272.64**	**169.65**
济南市	21.56	17.64	11.47	13.74	15.81	9.11
青岛市	42.76	22.99	8.39	16.10	20.79	12.62
淄博市	30.12	15.13	6.05	7.92	9.34	4.49
枣庄市	17.76	14.08	6.02	6.12	6.18	3.70
东营市	3.27	4.16	2.01	2.59	1.97	0.99
烟台市	31.81	13.32	5.40	9.37	25.50	14.98
潍坊市	52.92	35.59	14.11	20.10	29.75	16.11
济宁市	20.27	32.98	12.58	12.74	23.72	15.10
泰安市	15.67	22.98	7.18	8.23	17.84	10.69
威海市	17.46	5.33	2.63	4.35	11.84	8.01
日照市	8.93	10.40	2.95	4.43	12.46	7.37
莱芜市	4.89	5.51	2.00	2.34	3.75	2.04
临沂市	32.08	35.16	12.26	15.74	31.60	20.02
德州市	11.53	10.85	4.53	8.16	12.61	9.26
聊城市	10.73	9.81	3.84	5.31	13.73	9.94
滨州市	10.56	10.39	4.92	6.15	11.47	7.20
菏泽市	20.61	19.26	6.37	9.76	24.28	18.02

11－16 各市耕地面积

(2000年)　　单位:公顷

地　　区	年初实有耕地面积	年内增加耕地面积	当年减少耕地面积	#国家基建占地	#乡村集体占地
全省总计	**6638861**	**10298**	**41694**	**11811**	**10855**
济南市	333719	226	226	111	32
青岛市	481047	346	3891	1889	1640
淄博市	199427	361	3322	1385	579
枣庄市	185838	126	1792	349	419
东营市	175029	1075	822	430	96
烟台市	450372	891	7340	329	485
潍坊市	698200	1648	5071	784	1319
济宁市	533223	607	3670	1711	1351
泰安市	329045	340	1755	535	451
威海市	171942	430	183	141	35
日照市	176592	921	2512	445	636
莱芜市	60251	1109	936	158	540
临沂市	643472	425	6578	1345	2542
德州市	560281	4	1067	713	210
聊城市	555200	32	1088	920	79
滨州市	390104	472	545	181	98
菏泽市	695119	1285	896	385	343

地区	#农民个人建房占地	年末实有耕地面积	水田	旱地
全省总计	**3425**	**6607465**	**192388**	**6415077**
济南市	1	333719	15553	318166
青岛市	167	477502	60	477442
淄博市	35	196466	2327	194139
枣庄市	153	184172	4464	179708
东营市		175282	19230	156052
烟台市	13	443923	61	443862
潍坊市	547	694777	41	694736
济宁市	569	530160	55930	474230
泰安市	103	327630	558	327072
威海市	4	172189	74	172115
日照市	237	175001	13621	161380
莱芜市	233	60424		60424
临沂市	1176	637319	67864	569455
德州市	44	559218	464	558754
聊城市	35	554144	812	553332
滨州市	3	390031	1573	388458
菏泽市	105	695508	9756	685752

11－17 各市粮食作物播种面积和产量

地区	1999 年			2000 年			总产量2000年比1999年增减（%）
	播种面积（公顷）	总产量（吨）	单产（千克/公顷）	播种面积（公顷）	总产量（吨）	单产（千克/公顷）	
全省总计	**8099254**	**42690036**	**5271**	**7772368**	**38377350**	**4938**	**－10.1**
济南市	485025	2790053	5752	448817	2402732	5353	－13.9
青岛市	506101	3331124	6582	450681	2780481	6170	－16.5
淄博市	264556	1618730	6119	236474	1331014	5629	－17.8
枣庄市	254716	1708679	6708	224946	1304436	5799	－23.7
东营市	240473	1043935	4341	213450	809403	3792	－22.5
烟台市	504543	2492308	4940	471662	1986480	4212	－20.3
潍坊市	744450	4472240	6007	669701	3676233	5489	－17.8
济宁市	713524	4317312	6051	685574	4137567	6035	－4.2
泰安市	384400	2667390	6939	361894	2343072	6474	－12.2
威海市	223757	937824	4191	208687	939225	4501	0.1
日照市	205680	1266620	6158	186064	1147998	6170	－9.4
莱芜市	67851	410215	6046	61485	357730	5818	－12.8
临沂市	814439	4534505	5568	784205	3844899	4903	－15.2
德州市	704327	4334790	6155	599430	3399545	5671	－21.6
聊城市	693628	3548746	5116	621396	3309413	5326	－6.7
滨州市	480701	2576441	5360	472817	2228247	4713	－13.5
菏泽市	811083	4161918	5131	696674	3529632	5066	－15.2

11－18 各市棉花播种面积和产量

地区	1999年			2000年			总产量2000年比1999年增减(%)
	播种面积(公顷)	总产量(吨)	单产(千克/公顷)	播种面积(公顷)	总产量(吨)	单产(千克/公顷)	
全省总计	**365782**	**392245**	**1072**	**543813**	**589900**	**1085**	**50.4**
济南市	18685	18961	1015	24842	27265	1098	43.8
青岛市	3460	3668	1060	1672	2077	1242	－43.4
淄博市	10961	13508	1232	9161	11490	1254	－14.9
枣庄市	3310	3030	915	2061	2065	1002	－31.8
东营市	14964	13541	905	19296	20056	1039	48.1
烟台市							
潍坊市	20178	17153	850	16952	16866	995	－1.7
济宁市	31692	35112	1108	46856	55023	1174	56.7
泰安市	5500	4204	764	4186	3639	869	－13.4
威海市							
日照市	281	206	733	180	154	856	－25.2
莱芜市	120	153	1275	106	122	1151	－20.3
临沂市	5258	4955	942	4348	4849	1115	－2.1
德州市	56173	66503	1184	136103	164005	1205	146.6
聊城市	33688	38778	1151	60039	65353	1089	68.5
滨州市	54952	55608	1012	59643	68882	1155	23.9
菏泽市	105747	116865	1105	158368	185860	1174	59.0

11－19 各市油料播种面积和产量

地区	1999年			2000年			总产量2000年比1999年增减(%)
	播种面积(公顷)	总产量(吨)	单产(千克/公顷)	播种面积(公顷)	总产量(吨)	单产(千克/公顷)	
全省总计	**886777**	**3204946**	**3614**	**956942**	**3569230**	**3730**	**11.4**
济南市	12674	35991	2840	14092	45902	3257	27.5
青岛市	111046	572941	5159	119518	534184	4469	－6.8
淄博市	6392	16810	2630	6609	19414	2938	15.5
枣庄市	25989	99914	3844	32602	129047	3958	29.2
东营市	3554	10005	2815	5252	11138	2121	11.3
烟台市	117531	316264	2691	113973	289837	2543	－8.4
潍坊市	41436	138696	3347	46565	170376	3659	22.8
济宁市	52184	198159	3797	62306	251953	4044	27.1
泰安市	48068	178581	3715	50792	191901	3778	7.5
威海市	70061	128389	1833	67864	235696	3473	83.6
日照市	44482	194238	4367	45577	190740	4185	－1.8
莱芜市	5254	10578	2013	5044	12411	2461	17.3
临沂市	125543	517909	4125	136305	563183	4132	8.7
德州市	20216	67594	3344	24003	85552	3564	26.6
聊城市	73652	267105	3627	82361	314828	3823	17.9
滨州市	6477	15280	2359	8535	17494	2050	14.5
菏泽市	122218	436492	3571	135544	505574	3730	15.8

11－20 各市农业主要产品生产情况

（2000 年）

地　　区	农作物总播种面积（公顷）	一、粮食作物合计			(一)夏收粮食		
		播种面积（公顷）	总产量（吨）	单产（千克/公顷）	播种面积（公顷）	总产量（吨）	单产（千克/公顷）
全省总计	**11531620**	**7772368**	**38377350**	**4938**	**3960835**	**18602505**	**4697**
济南市	603908	448817	2402732	5353	209619	1041055	4966
青岛市	764693	450681	2780481	6170	224502	1353445	6029
淄博市	326321	236474	1331014	5629	113989	638597	5602
枣庄市	358589	224946	1304436	5799	116948	563984	4823
东营市	280756	213450	809403	3792	94985	452643	4765
烟台市	655210	471662	1986480	4212	232726	885279	3804
潍坊市	1049187	669701	3676233	5489	326703	2026040	6201
济宁市	970749	685574	4137567	6035	336832	1759784	5225
泰安市	566171	361894	2343072	6474	167412	957953	5722
威海市	299266	208687	939225	4501	123744	424032	3427
日照市	274287	186064	1147998	6170	87199	425590	4881
莱芜市	98674	61485	357730	5818	23996	128782	5367
临沂市	1065911	784205	3844899	4903	368366	1388735	3770
德州市	1000032	599430	3399545	5671	335319	1697081	5061
聊城市	955948	621396	3309413	5326	358768	1803925	5028
滨州市	615577	472817	2228247	4713	234318	1107537	4727
菏泽市	1267930	696674	3529632	5066	424317	2139272	5042

11－20 续表 1　　（2000 年）

地　　区	1.谷物			#小麦			2.夏杂豆		
	播种面积（公顷）	总产量（吨）	单产（千克/公顷）	播种面积（公顷）	总产量（吨）	单产（千克/公顷）	播种面积（公顷）	总产量（吨）	单产（千克/公顷）
全省总计	**3960287**	**18601144**	**4697**	**3960040**	**18600396**	**4697**	**548**	**1361**	**2484**
济南市	209619	1041055	4966	209619	1041055	4966			
青岛市	224502	1353445	6029	224502	1353445	6029			
淄博市	113986	638591	5602	113986	638591	5602	3	6	2000
枣庄市	116781	563672	4827	116728	563470	4827	167	312	1868
东营市	94985	452643	4765	94985	452643	4765			
烟台市	232660	885158	3805	232660	885158	3805	66	121	1833
潍坊市	326479	2025312	6203	326479	2025312	6203	224	728	3250
济宁市	336832	1759784	5225	336832	1759784	5225			
泰安市	167412	957953	5722	167412	957953	5722			
威海市	123744	424032	3427	123744	424032	3427			
日照市	87199	425590	4881	87199	425590	4881			
莱芜市	23996	128782	5367	23996	128782	5367			
临沂市	368299	1388671	3770	368258	1388555	3771	67	64	955
德州市	335319	1697081	5061	335319	1697081	5061			
聊城市	358768	1803925	5028	358768	1803925	5028			
滨州市	234297	1107498	4727	234297	1107498	4727	21	39	1857
菏泽市	424317	2139272	5042	424164	2138896	5043			

11－20续表2　　(2000年)

地区	(二)秋收粮食			1.谷物			(1)稻谷		
	播种面积（公顷）	总产量（吨）	单产（千克/公顷）	播种面积（公顷）	总产量（吨）	单产（千克/公顷）	播种面积（公顷）	总产量（吨）	单产（千克/公顷）
全省总计	**3811533**	**19774845**	**5188**	**2889825**	**16071390**	**5561**	**176746**	**1108267**	**6270**
济南市	239198	1361677	5693	190007	1102075	5800	14282	98872	6923
青岛市	226179	1427036	6309	178441	1195812	6701	90	836	9289
淄博市	122485	692417	5653	104046	631522	6070	2258	15447	6841
枣庄市	107998	740452	6856	81031	577766	7130	4484	38842	8662
东营市	118465	356760	3012	65222	303193	4649	17490	83041	4748
烟台市	238936	1101201	4609	178884	879619	4917	57	257	4509
潍坊市	342998	1650193	4811	266881	1377437	5161	160	714	4463
济宁市	348742	2377783	6818	257690	1914071	7428	49086	446239	9091
泰安市	194482	1385119	7122	129079	959840	7436	207	1413	6826
威海市	84943	515193	6065	57655	359853	6241			
日照市	98865	722408	7307	54327	367594	6766	11190	83246	7439
莱芜市	37489	228948	6107	28741	165645	5763			
临沂市	415839	2456164	5907	260394	1531956	5883	64837	451296	6960
德州市	264111	1702464	6446	230313	1568600	6811	900	6549	7277
聊城市	262628	1505488	5732	224866	1380235	6138	1501	8622	5744
滨州市	238499	1120710	4699	196368	1040827	5300	3045	20306	6669
菏泽市	272357	1390360	5105	184079	1089935	5921	7159	56252	7858

11－20续表3　　(2000年)

地区	(2)玉米			(3)谷子			(4)高粱		
	播种面积（公顷）	总产量（吨）	单产（千克/公顷）	播种面积（公顷）	总产量（吨）	单产（千克/公顷）	播种面积（公顷）	总产量（吨）	单产（千克/公顷）
全省总计	**2615720**	**14674600**	**5610**	**54554**	**165196**	**3028**	**28570**	**79486**	**2782**
济南市	163051	963311	5908	8452	25702	3041	3075	9599	3122
青岛市	173156	1169649	6755	498	1427	2865	2360	5900	2500
淄博市	98117	607520	6192	2631	6417	2439	937	1861	1986
枣庄市	74606	530869	7116	1120	4885	4362	617	2415	3914
东营市	42844	207689	4848	2255	6704	2973	1382	4018	2907
烟台市	174759	871347	4986	1814	3400	1874	1497	3166	2115
潍坊市	253915	1339733	5276	6604	21052	3188	3169	8143	2570
济宁市	204171	1437383	7040	2528	16450	6507	1514	9824	6489
泰安市	126814	950904	7498	860	3173	3690	963	3487	3621
威海市	57526	359507	6249				51	214	4196
日照市	40564	272192	6710	1009	4752	4710	1246	5429	4357
莱芜市	27807	162268	5836	628	2319	3693	253	909	3593
临沂市	187266	1056915	5644	3396	10899	3209	3360	9764	2906
德州市	222030	1531530	6898	4044	16736	4138	2927	13028	4451
聊城市	211169	1322808	6264	9169	38452	4194	1948	7236	3715
滨州市	185865	999118	5376	4076	12889	3162	2719	7528	2769
菏泽市	170259	1009761	5931	5470	20298	3711	552	1573	2850

11－20 续表 4 (2000 年)

地　　区	(5)其它谷物			2.豆　　类			#大　　豆		
	播种面积（公顷）	总产量（吨）	单产（千克/公顷）	播种面积（公顷）	总产量（吨）	单产（千克/公顷）	播种面积（公顷）	总产量（吨）	单产（千克/公顷）
全省总计	**14235**	**43841**	**3080**	**479901**	**1081055**	**2253**	**458224**	**1045565**	**2282**
济南市	1147	4591	4003	18978	46663	2459	17784	43770	2461
青岛市	2337	18000	7702	28977	77031	2658	28833	76714	2661
淄博市	103	277	2689	9262	17951	1938	8591	16726	1947
枣庄市	204	755	3701	11441	39686	3469	10716	37858	3533
东营市	1251	1741	1392	51936	44924	865	47028	42918	913
烟台市	757	1449	1914	30678	55935	1823	29132	53603	1840
潍坊市	3033	7795	2570	46000	92812	2018	44030	89451	2032
济宁市	391	2661	6806	52537	163292	3108	50244	157674	3138
泰安市	235	863	3672	17228	44325	2573	16908	43510	2573
威海市	78	132	1692	11012	28657	2602	10936	28507	2607
日照市	318	1975	6211	6398	30885	4827	6357	30780	4842
莱芜市	53	149	2811	429	1077	2510	417	1060	2542
临沂市	1535	3082	2008	34838	75232	2159	34115	73467	2154
德州市	412	757	1837	25773	64610	2507	24645	62247	2526
聊城市	1079	3117	2889	31260	79442	2541	29540	75789	2566
滨州市	663	986	1487	39270	63997	1630	38679	63101	1631
菏泽市	639	2051	3210	63884	154536	2419	60269	148285	2460

11－20 续表 5 (2000 年)

地　　区	3.薯类(按折粮薯类计算)			二、油　　料			#花　　生		
	播种面积（公顷）	总产量（吨）	单产（千克/公顷）	播种面积（公顷）	总产量（吨）	单产（千克/公顷）	播种面积（公顷）	总产量（吨）	单产（千克/公顷）
全省总计	**441807**	**2622400**	**5936**	**956942**	**3569230**	**3730**	**923466**	**3501435**	**3792**
济南市	30213	212939	7048	14092	45902	3257	13257	44427	3351
青岛市	18761	154193	8219	119518	534184	4469	119514	534174	4470
淄博市	9177	42944	4680	6609	19414	2938	6143	18734	3050
枣庄市	15526	123000	7922	32602	129047	3958	31039	126232	4067
东营市	1307	8643	6613	5252	11138	2121	3764	10229	2718
烟台市	29374	165647	5639	113973	289837	2543	113911	289625	2543
潍坊市	30117	179944	5975	46565	170376	3659	43941	165518	3767
济宁市	38515	300420	7800	62306	251953	4044	60524	247638	4092
泰安市	48175	380954	7908	50792	191901	3778	50637	191677	3785
威海市	16276	126683	7783	67864	235696	3473	67864	235696	3473
日照市	38140	323929	8493	45577	190740	4185	45550	190687	4186
莱芜市	8319	62226	7480	5044	12411	2461	5017	12372	2466
临沂市	120607	848976	7039	136305	563183	4132	136127	562869	4135
德州市	8025	69254	8630	24003	85552	3564	15894	66247	4168
聊城市	6502	45811	7046	82361	314828	3823	80155	311048	3881
滨州市	2861	15886	5553	8535	17494	2050	4707	14063	2988
菏泽市	24394	145889	5981	135544	505574	3730	125445	480199	3828

11－20 续表 6　　(2000 年)

地区	油菜籽			芝麻			三、棉花		
	播种面积（公顷）	总产量（吨）	单产（千克/公顷）	播种面积（公顷）	总产量（吨）	单产（千克/公顷）	播种面积（公顷）	总产量（吨）	单产（千克/公顷）
全省总计	**24456**	**47985**	**1962**	**5598**	**10131**	**1810**	**543813**	**589900**	**1085**
济南市	373	1025	2748	458	448	978	24842	27265	1098
青岛市				4	10	2500	1672	2077	1242
淄博市	46	41	891	229	213	930	9161	11490	1254
枣庄市	846	1671	1975	717	950	1325	2061	2065	1002
东营市				49	34	694	19296	20056	1039
烟台市				7	6	857			
潍坊市	2568	4805	1871	56	53	946	16952	16866	995
济宁市	71	154	2169	725	1272	1754	46856	55023	1174
泰安市	32	47	1469	123	177	1439	4186	3639	869
威海市									
日照市	23	47	2043	4	6	1500	180	154	856
莱芜市				27	39	1444	106	122	1151
临沂市	87	182	2092	91	132	1451	4348	4849	1115
德州市	5470	11894	2174	1962	5253	2677	136103	164005	1205
聊城市	2054	3569	1738	152	211	1388	60039	65353	1089
滨州市	3680	3308	899	121	109	901	59643	68882	1155
菏泽市	9206	21242	2307	873	1218	1395	158368	185860	1174

11－20 续表 7　　(2000 年)

地区	四、麻类			#黄红麻			五、甜菜		
	播种面积（公顷）	总产量（吨）	单产（千克/公顷）	播种面积（公顷）	总产量（吨）	单产（千克/公顷）	播种面积（公顷）	总产量（吨）	单产（千克/公顷）
全省总计	**2307**	**6293**	**2728**	**2011**	**5522**	**2746**	**211**	**904**	**4284**
济南市	20	116	5800	20	116	5800			
青岛市							9	195	21667
淄博市	142	625	4401	139	535	3849			
枣庄市	2	4	2000						
东营市	111	99	892						
烟台市									
潍坊市	10	1	100	10	1	100	133	500	3759
济宁市	1241	3623	2919	1222	3574	2925	2	9	4500
泰安市	123	275	2236	47	84	1787			
威海市									
日照市									
莱芜市	18	66	3667	17	62	3647			
临沂市	111	241	2171	107	234	2187			
德州市	246	430	1748	193	191	990	67	200	2985
聊城市	2	4	2000	2	4	2000			
滨州市	98	306	3122	71	218	3070			
菏泽市	183	503	2749	183	503	2749			

11－20 续表 8 (2000 年)

地区	六、烟叶 播种面积（公顷）	六、烟叶 总产量（吨）	六、烟叶 单产（千克/公顷）	＃烤烟 播种面积（公顷）	＃烤烟 总产量（吨）	＃烤烟 单产（千克/公顷）	七、药材 播种面积（公顷）
全省总计	**62879**	**117122**	**1863**	**61223**	**112840**	**1843**	**26289**
济南市	8	41	5125				178
青岛市	2752	7226	2626	2673	7039	2633	969
淄博市	4330	6166	1424	4330	6166	1424	1393
枣庄市	287	744	2592	287	744	2592	708
东营市							11
烟台市	21	26	1238				1303
潍坊市	28494	45429	1594	28474	45409	1595	1282
济宁市	11	41	3727				608
泰安市	26	88	3385				101
威海市	47	127	2702				1707
日照市	6264	14689	2345	6115	14688	2402	4483
莱芜市	475	914	1924	475	914	1924	56
临沂市	19393	39143	2018	18859	37849	2007	1144
德州市	761	2457	3229				4027
聊城市							109
滨州市							78
菏泽市	10	31	3100	10	31	3100	8132

11－20 续表 9 (2000 年)

地区	八、蔬菜、瓜类 播种面积（公顷）	八、蔬菜、瓜类 总产量（吨）	1.蔬菜（含菜用瓜） 播种面积（公顷）	1.蔬菜（含菜用瓜） 总产量（吨）	＃马铃薯 播种面积（公顷）	＃马铃薯 总产量（吨）
全省总计	**2056274**	**83724700**	**1788354**	**72567935**	**114975**	**3794569**
济南市	114226	6003580	101322	5377681	3135	98463
青岛市	174230	7289147	162053	6649322	17242	562549
淄博市	67382	3491464	61448	3218304	2174	59585
枣庄市	97599	4055179	91573	3813275	28097	848569
东营市	39011	1898013	33282	1664086	1493	28398
烟台市	64288	2777067	56815	2433926	4462	104466
潍坊市	256450	11722552	219830	10028296	15607	501528
济宁市	170431	6164182	149400	5290000	8199	267514
泰安市	141378	6319946	132043	5911312	12386	555753
威海市	19721	820476	17558	715654	2480	91198
日照市	29125	1568361	25134	1345022	981	39979
莱芜市	31370	1323025	31058	1306024	2320	80608
临沂市	112671	5173269	97470	4275898	6019	156303
德州市	234296	7226061	203482	6252169	5333	251805
聊城市	184092	6906584	162675	5771580	1227	36251
滨州市	68508	2567392	59588	2254831	1050	30407
菏泽市	251496	8418402	183623	6260555	2770	81193

11－20续表10　　(2000年)

地　　区	2.瓜类(果用瓜) 播种面积(公顷)	总产量(吨)	＃西瓜 播种面积(公顷)	总产量(吨)	九、其它农作物播种面积(公顷)	＃青饲料播种面积
全省总计	**267920**	**11156765**	**233580**	**9776491**	**110537**	**9600**
济南市	12904	625899	9984	471964	1725	1725
青岛市	12177	639825	10002	520291	14862	753
淄博市	5934	273160	5469	256109	830	39
枣庄市	6026	241904	5354	219973	384	14
东营市	5729	233927	5353	223209	3625	1997
烟台市	7473	343141	6281	300872	3963	43
潍坊市	36620	1694256	30631	1462556	29600	180
济宁市	21031	874182	17773	748908	3720	
泰安市	9335	408634	8632	382354	7671	7
威海市	2163	104822	1824	95134	1240	734
日照市	3991	223339	3867	208923	2594	
莱芜市	312	17001	232	13995	120	
临沂市	15201	897371	13002	777960	7734	2
德州市	30814	973892	24914	889730	1099	454
聊城市	21417	1135004	18875	918395	7949	
滨州市	8920	312561	8067	288677	5898	3465
菏泽市	67873	2157847	63320	1997441	17523	187

11－21 各市茶叶、水果生产情况

(2000年)　　单位:吨

地　　区	茶叶产量	水果产量	苹果	梨	葡萄
全省总计	**2254**	**9666284**	**6476586**	**911298**	**475325**
济南市	4	372836	256512	15774	12206
青岛市	333	651591	471151	16415	65570
淄博市		302469	179542	3461	59149
枣庄市	1	165822	73542	19755	6491
东营市		68374	51523	2656	6276
烟台市		2335844	1952458	224253	76757
潍坊市	31	1112144	625560	78696	89549
济宁市		185847	136173	6087	21285
泰安市	3	471401	281914	7907	11078
威海市	4	523112	456421	40569	5730
日照市	1171	290463	251400	1274	4226
莱芜市		82412	38667	934	1527
临沂市	677	1037679	555300	76734	41582
德州市		725434	376524	72313	25336
聊城市		319236	191829	86161	21646
滨州市		493384	175448	195344	6654
菏泽市	30	528236	402622	62965	20263

11－21 续表 1　　(2000 年)　　单位:吨

地　　区	桃	杏	红　枣	柿　子	山　楂	其　他
全省总计	**881797**	**66856**	**353640**	**131043**	**182599**	**184715**
济 南 市	26394	6226	9436	19551	11734	15003
青 岛 市	59394	3936	2516	2553	16953	13103
淄 博 市	31457	6813	1547	8069	3907	8524
枣 庄 市	33194	420	4718	11298	2485	13919
东 营 市	1229	124	3622		53	2891
烟 台 市	40997	6932	657	3791	4696	25303
潍 坊 市	182523	5490	3157	30144	52259	44766
济 宁 市	10564	345	2320	174	1617	7282
泰 安 市	128356	8431	5728	3474	19330	5183
威 海 市	12939	1079	79	231	263	5801
日 照 市	21702	310	144	1027	1420	8960
莱 芜 市	16179	1014	857	10032	10820	2382
临 沂 市	233904	8981	18815	36686	51648	14029
德 州 市	25642	3367	212327	94	1176	8655
聊 城 市	8620	792	4929	2	1851	3366
滨 州 市	15894	11232	79358	2337	923	3809
菏 泽 市	32809	1364	3430	1580	1464	1739

11－21 续表 2　　(2000 年)　　单位:公顷

地　　区	年末实有果园面积	#苹果园	#梨　园	#葡萄园	#桃　园	年末实有桑园面积
全省总计	**775347**	**447081**	**67999**	**36552**	**77070**	**79494**
济 南 市	44782	23240	1725	2849	3352	1384
青 岛 市	54378	32343	2009	7911	7297	5638
淄 博 市	1960	1096	24	445	255	143
枣 庄 市	17094	6550	2440	767	4296	4172
东 营 市	11418	8957	742	405	868	3146
烟 台 市	122698	91215	12417	5978	4705	1445
潍 坊 市	73233	32710	3313	5238	14391	13523
济 宁 市	31507	23912	647	1379	1101	3470
泰 安 市	45957	18653	464	802	5905	9175
威 海 市	28978	25261	1498	844	877	1821
日 照 市	16040	11701	324	487	2534	8320
莱 芜 市	9898	4803	138	114	2441	1461
临 沂 市	128761	61893	8663	4349	21584	6745
德 州 市	57789	30028	6677	1603	3384	4608
聊 城 市	49592	29411	14312	1466	991	2613
滨 州 市	42643	15608	8122	497	824	7483
菏 泽 市	38619	29700	4484	1418	2265	4347

11－22 各市林业生产情况

（2000年）

地区	按主要林种用途分(公顷)					主要林产品产量(吨)		农村集体、农民采伐木材消耗蓄积量(立方米)
	用材林	#速生丰产林	经济林	防护林	薪炭林	核桃	板栗	
全省总计	**18007**	**6657**	**100769**	**34268**	**63**	**10866**	**146839**	**2487902**
济南市	831	792	14238	5770		5826	1381	91814
青岛市	174	89	3885	421		5	4914	49416
淄博市	1384	217	6541	4075		94	2897	27851
枣庄市	651	241	4140	1432		148	4742	53180
东营市			4576	2091				15761
烟台市	441	60	3504	822		286	2775	17892
潍坊市	1105	680	12197	889		338	8711	79610
济宁市	1481	650	4461	952		263	3966	342507
泰安市	979	940	4333	997		2163	20242	70240
威海市	40	40	4245	1871		2	2620	1197
日照市	423	421	2992	1286			11478	124590
莱芜市	641	163	2367	2162	33	1119	2293	23637
临沂市	1870	571	9282	2569		575	80817	252030
德州市	343	100	4888	2360	30			60967
聊城市	635	249	2470	746				95651
滨州市	1249	960	7574	966		3	3	31538
菏泽市	5760	484	9076	4859		44		1150021

11－22 续表　　（2000年）　　单位:公顷

地区	营林情况					
	当年人工造林面积	迹地更新面积	零星(四旁)植树(万株)	育苗面积	幼林抚育作业面积(公顷次)	成林抚育面积
全省总计	**153389**	**16342**	**15311**	**17656**	**1333440**	**711267**
济南市	19215	967	904	1023	149349	89797
青岛市	4480	761	447	855	20246	30690
淄博市	12000	654	530	815	47773	40362
枣庄市	6223	317	378	351	52745	50796
东营市	6667		352	830	32674	15959
烟台市	4767	190	584	862	59347	59916
潍坊市	14218	1100	1438	1401	60269	55144
济宁市	6894	1071	1375	931	149453	53678
泰安市	6400	1182	936	1667	202764	52934
威海市	6156		203	780	12650	22933
日照市	4701	5025	687	457	92978	25598
莱芜市	5203	238	328	221	21617	28012
临沂市	15459	2065	2462	2254	127414	81466
德州市	7671	1011	1383	1015	43639	27371
聊城市	3851	305	955	788	40081	23195
滨州市	9789	373	565	1764	145925	19758
菏泽市	19695	1083	1784	1642	74516	33658

11－23 各市畜牧业生产情况

（2000 年）

地　　区	大牲畜年末存栏（万头）	#　牛	猪年末存栏（万头）	羊年末存栏（万只）	山　羊	绵　羊	家　禽年末存栏（万只）	兔年末存栏（万只）
全省总计	**1140.28**	**1008.61**	**2660.34**	**2784.73**	**2160.16**	**624.57**	**58558.00**	**5322.20**
济南市	114.31	100.30	191.76	173.20	119.69	53.50	4104.14	541.19
青岛市	93.48	91.54	180.81	80.54	73.09	7.45	7179.92	193.69
淄博市	20.06	18.37	64.30	55.28	42.96	12.33	1624.79	146.07
枣庄市	12.11	7.44	77.96	113.10	106.42	6.68	1381.62	396.19
东营市	27.82	23.49	31.31	65.19	27.15	38.03	1249.11	43.36
烟台市	31.32	30.45	98.34	28.62	20.79	7.83	2814.30	240.54
潍坊市	94.02	85.15	255.87	122.72	100.49	22.23	10975.30	468.18
济宁市	47.94	42.58	277.62	312.29	218.45	93.84	5105.29	791.51
泰安市	33.39	30.54	187.10	201.66	153.94	47.71	2827.75	141.04
威海市	4.71	4.61	54.66	10.53	9.08	1.45	878.52	280.81
日照市	17.25	15.28	103.52	92.52	90.84	1.68	1550.06	171.04
莱芜市	1.76	1.76	34.84	37.54	34.57	2.97	440.38	117.85
临沂市	57.71	48.47	337.81	219.41	196.80	22.61	4283.58	1102.18
德州市	203.63	170.31	200.66	164.90	113.75	51.15	2541.51	105.13
聊城市	159.80	134.17	158.25	294.18	234.80	59.38	5063.31	100.66
滨州市	76.93	67.38	81.13	94.44	37.25	57.19	2190.97	46.42
菏泽市	82.16	74.54	212.76	644.29	564.55	79.74	2924.28	241.49

11－23 续表 1

（2000 年）

地　　区	牛出栏（万头）	猪出栏（万头）	羊出栏（万只）	家禽出栏（万只）	兔出栏（万只）
全省总计	**413.80**	**3426.78**	**3014.91**	**109168.00**	**6622.98**
济南市	35.89	252.21	174.98	4570.04	681.95
青岛市	35.64	285.21	78.50	17224.01	313.42
淄博市	6.11	80.50	29.06	1667.38	225.62
枣庄市	3.23	82.17	119.37	1864.09	239.94
东营市	11.39	41.72	77.73	2024.63	101.25
烟台市	6.41	122.37	20.51	5136.50	50.14
潍坊市	38.05	419.58	152.67	34100.16	1117.25
济宁市	17.99	430.73	357.95	7253.44	1847.01
泰安市	12.79	213.35	170.01	3318.58	85.22
威海市	1.09	76.14	6.49	1113.00	23.83
日照市	4.39	106.30	114.44	1874.18	292.52
莱芜市	0.37	36.08	18.89	454.04	53.37
临沂市	21.01	410.33	217.01	5895.98	1135.57
德州市	50.56	219.20	147.48	3559.15	145.51
聊城市	30.21	204.46	295.09	7666.19	155.42
滨州市	28.48	102.19	86.47	2817.83	81.37
菏泽市	27.39	225.08	434.67	2662.76	93.57

11－23 续表 2　　(2000 年)　　单位:吨

地区	肉类总产量	#牛肉	#猪肉	#羊肉	#禽肉	#兔肉	奶类产量	#牛奶
全省总计	**5601500**	**691800**	**2858800**	**248000**	**1675900**	**84000**	**704700**	**457300**
济南市	318207	52846	174509	21722	54728	10474	70859	70491
青岛市	603495	65265	218835	11862	302290	4185	230062	133314
淄博市	101680	9816	60532	4369	23531	2577	25019	21624
枣庄市	105982	5368	58540	9578	27696	3571	8315	6141
东营市	96027	16495	31697	11768	32109	1673	8950	8924
烟台市	200187	11312	91965	3483	92454	886	90470	65606
潍坊市	999523	58146	317811	20164	584424	14835	99248	40051
济宁市	561423	31505	344722	38878	114353	29792	26396	18410
泰安市	252162	20553	160587	22578	46299	1370	12437	12134
威海市	82085	1635	57109	714	22247	357	79315	43236
日照市	134357	5805	86462	13123	25738	2743	1950	840
莱芜市	38557	560	26619	2641	8059	677	826	766
临沂市	503586	29800	325085	26690	100550	18120	22777	8792
德州市	332455	85954	164403	14748	61146	2187	2733	2381
聊城市	342391	43047	148376	31528	109567	2707	8097	7447
滨州市	182994	48574	71096	11890	41140	1231	14968	14968
菏泽市	278844	34121	184135	28263	29322	1280	2264	2152

11－23 续表 3　　(2000 年)　　单位:吨

地区	羊毛产量		禽蛋产量	#鸡蛋	蚕茧产量	#桑蚕茧	#柞蚕茧
	山羊毛	绵羊毛					
全省总计	**8618**	**17808**	**3662200**	**3351100**	**54700**	**53300**	**1300**
济南市	962	1887	416140	397954	610	610	
青岛市	108	172	374008	352429	4268	4268	
淄博市	220	323	140671	130555	1088	1088	
枣庄市	282	207	70282	62314	1440	1440	
东营市	54	872	69374	65132	425	425	
烟台市	2	326	236595	227721	1874	1334	540
潍坊市	145	663	404642	374678	6701	6701	
济宁市	707	2874	353738	282221	3089	3089	
泰安市	556	2970	167241	161796	5028	5026	
威海市		11	69184	64852	2485	1933	552
日照市	12	69	85514	76832	8020	7816	204
莱芜市	322	77	27250	24560	525	525	
临沂市	327	745	200577	174687	6177	6177	
德州市	314	1002	330344	293462	2353	2296	
聊城市	89	2304	284947	268688	1237	1237	
滨州市	169	1348	247907	226908	5129	5129	
菏泽市	520	1428	183764	166292	4190	4190	

11－24 各市主要农业机械年末拥有量

（2000 年）

地区	农业机械总动力（千瓦）	#农产品加工机械动力	#排灌机械动力		农用拖拉机		农用汽车	
			（台）	（千瓦）	（混合台）	（千瓦）	（辆）	（千瓦）
全省总计	**70252362**	**8115589**	**2553875**	**19763466**	**1583194**	**16152409**	**102144**	**5437935**
济南市	3494674	557733	115947	925065	54777	658949	6392	391385
青岛市	4592065	604153	182646	1082572	126981	1253210	9613	421266
淄博市	2642918	264591	117609	765205	21915	358461	12587	645246
枣庄市	1403892	280234	32695	270627	30341	409406	2919	219749
东营市	1485336	106810	35907	232910	40915	473144	2231	159988
烟台市	5704591	880332	141026	1058694	157894	1389854	11462	754570
潍坊市	7081193	982978	303570	2082553	115872	1342784	14219	586563
济宁市	4856014	728642	173222	1491972	66265	962125	7042	448659
泰安市	2763733	420350	117152	891656	50945	631561	3883	204368
威海市	3327179	358161	36053	273922	200832	1361631	5373	244141
日照市	1442657	260381	33692	229427	73150	522566	1300	70171
莱芜市	680980	135371	20015	143110	13008	151096	2406	95963
临沂市	5318239	691842	139830	1062552	237990	2075052	7463	380890
德州市	6748227	278644	344822	2913968	125472	1381818	3909	201489
聊城市	7966122	573433	413001	3507705	99888	1122523	1164	62502
滨州市	3697528	338617	170413	1277693	66981	785865	7079	338929
菏泽市	7047014	653317	176275	1553835	99968	1272364	3102	212056

11－25 各市农村电气化和农业化学化情况

（2000 年）　　单位：吨

地区	农用化肥施用量（实物量）	氮肥	磷肥	钾肥	复合肥
全省总计	**14087898**	**7170945**	**3067040**	**911180**	**2938733**
济南市	886430	496900	232967	35184	121379
青岛市	989306	463290	161711	65331	298974
淄博市	400472	205700	97116	25614	72042
枣庄市	522160	253319	86394	33199	149248
东营市	307902	145830	102491	8891	50690
烟台市	975665	457878	193932	92455	231400
潍坊市	1575913	741671	276838	100454	456950
济宁市	1258546	544104	326253	99994	288195
泰安市	609408	332751	108859	45932	121866
威海市	383674	210168	61508	27988	84010
日照市	371959	175285	48389	28606	119679
莱芜市	148533	83410	24396	10912	29815
临沂市	1314124	761172	151265	115269	286418
德州市	1184451	660476	291930	44038	188007
聊城市	1013341	522996	277441	56704	156200
滨州市	768586	450717	147018	25528	145323
菏泽市	1377428	665278	478532	95081	138537

地　　区	农用化肥施用量（折纯量）	氮　肥	磷　肥	钾　肥	复合肥
全省总计	**4231871**	**1985893**	**577948**	**367570**	**1300460**
济南市	213863	114611	40541	11901	46810
青岛市	325251	125331	31180	28539	140201
淄博市	112581	55423	14922	8576	33660
枣庄市	156381	68049	17454	12403	58475
东营市	99568	48885	19733	4927	26023
烟台市	313862	141180	37241	37570	97871
潍坊市	.516280	203180	63983	41226	207891
济宁市	444918	190987	57419	49880	146632
泰安市	174821	78766	24758	17983	53314
威海市	92526	50024	8557	10273	23672
日照市	136490	56989	13902	13686	51913
莱芜市	39121	16227	4120	5351	13423
临沂市	362758	169250	31875	37627	124006
德州市	318653	162446	57763	20519	77925
聊城市	306715	163875	48870	25582	68388
滨州市	235053	119015	31097	9983	74958
菏泽市	383030	221655	74533	31544	55298

11－25 续表 2　　　　　　　　　　　　　　（2000 年）

地　　区	农村用电量（万千瓦时）	农用塑料薄膜使用量（吨）	＃地　膜使用量	地　　膜覆盖面积（公顷）	农　　用柴油量（吨）	农　　药施用量（吨）
全省总计	**2002665.06**	**225120**	**92821**	**1280393**	**1571313**	**140301**
济南市	139972.15	10621	3975	37478	41482	3867
青岛市	189651.40	14433	8598	152578	215593	8926
淄博市	176085.00	7400	2542	28018	24856	3897
枣庄市	109787.50	5717	2143	21795	10934	2552
东营市	24815.95	4878	2355	39972	25243	3668
烟台市	289270.53	11557	7552	113162	208467	18489
潍坊市	276720.42	45385	10751	155546	209112	18108
济宁市	126813.00	12584	7775	78318	97868	11707
泰安市	68979.88	9775	4111	59572	50821	6308
威海市	86809.00	2090	1273	19765	263626	10122
日照市	26780.10	11580	5456	55562	85061	7024
莱芜市	26609.00	1755	1248	16593	13568	1311
临沂市	164931.88	27079	11031	156042	92219	12786
德州市	57588.15	15982	6794	62644	57187	6996
聊城市	67839.00	19427	4928	91451	69062	8321
滨州市	58365.00	5918	3834	67138	35547	5660
菏泽市	111647.10	18939	8455	124759	70667	10559

11-26 各 市 灌 溉 面 积

（2000年）　　　　单位:千公顷

地　　区	有效灌溉面　积	#当　年实　灌	林　地灌溉面积	果　园灌溉面积	旱涝保收面　积	机电排灌面　积	纯　排面　积
全省总计	**4824.86**	**4238.00**	**61.08**	**353.42**	**3681.40**	**4456.06**	**49.56**
济 南 市	238.19	218.44	4.40	10.14	180.83	231.21	3.33
青 岛 市	295.19	257.50	4.26	32.24	223.33	273.18	2.84
淄 博 市	149.00	141.00	1.56	10.03	118.24	142.45	
枣 庄 市	144.09	122.94	0.24	5.70	123.33	132.53	1.99
东 营 市	144.18	122.65	3.82	5.37	85.39	131.31	0.20
烟 台 市	281.46	197.59	0.67	68.08	230.18	238.09	0.17
潍 坊 市	516.03	457.66	4.57	41.92	426.30	472.02	1.37
济 宁 市	444.24	421.40	2.63	11.83	372.79	461.23	29.02
泰 安 市	239.29	213.39	2.91	17.80	189.07	214.95	3.60
威 海 市	119.87	69.35	0.39	22.42	97.94	97.17	
日 照 市	114.10	89.22	2.59	18.92	75.56	66.80	
莱 芜 市	43.80	39.66	0.41	2.95	34.56	37.80	
临 沂 市	367.65	261.90	5.88	26.71	242.18	264.81	1.16
德 州 市	445.46	396.99	11.27	25.12	313.71	439.58	2.02
聊 城 市	492.60	478.85	5.09	18.71	392.96	492.05	
滨 州 市	297.55	294.12	5.96	22.22	218.02	282.71	3.86
菏 泽 市	492.16	455.34	4.43	13.26	357.01	478.17	

十二、工业

INDUSTRY

简要说明：

一、本篇主要包括以下几部分资料：

1. 历年工业总产值。其中国有工业总产值1997年以前为全部国有工业总产值，1998年为独立核算国有工业总产值。

2. 历年工业总产值指数。其中国有工业总产值指数1997年以前由全部国有工业总产值与1952年对比计算生成，1998年由独立核算国有工业总产值与1952年对比计算生成。

3. 规模以上工业企业按登记注册类型、行业、地区分组的主要经济指标和财务分析指标。统计范围为全部独立核算国有工业企业及年产品销售收入500万元及以上的非国有工业企业。

4. 国有独立核算工业企业主要经济指标和财务分析指标。统计范围为全部独立核算国有工业企业。

5. 规模以上集体工业企业主要经济指标。统计范围为年产品销售收入500万元及以上的集体工业企业。

6. 规模以上外商投资和港澳台投资工业企业主要经济指标。统计范围为年产品销售收入500万元及以上的外商投资和港澳台投资工业企业。

7. 规模以上大中型工业企业主要经济指标。统计范围为全部国有大中型工业企业及年产品销售收入500万元及以上的非国有大中型工业企业。

8. 主要工业产品产量。

二、资料来源：各种类型工业企业的主要经济指标和财务分析指标及主要工业产品产量是根据统计报表制度而进行收集、汇总的。

12－1 历年工业总产值及构成

年份	工业总产值（亿元）	#国有经济	#集体经济	轻工业总产值（亿元）	重工业总产值（亿元）	占全部工业总产值的比重（%）			
						国有经济	集体经济	轻工业	重工业
1949	9.15	3.42	0.01	8.25	0.9	37.38	0.11	90.16	9.84
1950	13.07	5.05	0.27	11.74	1.33	38.64	2.07	89.82	10.18
1951	16.27	6.2	0.65	14.4	1.87	38.11	4.00	88.51	11.49
1952	20.08	9.07	0.88	17.84	2.24	45.17	4.38	88.84	11.16
1953	25.41	11.81	1.15	22.34	3.07	46.48	4.53	87.92	12.08
1954	29.35	14.16	1.71	25.3	4.05	48.25	5.83	86.20	13.80
1955	30.1	14.81	2.31	25.36	4.74	49.20	7.67	84.25	15.75
1956	39.64	17.57	3.02	32.39	7.25	44.32	7.62	81.71	18.29
1957	43.31	15.83	2.36	35.34	7.97	36.55	5.45	81.60	18.40
1958	69.57	51.8	9.34	47.36	22.21	74.46	13.43	68.08	31.92
1959	92.98	71.55	11.95	63.11	29.87	76.95	12.85	67.87	32.13
1960	97.91	87.57	9.1	49.1	48.81	89.44	9.29	50.15	49.85
1961	55.04	40.8	8.71	33.72	21.32	74.13	15.82	61.26	38.74
1962	45.7	33.99	6.27	31.22	14.48	74.38	13.72	68.32	31.68
1963	49.1	37.34	5.83	34.32	14.78	76.05	11.87	69.90	30.10
1964	58.61	45.55	7.04	40.18	18.43	77.72	12.01	68.55	31.45
1965	71.38	55.79	8.95	48.21	23.17	78.16	12.54	67.54	32.46
1966	88.64	69.07	12.03	57.67	30.97	77.92	13.57	65.06	34.94
1967	96.6	74.85	13.74	63.98	32.62	77.48	14.22	66.23	33.77
1968	103.85	79.73	14.76	66.68	37.17	76.77	14.21	64.21	35.79
1969	105.79	81.56	15.53	72.74	33.05	77.10	14.68	68.76	31.24
1970	141.22	109.22	21.37	81.88	59.34	77.34	15.13	57.98	42.02
1971	147.91	115.13	24.64	78.84	69.07	77.84	16.66	53.30	46.70
1972	153.92	117.98	27.49	79.81	74.11	76.65	17.86	51.85	48.15
1973	162.94	122.51	30.44	84.06	78.88	75.19	18.68	51.59	48.41
1974	119.99	84.75	24.05	66.74	53.25	70.63	20.04	55.62	44.38
1975	189.78	138.41	38.39	96.65	93.13	72.93	20.23	50.93	49.07
1976	220	157.01	52.12	107.03	112.97	71.37	23.69	48.65	51.35
1977	262.24	178.85	70.7	127.92	134.32	68.20	26.96	48.78	51.22
1978	296.82	200.74	78.6	144.28	152.54	67.63	26.48	48.61	51.39
1979	314.34	217.62	78.52	157.52	156.82	69.23	24.98	50.11	49.89
1980	340.32	229.89	90.46	183.81	156.51	67.55	26.58	54.01	45.99
1981	358.37	238.57	96.69	212.33	146.04	66.57	26.98	59.25	40.75
1982	393.21	261.91	100.28	233.57	159.64	66.61	25.50	59.40	40.60
1983	441.85	292.55	110.46	261.04	180.81	66.21	25.00	59.08	40.92
1984	534.91	318.3	164.8	317.58	217.33	59.51	30.81	59.37	40.63
1985	682.78	397.07	205.53	370.41	312.37	58.15	30.10	54.25	45.75
1986	784.33	415.12	234.86	419.38	364.95	52.93	29.94	53.47	46.53
1987	1032.88	521.66	302.57	533.38	499.5	50.51	29.29	51.64	48.36
1988	1455.24	662.48	441.05	751.7	703.54	45.52	30.31	51.65	48.35
1989	1920.94	833.86	575.95	982.99	937.95	43.41	29.98	51.17	48.83
1990	2200.85	911.88	650.38	1118.76	1082.09	41.43	29.55	50.83	49.17
1991	2599.17	1038.69	764.67	1326.78	1272.39	39.96	29.42	51.05	48.95
1992	3115.45	1301.39	993.81	1536.64	1578.81	41.77	31.90	49.32	50.68
1993	4713.48	1678.89	1285.42	2125.93	2587.55	35.62	27.27	45.10	54.90
1994	7023.23	2012.72	1812.72	3367.58	3655.65	28.66	25.81	47.95	52.05
1995	8906.60	2600.54	1840.75	4403.84	4502.76	29.20	20.67	49.44	50.56
1996	9126.63	2423.77	2380.09	4540.14	4586.49	26.56	26.08	49.75	50.25
1997	9984.12	2513.03	2512.01	4926.50	5057.61	25.17	25.16	49.34	50.66
1998	10579.17	2177.73	2206.64	5110.02	5469.15	20.59	20.86	48.30	51.70
1999	11195.46	2058.49	2218.99	5373.71	5821.75	18.39	19.82	48.00	52.00
2000	12509.53	2474.49	2393.99	5964.70	6544.83	19.78	19.14	47.68	52.32

注：本表按当年价格计算；1996年以后数字为新规定，1998年以后集体工业为规模以上集体工业。

12－2 历年工业总产值指数

（以1952年为100）

年份	工业总产值指数	#国有单位	#集体单位	按轻重工业分 轻工业	重工业
1949	45.2	37.4	1.3	46.2	39.9
1950	64.7	55.3	29.9	65.6	59.2
1951	80.5	67.9	72.7	80.0	82.6
1952	100.0	100.0	100.0	100.0	100.0
1953	126.8	130.4	131.2	125.0	136.6
1954	147.4	157.3	194.8	141.4	180.3
1955	151.6	165.0	264.9	141.0	210.4
1956	216.3	212.1	375.3	190.3	339.4
1957	236.0	224.7	344.2	206.0	370.0
1958	369.6	609.1	1129.9	264.4	987.3
1959	488.4	831.9	1428.6	348.7	1314.6
1960	514.4	1018.4	1088.3	265.9	2104.7
1961	273.1	448.1	984.4	174.4	877.5
1962	214.9	353.9	671.4	154.4	570.4
1963	243.2	394.3	633.8	172.5	591.5
1964	285.4	490.9	780.5	206.0	752.6
1965	366.7	633.5	1045.4	260.2	995.8
1966	454.2	783.6	1403.9	310.0	1325.4
1967	495.2	849.2	1602.6	344.6	1399.1
1968	532.7	905.3	1723.4	358.2	1589.7
1969	542.2	925.5	1813.0	348.6	1261.0
1970	723.4	1238.6	2494.8	435.6	2514.1
1971	815.8	1405.7	3094.8	449.2	3134.3
1972	888.8	1507.8	3614.3	476.1	3519.7
1973	940.9	1566.0	4002.6	501.4	3746.0
1974	708.9	1108.3	3235.1	407.4	2587.8
1975	1122.4	1812.0	5168.8	590.4	4529.6
1976	1304.7	2061.0	7037.7	655.5	5508.5
1977	1560.1	2352.4	9564.9	785.1	6563.4
1978	1766.4	2644.2	10646.8	886.7	7464.3
1979	1850.0	2834.6	10522.1	957.5	7589.3
1980	2001.2	2992.2	12111.7	1116.6	7571.8
1981	2091.4	3081.7	12845.4	1280.8	7014.1
1982	2269.7	3309.1	13571.4	1393.6	7583.1
1983	2524.2	3652.8	14849.3	1541.5	8500.0
1984	2887.8	3651.0	21459.7	1772.2	9655.9
1985	3530.6	4267.7	26046.7	1979.7	13293.4
1986	4110.2	4592.0	29223.4	2271.5	15740.8
1987	5089.9	5247.0	36481.8	2716.5	20260.6
1988	6803.9	6289.4	49739.0	3718.2	26390.7
1989	8029.9	6845.8	59622.0	4368.6	31314.3
1990	9081.8	7221.1	67151.9	4910.3	35635.7
1991	10630.2	7880.3	79849.3	5814.8	41232.5
1992	13203.8	9169.6	104332.3	6983.6	52983.8
1993	17410.5	10252.6	152395.2	8422.2	75660.9
1994	22325.5	10611.4	201009.3	11471.0	90112.1
1995	27482.7	12230.2	219100.8	14563.6	110026.9
1996	31954.1	12946.9	272154.0	17820.0	121491.7
1997	35820.6	13736.4	294951.4	19946.0	136423.0
1998	39954.3	12309.5	267429.8	21672.0	156345.4
1999	44702.4	12274.7	267143.4	23594.6	173193.0
2000	52713.1	13031.4	314292.3	28303.2	200740.0

注:本表按可比价格计算,1996年以后为新规定。1998年以后集体工业指数为规模以上集体工业指数。

12－3 规模以上工业总产值

单位:万元

分　　组	1999年	2000年	2000年为1999年(%)
总　　计	**69445185**	**83115250**	**121.24**
一、按登记注册类型分			
内资企业	59585071	71381806	121.33
国有企业	20584859	24744936	106.16
中央企业	6465144	10499532	123.85
地方企业	14119714	14245404	101.15
集体企业	22189927	23939904	117.65
股份合作企业	2509596	2980153	116.20
联营企业	408106	480574	127.91
有限责任公司	5388190	8031458	165.64
股份有限公司	6045961	6879831	114.75
私营企业	2317973	4203214	201.31
其他企业	140457	121735	104.85
港、澳、台商投资企业	2603078	3076372	123.63
合资经营企业(港或澳、台资)	2123406	2488990	124.49
合作经营企业(港或澳、台资)	268064	298411	100.41
港澳台商独资企业	169949	238799	148.03
港澳台商投资股份有限公司	41658	50171	120.28
外商投资企业	7257035	8657072	119.81
中外合资经营企业	3845120	4439150	118.39
中外合作经营企业	190738	334275	184.69
外资企业	2962597	3525005	116.65
外商投资股份有限公司	258579	358641	140.84
二、在总计中:亏损企业	**4606154**	**5526792**	**108.62**
在总计中:国有控股企业	28716110	34865374	114.41
在总计中:农村工业	19589584	20994645	115.67
按轻重工业分			
轻工业	32311814	37488754	124.60
以农产品为原料	22071460	26008557	125.97
以非农产品为原料	10240354	11480198	122.44
重工业	37133370	45626496	117.99
采掘工业	5746228	7927762	105.96
原料工业	12489672	15754383	120.39
加工工业	18897470	21944350	118.82
按企业规模分			
特大型企业	10665764	13220517	120.74
大一型企业	13263370	15656866	120.40
大二型企业	11251989	12884892	118.83
中一型企业	5780632	6551541	120.00
中二型企业	4346829	4687592	110.06
小型企业	24136599	30113842	125.37

注:本表发展速度按可比价计算,绝对额按现价计算。

12－3续表 单位：万元

分　　组	1999年	2000年	2000年为1999年（%）
三、按工业行业大类			
采　掘　业	**5808340**	**8070793**	**109.15**
煤炭采选业	2031506	1961194	103.38
石油和天然气开采业	2330763	4469174	103.31
黑色金属矿采选业	136053	161813	121.16
有色金属矿采选业	792074	910715	117.13
非金属矿采选业	505016	555771	120.02
其他矿采选业	12927	12126	92.12
制　造　业	**60353080**	**71255258**	**121.80**
食品加工业	6829362	8119082	143.21
食品制造业	1489759	1791394	130.55
饮料制造业	1797014	1936101	116.94
烟草加工业	583446	556988	102.25
纺织业	5287469	6427958	121.72
服装及其他纤维制品制造业	1164590	1339082	118.14
皮革、毛皮、羽绒及其制品业	1249873	1359450	107.52
木材加工及竹、藤、棕、草制品业	278444	334408	121.35
家具制造业	271764	335009	129.66
造纸及纸制品业	2001122	2394204	119.64
印刷业，记录媒介的复制	350453	392706	118.40
文教体育用品制造业	398059	445211	113.21
石油加工及炼焦业	2868830	4688466	128.31
化学原料及化学制品制造业	4286376	4936361	115.48
医药制造业	859788	1014551	126.39
化学纤维制造业	939882	1142546	115.26
橡胶制品业	1789071	1878849	112.03
塑料制品业	1279717	1500097	118.29
非金属矿物制品业	4064912	4555342	118.38
黑色金属冶炼及压延加工业	1900818	2262264	117.65
有色金属冶炼及压延加工业	963339	1150223	112.12
金属制品业	1773220	2020118	116.57
普通机械制造业	3090025	3552034	117.37
专用设备制造业	4051319	4491862	110.41
交通运输设备制造业	2647962	2850737	112.70
武器弹药制造业	11604	13756	115.53
电气机械及器材制造业	4995405	5839406	128.34
电子及通信设备制造业	1825887	2419543	138.89
仪器仪表及文化、办公用机械制造业	251042	273560	114.19
其他制造业	1052530	1233950	118.01
电力、煤气及水的生产和供应业	**3283765**	**3789200**	**126.20**
电力、蒸汽、热水的生产和供应业	3102301	3589119	127.32
煤气生产和供应业	36190	40106	119.84
自来水的生产和供应业	145274	159975	99.59

12－4 规模以上工业企业主要经济指标

单位:万元

分组	企业单位数(个)	#亏损企业	工业总产值	工业销售产值	工业增加值	资产合计
1995年	27392	5593	47844553		13605166	59192786
1996年	27245	3618	57411305	55285817	17254374	68748898
1997年	23494	3963	62823996	60702763	18632020	79496991
1998年	11402	2035	63983861	61802682	18883556	82405505
1999年	11391	1767	69445186	67331157	20987326	88232453
2000年	11679	1444	83115250	81333731	25493478	97019617
一、按登记注册类型分						
内资企业	9939	1071	71381806	69925829	22244596	85569200
国有企业	2114	486	24744936	24607993	9306256	42208919
中央企业	105	22	10499532	10503374	5113744	16771021
地方企业	2009	464	14245404	14104619	4192512	25437898
集体企业	3942	259	23939904	23202441	6274807	15862337
股份合作企业	561	43	2980153	2917751	826619	2202659
联营企业	108	13	480574	468379	109226	599497
有限责任公司	957	123	8031458	7873659	2359242	12120744
股份有限公司	491	36	6879831	6702785	2200258	10277494
私营企业	1754	111	4203214	4027675	1135999	2211326
其他企业	12		121735	125145	32189	86225
港、澳、台商投资企业	592	116	3076372	3000377	859643	3353432
合资经营企业(港或澳、台资)	458	71	2488990	2429182	700156	2536158
合作经营企业(港或澳、台资)	47	13	298411	293719	83014	440515
港澳台商独资企业	76	29	238799	229979	62010	341388
港澳台商投资股份有限公司	11	3	50171	47497	14463	35371
外商投资企业	1148	257	8657072	8407526	2389239	8096985
中外合资经营企业	607	113	4439150	4315154	1285888	4435579
中外合作经营企业	41	6	334275	310219	93909	219699
外资企业	490	136	3525005	3421576	894136	2772230
外商投资股份有限公司	10	2	358641	360578	115306	669477
二、在总计中:亏损企业	**1444**	**1444**	**5526792**	**5579580**	**1578919**	**12291746**
在总计中:国有控股企业	2774	596	34865374	34582037	12625615	61171986
在总计中:农村工业	4199	215	20994645	20216214	5724233	12351642
按轻重工业分						
轻工业	6063	828	37488754	36595940	10152959	41759450
以农产品为原料	4393	561	26008557	25415296	7185695	25393429
以非农产品为原料	1670	267	11480198	11180643	2967264	16366021
重工业	5616	616	45626496	44737791	15340519	55260167
采掘工业	528	41	7927762	7813838	4286354	10772928
原料工业	1428	162	15754383	15608515	5253063	21596703
加工工业	3660	413	21944350	21315438	5801101	22890536
按企业规模分						
特大型企业	27	3	13220517	13080794	5850040	22508330
大一型企业	278	31	15656866	15462760	4524655	22670360
大二型企业	782	112	12884892	12606144	3712929	16060239
中一型企业	777	117	6551541	6392487	1837449	7897624
中二型企业	876	118	4687592	4570605	1351900	6137352
小型企业	8939	1063	30113842	29220941	8216505	21745713

注:1997年以前为乡及乡以上独立核算工业数据。

分　　组	企业单位数(个)	#亏损企业	工业总产值	工业销售产值	工业增加值	资产合计
三、按行业大类分						
采　掘　业	**556**	**40**	**8070793**	**7942243**	**4335545**	**11031264**
煤炭采选业	238	26	1961194	1914161	915872	4948527
石油和天然气开采业	2		4469174	4453393	2921544	4508163
黑色金属矿采选业	30	1	161813	157914	52869	261239
有色金属矿采选业	124	5	910715	879868	289821	785824
非金属矿采选业	161	8	555771	525991	151868	524800
其他矿采选业	1		12126	10916	3570	2710
制　造　业	**10753**	**1333**	**71255258**	**69624268**	**19274096**	**73000795**
食品加工业	1254	161	8119082	7887654	1916936	4929830
食品制造业	386	56	1791394	1744420	479221	1514199
饮料制造业	250	30	1936101	1921374	648929	2804721
烟草加工业	17	2	556988	556062	373293	776550
纺织业	1005	106	6427958	6341166	1746057	7554265
服装及其他纤维制品制造业	324	48	1339082	1287493	360564	994730
皮革、毛皮、羽绒及其制品业	195	34	1359450	1308813	335352	831724
木材加工及竹、藤、棕、草制品业	130	14	334408	315177	89602	293596
家具制造业	102	7	335009	321019	96109	260000
造纸及纸制品业	390	48	2394204	2361535	715340	3805028
印刷业,记录媒介的复制	166	24	392706	382007	113972	544440
文教体育用品制造业	110	26	445211	437595	112488	258556
石油加工及炼焦业	93	13	4688466	4692387	1339953	4528075
化学原料及化学制品制造业	832	86	4936361	4790075	1318588	6282118
医药制造业	185	28	1014551	992090	349367	1541742
化学纤维制造业	96	13	1142546	1097975	276285	1644302
橡胶制品业	208	15	1878849	1814682	475684	1994480
塑料制品业	411	50	1500097	1450059	381730	1407657
非金属矿物制品业	1099	107	4555342	4417574	1340160	5161413
黑色金属冶炼及压延加工业	96	13	2262264	2260724	620954	3376437
有色金属冶炼及压延加工业	67	7	1150223	1139782	327995	1280183
金属制品业	542	76	2020118	1965108	530156	1728411
普通机械制造业	834	90	3552034	3412156	980918	3719478
专用设备制造业	590	66	4491862	4379218	1111972	3600826
交通运输设备制造业	386	70	2850737	2788405	694240	4259232
武器弹药制造业	2	1	13756	13818	4425	52008
电气机械及器材制造业	426	58	5839406	5688887	1480509	4463879
电子及通信设备制造业	164	24	2419543	2405937	646451	2159493
仪器仪表及文化、办公用机械制造业	79	13	273560	272941	74054	363936
其他制造业	314	47	1233950	1178136	332790	869486
电力、煤气及水的生产和供应业	**370**	**71**	**3789200**	**3767219**	**1883837**	**12987559**
电力、蒸汽、热水的生产和供应业	228	19	3589119	3565500	1811863	11978602
煤气生产和供应业	16	9	40106	44021	7565	335833
自来水的生产和供应业	126	43	159975	157698	64409	673124

单位:万元

分　　组	流动资产小计	#产成品	流动资产年平均余额	固定资产原价	固定资产净值年平均余额	负债合计
1995 年	25429624	4649476	23941421	35389218	22041291	39652229
1996 年	29209160	4998475	26944968	40402627	26962970	45483978
1997 年	34680324	5764588	33725508	45741335	30395800	52552789
1998 年	35510381	5696137	33943685	49510370	32769856	53019069
1999 年	37522974	5876704	35969715	53966840	35588345	55906200
2000 年	40767943	5828823	38953991	62973702	39837025	60677134
一、按登记注册类型分						
内资企业	35303774	5062332	33804250	56235452	35073633	53702947
国有企业	14575718	1617992	14019235	33171181	19245575	26686324
中央企业	4509011	312813	4325756	17581894	8605892	9419515
地方企业	10066707	1305179	9693479	15589287	10639684	17266810
集体企业	8446140	1473412	8086175	7833106	5381912	9876400
股份合作企业	997729	200585	992012	1347328	960744	1470769
联营企业	281145	37602	275047	298038	197083	415429
有限责任公司	5378903	844533	5073075	6650499	4329494	7696342
股份有限公司	4418866	645303	4209354	5814923	4099280	6160572
私营企业	1146353	230713	1093342	1087067	841527	1352632
其他企业	58921	12192	56010	33310	18017	44478
港、澳、台商投资企业	1618577	278046	1563888	2012950	1379657	2100804
合资经营企业(港或澳、台资)	1250122	215568	1214207	1528641	1028592	1578280
合作经营企业(港或澳、台资)	178189	37022	172217	295538	208563	319592
港澳台商独资企业	173989	22114	160674	168669	127839	188101
港澳台商投资股份有限公司	16278	3343	16789	20102	14663	14830
外商投资企业	3845592	488444	3585853	4725300	3383735	4873383
中外合资经营企业	2032232	273826	1884440	2642679	1868792	2733514
中外合作经营企业	109226	23222	105930	123785	89868	135463
外资企业	1310665	155766	1211234	1688072	1236617	1777171
外商投资股份有限公司	393469	35631	384249	270764	188458	227235
二、在总计中:亏损企业	**5196905**	**757719**	**5141481**	**7373244**	**4993168**	**9192005**
在总计中:国有控股企业	22502944	2648035	21559936	44346171	26865483	38067876
在总计中:农村工业	6218029	1089455	5846548	6790142	4780772	6943140
按轻重工业分						
轻工业	18990814	3024949	18135900	21068530	14503593	25874767
以农产品为原料	12152164	2040758	11525717	13196254	9449847	16543335
以非农产品为原料	6838650	984191	6610183	7872276	5053746	9331432
重工业	21777129	2803874	20818091	41905171	25333432	34802368
采掘工业	2786116	197472	2628693	13741179	6600299	6030763
原料工业	7357093	686161	7129589	16968875	10836625	14094542
加工工业	11633921	1920241	11059808	11195117	7896509	14677063
按企业规模分						
特大型企业	6196782	520242	5887154	21039809	11103434	12191929
大一型企业	9822183	1192325	9195138	13029155	8914719	13980336
大二型企业	7215825	1173283	6901917	9460878	6467943	10477810
中一型企业	3539165	570556	3426092	4559645	3066361	5404084
中二型企业	2970178	489612	2841472	3327806	2295244	4266814
小型企业	11023810	1882804	10702218	11556409	7989324	14356161

12－4续表3 单位:万元

分组	流动资产小计	#产成品	流动资产年平均余额	固定资产原价	固定资产净值年平均余额	负债合计
三、按行业大类分						
采掘业	**2893372**	**221677**	**2728105**	**13925362**	**6713834**	**6186036**
煤炭采选业	1726849	89537	1622840	3742830	2361135	2869018
石油和天然气开采业	583768	56647	541938	9109234	3646479	2431450
黑色金属矿采选业	101303	12298	101981	202424	133561	124115
有色金属矿采选业	227390	17003	224644	559888	372458	430021
非金属矿采选业	252874	45762	234826	309812	199368	329870
其他矿采选业	1188	430	1877	1174	833	1563
制造业	**35069181**	**5585317**	**33543225**	**39138473**	**26685384**	**46700754**
食品加工业	2408581	408181	2289580	2418243	1869080	3378054
食品制造业	623944	88646	624780	874667	635234	1003546
饮料制造业	1319605	189067	1251593	1415015	1011595	1704468
烟草加工业	245642	8980	247658	532713	319197	215016
纺织业	3643360	676902	3440614	4192107	2925316	5219680
服装及其他纤维制品制造业	555734	118144	509424	462880	315519	641096
皮革、毛皮、羽绒及其制品业	497083	125624	473544	351477	240072	605241
木材加工及竹、藤、棕、草制品业	129822	29961	120425	160169	121425	219420
家具制造业	124212	23220	121598	142523	102260	158395
造纸及纸制品业	1721274	262745	1620926	1844305	1369111	2317672
印刷业,记录媒介的复制	249291	29256	238828	325969	218726	358182
文教体育用品制造业	163847	22396	156661	107932	70987	173908
石油加工及炼焦业	1819833	204951	1790299	3999290	2256162	2758386
化学原料及化学制品制造业	2508923	335161	2381220	3825174	2634855	3953437
医药制造业	820749	119474	765334	639087	410348	898856
化学纤维制造业	586318	75427	579404	1207443	773642	1047335
橡胶制品业	985867	222845	974016	875126	693782	1265109
塑料制品业	667931	115597	631608	780310	539726	903687
非金属矿物制品业	2065450	377674	1966469	3432579	2431980	3361124
黑色金属冶炼及压延加工业	1277888	110756	1225505	2094301	1335702	2164103
有色金属冶炼及压延加工业	606316	83013	566989	862111	535219	754506
金属制品业	991249	175979	938203	804525	540347	1139144
普通机械制造业	2066574	381211	2002922	1828636	1169591	2483035
专用设备制造业	2146866	421352	2048866	1506496	1012729	2301444
交通运输设备制造业	2076499	192525	2001179	1583544	1201296	2934777
武器弹药制造业	21832	1347	20340	37391	26922	34746
电气机械及器材制造业	2761261	449482	2623676	1575736	1085116	2653072
电子及通信设备制造业	1282666	212605	1265703	682603	452241	1183850
仪器仪表及文化、办公用机械制造业	189758	29961	176154	187708	115130	248700
其他制造业	510807	92837	489709	388412	272078	620762
电力、煤气及水的生产和供应业	**2805390**	**21829**	**2682661**	**9909867**	**6437806**	**7790344**
电力、蒸汽、热水的生产和供应业	2583161	13429	2467180	9053542	5804730	7362754
煤气生产和供应业	69875	8318	63497	237916	203397	192911
自来水的生产和供应业	152354	82	151984	618408	429679	234680

单位:万元

分　　组	所有者权益合计	#实收资本	产品销售收入	#产品销售费用	#产品销售税金及附加	#产品销售利润
1995 年	19540557	13744424	44066585	1133298	877180	6363058
1996 年	23264919		51023886	1422435	953402	7263198
1997 年	26944201		56898920	1856415	961178	7419391
1998 年	29386436	18970676	59232502	1856449	878741	6918114
1999 年	32326253	20321506	65669913	2193698	892677	7598160
2000 年	36342483	22954597	80613925	2655084	979126	10813947
一、按登记注册类型分						
内资企业	31866253	18497345	70005590	2257332	933936	9580936
国有企业	15522594	9639500	27821717	547576	492552	4655014
中央企业	7351506	4856208	12605911	43385	340848	2801422
地方企业	8171088	4783292	15215806	504191	151704	1853591
集体企业	5985938	3619244	20919356	816676	146802	2230488
股份合作企业	731890	323333	2594354	68096	14404	337328
联营企业	184067	152643	433468	10260	3057	58486
有限责任公司	4424402	2443567	7861046	325286	169138	1011404
股份有限公司	4116922	1764061	6589686	372224	74889	932730
私营企业	858693	543465	3670128	110151	29437	340310
其他企业	41747	11532	115835	7063	3657	15176
港、澳、台商投资企业	1252628	1198250	2801539	94664	20035	337986
合资经营企业(港或澳、台资)	957878	893401	2249340	74680	19198	276785
合作经营企业(港或澳、台资)	120923	118800	274749	8010	543	36283
港澳台商独资企业	153286	170085	236260	10469	196	19301
港澳台商投资股份有限公司	20540	15964	41190	1505	98	5617
外商投资企业	3223602	3259002	7806796	303088	25154	895024
中外合资经营企业	1702066	1986600	3968596	191975	21915	476234
中外合作经营企业	84236	77326	184338	6433	101	25598
外资企业	995058	1109196	3300716	87442	2317	325971
外商投资股份有限公司	442242	85881	353146	17239	822	67221
二、在总计中:亏损企业	**3099741**	**3645165**	**5629782**	**191193**	**112115**	**268792**
在总计中:国有控股企业	23104109	13379540	37970654	1100187	701911	6168713
在总计中:农村工业	5408502	3229223	18100029	493765	122119	1962853
按轻重工业分						
轻工业	15884683	9464050	37629200	1540196	493473	3693985
以农产品为原料	8850094	5801488	24109986	792931	429477	2556874
以非农产品为原料	7034589	3662562	13519214	747264	63996	1137111
重工业	20457800	13490548	42984725	1114888	485653	7119962
采掘工业	4742165	3353470	7407041	236608	130018	2827486
原料工业	7502161	5053011	15904437	242318	219394	1885669
加工工业	8213473	5084067	19673247	635962	136240	2406807
按企业规模分						
特大型企业	10316401	5778644	15940931	686972	246172	3510220
大一型企业	8690024	4996589	15192344	513410	278026	1878022
大二型企业	5582428	3598050	12125523	407181	100407	1469328
中一型企业	2493540	1622974	6238493	186567	68631	709485
中二型企业	1870538	1239992	4712078	131176	31134	553345
小型企业	7389552	5718349	26404557	729778	254755	2693547

12－4 续表 5 单位:万元

分　　组	所有者权益合计	#实收资本	产品销售收入	#产品销售费用	#产品销售税金及附加	#产品销售利润
三、按行业大类分						
采　掘　业	**4845228**	**3436926**	**7523226**	**245975**	**137289**	**2853257**
煤炭采选业	2079510	1108798	1886057	193463	28513	423311
石油和天然气开采业	2076713	1841600	4222917	7590	88572	2183310
黑色金属矿采选业	137125	109215	148788	2462	1471	22866
有色金属矿采选业	355803	232504	782454	19332	7842	149306
非金属矿采选业	194931	144626	475760	23129	10863	72435
其他矿采选业	1147	183	7250		28	2028
制　造　业	**26300041**	**16733203**	**66098849**	**2376752**	**804495**	**7292907**
食品加工业	1551776	979429	7430562	189029	27321	546194
食品制造业	510653	408683	1607144	67065	8258	184966
饮料制造业	1100252	566752	1856967	179087	158544	234363
烟草加工业	561534	400792	550110	2440	181933	105379
纺织业	2334585	1729749	6110060	106438	26493	657081
服装及其他纤维制品制造业	353634	262526	1135867	26240	3955	120115
皮革、毛皮、羽绒及其制品业	226482	199971	1202882	20725	1456	112791
木材加工及竹、藤、棕、草制品业	74176	70202	257017	9650	2294	28918
家具制造业	101605	72210	306080	11088	1676	39394
造纸及纸制品业	1487356	737495	2279524	85082	10836	321147
印刷业,记录媒介的复制	186259	117405	351968	9935	2158	59193
文教体育用品制造业	84647	65970	385775	11784	894	44079
石油加工及炼焦业	1769690	1346854	4951765	26520	150833	357960
化学原料及化学制品制造业	2328681	1221124	4583453	139326	26898	590000
医药制造业	642887	325209	1076019	142219	5948	194219
化学纤维制造业	596967	378802	1118979	20037	3316	133828
橡胶制品业	729370	415825	1630381	60613	38798	162011
塑料制品业	503970	353129	1318099	36001	4353	128273
非金属矿物制品业	1800289	1344097	3946931	144544	33104	492376
黑色金属冶炼及压延加工业	1212334	655882	2292691	39648	10642	329203
有色金属冶炼及压延加工业	525676	249412	1108406	14937	5303	167166
金属制品业	589267	475422	1789396	62350	7176	204203
普通机械制造业	1236443	863625	3156624	127107	19261	421410
专用设备制造业	1299382	698260	4004456	126992	15188	414430
交通运输设备制造业	1324454	916340	2536830	68064	21061	270862
武器弹药制造业	17262	8921	13326	137	21	2047
电气机械及器材制造业	1810807	996700	5521436	500593	21741	582708
电子及通信设备制造业	975643	585006	2334137	102064	8492	244757
仪器仪表及文化、办公用机械制造业	115236	87327	241913	12033	1125	40276
其他制造业	248724	200085	1000049	35006	5418	103557
电力、煤气及水的生产和供应业	**5197214**	**2784469**	**6991850**	**32357**	**37342**	**667783**
电力、蒸汽、热水的生产和供应业	4615849	2437066	6798416	25714	35889	654390
煤气生产和供应业	142921	79893	48667	3505	239	－7976
自来水的生产和供应业	438444	267510	144767	3138	1214	21368

12-4 续表 6

单位:万元

分组	管理费用	利润总额	亏损企业亏损总额	利税总额	本年应交增值税	全部从业人员年平均人数(人)
1995 年	3249495	1581912	564303	4342562	1877189	6486633
1996 年	3558396	2067990	540171	5259584	2238192	6445631
1997 年	3721162	2191242	643886	5573742	2421321	6338666
1998 年	3544678	2352546	612781	5759226	2527939	5477622
1999 年	3706989	2807713	553840	6491681	2791292	5347200
2000 年	4361840	5440003	413877	10025880	3606752	5223652
一、按登记注册类型分						
内资企业	3850020	4832594	290291	8956979	3190449	4652712
国有企业	1754897	2554426	194180	4711091	1664113	1652934
中央企业	602962	2017774	96472	3309940	951318	299040
地方企业	1151935	536653	97708	1401151	712794	1353894
集体企业	787222	1235014	28851	2008676	626860	1261337
股份合作企业	126707	125309	3148	238743	99030	196594
联营企业	27080	20875	2671	41839	17906	34002
有限责任公司	593485	313146	44407	843375	361091	732144
股份有限公司	437151	393132	11169	775100	307080	478037
私营企业	118611	178013	5865	317099	109649	292501
其他企业	4868	12679		21056	4720	5163
港、澳、台商投资企业	140128	160860	22236	303886	122992	170198
合资经营企业(港或澳、台资)	107731	139595	13889	255793	97000	133759
合作经营企业(港或澳、台资)	17562	11080	3305	26230	14607	18822
港澳台商独资企业	12567	7605	4840	16831	9030	15256
港澳台商投资股份有限公司	2268	2580	201	5032	2354	2361
外商投资企业	371692	446549	101350	765014	293310	400742
中外合资经营企业	195619	242793	58986	434950	170242	174747
中外合作经营企业	9696	14105	1956	19666	5460	10825
外资企业	149769	134822	40211	232014	94875	198950
外商投资股份有限公司	16608	54830	196	78385	22734	16220
二、在总计中:亏损企业	**558198**	**-413877**	**413877**	**-96226**	**205536**	**681019**
在总计中:国有控股企业	2583426	3038705	255271	5946153	2205537	2447147
在总计中:农村工业	533400	1191481	16099	1828941	515341	1165251
按轻重工业分						
轻工业	1713650	1774873	161479	3606353	1338007	2457013
以农产品为原料	1084993	1270589	105277	2557488	857422	1829840
以非农产品为原料	628657	504283	56202	1048865	480585	627173
重工业	2648190	3665130	252398	6419528	2268745	2766639
采掘工业	637142	1973939	24065	2802759	698802	675122
原料工业	891428	705587	77388	1836055	911074	731842
加工工业	1119619	985604	150945	1780713	658869	1359675
按企业规模分						
特大型企业	921434	2346754	15121	3677890	1084963	433820
大一型企业	919079	775912	108420	1764884	710945	889722
大二型企业	707489	614190	70000	1263022	548424	929777
中一型企业	382802	243217	40383	577590	265743	564126
中二型企业	308465	187879	34500	401919	182906	465825
小型企业	1122570	1272051	145454	2340576	813770	1940382

12－4 续表 7 单位:万元

分组	管理费用	利润总额	亏损企业亏损总额	利税总额	本年应交增值税	全部从业人员年平均人数(人)
三、按行业大类分						
采掘业	**653471**	**1984151**	**24250.00**	**2828264**	**706824**	**693566**
煤炭采选业	328341	70789	21869	279603	180300	472080
石油和天然气开采业	220467	1777624		2355240	489044	83854
黑色金属矿采选业	13992	7573	2	14610	5565	24493
有色金属矿采选业	55801	102045	1551	120346	10459	60132
非金属矿采选业	33905	25530	828	57627	21234	52797
其他矿采选业	964	590		839	221	210
制造业	**3514786**	**3068087**	**367853**	**6262192**	**2389610**	**4332846**
食品加工业	194054	323010	21876	472881	122550	314930
食品制造业	67488	87802	10493	152008	55949	110975
饮料制造业	123184	93723	11584	372671	120403	130101
烟草加工业	47843	124493	4786	366652	60226	13522
纺织业	295009	268774	21678	520525	225259	638585
服装及其他纤维制品制造业	59799	53215	5788	88221	31050	134999
皮革、毛皮、羽绒及其制品业	45786	47002	6247	85960	37502	107214
木材加工及竹、藤、棕、草制品业	10455	16166	2070	29340	10880	26061
家具制造业	14569	20444	1493	34943	12823	24490
造纸及纸制品业	118804	159970	10926	278405	107600	186361
印刷业,记录媒介的复制	33614	26061	2308	44720	16501	38520
文教体育用品制造业	23095	17698	3089	29481	10890	45116
石油加工及炼焦业	231340	92263	33064	402539	159444	105314
化学原料及化学制品制造业	266189	241057	19838	424666	156711	312298
医药制造业	96633	74009	5406	148163	68206	72767
化学纤维制造业	47251	62706	4169	103020	36998	45978
橡胶制品业	67414	71279	4566	162331	52254	105313
塑料制品业	62197	51790	6370	93056	36913	88562
非金属矿物制品业	210925	207382	21037	438021	197535	380989
黑色金属冶炼及压延加工业	206601	79347	6887	211282	121293	103697
有色金属冶炼及压延加工业	84108	70442	1329	124317	48572	48563
金属制品业	95400	83597	9559	150146	59373	154405
普通机械制造业	214405	141860	17946	281941	120820	304224
专用设备制造业	194032	198910	6773	339339	125242	260564
交通运输设备制造业	200174	34120	82621	140894	85712	178472
武器弹药制造业	2045	668	262	995	306	4223
电气机械及器材制造业	319590	248155	15351	469991	200095	167476
电子及通信设备制造业	107135	121796	24224	186546	56259	72763
仪器仪表及文化、办公用机械制造业	25910	10672	1922	21591	9794	28722
其他制造业	49738	39678	4193	87546	42449	127642
电力、煤气及水的生产和供应业	**193583**	**387764**	**21774**	**935424**	**510318**	**197240**
电力、蒸汽、热水的生产和供应业	150980	395509	11274	931083	499686	152057
煤气生产和供应业	8601	－4976	5697	－3001	1736	10106
自来水的生产和供应业	34002	－2768	4803	7342	8896	35077

12－5 国有控股工业企业主要经济指标

单位：万元

分组	企业单位数（个）	#亏损企业	工业总产值	工业销售产值	工业增加值	资产合计
1996年	5478	1243	28880601	28125562	9838696	46663169
1997年	4352	1181	28220834	27473512	9628608	49527778
1998年	3272	1009	26957289	26268189	9246566	52675723
1999年	3049	786	28716110	28189134	10174604	55961178
2000年	2774	596	34865374	34582037	12625615	61171986
在总计中：						
亏损企业	596	596	3592348	3709877	1094816	8598782
一、按隶属关系分						
中央企业	114	23	11194883	11199384	5495050	17956774
地方企业	2660	573	23670491	23382652	7130565	43215211
二、按轻重工业分						
轻工业	1437	335	10145300	10063630	3049343	21204773
以农产品为原料	1066	230	7308634	7267122	2269195	10976658
以非农产品为原料	371	105	2836666	2796509	780148	10228115
重工业	1337	261	24720074	24518406	9576272	39967213
采掘工业	113	26	6438708	6384967	3854448	9896702
原料工业	436	69	10422329	10418681	3708970	17008062
加工工业	788	166	7859037	7714758	2012854	13062449
三、按企业规模分						
特大型企业	23	3	10333066	10220508	5133760	20495539
大一型企业	184	16	10524908	10448628	3157398	17437871
大二型企业	401	65	5800266	5740200	1795458	9143400
中一型企业	378	59	2690113	2647827	806718	4373775
中二型企业	346	48	1303683	1269012	417131	2941399
小型企业	1442	405	4213339	4255862	1315150	6780001

注：1997年以前为乡及乡以上独立核算工业数据。

12－5 续表 1

单位：万元

分　　组	企业单位数（个）	#亏损企业	工业总产值	工业销售产值	工业增加值	资产合计
四、按行业大类分						
采　掘　业	**123**	**26**	**6495278**	**6432781**	**3880457**	**9992608**
煤炭采选业	62	17	1658416	1621800	808407	4654180
石油和天然气开采业	2		4469174	4453393	2921544	4508163
黑色金属矿采选业	6	1	55815	57802	20264	169443
有色金属矿采选业	28	5	230645	228199	102262	479042
非金属矿采选业	25	3	81229	71588	27980	181782
制　造　业	**2312**	**506**	**25054712**	**24845745**	**7112322**	**38908490**
食品加工业	384	91	1944481	1936016	404271	1925121
食品制造业	112	19	330111	320776	90270	574253
饮料制造业	117	16	1097123	1102535	395261	1973374
烟草加工业	15	1	553096	551319	371641	749856
纺织业	197	43	1912918	1891448	556528	2797200
服装及其他纤维制品制造业	41	10	77504	77666	22121	77791
皮革、毛皮、羽绒及其制品业	9	2	19825	18576	4489	45134
木材加工及竹、藤、棕、草制品业	23	4	54077	50851	14350	122465
家具制造业	6	1	19274	19350	3716	25790
造纸及纸制品业	76	16	869966	872425	257303	1931138
印刷业，记录媒介的复制	58	15	101853	101643	31053	241296
文教体育用品制造业	12	5	51262	49576	12960	63679
石油加工及炼焦业	31	9	4129039	4143942	1179157	4078177
化学原料及化学制品制造业	193	37	2152337	2097034	591743	4408290
医药制造业	71	15	615991	606985	222688	1080429
化学纤维制造业	22	5	387264	386436	92021	995380
橡胶制品业	25	3	873390	870442	211813	1346339
塑料制品业	43	10	195050	192870	43437	436647
非金属矿物制品业	166	35	938344	917854	285541	2076585
黑色金属冶炼及压延加工业	26	2	1708514	1713543	489709	3102861
有色金属冶炼及压延加工业	17	3	533810	534280	177203	790406
金属制品业	56	15	145044	145617	36722	234420
普通机械制造业	163	37	952979	930274	272642	2006387
专用设备制造业	141	25	1706225	1670434	404254	1747495
交通运输设备制造业	128	44	1586933	1562176	352251	3315834
武器弹药制造业	2	1	13756	13818	4425	52008
电气机械及器材制造业	74	18	583274	567605	183233	1136256
电子及通信设备制造业	50	10	1357596	1360251	357447	1300496
仪器仪表及文化、办公用机械制造业	21	3	82187	78603	28837	179712
其他制造业	33	11	61488	61400	15237	93671
电力、煤气及水的生产和供应业	**339**	**64**	**3315384**	**3303510**	**1632837**	**12270887**
电力、蒸汽、热水的生产和供应业	197	12	3115304	3101791	1560863	11261931
煤气生产和供应业	16	9	40106	44021	7565	335833
自来水的生产和供应业	126	43	159975	157698	64409	673124

12－5 续表 2

单位：万元

分组	流动资产小计	#产成品	流动资产年平均余额	固定资产原价	固定资产净值年平均余额	负债合计
1996 年	17796900	2501671	16443562	30634691	19828771	30398766
1997 年	19757999	2687882	19033284	31558811	19906966	32036024
1998 年	20797718	2722662	19888668	34101541	21568218	33392509
1999 年	21173285	2784840	20520063	37082399	23686902	35181030
2000 年	22502944	2648035	21559936	44346171	26865483	38067876
在总计中：						
亏损企业	3569483	439007	3544135	5083773	3367738	6305585
一、按隶属关系分						
中央企业	4671602	322635	4494850	18846234	9516186	10323767
地方企业	17831342	2325400	17065086	25499937	17349296	27744109
二、按轻重工业分						
轻工业	8362434	1123102	8047841	10812782	7190964	12809970
以农产品为原料	5052167	727217	4809074	5681191	3959162	7261411
以非农产品为原料	3310267	395885	3238767	5131592	3231802	5548559
重工业	14140510	1524933	13512095	33533388	19674519	25257906
采掘工业	2382142	153825	2232579	13261766	6264488	5535198
原料工业	5517301	412929	5377237	13842610	8778545	11147592
加工工业	6241067	958179	5902278	6429013	4631486	8575116
三、按企业规模分						
特大型企业	5292331	404359	5026677	19889938	10417861	10963265
大一型企业	7413743	848112	7009859	10053890	6717179	11080220
大二型企业	3893928	592508	3719124	5653821	3852558	6120153
中一型企业	1772926	258963	1754800	2730475	1868672	3160368
中二型企业	1247503	167387	1203899	1703279	1200377	1992362
小型企业	2882512	376706	2845576	4314767	2808835	4751509

12－5 续表 3

单位:万元

分　　组	流动资产小计	#产成品	流动资产年平均余额	固定资产原价	固定资产净值年平均余额	负债合计
四、按行业大类分						
采　掘　业	**2411048**	**159083**	**2258831**	**13345832**	**6313043**	**5582346**
煤炭采选业	1576967	75244	1473060	3591917	2255245	2672346
石油和天然气开采业	583768	56647	541938	9109234	3646479	2431450
黑色金属矿采选业	57902	7564	59902	148549	98313	72828
有色金属矿采选业	115209	6987	117626	372082	238039	283195
非金属矿采选业	77201	12640	66304	124050	74967	122527
制　造　业	**17402842**	**2470577**	**16712966**	**21783871**	**14525965**	**25249892**
食品加工业	963742	140350	923691	977956	734375	1601763
食品制造业	224177	26414	235753	323251	243683	410534
饮料制造业	954878	121250	890990	912875	639324	1178106
烟草加工业	235910	8352	236542	511510	301699	191970
纺织业	1259361	217714	1172563	1568404	1034149	1993188
服装及其他纤维制品制造业	39634	12153	41052	44164	31498	61506
皮革、毛皮、羽绒及其制品业	28599	6577	28131	19090	11518	35508
木材加工及竹、藤、棕、草制品业	35835	7214	33527	69999	52439	107950
家具制造业	9505	2100	9150	14404	10531	17810
造纸及纸制品业	896863	149456	872382	849285	635369	1154771
印刷业,记录媒介的复制	106782	12626	101916	160810	112391	179702
文教体育用品制造业	37086	5749	33345	31874	21974	44291
石油加工及炼焦业	1573178	176806	1544140	3805945	2116447	2474184
化学原料及化学制品制造业	1550899	169334	1459227	2832091	1953431	2791780
医药制造业	578294	83266	541115	429659	257060	617320
化学纤维制造业	340695	29767	335803	627689	414944	695482
橡胶制品业	631406	134021	628814	561799	481644	822652
塑料制品业	183563	24866	163531	255881	179408	254942
非金属矿物制品业	834462	135373	773704	1329043	935880	1395665
黑色金属冶炼及压延加工业	1166509	89203	1123307	1905516	1228810	1990692
有色金属冶炼及压延加工业	367188	41784	343812	541594	344604	540963
金属制品业	149257	25788	152057	96174	62552	160560
普通机械制造业	1076051	177324	1053991	1005626	622509	1398629
专用设备制造业	1049618	213065	987599	723859	486944	1176637
交通运输设备制造业	1550723	128608	1500702	1192989	919061	2297516
武器弹药制造业	21832	1347	20340	37391	26922	34746
电气机械及器材制造业	613263	128240	588668	487769	340270	700492
电子及通信设备制造业	791421	180635	796937	315193	227502	711605
仪器仪表及文化、办公用机械制造业	83227	10624	73390	105496	66109	134816
其他制造业	48885	10569	46788	46534	32918	74113
电力、煤气及水的生产和供应业	**2689054**	**18375**	**2588138**	**9216467**	**6026475**	**7235638**
电力、蒸汽、热水的生产和供应业	2466825	9975	2372657	8360143	5393398	6808048
煤气生产和供应业	69875	8318	63497	237916	203397	192911
自来水的生产和供应业	152354	82	151984	618408	429679	234680

12－5 续表 4

单位:万元

分　　组	所有者权益合计	#实收资本	产品销售收入	#产品销售费用	#产品销售税金及附加	#产品销售利润
1996 年	16264404		29217185	707510	803381	4329133
1997 年	17491756		29047678	751900	776102	3878566
1998 年	19283215	11040868	28458107	831611	667126	3439384
1999 年	20780148	11542597	30965917	972660	660786	3754877
2000 年	23104109	13379540	37970654	1100187	701911	6168713
在总计中:						
亏损企业	2293197	2298752	3779888	104732	101571	201134
一、按隶属关系分						
中央企业	7633007	5061219	13249580	49069	418227	2858633
地方企业	15471102	8318321	24721074	1051118	283684	3310080
二、按轻重工业分						
轻工业	8394803	4191459	13221498	507709	332331	1222732
以农产品为原料	3715247	2168656	7533279	329408	303474	886262
以非农产品为原料	4679556	2022802	5688218	178300	28857	336470
重工业	14709307	9188081	24749157	592478	369580	4945980
采掘工业	4361504	3135209	6107210	199696	115188	2646147
原料工业	5860470	3482804	11112082	129660	187580	1282804
加工工业	4487333	2570069	7529865	263122	66812	1017029
三、按企业规模分						
特大型企业	9532274	4923107	13071950	324502	233082	3166667
大一型企业	6357651	3424122	10246126	345408	234421	1383850
大二型企业	3023247	1816744	5668700	205926	72465	739504
中一型企业	1213407	740796	2793505	84477	41905	326946
中二型企业	949038	587357	1646211	41577	15394	196264
小型企业	2028492	1887413	4544162	98297	104644	355482

12－5续表5

单位:万元

分　　组	所有者权益合计	#实收资本	产品销售收入	#产品销售费用	#产品销售税金及附加	#产品销售利润
四、按行业大类分						
采　掘　业	**4410263**	**3172482**	**6151984**	**202669**	**117204**	**2659857**
煤炭采选业	1981833	1045182	1609270	187836	24613	397334
石油和天然气开采业	2076713	1841600	4222917	7590	88572	2183310
黑色金属矿采选业	96615	82686	52256	558	715	9678
有色金属矿采选业	195847	165045	198079	1386	643	54187
非金属矿采选业	59254	37969	69462	5299	2661	15348
制　造　业	**13658598**	**7981105**	**25172387**	**866509**	**550255**	**2967489**
食品加工业	323359	281492	1982431	62575	5097	117578
食品制造业	163719	88730	317421	13043	2491	37936
饮料制造业	795267	359954	1139806	128620	100520	149959
烟草加工业	557886	387047	545487	2220	181404	105891
纺织业	804012	493432	2012519	30981	7643	241012
服装及其他纤维制品制造业	16285	22250	68724	1419	175	5598
皮革、毛皮、羽绒及其制品业	9625	9585	18624	565	85	2809
木材加工及竹、藤、棕、草制品业	14515	25069	48398	1471	184	6628
家具制造业	7981	7511	17849	237	20	1742
造纸及纸制品业	776367	335124	889078	35684	3132	132103
印刷业,记录媒介的复制	61594	40266	97398	2064	764	17312
文教体育用品制造业	19388	11030	51439	2369	30	6166
石油加工及炼焦业	1603993	1236114	4376456	15870	147626	297767
化学原料及化学制品制造业	1616510	699657	2103798	55709	12238	320470
医药制造业	463109	204616	714373	101994	4122	125739
化学纤维制造业	299898	126384	435215	4937	1542	54367
橡胶制品业	523687	275623	708149	29552	31704	76785
塑料制品业	181705	102987	193244	6478	852	26249
非金属矿物制品业	680920	477908	891584	46680	5369	134963
黑色金属冶炼及压延加工业	1112169	590992	1804687	34065	8427	276211
有色金属冶炼及压延加工业	249443	143411	493942	9428	3176	96902
金属制品业	73860	66470	136127	5634	366	16318
普通机械制造业	607758	441163	917698	48924	4732	153422
专用设备制造业	570859	299853	1656361	58418	4840	145497
交通运输设备制造业	1018318	694959	1467184	40672	13924	158728
武器弹药制造业	17262	8921	13326	137	21	2047
电气机械及器材制造业	435764	186049	617435	39268	2484	100626
电子及通信设备制造业	588891	311265	1305281	80432	6399	132457
仪器仪表及文化、办公用机械制造业	44896	32520	85135	5742	568	16912
其他制造业	19558	20725	63220	1320	317	7296
电力、煤气及水的生产和供应业	**5035248**	**2225953**	**6646283**	**31009**	**34451**	**541366**
电力、蒸汽、热水的生产和供应业	4453883	1878550	6452849	24366	32998	527974
煤气生产和供应业	142921	79893	48667	3505	239	－7976
自来水的生产和供应业	438444	267510	144767	3138	1214	21368

12－5 续表 6

单位:万元

分组	管理费用	利润总额	亏损企业亏损总额	利税总额	本年应交增值税	全部从业人员年平均人数(人)
1996 年	2372100	887898	322660	3282655	1591377	3355262
1997 年	2158108	843059	332227	3151438	1532278	2025287
1998 年	2123686	779737	380070	3013838	1566975	2847698
1999 年	2176570	951851	365374	3298141	1685504	2679816
2000 年	2583426	3038705	255271	5946153	2205537	2447147
在总计中:						
亏损企业	385624	－255271	255271	－21560	132140	447274
一、按隶属关系分						
中央企业	624364	2072686	96695	3490796	999883	310697
地方企业	1959062	966018	158576	2455357	1205655	2136450
二、按轻重工业分						
轻工业	682850	545234	66273	1443917	566352	816123
以农产品为原料	477065	376277	45642	1039497	359746	610270
以非农产品为原料	205785	168957	20631	404419	206606	205853
重工业	1900576	2493470	188998	4502236	1639186	1631024
采掘工业	582115	1858000	23425	2633287	660099	542370
原料工业	708113	357010	59724	1245781	701190	469550
加工工业	610347	278460	105848	623169	277897	619104
三、按企业规模分						
特大型企业	742782	2170975	15121	3364310	960252	408353
大一型企业	752253	496794	80125	1303048	571834	690389
大二型企业	424038	242117	40596	627390	312808	511852
中一型企业	217814	67764	25556	239794	130125	293757
中二型企业	135606	49179	16648	139814	75241	177636
小型企业	310933	11876	77224	271797	155277	365160

12－5 续表 7　　　　单位：万元

分　　组	管理费用	利润总额	亏损企业亏损总额	利税总额	本年应交增值税	全部从业人员年平均人数（人）
四、按行业大类分						
采　掘　业	**591004**	**1865064**	**23425**	**2644484**	**662215**	**550418**
煤炭采选业	312722	51569	21498	238020	161838	404204
石油和天然气开采业	220467	1777624		2355240	489044	83854
黑色金属矿采选业	10203	89	2	2701	1897	14751
有色金属矿采选业	36208	32824	1551	37403	3937	33281
非金属矿采选业	11404	2958	374	11119	5500	14328
制　造　业	**1815892**	**885177**	**212040**	**2508190**	**1072757**	**1713003**
食品加工业	73841	22204	11640	55803	28502	93931
食品制造业	19842	15808	515	28237	9938	30324
饮料制造业	82031	55230	7476	239048	83298	86201
烟草加工业	45899	127188	1882	368272	59680	13189
纺织业	135642	67710	11214	170753	95399	246649
服装及其他纤维制品制造业	6596	－505	2040	1884	2215	14316
皮革、毛皮、羽绒及其制品业	1994	308	50	1172	779	2226
木材加工及竹、藤、棕、草制品业	3543	3608	599	6788	2995	4715
家具制造业	559	460	187	2090	1610	1707
造纸及纸制品业	53692	61175	6075	109475	45168	77175
印刷业，记录媒介的复制	16222	657	1766	7435	6014	15917
文教体育用品制造业	3685	1777	323	4680	2873	6667
石油加工及炼焦业	203175	61309	31062	349962	141027	83449
化学原料及化学制品制造业	164234	109069	8727	195872	74565	187095
医药制造业	64508	47076	2267	99538	48340	45360
化学纤维制造业	27900	14506	1662	32964	16916	24329
橡胶制品业	37729	23133	3310	84814	29978	46623
塑料制品业	18493	5489	409	15424	9082	16757
非金属矿物制品业	87122	28202	5555	89061	55490	116257
黑色金属冶炼及压延加工业	193939	47976	5926	161002	104600	84941
有色金属冶炼及压延加工业	64906	28534	1059	69570	37860	30594
金属制品业	14748	198	2810	7896	7332	21223
普通机械制造业	115602	20412	9812	74581	49436	129749
专用设备制造业	99104	50225	1847	100470	45405	118869
交通运输设备制造业	153332	－23512	77721	42933	52521	114596
武器弹药制造业	2045	668	262	995	306	4223
电气机械及器材制造业	50015	37817	3530	69999	29698	41995
电子及通信设备制造业	56597	76485	10311	108123	25238	31905
仪器仪表及文化、办公用机械制造业	12828	1593	681	5950	3789	13507
其他制造业	6069	376	1321	3397	2704	8514
电力、煤气及水的生产和供应业	**176530**	**288464**	**19806**	**793480**	**470565**	**183726**
电力、蒸汽、热水的生产和供应业	133927	296208	9307	789139	459933	138543
煤气生产和供应业	8601	－4976	5697	－3001	1736	10106
自来水的生产和供应业	34002	－2768	4803	7342	8896	35077

12－6 规模以上集体工业企业主要经济指标

单位：万元

分　　组	企业单位数（个）	♯亏损企业	工业总产值	工业销售产值	工业增加值	资产合计
1995年	18993	3133	17833187		4148379	15272046
1996年	18348	1587	23113935	22099779	6092847	17696800
1997年	15964	1795	24530868	23533407	6275247	18978347
1998年	4817	427	22066380	21144843	5694779	15503459
1999年	4375	383	22189927	21339470	5825557	15769470
2000年	3942	259	23939904	23202441	6274807	15862337
在总计中：						
亏损企业	259	259	356825	342190	91515	807267
在总计中：						
农村工业	2575	111	13919234	13427320	3783901	7999911
一、按轻重工业分						
轻工业	1828	124	14062465	13666959	3560220	9745917
以农产品为原料	1309	79	8755937	8509176	2293714	6405084
以非农产品为原料	519	45	5306528	5157783	1266507	3340832
重工业	2114	135	9877439	9535482	2714586	6116421
采掘工业	328	10	1179425	1130515	340020	597508
原料工业	465	34	2511146	2446784	680462	1882512
加工工业	1321	91	6186868	5958183	1694104	3636401
二、按企业规模分						
特大型企业	2		2633987	2608644	556369	1468242
大一型企业	32		2776998	2694750	768316	2579554
大二型企业	139	8	3074130	2978382	845117	2655030
中一型企业	134	16	1456747	1400272	391887	1145177
中二型企业	221	35	1310837	1293503	355626	1348292
小型企业	3414	200	12687206	12226890	3357492	6666041

注：1997年以前为乡及乡以上独立核算工业数据。

12－6 续表 1

单位:万元

分组	企业单位数(个)	#亏损企业	工业总产值	工业销售产值	工业增加值	资产合计
三、按行业大类分						
采掘业	**351**	**9**	**1269051**	**1214927**	**363229**	**701629**
煤炭采选业	155	7	258448	248382	90999	243668
黑色金属矿采选业	18		81519	77242	26668	71088
有色金属矿采选业	89		631608	604245	169029	195416
非金属矿采选业	89	2	297475	285058	76533	191457
制造业	**3578**	**247**	**22633458**	**21951266**	**5897136**	**15086559**
食品加工业	343	10	3462843	3335993	864061	1381252
食品制造业	87	9	675033	655256	184200	417979
饮料制造业	41	2	247671	239776	68327	184058
纺织业	384	20	2214246	2217160	554286	2507132
服装及其他纤维制品制造业	69	7	450911	435603	116943	301335
皮革、毛皮、羽绒及其制品业	53	5	324276	308450	97251	269609
木材加工及竹、藤、棕、草制品业	28	2	133697	127786	38029	76914
家具制造业	34	2	126837	122135	38432	90799
造纸及纸制品业	163	14	696058	677714	220731	840295
印刷业,记录媒介的复制	43	4	81978	77718	21224	56968
文教体育用品制造业	16	1	111459	108680	24074	27308
石油加工及炼焦业	27	1	329750	324302	105812	317537
化学原料及化学制品制造业	278	14	1148638	1105978	301927	660354
医药制造业	40	1	136123	128959	40111	114309
化学纤维制造业	26	1	432485	402471	114694	334014
橡胶制品业	72	6	503863	472788	133835	269593
塑料制品业	171	13	623591	595746	165939	477492
非金属矿物制品业	439	24	1646240	1592467	476794	1032164
黑色金属冶炼及压延加工业	37	3	250194	247304	58436	152553
有色金属冶炼及压延加工业	30	2	514410	506834	125910	400877
金属制品业	246	28	895152	863165	236173	651699
普通机械制造业	287	14	1094035	1047469	289520	605354
专用设备制造业	231	25	1237678	1204759	334709	718165
交通运输设备制造业	131	9	621978	606810	163120	431579
电气机械及器材制造业	155	12	3835538	3750247	905014	2256810
电子及通信设备制造业	25	3	135242	132447	34588	51854
仪器仪表及文化、办公用机械制造业	23	4	84371	83349	21250	62787
其他制造业	99	11	619161	579900	161747	395769
电力、煤气及水的生产和供应业	**13**	**3**	**37395**	**36248**	**14442**	**74149**
电力、蒸汽、热水的生产和供应业	13	3	37395	36248	14442	74149

单位:万元

分组	流动资产小计	#产成品	流动资产年平均余额	固定资产原价	固定资产净值年平均余额	负债合计
1995年	8495432	2147545	7676151	6600719	4548132	11466442
1996年	9382433	2046193	8697398	7837112	5475771	12696579
1997年	10095572	2178997	10052524	8421505	5932147	13613598
1998年	8117744	1715156	7779477	7594503	5393517	10241396
1999年	8444604	1625083	7984452	7742219	5386456	10095629
2000年	8446140	1473412	8086175	7833106	5381912	9876400
在总计中:						
亏损企业	409390	104166	410473	425762	281288	744156
在总计中:						
农村工业	3898050	664668	3679116	4598870	3198013	4300560
一、按轻重工业分						
轻工业	5253925	915853	4996504	4580472	3239356	6041841
以农产品为原料	3254737	597617	3095912	3234271	2370814	4040107
以非农产品为原料	1999188	318236	1900592	1346201	868542	2001734
重工业	3192215	557559	3089671	3252634	2142556	3834559
采掘工业	287152	31949	284350	349373	240620	355609
原料工业	883144	137029	867359	1183061	744150	1137340
加工工业	2021919	388581	1937962	1720199	1157786	2341610
二、在按企业规模分						
特大型企业	850279	113130	826643	622383	359799	752485
大一型企业	1348971	189410	1169612	1304916	989090	1166861
大二型企业	1246456	218945	1210634	1451049	982859	1685625
中一型企业	566945	108211	546800	626914	402996	817303
中二型企业	765608	142295	720054	620416	415247	1005043
小型企业	3667881	701421	3612431	3207427	2231920	4449082

12－6 续表 3　　　　单位:万元

分　　组	流动资产小　计	#产成品	流动资产年平均余　额	固定资产原　价	固定资产净值年平均余额	负债合计
三、按行业大类分						
采　掘　业	**327808**	**38707**	**322222**	**416839**	**284690**	**424303**
煤炭采选业	128078	11816	127566	127242	88340	166976
黑色金属矿采选业	31162	3498	30954	43208	27879	39088
有色金属矿采选业	71793	7931	70251	142843	100326	92374
非金属矿采选业	96775	15462	93451	103545	68146	125866
制　造　业	**8100162**	**1434498**	**7744408**	**7350088**	**5049637**	**9402057**
食品加工业	664472	128929	652961	706966	556099	747169
食品制造业	183550	27824	180994	224531	153224	239312
饮料制造业	76470	17411	77618	104603	79142	120462
纺织业	1281152	234589	1237001	1322070	983947	1672352
服装及其他纤维制品制造业	166102	30297	142275	119950	80749	202302
皮革、毛皮、羽绒及其制品业	175901	51014	174368	86141	55986	198018
木材加工及竹、藤、棕、草制品业	43182	12712	40651	40974	30531	43220
家具制造业	47650	7448	45993	48549	30679	61431
造纸及纸制品业	425094	55662	354496	425035	297622	486565
印刷业,记录媒介的复制	26115	5462	28193	38762	23458	41864
文教体育用品制造业	17424	3967	18402	9266	6398	19021
石油加工及炼焦业	184664	19201	185580	120474	88292	198251
化学原料及化学制品制造业	350713	60044	346769	352734	239448	436248
医药制造业	58438	10099	55536	55715	38844	83345
化学纤维制造业	126613	24468	120385	341351	188940	138175
橡胶制品业	149897	36811	142927	130416	86203	184064
塑料制品业	249137	47284	234453	237966	166437	356513
非金属矿物制品业	448771	83715	441784	683005	470202	670030
黑色金属冶炼及压延加工业	65780	10984	59534	93732	39656	90960
有色金属冶炼及压延加工业	190028	33195	175503	279833	159192	163631
金属制品业	377090	65935	366378	293350	198593	439894
普通机械制造业	365635	74516	349680	291911	187588	384843
专用设备制造业	404299	89003	396917	313992	195446	479823
交通运输设备制造业	221389	26043	209788	172295	123662	277351
电气机械及器材制造业	1504176	221907	1420818	630728	420399	1293518
电子及通信设备制造业	29360	7794	28813	24425	16001	32133
仪器仪表及文化、办公用机械制造业	34288	6964	27772	27716	17646	43123
其他制造业	232772	41216	228818	173598	115254	298439
电力、煤气及水的生产和供应业	**18171**	**207**	**19545**	**66179**	**47585**	**50040**
电力、蒸汽、热水的生产和供应业	18171	207	19545	66179	47585	50040

分组	所有者权益合计	#实收资本	产品销售收入	#产品销售费用	#产品销售税金及附加	#产品销售利润
1995 年	3805604	2695962	14834699	386056	147418	2098906
1996 年	5000221		17803639	492829	162191	2445765
1997 年	5364749		18905616	605745	149959	2383841
1998 年	5262062	3327574	18025045	595784	126876	2103376
1999 年	5673840	3551748	18667450	685387	129917	2049236
2000 年	5985938	3619244	20919356	816676	146802	2230488
在总计中：						
亏损企业	63111	159332	323049	10776	1942	16162
在总计中：						
农村工业	3699351	2145798	11963520	296218	88498	1289653
一、按轻重工业分						
轻工业	3704076	2209367	12387528	609990	77193	1260105
以农产品为原料	2364978	1422920	7582698	166693	53598	772587
以非农产品为原料	1339098	786446	4804831	443297	23595	487518
重工业	2281862	1409877	8531828	206686	69609	970383
采掘工业	241899	140372	1027062	29165	12702	127500
原料工业	745173	426675	2343808	43276	19688	269127
加工工业	1294790	842831	5160958	134244	37220	573757
二、按企业规模分						
特大型企业	715758	378053	2616634	361332	10822	252373
大一型企业	1412693	737957	2709043	82473	14486	271241
大二型企业	969406	556741	2682356	66470	10483	297319
中一型企业	327874	239932	1224799	20480	15734	133268
中二型企业	343248	238569	1179719	22585	6855	133700
小型企业	2216959	1467992	10506805	263335	88423	1142587

分　　组	所有者权益合计	#实收资本	产品销售收入	#产品销售费用	#产品销售税金及附加	#产品销售利润
三、按行业大类分						
采掘业	**277326**	**170411**	**1092549**	**31692**	**15819**	**138330**
煤炭采选业	76692	49852	239836	4458	3350	17509
黑色金属矿采选业	32001	21226	75288	1299	621	9077
有色金属矿采选业	103043	46247	538808	16956	6788	82204
非金属矿采选业	65591	53085	238618	8980	5060	29540
制造业	**5684502**	**3417803**	**19792657**	**784934**	**130613**	**2080714**
食品加工业	634083	315894	2921900	50602	13927	258611
食品制造业	178667	110008	611657	19756	3210	75831
饮料制造业	63595	32880	189332	5542	12371	23672
纺织业	834780	599944	2050368	37842	11821	184478
服装及其他纤维制品制造业	99033	62687	358148	6962	2522	38706
皮革、毛皮、羽绒及其制品业	71591	46862	269896	7321	797	34032
木材加工及竹、藤、棕、草制品业	33694	18623	87205	2812	1105	11256
家具制造业	29368	28584	116614	3856	476	15697
造纸及纸制品业	353730	153244	615231	17451	4673	84656
印刷业,记录媒介的复制	15104	12266	70927	2428	572	10093
文教体育用品制造业	8287	4721	77388	1661	382	8466
石油加工及炼焦业	119286	76325	367137	5601	2374	42446
化学原料及化学制品制造业	224106	154431	1040863	26469	9813	109510
医药制造业	30964	23354	117256	6255	766	21589
化学纤维制造业	195839	137841	379534	7772	1390	47607
橡胶制品业	85530	46433	455807	9990	3707	38616
塑料制品业	120979	86656	516042	11258	2387	48359
非金属矿物制品业	362134	258393	1367976	42863	15043	161524
黑色金属冶炼及压延加工业	61592	33285	194806	3098	1504	25263
有色金属冶炼及压延加工业	237246	75903	522468	4166	2026	61550
金属制品业	211805	140943	758344	19487	4587	93611
普通机械制造业	220511	152139	909502	26531	5208	110911
专用设备制造业	238342	132124	999093	22997	6697	110874
交通运输设备制造业	154227	103050	538404	11952	3642	54587
电气机械及器材制造业	963291	513169	3640108	408835	14989	346358
电子及通信设备制造业	19722	15477	125716	4311	647	10632
仪器仪表及文化、办公用机械制造业	19664	14905	65939	1299	564	9891
其他制造业	97330	67660	424995	15819	3414	41888
电力、煤气及水的生产和供应业	**24109**	**31030**	**34151**	**49**	**370**	**11445**
电力、蒸汽、热水的生产和供应业	24109	31030	34151	49	370	11445

12－6 续表 6

单位:万元

分组	管理费用	利润总额	亏损企业亏损总额	利税总额	本年应交增值税	全部从业人员年平均人数(人)
1995 年	929164	696245	142920	1330975	481715	2681973
1996 年	970045	987812	85582	1726729	576726	2679139
1997 年	967184	986322	120150	1734121	597839	2506332
1998 年	759796	1026038	58195	1696312	543399	1566174
1999 年	750584	1066417	41105	1767954	571620	1408344
2000 年	787222	1235014	28851	2008676	626860	1261337
在总计中:						
亏损企业	34639	－28851	28851	－13407	13502	74698
在总计中:						
农村工业	320050	826202	7142	1237170	322469	750637
一、按轻重工业分						
轻工业	485892	684143	15623	1121276	359940	704288
以农产品为原料	220279	475868	8963	727748	198282	531324
以非农产品为原料	265613	208274	6660	393528	161659	172964
重工业	301330	550871	13228	887400	266920	557049
采掘工业	33848	90160	542	132952	30091	105455
原料工业	83189	143560	1649	246510	83263	135581
加工工业	184292	317151	11037	507937	153566	316013
二、按企业规模分						
特大型企业	177743	91722		200002	97458	21648
大一型企业	68635	186306		264336	63544	111115
大二型企业	99598	168479	3128	264406	85445	168522
中一型企业	45536	67524	2573	129197	45939	99137
中二型企业	63582	50374	11647	96930	39702	114958
小型企业	332128	670608	11503	1053803	294772	745957

12－6 续表 7

单位:万元

分组	管理费用	利润总额	亏损企业亏损总额	利税总额	本年应交增值税	全部从业人员年平均人数(人)
三、按行业大类分						
采掘业	**39593**	**94607**	**728**	**145145**	**34719**	**112187**
煤炭采选业	12128	16200	329	35299	15749	60495
黑色金属矿采选业	1986	5778		9094	2694	7360
有色金属矿采选业	14076	58835		71829	6207	20919
非金属矿采选业	11402	13794	399	28923	10069	23413
制造业	**744944**	**1137522**	**28011**	**1857423**	**589289**	**1145467**
食品加工业	48531	209758	344	272920	49235	108880
食品制造业	18023	38619	924	61624	19796	39101
饮料制造业	6734	14564	252	33749	6814	10756
纺织业	60964	98002	1098	153260	43436	180625
服装及其他纤维制品制造业	13119	20222	423	34616	11873	31896
皮革、毛皮、羽绒及其制品业	13508	15185	1984	24770	8788	24136
木材加工及竹、藤、棕、草制品业	2183	7819	7	12626	3702	10390
家具制造业	5561	9362	900	14689	4851	11845
造纸及纸制品业	29752	46986	2380	82455	30795	52733
印刷业,记录媒介的复制	4970	3510	167	6532	2450	8033
文教体育用品制造业	2168	5748	256	7851	1721	5449
石油加工及炼焦业	21399	19885	11	36245	13985	15642
化学原料及化学制品制造业	31136	60686	704	102460	31961	51162
医药制造业	8586	7384	302	12638	4488	10298
化学纤维制造业	8679	35678	57	44278	7209	10114
橡胶制品业	11462	22434	270	36187	10046	22030
塑料制品业	18674	24577	1768	38718	11754	35195
非金属矿物制品业	45968	88093	4017	161761	58625	118162
黑色金属冶炼及压延加工业	8397	11691	88	22961	9766	11483
有色金属冶炼及压延加工业	15227	38254	186	48551	8270	14696
金属制品业	35776	42766	1753	70273	22920	66765
普通机械制造业	32305	55298	1778	86998	26492	68112
专用设备制造业	39484	60734	4029	100229	32797	66896
交通运输设备制造业	20421	31448	1228	48217	13128	29153
电气机械及器材制造业	215906	143049	1427	287966	129929	63165
电子及通信设备制造业	3995	4891	544	7886	2348	5586
仪器仪表及文化、办公用机械制造业	3179	3556	90	6713	2593	6079
其他制造业	18836	17321	1021	40251	19516	67085
电力、煤气及水的生产和供应业	**2685**	**2885**	**112**	**6108**	**2852**	**3683**
电力、蒸汽、热水的生产和供应业	2685	2885	112	6108	2852	3683

12－7 规模以上外商投资和港澳台投资工业企业主要经济指标

单位：万元

分　组	企业单位数(个)	#亏损企业	工业总产值	工业销售产值	工业增加值	资产合计
1995年	3799	1339	7274306		1741571	9120968
1996年	2903	849	6770710	6398892	1722286	7934021
1997年	2605	939.00	8819121	8463177	2236637	10291794
1998年	1587	454	8835322	8543079	2192632	9794237
1999年	1625	404	9860114	9503397	2622497	10374625
2000年	1740	373	11733444	11407902	3248882	11450417
在总计中：						
亏损企业	373	373	1299498	1281051	341677	2584554
在总计中：						
港、澳、台商投资企业	592	116	3076372	3000377	859643	3353432
合资经营企业(港或澳、台资)	458	71	2488990	2429182	700156	2536158
合作经营企业(港或澳、台资)	47	13	298411	293719	83014	440515
港澳台商独资企业	76	29	238799	229979	62010	341388
港澳台商投资股份有限公司	11	3	50171	47497	14463	35371
外商投资企业	1148	257	8657072	8407526	2389239	8096985
中外合资经营企业	607	113	4439150	4315154	1285888	4435579
中外合作经营企业	41	6	334275	310219	93909	219699
外资企业	490	136	3525005	3421576	894136	2772230
外商投资股份有限公司	10	2	358641	360578	115306	669477
在总计中：						
国有控股企业	188	42	1367617	1356698	406288	2283256
在总计中：						
农村工业	415	41	2233035	2131934	597096	1363287
一、按轻重工业分						
轻工业	1186	265	7193550	6970847	1908026	6584527
以农产品为原料	830	182	5380241	5202565	1416049	4900257
以非农产品为原料	356	83	1813310	1768282	491977	1684270
重工业	554	108	4539894	4437055	1340856	4865890
采掘工业	8	1	44029	40927	13248	18851
原料工业	116	25	1295787	1263841	458189	1770558
加工工业	430	82	3200078	3132287	869419	3076481
二、按企业规模分						
特大型企业	2		253464	251641	159911	544548
大一型企业	46	15	1518626	1505317	421302	2376456
大二型企业	127	34	2117694	2043926	562117	2304824
中一型企业	124	24	1192685	1182936	324865	1200336
中二型企业	100	20	725791	713613	200873	674022
小型企业	1341	280	5925184	5710468	1579814	4350231

注：1997年以前为乡及乡以上独立核算工业数据。

12－7 续表 1

单位:万元

分组	企业单位数(个)	#亏损企业	工业总产值	工业销售产值	工业增加值	资产合计
三、按行业大类分						
采掘业	**8**	**1**	**44029**	**40927**	**13248**	**18851**
非金属矿采选业	7	1	31903	30011	9678	16141
其他矿采选业	1		12126	10916	3570	2710
制造业	**1720**	**370**	**11282723**	**10966456**	**3013223**	**10806200**
食品加工业	202	31	1383169	1326424	330040	1034416
食品制造业	71	19	382350	372625	107498	275668
饮料制造业	33	9	287871	278930	93462	399181
烟草加工业	1	1	894	1338	548	25069
纺织业	154	32	959173	916436	262764	1083938
服装及其他纤维制品制造业	136	33	525329	502464	140347	345246
皮革、毛皮、羽绒及其制品业	88	23	854044	830196	194380	373291
木材加工及竹、藤、棕、草制品业	26	5	77450	70577	19145	76188
家具制造业	19	3	70029	67346	20034	43320
造纸及纸制品业	48	12	528846	522171	146169	986244
印刷业,记录媒介的复制	15	3	88505	87421	25939	75669
文教体育用品制造业	72	20	279179	275542	74422	185758
石油加工及炼焦业	7	2	61259	58071	8626	33111
化学原料及化学制品制造业	79	15	495833	476407	145994	474707
医药制造业	27	4	139808	138079	58772	207674
化学纤维制造业	26	8	308484	298216	61560	346255
橡胶制品业	20	3	99759	94972	27890	104482
塑料制品业	85	25	351840	345909	94048	325289
非金属矿物制品业	130	26	846332	835573	248338	1199456
黑色金属冶炼及压延加工业	9	1	215499	214998	50982	174994
有色金属冶炼及压延加工业	6	1	39786	37558	8696	50822
金属制品业	71	15	474735	470230	119366	473786
普通机械制造业	66	10	272648	263958	80708	315492
专用设备制造业	33	2	378612	367969	100938	333957
交通运输设备制造业	41	10	347108	336731	98377	450006
电气机械及器材制造业	80	21	665484	634366	174234	468542
电子及通信设备制造业	74	11	770649	773751	212753	658418
仪器仪表及文化、办公用机械制造业	14	5	42633	44019	11229	53692
其他制造业	87	20	335415	324177	95966	231528
电力、煤气及水的生产和供应业	**12**	**2**	**406693**	**400520**	**222411**	**625366**
电力、蒸汽、热水的生产和供应业	12	2	406693	400520	222411	625366

分　　组	流动资产小　计	#产成品	流动资产年平均余额	固定资产原　价	固定资产净值年平均余额	负债合计
1995年	4219498			4346668		5004216
1996年	3387934	579141	3078039	4254517	3210588	4683069
1997年	4418143	832744	4213648	5634930	4417064	6499043
1998年	4237116	730725	4039995	5644924	4312492	6259372
1999年	4664679	747230	4403141	6223238	4469533	6550373
2000年	5464169	766490	5149741	6738250	4763392	6974187
在总计中:						
亏损企业	1082920	165514	1085519	1672826	1248329	1780149
在总计中:						
港、澳、台商投资企业	1618577	278046	1563888	2012950	1379657	2100804
合资经营企业(港或澳、台资)	1250122	215568	1214207	1528641	1028592	1578280
合作经营企业(港或澳、台资)	178189	37022	172217	295538	208563	319592
港澳台商独资企业	173989	22114	160674	168669	127839	188101
港澳台商投资股份有限公司	16278	3343	16789	20102	14663	14830
外商投资企业	3845592	488444	3585853	4725300	3383735	4873383
中外合资经营企业	2032232	273826	1884440	2642679	1868792	2733514
中外合作经营企业	109226	23222	105930	123785	89868	135463
外资企业	1310665	155766	1211234	1688072	1236617	1777171
外商投资股份有限公司	393469	35631	384249	270764	188458	227235
在总计中:						
国有控股企业	1174803	118401	1146717	1210783	871799	1235955
在总计中:						
农村工业	762976	142934	699364	689359	504680	789323
一、按轻重工业分						
轻工业	3396595	504099	3204605	3572416	2576656	3964754
以农产品为原料	2489263	373157	2318377	2678642	1949479	2935927
以非农产品为原料	907332	130942	886228	893774	627176	1028826
重工业	2067574	262391	1945136	3165834	2186737	3009434
采掘工业	6551	1117	6849	11253	8602	5178
原料工业	441733	41769	403070	1462738	1005969	1239559
加工工业	1619290	219505	1535216	1691843	1172166	1764697
二、按企业规模分						
特大型企业	54173	2753	33834	527488	325773	476179
大一型企业	1015821	96459	995025	1435070	1053613	1349000
大二型企业	1073633	149306	1018459	1449091	1025665	1484735
中一型企业	597961	84692	549362	690704	468679	704626
中二型企业	368923	53437	353342	406356	265305	362830
小型企业	2353658	379844	2199719	2229542	1624356	2596817

单位:万元

分　组	流动资产小计	#产成品	流动资产年平均余额	固定资产原价	固定资产净值年平均余额	负债合计
三、按行业大类分						
采　掘　业	**6551**	**1117**	**6849**	**11253**	**8602**	**5178**
非金属矿采选业	5363	687	4972	10079	7769	3615
其他矿采选业	1188	430	1877	1174	833	1563
制　造　业	**5361599**	**762356**	**5067329**	**6126770**	**4409718**	**6474229**
食品加工业	553564	93820	501145	516728	401106	685192
食品制造业	115997	14355	108349	182097	134311	170592
饮料制造业	156660	18743	152112	276048	201952	222884
烟草加工业	8190	446	9575	21028	17414	21421
纺织业	523989	99525	483529	683182	483736	697816
服装及其他纤维制品制造业	199880	32235	184164	183830	120406	196367
皮革、毛皮、羽绒及其制品业	216938	42202	198700	179917	121912	288531
木材加工及竹、藤、棕、草制品业	33482	5062	30520	51453	38391	74126
家具制造业	24298	4151	22813	21785	16130	31556
造纸及纸制品业	490620	43401	475950	457053	347408	452119
印刷业,记录媒介的复制	42976	4022	38869	44111	30118	37293
文教体育用品制造业	119511	13489	111445	76939	49370	120789
石油加工及炼焦业	14915	1454	13317	18663	13299	25344
化学原料及化学制品制造业	213892	33678	207834	287046	204124	227980
医药制造业	127546	15266	114318	80723	54866	104400
化学纤维制造业	135877	23264	139267	268120	188481	229314
橡胶制品业	52276	9488	46286	64793	43818	76623
塑料制品业	144425	23070	139689	206924	147779	190578
非金属矿物制品业	386673	82929	368533	923424	681321	753671
黑色金属冶炼及压延加工业	34003	2382	32388	162265	127732	137472
有色金属冶炼及压延加工业	31014	4879	28711	21476	16938	28089
金属制品业	282124	34220	275453	222462	161843	288365
普通机械制造业	168972	23294	158751	170199	115393	140356
专用设备制造业	232512	36852	220489	118864	85221	213960
交通运输设备制造业	244279	15164	231110	207027	160542	247671
电气机械及器材制造业	264094	36791	260765	223633	156998	275073
电子及通信设备制造业	366388	20788	349593	328953	198925	377191
仪器仪表及文化、办公用机械制造业	37258	6353	33803	24062	12819	24718
其他制造业	139246	21030	129853	103964	77363	134736
电力、煤气及水的生产和供应业	**96020**	**3018**	**75563**	**600227**	**345072**	**494781**
电力、蒸汽、热水的生产和供应业	96020	3018	75563	600227	345072	494781

12－7 续表 4 单位:万元

分组	所有者权益合计	#实收资本	产品销售收入	#产品销售费用	#产品销售税金及附加	#产品销售利润
1995 年	4116752	3679494	6473774			
1996 年	3250951		5638990	221770	47258	604367
1997 年	3792751		7487124	272460	48181	840015
1998 年	3534864	4045344	7736435	278082	47686	736832
1999 年	3824252	4172558	8826211	331812	44995	969758
2000 年	4476230	4457252	10608335	397752	45189	1233010
在总计中:						
亏损企业	804405	1256302	1248063	73136	13617	24300
在总计中:						
港、澳、台商投资企业	1252628	1198250	2801539	94664	20035	337986
合资经营企业(港或澳、台资)	957878	893401	2249340	74680	19198	276785
合作经营企业(港或澳、台资)	120923	118800	274749	8010	543	36283
港澳台商独资企业	153286	170085	236260	10469	196	19301
港澳台商投资股份有限公司	20540	15964	41190	1505	98	5617
外商投资企业	3223602	3259002	7806796	303088	25154	895024
中外合资经营企业	1702066	1986600	3968596	191975	21915	476234
中外合作经营企业	84236	77326	184338	6433	101	25598
外资企业	995058	1109196	3300716	87442	2317	325971
外商投资股份有限公司	442242	85881	353146	17239	822	67221
在总计中:						
国有控股企业	1047301	698824	1294583	80464	14716	172874
在总计中:						
农村工业	573964	389380	1841149	58917	6036	212926
一、按轻重工业分						
轻工业	2619774	2293815	6612402	259951	34260	677101
以农产品为原料	1964330	1634535	4929798	198102	28351	512369
以非农产品为原料	655444	659280	1682604	61849	5909	164732
重工业	1856456	2163437	3995934	137801	10929	555909
采掘工业	13673	11886	32918	2124	148	11349
原料工业	530999	937323	1109789	33676	3131	211197
加工工业	1311784	1214228	2853226	102001	7650	333364
二、按企业规模分						
特大型企业	68369	477484	252347	1138	2268	91179
大一型企业	1027456	775701	1494157	72472	20980	174344
大二型企业	820089	854591	2007943	80142	1098	225053
中一型企业	495710	445330	1069559	41360	1046	122583
中二型企业	311193	275933	675849	20938	388	69661
小型企业	1753414	1628213	5108481	181702	19408	550190

12－7 续表 5　　　　单位:万元

分　　组	所有者权益合计	#实收资本	产品销售收入	#产品销售费用	#产品销售税金及附加	#产品销售利润
三、按行业大类分						
采　掘　业	**13673**	**11886**	**32918**	**2124**	**148**	**11349**
非金属矿采选业	12526	11703	25668	2124	120	9321
其他矿采选业	1147	183	7250		28	2028
制　造　业	**4331972**	**3918964**	**10287253**	**395107**	**42931**	**1107548**
食品加工业	349224	292925	1267844	45662	1651	92770
食品制造业	105076	164353	324153	19554	395	36221
饮料制造业	176297	165757	270096	31968	22830	28465
烟草加工业	3648	9745	1300	176	500	－1150
纺织业	386123	437594	885397	16540	1002	103315
服装及其他纤维制品制造业	148878	131462	471643	12134	240	44962
皮革、毛皮、羽绒及其制品业	84760	113057	783549	10827	62	61411
木材加工及竹、藤、棕、草制品业	2062	19023	61318	2879	90	5740
家具制造业	11764	10354	66625	1118	124	7048
造纸及纸制品业	534125	180385	505100	20079	859	82548
印刷业,记录媒介的复制	38376	28326	79835	3066	96	14541
文教体育用品制造业	64968	56044	259571	8396	186	28680
石油加工及炼焦业	7767	14812	43970	1593	10	2394
化学原料及化学制品制造业	246727	241710	457358	27472	667	60986
医药制造业	103274	59386	130444	39157	166	32220
化学纤维制造业	116941	147512	299481	5709	123	31893
橡胶制品业	27859	39820	83328	3158	228	10856
塑料制品业	134711	137662	323400	10601	75	27222
非金属矿物制品业	445785	452428	725646	24565	2350	89970
黑色金属冶炼及压延加工业	37521	34110	208420	1174	34	25653
有色金属冶炼及压延加工业	22733	17627	37347	604	12	3667
金属制品业	185421	188782	453259	16418	358	43594
普通机械制造业	175136	149609	248597	11802	1356	43087
专用设备制造业	119996	75551	344506	19621	107	45204
交通运输设备制造业	202335	187544	280279	10867	5172	20808
电气机械及器材制造业	193469	198183	593690	20142	940	47396
电子及通信设备制造业	281227	240499	726812	15176	2732	74339
仪器仪表及文化、办公用机械制造业	28975	29344	41098	1985	7	7129
其他制造业	96793	95360	313184	12662	557	36578
电力、煤气及水的生产和供应业	**130585**	**526403**	**288164**	**521**	**2110**	**114114**
电力、蒸汽、热水的生产和供应业	130585	526403	288164	521	2110	114114

12－7 续表 6 单位:万元

分组	管理费用	利润总额	亏损企业亏损总额	利税总额	本年应交增值税	全部从业人员年平均人数(人)
1995 年		291432	163049	597114	205768	502328
1996 年	314606	203513	158080	417505	166735	521234
1997 年	428463	230198	209937	488340	209961	597273
1998 年	398945	271543	177281	555943	236714	499412
1999 年	436676	413809	141768	743539	284735	534524
2000 年	511820	607409	123586	1068901	416302	570940
在总计中:						
亏损企业	120252	－123586	123586	－58157	51812	102155
在总计中:						
港、澳、台商投资企业	140128	160860	22236	303886	122992	170198
合资经营企业(港或澳、台资)	107731	139595	13889	255793	97000	133759
合作经营企业(港或澳、台资)	17562	11080	3305	26230	14607	18822
港澳台商独资企业	12567	7605	4840	16831	9030	15256
港澳台商投资股份有限公司	2268	2580	201	5032	2354	2361
外商投资企业	371692	446549	101350	765014	293310	400742
中外合资经营企业	195619	242793	58986	434950	170242	174747
中外合作经营企业	9696	14105	1956	19666	5460	10825
外资企业	149769	134822	40211	232014	94875	198950
外商投资股份有限公司	16608	54830	196	78385	22734	16220
在总计中:						
国有控股企业	91483	74944	19331	157349	67688	62162
在总计中:						
农村工业	59934	125168	4610	190274	59070	110056
一、按轻重工业分						
轻工业	315328	302789	70213	571370	234321	414949
以农产品为原料	225177	241880	44406	440392	170161	299179
以非农产品为原料	90151	60909	25807	130978	64160	115770
重工业	196492	304621	53373	497531	181981	155991
采掘工业	2277	2949	52	3881	784	1070
原料工业	52308	141804	12699	222127	77192	31502
加工工业	141907	159868	40621	271523	104005	123419
二、按企业规模分						
特大型企业	910	84058		113578	27253	3819
大一型企业	76312	78906	27331	163598	63712	51849
大二型企业	102603	94384	24600	188757	93274	85607
中一型企业	56574	54450	7577	99370	43874	55233
中二型企业	39000	28522	11168	50563	21652	50755
小型企业	236421	267088	52910	453035	166538	323677

12－7 续表 7　　单位:万元

分　组	管理费用	利润总额	亏损企业亏损总额	利税总额	本年应交增值税	全部从业人员年平均人数(人)
三、按行业大类分						
采　掘　业	**2277**	**2949**	**52**	**3881**	**784**	**1070**
非金属矿采选业	1313	2359	52	3042	563	860
其他矿采选业	964	590		839	221	210
制　造　业	**494925**	**507842**	**121966**	**929968**	**379195**	**563082**
食品加工业	41996	47927	8655	72260	22682	46808
食品制造业	15924	16513	6685	30340	13432	15364
饮料制造业	19282	8730	3065	50708	19148	13219
烟草加工业	1483	－2904	2904	－2143	260	135
纺织业	43030	46544	9056	82051	34504	64714
服装及其他纤维制品制造业	25687	18648	3599	27443	8555	54866
皮革、毛皮、羽绒及其制品业	24818	25274	3678	49450	24113	61107
木材加工及竹、藤、棕、草制品业	2958	2049	1408	5178	3040	4688
家具制造业	1430	4692	400	7366	2549	3268
造纸及纸制品业	22741	53952	1720	79106	24295	22232
印刷业,记录媒介的复制	3282	10560	287	14198	3541	2776
文教体育用品制造业	17515	10242	2328	17343	6915	32041
石油加工及炼焦业	2615	64	1989	890	815	504
化学原料及化学制品制造业	27526	26401	7497	45742	18673	13120
医药制造业	20442	12398	1400	27422	14858	7470
化学纤维制造业	11096	11067	2562	23634	12444	9215
橡胶制品业	5216	4635	836	7858	2996	6707
塑料制品业	12856	10455	3893	19012	8482	16114
非金属矿物制品业	35624	33056	9907	74750	39344	42781
黑色金属冶炼及压延加工业	4537	18624	353	25887	7229	3841
有色金属冶炼及压延加工业	1661	1830	69	2782	940	1176
金属制品业	21968	18100	4937	33771	15313	24204
普通机械制造业	20498	22735	3912	36146	12054	17254
专用设备制造业	12124	31384	53	46099	14608	7467
交通运输设备制造业	16460	8208	11918	26495	13115	11009
电气机械及器材制造业	22139	23443	10956	42845	18462	23097
电子及通信设备制造业	38858	25604	15148	53519	25182	30971
仪器仪表及文化、办公用机械制造业	3784	3054	766	4614	1553	2259
其他制造业	17376	14556	1983	25204	10091	24675
电力、煤气及水的生产和供应业	**14617**	**96618**	**1568**	**135052**	**36323**	**6788**
电力、蒸汽、热水的生产和供应业	14617	96618	1568	135052	36323	6788

12－8 规模以上大中型工业企业主要经济指标

单位：万元

分组	企业单位数（个）	#亏损企业	工业总产值	工业销售产值	工业增加值	资产合计
1995年	2546	478	28207857		9306644	40153307
1996年	2672	448	32200872	31302311	10677681	35643825
1997年	2558	526	34404264	33525608	11237822	55324175
1998年	2270	539	33996013	33124625	11201594	58496373
1999年	2764	481	45308586	44299623	14519102	69931866
2000年	2740	381	53001408	52112789	17276972	75273904
一、按登记注册类型分						
内资企业	2341	288	47193147	46415356	15607904	68173718
国有企业	966	146	21496008	21294631	8269910	36759645
中央企业	81	14	8797230	8701160	4533368	14625509
地方企业	885	132	12698778	12593470	3736542	22134136
集体企业	528	59	11252698	10975551	2917315	9196296
股份合作企业	116	5	1393551	1367328	420981	1330369
联营企业	25	6	276664	268653	53289	444247
有限责任公司	380	48	6254416	6148661	1869938	10516389
股份有限公司	257	19	5909015	5768499	1916374	9497166
私营企业	65	5	511680	488820	133508	359317
其他企业	4		99115	103214	26589	70288
港、澳、台商投资企业	127	27	1256301	1232974	364687	1760581
合资经营企业(港或澳、台资)	91	14	1006650	990870	293522	1296256
合作经营企业(港或澳、台资)	16	4	137250	132892	41433	276052
港澳台商独资企业	19	9	104202	100996	27878	172882
港澳台商投资股份有限公司	1		8199	8217	1855	15392
外商投资企业	272	66	4551959	4464460	1304382	5339605
中外合资经营企业	151	34	2309591	2268423	723896	2736992
中外合作经营企业	4		28468	27273	9218	35346
外资企业	112	32	1864186	1819815	458153	1907768
外商投资股份有限公司	5		349715	348949	113114	659499
二、在总计中：亏损企业	**381**	**381**	**2359898**	**2353741**	**632198**	**7399908**
在总计中：国有控股企业	1332	191	30652035	30326175	11310465	54391985
在总计中：农村工业	370	19	8265472	8002171	2246584	6276426
按轻重工业分						
轻工业	1430	205	23111178	22690692	6359195	31926337
以农产品为原料	1084	143	15304074	15049447	4402264	18179091
以非农产品为原料	346	62	7807104	7641246	1956931	13747246
重工业	1310	176	29890230	29422097	10917778	43347567
采掘工业	100	17	6686061	6625989	3935645	10081704
原料工业	401	47	10501748	10367118	3674745	16165745
加工工业	809	112	12702421	12428989	3307388	17100118
按企业规模分						
特大型企业	27	3	13220517	13080794	5850040	22508330
大一型企业	278	31	15656866	15462760	4524655	22670360
大二型企业	782	112	12884892	12606144	3712929	16060239
中一型企业	777	117	6551541	6392487	1837449	7897624
中二型企业	876	118	4687592	4570605	1351900	6137352

注：1997年以前为乡及乡以上独立核算工业数据。

12－8 续表 1　　　　单位：万元

分　组	企　业 单位数 （个）	#亏损 企　业	工　业 总产值	工　业 销售产值	工　业 增加值	资产合计
三、按行业大类分						
采　掘　业	**110**	**17**	**6770154**	**6701567**	**3968465**	**10275725**
煤炭采选业	51	12	1654441	1616856	808842	4620458
石油和天然气开采业	1		4453196	4438139	2915405	4504055
黑色金属矿采选业	4		63398	64054	22337	166463
有色金属矿采选业	24	2	436985	430831	172947	649562
非金属矿采选业	30	3	162134	151687	48934	335187
制　造　业	**2459**	**353**	**42910915**	**42103433**	**11612284**	**53529081**
食品加工业	249	30	4240809	4139298	949857	3175913
食品制造业	82	15	950639	937200	252998	972883
饮料制造业	117	15	1601247	1603107	547578	2412459
烟草加工业	12	1	523437	521562	360326	708886
纺织业	299	35	3930856	3862185	1093658	5233372
服装及其他纤维制品制造业	56	6	611018	583087	165957	553830
皮革、毛皮、羽绒及其制品业	47	3	750754	736206	186417	524678
木材加工及竹、藤、棕、草制品业	11	1	116941	106097	31604	132338
家具制造业	12	2	75803	72917	23592	110356
造纸及纸制品业	118	21	1735195	1719752	542140	3203895
印刷业，记录媒介的复制	32	5	206033	203625	60861	360008
文教体育用品制造业	13	3	93007	91427	28033	98330
石油加工及炼焦业	24	4	2550401	2463159	645530	2138328
化学原料及化学制品制造业	205	32	3069426	3002344	824512	5252798
医药制造业	49	6	707688	695972	249790	1198157
化学纤维制造业	31	6	884680	851084	210668	1487394
橡胶制品业	52	6	1381344	1344190	350297	1712282
塑料制品业	77	14	540873	525670	134199	844225
非金属矿物制品业	202	33	1733257	1698465	531894	3229902
黑色金属冶炼及压延加工业	29	4	1868459	1869674	538213	3185675
有色金属冶炼及压延加工业	22	3	920527	920281	264336	1142878
金属制品业	86	17	730544	714414	190614	847741
普通机械制造业	165	24	1738687	1685378	479645	2574781
专用设备制造业	158	13	3167309	3104093	761933	2839605
交通运输设备制造业	94	16	1846441	1816896	418587	3504987
武器弹药制造业	2	1	13756	13818	4425	52008
电气机械及器材制造业	86	11	4502300	4411100	1126081	3604440
电子及通信设备制造业	50	11	1776386	1782043	462020	1695461
仪器仪表及文化、办公用机械制造业	23	5	141349	137269	42465	257191
其他制造业	56	10	501747	491118	134057	474281
电力、煤气及水的生产和供应业	**171**	**11**	**3320339**	**3307790**	**1696224**	**11469098**
电力、蒸汽、热水的生产和供应业	136	2	3179794	3166068	1646364	10776337
煤气生产和供应业	7	3	30267	32169	4655	265460
自来水的生产和供应业	28	6	110278	109553	45205	427301

12－8 续表 2

单位:万元

分　　组	流动资产小计	#产成品	流动资产年平均余额	固定资产原价	固定资产净值年平均余额	负债合计
1995 年	15587170	2355697	15134560	26954886	16160945	26189004
1996 年	18498070	2861071	17120694	30588066	19814694	31022585
1997 年	22395634	3252847	21578237	34282041	21794997	35607510
1998 年	23691551	3356132	22535657	37225750	23626465	37261208
1999 年	28106853	4054432	26991099	44984338	29062291	43310345
2000 年	29744134	3946019	28251773	51417293	31847701	46320974
一、按登记注册类型分						
内资企业	26633623	3559373	25301750	46908585	28708665	41943604
国有企业	12329425	1355321	11787075	29573136	16892970	22802008
中央企业	3588464	225025	3397912	15784448	7599242	8037161
地方企业	8740961	1130296	8389162	13788688	9293728	14764847
集体企业	4778259	771991	4473744	4625678	3149992	5427317
股份合作企业	519594	102258	524724	905128	666155	874284
联营企业	209683	22346	204150	220594	140702	324070
有限责任公司	4580621	690827	4310766	5904458	3859180	6559892
股份有限公司	3999454	569578	3805864	5468501	3852589	5669316
私营企业	166583	37519	148230	181365	131034	248213
其他企业	50004	9532	47197	29725	16044	38504
港、澳、台商投资企业	800098	119313	767886	1120651	751680	1121079
合资经营企业(港或澳、台资)	622038	89501	599494	799462	528198	814082
合作经营企业(港或澳、台资)	103397	18686	100454	204622	134832	213363
港澳台商独资企业	68882	10305	62274	106756	81286	88360
港澳台商投资股份有限公司	5781	822	5664	9811	7364	5274
外商投资企业	2310413	267333	2182136	3388057	2387356	3256292
中外合资经营企业	1093125	127103	1024371	1827599	1246258	1730180
中外合作经营企业	19363	1751	18599	23359	15072	17900
外资企业	810800	103641	759922	1269842	940056	1289700
外商投资股份有限公司	387125	34838	379244	267256	185971	218511
二、在总计中:亏损企业	**3021542**	**420379**	**2979838**	**4093259**	**2901082**	**5665493**
在总计中:国有控股企业	19620432	2271329	18714360	40031403	24056648	33316368
在总计中:农村工业	2929787	447567	2696518	3658092	2517904	3231045
按轻重工业分						
轻工业	13803571	2058788	13091806	16440988	11098812	19129155
以农产品为原料	8363351	1326846	7841452	9844561	6949138	11460585
以非农产品为原料	5440220	731942	5250353	6596427	4149674	7668571
重工业	15940562	1887230	15159967	34976305	20748888	27191818
采掘工业	2458908	158282	2303109	13342228	6301004	5577470
原料工业	5123486	428086	4921989	13153363	8432073	10508396
加工工业	8358169	1300862	7934869	8480713	6015812	11105953
按企业规模分						
特大型企业	6196782	520242	5887154	21039809	11103434	12191929
大一型企业	9822183	1192325	9195138	13029155	8914719	13980336
大二型企业	7215825	1173283	6901917	9460878	6467943	10477810
中一型企业	3539165	570556	3426092	4559645	3066361	5404084
中二型企业	2970178	489612	2841472	3327806	2295244	4266814

12－8续表3　　　　单位:万元

分组	流动资产小计	#产成品	流动资产年平均余额	固定资产原价	固定资产净值年平均余额	负债合计
三、按行业大类分						
采掘业	**2543095**	**177702**	**2381700**	**13482968**	**6388182**	**5694020**
煤炭采选业	1564782	74940	1463349	3568646	2234271	2645454
石油和天然气开采业	581279	56242	539425	9107234	3629308	2429979
黑色金属矿采选业	56461.00	7813.00	58573.00	141435	95596.00	68623
有色金属矿采选业	175093	9252	171141	464592	303938	330047
非金属矿采选业	165480	29456	149212	201062	125070	219916
制造业	**24822649**	**3751728**	**23592677**	**29065036**	**19733302**	**33776653**
食品加工业	1509560	249503	1408783	1578547	1193189	2163246
食品制造业	384894	49065	387216	616198	436230	654648
饮料制造业	1150669	151591	1086828	1221017	868280	1453176
烟草加工业	214168	8284	214002	493395	293544	181134
纺织业	2337667	427725	2185031	3115631	2159416	3453891
服装及其他纤维制品制造业	285273	67884	259560	278693	188518	343418
皮革、毛皮、羽绒及其制品业	313416	82388	293139	226531	150003	380991
木材加工及竹、藤、棕、草制品业	49381	13057	45124	67536	50448	93744
家具制造业	46753	6846	45038	68420	44956	66584
造纸及纸制品业	1463933	209086	1358744	1571737	1167890	1897150
印刷业,记录媒介的复制	170837	13978	159700	206785	134502	243778
文教体育用品制造业	55680	9550	52544	55518	35472	60488
石油加工及炼焦业	777912	89736	727577	2084371	1152738	1208358
化学原料及化学制品制造业	1959619	242476	1839271	3328986	2288526	3273123
医药制造业	631833	86668	590125	498221	305851	679905
化学纤维制造业	513342	56707	508055	1104404	704403	956114
橡胶制品业	818716	180658	805693	754597	609646	1083429
塑料制品业	374048	64979	354937	471638	313223	540552
非金属矿物制品业	1186628	196334	1117976	2225695	1577933	2153691
黑色金属冶炼及压延加工业	1201035	95412	1153189	1958676	1232492	2037236
有色金属冶炼及压延加工业	530047	67402	500594	790420	486737	674257
金属制品业	494226	83799	473954	406817	260356	603246
普通机械制造业	1395358	242749	1359067	1298064	817223	1761682
专用设备制造业	1690153	307647	1606854	1183356	803268	1794166
交通运输设备制造业	1654942	139934	1583922	1256481	972702	2430317
武器弹药制造业	21832	1347	20340	37391	26922	34746
电气机械及器材制造业	2223109	351362	2108639	1235996	847506	2098749
电子及通信设备制造业	975864	183433	976772	548007	362288	941120
仪器仪表及文化、办公用机械制造业	123152	20069	111892	142150	87313	181087
其他制造业	268601	52060	258110	239760	161730	332628
电力、煤气及水的生产和供应业	**2378390**	**16588**	**2277395**	**8869289**	**5726216**	**6850301**
电力、蒸汽、热水的生产和供应业	2230337	9886	2135713	8265616	5292184	6559505
煤气生产和供应业	54785	6625	47762	183256	157458	157113
自来水的生产和供应业	93267	77	93919	420417	276574	133684

分组	所有者权益合计	#实收资本	产品销售收入	#产品销售费用	#产品销售税金及附加	#产品销售利润
1995 年	13964302	9365748	27523907	4362057	706830	4215118
1996 年	16664954		31302025	781924	673640	4722037
1997 年	19716665		34118583	968384	781254	4661841
1998 年	21235164	12413541	34407114	1135385	705686	4147626
1999 年	26621521	15851410	45832755	1611764	736588	5476380
2000 年	28952930	17236248	54209368	1925306	724370	8120400
一、按登记注册类型分						
内资企业	26230115	14407209	48709514	1709256	698590	7437580
国有企业	13957638	8175794	24153839	486432	401666	4402302
中央企业	6588349	4029234	10683104	37434	264005	2707761
地方企业	7369289	4146560	13470734	448998	137661	1694541
集体企业	3768979	2151252	10412551	553340	58379	1087901
股份合作企业	456086	171344	1311174	36202	8648	196769
联营企业	120177	100569	261614	5514	1976	36046
有限责任公司	3956498	2141466	6268474	273550	155990	843813
股份有限公司	3827850	1598492	5738539	334052	66853	821994
私营企业	111104	60712	469738	13820	1468	35449
其他企业	31784	7579	93585	6346	3609	13306
港、澳、台商投资企业	639502	607203	1192864	48484	15626	161838
合资经营企业(港或澳、台资)	482174	439402	948288	41826	15626	133539
合作经营企业(港或澳、台资)	62689	57491	135965	2977		20210
港澳台商独资企业	84522	100139	100222	2720		7097
港澳台商投资股份有限公司	10118	10172	8389	961		991
外商投资企业	2083313	2221836	4306990	167566	10154	520983
中外合资经营企业	1006812	1372197	2152242	101045	9360	280719
中外合作经营企业	17446	11537	27187	857		5731
外资企业	618068	754922	1784916	48938		168491
外商投资股份有限公司	440988	83180	342644	16726	794	66042
二、在总计中:亏损企业	**1734415**	**1994737**	**2309963**	**121959**	**26050**	**139151**
在总计中:国有控股企业	21075618	11492126	33426492	1001890	597267	5813231
在总计中:农村工业	3045381	1715677	7527193	201754	31501	809495
按企业规模分						
轻工业	12797182	7011353	25309117	1175262	404435	2464644
以农产品为原料	6718506	4119988	14876288	555225	363555	1661015
以非农产品为原料	6078676	2891366	10432828	620038	40880	803630
重工业	16155748	10224895	28900251	750044	319936	5655755
采掘工业	4504235	3181596	6329309	206138	117811	2701349
原料工业	5657349	3505149	10631889	151433	122533	1427653
加工工业	5994164	3538150	11939053	392473	79591	1526753
按企业规模分						
特大型企业	10316401	5778644	15940931	686972	246172	3510220
大一型企业	8690024	4996589	15192344	513410	278026	1878022
大二型企业	5582428	3598050	12125523	407181	100407	1469328
中一型企业	2493540	1622974	6238493	186567	68631	709485
中二型企业	1870538	1239992	4712078	131176	31134	553345

分　　组	所有者权益合计	#实收资本	产品销售收入	#产品销售费用	#产品销售税金及附加	#产品销售利润
三、按行业大类分						
采　掘　业	**4581706**	**3247454**	**6408146**	**213836**	**122385**	**2720555**
煤炭采选业	1975003	1040043	1604762	187118	24404	399526
石油和天然气开采业	2074076	1840000	4209095	7358	88495	2182320
黑色金属矿采选业	97840	79035	57250	773	710	10460
有色金属矿采选业	319515	202679	379134	8287	2942	99487
非金属矿采选业	115272	85697	157904	10300	5835	28762
制　造　业	**19752429**	**11583207**	**41425622**	**1692892**	**567767**	**4811557**
食品加工业	1012668	611059	4043218	117333	9612	268092
食品制造业	318235	276472	895676	34876	4120	97209
饮料制造业	959283	466961	1577026	163112	142024	201783
烟草加工业	527752	367931	515798	1910	178613	99130
纺织业	1779480	1211081	3929387	70122	16777	447877
服装及其他纤维制品制造业	210411	140176	524572	10794	783	56498
皮革、毛皮、羽绒及其制品业	143686	113159	697008	9252	702	64668
木材加工及竹、藤、棕、草制品业	38594	29420	75758	3084	558	10830
家具制造业	43773	29484	73319	3630	276	12028
造纸及纸制品业	1306745	593313	1679673	67367	6233	263382
印刷业,记录媒介的复制	116230	74905	204535	6596	793	38249
文教体育用品制造业	37842	27376	91456	2593	43	13626
石油加工及炼焦业	929970	486691	2573166	11938	72336	222010
化学原料及化学制品制造业	1979675	995127	3008731	84109	18688	411923
医药制造业	518252	227213	807183	109344	4451	143285
化学纤维制造业	531280	314066	900222	14127	2172	114234
橡胶制品业	628854	357309	1212884	47382	35570	121160
塑料制品业	303673	198185	509818	16522	1580	56384
非金属矿物制品业	1076211	800452	1624422	79307	8870	234266
黑色金属冶炼及压延加工业	1148440	610284	1951899	35523	9773	291813
有色金属冶炼及压延加工业	468622	212296	913722	12857	3646	143767
金属制品业	244495	209594	678823	27194	1347	80721
普通机械制造业	813099	545491	1620786	67632	8218	228861
专用设备制造业	1045439	533809	2957839	97584	8660	295000
交通运输设备制造业	1074670	751318	1672785	41557	10243	195890
武器弹药制造业	17262	8921	13326	137	21	2047
电气机械及器材制造业	1505691	742855	4413136	453803	15743	465789
电子及通信设备制造业	754342	473195	1731492	81788	3890	167742
仪器仪表及文化、办公用机械制造业	76104	50790	142615	8558	701	26076
其他制造业	141653	124275	385346	12859	1325	37219
电力、煤气及水的生产和供应业	**4618796**	**2405587**	**6375600**	**18578**	**34218**	**588288**
电力、蒸汽、热水的生产和供应业	4216832	2185361	6245740	14334	33535	583948
煤气生产和供应业	108347	64794	34374	2582	119	-7165
自来水的生产和供应业	293618	155432	95485	1663	564	11504

单位:万元

分组	管理费用	利润总额	亏损企业亏损总额	利税总额	本年应交增值税	全部从业人员年平均人数(人)
1995年	2168002	812554	430089	3125614	1390066	343719
1996年	2393205	1188674	267945	3608360	1647045	3448204
1997年	2365764	1300847	302684	3806566	1724465	3420185
1998年	2357668	1254602	329723	3758610	1798322	3219286
1999年	2784708	1867559	381081	4765043	2160897	3463029
2000年	3239269	4167952	268424	7685304	2792982	3283270
一、按登记注册类型分						
内资企业	2963870	3827631	197748	7069438	2543218	3036007
国有企业	1509530	2577670	130799	4527422	1548086	1366838
中央企业	507240	2040787	69272	3208063	903271	251343
地方企业	1002291	536883	61527	1319359	644815	1115495
集体企业	455094	564406	17348	954872	332088	515380
股份合作企业	69257	54224	684	119494	56622	101627
联营企业	16943	11894	1859	24136	10266	18720
有限责任公司	503926	251764	36428	709826	302072	576997
股份有限公司	391201	340152	9478	685343	278338	414129
私营企业	14177	16229	1152	29577	11879	39506
其他企业	3741	11292		18768	3866	2810
港、澳、台商投资企业	74897	70807	7982	147799	61366	67476
合资经营企业(港或澳、台资)	57765	62025	4195	125441	47790	50057
合作经营企业(港或澳、台资)	11031	5392	1199	14238	8845	11190
港澳台商独资企业	5398	3251	2588	7357	4106	5274
港澳台商投资股份有限公司	704	139		764	625	955
外商投资企业	200502	269514	62694	468066	188398	179787
中外合资经营企业	103357	152376	39777	267206	105471	73708
中外合作经营企业	1556	3970		5053	1082	1140
外资企业	79784	58526	22918	117838	59312	89609
外商投资股份有限公司	15805	54642		77969	22532	15330
二、在总计中:亏损企业	**324658**	**-268424**	**268424**	**-131599**	**110775**	**408151**
在总计中:国有控股企业	2272493	3026828	178047	5674356	2050260	2081987
在总计中:农村工业	209902	519658	4373	757831	206673	403859
按轻重工业分						
轻工业	1203793	1175252	93208	2563064	983377	1430103
以农产品为原料	737524	816539	60201	1788460	608367	1082443
以非农产品为原料	466269	358714	33007	774604	375011	347660
重工业	2035476	2992700	175216	5122240	1809605	1853167
采掘工业	594675	1898213	21013	2679761	663737	544997
原料工业	653130	557648	35402	1408435	728254	477781
加工工业	787671	536839	118801	1034044	417613	830389
按企业规模分						
特大型企业	921434	2346754	15121	3677890	1084963	433820
大一型企业	919079	775912	108420	1764884	710945	889722
大二型企业	707489	614190	70000	1263022	548424	929777
中一型企业	382802	243217	40383	577590	265743	564126
中二型企业	308465	187879	34500	401919	182906	465825

12－8 续表 7

单位:万元

分组	管理费用	利润总额	亏损企业亏损总额	利税总额	本年应交增值税	全部从业人员年平均人数(人)
三、按行业大类分						
采掘业	**607848**	**1905061**	**21013**	**2695880**	**668434**	**558943**
煤炭采选业	311368	54258	20221	239937	161275	396740
石油和天然气开采业	220358	1776781		2354039	488763	83614
黑色金属矿采选业	10137	718		3400	1973	14272
有色金属矿采选业	46287	66828	588	76446	6677	40460
非金属矿采选业	19698	6477	204	22059	9747	23857
制造业	**2495313**	**1886414**	**236461**	**4102969**	**1648788**	**2583743**
食品加工业	108993	145375	8468	218002	63015	174064
食品制造业	40785	43596	8058	79885	32168	57425
饮料制造业	107096	78758	7675	328726	107945	101288
烟草加工业	43230	122529	1882	358813	57672	12007
纺织业	204061	178777	14221	354160	158605	406413
服装及其他纤维制品制造业	29003	25839	2492	41358	14735	59385
皮革、毛皮、羽绒及其制品业	24639	28210	1475	54072	25160	56454
木材加工及竹、藤、棕、草制品业	3034	6499	909	10959	3903	7435
家具制造业	5312	5008	896	10168	4884	8833
造纸及纸制品业	91398	133764	7457	227669	87672	134487
印刷业,记录媒介的复制	21157	16898	1165	28548	10857	18359
文教体育用品制造业	7224	5723	618	8825	3060	10459
石油加工及炼焦业	115548	94612	6234	267335	100387	44133
化学原料及化学制品制造业	202530	152832	14790	275944	104424	228940
医药制造业	74220	53327	3025	111287	53509	49000
化学纤维制造业	41966	50458	3433	83433	30803	34368
橡胶制品业	51337	48634	3588	123317	39113	70089
塑料制品业	36912	11391	2750	29400	16429	43045
非金属矿物制品业	132037	62367	14211	173057	101821	178568
黑色金属冶炼及压延加工业	200651	53463	6683	175703	112467	92862
有色金属冶炼及压延加工业	75683	59354	1029	105890	42891	40927
金属制品业	41212	30282	4100	60160	28530	66467
普通机械制造业	143358	56112	11675	130753	66424	175965
专用设备制造业	148146	138008	4269	239699	93031	173714
交通运输设备制造业	160717	－5454	73842	63594	58805	121728
武器弹药制造业	2045	668	262	995	306	4223
电气机械及器材制造业	264276	195848	4805	374952	163362	102517
电子及通信设备制造业	78141	79656	23174	124017	40470	48169
仪器仪表及文化、办公用机械制造业	18358	3618	1170	10652	6333	20412
其他制造业	22244	10262	2106	31596	20008	42007
电力、煤气及水的生产和供应业	**136109**	**376477**	**10949**	**886455**	**475759**	**140584**
电力、蒸汽、热水的生产和供应业	111017	379508	5902	881822	468780	117827
煤气生产和供应业	5424	－2779	3483	－1489	1171	6262
自来水的生产和供应业	19668	－251	1564	6121	5808	16495

12－9 国有工业企业主要经济指标

单位:万元

分　　组	企业单位数(个)	#亏损企业	工业总产值	工业销售产值	工业增加值	资产合计
1995年	4853	1255	22076885		7531689	34364845
1996年	4855	1068	23716279	23091039	8197063	39263025
1997年	3877	1074	24654055	24039775	8539463	44327146
1998年	2820	914	21777337	21217008	7733120	44238808
1999年	2437	658	20584859	20289862	7586727	40373852
2000年	2114	486	24744936	24607993	9306256	42208919
在总计中:						
亏损企业	486	486	2842336	2938962	837796	6379932
在总计中:						
中央企业	105	22	10499532	10503374	5113744	16771021
地方企业	2009	464	14245404	14104619	4192512	25437898
一、按轻重工业分						
轻工业	1069	269	6025713	5991395	1790411	14094181
以农产品为原料	788	183	4219067	4218448	1323318	6512298
以非农产品为原料	281	86	1806646	1772946	467092	7581883
重工业	1045	217	18719223	18616598	7515845	28114738
采掘工业	93	23	5476464	5454145	3386530	7322995
原料工业	359	62	8716463	8734469	3048102	13385124
加工工业	593	132	4526296	4427984	1081213	7406618
二、按企业规模分						
特大型企业	12	1	7870723	7796430	4021361	14330884
大一型企业	101	10	6453410	6425694	2036450	10205356
大二型企业	291	50	4259127	4228096	1315284	6526262
中一型企业	282	48	1836335	1792923	548207	3184814
中二型企业	280	37	1076413	1051488	348608	2512330
小型企业	1148	340	3248928	3313362	1036346	5449273

注:1997年以前为乡及乡以上独立核算工业数据。

12－9续表1

单位:万元

分组	企业单位数(个)	#亏损企业	工业总产值	工业销售产值	工业增加值	资产合计
三、按行业大类分						
采掘业	**101**	**23**	**5518610**	**5490325**	**3407818**	**7396504**
煤炭采选业	46	15	709769	704432	345032	2104693
石油和天然气开采业	2		4469174	4453393	2921544	4508163
黑色金属矿采选业	6	1	55815	57802	20264	169443
有色金属矿采选业	26	4	226012	223566	100809	475034
非金属矿采选业	21	3	57840	51133	20169	139171
制造业	**1695**	**400**	**16718035**	**16613362**	**4651809**	**24296898**
食品加工业	317	82	1136033	1136721	241501	1182627
食品制造业	94	15	202769	195776	49772	376994
饮料制造业	74	10	749087	764074	273821	1512717
烟草加工业	13	1	337866	336045	221115	466915
纺织业	119	31	1126797	1117803	329278	1540397
服装及其他纤维制品制造业	26	7	77067	79799	23009	67972
皮革、毛皮、羽绒及其制品业	5	1	4106	3606	658	23320
木材加工及竹、藤、棕、草制品业	13	4	16670	16662	3445	71836
家具制造业	6	1	19274	19350	3716	25790
造纸及纸制品业	52	10	396136	396700	130766	984854
印刷业,记录媒介的复制	52	14	75682	75800	23608	188550
文教体育用品制造业	5	2	5706	5078	1459	6514
石油加工及炼焦业	28	9	3964392	3979917	1143168	3980844
化学原料及化学制品制造业	141	29	1107226	1069791	281340	2179593
医药制造业	44	13	200914	196576	55841	473660
化学纤维制造业	11	2	140242	141501	38339	197139
橡胶制品业	14	2	183141	180294	46662	250759
塑料制品业	27	7	137413	137179	27442	318562
非金属矿物制品业	119	29	471024	461594	141036	928328
黑色金属冶炼及压延加工业	20	2	1605509	1609685	463423	2915542
有色金属冶炼及压延加工业	14	3	481216	482105	154314	737171
金属制品业	45	12	80121	80225	20658	128533
普通机械制造业	130	34	631756	618967	172245	1346440
专用设备制造业	107	19	1087415	1065472	242033	1070193
交通运输设备制造业	104	33	1208296	1179328	254633	2253321
武器弹药制造业	2	1	13756	13818	4425	52008
电气机械及器材制造业	50	13	221606	215210	64571	329622
电子及通信设备制造业	27	5	973138	971850	220797	513301
仪器仪表及文化、办公用机械制造业	15	2	44528	43108	14351	117955
其他制造业	21	7	19146	19328	4384	55442
电力、煤气及水的生产和供应业	**318**	**63**	**2508292**	**2504306**	**1246629**	**10515517**
电力、蒸汽、热水的生产和供应业	178	12	2350794	2340967	1181809	9741091
煤气生产和供应业	15	9	20376	28512	5436	185949
自来水的生产和供应业	125	42	137121	134828	59383	588477

12－9续表2 单位:万元

分　组	流动资产小计	#产成品	流动资产年平均余额	固定资产原价	固定资产净值年平均余额	负债合计
1995年	12449276	1772168	12200035	24316132	14180364	22781760
1996年	14403304	1981870	13309700	26675841	17159171	25670942
1997年	17222181	2252654	16632160	29150053	18276685	28943899
1998年	17079272	2123081	16333639	30125541	18855507	28167124
1999年	15084015	1933588	14674928	27459681	17252037	25356990
2000年	14575718	1617992	14019235	33171181	19245575	26686324
在总计中:						
亏损企业	2616084	318305	2580004	4006079	2640431	4858819
在总计中:						
中央企业	4509011	312813	4325756	17581894	8605892	9419515
地方企业	10066707	1305179	9693479	15589287	10639684	17266810
一、按轻重工业分						
轻工业	5015612	649151	4831586	7387759	4910701	8418744
以农产品为原料	2853978	408674	2714414	3443720	2453423	4451116
以非农产品为原料	2161634	240476	2117172	3944040	2457278	3967627
重工业	9560106	968841	9187649	25783422	14334874	18267581
采掘工业	1539726	118775	1438618	11161651	4941619	4279217
原料工业	4563624	336383	4461277	10780401	6644591	8687646
加工工业	3456755	513684	3287753	3841370	2748664	5300717
二、按企业规模分						
特大型企业	3366148	283671	3166536	15280877	7300735	7553018
大一型企业	3961933	342865	3759308	6631834	4310596	6799818
大二型企业	2715449	429652	2620262	4104293	2823288	4407914
中一型企业	1255476	166594	1253835	2062993	1421063	2302985
中二型企业	1030419	132540	987135	1493139	1037288	1738273
小型企业	2246293	262671	2232160	3598045	2352605	3884317

12－9 续表 3 单位：万元

分　　组	流动资产小计	#产成品	流动资产年平均余额	固定资产原价	固定资产净值年平均余额	负债合计
三、按行业大类分						
采　掘　业	**1558236**	**121848**	**1457216**	**11239194**	**4982252**	**4313083**
煤炭采选业	742928	41909	687988	1513927	944149	1432973
石油和天然气开采业	583768	56647	541938	9109234	3646479	2431450
黑色金属矿采选业	57902	7564	59902	148549	98313	72828
有色金属矿采选业	114595	6987	117069	368728	235747	280770
非金属矿采选业	59043	8741	50318	98756	57564	95062
制　造　业	**10512770**	**1484416**	**10147335**	**14648784**	**9654279**	**16458512**
食品加工业	545521	83603	545078	609599	474973	1042636
食品制造业	171264	21156	164637	194382	146258	275583
饮料制造业	758096	83140	690893	645233	439141	868607
烟草加工业	157569	8294	159705	344270	216043	113905
纺织业	664993	102594	613877	903628	626785	1146588
服装及其他纤维制品制造业	33131	10498	35732	42749	29582	55159
皮革、毛皮、羽绒及其制品业	12634	2255	12365	13770	8366	16233
木材加工及竹、藤、棕、草制品业	18271	4061	17975	34069	23918	63738
家具制造业	9505	2100	9150	14404	10531	17810
造纸及纸制品业	365258	71430	345836	451465	351314	689446
印刷业，记录媒介的复制	81522	10592	78548	130431	91538	138922
文教体育用品制造业	3630	815	3950	2260	1806	5206
石油加工及炼焦业	1533862	170982	1516841	3734063	2070178	2418555
化学原料及化学制品制造业	666048	84307	617180	1508614	1114071	1628892
医药制造业	213549	45759	212156	167900	109888	311766
化学纤维制造业	73105	12121	70041	112947	72088	149276
橡胶制品业	160707	27340	156255	79798	55855	167966
塑料制品业	142969	17139	125503	175762	120156	177333
非金属矿物制品业	359171	63219	338187	632972	465410	641074
黑色金属冶炼及压延加工业	1112570	82599	1072059	1775138	1123371	1841108
有色金属冶炼及压延加工业	337199	35002	317742	510413	325645	501433
金属制品业	69577	16355	71766	64789	41077	91898
普通机械制造业	696586	127094	695726	707574	449632	994596
专用设备制造业	617888	128058	593782	489180	333334	750443
交通运输设备制造业	1104104	95231	1051969	855455	658132	1636585
武器弹药制造业	21832	1347	20340	37391	26922	34746
电气机械及器材制造业	187965	36300	182458	138485	97974	224483
电子及通信设备制造业	323821	127619	356648	166637	100995	309494
仪器仪表及文化、办公用机械制造业	46056	7225	45470	75554	47420	93747
其他制造业	24367	6179	25467	29850	21876	51286
电力、煤气及水的生产和供应业	**2504711**	**11728**	**2414683**	**7283202**	**4609045**	**5914729**
电力、蒸汽、热水的生产和供应业	2341064	9859	2243950	6626632	4131144	5605813
煤气生产和供应业	29750	1826	31335	132944	109325	90484
自来水的生产和供应业	133897	42	139398	523626	368575	218432

分　组	所有者权益合计	#实收资本	产品销售收入	#产品销售费用	#产品销售税金及附加	#产品销售利润
1995 年	11583085	7640704	22106770	491645	616975	3268277
1996 年	13592083		24253809	555239	673447	3565910
1997 年	15383247		25736028	629351	675266	3381039
1998 年	16071683	9298351	23946800	643101	590800	2806303
1999 年	15016862	8605737	23050722	594305	466612	2525551
2000 年	15522594	9639500	27821717	547576	492552	4655014
在总计中:						
亏损企业	1521113	1660923	3050854	42117	84797	162024
在总计中:						
中央企业	7351506	4856208	12605911	43385	340848	2801422
地方企业	8171088	4783292	15215806	504191	151704	1853591
一、按轻重工业分						
轻工业	5675438	2855681	8910061	273176	199744	677908
以农产品为原料	2061182	1280921	4297084	174588	182583	467810
以非农产品为原料	3614256	1574760	4612976	98588	17160	210099
重工业	9847157	6783820	18911656	274400	292808	3977105
采掘工业	3043778	2570876	5099365	44602	99837	2387011
原料工业	4697478	2938347	9488259	95654	169220	1052342
加工工业	2105901	1274598	4324033	134144	23752	537752
二、按企业规模分						
特大型企业	6777866	3746493	10490191	127425	121297	2690970
大一型企业	3405538	2208795	6156695	158598	176184	797704
大二型企业	2118348	1275685	4097110	122078	56678	513618
中一型企业	881829	520190	1974428	47727	33930	225796
中二型企业	774056	424631	1435413	30604	13578	174214
小型企业	1564957	1463706	3667878	61144	90886	252712

12－9续表5 单位:万元

分组	所有者权益合计	#实收资本	产品销售收入	#产品销售费用	#产品销售税金及附加	#产品销售利润
三、按行业大类分						
采掘业	**3083420**	**2606273**	**5132851**	**46541**	**101322**	**2397028**
煤炭采选业	671720	483698	615238	33335	9381	141307
石油和天然气开采业	2076713	1841600	4222917	7590	88572	2183310
黑色金属矿采选业	96615	82686	52256	558	715	9678
有色金属矿采选业	194264	163882	193562	1385	626	52745
非金属矿采选业	44108	34406	48878	3674	2028	9988
制造业	**7838386**	**4961242**	**16777115**	**472140**	**364157**	**1812746**
食品加工业	139992	145491	1143576	32358	3911	61614
食品制造业	101410	65988	189349	7427	1974	20165
饮料制造业	644110	268955	804920	93483	62093	112372
烟草加工业	353010	221275	330212	1998	108124	55444
纺织业	393809	236956	1158499	17070	3801	127678
服装及其他纤维制品制造业	12812	15805	71851	1039	162	7339
皮革、毛皮、羽绒及其制品业	7087	5570	3770	81	2	891
木材加工及竹、藤、棕、草制品业	8098	13353	16801	534	114	1225
家具制造业	7981	7511	17849	237	20	1742
造纸及纸制品业	295408	231866	392652	14094	1575	51948
印刷业,记录媒介的复制	49629	29841	73271	1489	686	14054
文教体育用品制造业	1308	817	6776	205	16	653
石油加工及炼焦业	1562289	1227303	4212314	15106	143736	283831
化学原料及化学制品制造业	550701	272948	1066613	23070	2956	143800
医药制造业	161894	83829	222092	24932	1372	35506
化学纤维制造业	47863	33268	159276	1640	699	21496
橡胶制品业	82792	41523	152906	4422	2853	18870
塑料制品业	141228	68764	135339	4379	796	18792
非金属矿物制品业	287255	203961	422404	22305	2653	54143
黑色金属冶炼及压延加工业	1074434	560068	1694813	32282	8338	265390
有色金属冶炼及压延加工业	235738	135646	464166	8933	2923	93689
金属制品业	36636	24099	76223	2932	337	12112
普通机械制造业	351844	272006	623339	31058	3620	99158
专用设备制造业	319750	176532	1040689	38016	3002	93486
交通运输设备制造业	616736	413048	1134617	21944	6331	138330
武器弹药制造业	17262	8921	13326	137	21	2047
电气机械及器材制造业	105139	54322	203190	13533	808	34353
电子及通信设备制造业	203808	113118	883822	54197	1017	33149
仪器仪表及文化、办公用机械制造业	24208	21282	42006	2830	127	7971
其他制造业	4156	7176	20451	411	88	1499
电力、煤气及水的生产和供应业	**4600788**	**2071986**	**5911751**	**28894**	**27073**	**445239**
电力、蒸汽、热水的生产和供应业	4135277	1783160	5756606	23808	25832	426516
煤气生产和供应业	95465	51893	33146	2222	164	－4412
自来水的生产和供应业	370046	236932	122000	2864	1077	23135

12－9续表6 单位:万元

分组	管理费用	利润总额	亏损企业亏损总额	利税总额	本年应交增值税	全部从业人员年平均人数（人）
1995年	1877882	522894	278999	2292711	1152192	3046674
1996年	2026565	590386	288270	2610716	1346884	2913776
1997年	1919824	640942	295150	2717119	1400911	2821831
1998年	1792405	535787	333760	2467528	1340941	2466876
1999年	1542118	531073	308774	2223106	1225421	1988920
2000年	1754897	2554426	194180	4711091	1664113	1652934
在总计中：						
亏损企业	279330	－194180	194180	－12655	96728	319270
在总计中：						
中央企业	602962	2017774	96472	3309940	951318	299040
地方企业	1151935	536653	97708	1401151	712794	1353894
一、按轻重工业分						
轻工业	378483	344970	43898	903106	358392	505439
以农产品为原料	268124	196743	34163	582793	203467	381022
以非农产品为原料	110359	148227	9735	320312	154924	124417
重工业	1376414	2209456	150282	3807986	1305721	1147495
采掘工业	408158	1826959	11334	2488306	561510	350508
原料工业	601674	299111	58499	1056877	588546	373484
加工工业	366583	83386	80449	262803	155666	423503
二、按企业规模分						
特大型企业	491577	2038841	415	2927859	767720	182457
大一型企业	457904	266869	67577	837056	394002	439360
大二型企业	294279	176073	33063	460522	227771	384743
中一型企业	152365	45041	21813	172309	93339	210419
中二型企业	113406	50845	7931	129676	65253	149859
小型企业	245367	－23244	63381	183670	116027	286096

12－9续表7 单位:万元

分组	管理费用	利润总额	亏损企业亏损总额	利税总额	本年应交增值税	全部从业人员年平均人数(人)
三、按行业大类分						
采掘业	**414915**	**1832641**	**11334**	**2496676**	**562714**	**356543**
煤炭采选业	140691	21233	9417	94559	63945	214839
石油和天然气开采业	220467	1777624		2355240	489044	83854
黑色金属矿采选业	10203	89	2	2701	1897	14751
有色金属矿采选业	35602	32119	1541	36682	3937	32939
非金属矿采选业	7953	1576	374	7494	3891	10160
制造业	**1188515**	**452586**	**163282**	**1511317**	**694573**	**1133607**
食品加工业	45400	8156	10382	29712	17645	69328
食品制造业	10344	9763	444	16537	4800	20770
饮料制造业	57129	46505	3724	167786	59188	58843
烟草加工业	31942	71173	1882	216215	36918	10258
纺织业	66446	39223	8132	95756	52732	138237
服装及其他纤维制品制造业	6574	347	1760	2825	2316	13064
皮革、毛皮、羽绒及其制品业	857	63	50	149	84	1311
木材加工及竹、藤、棕、草制品业	1513	303	599	1487	1070	2306
家具制造业	559	460	187	2090	1610	1707
造纸及纸制品业	26133	15491	4297	36950	19883	44286
印刷业,记录媒介的复制	13490	123	1517	5608	4798	13499
文教体育用品制造业	510	21	51	363	325	1065
石油加工及炼焦业	196066	54813	31062	334428	135879	80347
化学原料及化学制品制造业	79717	33932	6350	68223	31336	107772
医药制造业	18214	11915	1097	26221	12934	16865
化学纤维制造业	6991	13374	136	20314	6241	7081
橡胶制品业	9560	7345	1216	16533	6335	18702
塑料制品业	14900	2694	270	10176	6686	12447
非金属矿物制品业	38509	9556	4634	36955	24747	63420
黑色金属冶炼及压延加工业	188132	44131	5926	153010	100542	81154
有色金属冶炼及压延加工业	62894	26788	1059	66456	36745	28175
金属制品业	9711	1092	612	6131	4702	17812
普通机械制造业	72283	10736	9440	49685	35328	94147
专用设备制造业	59780	31432	1051	64072	29638	85829
交通运输设备制造业	118003	－18250	63774	29332	41251	94215
武器弹药制造业	2045	668	262	995	306	4223
电气机械及器材制造业	20127	10246	985	22478	11424	18659
电子及通信设备制造业	20724	20630	649	28458	6810	14756
仪器仪表及文化、办公用机械制造业	8150	474	658	2163	1563	8592
其他制造业	1813	－618	1077	208	737	4737
电力、煤气及水的生产和供应业	**151467**	**269199**	**19565**	**703098**	**406826**	**162784**
电力、蒸汽、热水的生产和供应业	112905	277382	9307	701585	398372	122047
煤气生产和供应业	6945	－5656	5697	－4565	927	8090
自来水的生产和供应业	31616	－2527	4561	6077	7527	32647

12－10 规模以上工业企业主要财务分析指标

分　组	资金利税率（%）	工业增加值率（%）	产值利税率（%）	销售产值利税率（%）	资产负债率（%）	流动资产周转率（%）	成本费用利润率（%）	全员劳动生产率（元/人）	产品销售率（%）
1995年	9.44	25.11	9.08		66.99	1.84	3.75	20974	
1996年	9.76	26.68	9.16	9.51	66.16	1.89	4.49	26769	96.30
1997年	8.69	26.37	8.87	9.18	66.11	1.69	4.06	29394	96.62
1998年	8.63	26.11	9.00	9.32	64.34	1.75	4.18	34474	96.59
1999年	9.07	26.73	9.35	9.64	63.36	1.83	4.53	39249	96.96
2000年	12.72	26.96	12.06	12.33	62.54	2.07	7.31	48803	97.86
一、按登记注册类型分									
内资企业	13.00	27.29	12.55	12.81	62.76	2.07	7.50	47809	97.96
国有企业	14.16	31.71	19.04	19.14	63.22	1.98	10.21	56301	99.45
中央企业	25.60	40.52	31.52	31.51	56.17	2.91	19.64	171005	100.04
地方企业	6.89	25.06	9.84	9.93	67.88	1.57	3.64	30966	99.01
集体企业	14.91	23.73	8.39	8.66	62.26	2.59	6.30	49747	96.92
股份合作企业	12.23	24.94	8.01	8.18	66.77	2.62	5.17	42047	97.91
联营企业	8.86	20.08	8.71	8.93	69.30	1.58	5.06	32123	97.46
有限责任公司	8.97	25.55	10.50	10.71	63.50	1.55	4.20	32223	98.04
股份有限公司	9.33	27.90	11.27	11.56	59.94	1.57	6.58	46026	97.43
私营企业	16.39	24.65	7.54	7.87	61.17	3.36	5.16	38837	95.82
其他企业	28.44	23.24	17.30	16.83	51.58	2.07	12.37	62345	102.80
港、澳、台商投资企业	10.32	24.68	9.88	10.13	62.65	1.79	6.09	50508	97.53
合资经营企业(港或澳、台资)	11.41	24.96	10.28	10.53	62.23	1.85	6.63	52344	97.60
合作经营企业(港或澳、台资)	6.89	23.28	8.79	8.93	72.55	1.60	4.20	44104	98.43
港澳台商独资企业	5.83	23.41	7.05	7.32	55.10	1.47	3.28	40646	96.31
港澳台商投资股份有限公司	16.00	25.50	10.03	10.59	41.93	2.45	6.69	61257	94.67
外商投资企业	10.98	25.00	8.84	9.10	60.19	2.18	6.06	59620	97.12
中外合资经营企业	11.59	25.89	9.80	10.08	61.63	2.11	6.51	73585	97.21
中外合作经营企业	10.04	26.77	5.88	6.34	61.66	1.74	8.23	86751	92.80
外资企业	9.48	23.41	6.58	6.78	64.11	2.73	4.26	44942	97.07
外商投资股份有限公司	13.69	27.44	21.86	21.74	33.94	0.92	17.75	71088	100.54
二、在总计中:亏损企业	**－0.95**	**24.75**	**－1.74**	**－1.72**	**74.78**	**1.09**	**－6.89**	**23184**	**100.96**
在总计中:国有控股企业	12.28	30.79	17.05	17.19	62.23	1.76	8.85	51593	99.19
在总计中:农村工业	17.21	24.83	8.71	9.05	56.21	3.10	7.08	49124	96.29
按轻重工业分									
轻工业	11.05	24.17	9.62	9.85	61.96	2.07	4.96	41322	97.62
以农产品为原料	12.19	24.81	9.83	10.06	65.15	2.09	5.62	39269	97.72
以非农产品为原料	8.99	22.76	9.14	9.38	57.02	2.05	3.84	47311	97.39
重工业	13.91	29.19	14.07	14.35	62.98	2.06	9.47	55448	98.05
采掘工业	30.37	47.05	35.35	35.87	55.98	2.82	37.95	63490	98.56
原料工业	10.22	27.93	11.65	11.76	65.26	2.23	4.76	71778	99.07
加工工业	9.39	23.55	8.11	8.35	64.12	1.78	5.28	42665	97.13
按企业规模分									
特大型企业	21.65	37.90	27.82	28.12	54.17	2.71	17.86	134849	98.94
大一型企业	9.75	24.87	11.27	11.41	61.67	1.65	5.41	50854	98.76
大二型企业	9.45	25.13	9.80	10.02	65.24	1.76	5.32	39933	97.84
中一型企业	8.90	24.70	8.82	9.04	68.43	1.82	4.09	32571	97.57
中二型企业	7.82	25.47	8.57	8.79	69.52	1.66	4.16	29021	97.50
小型企业	12.52	24.59	7.77	8.01	66.02	2.47	5.10	42344	97.03

注:1997年以前为乡及乡以上独立核算工业数据。

12－10续表

分组	资金利税率（%）	工业增加值率（%）	产值利税率（%）	销售产值利税率（%）	资产负债率（%）	流动资产周转率（%）	成本费用利润率（%）	全员劳动生产率（元/人）	产品销售率（%）
三、按行业大类分									
采掘业	**29.95**	**46.78**	**35.04**	**35.61**	**56.08**	**2.76**	**37.40**	**62510**	**98.41**
煤炭采选业	7.02	41.16	14.26	14.61	57.98	1.16	3.88	19400	97.60
石油和天然气开采业	56.23	55.25	52.70	52.89	53.93	7.79	80.75	348408	99.65
黑色金属矿采选业	6.20	28.66	9.03	9.25	47.51	1.46	5.32	21585	97.59
有色金属矿采选业	20.16	30.77	13.21	13.68	54.72	3.48	14.68	48197	96.61
非金属矿采选业	13.27	24.70	10.37	10.96	62.86	2.03	5.87	28764	94.64
其他矿采选业	30.96	27.32	6.92	7.69	57.68	3.86	8.90	170000	90.02
制造业	**10.40**	**24.00**	**8.79**	**8.99**	**63.97**	**1.97**	**4.90**	**44483**	**97.71**
食品加工业	11.37	22.02	5.82	6.00	68.52	3.25	4.52	60868	97.15
食品制造业	12.06	24.18	8.49	8.71	66.28	2.57	5.83	43182	97.38
饮料制造业	16.47	28.76	19.25	19.40	60.77	1.48	5.79	49878	99.24
烟草加工业	64.68	57.00	65.83	65.94	27.69	2.22	39.76	276063	99.83
纺织业	8.18	23.94	8.10	8.21	69.10	1.78	4.59	27342	98.65
服装及其他纤维制品制造业	10.69	24.87	6.59	6.85	64.45	2.23	4.89	26708	96.15
皮革、毛皮、羽绒及其制品业	12.05	22.52	6.32	6.57	72.77	2.54	4.09	31278	96.28
木材加工及竹、藤、棕、草制品业	12.13	24.55	8.77	9.31	74.74	2.13	6.69	34381	94.25
家具制造业	15.61	25.12	10.43	10.89	60.92	2.52	7.16	39244	95.82
造纸及纸制品业	9.31	25.64	11.63	11.79	60.91	1.41	7.51	38384	98.64
印刷业，记录媒介的复制	9.77	25.61	11.39	11.71	65.79	1.47	7.81	29587	97.28
文教体育用品制造业	12.95	23.22	6.62	6.74	67.26	2.46	4.80	24933	98.29
石油加工及炼焦业	9.95	24.95	8.59	8.58	60.92	2.77	1.95	127234	100.08
化学原料及化学制品制造业	8.47	24.00	8.60	8.87	62.93	1.92	5.59	42222	97.04
医药制造业	12.60	29.78	14.60	14.93	58.30	1.41	7.47	48011	97.79
化学纤维制造业	7.61	21.48	9.02	9.38	63.69	1.93	5.94	60090	96.10
橡胶制品业	9.73	22.30	8.64	8.95	63.43	1.67	4.67	45168	96.58
塑料制品业	7.94	23.04	6.20	6.42	64.20	2.09	4.07	43103	96.66
非金属矿物制品业	9.96	26.13	9.62	9.92	65.12	2.01	5.55	35175	96.98
黑色金属冶炼及压延加工业	8.25	22.75	9.34	9.35	64.09	1.87	3.59	59881	99.93
有色金属冶炼及压延加工业	11.28	24.36	10.81	10.91	58.94	1.95	6.76	67540	99.09
金属制品业	10.15	23.48	7.43	7.64	65.91	1.91	4.87	34335	97.28
普通机械制造业	8.89	24.43	7.94	8.26	66.76	1.58	4.75	32243	96.06
专用设备制造业	11.08	21.69	7.55	7.75	63.91	1.95	5.20	42675	97.49
交通运输设备制造业	4.40	21.45	4.94	5.05	68.90	1.27	1.36	38899	97.81
武器弹药制造业	2.11	30.12	7.23	7.20	66.81	0.66	4.81	10478	100.45
电气机械及器材制造业	12.67	22.24	8.05	8.26	59.43	2.10	4.68	88401	97.42
电子及通信设备制造业	10.86	23.71	7.71	7.75	54.82	1.84	5.48	88843	99.44
仪器仪表及文化、办公用机械制造业	7.41	24.16	7.89	7.91	68.34	1.37	4.60	25783	99.77
其他制造业	11.49	24.70	7.09	7.43	71.39	2.04	4.15	26072	95.48
电力、煤气及水的生产和供应业	**10.26**	**37.81**	**24.69**	**24.83**	**59.98**	**2.61**	**5.99**	**95509**	**99.42**
电力、蒸汽、热水的生产和供应业	11.26	38.07	25.94	26.11	61.47	2.76	6.33	119156	99.34
煤气生产和供应业	－1.12	14.22	－7.48	－6.82	57.44	0.77	－7.52	7485	109.76
自来水的生产和供应业	1.26	37.90	4.59	4.66	34.86	0.95	－1.75	18362	98.58

12－11 国有控股工业企业主要财务分析指标

分　　组	资金利税率(%)	工业增加值率(%)	产值利税率(%)	销售产值利税率(%)	资产负债率(%)	流动资产周转率(%)	成本费用利润率(%)	全员劳动生产率(元/人)	产品销售率(%)
1996年	9.05	29.30	11.37	11.67	65.15	1.78	3.37	29323	97.39
1997年	8.09	29.32	11.17	11.47	64.68	1.53	3.16	47541	97.35
1998年	7.27	29.33	11.18	11.47	63.39	1.43	2.85	32470	97.44
1999年	7.46	30.23	11.49	11.70	62.87	1.51	3.24	37967	98.16
2000年	12.28	30.79	17.05	17.19	62.23	1.76	8.85	51593	99.19
在总计中:									
亏损企业	-0.31	26.09	-0.60	-0.58	73.33	1.07	-6.39	24477	103.27
在总计中:									
中央企业	24.91	40.91	31.18	31.17	57.49	2.95	19.50	176862	100.04
地方企业	7.13	25.86	10.37	10.50	64.20	1.45	4.07	33375	98.78
一、按轻重工业分									
轻工业	9.48	26.00	14.23	14.35	60.41	1.64	4.32	37363	99.19
以农产品为原料	11.86	26.87	14.22	14.30	66.15	1.57	5.38	37183	99.43
以非农产品为原料	6.25	23.78	14.26	14.46	54.25	1.76	3.00	37898	98.58
重工业	13.57	32.71	18.21	18.36	63.20	1.83	11.48	58713	99.18
采掘工业	30.99	51.36	40.90	41.24	55.93	2.74	46.21	71066	99.17
原料工业	8.80	29.04	11.95	11.96	65.54	2.07	3.42	78989	99.96
加工工业	5.92	22.36	7.93	8.08	65.65	1.28	3.83	32512	98.16
二、按企业规模分									
特大型企业	21.78	42.46	32.56	32.92	53.49	2.60	20.81	125718	98.91
大一型企业	9.49	25.37	12.38	12.47	63.54	1.46	5.12	45733	99.28
大二型企业	8.29	26.12	10.82	10.93	66.94	1.52	4.45	35077	98.96
中一型企业	6.62	25.77	8.91	9.06	72.26	1.59	2.50	27462	98.43
中二型企业	5.82	26.86	10.72	11.02	67.74	1.37	3.09	23482	97.34
小型企业	4.81	26.78	6.45	6.39	70.08	1.60	0.27	36015	101.01

注:1997年以前为乡及乡以上独立核算工业数据。

12－11 续表

分组	资金利税率（%）	工业增加值率（%）	产值利税率（%）	销售产值利税率（%）	资产负债率（%）	流动资产周转率（%）	成本费用利润率（%）	全员劳动生产率（元/人）	产品销售率（%）
三、按行业大类分									
采　掘　业	**30.85**	**51.29**	**40.71**	**41.11**	**55.86**	**2.72**	**45.94**	**70500**	**99.04**
煤炭采选业	6.38	42.91	14.35	14.68	57.42	1.09	3.32	19999	97.79
石油和天然气开采业	56.23	55.25	52.70	52.89	53.93	7.79	80.75	348408	99.65
黑色金属矿采选业	1.71	31.20	4.84	4.67	42.98	0.87	0.17	13737	103.56
有色金属矿采选业	10.52	43.21	16.22	16.39	59.12	1.68	17.66	30726	98.94
非金属矿采选业	7.87	30.48	13.69	15.53	67.40	1.05	4.54	19528	88.13
制　造　业	**8.03**	**24.53**	**10.01**	**10.10**	**64.90**	**1.51**	**3.68**	**41519**	**99.17**
食品加工业	3.37	19.04	2.87	2.88	83.20	2.15	1.13	43039	99.56
食品制造业	5.89	24.70	8.55	8.80	71.49	1.35	5.23	29768	97.17
饮料制造业	15.62	30.26	21.79	21.68	59.70	1.28	5.56	45853	100.49
烟草加工业	68.42	57.19	66.58	66.80	25.60	2.31	41.53	281781	99.68
纺织业	7.74	24.65	8.93	9.03	71.26	1.72	3.46	22563	98.88
服装及其他纤维制品制造业	2.60	25.90	2.43	2.43	79.07	1.67	－0.72	15451	100.21
皮革、毛皮、羽绒及其制品业	2.96	19.94	5.91	6.31	78.67	0.66	1.65	20166	93.70
木材加工及竹、藤、棕、草制品业	7.90	23.19	12.55	13.35	88.15	1.44	7.73	30434	94.03
家具制造业	10.62	16.63	10.84	10.80	69.06	1.95	2.59	21769	100.39
造纸及纸制品业	7.26	24.60	12.58	12.55	59.80	1.02	7.33	33340	100.28
印刷业，记录媒介的复制	3.47	26.11	7.30	7.31	74.47	0.96	0.65	19509	99.79
文教体育用品制造业	8.46	21.82	9.13	9.44	69.55	1.54	3.55	19439	96.71
石油加工及炼焦业	9.56	24.91	8.48	8.45	60.67	2.83	1.46	141302	100.36
化学原料及化学制品制造业	5.74	24.93	9.10	9.34	63.33	1.44	5.45	31627	97.43
医药制造业	12.47	30.65	16.16	16.40	57.14	1.32	7.15	49093	98.54
化学纤维制造业	4.39	20.00	8.51	8.53	69.87	1.30	3.43	37823	99.79
橡胶制品业	7.64	20.89	9.71	9.74	61.10	1.13	3.55	45431	99.66
塑料制品业	4.50	19.38	7.91	8.00	58.39	1.18	2.89	25921	98.88
非金属矿物制品业	5.21	26.40	9.49	9.70	67.21	1.15	3.22	24561	97.82
黑色金属冶炼及压延加工业	6.84	23.37	9.42	9.40	64.16	1.61	2.73	57652	100.29
有色金属冶炼及压延加工业	10.11	27.43	13.03	13.02	68.44	1.44	6.05	57920	100.09
金属制品业	3.68	23.08	5.44	5.42	68.49	0.90	0.14	17302	100.40
普通机械制造业	4.45	24.34	7.83	8.02	69.71	0.87	2.24	21013	97.62
专用设备制造业	6.81	20.14	5.89	6.01	67.33	1.68	3.09	34008	97.90
交通运输设备制造业	1.77	19.23	2.71	2.75	69.29	0.98	－1.57	30738	98.44
武器弹药制造业	2.11	30.12	7.23	7.20	66.81	0.66	4.81	10478	100.45
电气机械及器材制造业	7.54	26.90	12.00	12.33	61.65	1.05	6.46	43632	97.31
电子及通信设备制造业	10.55	23.23	7.96	7.95	54.72	1.64	6.18	112034	100.20
仪器仪表及文化、办公用机械制造业	4.27	31.00	7.24	7.57	75.02	1.16	1.91	21349	95.64
其他制造业	4.26	22.24	5.52	5.53	79.12	1.35	0.60	17896	99.86
电力、煤气及水的生产和供应业	**9.21**	**36.68**	**23.93**	**24.02**	**58.97**	**2.57**	**4.63**	**88873**	**99.64**
电力、蒸汽、热水的生产和供应业	10.16	36.91	25.33	25.44	60.45	2.72	4.93	112662	99.57
煤气生产和供应业	－1.12	14.22	－7.48	－6.82	57.44	0.77	－7.52	7485	109.76
自来水的生产和供应业	1.26	37.90	4.59	4.66	34.86	0.95	－1.75	18362	98.58

12－12 国有工业企业主要财务分析指标

分　　组	资金利税率（%）	工业增加值率（%）	产值利税率（%）	销售产值利税率（%）	资产负债率（%）	流动资产周转率（%）	成本费用利润率（%）	全员劳动生产率（元/人）	产品销售率（%）
1995 年	8.69	29.41	10.39		66.29	1.81	2.46	24721	
1996 年	8.57	29.65	11.01	11.31	65.38	1.82	2.69	28132	97.36
1997 年	7.78	29.67	11.02	11.30	65.30	1.55	2.72	48922	97.51
1998 年	7.01	30.19	11.33	11.63	63.67	1.47	2.32	31347	97.43
1999 年	6.96	31.17	10.80	10.96	62.81	1.57	2.40	38144	98.57
2000 年	14.16	31.71	19.04	19.14	63.22	1.98	10.21	56301	99.45
在总计中：									
亏损企业	－0.24	25.17	－0.45	－0.43	76.16	1.18	－6.07	26240	103.40
在总计中：									
中央企业	25.60	40.52	31.52	31.51	56.17	2.91	19.64	171005	100.04
地方企业	6.89	25.06	9.84	9.93	67.88	1.57	3.64	30966	99.01
一、按轻重工业分									
轻工业	9.27	25.70	14.99	15.07	59.73	1.84	4.02	35422	99.43
以农产品为原料	11.28	27.13	13.81	13.82	68.35	1.58	4.90	34730	99.99
以非农产品为原料	7.00	22.36	17.73	18.07	52.33	2.18	3.25	37542	98.13
重工业	16.19	33.58	20.34	20.45	64.98	2.06	13.45	65497	99.45
采掘工业	39.00	52.79	45.44	45.62	58.44	3.54	59.20	96617	99.59
原料工业	9.52	28.26	12.13	12.10	64.91	2.13	3.29	81612	100.21
加工工业	4.35	20.87	5.81	5.94	71.57	1.32	1.96	25530	97.83
二、按企业规模分									
特大型企业	27.97	43.43	37.20	37.55	52.70	3.31	24.54	220400	99.06
大一型企业	10.37	26.40	12.97	13.03	66.63	1.64	4.57	46350	99.57
大二型企业	8.46	25.75	10.81	10.89	67.54	1.56	4.48	34186	99.27
中一型企业	6.44	25.45	9.38	9.61	72.31	1.57	2.35	26053	97.64
中二型企业	6.41	26.95	12.05	12.33	69.19	1.45	3.67	23262	97.68
小型企业	4.01	27.15	5.65	5.54	71.28	1.64	－0.64	36223	101.98

注：1997 年以前为乡及乡以上独立核算工业数据。

12－12 续表

分组	资金利税率(%)	工业增加值率(%)	产值利税率(%)	销售产值利税率(%)	资产负债率(%)	流动资产周转率(%)	成本费用利润率(%)	全员劳动生产率(元/人)	产品销售率(%)
三、按行业大类分									
采掘业	**38.77**	**52.76**	**45.24**	**45.47**	**58.31**	**3.52**	**58.82**	**95579**	**99.49**
煤炭采选业	5.79	42.68	13.32	13.42	68.08	0.89	3.35	16060	99.25
石油和天然气开采业	56.23	55.25	52.70	52.89	53.93	7.79	80.75	348408	99.65
黑色金属矿采选业	1.71	31.20	4.84	4.67	42.98	0.87	0.17	13737	103.56
有色金属矿采选业	10.40	43.45	16.23	16.41	59.11	1.65	17.64	30604	98.92
非金属矿采选业	6.95	30.88	12.96	14.66	68.31	0.97	3.40	19851	88.40
制造业	**7.63**	**24.01**	**9.04**	**9.10**	**67.74**	**1.65**	**2.80**	**41035**	**99.37**
食品加工业	2.91	19.60	2.62	2.61	88.16	2.10	0.71	34834	100.06
食品制造业	5.32	22.39	8.16	8.45	73.10	1.15	5.40	23963	96.55
饮料制造业	14.85	30.60	22.40	21.96	57.42	1.17	6.62	46534	102.00
烟草加工业	57.54	55.56	63.99	64.34	24.40	2.07	35.44	215553	99.46
纺织业	7.72	24.68	8.50	8.57	74.43	1.89	3.46	23819	99.20
服装及其他纤维制品制造业	4.33	26.52	3.67	3.54	81.15	2.01	0.48	17612	103.54
皮革、毛皮、羽绒及其制品业	0.72	15.53	3.63	4.13	69.61	0.30	1.54	5019	87.82
木材加工及竹、藤、棕、草制品业	3.55	17.71	8.92	8.92	88.73	0.93	1.71	14939	99.95
家具制造业	10.62	16.63	10.84	10.80	69.06	1.95	2.59	21769	100.39
造纸及纸制品业	5.30	27.02	9.33	9.31	70.00	1.14	4.10	29527	100.14
印刷业，记录媒介的复制	3.30	26.86	7.41	7.40	73.68	0.93	0.16	17488	100.16
文教体育用品制造业	6.31	22.60	6.36	7.15	79.92	1.72	0.31	13699	88.99
石油加工及炼焦业	9.32	25.25	8.44	8.40	60.75	2.78	1.36	142278	100.39
化学原料及化学制品制造业	3.94	23.29	6.16	6.38	74.73	1.73	3.27	26105	96.62
医药制造业	8.14	23.45	13.05	13.34	65.82	1.05	5.74	33110	97.84
化学纤维制造业	14.29	22.76	14.48	14.36	75.72	2.27	9.09	54143	100.90
橡胶制品业	7.79	22.28	9.03	9.17	66.98	0.98	5.13	24950	98.45
塑料制品业	4.14	17.39	7.41	7.42	55.67	1.08	2.00	22047	99.83
非金属矿物制品业	4.60	26.17	7.85	8.01	69.06	1.25	2.28	22238	98.00
黑色金属冶炼及压延加工业	6.97	23.49	9.53	9.51	63.15	1.58	2.67	57104	100.26
有色金属冶炼及压延加工业	10.33	26.13	13.81	13.78	68.02	1.46	6.06	54769	100.18
金属制品业	5.43	22.35	7.65	7.64	71.50	1.06	1.45	11597	100.13
普通机械制造业	4.34	22.98	7.86	8.03	73.87	0.90	1.74	18295	97.98
专用设备制造业	6.91	19.25	5.89	6.01	70.12	1.75	3.10	28199	97.98
交通运输设备制造业	1.72	18.17	2.43	2.49	72.63	1.08	－1.57	27026	97.60
武器弹药制造业	2.11	30.12	7.23	7.20	66.81	0.66	4.81	10478	100.45
电气机械及器材制造业	8.02	25.16	10.14	10.44	68.10	1.11	5.27	34605	97.11
电子及通信设备制造业	6.22	19.54	2.92	2.93	60.29	2.48	2.36	149632	99.87
仪器仪表及文化、办公用机械制造业	2.33	29.01	4.86	5.02	79.48	0.92	1.09	16702	96.81
其他制造业	0.44	19.98	1.09	1.08	92.50	0.80	－2.89	9254	100.95
电力、煤气及水的生产和供应业	**10.01**	**35.51**	**28.03**	**28.08**	**56.25**	**2.45**	**4.70**	**76581**	**99.84**
电力、蒸汽、热水的生产和供应业	11.01	35.38	29.84	29.97	57.55	2.57	5.00	96832	99.58
煤气生产和供应业	－3.25	21.65	－22.40	－16.01	48.66	1.06	－12.62	6719	139.93
自来水的生产和供应业	1.20	40.75	4.43	4.51	37.12	0.88	－1.93	18189	98.33

12－13 各市规模以上工业企业主要经济指标

（2000 年）　　单位：万元

地区	企业单位数（个）	大型企业	中型企业	小型企业	亏损企业数（个）	工业总产值（万元）	内资企业
全省总计	**11679**	**1087**	**1653**	**8939**	**1444**	**83115250**	**71381806**
济南市	1038	80	105	853	128	6800393	5914842
青岛市	1504	202	229	1073	352	14005038	10164127
淄博市	986	73	92	821	101	8109714	7330001
枣庄市	530	42	80	408	54	2286780	2131174
东营市	187	16	19	152	16	5704073	5674783
烟台市	1624	128	166	1330	181	10132837	8040407
潍坊市	1157	111	175	871	117	6875342	5955355
济宁市	521	56	97	368	59	3757647	3463974
泰安市	430	52	87	291	66	2507506	2390899
威海市	1120	74	141	905	57	9666722	8255386
日照市	183	28	44	111	38	979102	722364
莱芜市	126	19	13	94	18	1227300	1212417
临沂市	729	60	116	553	134	3287389	3015480
德州市	610	30	91	489	48	2398838	2093199
聊城市	346	54	62	230	29	2410095	2297386
滨州市	338	37	70	231	26	2149907	1923625
菏泽市	249	24	66	159	20	816570	796387

12－13 续表 1　　（2000 年）　　单位：万元

地区	国有工业	集体工业	股份合作企业	联营企业	有限责任公司	股份有限公司
全省总计	**24744936**	**23939904**	**2980153**	**480574**	**8031458**	**6879831**
济南市	2371382	1660606	176411	32841	1069517	386963
青岛市	3014766	3903712	391370	11720	1220514	1167523
淄博市	3633149	1791504	332411	96845	418950	742914
枣庄市	533636	511577	206606	6164	306388	119685
东营市	4865790	314754	101820	1376	58408	236973
烟台市	1711683	4695448	72038	161327	428787	385004
潍坊市	1115641	1432526	291404	23521	1878949	503376
济宁市	871070	751918	126560	2152	348315	1289736
泰安市	831277	549740	55848	6941	448834	445515
威海市	698403	5268032	880913	46593	627012	607663
日照市	296275	170628	24232		62921	127735
莱芜市	696190	316392	7984	594	101620	68626
临沂市	898475	1068184	71180	7032	296936	294871
德州市	630201	471379	85324	19802	299437	93889
聊城市	1348147	380662	107829	25187	124394	136842
滨州市	981444	506238	6439	5864	77035	264322
菏泽市	247408	146605	41785	32616	263441	8194

12－13 续表 2　　　　　　　　　　　　　　(2000 年)　　　　　　　　　　　　　　单位:万元

地　　区	私营企业	其他企业	港澳台商投资企业	外　商投资企业	工　业销售产值(万元)	工　业增加值(万元)	资产合计(万元)
全省总计	**4203214**	**121735**	**3076372**	**8657072**	**81333731**	**25493478**	**97019617**
济南市	212429	4694	349410	536140	6680772	2191854	9581020
青岛市	454523		509368	3331542	13794827	3660931	14384822
淄博市	292706	21522	269067	510646	7984969	2604542	9778275
枣庄市	447117		52743	102863	2228747	671095	2815844
东营市	95662		16072	13218	5670015	3236038	5643379
烟台市	490603	95519	952012	1140417	9812677	2790124	9938994
潍坊市	709940		277164	642822	6705889	1822813	7917167
济宁市	74222		49591	244082	3707680	1394044	7020488
泰安市	52743		50898	65708	2433024	835435	3545777
威海市	126770		174066	1237270	9280371	2343620	5039529
日照市	40573		47415	209324	961801	285461	1007691
莱芜市	21011		7576	7307	1205865	369775	1898217
临沂市	378803		123012	148897	3166432	945092	3841125
德州市	493168		54780	250860	2384025	809657	2979518
聊城市	174323		13667	99042	2379128	679775	2896420
滨州市	82284		120545	105737	2118214	620283	2411788
菏泽市	56338		8985	11197	819293	233392	1227690

12－13 续表 3　　　　　　　　　　　　　　(2000 年)　　　　　　　　　　　　　　单位:万元

地　　区	流动资产小　计	#产成品	流动资产年平均余额	固定资产原　价	固定资产净值年平均余额	负债合计
全省总计	**40767943**	**5828823**	**38953991**	**62973702**	**39837025**	**60677134**
济南市	4291862	569846	4149457	4731055	3014618	5947358
青岛市	7248622	1022957	6973546	7349187	5000171	9020324
淄博市	4226727	666034	4118944	7425937	4381806	6016987
枣庄市	885466	128710	857753	2214509	1576546	1993098
东营市	1160606	123878	1024097	9667704	4015357	3128541
烟台市	4656871	744286	4397223	5823908	3903540	5694277
潍坊市	3799211	606980	3673324	4256014	2913944	5391929
济宁市	2438130	295253	2342102	4939585	3363210	4513107
泰安市	1604783	238874	1536247	2089665	1462124	2422900
威海市	2443476	437067	2351098	2698162	2034352	3136176
日照市	464496	70584	453702	562878	412976	786038
莱芜市	604536	82586	604345	1358612	1004997	1249054
临沂市	1748729	312128	1666012	2162483	1559078	2587484
德州市	1163255	132439	1055495	1722375	1188458	2084666
聊城市	1369796	141324	1270510	1412165	1036782	1906979
滨州市	972752	144673	921112	1302211	946359	1421802
菏泽市	613829	109200	566740	649074	460947	885673

12－13 续表 4　　(2000 年)　　单位:万元

地　区	所有者权益合计	#实收资本	产品销售收入	产品销售费用	产品销售税金及附加	产品销售利润
全省总计	**26342483**	**22954597**	**80613925**	**2655084**	**979126**	**10813947**
济南市	3633662	2303545	6297166	243798	146032	841535
青岛市	5364498	3662261	13676758	730429	160415	1421124
淄博市	3761288	2673917	7987103	192910	113662	898864
枣庄市	822746	544577	1948552	61948	29795	244016
东营市	2514838	2028432	5426439	34956	100888	2310422
烟台市	4244717	2801128	9217628	305878	75501	1115500
潍坊市	2525239	1540213	6621667	221102	79980	718602
济宁市	2507381	1259028	3805213	232029	48842	553516
泰安市	1122877	732417	2310727	99903	24814	322633
威海市	1903352	1072783	7435224	137465	68640	844543
日照市	221653	168237	871488	28367	7444	79464
莱芜市	649163	374854	1086125	25942	11701	146442
临沂市	1253640	824231	3091002	117169	32726	326386
德州市	894853	918023	2379445	62154	20922	341002
聊城市	989440	426580	2413488	83361	15045	268291
滨州市	989986	431689	2276409	48354	21250	236875
菏泽市	342017	206682	851884	29155	13399	87953

12－13 续表 5　　(2000 年)　　单位:万元

地　区	管理费用	利润总额	亏损企业亏损总额	利税总额	本年应交增值税	全部从业人员年平均人数(人)
全省总计	**4361840**	**5440003**	**413877**	**10025880**	**3606752**	**5223652**
济南市	531466	216860	99602	646159	283268	435818
青岛市	833917	493757	81815	1158954	504782	680619
淄博市	493018	300457	54273	768799	354680	506620
枣庄市	130410	56538	15636	203271	116938	279642
东营市	262653	1848694	2063	2478700	529118	133655
烟台市	442778	609258	44325	1002980	318221	568404
潍坊市	352037	278281	35048	617684	259423	517364
济宁市	283024	298619	10979	609182	261720	365474
泰安市	208480	64944	20154	224810	135052	338354
威海市	212019	573908	11833	846352	203803	303931
日照市	45360	21945	7436	68764	39375	91621
莱芜市	78882	39671	2133	114730	63358	99378
临沂市	162870	142732	14431	304393	128936	297457
德州市	97821	213114	4940	358632	124596	200507
聊城市	97119	140517	4082	247722	92160	178429
滨州市	81961	125697	2075	228223	81276	124408
菏泽市	46472	33379	3052	87161	40383	101971

12－14 各市国有控股工业企业主要经济指标

(2000 年)　　单位:万元

地区	企业单位数(个)	#亏损企业	工业总产值	工业销售产值	工业增加值	资产合计
全省总计	**2774**	**596**	**34865374**	**34582037**	**12625615**	**61171986**
济南市	302	85	3606371	3583497	1208601	7306467
青岛市	303	80	4400190	4406722	1315525	6801796
淄博市	146	33	4252112	4270335	1446655	6179487
枣庄市	94	32	869584	855266	345402	1870641
东营市	47	11	4966558	4944285	3030750	4891308
烟台市	319	74	2259588	2231216	711619	4511401
潍坊市	187	41	2671810	2633953	762163	4367330
济宁市	192	33	2230887	2196529	921884	5263432
泰安市	163	36	1510852	1488215	520711	2522599
威海市	173	27	1351342	1308717	337654	2134345
日照市	77	19	466769	463445	140012	655670
莱芜市	27	5	814112	811031	252045	1476600
临沂市	228	55	1265788	1220189	417864	2160563
德州市	164	20	962984	963120	282766	1443206
聊城市	137	21	1539284	1532150	446885	2155580
滨州市	120	11	1249264	1229975	351712	1669801
菏泽市	94	13	447880	443390	133819	669884

12－14 续表 1　　(2000 年)　　单位:万元

地区	流动资产小计	#产成品	流动资产年平均余额	固定资产原价	固定资产净值年平均余额	负债合计
全省总计	**22502944**	**2648035**	**21559936**	**44346171**	**26865483**	**38067876**
济南市	3110736	362932	3026439	3636138	2250155	4561845
青岛市	2941651	376915	2907091	3871887	2596523	4298819
淄博市	2529340	353014	2434886	5225895	2928542	3908055
枣庄市	492252	55764	469092	1626160	1132902	1345347
东营市	720959	79443	674620	9363559	3803162	2699399
烟台市	1968781	227661	1828366	2701182	1777668	2598954
潍坊市	1993537	255181	1954305	2483137	1691069	2967180
济宁市	1656863	163786	1582708	3949169	2627904	3341776
泰安市	1108637	154746	1061542	1569126	1097924	1689881
威海市	832280	137276	828754	1282675	1021722	1433068
日照市	289397	39017	287420	378296	278672	528916
莱芜市	431121	38852	426130	1101048	809379	961284
临沂市	921270	138286	861708	1254684	918875	1437862
德州市	607817	62701	549029	825696	590835	1018612
聊城市	966478	96337	872709	1085677	791582	1392947
滨州市	590809	64446	559588	958845	697687	923437
菏泽市	266221	39677	243266	424822	289121	469752

12－14 续表 2　　(2000 年)　　单位:万元

地区	所有者权益合计	#实收资本	产品销售收入	#产品销售费用	#产品销售税金及附加	#产品销售利润
全省总计	**23104109**	**13379540**	**37970654**	**1100187**	**701911**	**6168713**
济南市	2744622	1625413	3499533	124722	128154	441599
青岛市	2502977	1407658	4447132	151008	127977	558194
淄博市	2271432	1632608	4415333	81595	88957	465330
枣庄市	525294	329290	782524	33963	17367	140809
东营市	2191909	1908441	4711137	12888	96763	2226149
烟台市	1912446	1189525	2366526	86354	25722	349950
潍坊市	1400150	748621	2933439	91364	51551	340344
济宁市	1921656	815059	2352997	183777	36728	382768
泰安市	832718	556336	1465487	71356	16264	215968
威海市	701278	452436	1138924	34205	25209	147237
日照市	126754	91385	489260	18160	6160	41382
莱芜市	515316	280634	718696	13955	4286	92430
临沂市	722701	462557	1265277	66550	20882	176667
德州市	424594	231010	1034538	29388	10934	129900
聊城市	762634	298872	1548987	55571	10483	185498
滨州市	746364	261027	1409632	29891	17155	160714
菏泽市	200132	102669	473622	15274	9250	56995

12－14 续表 3　　(2000 年)　　单位:万元

地区	管理费用	利润总额	亏损企业亏损总额	利税总额	本年应交增值税	全部从业人员年平均人数(人)
全省总计	**2583426**	**3038705**	**255271**	**5946153**	**2205537**	**2447147**
济南市	378362	43082	81304	363471	192235	247765
青岛市	319930	195534	18475	529235	205724	226909
淄博市	327658	94617	40493	386331	202757	248055
枣庄市	95109	7547	13022	95324	70410	150437
东营市	239860	1795723	1013	2400701	508215	100763
烟台市	190457	161880	18396	304885	117283	184738
潍坊市	185414	105552	27748	289496	132393	182681
济宁市	218866	213102	5598	455578	205748	246481
泰安市	159898	30254	17624	143491	96973	223266
威海市	63070	49487	9321	136075	61379	78706
日照市	29458	6035	5260	37068	24873	52766
莱芜市	63784	25398	1126	76554	46871	59512
临沂市	103690	60984	6900	157264	75398	133048
德州市	57482	56873	2148	115006	47199	96075
聊城市	65737	100371	3853	180636	69782	105478
滨州市	54978	85360	1201	155666	53151	62443
菏泽市	28118	25274	1791	60010	25487	48024

12－15 各市规模以上外商和港澳台投资工业主要经济指标

（2000 年）　　单位:万元

地　区	企业单位数（个）	#亏损企业	工业总产值	工业销售产值	工业增加值	资产合计
全省总计	**1740**	**373**	**11733444**	**11407902**	**3248882**	**11450417**
济南市	127	32	885551	887216	264501	889241
青岛市	593	201	3840911	3744132	951897	3633759
淄博市	113	15	779713	749959	239106	837232
枣庄市	32	3	155607	151867	38748	258035
东营市	9		29290	28695	5692	49711
烟台市	324	37	2092430	2019415	572698	1972205
潍坊市	151	22	919986	902748	250548	1245094
济宁市	29	4	293673	296573	94527	524510
泰安市	28	8	116607	113315	36957	146379
威海市	165	20	1411335	1339680	340925	698164
日照市	25	3	256738	247648	76543	117006
莱芜市	4	1	14883	14027	4382	25650
临沂市	75	19	271909	257018	86258	307858
德州市	23	2	305639	304992	181275	518302
聊城市	17	3	112710	108568	27423	102320
滨州市	14	1	226282	222318	71212	110430
菏泽市	11	2	20183	19731	6191	14523

12－15 续表 1　　（2000 年）　　单位:万元

地　区	流动资产小计	#产成品	流动资产年平均余额	固定资产原价	固定资产净值年平均余额	负债合计
全省总计	**5464169**	**766490**	**5149741**	**6738250**	**4763392**	**6974187**
济南市	464701	70781	449333	479040	338862	521109
青岛市	1822805	241458	1723207	2207162	1550951	2295497
淄博市	346836	61464	341217	521976	364676	458656
枣庄市	70948	12395	67240	174640	150495	156165
东营市	25449	4521	21951	24730	19870	32785
烟台市	1045563	166058	983299	1092244	719429	1196071
潍坊市	679869	70262	653808	589416	425830	645520
济宁市	159399	21490	152433	361366	304442	323860
泰安市	58919	11511	54098	99368	70123	95831
威海市	366986	47627	324138	354191	295903	356930
日照市	62420	9281	61503	60234	45329	74916
莱芜市	7745	1147	8983	18871	14972	15042
临沂市	173025	25899	158093	154602	104388	210257
德州市	83618	9078	59973	465869	257451	458652
聊城市	44106	6192	40748	61190	44638	53568
滨州市	42446	5272	41062	67654	51772	69338
菏泽市	9334	2056	8654	5697	4263	9991

12－15 续表 2　　(2000 年)　　单位:万元

地　区	所有者权益合计	#实收资本	产品销售收入	#产品销售费用	#产品销售税金及附加	#产品销售利润
全省总计	**4476230**	**4457252**	**10608335**	**397752**	**45189**	**1233010**
济南市	368132	372924	777832	36727	8112	86433
青岛市	1338263	1548816	3751768	125904	2131	366732
淄博市	378576	324062	691301	21786	3381	83903
枣庄市	101870	83635	136311	2925	1011	16771
东营市	16926	17170	33883	826	95	4581
烟台市	776133	673594	1806869	91654	10474	232092
潍坊市	599573	274727	848474	32095	3015	114344
济宁市	200650	167950	284448	14157	4186	39843
泰安市	50548	36209	110288	6300	2765	13405
威海市	341233	257908	1139004	18998	2884	107277
日照市	42091	41522	138961	1947	11	10685
莱芜市	10608	12949	12019	549	24	1607
临沂市	97601	79037	244289	33036	4459	34141
德州市	59649	483543	300408	5762	2546	97332
聊城市	48752	44807	110517	2888	3	9262
滨州市	41092	32784	202472	1606	52	13508
菏泽市	4533	5616	19491	592	42	1096

12－15 续表 3　　(2000 年)　　单位:万元

地　区	管理费用	利润总额	亏损企业亏损总额	利税总额	本年应交增值税	全部从业人员年平均人数(人)
全省总计	**511820**	**607409**	**123586**	**1068901**	**416302**	**570940**
济南市	48268	30378	24746	74567	36077	35439
青岛市	201562	108282	55833	224449	114036	217038
淄博市	31684	45850	5958	83313	34082	40679
枣庄市	2744	6237	456	12702	5454	9465
东营市	1450	1710		2950	1144	1358
烟台市	98983	119103	18035	210592	81015	93354
潍坊市	41291	70343	2375	109350	35991	52437
济宁市	15070	21865	3419	39317	13267	10970
泰安市	6053	4226	729	12886	5895	9372
威海市	27640	79940	9098	107655	24831	39830
日照市	4339	5141	333	9124	3972	8550
莱芜市	819	655	87	1422	743	1164
临沂市	20222	10608	2066	30895	15829	22520
德州市	4306	89965	139	125386	32875	8697
聊城市	2745	4585	205	7882	3294	10047
滨州市	4058	8254	20	15493	7188	7610
菏泽市	586	269	88	920	608	2410

12－16 各市规模以上工业主要财务分析指标

(2000 年)

地区	资金利税率(%)	工业增加值率(%)	产值利税率(%)	销售产值利税率(%)	资产负债率(%)	流动资产周转率(%)	成本费用利润率(%)	全员劳动生产率(元/人)	产品销售率(%)
全省总计	**12.72**	**26.96**	**12.06**	**12.33**	**62.54**	**2.07**	**7.31**	**48803**	**97.86**
济南市	9.02	28.10	9.50	9.67	62.07	1.52	3.64	50292	98.24
青岛市	9.68	22.95	8.28	8.40	62.71	1.96	3.75	53788	98.50
淄博市	9.04	27.88	9.48	9.63	61.53	1.94	3.93	51410	98.46
枣庄市	8.35	25.85	8.89	9.12	70.78	2.27	3.04	23998	97.46
东营市	49.19	48.09	43.45	43.72	55.44	5.30	55.55	242118	99.40
烟台市	12.08	24.74	9.90	10.22	57.29	2.10	7.06	49086	96.84
潍坊市	9.38	23.12	8.98	9.21	68.10	1.80	4.39	35232	97.54
济宁市	10.68	32.18	16.21	16.43	64.28	1.62	8.81	38143	98.67
泰安市	7.50	28.82	8.97	9.24	68.33	1.50	2.89	24691	97.03
威海市	19.30	22.21	8.76	9.12	62.23	3.16	8.48	77110	96.00
日照市	7.93	25.68	7.02	7.15	78.00	1.92	2.58	31156	98.23
莱芜市	7.13	25.15	9.35	9.51	65.80	1.80	3.83	37208	98.25
临沂市	9.44	25.20	9.26	9.61	67.36	1.86	4.81	31772	96.32
德州市	15.98	30.03	14.95	15.04	69.97	2.25	9.83	40380	99.38
聊城市	10.74	24.77	10.28	10.41	65.84	1.90	6.19	38097	98.72
滨州市	12.22	25.14	10.62	10.77	58.95	2.47	5.94	49858	98.53
菏泽市	8.48	24.59	10.67	10.64	72.14	1.50	4.08	22888	100.33

12－17 各市国有控股工业主要财务分析指标

(2000 年)

地区	资金利税率(%)	工业增加值率(%)	产值利税率(%)	销售产值利税率(%)	资产负债率(%)	流动资产周转率(%)	成本费用利润率(%)	全员劳动生产率(元/人)	产品销售率(%)
全省总计	**12.28**	**30.79**	**17.05**	**17.19**	**62.23**	**1.76**	**8.85**	**51593**	**99.19**
济南市	6.89	28.63	10.08	10.14	62.44	1.16	1.27	48780	99.37
青岛市	9.62	25.42	12.03	12.01	63.20	1.53	4.66	57975	100.15
淄博市	7.20	29.23	9.09	9.05	63.24	1.81	2.21	58319	100.43
枣庄市	5.95	33.73	10.96	11.15	71.92	1.67	1.01	22959	98.35
东营市	53.61	51.39	48.34	48.56	55.19	6.98	67.36	300780	99.55
烟台市	8.45	27.14	13.49	13.66	57.61	1.29	7.24	38520	98.74
潍坊市	7.94	23.70	10.84	10.99	67.94	1.50	3.75	41720	98.58
济宁市	10.82	35.48	20.42	20.74	63.49	1.49	10.56	37401	98.46
泰安市	6.64	29.29	9.50	9.64	66.99	1.38	2.10	23322	98.50
威海市	7.35	21.69	10.07	10.40	67.14	1.37	4.69	42900	96.85
日照市	6.55	25.54	7.94	8.00	80.67	1.70	1.25	26534	99.29
莱芜市	6.20	25.16	9.40	9.44	65.10	1.69	3.61	42351	99.62
临沂市	8.83	27.63	12.42	12.89	66.55	1.47	5.06	31407	96.40
德州市	10.09	25.52	11.94	11.94	70.58	1.88	5.80	29431	100.01
聊城市	10.85	24.87	11.74	11.79	64.62	1.77	6.92	42367	99.54
滨州市	12.38	24.02	12.46	12.66	55.30	2.52	6.53	56325	98.46
菏泽市	11.27	25.08	13.40	13.53	70.12	1.95	5.66	27865	99.00

12－18 主要工业产品产量

（2000年）

名　　称	单　位	生产量	名　　称	单　位	生产量
原　煤	吨	80385864	混纺交织布	万米	76449
无烟煤	吨	2167471	纯化纤布	万米	71415
烟　煤	吨	74710993	印染布	万米	119273
＃炼焦烟煤	吨	64898087	帘子布	吨	12483
褐　煤	吨	3507400	绒线(毛线)	吨	65649
洗　煤	吨	22949590	呢　绒	万米	2419
＃洗精煤	吨	20634712	苎麻布及亚麻布	米	410000
天然原油	吨	26756944	麻袋(混合数)	万条	1077
天然气	万立方米	68805	丝	吨	5422
铁矿石原矿量	吨	8203534	丝织品	万米	4527
铁矿石成品矿	吨	5500760	印染丝织品	万米	2254
铜精矿含铜量	吨	7160	针棉织品折用纱线量	吨	137096
铝原矿实物量	吨	102294	非织造布	吨	3716
硫铁矿(折含S35％)	吨	376243	服　装	万件	68823
原　盐	吨	8299023	梭织服装	万件	15893
石　棉	吨	2000	西服及西服套装	万件	1446
石　墨	吨	262278	衬　衫	万件	1861
大　米	吨	6523	儿童服装	万件	206
小麦粉	万吨	510	针织服装	万件	50640
配混合饲料	吨	2787891	羽绒服装	万件	277
食用植物油	吨	1365732	缝制帽	万顶	1276
机制糖	吨	8033	布　鞋	万双	6766
鲜、冻畜肉	吨	916478	轻　革	平方米	2480594
水产加工品	吨	1402843	皮　鞋	万双	3092
糖　果	吨	51658	革皮服装	件	8869156
糕　点	吨	10503	皮包、袋	万个	7414
饼　干	吨	78875	毛皮服装	件	1077
方便主食品	吨	366369	锯　材	立方米	173627
＃方便面	吨	169650	人造板	立方米	1015336
乳制品	吨	82964	胶合板	立方米	494910
罐　头	吨	88578	纤维板	立方米	211993
味　精	吨	150878	刨花板	立方米	148801
酱　油	吨	130274	人造板二次加工装饰板	平方米	207926
淀　粉	吨	2056767	生产用木制品	千元	384112
冷冻饮品	吨	41514	生活用木制品	千元	202511
发酵酒精	吨	319351	家　具	件	4441045
饮料酒	吨	4009042	木制家具	件	3659156
白　酒	吨	907444	金属家具	件	253410
啤　酒	吨	2964831	软体家具(包括床垫、沙发)	件	408027
葡萄酒	吨	98148	纸　浆	吨	1464592
软饮料	吨	292188	机制纸	吨	3114458
碳酸饮料	吨	85935	新闻纸	吨	102077
果汁及果汁饮料	吨	82269	凸版纸	吨	61811
瓶(罐)装饮用水	吨	87144	胶印书刊纸	吨	72958
液体乳	吨	39448	机制纸板	吨	1252279
精制茶	吨	154	纸制品	吨	461720
复烤烟叶	吨	16873	纸　箱	吨	303365
卷　烟	箱	2300576	单色印刷品	万令	617
一类卷烟	箱	85201	多色印刷品	万对开色令	1083
二类卷烟	箱	58081	激光盘	片	1962000
三类卷烟	箱	286913	本　册	万本	973
四类及以下卷烟	箱	1870381	铅　笔	万支	251269
皮　棉	吨	199548	体育用品及用具	千元	346950
纱	吨	944264	西乐器	千元	93921
布	万米	275951	玩　具	千元	1936851
棉　布	万米	128086	原油加工量	吨	17289638
			汽　油	吨	2801517

12－18 续表 1　　　　　　　　　　（2000 年）

名　　　称	单　位	生 产 量
#车用汽油	吨	2511702
溶剂油	吨	263396
煤　油	吨	449638
#灯用煤油	吨	92967
柴　油	吨	5400437
润滑油	吨	142185
燃料油	吨	2746606
石油沥青	吨	1106735
液化石油气	吨	543250
炼厂干气	吨	426053
焦　炭	吨	3619910
#机械化焦炉生产的焦炭	吨	2896272
硫酸(折 100%)	吨	2463095
浓硝酸(折 100%)	吨	188811
盐酸(含量 31%以上)	吨	608262
氢氧化钠(烧碱)(折 100%)	吨	1052694
#离子膜法烧碱	吨	134784
碳酸钠(纯碱)	吨	1547504
轻质碳酸钙	吨	177032
硫化碱	吨	10015
三聚磷酸钠	吨	44121
硅酸钠(包括偏硅酸钠)	吨	475754
红矾钠	吨	20560
碳化钙(电石)(折 300 升/千克)	吨	21898
商品液氯	吨	372476
合成氨	吨	4649007
农用氮、磷、钾化学肥料(折纯)	吨	3982362
氮肥(折含 N100%)	吨	3416559
#尿　素	吨	2313056
磷肥(折合 P2O5100%)	吨	565801
磷酸铵肥	吨	25777
化学农药	吨	42192
杀虫剂	吨	28123
杀菌剂	吨	2232
除草剂	吨	3810
农药乳剂(实物量)	吨	27051
乙　烯	吨	500518
丙　烯	吨	376059
丁二烯	吨	84355
纯　苯	吨	185929
对二甲苯	吨	50724
苯乙烯	吨	63271
精甲醇	吨	120441
丁　醇	吨	44219
辛　醇	吨	81814
甲　醛	吨	228509
冰醋酸	吨	3414
苯二甲酸酐	吨	123411
油　漆	吨	114219
建筑涂料	吨	11207
油　墨	吨	2743
颜　料	吨	36161
染　料	吨	28470
塑料树脂及共聚物	吨	928583
聚氯乙烯树酯	吨	285690
聚乙烯树酯	吨	374855
聚丙烯树酯	吨	91309
合成橡胶	吨	109614
#顺丁橡胶	吨	36947
合成纤维单体	吨	119790
合成纤维聚合物	吨	159827
#聚　脂	吨	159728
化学试剂	吨	1242
催化剂	吨	28503
塑料助剂	吨	184808
印染助剂	吨	19401
橡胶助剂	吨	24028
炭　黑	吨	95937
表面活性剂	吨	152
粘合剂	吨	11302
松　香	吨	101
炸　药	吨	88345
雷　管	万支	18509
磁带(折 6.30 毫米)	万米	18314
软磁盘	万片	73
饲料添加剂	吨	23569
食品添加剂	吨	61950
肥皂	吨	26031
合成洗涤剂	吨	219055
#合成洗衣粉	吨	118823
化妆品	千元	170648
牙膏(自然支)	万支	1220
火　柴	件	726076
化学原料药	吨	75740
中成药	吨	12111
化学纤维	吨	396165
化纤用浆粕	吨	77714
粘胶纤维	吨	63694
合成纤维	吨	332470
锦纶纤维	吨	27188
涤纶纤维	吨	211607
腈纶纤维	吨	57343
丙纶纤维	吨	33125
轮胎外胎	条	37861278
#子午线轮胎外胎	条	4361956
力车胎外胎	万条	2213
输送带	平方米	18866336
三角带	万 A 米	2917
橡胶胶管	万标米	10545
胶　鞋	万双	6131
塑料制品	吨	743124
塑料薄膜	吨	226446
#农用薄膜	吨	167515
塑料板片材	吨	53184
塑料棒管材	吨	82886
塑料丝及编织制品	吨	191767
塑料人造革	吨	5750
塑料合成革	吨	679
泡沫塑料	吨	18674
塑料包装箱及容器	吨	29203
塑料鞋	吨	173
日用塑料制品	吨	39153
其它塑料制品	吨	95205

名　　称	单　位	生 产 量	名　　称	单　位	生 产 量
水　泥	万吨	6547	铜盘条	吨	3170
水泥排水管	吨	292855	铝　材	吨	140723
水泥压力管	吨	112879	金属结构制品	吨	81799
水泥电杆	吨	614835	铸铁管	吨	194708
水泥预制构件	立方米	2263478	金属切削工具	万件	327
石棉水泥瓦	平方米	774600	模　具	套	9460
砖（折标准砖）	万块	241691	手工工具	万把	23739
瓦	万片	122670	金属集装箱	立方米	3150231
大理石板材	平方米	860177	金属制包装物品	吨	12329
花岗石板材	平方米	8371758	金属制液体贮藏罐	吨	10820
加气混凝土	立方米	139053	金属制气体贮藏罐	吨	16487
石膏板	平方米	47721888	钢丝网	吨	9677
油毡油纸	卷	13252429	钢　钉	吨	12595
平板玻璃	重量箱	15596483	钢　丝	吨	17199
日用玻璃制品	吨	1485206	钢丝绳	吨	42392
玻璃保温容器	万个	1613	建筑用金属品	吨	25033
釉面砖	万平方米	18293	搪瓷制品	吨	7649
墙地砖	万平方米	12570	日用精铝制品	吨	231
卫生陶瓷	吨	34788	日用不锈钢制品	吨	5331
工业陶瓷	吨	168085	剪　刀	万把	76
日用陶瓷	万件	114998	锁	万把	31815
石棉制品	吨	10969	燃气用具	台	411585
耐火材料制品	吨	425820	＃燃气热水器	台	2854
石墨及碳素制品	吨	92483	焊　条	吨	60715
玻璃纤维纱	吨	21815	工业锅炉	蒸发量吨	14751
磨　具	吨	18446	电站锅炉	蒸发量吨	4025
生　铁	吨	7297001	内燃机	万千瓦	1566
钢	吨	6354204	电站汽轮机	千瓦	468600
普通碳素钢	吨	2980480	金属切削机床	台	28195
普通低合金钢	吨	2401704	高精度机床	台	27
合金钢	吨	285014	数控机床	台	1023
其它优质钢	吨	687006	大型机床	台	66
成品钢材	吨	6819342	锻压设备	吨	34370
普通大型钢材	吨	33238	铸造机械	台	1803
普通中型钢材	吨	535448	风动工具	台	120935
普通小型钢材	吨	2153653	起重设备	吨	31688
优质型钢材	吨	472207	升降移动机械	台	3100
冷弯（拔）型钢材	吨	7803	叉　车	台	1900
线　材	吨	1116503	输送机械	米	20461
特厚钢板	吨	39589	给料机械	台	141
中厚钢板	吨	1336023	装卸机械	台	530
钢　带	吨	651187	工矿车辆	辆	1975
无缝钢管	吨	244584	泵	台	297221
焊接钢管	吨	223523	风　机	台	93626
其它成品钢材	吨	5583	气体压缩机	台	689
铁合金	吨	6440	减速机	台	38894
十种有色金属	吨	131346	制冷空调设备	台（套）	60
铜	吨	38693	电动工具	台	112035
＃矿产铜	吨	27576	轴　承	万套	9917
铅	吨	3583	阀　门	吨	33618
铝	吨	88064	液压元件	件	561089
＃矿产铝	吨	88064	液力件	件	78913
镁	吨	1006	密封件	万件	5182
氧化铝	吨	733080	粉末冶金制品	吨	4096
铝合金	吨	13594	标准紧固件	吨	42313
铜加工材	吨	37190	工业链条	吨	5676

12－18 续表 3　　　　　　　　　　　　　　(2000 年)

名　　　　称	单　位	生 产 量	名　　　　称	单　位	生 产 量
齿　轮	吨	12840	干电池(折一号电池)	万只	118714
铸　件	吨	793002	家用洗衣机	台	3123813
锻　件	吨	140439	家用电冰箱	台	2803012
矿山设备	吨	23917	冷冻箱	台	1593603
工矿配件	吨	26645	家用电风扇	台	764620
冶炼设备	吨	1995	房间空气调节器	台	2839558
金属轧制设备	吨	679	排油烟机	台	35606
石油钻采设备	吨	11756	电淋浴器	台	286870
化工设备	吨	11183	微波炉	台	381475
塑料加工设备	吨	18512	电饭锅	个	209269
印刷机	吨	1169	家用电热烘烤器具	个	141500
装订机械	吨	219	家用洗碗机	台	2925
水泥设备	吨	7276	灯　泡	万只	27512
烟草加工机械	台(条、组)	103	灯　具	万只	1317
粮食加工机械	台	106093	电焊机	台	2348
饲料加工机械	台	12656	微波通信设备	部	63
包装机械	台	8564	载波通信设备	部	244
棉花加工设备	台	1014	光通信设备	部	228
棉纺织设备	吨	27111	程控交换机	线	4104430
丝绸、绢纺机械设备	吨	29617	＃数字程控交换机	线	4103944
染整机械设备	吨	2788	电话单机	部	2054679
针织机械设备	吨	1052	BP 机	部	508284
造纸机械	台	5917	传真机	部	374165
大中型拖拉机	台	10885	雷　达	部	15
小型拖拉机	台	770481	电子计算机	部	7722
收获机械	台	22125	微型电子计算机	部	310663
水工机械	吨	511	显示器	部	141757
农业运输机械	辆	1700834	打印机	部	8898
手术器械	千元	22224	半导体分立器件	万只	210069
医疗仪器设备	千元	7230	半导体集成电路	万块	24
诊断用品	千元	381399	电子元件	万只	385197
铲土运输机械	台	6315	彩色电视机	部	2547700
压实机械	台	2403	黑白电视机	部	55346
混凝土机械	台	4709	激光视盘机	台	23470
缝纫机	架	9057	自动化仪表及系统	台(套)	29715
机　车	千瓦	97480	电工仪器仪表	台	3242668
铁路客车	辆	675	光学仪器	台	17106
货　车	辆	2098	成分分析仪器	台	1021
汽　车	辆	60719	试验机	台	1247
＃载货汽车	辆	59313	汽车仪器仪表	台	54
改装汽车	辆	22411	仪表元件	万件	2220
摩托车	辆	1487402	量　具	件	3504165
自行车	辆	467128	量　仪	件	113
民用钢质船舶	综合吨	267667	台　秤	台	226024
民用钢质船舶	进度完工量	254653	地上衡	台	4282
发电设备	千瓦	1110673	电影机械	台	1449
＃汽轮发电机	千瓦	1110673	照相机	台	70400
交流电动机	千瓦	6706177	打字油印机械	台	22418
变压器	千伏安	23081331	钟	只	1649970
互感器	台	48781	表	只	781748
高压断路器	台	1637	工艺美术制品	千元	3735046
高压开关板	面	4686	眼　镜	付	23460
低压开关板	面	114883	伞	把	689234
电力电缆	公里	99337	发电量	万千瓦小时	10052605
通讯电缆	公里	9064879	火　电	万千瓦小时	10051361
电　线	公里	228862	水　电	万千瓦小时	256
钢芯铝绞线	吨	33082	供电量	万千瓦小时	11216909
裸铜线及铜电车线	吨	11724	供热量	万百万千焦	16545
绝缘制品	吨	24724	煤　气	万立方米	790092
蓄电池	千伏安时	926482	自来水生产量	万吨	169214

十三、建筑业

CONSTRUCTION

简要说明：

本篇收集了2000年我省建筑业资质企业生产经营情况。

主要内容：全省建筑业企业主要生产指标情况、全省建筑业企业主要财务指标情况、全省各市地建筑业企业主要生产指标情况、全省各市地建筑业企业主要财务指标情况。

资料来源：山东省辖区内所有具有建筑业资质等级五级及五级以上企业的2000年年报资料。

13－1 主要年份建筑业总产值

单位:亿元

年份	总计	国有经济	中央	地方	集体经济	#城镇
1957	1.32	1.32	0.67	0.65		
1962	1.20	0.99	0.44	0.55	0.21	0.21
1965	2.51	1.66	0.53	1.13	0.85	0.85
1970	3.02	1.76	0.76	1.00	1.26	1.26
1975	7.24	4.66	2.27	2.39	2.58	2.58
1978	11.34	7.62	2.54	5.08	3.72	3.72
1979	11.96	8.14	2.62	5.52	3.82	3.82
1980	14.26	9.76	4.01	5.75	4.50	4.50
1981	13.42	9.41	4.98	4.43	4.01	4.01
1982	14.50	9.46	4.41	5.05	5.04	5.04
1983	15.89	10.45	4.56	5.89	5.44	5.44
1984	23.07	16.25	8.62	7.63	6.82	6.82
1985	31.21	22.05	12.21	9.84	9.16	9.16
1986	34.71	24.44	14.87	9.57	10.27	10.27
1987	40.91	28.67	17.51	11.16	12.24	12.24
1988	49.38	33.34	20.04	13.30	16.04	16.04
1989	55.24	37.94	22.36	15.71	17.30	17.30
1990	58.89	40.60	24.27	16.33	18.29	18.29
1991	71.40	47.77	27.40	20.38	32.63	32.63
1992	98.66	61.86	32.81	29.05	36.81	36.81
1993	141.14	93.32	46.57	46.75	46.71	46.71
1994	206.42	133.92	78.70	55.22	65.13	65.13
1995	257.95	163.73	92.25	71.48	82.08	82.08
1996	593.90	198.27	101.45	96.82	363.92	100.44
1997	652.59	228.26	112.47	115.79	387.09	120.19
1998	702.64	279.97	104.79	135.25	328.63	102.06
1999	770.80	248.19	113.14	135.05	326.12	113.55
2000	820.52	249.48	120.37	129.11	310.30	110.27

注:1995年前不含县以下集体施工企业。

13－2 主要年份建筑业企业从业人数

单位:万人

年份	总计	国有经济	中央	地方	集体经济	#城镇
1957	4.21	4.21	2.14	2.07		
1962	6.48	4.91	2.13	2.78	1.56	1.56
1965	7.35	4.77	1.52	3.25	2.59	2.59
1970	10.31	5.76	2.66	3.10	4.52	4.52
1975	18.81	11.33	5.36	5.97	7.47	7.47
1978	25.20	16.21	5.40	10.81	9.07	9.07
1979	26.00	16.96	6.24	10.72	8.88	8.88
1980	26.91	18.07	8.91	9.16	9.00	9.00
1981	28.55	19.20	11.07	8.20	9.11	9.11
1982	27.36	17.52	9.00	8.71	9.51	9.51
1983	27.88	18.02	6.42	11.55	9.71	9.71
1984	33.93	22.26	9.37	12.93	11.56	11.56
1985	40.53	26.89	13.13	13.67	13.47	13.47
1986	38.57	24.69	15.17	9.67	13.88	13.88
1987	39.34	24.50	14.97	9.62	14.93	14.93
1988	40.48	24.88	14.74	10.08	15.73	15.73
1989	38.90	22.86	13.63	10.83	14.54	14.54
1990	38.15	21.83	11.65	10.18	14.87	14.87
1991	39.72	23.83	12.51	11.32	15.89	15.89
1992	45.10	23.44	11.66	11.78	19.85	19.85
1993	52.78	29.57	11.87	17.70	22.94	22.94
1994	66.22	37.17	20.10	17.07	27.36	27.36
1995	66.84	35.32	14.91	20.40	29.13	29.13
1996	188.02	40.96	14.82	26.14	138.19	38.19
1997	175.78	40.49	14.39	26.10	126.15	40.15
1998	169.11	38.59	11.28	27.30	100.52	31.99
1999	164.95	33.56	10.86	22.70	92.07	26.96
2000	171.94	31.80	10.27	21.53	85.33	25.60

注:1995年前不含县以下集体施工企业。

13－3“九五”建筑业主要完成指标

指 标 名 称	单位	1996年	1997年	1998年	1999年	2000年
企业个数	个	4409	4400	4512	4662	4580
建筑业总产值	万元	5939002	6525901	7026381	7708038	8205214
1.建筑工程	万元	4800258	5106670	5676934	6297414	6781136
2.安装工程	万元	959997	1212464	1147195	1219546	1216473
3.房屋构筑物修理	万元	131820	139158	136574	127933	134046
4.非标准设备制造	万元	46926	67608	65676	63145	73558
竣工产值	万元	4126819	4766890	4571178	5256607	5824209
单位工程施工个数	个	60321	58636	56311	57572	58668
单位工程竣工个数	个	423870	41112	37668	39709	39242
#优良单位工程个数	个	148498	11066	11156	13232	13619
房屋建筑施工面积	万平方米	9189.36	9127.28	9648.69	10156.42	11435.61
房屋建筑竣工面积	万平方米	4654.53	4701.36	5017	5578.84	5958.69
#住　宅	万平方米		2513.59	3143.88	3720.53	3695.88
#优良工程面积	万平方米	1362.92	1589.71	1764.12	2216.22	2566.37
计算劳动生产率的平均人数	万人	188.02	175.78	169.11	172.57	182.57
资产合计	万元	6281184	7109988	7858747	8251996	8662409
负债合计	万元	4577814	5201109	5845987	6095733	6405009
所有者权益合计	万元	1703370	1908879	2012760	2156263	2257400
工程结算收入	万元	5091432	5571513	5872513	6462301	6874189
工程结算成本	万元	4343944	4772040	5051030	5599483	5983791
工程结算税金及附加	万元	182072	181887	200217	209564	217625
工程结算利润	万元	565416	617585	621266	653254	672772
其他业务利润	万元	32784	42708	35220	32923	31638
管理费用	万元	342727	394084	416221	442375	463297
财务费用	万元	86948	88280	65222	59224	54278
营业利润	万元	168699	178035	175042	184579	186836
利润总额	万元	152197	162597	163055	177097	183782
增加值	万元	1799845	1908095	2030081	2172975	2279670
劳动生产率	元/人	31587	37125	41549	44666	44943
产值利润率	%	2.56	2.49	2.32	2.30	2.24
资产负债率	%	72.88	73.15	74.39	73.87	73.94
增加值率	%	30.31	29.24	28.89	28.19	27.78
按房屋面积计算的优良品率	%	29.28	33.81	35.16	39.73	43.07
按工程个数计算的优良品率	%	35.03	26.92	29.62	33.32	34.71

13－4 建筑业主要生产指标

（2000 年）

各种分组	企业个数（个）	建筑业总产值（万元）	竣工产值（万元）	单位工程施工个数（个）	单位工程竣工个数（个）	房屋建筑施工面积（万平方米）	房屋建筑竣工面积（万平方米）	#住宅	年末从业人员（万人）
总　计	**4580**	**8205214**	**5824209**	**58668**	**39242**	**11435.61**	**5958.69**	**3695.88**	**171.94**
#一、二级企业	835	5496737	3922376	30711	20386	6410.36	3064.36	1808.10	88.71
#国有及国有控股	4474	8184249	5809403	58308	38943	11404.02	5933.24	3685.79	171.35
一、按登记注册类型分									
内资企业	4490	8138761	5779052	58338	39001	11402.71	5938.62	3681.85	170.89
国有企业	695	2494757	1966693	12602	8380	2303.36	1001.14	537.70	31.80
集体企业	2498	3102983	2041053	25138	15952	5500.61	3104.48	2008.23	85.33
股份合作企业	146	289123	188914	1666	946	456.83	231.32	153.43	6.77
联营企业	25	196135	179593	5287	5067	116.59	50.05	38.12	2.89
国有联营企业	3	1204	1204	7	3	1.10	0.70	0.70	0.01
集体联营企业	10	7012	4018	55	35	17.37	12.07	11.16	0.21
国有与集体联营企业	4	32544	19819	196	72	72.82	20.31	18.54	0.54
其他联营企业	8	155375	154553	5029	4957	25.29	16.97	7.72	2.13
有限责任公司	441	967045	654460	6262	3854	1513.61	729.27	456.50	17.91
国有独资公司	7	87519	34244	425	197	127.15	29.55	19.26	0.97
其他有限责任公司	434	879526	620216	5837	3657	1386.47	699.72	437.23	16.94
股份有限公司	159	658005	450814	3662	2261	773.40	405.50	234.14	14.45
私营企业	525	430187	296999	3717	2537	738.31	416.86	253.72	11.73
私营独资企业	61	32400	21217	352	238	62.75	32.69	19.60	1.11
私营合伙企业	21	5345	4828	100	88	9.75	7.39	3.68	0.25
私营有限责任公司	392	342055	240840	2910	1967	577.26	329.85	200.74	9.05
私营股份有限公司	51	50388	30114	355	244	88.54	46.93	29.70	1.32
其他企业	1	526	526	4	4				0.01
港、澳、台商投资企业	61	45455	31453	220	162	25.50	14.74	8.72	0.76
合资经营企业(港或澳、台资)	42	28499	21037	158	120	24.42	13.66	7.64	0.62
合作经营企业(港或澳、台资)	1	2300	1200						0.04
港、澳、台商独资经营企业	17	10117	4678	36	32	1.08	1.08	1.08	0.06
港、澳、台商投资股份有限公司	1	4538	4538	26	10				0.04
外商投资企业	29	20998	13703	110	79	7.39	5.33	5.31	0.28
中外合资经营企业	15	11431	9418	84	66	5.89	4.88	4.86	0.18
中外合作经营企业									
外资企业	14	9568	4286	26	13	1.51	0.45	0.45	0.10
外商投资股份有限公司									
二、按国民经济行业分									
土木工程建筑业	3739	7194636	5040276	47392	30636	11278.96	5849.54	3665.06	157.30
房　屋	3414	5894297	3899221	36388	21640	11042.70	5715.25	3587.93	142.71
矿　山	14	111524	83948	1123	564	62.01	35.55	20.85	2.27
铁路公路隧道桥梁	101	830828	707396	7078	6438	62.48	46.54	27.33	7.67
堤坝电站码头	25	187421	154507	415	288	15.28	6.64	1.76	1.57
其他土木工程	185	170566	195204	2388	1706	96.49	45.57	27.18	3.08
线路管道设备安装业	443	835270	666382	11255	8592	149.82	104.59	29.20	12.31
线路管道安装业	174	419727	392669	5886	4416	49.43	24.55	9.36	5.10
设备安装业	269	415542	273714	5369	4176	100.40	80.05	19.84	7.20
装修装饰业	398	175309	117551	21	14	6.83	4.55	1.62	2.33

13－5 建筑业主要财务指标

（2000 年）　　　　单位：万元

各种分组	资本金合计	流动资产	#在建工程	固定资产	资产合计	流动负债	长期负债	负债合计
总　　计	**1673454**	**6460619**	**969289**	**1710555**	**8662409**	**6029254**	**375755**	**6405009**
#一、二级企业	1028803	4434882	542162	1110758	5930303	4272757	240871	4513628
#国有及国有控股	1667272	6445356	965924	1703549	8638073	6017819	374164	6391984
一、按登记注册类型分								
内资企业	1646473	6378681	961544	1697622	8563435	5960354	375000	6335353
国有企业	464173	2144689	234674	599114	2914111	2172917	157810	2330726
集体企业	649865	2263901	456580	593707	2981972	1967955	113447	2081402
股份合作企业	62525	246542	56385	75986	339124	231022	12918	243940
联营企业	51271	175530	4184	44717	231664	163457	6199	169656
国有联营企业	1157	1561	419	238	2105	928		928
集体联营企业	3018	4628	1231	1158	5998	2806		2806
国有与集体联营企业	2068	51610	129	3965	60102	57068	840	57907
其他联营企业	45027	117730	2405	39356	163458	102655	5359	108015
有限责任公司	201102	771204	94249	179519	1046845	734420	40642	775062
国有独资公司	14626	24843	512	13409	41323	23370	2411	25780
其他有限责任公司	186476	746361	93737	166110	1005521	711051	38231	749282
股份有限公司	106670	471843	41152	114969	630823	430717	21611	452328
私营企业	110570	304440	73895	89465	418213	259486	22373	281859
私营独资企业	8292	25939	4176	6857	35206	21069	3655	24724
私营合伙企业	1128	2517	367	1113	3824	1814	588	2402
私营有限责任公司	92825	243905	57025	72395	334761	203404	16242	219646
私营股份有限公司	8326	32079	12327	9100	44422	33199	1888	35087
其他企业	297	532	424	146	685	380		380
港、澳、台商投资企业	17277	53755	5946	8256	63610	42279	500	42778
合资经营企业(港、澳、台资)	10706	38478	5064	5275	45037	32519	476	32994
合作经营企业(港、澳、台资)	579	553	135	322	885	215	20	235
港、澳、台商独资经营企业	5793	11359	224	2302	13966	5713	4	5717
港澳台商投资股份有限公司	200	3364	523	357	3722	3832		3832
外商投资企业	9704	28183	1800	4677	35364	26622	256	26878
中外合资经营企业	5932	20206	807	2475	23384	18346	66	18412
中外合作经营企业								
外资企业	3773	7977	993	2202	11980	8276	190	8466
二、按国民经济行业分								
土木工程建筑业	1392335	5661535	894333	1456660	7508913	5298329	294914	5593243
房　屋	1065925	4657081	806634	1080402	6055315	4329888	213953	4543841
矿　山	40086	91011	1457	40550	137090	88283	5243	93526
铁路公路隧道桥梁	179749	623480	47797	210161	881159	602289	39818	642107
堤坝电站码头	41936	142050	22709	59760	211420	134746	27943	162689
其他土木工程	64639	147913	15735	65786	223929	143123	7957	151081
线路管道设备安装业	216467	624384	57753	218204	933703	580628	75763	656391
线路管道安装业	100785	323432	30358	112158	468895	307784	27512	335296
设备安装业	115682	300952	27394	106046	464808	272844	48251	321095
装修装饰业	64652	174700	17203	35691	219794	150297	5078	155375

13-5续表　　(2000年)　　单位:万元

各种分组	所有者权益合计	工程结算收入	工程结算成本	工程结算利润	管理费用	财务费用	利润总额
总　　计	**2257400**	**6874189**	**5983791**	**672773**	**463297**	**54278**	**183782**
#一、二级企业	1416675	4700174	4109747	448468	321827	33100	110773
#国有及国有控股	2246089	6857101	5969692	670479	462243	54128	182574
一、按登记注册类型分							
内资企业	2228082	6816958	5936480	664801	457568	53634	181947
国有企业	583384	2296717	2024136	207905	182313	10521	25302
集体企业	900570	2411921	2081540	249075	153744	25580	85431
股份合作企业	95184	229198	202201	19577	12026	2186	6107
联营企业	62008	188897	167576	15187	10330	692	6085
国有联营企业	1177	1182	976	114	199	3	-56
集体联营企业	3192	6833	6076	540	407	25	74
国有与集体联营企业	2195	31940	29124	1784	2205	451	-311
其他联营企业	55443	148942	131400	12749	7519	213	6378
有限责任公司	271782	765147	664153	75353	43134	6100	23413
国有独资公司	15543	26731	22331	3539	2179	286	1018
其他有限责任公司	256239	738417	641822	71814	40955	5814	22395
股份有限公司	178495	592671	507120	66706	35908	5536	26353
私营企业	136354	331879	289360	30884	20031	3015	9226
私营独资企业	10482	27220	23827	2472	1543	261	567
私营合伙企业	1421	4869	4222	481	264	34	292
私营有限责任公司	115115	265064	231623	24321	16124	2455	6813
私营股份有限公司	9336	34725	29687	3610	2100	264	1555
其他企业	305	527	395	114	82	3	29
港、澳、台商投资企业	20832	38643	31762	5769	3474	348	1987
合资经营企业(港、澳、台资)	12042	24829	21214	2860	2382	213	306
合作经营企业(港、澳、台资)	650	2300	2083	142	22	15	105
港、澳、台商独资经营企业	8250	9439	6937	2281	701	10	1569
港澳台商投资股份有限公司	-110	2075	1528	485	369	110	7
外商投资企业	8487	18589	15548	2203	2255	296	-151
中外合资经营企业	4972	10972	8762	1641	1780	275	-393
中外合作经营企业							
外资企业	3514	7616	6787	562	476	21	241
二、按国民经济行业分							
土木工程建筑业	1915670	6015327	5271190	550560	372482	49619	157764
房　屋	1511475	4759039	4179444	421355	272429	45869	129667
矿　山	43564	108024	87917	16630	12704	820	1142
铁路公路隧道桥梁	239052	831964	732216	76739	53570	959	21889
堤坝电站码头	48731	167732	149847	13651	14941	951	1853
其他土木工程	72848	148568	121766	22185	18837	1019	3212
线路管道设备安装业	277312	704799	582497	103387	75948	3552	22554
线路管道安装业	133599	389056	320675	58651	42328	1042	13851
设备安装业	143713	315743	261821	44736	33620	2510	8703
装修装饰业	64419	154064	130105	18825	14866	1107	3464

13－6 各市建筑业主要生产指标

（2000 年）

地　　区	企业个数（个）	建筑业总产值（万元）	竣工产值（万元）	单位工程施工个数（个）	单位工程竣工个数（个）	房屋建筑施工面积（万平方米）	房屋建筑竣工面积（万平方米）	#住宅	年末从业人员（万人）
全省总计	**4580**	**8205214**	**5824209**	**58668**	**39242**	**11435.61**	**5958.69**	**3695.88**	**171.94**
济南市	569	1419160	1063897	6788	4057	1611.00	655.45	383.06	20.17
青岛市	461	1177345	747701	7097	4536	1700.97	815.17	522.69	19.67
淄博市	309	585240	392630	3969	2558	777.00	405.33	293.12	15.45
枣庄市	163	285919	185634	1920	1236	459.67	257.57	182.66	8.11
东营市	141	567498	565815	7508	6986	247.27	162.02	93.42	8.18
烟台市	679	606153	462013	5046	3412	981.88	561.09	334.26	12.55
潍坊市	410	677457	425547	4152	2752	942.57	468.37	283.89	14.83
济宁市	271	346581	280355	3388	2089	641.79	350.36	230.38	10.32
泰安市	311	831500	502635	5222	3197	1122.25	741.43	465.02	23.71
威海市	313	256675	173178	2427	1609	512.29	250.30	153.19	5.30
日照市	148	151261	112790	1331	922	195.16	91.42	55.13	3.32
莱芜市	88	100108	56395	871	480	164.69	99.95	59.58	3.32
临沂市	293	543004	413967	3256	2114	770.68	473.79	259.73	10.94
德州市	114	226672	151207	1212	730	307.90	174.04	103.01	4.89
聊城市	80	146540	95812	1786	822	356.75	160.41	102.47	2.71
滨州市	157	182238	127175	1714	1160	407.91	175.85	105.32	4.34
菏泽市	73	101867	67458	981	582	235.84	116.15	68.96	4.12

13－7 各市建筑业主要财务指标

（2000 年） 单位:万元

地　区	资本金合计	流动资产	#在建工程	固定资产	资产合计	流动负债	长期负债	负债合计
全省总计	**1673454**	**6460619**	**969289**	**1710555**	**8662409**	**6029254**	**375755**	**6405009**
济南市	269729	1253237	111793	255535	1652558	1229457	75591	1305048
青岛市	191082	952510	103956	169444	1192078	912230	44109	956339
淄博市	145923	426513	43548	131977	589019	391835	16278	408113
枣庄市	56128	211728	34098	51607	271143	189936	10522	200458
东营市	142198	372487	18576	157336	553572	343586	24536	368123
烟台市	142013	540270	71781	133280	703202	477674	37899	515574
潍坊市	157212	544542	129511	169596	763428	480791	39062	519853
济宁市	98171	332520	70530	89810	439268	312193	14227	326419
泰安市	151977	367407	100223	158794	551379	306989	37061	344050
威海市	60882	304164	48778	66789	388056	275099	8500	283599
日照市	17890	128343	32144	29913	164293	133734	5936	139670
莱芜市	25429	92738	38436	23844	123705	81533	4945	86478
临沂市	86022	496069	89760	110508	636871	469742	23640	493381
德州市	37730	110365	19397	44892	164800	102515	13717	116232
聊城市	19754	127279	17332	43418	179825	137539	4112	141651
滨州市	39394	133623	19870	50255	195468	129165	11346	140511
菏泽市	31921	66825	19554	23556	93746	55236	4274	59510

13－7 续表 （2000 年） 单位:万元

地　区	所有者权益合计	工程结算收入	工程结算成本	工程结算利润	管理费用	财务费用	利润总额
全省总计	**2257400**	**6874189**	**5983791**	**672773**	**463297**	**54278**	**183782**
济南市	347510	1247982	1088722	120520	97842	3420	19775
青岛市	235739	1017842	902686	82676	62479	6794	16916
淄博市	180907	532447	468699	47277	29260	5495	13991
枣庄市	70685	235112	203355	23436	15209	2409	5743
东营市	185450	547057	479510	53130	30423	1879	22364
烟台市	187628	518023	438555	61927	37169	4879	21240
潍坊市	243574	510740	444462	50017	33253	5352	13452
济宁市	112849	292343	251217	31314	30072	3061	－3841
泰安市	207329	577560	499611	58126	32480	6720	24236
威海市	104457	224112	184550	31721	19654	2731	11978
日照市	24623	131025	114598	12307	8305	1079	3524
莱芜市	37226	76035	64637	9036	5013	1100	4449
临沂市	143489	458660	400613	44809	24387	4701	19234
德州市	48567	163046	144050	13937	12633	687	4242
聊城市	38173	121567	105206	12257	10334	1973	2376
滨州市	54957	149344	130487	14122	9633	1613	3363
菏泽市	34235	71294	62831	6162	5150	385	742

十四、交通运输邮电通讯业

TRANSPORTATION, POSTAL AND TELECOMMUNICATION SERVICES

简要说明：

一、本篇资料反映全省交通运输业和邮电通讯业发展的基本状况。交通运输业资料主要有：铁路、公路及水运三种运输方式的历年线路里程、全省及各市民用汽车拥有量、地方交通企业技术质量情况、各运输方式完成货物运输量和旅客运输量、交通运输企业主要经济技术指标、沿海主要港口货物吞吐量等。邮电通信业资料主要有：全省邮电局（所）及邮路情况，邮电通信主要电路及设备拥有量，总体邮电业务完成情况，邮电通信发展水平等资料。

二、有关交通运输资料分别来源于济南铁路局、山东省地方铁路局、山东省交通厅、山东省民航局、山东省公安厅交警总队，邮电通信业资料来源于山东省通信管理局及省邮政局。

14-1 历年运输线路长度

单位:公里

年份	铁路通车里程	公路通车里程	#晴雨通车	内河通航里程	#通机动船
1949	887	3152	65	1082	
1950	953	6402	103	1117	
1951	954	7396	120	1117	
1952	954	7669	170	1459	409
1953	956	8333	170	1459	409
1954	956	8507	476	1459	409
1955	956	9070	667	1459	409
1956	1139	10669	1489	1696	900
1957	1154	13425	2115	1642	1063
1958	1136	19734	4996	2120	1380
1959	1135	21980	5504	2638	1491
1960	1168	20780	6526	2365	1521
1961	1168	20143	5773	2379	1433
1962	1168	15766	4189	2179	1353
1963	1168	16915	3985	2151	1337
1964	1168	18032	4509	2117	1289
1965	1208	22176	5669	1827	1310
1966	1261	23273	7241	1815	1321
1967	1266	24209	7889	1815	1321
1968	1276	25511	8501	1815	1321
1969	1276	27471	11356	1815	1321
1970	1276	29159	12666	1821	1629
1971	1276	29903	14137	1876	1717
1972	1276	30369	16773	1876	1764
1973	1276	30769	18543	1876	1764
1974	1276	31050	19364	1876	1764
1975	1275	31712	20212	1876	1764
1976	1386	32978	21645	2118	1802
1977	1386	33629	23636	2343	1811
1978	1385	34244	25289	2403	1880
1979	1388	35139	26106	1972	1953
1980	1411	35311	26544	1970	1736
1981	1582	35292	27284	1849	1712
1982	1565	35504	27875	1859	1722
1983	1565	35722	28480	1859	1722
1984	1569	35935	29427	1859	1725
1985	1572	36327	30250	1840	1706
1986	2041	37005	31286	1840	1706
1987	2042	37530	32468	1840	1706
1988	2042	38759	34057	1840	1706
1989	2042	39783	35557	1840	1706
1990	2041	40772	37015	1840	1706
1991	2042	41937	39081	1891	1780
1992	2048	43134	40612	1891	1780
1993	2048	46033	43992	1891	1780
1994	2048	50225	48385	1891	1780
1995	2048	54243	52702	1891	1780
1996	2620	57271	55882	1891	1780
1997	2721	59260	58028	1414	1302
1998	2658	64145	63142	1414	1302
1999	2672	67847	67055	1476	
2000	2672	70686	70038	1476	

14－2 历年旅客运量及周转量

年份	客运量（万人）	铁路	公路	水路	周转量（百万人公里）	铁路	公路	水路
1949	928	846	82		1368	1287	81	
1950	1005	888	117		1534	1434	100	
1951	1166	995	171		1661	1534	127	
1952	1196	938	251	7	1553	1365	180	8
1953	1654	1217	428	9	2127	1806	311	10
1954	1766	1202	550	14	2287	1889	389	9
1955	1775	1086	678	11	2229	1786	438	5
1956	2300	1368	919	13	2864	2335	523	6
1957	3019	1872	1128	19	3002	2427	565	10
1958	3694	2399	1270	25	3406	2702	694	10
1959	4916	3361	1500	55	3934	3090	832	12
1960	5911	4480	1385	46	4717	3887	807	23
1961	7793	6400	1321	72	7230	6476	809	35
1962	7590	5923	1599	68	7664	6690	933	41
1963	3837	2360	1433	44	4084	3304	759	21
1964	4509	2864	1607	38	3639	2845	779	15
1965	4566	2457	2077	32	3664	2699	953	12
1966	5065	2225	2812	28	4126	2914	1200	12
1967	5308	2442	2831	35	4641	3420	1203	18
1968	5933	2580	3319	34	5421	3933	1470	18
1969	5915	2538	3343	34	5813	4323	1473	17
1970	5725	2454	3240	31			1445	14
1971	5819	2550	3239	30			1542	13
1972	6595	2948	3612	35			1727	15
1973	6926	2992	3900	34	6305	4403	1888	14
1974	6802	3156	3613	33	6354	4498	1843	13
1975	7084	3202	3844	38	6676	4708	1953	15
1976	7614	3233	4239	52	6996	4791	2189	16
1977	8679	3522	5103	54	7702	5127	2560	15
1978	9431	3467	5897	67	8448	5535	2895	18
1979	10857	3431	7338	88	9373	5950	3403	19
1980	12208	3586	8532	90	10624	6769	3839	16
1981	12682	3600	8994	88	11365	7272	4077	16
1982	13109	3695	9322	92	12283	7788	4477	18
1983	14839	3792	10942	102	14237	8954	5264	19
1984	17309	4071	13125	113	17058	10615	6423	20
1985	19772	4073	15565	134	20357	12433	7901	23
1986	26459	4005	22311	143	24671	13895	10752	24
1987	25209	4212	20811	186	27316	15608	11680	28
1988	29035	4447	24297	291	32412	17974	14402	36
1989	30718	3905	26419	344	32286	16552	15693	41
1990	29798	3303	26136	359	30138	14830	15255	53
1991	31940	3286	28240	405	32620	15873	16598	96
1992	33920	3244	30145	486	35164	17043	18002	119
1993	33634	3346	29693	595	34068	17785	16114	169
1994	34592	3587	30253	627	35627	18273	17126	222
1995	36425	3414	32317	694	35097	17418	17449	230
1996	39199	2854	35611	734	35344	15317	19696	331
1997	43218	3071	39234	913	40060	17277	22347	436
1998	50904	3223	46467	868	45229	18327	24599	483
1999	59350	3670	54817	863	51828	20568	28846	414
2000	66128	3840	61466	822	54873	22180	32358	335

14－3 历年货物运量及周转量

年　份	货运量（万吨）	铁　路	公　路	水　路	周转量（百万吨公里）	铁　路	公　路	水　路
1949	547	381	166	0.2	1245	1178	66	1
1950	838	585	211	42	2775	2641	79	55
1951	918	623	233	62	3097	2897	117	80
1952	1802	640	1029	133	3711	3346	154	211
1953	2653	790	1692	171	5014	4523	219	272
1954	2787	918	1643	226	5646	5133	226	287
1955	3305	895	2013	397	4919	4359	246	344
1956	4551	1237	2942	372	3739	5957	325	457
1957	4558	1238	2973	347	6923	6190	327	406
1958	7908	2042	5400	466	11487	10241	676	569
1959	13778	3318	9821	639	15201	13160	1293	748
1960	14135	3833	9677	625	16153	14087	1405	661
1961	6632	2458	3840	334	10591	9601	578	412
1962	4500	1801	2419	280	8106	7309	421	376
1963	5133	2015	2777	341	8933	8052	482	399
1964	6056	2358	3335	363	9839	8811	564	464
1965	7544	2821	4339	385	11929	10721	750	458
1966	8481	3312	4805	364	16791	15493	855	443
1967	8262	3079	4823	360	15352	14008	927	417
1968	8307	3252	4728	327	16941	15624	926	391
1969	7656	2809	4487	360	16453	14998	988	467
1970	10081	3911	5693	477	19167	17346	1186	635
1971	11565	4227	6803	535			1423	688
1972	13334	4645	8100	589			1695	762
1973	14105	4641	8870	594	21963	19240	1900	823
1974	10578	3017	7107	454	17580	15256	1689	635
1975	14598	4214	9781	603	22198	18947	2374	877
1976	17320	4904	11732	684	24062	20096	2942	1024
1977	21484	5365	15255	864	27326	22293	3865	1168
1978	22964	5940	16128	896	31005	25746	4060	1199
1979	22536	5951	15748	837	31586	26540	3634	1113
1980	22086	5687	15629	770	31329	26087	4005	1237
1981	20496	5306	14427	763	31941	26332	4093	1516
1982	21641	5415	15413	813	35160	28400	4937	1823
1983	23726	5655	17216	855	38996	30966	5787	2243
1984	25310	6035	18389	886	41974	33250	6505	2219
1985	27371	6403	20105	863	48431	37342	8139	2468
1986	32299	6789	24619	893	57599	44618	10287	2694
1987	36012	7072	28008	932	64533	49069	12231	3234
1988	39866	7322	31670	874	72723	53851	15325	3547
1989	43098	7934	34331	833	78996	58657	16612	3727
1990	41443	8012	32654	777	77845	58546	15705	3594
1991	44145	8372	34587	1186	81402	59694	16660	5047
1992	47676	8609	37684	1381	87617	62750	18931	5936
1993	51250	9023	40820	1407	92257	63127	20444	8687
1994	57187	9259	46485	1443	101437	66744	23069	11625
1995	66546	9256	55669	1621	112655	69857	26397	16401
1996	70664	10226	58270	2168	122849	71385	30559	20895
1997	72780	10368	60340	2072	126093	73323	31915	20855
1998	76813	10224	64716	1867	118753	65877	34322	18513
1999	80212	10553	67696	1956	127304	73588	35350	18330
2000	92483	11253	76778	4452	403315	79964	40575	282776

14－4 沿海主要港口货物吞吐量

单位:千吨

港口名称	1980年	1990年	1995年	1996年	1997年	1998年	1999年	2000年
总计	**28283**	**54449**	**105940**	**120806**	**135854**	**134635**	**139158**	**160249**
青岛港	17080	30340	51030	60028	69160	70183	72569	86607
烟台港	5060	6680	13610	14304	15595	15107	13109	19639
日照港		9250	14520	15754	16502	17239	20033	26738
东风港	130	144	232	338	325	378	230	290
海庙港		91	160	147	269	377	434	
龙口港	2380	4112	8142	7741	6594	4385	4825	5948
长岛港	76	125	1699	2336	2348	1718	1260	1433
蓬莱港	229	194	3885	5484	6269	4957	4283	5252
威海港	612	1001	3787	4087	5650	6298	6637	6583
俚岛港	249	114	114	110	142	156	195	190
石岛港	501	381	463	467	431	437	421	410
张家埠港	494	196	111	130	130	139	120	100
乳山港	282	68	52	83	92	40	46	30
凤城港	15	9	53	31	22	8	4	
青岛小港	537	338	625	530	260	248	252	
石臼地方港	453	54						
岚山港	102	361	1605	1630	1937	1523	2122	4467
烟台地方港		118	4689	6273	8254	9738	11050	
羊口港		581	512	560	474	332	200	251
下营港		102	184	143	73	41	59	40
蝌江港		60	206	230	160	187	270	190
潍北港		70	70	46	62	25	716	730
牟平港		60	187	234	162	194	220	290

14－5 交通运输企业主要技术经济指标

项目	单位	1995年	1996年	1997年	1998年	1999年	2000年
铁路运输							
货车周转时间	天	2.00	1.96	1.97	2.43	2.23	2.22
货车周转距离	公里	457	450	437	460	468	481
货车中转距离	公里	142	141	142	141	141	143
平均一日装车数	车	5772	5935	5804	5568	5669	6000
平均一日卸车数	车	6615	6916	6950	6609	6992	7302
货车静载重	吨	56.2	56.4	57.2	58	58.2	58.6
货运机车日产量	万总重吨公里	123.6	123.4	122.7	122.2	128.5	133.6
蒸汽机车每万吨公里耗煤	公斤	102.1	97.6	119.9	163.1	182.5	
内燃机车每万吨公里耗油	公斤	20.3	20.4	20.8	21.6	21.8	21.5
公路汽车运输							
货运汽车车吨年产量	万吨公里	2.56	2.74	2.72	2.79	2.85	
货运汽车单车年产量	万吨公里	15.68	20.99	22.22	20.78	20.78	
货运汽车每百吨公里耗汽油	升	5.3	5.4	5.5	6.0	5.7	6.6
货运汽车每百吨公里耗柴油	升	3.5	3.7	4.2	5.0	5.5	4.8
客运汽车每百人公里耗汽油	升	8.7	9.7	9.1	10.0	7.7	8.8
客运汽车每百人公里耗柴油	升	7.1	10.3	9.4	10.0	5.5	7.3
沿海水运船舶							
全部船舶净载重量	万吨	51.5	54.2	53.1	50.0	53.7	386
沿海船舶燃料消耗	公斤/千换算吨公里	11	13.3	10.0	27.0	28.6	56.8
沿海港口							
码头舶位	个	110	119	125	125	236	275
最大靠舶能力	吨	20000	20000	20000	20000	200000	200000
吞吐量	万吨	2678	3073	3460	3202	13015	15248
旅客吞吐量	万人	336	353	393	407	800	800

注：沿海港口中1999年青岛、烟台、日照三大港下放地方。

14-6 邮电业务基本情况

项　　目	单 位	1980 年	1990 年	1995 年	1997 年	1998 年	1999 年	2000 年
邮电业务总量	亿元	1.1	3.94	53.71	95.74	133.89	176.64	260.7
函　　件	万件	17324	29486	38789	32859	33114	34967	32878
特快专递	万件						485	575
报刊期发数	万份	775	1047	1180	996	1147	1223	1701
电　　报	万份	711	1634	667	324	226		178
传　　真	份							42.5
长途电话	万次	1525	5800	55755	79719	97077	96553	96010
年末移动电话用户	万户						249	501
年末农村电话用户	万户	4	7	46	129	178	284	559
邮政所	处	2363	2647	4080	5387	5382	4414	3011
邮路总长度	公里	225000	58000	104700	150600	151000	185317	169500
长话电路	路	1282	7436	40634	67834	98760	163381	222000
国际互联网用户	万户						17	129

14－7　1978－2000年邮政基本情况

年　　份	邮政局总计（处）	＃设在农村	邮路总长度（万公里）	函件（万件）	报刊期发数（万份）
1978	2349	2048	22.4	15532	542
1979	2348	2042	22.6	16336	613
1980	2363	2057	22.5	17324	775
1981	2363	2052	22.8	17540	859
1982	2371	2050	4.2	17340	946
1983	2384	2048	4.2	17434	1131
1984	2415	2060	4.4	18958	1572
1985	2516	2153	4.7	21930	2017
1986	2531	2174	5	23745	1743
1987	2540	2176	5.2	26940	1888
1988	2576	2196	5.3	28884	1777
1989	2608	2210	5.3	30043	1176
1990	2647	2233	5.8	29486	1047
1991	2672	2247	5.7	28001	1174
1992	2699	2267	6.67	28266	1326
1993	3259	2492	8.48	32966	1247
1994	4180		9.71	35920	982
1995	4080	3400	10.47	38789	1180
1996	3727	3013	13.40	35112	1020
1997	5397		15.06	32859	996
1998	5382		15.10	33114	1147
1999	4414	3497	18.53	35138	1568
2000	3011	2255	16.95	32878	1701

14－8　1978－2000 年电信业务总量

年　　份	电信业务总　量（万元）	电　　报（万份）	长话电路（路）	长途电话（万次）	市内电话（万户）	农村电话（万户）
1978	10058	588	1082	1308	6.3	3.8
1979	10515	632	1177	1428	7.1	4.3
1980	11030	711	1282	1525	7.5	4.4
1981	11291	789	1415	1532	8.0	4.5
1982	11629	805	1532	1649	8.5	4.6
1983	12529	917	1653	1789	9.4	4.8
1984	13751	908	1929	1963	10.7	5.1
1985	16186	1132	2190	2325	12.1	5.2
1986	17735	1203	2638	2569	13.4	5.5
1987	20719	1519	3341	2984	15.2	5.9
1988	27124	1918	4392	3987	18.5	6.4
1989	32153	1812	5694	4693	22.3	6.9
1990	39401	1634	7436	5800	26.5	7.3
1991	103322	1651	12675	8724	32.9	8.1
1992	156134	1673	18422	16978	45.8	9.5
1993	274917	1412	32615	32273	69.6	12.8
1994	404027	987	47589	52719	84.8	19.2
1995	537135	667	40634	55755	165.8	46.1
1996	697719	458	54179	61409	227.0	80.0
1997	957400	324	67834	79719	283.5	128.6
1998	1338886	226	98760	97077	346.7	179.6
1999	1411800	202	163381	96553	413.8	283.8
2000	1865000	178	222500	96010	547.0	559.0

14－9 各　市　公　路　情　况

（2000 年）　　　　单位:公里

地　　区	公路里程	等级公路里　程	高级、次高级路面里　程	高速公路里　程	晴雨通车里　程	通公路的行政村占总行政村的（%）	公路密度（公里／百平方公里）
全省总计	**70686.2**	**70580.0**	**56527.4**	**2006.0**	**70038.4**	**96.2**	**45.32**
济　南　市	4361.5	4343.7	4235.7	150.1	4345.7	100.0	53.49
青　岛　市	5607.7	5607.7	3400.2	285.8	5607.7	99.9	52.63
淄　博　市	3112.4	3112.4	2597.0	63.6	3112.4	99.7	52.41
枣　庄　市	1733.7	1724.7	1539.3	116.4	1609.4	100.0	38.08
东　营　市	4460.2	4460.2	4368.3	132.8	4460.2	97.0	56.29
烟　台　市	5742.6	5742.6	3482.6	175.6	5742.6	99.9	41.78
潍　坊　市	7400.9	7357.5	4295.7	204.5	7384.3	93.0	46.67
济　宁　市	4951.1	4951.1	4865.2	59.4	4934.6	90.0	46.34
泰　安　市	4247.4	4247.4	3361.6	140.9	4218.9	93.0	54.73
威　海　市	2185.8	2175.6	1373.3	13.4	2185.8	86.0	40.21
日　照　市	1841.2	1841.2	1056.0	78.5	1841.2	100.0	34.67
莱　芜　市	1022.7	966.9	820.8	64.5	960.2	100.0	45.53
临　沂　市	7650.8	7650.8	4969.2	205.7	7460.8	98.3	44.52
德　州　市	3735.9	3735.9	3707.1	142.7	3707.1	88.0	36.13
聊　城　市	3685.4	3685.4	3667.9	111.9	3681.2	98.0	42.90
滨　州　市	3796.9	3796.9	3796.9	25.4	3795.7	100.0	40.20
菏　泽　市	5150.0	5150.0	4990.6	37.3	4990.6	99.7	42.38

14－10 各市地方交通旅客运输量

（2000 年）

地区	客运量（万人）	营业性	非营业性	周转量（百万人公里）	营业性	非营业性
全省总计	**87095**	**85403**	**1692**	**35080**	**34468**	**612**
济南市	9770	9770		2976	2976	
青岛市	17757	17757		4889	4889	
淄博市	14711	14711		2865	2865	
枣庄市	3545	3545		1653	1653	
东营市	2414	942	1472	1392	883	509
烟台市	11947	11947		4254	4254	
潍坊市	4140	4132	8	2385	2377	8
济宁市	2961	29611		1915	1915	
泰安市	2694	2528	166	1218	1134	84
威海市	3441	3441		1817	1817	
日照市	2289	2289		1107	1107	
莱芜市	877	831	46	381	370	11
临沂市	2493	2493		1904	1904	
德州市	1866	1866		727	727	
聊城市	1774	1774		1196	1196	
滨州市	1398	1398		1008	1008	
菏泽市	1841	1841		1818	1818	

14－11 各市地方交通公路货物运输量

（2000 年）

地区	货运量（万吨）	营业性	非营业性	周转量（百万吨公里）	营业性	非营业性
全省总计	**76778**	**74619**	**2159**	**40575**	**38667**	**1908**
济南市	7024	7024		3573	3573	
青岛市	17236	17236		5120	5120	
淄博市	3861	3861		1966	1966	
枣庄市	3475	3475		2941	2941	
东营市	3963	1947	2016	3942	2081	1861
烟台市	6628	6628		4406	4406	
潍坊市	6368	6351	17	3246	3235	11
济宁市	11531	11531		4023	4023	
泰安市	3852	3835	17	1928	1922	6
威海市	2490	2490		2085	2085	
日照市	1161	1161		508	509	
莱芜市	893	784	109	414	384	30
临沂市	2792	2792		1480	1480	
德州市	1570	1570		1239	1239	
聊城市	844	844		1186	1186	
滨州市	1849	1849		1392	1392	
菏泽市	1238	1238		1098	1098	

14－12 各市营业性运输车辆

（2000 年）

单位:辆

地区	汽车	客车	货车	其它机动车
全省总计	**415882**	**85951**	**329931**	**270679**
济南市	43686	12662	31024	14639
青岛市	61747	12488	49259	34973
淄博市	36061	9897	29164	11264
枣庄市	12159	2578	9581	6650
东营市	14604	2861	11743	5230
烟台市	54142	7803	46339	15381
潍坊市	26897	6474	20150	23049
济宁市	31669	5267	26402	25686
泰安市	17951	3502	14449	14365
威海市	28572	3886	24686	2315
日照市	12853	2129	10742	7368
莱芜市	7974	2336	5638	4486
临沂市	20843	2972	17871	33370
德州市	14130	4305	9825	11747
聊城市	8862	3076	5786	5996
滨州市	9685	2549	7136	12049
菏泽市	13235	3180	10055	42081

14－13 各市邮电业务基本情况

（2000 年）

地区	邮电业务总量（亿元）	函件（万件）	长途电话（万次）	本地电话用户数（万户）	市内电话	农村电话
全省总计	**201.50**	**32878**	**202362**	**1105.95**	**546.99**	**558.96**
济南市	24.16	6819	9896	106.34	83.08	23.26
青岛市	35.50	5418	26438	150.68	86.52	64.16
淄博市	13.79	1514	14312	74.87	40.08	34.79
枣庄市	6.18	1054	6160	35.28	17.04	18.24
东营市	6.98	506	4312	31.24	14.98	16.26
烟台市	18.82	3054	24267	131.63	54.73	76.90
潍坊市	18.49	2679	21105	103.79	46.91	56.88
济宁市	12.27	1413	14777	76.32	36.19	40.13
泰安市	7.18	1801	10184	43.67	20.34	23.33
威海市	9.89	700	9144	46.49	22.46	24.03
日照市	4.14	612	5668	24.30	11.88	12.42
莱芜市	2.28	248	3284	12.67	4.79	7.88
临沂市	13.66	2134	16874	72.04	27.65	44.39
德州市	7.79	1765	11482	60.32	23.52	36.80
聊城市	6.87	1320	10186	56.33	20.26	36.07
滨州市	5.13	808	6408	32.35	13.95	18.40
菏泽市	8.37	1034	7867	47.62	22.61	25.01

注:本表指标均为原省邮电管理局范围。

14－14 各市民用车辆拥有量

(2000 年)　　单位:辆

分　　组	全省总计	济南市	青岛市	淄博市	枣庄市	东营市	烟台市	潍坊市	济宁市
一、民用汽车	**1122989**	**134920**	**142111**	**93493**	**37208**	**53666**	**128995**	**97600**	**61198**
载客汽车	529525	71679	76384	40041	18373	24384	61829	37238	26354
大　　型	29354	4111	6041	1842	1110	1870	2483	1266	1345
小　　型	500171	67568	70043	38729	17283	22514	59346	35970	25008
普通载货汽车	536061	59540	61251	50626	17399	27314	62033	57421	32653
大　　型	205569	17072	23820	16736	9350	9943	22448	17670	16527
小　　型	330492	42471	37431	33890	8046	18271	38587	39751	16126
专用汽车	14893	1832	2332	975	352	1399	1502	1168	723
其他专用汽车	9978	1096	901	393	218	2745	802	480	484
特种汽车	32532	768	1243	656	884	834	829	1545	674
二、轮式拖拉机	**531308**	**26**	**30089**	**161**	**31012**	**3306**	**22683**	**13748**	**54928**
#手扶拖拉机	28190		2638		2531		2017		5271
三、摩托车	**4936673**	**376980**	**428653**	**334105**	**174415**	**107420**	**565775**	**651171**	**270598**
#两轮摩托车	4726766	265113	417858	317206	154888	88215	544517	619921	257784
#轻便摩托车	797832	130495	86010	49228	33893	20783	67592	72575	37411
四、其他机动车	**1194955**	**12897**	**80745**	**41980**	**22816**	**36181**	**112169**	**152395**	**79501**
五、载货挂车	**57007**	**3540**	**1050**	**4038**	**5189**	**3054**	**2863**	**5216**	**10589**

14－14 续表　　(2000 年)　　单位:辆

分　　组	泰安市	威海市	日照市	莱芜市	临沂市	德州市	聊城市	滨州市	菏泽市
一、民用汽车	**45631**	**62590**	**21282**	**17814**	**70717**	**33495**	**31182**	**24884**	**30074**
载客汽车	23001	25000	10195	7854	35297	18330	16623	11708	16082
大　　型	1502	1120	684	429	1571	753	878	597	1444
小　　型	21588	23830	9511	7425	33728	17577	15845	11109	14639
普通载货汽车	21233	36477	10498	9567	32809	13461	12868	11852	12887
大　　型	7884	10030	4706	3681	17898	5471	5485	6887	6637
小　　型	13969	26147	5700	5886	14801	7890	6231	6387	6000
专用汽车	500	824	300	118	828	558	731	304	633
其他专用汽车	402	102	112	70	388	881	144	707	57
特种汽车	495	390	267	205	1305	264	616	315	615
二、轮式拖拉机	**38301**	**317**	**21531**	**8609**	**124315**	**47723**	**463**	**66901**	**67715**
#手扶拖拉机			1429		14303		1		
三、摩托车	**290987**	**257604**	**158825**	**97040**	**427833**	**251933**	**258932**	**166486**	**106637**
#两轮摩托车	281457	253718	154765	84832	412000	238795	248699	154789	102435
#轻便摩托车	77820	18162	21081	18518	70050	25001	19750	19951	7325
四、其他机动车	**39166**	**55232**	**17918**	**10788**	**101891**	**87229**	**158557**	**78742**	**58740**
五、载货挂车	**3568**	**377**	**862**	**1171**	**3799**	**3757**	**3000**	**1588**	**3789**

十五、批发零售贸易和餐饮业

WHOLESALE, RETAIL SALES AND CATERING SERVICE

简要说明：

一、本篇资料反映我省国内市场发展情况和批发零售贸易业、餐饮业商品经营情况。主要内容有批发零售贸易业商品流转、规模以上批发零售贸易企业、餐饮企业财务状况、社会消费品零售总额、集贸市场等。

二、本篇资料中城乡集市贸易是由山东省工商局提供外，其余部分均来自年度统计资料。

本报表的调查范围：财务状况报表为各种经济类型的独立核算的规模以上批发、零售贸易法人企业和餐饮法人企业；社会消费品零售总额报表为有零售业务的各种经济类型的企业、事业单位、个体户以及农民。以上统计报表从基层起报，自下而上逐级综合上报，主要采取全面调查方法，有的以抽样调查推断，有的利用工商、税务等部门的有关资料推算。

15－1 主要年份社会消费品零售总额

年份	社会消费品零售总额（亿元）	市	县	县以下	占总额构成（%）		
					市	县	县以下
1949	6.23						
1952	19.01						
1957	26.00						
1962	30.49						
1965	33.85						
1970	40.94						
1975	60.32						
1978	79.73	23.39	21.14	35.19	29.3	26.5	44.1
1979	92.22	27.46	23.10	41.66	29.8	25.0	45.2
1980	114.01	32.36	27.78	53.86	28.4	24.4	47.2
1981	131.47	35.84	34.40	61.23	27.3	26.2	46.6
1982	141.48	41.63	34.22	65.64	29.4	24.2	46.4
1983	162.14	47.85	37.49	76.80	29.5	23.1	47.4
1984	189.08	66.58	37.98	84.52	35.2	20.1	44.7
1985	227.03	84.16	46.50	96.38	37.1	20.5	42.5
1986	261.64	96.22	54.18	111.25	36.8	20.7	42.5
1987	300.69	119.11	58.69	122.89	39.6	19.5	40.9
1988	392.37	164.12	73.40	154.85	41.8	18.7	39.5
1989	430.74	199.91	72.75	158.09	46.4	16.9	36.7
1990	460.13	218.97	79.19	161.96	47.6	17.2	35.2
1991	536.03	263.90	86.76	185.36	49.2	16.2	34.6
1992	653.23	336.37	99.77	217.08	51.5	15.3	33.2
1993	857.58	466.57	120.65	270.36	54.4	14.1	31.5
1994	1137.15	630.18	161.66	345.32	55.4	14.2	30.4
1995	1442.67	839.30	161.80	441.58	58.2	11.2	30.6
1996	1691.66	1001.53	172.05	518.09	59.2	10.2	30.6
1997	1914.19	1179.87	188.19	546.13	61.6	9.8	28.5
1998	2127.17	1304.88	204.93	617.36	61.3	9.6	29.0
1999	2310.06	1418.25	221.82	669.99	61.4	9.6	29.0
2000	2545.90	1573.03	243.59	729.28	61.8	9.6	28.6

15-1续表

年份	分行业社会消费品零售总额(亿元)					构成(%)				
	批零贸易业	餐饮业	制造业	农业生产者	其他行业	批零贸易业	餐饮业	制造业	农业生产者	其他行业
1949	3.92	0.63	1.68			62.9	10.1	27.0		
1952	13.23	1.92	3.21	0.53	0.12	69.6	10.1	16.9	2.8	0.6
1957	21.86	1.08	2.19	0.51	0.45	84.1	4.2	8.4	2.0	1.7
1962	25.39	1.37	1.98	1.60	0.15	83.3	4.5	6.5	5.2	0.5
1965	29.92	1.83	1.35	0.60	0.15	88.4	5.4	4.0	1.8	0.4
1970	36.53	1.37	1.87	0.95	0.22	89.2	3.3	4.6	2.3	0.6
1975	51.98	2.72	2.85	1.54	1.22	86.2	4.5	4.7	2.6	2.0
1978	68.40	3.65	4.57	2.34	0.77	85.8	4.6	5.7	2.9	1.0
1979	78.38	4.25	6.09	2.64	0.86	85.0	4.6	6.6	2.9	0.9
1980	94.61	5.03	10.00	3.38	0.99	83.0	4.4	8.8	3.0	0.9
1981	107.10	5.82	13.42	3.53	1.60	81.5	4.4	10.2	2.7	1.2
1982	112.90	7.64	14.12	4.82	2.00	79.8	5.4	10.0	3.4	1.4
1983	127.67	9.83	16.93	5.16	2.55	78.7	6.1	10.4	3.2	1.6
1984	147.25	11.23	20.57	6.16	3.87	77.9	5.9	10.9	3.3	2.0
1985	173.62	13.86	25.27	8.94	5.34	76.5	6.1	11.1	3.9	2.4
1986	194.85	15.48	31.38	12.32	7.61	74.5	5.9	12.0	4.7	2.9
1987	217.34	18.16	41.14	14.91	9.14	72.3	6.0	13.7	5.0	3.0
1988	287.09	22.88	49.85	20.50	12.05	73.2	5.8	12.7	5.2	3.1
1989	315.80	23.93	49.86	26.34	14.81	73.3	5.6	11.6	6.1	3.5
1990	338.02	25.07	50.24	30.41	16.38	73.5	5.4	10.9	6.6	3.6
1991	392.19	60.67	59.41	35.48	18.28	73.2	11.3	11.1	6.6	3.4
1992	471.87	37.56	77.87	44.17	21.76	72.2	5.7	11.9	6.8	3.3
1993	598.85	51.58	121.83	66.20	19.11	69.8	6.0	14.2	7.7	2.2
1994	763.63	82.26	134.49	106.96	49.81	67.2	7.2	11.8	9.4	4.4
1995	933.17	118.08	177.58	143.81	70.04	64.7	8.2	12.3	10.0	4.8
1996	1083.28	148.91	215.26	155.96	88.26	64.0	8.8	12.7	9.2	5.2
1997	1220.00	167.28	239.06	198.57	89.29	63.7	8.7	12.5	10.4	4.6
1998	1328.39	198.78	272.27	224.62	103.11	62.4	9.3	12.8	10.6	4.8
1999	1452.14	226.67	277.04	243.95	110.27	62.9	9.8	12.0	10.6	4.8
2000	1618.70	265.40	280.26	259.54	122.00	63.6	10.4	11.0	10.2	4.8

15－2 规模以上批发零售贸易企业主要指标

单位:万元

项　　目	1995 年	1996 年	1997 年	1998 年	1999 年	2000 年
商品购进总额	21972469	23228358	17308454	14861388	15395748	17781144
商品销售总额	23843440	25178333	19380279	16872807	17133625	19413497
批发额	18716057	19724472	15718641	13352849	13410369	15291774
零售额	5127383	5453861	3661637	3519957	3723256	4121723
商品销售收入净额	15637018	17129677	16599282	14807807	15114906	15968107
商品销售成本	14080023	15401479	15078343	13581659	13817495	14685566
经营费用	615914	766276	733062	623408	653742	682836
商品销售税金及附加	51191	52543	38525	32761	29445	28501
商品销售利润	889889	909379	749350	569978	614223	571204
管理费用	538357	575639	589377	549177	542353	550853
财务费用	482814	491462	342592	264931	261553	246866
利润总额	138131	83265	39200	－82675	－12114	－33076
资产合计	10091195	11563841	12096641	11615815	12234798	11687238
#流动资产	6828332	7551465	7703193	7076357	7513931	7286531
负债合计	8245131	9566693	9799408	9403284	10228226	9986094
#流动负债	7495782	8790803	8944328	8594334	9104121	8656198
所有者权益合计	1846064	1997148	2297233	2212531	2006572	1701144

15－3 规模以上餐饮企业主要指标

单位:万元

项　　目	1995 年	1996 年	1997 年	1998 年	1999 年	2000 年
营业收入	50603	72161	96857	193583	219468	247234
营业成本	26004	36533	44424	91575	100487	114172
营业费用	14742	20442	28867	58613	68159	73322
营业税金及附加	2392	3180	4981	9550	11233	12470
经营利润	6535	10632	14584	33843	39588	47270
管理费用	5793	12427	17727	37207	47663	54980
财务费用	1744	3399	3718	10967	8909	7834
利润总额	871	－2267	－2874	－12205	－15695	－13053
资产合计	116721	166276	277061	534674	631947	778185
#流动资产	39339	40092	53215	103183	114827	138463
负债合计	61307	107936	173800	340177	404874	531396
#流动负债	49646	80048	135102	240474	257485	283835
所有者权益合计	55414	58339	103260	194497	227072	246789

15－4 规模以上批发零售贸易业商品购进、销售、库存总额

（2000 年）　　　　单位：万元

类别	法人企业数（个）	活动单位数（个）	购进总额	#进口	销售总额	批发	#出口	零售	年末库存总额
总计	**1754**	**1823**	**17781144**	**680036**	**19413497**	**15291774**	**2547610**	**4121723**	**2297031**
#国有及国有控股	1049	1057	10348052	370073	11649706	9155735	2034441	2493971	1533321
按登记注册类型分									
内资企业	1747	1811	17517067	677889	19131068	15115895	2544175	4015173	2272714
国有企业	913	944	8604295	322905	9529154	7967538	1794260	1561616	1301405
集体企业	393	396	3145438	240012	3349787	2876567	340080	473221	281951
股份合作企业	69	74	425545		483610	306684	32660	176927	83691
联营企业	9	12	626234		419842	304203		115639	14011
国有联营企业	5	5	19052		18085	7945		10139	1948
集体联营企业	3	3	65513		63506	62982		524	4610
国有与集体联营企业	1	2	537812		334320	233276		101044	7184
其他联营企业		2	3858		3932			3932	269
有限责任公司	165	184	2310965	77198	2659057	2147268	270142	511789	271596
国有独资企业	10	16	650941	9588	823603	783112	11966	40491	58342
其他有限责任公司	155	168	1660024	67610	1835454	1364156	258177	471299	213254
股份有限公司	138	139	2121225	15901	2388623	1276166	103154	1112457	289432
私营企业	60	62	283364	21875	300994	237470	3879	63525	30629
私营独资企业	6	7	64616		71517	65285		6231	4520
私营合伙企业	1	1	3600		3533	2701		832	553
私营有限责任公司	44	45	184119	3589	198192	145563	3879	52630	21272
私营股份有限公司	9	9	31029	18286	27752	23921		3831	4283
港、澳、台商投资企业	1	2	38343		38264	37978		286	13361
#合资经营企业（港或澳、台资）	1	2	38343		38264	37978		286	13361
外商投资企业	6	10	225734	2147	244166	137901	3435	106265	10957
#中外合资经营企业	6	9	152180	2147	170611	64347	3435	106265	8783
中外合作经营企业		1	73554		73554	73554			2174
按国民经济行业分									
食品、饮料、烟草批发业	273	290	3336799	101337	4021265	3827589	346491	193676	655440
#粮食、食用油批发业	72	73	550122	39859	598341	569247	159741	29094	329760
烟草及其制品批发业	116	125	1777041	1112	2228923	2223032	4776	5890	228394
棉、麻、土畜产品批发业	46	46	489227	28006	516991	515056	53304	1936	81719
纺织品、服装和鞋帽批发业	29	33	986865	78206	1116363	1113027	808833	3337	78536
日用百货批发业	21	22	281106	2570	302802	210219	25162	92583	36836
日用杂品批发业	6	6	20627	242	22264	19897	8909	2367	2539
五金、交电、化工批发业	39	45	1037090	7943	1030823	968265	414603	62558	59182
药品及医疗器械批发业	74	75	739775	13089	681613	285694	9137	395919	123092

类　　别	法人企业数（个）	活动单位数（个）	购进总额	#进口	销售总额	批发	#出口	零售	年末库存总额
能源批发业	130	134	2766796	19955	2802315	2536858	138807	265456	213218
#石油及制品批发业	104	108	2532278	19955	2517014	2260444		256570	196413
煤炭及制品批发业	26	26	234518		285300	276414	138807	8886	16805
化工材料批发业	45	46	549171	71566	607260	598467	122994	8793	43922
木材批发业	4	4	6650		10126	10126	1348		1094
建筑材料批发业	7	10	133851	2	137961	137958	1199	3	10848
矿产品批发业	2	2	9456	150	9581	9555	9309	26	1962
金属材料批发业	64	65	467972	18773	512071	502632	16716	9439	55646
机械、电子设备批发业	35	40	878275	206309	963030	952880	357201	10150	50376
汽车、摩托车及零配件批发业	31	35	592748	5156	710414	594533	993	115881	81202
#汽车批发业	20	23	475128	5035	523293	416390		106903	68743
再生物资回收批发业	16	16	99501		101943	94733		7210	8804
工艺美术批发业	2	2	107017	3284	124031	124031	111331		11688
图书报刊批发业	19	20	216779	6222	217925	178637	8892	39289	42285
农业生产资料批发业	186	186	1499195	45744	1581034	1523392	6506	57642	114288
其他类未包括的批发业	18	19	214866	69430	286112	285982	100597	130	22863
食品、饮料和烟草零售业	53	57	184140	847	214909	65983	709	148926	46691
#粮油食品零售业	17	18	30178		32015	17117		14898	13882
副食品零售业	26	29	120687	847	144260	36033	709	108227	26484
日用百货零售业	329	335	1724899	1182	2091009	257213	1977	1833796	370818
#百货零售业	267	273	1616338	1182	1959717	229105	1977	1730612	348782
文化体育用品零售业	2	2	1682		1583			1583	685
纺织品、服装和鞋帽零售业	18	19	47007		51322	10167	2594	41155	10910
日用杂品零售业	10	10	22420		25306	9060		16246	2872
五金、交电、化工零售业	64	67	715033	23	533461	265947		267514	53818
药品及医疗器械零售业	49	49	130701		168644	31732		136912	32368
图书报刊零售业	92	92	224451		218490	48436		170054	50432
其他零售业	92	98	298725		354433	113706		240726	33583
#家具零售业	7	7	14382		16480	110		16370	1863
汽车、摩托车及其零配件零售	38	39	120736		148884	17660		131225	10885
计算机及软件、办公设备零售	9	9	10375		10798	684		10114	2100

15－5 规模以上批发零售贸易企业财务状况

（2000 年）　　　　单位：万元

项目	企业数（个）	#亏损企业	流动资产	固定资产	资产合计	流动负债	长期负债	负债合计	所有者权益合计
总计	**1754**	**496**	**7286531**	**2844783**	**11687238**	**8656198**	**1144023**	**9986094**	**1701144**
一、批发企业	**1047**	**312**	**5907545**	**1578338**	**8773513**	**6805409**	**804100**	**7752632**	**1020881**
#国有及国有控股	676	204	4420768	1259044	6699592	5249043	659699	6004395	695198
按登记注册类型分									
内资企业	1043	309	5901150	1545596	8730888	6792659	793129	7728911	1001977
国有企业	590	178	3662646	1063301	5302311	4465227	421286	4977951	324360
集体企业	226	68	1061193	208088	1467843	1156662	98849	1298319	169525
股份合作企业	30	9	62194	20650	90507	69917	5606	78723	11785
联营企业	4		13116	1471	14619	13265		13265	1354
国有联营企业	2		1560	313	1904	1890		1890	14
集体联营企业	2		11557	1158	12715	11375		11375	1340
国有与集体联营企业									
其他联营企业									
有限责任公司	88	23	619985	98639	1104217	597397	191376	789899	314318
国有独资企业	8	1	259796	24391	458329	246642	162925	410341	47987
其他有限责任公司	80	22	360190	74248	645889	350755	28452	379558	266331
股份有限公司	68	16	407621	146404	661323	413970	75355	490801	170522
私营企业	37	15	74395	7042	90067	76221	658	79953	10114
私营独资企业	3	1	24645	3496	35620	30487		30487	5133
私营合伙企业	1		754	105	860	814		814	47
私营有限责任公司	27	11	37784	2631	41444	32786	615	36475	4970
私营股份有限公司	6	3	11212	811	12143	12135	43	12178	－36
其他企业									
港、澳、台商投资企业									
合资经营企业（港或澳、台资）									
合作经营企业（港或澳、台资）									
港、澳、台商独资经营企业									
港、澳、台商投资股份有限公司									
外商投资企业	4	3	6395	32742	42625	12751	10970	23721	18904
中外合资经营企业	4	3	6395	32742	42625	12751	10970	23721	18904
中外合作经营企业									
外资企业									
外商投资股份有限公司									
按国民经济行业分									
食品、饮料、烟草批发业	273	44	1928298	447780	2764276	1929417	219611	2167722	596554
#粮食、食用油批发业	72	17	757743	152297	983576	759324	183390	944209	39367
烟草及其制品批发业	116	8	841261	142190	1107073	792016	－15829	785377	321696
棉、麻、土畜产品批发业	46	18	560051	120730	860885	832776	75606	908382	－47497
纺织品、服装和鞋帽批发业	29	10	387814	95912	539085	489026	9866	498922	40163
日用百货批发业	21	11	100792	57326	173968	139551	7420	147076	26892

15－5 续表 1　　　　　　　　　　　　　（2000 年）　　　　　　　　　　　　单位：万元

项　　目	企业数（个）	#亏损企业	流动资产	固定资产	资产合计	流动负债	长期负债	负债合计	所有者权益合计
日用杂品批发业	6	1	7724	1367	11268	8978	187	9166	2102
五金、交电、化工批发业	39	15	280106	45197	342906	315648	5551	321201	21706
药品及医疗器械批发业	74	24	350895	98235	476774	374761	31473	425193	51581
能源批发业	130	24	535583	281095	989030	598199	179040	822925	166105
#石油及制品批发业	104	15	411337	247758	810817	451805	175602	673054	137764
煤炭及制品批发业	26	9	124246	33337	178212	146394	3438	149871	28341
化工材料批发业	45	13	136198	44228	242786	200915	5871	206787	35998
木材批发业	4	4	17627	18943	51259	19331	6818	26150	25109
建筑材料批发业	7	5	15526	1538	18240	16821	135	16956	1284
矿产品批发业	2	2	12115	2525	15410	14030	377	14407	1003
金属材料批发业	64	25	266254	60102	535612	313176	168500	484938	50674
机械、电子设备批发业	35	13	322426	45419	392358	300389	21901	322737	69621
汽车、摩托车及零配件批发业	31	14	291266	46766	372163	497494	24291	534376	－162213
#汽车批发业	20	11	243720	21374	295579	451799	22206	484634	－189055
再生物资回收批发业	16	8	26311	6063	36718	26759	1901	28986	7733
工艺美术批发业	2	1	64951	9842	84853	79088		79088	5765
图书报刊批发业	19		63088	25818	93715	60250	12080	72331	21384
农业生产资料批发业	186	73	436343	141394	626953	466126	29285	536321	90632
其他类未包括的批发业	18	7	104178	28060	145255	122678	4187	128970	16286
二、零售企业	**707**	**184**	**1378986**	**1266445**	**2913725**	**1850789**	**339923**	**2233462**	**680263**
#国有及国有控股	380	98	794353	736497	1672885	1071698	212086	1305346	367539
按登记注册类型分									
内资企业	704	184	1351454	1205919	2793801	1810870	294051	2147601	646200
国有企业	323	75	431566	371866	867106	617430	88002	714085	153021
集体企业	167	43	184807	140106	358380	247599	25852	275090	83291
股份合作企业	39	10	56310	44641	109623	79388	6205	96748	12875
联营企业	5	3	55035	25308	82157	31480	8313	39793	42364
国有联营企业	3	2	4504	245	6093	3116		3116	2977
集体联营企业	1	1	752	2529	3399	3699	313	4011	－612
国有与集体联营企业	1		49778	22535	72666	24666	8000	32666	40000
其他联营企业									
有限责任公司	77	19	156462	154478	351753	232723	30202	272895	78858
国有独资企业	2	1	16372	20584	40360	35442	3382	39182	1178
其他有限责任公司	75	18	140090	133894	311392	197281	26820	233713	77680
股份有限公司	70	19	440971	452043	979480	569983	130668	711906	267574
私营企业	23	15	26304	17478	45302	32266	4810	37086	8217
私营独资企业	3	2	1805	753	2625	1634	702	2343	283
私营合伙企业									
私营有限责任公司	17	11	23562	16537	41255	29332	4107	33440	7816
私营股份有限公司	3	2	938	189	1422	1300		1303	118

15－5 续表 2　　(2000 年)　　单位:万元

项　　目	企业数(个)	#亏损企业	流动资产	固定资产	资产合计	流动负债	长期负债	负债合计	所有者权益合计
其他企业									
港、澳、台商投资企业	1		1734	109	1978	2694		2694	－716
合资经营企业(港或澳、台资)	1		1734	109	1978	2694		2694	－716
合作经营企业(港或澳、台资)									
港、澳、台商独资经营企业									
港、澳、台商投资股份有限公司									
外商投资企业	2		25798	60418	117946	37225	45872	83166	34780
中外合资经营企业	2		25798	60418	117946	37225	45872	83166	34780
中外合作经营企业									
外资企业									
外商投资股份有限公司									
按国民经济行业分									
食品、饮料和烟草零售业	53	15	105869	78720	200305	126673	21250	149644	50661
#粮油食品零售业	17	4	45746	16709	65565	38121	17458	57127	8439
副食品零售业	26	8	47397	53610	112130	72120	2942	75234	36896
日用百货零售业	329	75	829147	916079	1928428	1185543	273126	1493038	435390
#百货零售业	267	64	779594	881686	1831600	1122737	264377	1421420	410180
文化体育用品零售业	2	1	485	115	650	447		447	203
纺织品、服装和鞋帽零售业	18	6	32860	22317	61566	49378	4956	54334	7232
日用杂品零售业	10	4	12854	6830	23674	20467	1607	22344	1330
五金、交电、化工零售业	64	30	144381	96313	262704	169988	12858	183491	79213
药品及医疗器械零售业	49	17	65334	24627	97441	73326	2786	76839	20602
图书报刊零售业	92		88712	55227	152234	98797	7428	107246	44989
其他零售业	92	37	99827	66332	187373	126617	15913	146527	40846
#家具零售业	7	2	4227	1175	5704	2630	422	3052	2651
汽车、摩托车及其零配件零售业	38	15	42911	23446	81270	61297	886	64875	16395
计算机及软件、办公设备零售业	9	4	5101	780	6305	3872	620	4492	1814
按经营方式分									
连锁商店	62	15	232426	139179	395298	213729	36869	258056	137242
非连锁商店	644	169	1146184	1126580	2517350	1636212	303039	1974541	542809
按零售业态分									
百货商店	318	79	779453	886027	1826389	1175825	243615	1437251	389137
超级市场	40	11	97670	119289	245884	136849	28214	172060	73824
专业(专卖)商店	235	60	305698	146157	508913	358629	35437	397385	111528
其　　他	98	34	186665	106489	308349	165112	31350	211086	97262

项目	商品销售收入净额	商品销售成本	经营费用	商品销售税金及附加	商品销售利润	管理费用	财务费用	利润总额	应交所得税
总计	**15968107**	**14685566**	**682836**	**28501**	**571204**	**550853**	**246866**	**－33076**	**42956**
一、批发企业	**12752291**	**11809626**	**534418**	**20484**	**387764**	**370650**	**203306**	**－49006**	**31394**
#国有及国有控股	8781712	8063699	404335	16755	296923	291484	172415	－59019	26661
按登记注册类型分									
内资企业	12721917	11781819	532534	20458	387107	368610	202299	－46836	31380
国有企业	6965397	6403963	318464	13347	229624	251655	142525	－70045	22708
集体企业	2777205	2631155	87694	3406	54950	49174	22922	3081	1827
股份合作企业	228454	217068	5906	209	5272	3977	1886	868	400
联营企业	76185	74844	738	1	602	417	186	63	19
国有联营企业	13004	12827	93	1	83	80	17	12	2
集体联营企业	63182	62017	645		520	337	170	51	16
国有与集体联营企业									
其他联营企业									
有限责任公司	1288704	1173037	66510	2170	46987	32325	24011	3922	2626
国有独资企业	461643	400635	42078	1234	17697	6067	18056	1878	863
其他有限责任公司	827061	772402	24432	936	29290	26258	5954	2044	1764
股份有限公司	1176004	1087423	41568	1142	45872	26296	9882	14886	3064
私营企业	209967	194330	11654	183	3800	4766	888	389	737
私营独资企业	60835	57842	2406	71	515	1851	67	－1376	44
私营合伙企业	3533	3403	43	2	84	82	－3	2	
私营有限责任公司	124868	113343	8613	104	2809	2397	634	1900	683
私营股份有限公司	20731	19741	592	6	392	436	190	－137	10
其他企业									
港、澳、台商投资企业									
合资经营企业(港或澳、台资)									
合作经营企业(港或澳、台资)									
港、澳、台商独资经营企业									
港、澳、台商投资股份有限公司									
外商投资企业	30374	27807	1884	26	657	2041	1007	－2171	14
中外合资经营企业	30374	27807	1884	26	657	2041	1007	－2171	14
中外合作经营企业									
外资企业									
外商投资股份有限公司									
按国民经济行业分									
食品、饮料、烟草批发业	3335188	2981287	210170	6915	136816	117132	71207	12617	13273
#粮食、食用油批发业	563364	536043	32125	352	－5156	25461	31647	－10231	1051
烟草及其制品批发业	2038815	1770479	144180	4307	119849	63271	28680	24985	11359
棉、麻、土畜产品批发业	468831	439923	13515	388	15006	23108	15253	－13074	388
纺织品、服装和鞋帽批发业	868849	800507	24422	334	43587	33500	17755	－678	1070
日用百货批发业	238325	220927	8410	254	8733	8392	4773	108	603

15－5 续表 4　　　　　　　　　　　（2000 年）　　　　　　　　　　　单位:万元

项　　目	商品销售收入净额	商品销售成本	经营费用	商品销售税金及附加	商品销售利润	管理费用	财务费用	利润总额	应交所得税
日用杂品批发业	22145	20919	725	7	494	550	10	37	6
五金、交电、化工批发业	791510	727790	46850	1337	15533	15651	4728	－1103	175
药品及医疗器械批发业	562354	494104	29919	865	37467	31568	9859	－2100	1111
能源批发业	1946343	1811829	73986	2358	58170	31757	14927	20550	6472
＃石油及制品批发业	1671302	1556132	61599	1938	51634	22166	13615	21681	5600
煤炭及制品批发业	275041	255697	12387	420	6536	9592	1312	－1131	872
化工材料批发业	563119	537185	13671	240	12022	11939	4812	－638	913
木材批发业	9879	7854	1380	210	435	1589	604	－1171	
建筑材料批发业	17827	16585	684	14	545	686	258	－351	23
矿产品批发业	10111	9224	958	2	－74	359	104	－321	
金属材料批发业	436432	415884	11704	344	8499	11158	11487	－1976	907
机械、电子设备批发业	792712	759148	17209	563	15792	11183	2811	4990	2224
汽车、摩托车及零配件批发业	534685	532735	24827	4748	－27624	21329	22987	－65503	309
＃汽车批发业	440548	451938	15080	288	－26758	18303	21302	－63655	46
再生物资回收批发业	95363	92846	1481	182	853	1646	722	－425	88
工艺美术批发业	128439	116044	5312	29	7054	4831	2884	115	15
图书报刊批发业	151961	130543	8674	313	12430	10262	－236	4714	1732
农业生产资料批发业	1515605	1450681	32410	1290	31225	25251	12436	－2962	642
其他类未包括的批发业	262614	243612	8111	92	10800	8758	5926	－1835	1444
二、零售企业	**3215816**	**2875940**	**148418**	**8017**	**183441**	**180203**	**43560**	**15930**	**11561**
＃国有及国有控股	1763288	1556728	89603	4311	112647	108793	23664	7388	7266
按登记注册类型分									
内资企业	3120362	2797633	147097	8017	167615	167615	41806	12683	11561
国有企业	858053	745225	53181	2319	57328	63801	11322	578	4244
集体企业	360733	329939	13348	1105	16341	18239	4924	413	998
股份合作企业	161907	142621	8419	322	10545	9388	1422	889	437
联营企业	283139	275970	3233	114	3823	1485	346	2567	907
国有联营企业	2875	2665	137	14	58	121	－3	－4	
集体联营企业	426	380	65	29	－48	109	59	－135	
国有与集体联营企业	279839	272925	3031	71	3812	1255	289	2706	907
其他联营企业									
有限责任公司	374458	330662	22296	1214	20286	20698	6692	1907	1437
国有独资企业	29683	25787	2029	42	1825	1793	513	－1	
其他有限责任公司	344775	304875	20267	1172	18461	18905	6179	1908	1437
股份有限公司	1028476	924038	43902	2801	57735	51400	16547	6970	3468
私营企业	53595	49179	2718	142	1557	2604	554	－642	71
私营独资企业	3741	3152	663	66	－140	38	36	－156	
私营合伙企业									
私营有限责任公司	46796	43419	1748	70	1559	2242	506	－286	71
私营股份有限公司	3058	2608	307	7	137	324	13	－200	

15－5续表5 （2000年） 单位:万元

项目	商品销售收入净额	商品销售成本	经营费用	商品销售税金及附加	商品销售利润	管理费用	财务费用	利润总额	应交所得税
其他企业									
港、澳、台商投资企业	436	436	47		－47	79	150		
合资经营企业(港或澳、台资)	436	436	47		－47	79	150		
合作经营企业(港或澳、台资)									
港、澳、台商独资经营企业									
港、澳、台商投资股份有限公司									
外商投资企业	95018	77871	1274		15873	12508	1604	3248	
中外合资经营企业	95018	77871	1274		15873	12508	1604	3248	
中外合作经营企业									
外资企业									
外商投资股份有限公司									
按国民经济行业分									
食品、饮料和烟草零售业	181726	162222	14021	457	5027	12615	3165	－871	278
＃粮油食品零售业	26801	27046	1693	53	－1991	3408	943	－322	32
副食品零售业	122984	107235	10493	336	4919	6995	1909	－978	208
日用百货零售业	1869262	1666282	84781	5089	113111	108556	31670	8705	5077
＃百货零售业	1752945	1560204	79946	4914	107881	104210	30506	7568	4793
文化体育用品零售业	1709	1412	228	8	61	127	4	1	2
纺织品、服装和鞋帽零售业	39541	36165	826	82	2469	2655	1198	132	251
日用杂品零售业	22430	20747	529	85	1069	1272	472	－329	14
五金、交电、化工零售业	450713	429093	11401	545	9673	7589	3897	105	1122
药品及医疗器械零售业	157452	131134	10095	375	15848	12225	1664	1952	889
图书报刊零售业	183423	141198	14472	798	26956	28042	－187	5342	2950
其他零售业	311270	289100	12295	586	9289	7249	1681	895	980
＃家具零售业	8368	7555	466	28	321	247	48	79	39
汽车、摩托车及其零配件零售业	136479	130535	3112	80	2751	2878	463	－340	142
计算机及软件、办公设备零售业	11307	9372	1096	67	771	567	62	154	158
按经营方式分									
连锁商店	748071	685900	27623	1286	33262	29449	4561	7022	2563
非连锁商店	2465345	2187886	120762	6727	149970	150587	38959	8908	8998
按零售业态分									
百货商店	1766748	1580518	78093	4905	103233	99792	31863	5474	4654
超级市场	281390	241452	20419	637	18883	22273	3624	1940	915
专业(专卖)商店	604649	522249	33242	1763	47394	41840	5019	4956	3963
其　他	542585	513931	15888	680	12087	13244	2989	3332	1939

15－6 规模以上餐饮企业财务状况

（2000年）　　　　单位：万元

项　目	企业数（个）	#亏损企业	流动资产	固定资产	资产合计	流动负债	长期负债	负债合计	所有者权益合计
总　计	**261**	**133**	**138463**	**526710**	**778185**	**283835**	**221225**	**531396**	**246789**
#国有及国有控股	118	61	65161	220315	337349	141010	60019	202937	134412
按登记注册类型分									
内资企业	219	102	98621	284412	461262	203435	73917	281619	179643
国有企业	104	54	54521	169545	270907	115874	32255	149921	120986
集体企业	50	20	15609	50294	74154	30357	14170	46226	27928
股份合作企业	9	4	1368	7841	9984	4737	4984	9721	264
联营企业	1		1501	366	1979	1556		1556	423
国有联营企业									
集体联营企业									
国有与集体联营企业									
其他联营企业	1		1501	366	1979	1556		1556	423
有限责任公司	23	10	8830	15746	35116	20520	2377	22897	12219
国有独资企业									
其他有限责任公司	23	10	8830	15746	35116	20520	2377	22897	12219
股份有限公司	7	3	8828	21051	37325	13471	12755	26235	11090
私营企业	25	11	7964	19570	31797	16921	7375	25064	6733
私营独资企业	5	3	2935	9032	12422	5351	919	6270	6152
私营合伙企业									
私营有限责任公司	20	8	5029	10538	19374	11570	6456	18794	580
私营股份有限公司									
其他企业									
港、澳、台商投资企业	24	21	20363	99863	145241	50424	52810	124970	20271
合资经营企业(港或澳、台资)	21	19	17566	97941	140027	45114	52810	119660	20367
合作经营企业(港或澳、台资)	1	1	1494	1282	2776	1996		1996	781
港、澳、台商独资经营企业	2	1	1303	639	2437	3314		3314	－877
港、澳、台商投资股份有限公司									
外商投资企业	18	10	19479	142435	171682	29976	94499	124807	46875
中外合资经营企业	11	6	13283	127861	145533	16793	94499	111292	34242
中外合作经营企业	3	2	3002	6785	11678	3931		3931	7747
外资企业	4	2	3194	7790	14470	9253		9585	4886
外商投资股份有限公司									
按国民经济行业分									
正　餐	254	130	131677	520160	759698	273495	220895	520725	238973
快　餐	7	3	6786	6551	18486	10340	331	10671	7816
其他餐饮业									

15－6 续表 （2000年） 单位：万元

项目	营业收入	营业成本	营业费用	营业税金及附加	经营利润	管理费用	财务费用	利润总额	应交所得税
总计	**247234**	**114172**	**73322**	**12470**	**47270**	**54980**	**7834**	**－13053**	**1350**
＃国有及国有控股	104613	47030	30846	5321	21416	26868	3487	－6903	270
按登记注册类型分									
内资企业	179356	88754	51980	9022	29600	33585	5034	－6800	623
国有企业	85519	39468	25745	4266	16039	18899	2465	－3293	204
集体企业	29663	15168	8263	1572	4660	5294	642	－898	279
股份合作企业	5058	2688	1001	268	1102	1159	201	－188	27
联营企业	2825	1811	698	155	160	91	30	42	18
国有联营企业									
集体联营企业									
国有与集体联营企业									
其他联营企业	2825	1811	698	155	160	91	30	42	18
有限责任公司	26535	14461	6929	1235	3911	3567	536	－463	58
国有独资企业									
其他有限责任公司	26535	14461	6929	1235	3911	3567	536	－463	58
股份有限公司	14030	6620	4395	665	2351	2689	430	－762	11
私营企业	15726	8539	4949	861	1377	1887	731	－1239	27
私营独资企业	2975	1818	772	147	238	161	92	－15	1
私营合伙企业									
私营有限责任公司	12752	6721	4178	714	1139	1726	639	－1224	27
私营股份有限公司									
其他企业									
港、澳、台商投资企业	29297	11036	8291	1495	8475	12950	2306	－6972	
合资经营企业(港或澳、台资)	25049	8789	6767	1282	8212	12598	2259	－6673	
合作经营企业(港或澳、台资)	3406	1862	1281	170	93	8		－77	
港、澳、台商独资经营企业	842	386	244	42	170	344	48	－221	
港、澳、台商投资股份有限公司									
外商投资企业	38580	14381	13051	1953	9195	8445	494	719	727
中外合资经营企业	13170	3877	3523	690	5081	5905	368	－314	15
中外合作经营企业	7119	3173	2595	347	1004	1414	92	－503	121
外资企业	18291	7332	6933	916	3110	1126	33	1536	591
外商投资股份有限公司									
按国民经济行业分									
正餐	222597	103264	64225	11240	43867	53414	7713	－14243	759
快餐	24637	10907	9096	1230	3404	1565	121	1191	591
其他餐饮业									

15－7 城乡集市贸易基本情况

（2000 年）

项　　目	集贸市场数（个）	城　市	农　村	集贸市场商品成交额（万元）	城　市	农　村
总　　计	**9729**	**1880**	**7849**	**34048023**	**21698879**	**12349144**
消费品市场	**9109**	**1484**	**7625**	**25752983**	**15106323**	**10646660**
消费品综合市场	6983	375	6608	9616821	2538757	7078064
农副产品市场	1301	514	787	5601412	3301159	2300253
农副产品综合市场	732	343	389	2142114	1541569	600545
农副产品专业市场	569	171	398	3459298	1759590	1699708
工业消费品市场	727	522	205	10265715	9119234	1146481
工业消费品综合市场	270	169	101	2382714	1853365	529349
工业消费品专业市场	457	353	104	7883001	7265869	617132
其　　他	98	73	25	269035	147173	121862
生产资料市场	**620**	**396**	**224**	**8295040**	**6592556**	**1702484**
生产资料综合市场	95	67	28	2435120	2104155	330965
工业生产资料市场	393	243	150	4842227	3911120	931107
农业生产资料市场	38	23	15	219324	157244	62080
农业生产资料综合市场	16	8	8	83807	53560	30247
农业生产资料专业市场	22	15	7	135517	103684	31833
其　　他	94	63	31	798369	420037	378332

15－8 集贸市场各类商品成交总额

单位:万元

项　　目	总　　计		城　　市		农　　村	
	2000 年	2000 年为 1999 年%	2000 年	2000 年为 1999 年%	2000 年	2000 年为 1999 年%
总　　计	**34048023**	**111.1**	**21698879**	**107.4**	**12349144**	**118.1**
消费品类	**25752983**	**111.0**	**15106323**	**105.9**	**10646660**	**119.0**
粮食类	725486	120.9	228690	126.6	496796	118.5
油脂油料类	596566	117.5	182820	111.3	413746	120.4
棉烟麻类	114957	116.0	13271	112.6	101686	116.4
肉食禽蛋类	3206794	111.8	1151056	109.5	2055738	113.2
水产品类	1672662	120.8	890961	117.3	781701	125.0
蔬菜类	3445219	114.0	1479208	104.2	1966011	122.7
干鲜果类	1399852	113.4	732931	105.6	666921	123.4
大牲畜类	216275	111.5	8067	128.9	208208	110.9
家畜幼禽类	404875	113.6	15657	100.4	389218	114.3
工业品类	12013727	107.1	9409297	104.5	2604430	117.4
其他类	1956570	113.6	994365	103.8	962205	126.0
生产资料类	**8295040**	**111.5**	**6592556**	**111.2**	**1702484**	**112.9**
机动车类	1359197	141.0	1236039	141.1	123158	139.7
钢材类	1205180	92.0	712050	82.1	493130	111.3
木材类	652775	110.2	439047	99.6	213728	140.3
其他类	5077888	111.1	4205420	112.3	872468	105.8

15－9 各市社会消费品零售总额

(2000年) 单位:万元

地区	社会消费品零售总额	按所在地类别分		
		市	县	县以下
全省总计	**25459001**	**15730292**	**2435937**	**7292772**
济南市	3547062	2657089	284840	605033
青岛市	3077006	2361511		715495
淄博市	1849390	1594750	113560	141080
枣庄市	853894	565954		287940
东营市	681115	423645	88983	168487
烟台市	2561079	1664308	29164	867607
潍坊市	2600075	1284400	109678	1205997
济宁市	1664069	975244	228395	460430
泰安市	1345927	779914	105177	460836
威海市	1515883	1004609		511274
日照市	578783	354105	110865	113813
莱芜市	459676	459676		
临沂市	1747826	779322	479271	489233
德州市	1227864	433708	273626	520530
聊城市	505012	162464	170433	172115
滨州市	492057	110933	183685	197439
菏泽市	752283	118660	258160	375463

15－9续表 (2000年) 单位:万元

地区	社会消费品零售总额	按行业分				
		批零贸易业	餐饮业	制造业	农业生产者	其他行业
全省总计	**25459001**	**16186960**	**2653977**	**2802628**	**2595379**	**1220057**
济南市	3547062	2287545	377550	233128	549301	99539
青岛市	3077006	2239385	278716	268158	171706	119041
淄博市	1849390	1102191	269535	242913	156759	77992
枣庄市	853894	554444	82039	106951	104089	6371
东营市	681115	387944	90161	76756	69063	57191
烟台市	2561079	1579400	230793	319653	264737	166496
潍坊市	2600075	1663438	244353	267266	236825	188193
济宁市	1664069	1000629	213178	195289	202423	52550
泰安市	1345927	830029	118190	145189	215627	36892
威海市	1515883	763176	203707	293905	117777	137318
日照市	578783	431748	39867	45163	46066	15939
莱芜市	459676	256457	66222	70070	34047	32880
临沂市	1747826	1095699	167150	221490	169548	93939
德州市	1227864	848513	103897	146952	62530	65972
聊城市	505012	315658	42597	40446	65290	41021
滨州市	492057	338322	51685	66262	22333	13455
菏泽市	752283	492382	74337	63037	107258	15269

15－10 各市批发零售贸易业商品销售总额

(2000 年)　　单位:万元

地　　区	销售总额	批 发 额	零 售 额
全省总计	**41120700**	**24933740**	**16186960**
济 南 市	4944732	2657187	2287545
青 岛 市	7744523	5505138	2239385
淄 博 市	2333276	1231085	1102191
枣 庄 市	1801957	1247513	554444
东 营 市	774114	386170	387944
烟 台 市	3698492	2119092	1579400
潍 坊 市	4077352	2413914	1663438
济 宁 市	1635961	635332	1000629
泰 安 市	1569876	739847	830029
威 海 市	1364516	601340	763176
日 照 市	1159490	727742	431748
莱 芜 市	537638	281181	256457
临 沂 市	4439813	3344114	1095699
德 州 市	1752503	903990	848513
聊 城 市	1052231	736573	315658
滨 州 市	891607	553285	338322
菏 泽 市	1342619	850237	492382

注:本表根据 2000 年定期快报资料整理。

15－11 各市规模以上批发零售贸易企业财务状况

(2000 年)　　单位:万元

地　　区	企业数(个)	#亏损企业	流动资产	固定资产	资产合计	流动负债	长期负债	负债合计	所有者权益合计
全省总计	**1754**	**496**	**7286531**	**2844783**	**11687238**	**8656198**	**1144023**	**9986094**	**1701144**
济 南 市	170	59	1417847	493479	2248830	1597101	235506	1910140	338691
青 岛 市	258	72	2109888	727787	3198928	2694484	186267	2910902	288025
淄 博 市	71	20	182203	125201	325179	220223	26637	254654	70526
枣 庄 市	61	29	122618	78486	216738	206236	17378	224480	－7743
东 营 市	27	6	50092	44730	104945	77971	14364	92335	12610
烟 台 市	187	61	630478	223834	928248	730364	86792	822751	105496
潍 坊 市	180	55	742872	248424	1321799	820918	249442	1075799	246001
济 宁 市	114	35	354805	159145	547231	409494	51739	464318	82913
泰 安 市	105	27	237348	116893	376026	261892	35473	299835	76191
威 海 市	64	9	160478	103418	296687	179616	33500	223121	73566
日 照 市	75	29	184804	72413	303453	223675	11687	242673	60780
莱 芜 市	43	16	91591	38669	133669	94327	17864	115015	18654
临 沂 市	111	34	269865	145655	476415	327623	32063	364317	112098
德 州 市	88	11	141081	77184	346581	153341	46361	217666	128915
聊 城 市	60	9	133740	52889	211389	153262	26411	181805	29585
滨 州 市	75	8	103370	72213	194999	139075	18617	160175	34823
菏 泽 市	65	16	353451	64362	456124	366598	53923	426109	30015

15－11 续表　　(2000 年)　　单位:万元

地　　区	商品销售收入净额	商品销售成本	经营费用	商品销售税金及附加	商品销售利润	管理费用	财务费用	利润总额	应交所得税
全省总计	**15968107**	**14685566**	**682836**	**28501**	**571204**	**550853**	**246866**	**－33076**	**42956**
济南市	2768972	2545559	157181	8617	57616	93672	46712	－47856	8714
青岛市	4729792	4334543	207485	6376	181388	158735	92218	－12751	11903
淄博市	663636	609409	22636	892	30699	22998	5314	7955	2530
枣庄市	281038	253725	14584	533	12196	12286	3291	－3430	692
东营市	157105	139966	5849	360	10929	8928	2186	1740	1061
烟台市	1429596	1332209	48035	1420	47933	41596	15018	1279	2787
潍坊市	1446831	1330207	57404	2350	56870	50671	24741	－3836	2670
济宁市	691199	640782	23613	1043	25760	25712	10172	－1911	1951
泰安市	481995	440487	21453	755	19300	16292	5776	4824	833
威海市	506363	461992	18989	612	24771	18881	3631	4843	2236
日照市	498882	460451	17799	681	19952	14683	6095	2219	1282
莱芜市	187258	173310	7183	222	6544	7288	2450	350	624
临沂市	769479	706028	28889	1956	32606	23964	10103	6632	2048
德州市	360025	332958	13319	541	13208	12644	3653	2128	857
聊城市	283381	260045	12017	375	10944	11180	4760	1412	724
滨州市	276371	257245	8079	1361	9686	11456	3790	773	624
菏泽市	436183	406653	18322	405	10804	19867	6955	2554	1422

15－12 各市规模以上餐饮企业财务状况

(2000 年)　　单位:万元

地　　区	企业数(个)	#亏损企业	流动资产	固定资产	资产合计	流动负债	长期负债	负债合计	所有者权益合计
全省总计	**261**	**133**	**138463**	**526710**	**778185**	**283835**	**221225**	**531396**	**246789**
济南市	46	28	18835	46442	82807	31642	13515	46136	36671
青岛市	57	30	34731	82452	134048	52986	16351	92074	41974
淄博市	11	7	9742	50175	65695	25565	33672	59246	6449
枣庄市	5	3	2318	8364	12209	9066	5470	14535	－2326
东营市	4	1	693	6976	8771	5934	1166	7100	1670
烟台市	14	8	4727	29411	39506	8588	12021	21013	18494
潍坊市	26	11	22058	143354	185568	39768	113093	152941	32627
济宁市	14	7	6317	18893	35730	10979	1890	12900	22830
泰安市	13	5	5769	17842	26917	12283	5609	17891	9025
威海市	19	9	11446	58377	96531	42605	13026	55853	40678
日照市	8	5	2587	7186	11053	7237	521	7759	3294
莱芜市	9	5	2192	8596	11259	7297	284	9145	2114
临沂市	18	9	7810	25977	34156	14491	967	15628	18528
德州市	2		996	763	1858	1385	163	1548	310
聊城市	4	2	927	756	1778	1222	130	1352	426
滨州市	2		258	5708	6133	1435	470	1905	4228
菏泽市	9	3	7058	15440	24168	11354	2876	14372	9796

15－12 续表 (2000 年) 单位:万元

地区	营业收入	营业成本	营业费用	营业税金及附加	经营利润	管理费用	财务费用	利润总额	应交所得税
全省总计	**247234**	**114172**	**73322**	**12470**	**47270**	**54980**	**7834**	**－13053**	**1350**
济南市	48513	24771	16799	2570	4374	5743	1375	－2466	51
青岛市	64074	27563	21906	3488	11118	12433	1502	－3047	975
淄博市	15850	5958	4475	863	4554	4817	1000	－1441	10
枣庄市	3181	1081	1587	142	371	894	243	－731	
东营市	4392	1842	1279	239	1033	687	126	332	112
烟台市	10575	5069	2976	453	2076	2142	661	－717	22
潍坊市	26558	11002	6038	1339	8180	9907	966	－2094	36
济宁市	9045	4603	2589	456	1397	2245	637	－1066	26
泰安市	7391	3964	1686	454	1287	1679	209	－182	4
威海市	20562	11537	4327	779	3919	4474	147	－58	79
日照市	2969	1326	931	137	574	1338	172	－850	
莱芜市	4254	2162	1781	189	122	395	60	－334	11
临沂市	17507	7528	4247	784	4948	5158	323	－408	5
德州市	1061	870	132	24	35	62	18	6	2
聊城市	3422	1646	582	183	1010	967	82	－1	
滨州市	979	452	243	33	251	257	15	28	9
菏泽市	6903	2798	1744	339	2022	1781	300	－25	10

15－13 各市集贸市场基本情况

地区	成交总额(万元)		市场个数(个)		消费品市场		生产资料市场	
	2000 年	2000 年为1999 年%	2000 年	比 1999 年增加	2000 年	比 1999 年增加	2000 年	比 1999 年增加
全省总计	**34048023**	**111.1**	**9729**	**209**	**9109**	**171**	**620**	**38**
济南市	4778621	111.5	814	33	717	28	97	5
青岛市	4397069	114.4	866	11	786	3	80	8
淄博市	4708693	106.3	531	9	486	3	45	6
枣庄市	1039617	114.8	315	56	285	47	30	9
东营市	482977	119.9	256	－5	246	－5	10	
烟台市	1838212	101.0	614	－6	584	－5	30	－1
潍坊市	2751859	106.2	1367	40	1271	36	60	4
济宁市	1450259	106.1	656	－2	612	5	39	－7
泰安市	1787652	108.7	487	－1	473	－3	17	2
威海市	420240	115.6	185	－24	197	－23	11	－1
日照市	646203	112.5	287	－3	273	－3	17	
莱芜市	235695	103.6	174	14	154	16	4	－2
临沂市	3932820	106.2	992	－23	985	－21	28	－2
德州市	2088243	134.5	692	26	626	16	50	10
聊城市	1795829	117.9	459	27	393	24	42	3
滨州市	597639	105.6	532	3	488	2	42	1
菏泽市	910338	128.9	500	58	431	53	16	5

十六、对外经济贸易和旅游业

FOREIGN TRADE AND TOURISM

简要说明：

一、本篇资料综合反映山东省的对外贸易、利用外资、对外承包工程和劳务合作及旅游业发展的基本情况。

二、本篇资料根据山东省发展计划委员会、山东省对外贸易经济合作厅、青岛海关、山东省旅游局、国家外汇管理局山东分局的有关资料加工整理而成。

三、本资料所列的所有进、出口数据均为海关数据，不再使用外贸业务统计数据。对外贸易资料主要包括：全省历年进、出口贸易规模情况，进、出口国别及商品分类情况，各市地进、出口及外商投资企业进、出口情况。进出口商品价值，出口按离岸价(FOB)、进口按到岸价(CIF)统计。对各洲及主要国家进出口，出口货物按中华人民共和国关境外最终目的国(地)，进口货物按中华人民共和国关境外原产国(地)统计。16—3 表的进、出口商品按海关合作理事会制定的《商品名称及编码协调制度》(HS)目录进行分类统计。

四、利用外资资料主要包含：全省历年利用外资的总体情况、当年利用外资基本情况、全省外商直接投资中外资的主要来源国别情况、各市地利用外资情况。利用外资包括对外借款、外商直接投资、外商其他投资三部分，其中对外借款部分资料来源于省计委和省外管局，外商直接投资和外商其他投资资料来源于省外经贸厅。统计范围是我省境内的所有利用外资单位和部门，以及经批准在我省设立的中外合资经营企业、合作经营企业、外资企业、外商投资股份制企业、合作开发项目等具有法人资料的独立核算企业(包括港澳台地区投资企业)。各市地利用外资资料不包括对外借款部分。

五、对外承包工程和劳务合作的发展状况，资料来源于省外经贸厅，是根据对外贸易经济合作部与国家统计局共同制定的《对外承包工程和劳务合作统计制度》整理而得。

六、历年人民币对主要外币的年平均汇价，资料来源于国家外汇管理局，是根据当年国家外汇管理提供的每日汇价进行加权平均计算而得出的当年年平均汇价。

七、国际旅游资料主要包含：全省历年国际旅游总体发展情况、各市地接待各国旅游者情况、各市地接待国外旅游者人员构成情况及星级宾馆(饭店)数。旅游外汇收入按当年人民币对美元平均汇率换算，资料来源于省旅游局。

八、经济开发区资料是经省政府及国务院批准成立的各经济开发区的主要指标数据。

16－1 1984－2000年海关进出口情况

单位:万美元

年份	出口总值	一般贸易	补偿贸易	来料加工装配贸易	进料加工贸易	其他贸易	进口总值
1984	207786						144226
1985	234652						179796
1986	191926						190914
1987	289938	264633	3239	2566	19232	268	65356
1988	309773	261451	3032	3796	40458	1036	263588
1989	327015	266337	3592	6274	49047	1765	289496
1990	341719	274898	4745	8660	53152	264	86803
1991	375230	293951	3456	13681	63430	712	107970
1992	433752	330729	4769	18598	79452	204	344388
1993	420360	292058	4373	23834	96748	3347	308226
1994	587011	371013	5050	40640	168470	1838	375916
1995	816101	460278	5198	77503	270177	2945	578906
1996	918298	449683	4323	130565	331035	2016	698096
1997	1085888	483895	2692	185156	410664	3481	667743
1998	1034705	458607	1617	172262	396013	6206	627035
1999	1157909	541405	257	218625	394880	2742	669185
2000	1552905	746563	807	293008	507050	5477	946093

16-2 海关进出口商品总值(按国别、地区分)

单位:万美元

国别(地区)	进出口总值 1998年	进出口总值 1999年	进出口总值 2000年	出口总值 1998年	出口总值 1999年	出口总值 2000年	进口总值 1998年	进口总值 1999年	进口总值 2000年
合计	**1661740**	**1827094**	**2498998**	**1034705**	**1157909**	**1552905**	**627035**	**669185**	**946093**
亚洲	**998634**	**1136771**	**1536099**	**587533**	**679576**	**919648**	**411101**	**457195**	**616451**
香港	79555	72476	96813	61130	57559	81323	18425	14917	15489
日本	405228	450928	596486	299525	341801	436272	105703	109127	160213
韩国	350676	425001	566511	124103	157868	227208	226573	267133	339303
澳门	828	497	400	828	482	390		15	10
台湾	34498	40569	55239	14205	14623	20114	20293	25946	35124
马来西亚	10444	13145	20832	6404	8890	14744	4040	4255	6088
印度尼西亚	12156	18001	28150	6213	11523	19985	5943	6478	8165
新加坡	17325	20969	30555	12474	14875	19554	4851	6094	11000
非洲	**24380**	**27180**	**43245**	**19610**	**21297**	**29123**	**4770**	**5883**	**14122**
南非	7553	7186	11093	3720	4868	5952	3833	2318	5141
欧洲	**277170**	**268334**	**380212**	**174209**	**178620**	**242095**	**102961**	**89714**	**138117**
英国	22481	25157	40568	17264	21490	29977	5217	3667	10590
德国	70846	61124	83752	43567	40454	52151	27279	20670	31600
法国	15247	16634	25048	12002	11263	15743	3245	5371	9305
意大利	29259	30930	42819	14359	15801	21216	14900	15129	21603
荷兰	25946	27692	35504	22880	24224	29934	3066	3468	5569
西班牙	19736	12485	15838	9028	9847	12097	10708	2638	3741
瑞典	5475	6011	7034	3876	4179	4832	1599	1832	2201
瑞士	4389	5125	8617	2775	2554	3215	1614	2571	5401
俄罗斯	38429	32048	45797	17885	11658	19886	20544	20390	25910
南美洲	**42291**	**40145**	**66644**	**21314**	**20174**	**28725**	**20977**	**19971**	**37919**
阿根廷	8583	8945	16464	2934	2299	2309	5649	6646	14155
巴西	11973	10148	20930	4845	3738	4852	7128	6410	16077
智利	4543	4534	4986	2411	2443	3158	2132	2091	1827
墨西哥	4704	3620	6320	3276	3342	5497	1428	278	823
巴拿马	2981	1912	3689	2981	1912	3689			
秘鲁	2354	3465	4262	310	582	962	2044	2883	3300
北美洲	**286472**	**317127**	**423229**	**217656**	**240700**	**311910**	**68816**	**76427**	**111319**
美国	261125	287695	378216	203187	224243	289906	57938	63452	88309
加拿大	25585	29222	44870	14707	16453	21997	10878	12769	22872
大洋洲	**32792**	**37537**	**49568**	**14382**	**17541**	**21403**	**18410**	**19996**	**28165**
澳大利亚	27320	30110	41461	12345	14920	18570	14975	15190	22891
新西兰	4603	6136	6840	1452	1976	2039	3151	4160	4764

注:进口国别指原产国,出口国别指最终消费国。

16－3 海关进出口商品分类金额

单位:万美元

商品类别	1997年		1998年		1999年		2000年	
	出口	进口	出口	进口	出口	进口	出口	进口
总计	**1085888**	**667743**	**1034705**	**627035**	**115790**	**669185**	**1552905**	**946093**
一、活动物;动物产品								
活动物	443	64	521	307	479	14	462	19
肉及食用杂碎	23697	177	20386	382	23191	727	30491	510
鱼,甲壳,软体及水生无脊椎动物	48706	21832	50189	28325	57430	31464	72221	51968
乳蛋品;天然蜂蜜;其他食用动物产品	1026	383	1031	515	1117	538	1807	752
其他动物产品	3394	1006	3368	1236	2816	1037	3712	1142
二、植物产品								
活植物;鳞茎、根及类似品;插花	65	65	52	23	110	107	113	99
食用蔬菜、根及块茎	22656	3467	30219	2395	32259	1550	37900	2257
食用水果及坚果;属水果的果皮	5797	803	6114	1215	7554	485	9592	524
咖啡、茶、马黛茶及调味香料	6430	170	4150	74	3800	233	5639	235
谷物	93	3954	45	4584	48	5922	82	9650
制粉产品;麦芽;淀粉;菊粉;面筋	912	293	325	257	140	423	1132	504
子仁果实;工业药用植物;稻草饲料	11796	8409	11129	7036	14911	10594	17212	30979
虫胶;树胶、树脂及其他植物液、汁	335	100	418	73	185	77	323	74
编结用植物材料;其他植物产品	56	502	36	806	31	646	54	1465
三、动植物油脂、蜡及分解产品;食用油	**3159**	**9318**	**1830**	**7958**	**778**	**4464**	**680**	**3798**
四、食品饮料酒醋;烟草及代用品								
肉鱼甲壳软体动物及无脊椎动物制品	17992	522	20109	334	27758	728	44069	632
糖及糖食	242	430	188	324	292	428	355	668
可可及可可制品	11	41	8	31		37	2	52
谷物、粮食粉、淀粉、乳制品;糕点	6743	154	6426	121	8038	184	9923	402
蔬菜、水果、坚果其他植物制品	20271	76	19294	41	23375	218	28434	81
杂项食品	3092	978	2910	892	3837	1038	4697	1689
饮料、酒、醋	2126	237	2164	706	2300	685	3168	352
食品工业残渣废料;动物饲料	2418	18380	2362	7231	2278	5114	1439	7769
烟草及烟草代用品的制品	2172	59	1769	20	1230	227	496	100
五、矿产品								
盐硫磺泥土及石料;石膏石灰及水泥	20855	635	16997	945	12535	2773	14353	4558
矿砂、矿渣及矿灰	427	21378	98	16605	25	18675	8	24297
矿物燃料、油、蜡及蒸馏产品;沥青物质	38556	9982	34619	7628	34591	7631	45490	13617
六、化学工业及其相关工业产品								
无机化学品;有机及无机化合物	13407	2495	13227	3289	15804	4780	18480	4933
有机化学品	23982	7513	24210	7131	26998	18645	30596	22677
药品	4467	195	5174	514	4707	968	6187	919
肥料	538	6138	923	3021	1096	561	2795	290
鞣料制品及颜料油灰油墨等	5629	5282	5189	5151	6145	5253	6522	7232
精油及香膏;芳香料制品及化妆品	243	128	226	168	352	161	405	295
肥皂洗涤润滑剂;蜡制品及熟石膏	717	1064	860	1159	1383	1878	1853	2441
蛋白类物质;改性淀粉;胶;酶	449	2151	997	2035	981	3248	1157	3659
炸药火柴烟火制品;易燃材料制品	481		218		207	8	154	3
照相及电影用品	5	29	31	20	49	120	91	63
杂项化学产品	1810	5131	1934	4765	2038	7511	2586	9425

16－3续表1

单位:万美元

商品类别	1997年		1998年		1999年		2000年	
	出口	进口	出口	进口	出口	进口	出口	进口
七、塑料及其制品;橡胶及其制品								
塑料及其制品	16576	38790	15271	36056	18977	40724	28377	54035
橡胶及其制品	13052	12015	12063	8596	13321	10585	20904	19350
八、皮及皮制品;旅行用品;动物肠线								
生皮(毛皮除外)及皮革	2455	51447	4741	45067	6068	49611	9864	70355
皮革制品;旅行用品;动物肠线制品	79606	626	72501	641	76053	615	107897	587
毛皮、人造毛皮及制品	2103	1394	1380	708	654	420	1475	586
九、木及软木制品、编结材料制品								
木及木制品;木炭	9928	2797	7019	3244	10330	6521	13170	13300
软木及软木制品	5	98	13	155	7	184	2	219
稻草针茅篮筐及柳条等编结品	4929	11	5037	8	4939	7	6305	15
十、木浆及纤维状纤维素浆;废纸纸板及制品								
木浆及纤维状纤维素浆;废纸或纸板	119	10059	202	11095	34	16341	18	24535
纸及纸板;纸浆、纸或纸板制品	2948	11277	3899	14791	5289	19272	12979	20743
书报印刷图及其他印刷品;手稿设计图纸	74	597	44	313	22	554	74	373
十一、纺织原料及纺织制品								
蚕丝	7435	507	5180	226	6151	171	8415	206
羊毛动物细粗毛;马毛纱线及其机织物	5567	9123	3947	5255	3870	4325	5661	7210
棉花	23755	45680	19245	17070	26348	11398	37289	13175
其他植物纺织纤维;纸纱线及其机织物	584	1754	556	1197	547	394	1253	803
化学纤维长丝	13093	25956	13124	20631	11883	23306	13687	28508
化学纤维短纤	37536	36358	33240	32822	34036	28022	46268	35056
絮胎毡呢及无纺织物;特种纱线线绳索缆	1579	3047	1381	3002	2139	4183	2641	4769
地毯及纺织材料的其他铺地制品	6326	116	5690	5	6650	138	8459	215
特种机,簇绒织物;花边装饰毯,带,刺绣品	5868	7196	3814	7391	3599	10000	6284	11317
浸渍涂布包覆或层压纺织物;工业用纺织品	3168	8802	4723	11253	4052	13227	3509	18463
针织物及钩编织物	2439	14789	1770	13931	1604	16074	2385	20505
针织或钩编的服装及衣着附件	55946	866	58132	812	69859	909	94049	802
非针织或非钩编的服装及衣着附件	68158	2775	62191	2599	75891	2482	98945	1562
其他纺织品;成套物品;旧衣旧纺织品	44698	144	47359	183	54023	316	66874	409
十二、鞋帽伞杖鞭及零件;羽毛人发制品								
鞋靴,护腿和类似品及零件	53568	4411	53969	4878	61985	7769	68702	9391
帽类及其零件	1836	96	2409	46	2802	60	3635	113
雨伞阳伞手杖鞭子马鞭及零件	245	7	204	3	244	8	123	36
已加工羽毛羽绒及制品;人造花	9309	1152	11037	1330	11704	1652	14402	2275
十三、石料膏泥棉云母及制品;陶瓷玻璃								
石料膏泥棉云母及类似材料制品	7783	645	5959	928	5526	1084	7591	1471
陶瓷产品	8653	212	8208	308	8414	244	9234	323
玻璃及其制品	6785	945	7061	1102	7976	922	10798	1364
十四、珍珠宝石贵金属及制品;仿首饰	**5165**	**2946**	**5512**	**3656**	**11153**	**7850**	**15797**	**8909**

16－3 续表 2 单位:万美元

商品类别	1997 年		1998 年		1999 年		2000 年	
	出口	进口	出口	进口	出口	进口	出口	进口
十五、贱金属及制品								
钢铁	39250	18285	19740	16512	19043	28225	34232	34200
钢铁制品	26418	7993	25414	4401	26329	4247	30164	5053
铜及其制品	2684	4522	2254	4419	2059	4937	2608	6391
镍及其制品	16	90	8	35	15	35	12	90
铝及其制品	3438	3542	1615	2916	1111	4029	1115	4845
铅及其制品	29	72	20	112	41	161	26	158
锌及其制品	110	30	8	53	100	29	125	121
锡及其制品		108		209	4	342	71	506
其他贱金属,金属陶瓷及制品	188	32	347	140	279	31	422	74
贱金属工具器具利口器餐匙餐叉及零件	8280	480	8495	714	8847	745	11176	993
贱金属杂项制品	6853	3454	7102	2697	6415	3186	6966	3784
十六、机械、电气设备、电视机及音响设备								
核反应堆;锅炉机器机械器具及零件	42716	109891	36332	133572	50214	101614	81700	151673
电机电气设备及零件;声像设备	57290	63258	53756	56859	67255	76792	99856	127296
十七、车辆,航空器,船舶及运输设备								
铁道及电车道,交通讯号设备零附件	18614	5	18090	79	9232	432	33644	447
车辆及其零附件,铁电车道车辆除外	11513	1594	12584	1059	15919	1970	24681	2083
航空器,航天器及其零件	142	57	143	114	192	54	165	376
船舶及浮动结构体	957	176	2074	345	2940	996	3002	1687
十八、照相计量医疗精密仪器及设备,零附件								
照相计量医疗精密仪器及设备,零附件	8478	12553	11799	16264	7358	13735	8079	15695
钟表及其零件	3381	1345	4272	1558	1559	469	1798	402
乐器及其零件附件	598	148	670	252	789	231	1365	380
十九、杂项制品								
家具垫子照明装置发光品活动房屋	11254	292	12007	465	17470	529	23933	723
玩具游戏品,运动用品及零附件	41112	3296	47255	6121	45572	4780	48561	2499
杂项制品	5902	4331	5655	3357	6428	4469	7340	5461
二十、艺术品,收藏品及古物		2						
二十一、特殊交易品及未分类商品								

16－4 出口商品结构情况

单位:万美元

项目	1996年		1997年		1998年		1999年		2000年	
	出口额	比重%	出口额	比重%	出口额	比重%	出口额	比重%	出口额	比重%
总值	**917593**	**100**	**1087628**	**100.0**	**1035929**	**100.0**	**1157430**	**100.0**	**1552208**	**100.0**
一、初级产品	**228310**	**24.9**	**240118**	**22.1**	**232500**	**22.5**	**263667**	**22.8**	**336715**	**21.7**
食品及活动物	148432	16.2	161049	14.8	163912	15.8	191786	16.6	248004	16.0
饮料及烟类	4680	0.5	4200	0.4	3824	0.4	3380	0.3	3071	0.2
非食用原料(燃料除外)	36745	4.0	33153	3.0	38332	2.7	33206	2.9	39626	2.6
矿物燃料、润滑油及有关原料	37573	4.1	38557	3.5	34611	3.3	34591	3.0	45491	2.9
动植物油、脂及蜡	878	0.1	3160	0.3	1821	0.2	705	0.1	523	
二、工业制品	**689283**	**75.1**	**847067**	**77.9**	**802907**	**77.5**	**893763**	**77.2**	**1215493**	**78.3**
化学成品及有关产品	52169	5.7	58287	5.4	56905	5.5	63027	5.4	75746	4.9
按原料分类的制成品	239858	26.1	297414	27.4	260573	25.2	281007	24.3	378026	24.4
机械及运输设备	95046	10.4	133518	12.3	124935	12.1	147881	12.8	244017	15.7
杂项制品	302210	32.9	357848	32.9	360494	34.8	401847	34.7	517704	33.4
未分类的商品										
#机电产品	144963	15.8	190632	17.5	191067	18.5	210467	18.2	312541	20.1

注:本表按国际贸易标准划分。

16－5 1979－2000年利用外资情况

单位:万美元

年份	合同项目个数(个)	#外商直接投资	合同外资金额	#外商直接投资	实际利用外资金额	#外商直接投资
1979	49		1278		1276	
1980	46		1254		1245	
1981	40	1	1296	10	1296	10
1982	60		1348		1327	
1983	51		2010		1831	
1984	100	16	15283	10470	1642	40
1985	232	32	10994	4925	6375	559
1986	109	37	13377	5927	11743	1939
1987	151	53	30520	3890	10219	2381
1988	458	203	59553	26020	14231	3908
1989	485	240	55272	17855	31498	13132
1990	674	366	55164	23283	31123	15084
1991	1187	801	102358	65481	46789	17950
1992	4651	4109	471994	391961	137684	97335
1993	8012	7229	754863	705116	226068	184319
1994	4747	3650	624570	526217	340137	253566
1995	5035	2709	532980	462521	326698	260719
1996	2223	2175	633894	539797	339426	259041
1997	1681	1597	454145	328037	358447	250044
1998	1434	1366	367072	221866	361036	222262
1999	1745	1717	421333	311087	374464	246878
2000	2733	2728	561066	507435	381243	297119

16－6 利用外资基本情况

单位：万美元

类　　别	合同项目个数(个)			合同外资金额			实际利用外资金额		
	1979－2000年	1999年	2000年	1979－2000年	1999年	2000年	1979－2000年	1999年	2000年
总　　计	**26799**	**1745**	**2733**	**4831017**	**421333**	**561066**	**3021302**	**374464**	**381243**
一、对外借款	**798**	**28**	**5**	**604511**	**63935**	**41780**	**602338**	**76793**	**70697**
外国政府贷款	357	23	5	193728	23439	13800	162424	16904	15617
国际金融组织贷款	47			86343	713		180420	34805	29463
外国银行商业贷款	392	5		209301	32383	27305	173867	15182	17655
＃短期贷款				61800	4000	4000	61800	4000	4000
出口信贷				78666	7400	675	42699	9902	8232
对外发行债券									
二、外商直接投资	**26001**	**1717**	**2728**	**3799900**	**311087**	**507435**	**2128196**	**246878**	**297119**
合资经营企业	16659	733	1101	1944155	124225	171098	1263191	92752	117342
合作经营企业	1431	120	145	552454	43750	56693	219127	66168	52047
独资企业	7903	863	1479	1297227	142529	278173	639955	86365	126118
合作开发	4			3910			3718	1000	
股份制企业	4	1	3	2054	583	1471	2205	593	1612
三、外商其他投资				**426606**	**46311**	**11851**	**290498**	**50793**	**13157**
补偿贸易				86951	4135	716	51513	1368	694
加工装配				165837	1579	2318	70225	1025	2668
对外发行股票				94150	29900	6437	93186	29900	6437
国际租赁				79668	10697	2380	75574	18500	3358

注：从1997年开始外商其他投资项目个数不再统计。

16－7 分国别、地区外商直接投资情况

单位：万美元

地　　区	合同项目个数(个)			合同外资金额			实际利用外资金额		
	1998年	1999年	2000年	1998年	1999年	2000年	1998年	1999年	2000年
总　　计	**1366**	**1717**	**2728**	**221866**	**311087**	**507435**	**222262**	**246878**	**297119**
＃香　　港	258	298	472	57565	89470	143406	64492	66323	69010
澳　　门	6	11	10	1484	4367	695	567	328	183
日　　本	124	156	250	9827	14947	27644	16616	14071	33382
新 加 坡	47	45	47	7456	8782	5900	10337	6620	6366
菲 律 宾	7	9	12	842	837	838	381	103	465
德　　国	23	26	45	1989	15860	8228	2099	2606	7591
法　　国	20	10	11	1090	1795	3263	2384	30459	11172
加 拿 大	40	38	63	6571	8404	20202	1175	3589	5838
美　　国	188	194	282	28247	57180	82784	14056	19833	30635
澳大利亚	32	37	60	5738	9967	12939	1835	3781	3494
台　　湾	164	182	267	16321	21671	42492	15421	11525	18667
韩　　国	342	593	1012	29306	45551	97754	59806	52794	56744
阿 联 酋	2	1	4	16	26	74	13	19	10
马来西亚	12	13	8	2117	3635	990	1281	647	711
瑞　　士	3	3	5	2738	46	2889	2438	1976	1144
瑞　　典	1	2	6	5	326	499	200	266	840
朝　　鲜							10	150	
荷　　兰	5	5	4	1782	1513	453	314	1122	853
玻利维亚		3			485				20
英　　国	10	22	24	5925	4779	3911	3526	5333	15859
意 大 利	12	8	18	2387	1802	1869	1389	1642	1369
泰　　国	4	10	14	348	3145	1915	46	1262	2750
匈 牙 利	4	1	3	786	5	－78	372	418	313

16－8 分行业外商直接投资情况

行业名称	总计		合资企业		合作企业		独资企业	
	项目数（个）	合同外资（万美元）	项目数（个）	合同外资（万美元）	项目数（个）	合同外资（万美元）	项目数（个）	合同外资（万美元）
总计	**2728**	**507435**	**1101**	**171098**	**145**	**56693**	**1479**	**278173**
农林牧渔业	107	24476	33	3888	4	4094	70	16494
#农业	45	7327	16	1604	2	2764	27	2959
采掘业	17	6830	5	477	4	1289	8	5064
制造业	2274	346018	906	102164	88	17689	1278	225109
#纺织业	125	24419	77	9871	6	3705	51	10843
化学原料及制品制造业	153	22930	84	8287	8	481	61	14162
医药制造业	23	9453	8	2420	6	970	9	6063
普通机械制造业	93	18374	40	6374	5	430	48	11570
专用设备制造业	72	13709	31	5393	3	528	38	7788
电子及通讯设备制造业	132	32550	41	6589	3	224	88	25737
电力煤气及水生产供应业	17	12033	9	6593	7	5267	1	173
建筑业	26	9680	14	2911	4	4098	8	2671
地质勘查业、水利管理业								
交通运输仓储及邮电业	15	10440	9	9486	3	89	3	865
批发零售贸易、餐饮业	99	19481	39	7245	10	4109	50	8127
金融、保险业	1	30	1	30				
房地产业	55	36648	40	21331	10	10407	5	4910
#房地产开发与经营业	52	36858	37	21541	10	10407	5	4910
社会服务业	71	26458	31	14505	10	3853	29	7973
#旅馆业	1	215	1	215				
卫生、体育和社会福利业	4	885	1	614	1	11	2	260
教育、文化艺术及广播电影电视	4	4015	1	48	2	3569	1	398
科学研究和综合技术服务业	17	6504	6	1752	1	1228	10	3524
其他行业	21	3937	6	371	1	990	14	2576

16－9　1982－2000年对外承包工程和劳务合作情况

年份	合同个数（个）	合同金额（万美元）	营业额（万美元）	年末在外人数（人）
1982	1	421	421	
1983	1	1286	40	408
1984	1	451	664	783
1985	4	645	852	1147
1986	26	1099	876	1597
1987	33	802	999	1239
1988	34	502	987	865
1989	69	1389	1000	1179
1990	91	3377	1712	1462
1991	123	5952	3017	2326
1992	192	8747	3882	3571
1993	299	20250	6959	7254
1994	411	31882	12222	10288
1995	672	38604	18274	16217
1996	880	52005	28933	23355
1997	966	57654	36315	26626
1998	1296	73703	46508	29121
1999	1116	67729	63615	30979
2000	1250	61601	45229	35028

注：从1999年起，只统计直接签约部分，不包括委托签约部分。

16－10　对外承包工程、劳务合作和设计咨询情况

项目	单位	1990年	1995年	1997年	1998年	1999年	2000年
一、合同个数	**个**	**91**	**672**	**966**	**1296**	**1116**	**1250**
承包工程	个	18	66	124	147		115
劳务合作	个	73	603	841	1147		1125
设计咨询	个		3	1	2		10
二、合同金额	**万美元**	**3377**	**38604**	**57654**	**73703**	**67729**	**61601**
承包工程	万美元	2537	20105	34019	49533	39343	29205
劳务合作	万美元	840	18462	23627	24157	28364	32038
设计咨询	万美元		37	8	13	22	358
三、营业额	**万美元**	**1712**	**18274**	**36315**	**46508**	**63615**	**45229**
承包工程	万美元	1179	9292	17679	25696	40694	17342
劳务合作	万美元	533	8952	18634	20785	22901	27760
设计咨询	万美元		30	2	27	20	127
四、年末在国外人数	**人**	**1462**	**16217**	**26626**	**29121**	**30979**	**35028**
承包工程	人	288	1687	2465	2915	3392	3101
劳务合作	人	1174	14526	24160	26202	27586	31904
设计咨询	人		4	1	4	1	23

注：从1999年起，只统计直接签约部分，不再包括委托签约部分。

16－11　1978－2000年人民币对主要外币年平均汇价(中间价)

单位:人民币元

年　　份	100美元	100日元	100港元	100英镑	100马克(德国)	100法郎(法国)
1978	168.36	0.8058	36.16	322.53	83.80	37.33
1979	155.49	0.7131	31.35	329.26	84.84	36.56
1980	149.84	0.6635	30.15	347.73	82.67	35.56
1981	170.51	0.7735	30.41	344.73	75.63	31.51
1982	189.26	0.7607	31.15	331.11	77.94	28.86
1983	197.57	0.8318	27.36	299.60	77.61	26.08
1984	232.70	0.9780	29.71	308.56	81.56	26.56
1985	293.67	1.2457	37.57	381.89	100.99	33.06
1986	345.28	2.0694	44.22	506.40	161.84	50.02
1987	372.21	2.5799	47.74	609.85	207.24	61.95
1988	372.21	2.9082	47.70	663.02	212.15	62.64
1989	376.59	2.7360	48.28	617.85	200.93	59.23
1990	478.38	3.3233	61.39	854.46	297.16	88.22
1991	532.27	3.9602	68.45	940.48	321.68	94.63
1992	551.49	4.3608	71.24	974.14	354.16	104.43
1993	576.19	5.2020	74.41	866.04	348.77	101.90
1994	861.87	8.4370	111.53	1319.96	531.90	155.54
1995	835.07	8.9225	107.96	1320.43	583.29	134.01
1996	831.42	7.6352	107.51			
1997	828.98	6.8600	107.09	1358.83	479.34	142.38
1998	827.91	6.3488	106.88			
1999	827.96	8.0720	106.53			
2000	827.72	7.3877	106.08			

16－12　1980－2000年国际旅游情况

年　　份	接待旅游人数(人次)	外国人	华侨	港澳台胞	旅游外汇收入(万元)	旅游外汇收入(万美元)
1980	27402	19381	1068	6953	289	193
1981	26899	20019	1161	5719	532	312
1982	33407	24239	843	8325	1303	688
1983	37353	27966	1096	8291	1139	577
1984	47059	35779	1536	9744	1432	615
1985	76596	56830	4775	14991	1842	627
1986	91917	65949	4097	21871	4103	1188
1987	108706	76151	4896	27659	8077	2170
1988	138093	84489	3756	49848	10488	2818
1989	88287	49302	2340	36645	12054	3201
1990	124670	68855	3428	52387	17312	3619
1991	171953	99498	4822	67633	27110	5093
1992	241329	127141	7683	106505	33933	6153
1993	284313	144665	5182	134466	39544	6863
1994	322140	197939	6111	118090	92220	10700
1995	450944	304280	6520	140144	128601	15400
1996	531616	363661	10197	157758	163677	19686
1997	585017	344374	12797	227846	168921	20377
1998	608054	371671	13870	222513	181726	21950
1999	622033	417911	7242	196880	219592	26522
2000	723145	480090		243055	260839	31513

注:2000年去消华侨分组。

16－13 各市海关进口情况

单位:万美元

地区	1995年	1996年	1997年	1998年	1999年	2000年
全省总计	**578906**	**698096**	**667743**	**627035**	**669185**	**946093**
济南市	29812	48193	52862	45096	60199	86827
青岛市	322099	347194	337000	309021	378812	526331
淄博市	23477	22367	23788	28303	16378	26301
枣庄市	5477	4572	6768	2878	2759	4233
东营市	4413	2870	1754	3502	3909	6843
烟台市	71776	85704	78470	94437	82287	117324
潍坊市	26267	38786	33004	27086	24889	37827
济宁市	6052	24169	14042	10044	13709	15959
泰安市	5579	6500	5367	4638	4270	6897
威海市	47866	73278	59987	57894	52844	67860
日照市	7816	8004	12265	24062	9960	9990
莱芜市	6816	5443	8888	3807	3708	4615
临沂市	7307	7869	7292	5186	6876	13933
德州市	3718	6430	4141	3177	2294	7244
聊城市	2013	7495	9841	1963	1774	5028
滨州市	6078	7013	10300	5354	4228	8630
菏泽市	2265	2200	1965	586	288	249

16－14 各市海关出口情况

单位:万美元

地区	1995年	1996年	1997年	1998年	1999年	2000年
全省总计	**816101**	**918298**	**1085888**	**1034705**	**1157909**	**1552905**
济南市	36753	43160	51303	34805	35926	57108
青岛市	535254	516294	579252	573020	631072	826891
淄博市	20283	27271	36500	33306	37775	49930
枣庄市	4088	4785	7750	7147	6459	9492
东营市	635	1076	1122	2067	2279	7487
烟台市	76728	110297	137829	128295	146553	196621
潍坊市	33307	50864	62082	64033	71194	99413
济宁市	7162	9950	12668	15325	15618	21467
泰安市	3813	6460	8808	8344	9061	13652
威海市	49752	77768	100015	85620	101923	129519
日照市	24181	29543	34957	34214	36375	45724
莱芜市	2861	7195	10640	7349	10112	16868
临沂市	6876	13252	15216	13749	15898	22541
德州市	3708	5839	6783	6057	8676	12600
聊城市	1487	2244	4016	5070	6159	9145
滨州市	5797	8312	11842	12509	17643	27958
菏泽市	2285	3967	5096	3794	5187	6489

16－15 各市外商投资企业进口情况

单位:万美元

地　　区	1995 年	1996 年	1997 年	1998 年	1999 年	2000 年
济 南 市	17670	25675	24006	13067	17091	20911
青 岛 市	191695	226524	242154	217164	257557	358883
淄 博 市	16633	16601	13812	12135	10873	18857
枣 庄 市	5193	4246	6309	1884	2216	3326
东 营 市	4094	2279	1055	2443	2103	3408
烟 台 市	49006	64787	60641	76354	59327	86491
潍 坊 市	19046	27003	18686	17681	15966	23830
济 宁 市	4640	21210	10181	6548	9874	11641
泰 安 市	5026	4932	4587	3088	1939	1860
威 海 市	26090	42030	37743	39598	38964	50478
日 照 市	3400	6219	9030	22720	7134	5375
莱 芜 市	795	1772	489	245	1633	377
临 沂 市	6463	6761	5456	3965	3366	5939
德 州 市	3271	5374	2612	1524	1605	3193
聊 城 市	1925	3319	3402	1318	799	1371
滨 州 市	5695	5934	7115	2840	3027	3753
菏 泽 市	2032	1729	1700	414	189	113

16－16 各市外商投资企业出口情况

单位:万美元

地　　区	1995 年	1996 年	1997 年	1998 年	1999 年	2000 年
济 南 市	5033	10056	13002	11638	12127	17404
青 岛 市	155542	208222	283182	302368	329884	443829
淄 博 市	5715	9978	13311	12445	15593	18493
枣 庄 市	1200	2166	2552	2291	2442	2850
东 营 市	362	398	767	1626	1138	1037
烟 台 市	37022	69804	91094	84113	99169	136296
潍 坊 市	12251	18022	23555	23306	28154	44170
济 宁 市	1754	3297	4935	8806	5442	7654
泰 安 市	1956	3960	4879	4650	3971	6056
威 海 市	21700	38533	51480	47128	59523	77825
日 照 市	1608	3690	5468	6280	7800	10969
莱 芜 市	322	323	129	423	524	763
临 沂 市	3911	7476	8620	7484	8172	10773
德 州 市	1691	3676	4224	2953	3452	5249
聊 城 市	419	767	1041	1431	2074	2980
滨 州 市	2332	2841	5219	3977	3611	4316
菏 泽 市	950	2093	1963	1465	1984	2131

16－17 各市合同利用外资基本情况

地　　区	合同项目个数(个)			合同外资金额(万美元)					
	1998年	1999年	2000年	1998年	#外商直接投资	1999年	#外商直接投资	2000年	#外商直接投资
全省总计	**1366**	**1717**	**2728**	**296822**	**221866**	**357398**	**311087**	**519286**	**507435**
济南市	71	66	90	32870	19218	35813	26593	44074	35711
青岛市	553	714	1128	98448	98488	172850	172734	267305	266221
淄博市	43	58	74	6577	3558	7190	4419	9413	8628
枣庄市	21	18	47	2065	2065	3016	3016	6500	6500
东营市	14	12	62	1814	1814	2408	2408	8184	8184
烟台市	175	227	371	32507	30703	37327	34304	70560	69692
潍坊市	91	102	215	15240	10040	12430	11948	29683	29229
济宁市	19	39	48	29132	1743	4976	4976	3889	3889
泰安市	26	26	27	2396	2396	2790	2660	3200	3078
威海市	149	222	326	21622	21622	22784	22728	41107	41107
日照市	25	25	47	1305	1305	2067	2062	2044	1889
莱芜市	8	4	11	1998	1998	1728	1728	1276	1276
临沂市	51	47	80	2794	2794	4268	4268	6067	6067
德州市	39	51	67	5830	5416	5922	5314	6932	6912
聊城市	8	18	25	6772	6692	2148	2148	2438	2438
滨州市	21	25	30	1573	1573	3944	3944	6021	6021
菏泽市	35	45	52	8479	8479	4575	4575	6457	6457
省　　直		18	28	25400	2002	31162	1262	4136	4136

注:1.本表不包括对外借款部分。

2.合同项目个数从1997年起不统计外商其他投资项目,本表合同项目个数即是外商直接投资数。

16－18 各市实际利用外资金额情况

单位:万美元

地　　区	1998年	#外商直接投资	1999年	#外商直接投资	2000年	#外商直接投资
全省总计	**279787**	**222262**	**297671**	**246878**	**310276**	**297119**
济南市	41961	25009	9494	9014	22219	12878
青岛市	72830	72830	91966	91742	131881	130797
淄博市	7743	7743	8250	6480	9292	8807
枣庄市	4362	4362	3460	3460	3705	3705
东营市	3471	3417	3852	3852	4266	3566
烟台市	47255	45800	32981	31832	45091	44346
潍坊市	16103	11353	11781	11781	13239	12785
济宁市	28586	1197	2193	2193	2253	2253
泰安市	1186	1186	1607	1577	2596	2486
威海市	16063	16063	16804	16748	24031	24031
日照市	17096	17096	9260	9255	4292	4137
莱芜市	800	800	908	908	1276	1276
临沂市	2042	2042	2510	2510	3146	3146
德州市	2864	2465	3422	3141	3683	3600
聊城市	1204	1124	2158	2158	2519	2519
滨州市	5078	5078	4248	4248	4391	4391
菏泽市	2717	2717	3028	3028	3574	3574
省　　直	8426	1926	8974	42951	28822	28822

注:本表不包括对外借款部分。

16－19 各市接待外国旅游人数主要国别情况

(2000 年)　　单位:人次

地区	合计	日本	菲律宾	新加坡	印度尼西亚	马来西亚	韩国
全省总计	**480090**	**132619**	**14906**	**16182**	**6319**	**10700**	**183568**
济南市	40946	12679	205	3047	889	3196	5186
青岛市	200194	67216	7947	6321	1241	2511	69787
淄博市	6960	2468	52	293	96	330	1090
枣庄市	927	295	20	55	38	13	135
东营市	844	78	2	20	2	13	50
烟台市	53353	12821	2673	1479	1084	473	21904
潍坊市	11895	5888	42	501	27	142	2408
济宁市	32911	14064	343	1489	473	964	2249
泰安市	28968	8076	172	1821	734	1625	4099
威海市	80740	5004	495	128	154	66	71642
日照市	14594	1922	2872	527	1453	1172	3727
莱芜市	244	50	1	2		1	130
临沂市	3600	1393	7	189	23	59	727
德州市	462	126	8	17	13	1	92
聊城市	2339	357	65	120	82	45	164
滨州市	428	43	2	8	10	6	120
菏泽市	685	139		165		83	58

16－19 续表　　(2000 年)　　单位:人次

地区	美国	加拿大	英国	德国	法国	俄罗斯	澳大利亚
全省总计	**31994**	**7008**	**6812**	**9065**	**6137**	**8926**	**5956**
济南市	5882	1183	828	1275	718	904	935
青岛市	10384	1865	2798	3820	2491	4820	1817
淄博市	555	144	52	282	69	91	159
枣庄市	85	20	33	51	23	54	13
东营市	267	112	77	31	6	32	14
烟台市	2069	413	640	1008	456	1239	925
潍坊市	575	127	276	487	84	96	192
济宁市	6859	1506	637	372	682	362	477
泰安市	3952	1250	932	779	972	270	736
威海市	684	163	179	506	141	118	283
日照市	91	88	41	203	23	720	221
莱芜市	7		20	6	1		2
临沂市	212	51	80	86	98	70	51
德州市	53	10	9	50	11	21	6
聊城市	239	47	149	58	316	127	70
滨州市	33	13	9	29	6		38
菏泽市	47	16	52	22	40	2	17

16－20 各市接待国外旅行者人数情况

单位：人次

地　　区	合　　计			外　国　人			华　　桥	
	1998 年	1999 年	2000 年	1998 年	1999 年	2000 年	1998 年	1999 年
全省总计	**608054**	**622033**	**723145**	**371671**	**417911**	**480090**	**13870**	**7242**
济南市	72832	83790	104009	30934	39941	40946	119	474
青岛市	199579	227697	260597	143987	175109	200194	1645	969
淄博市	9800	10423	11493	5291	5582	6960	204	560
枣庄市	1350	1226	1467	247	681	927	31	8
东营市	1243	1187	1028	1126	1093	844	2	7
烟台市	119563	85910	87736	75998	58047	53353	8961	2153
潍坊市	19466	21483	24098	9520	9680	11895	715	476
济宁市	60747	47047	52104	22771	27596	32911	686	899
泰安市	32937	53872	62933	16957	24738	28968	557	13
威海市	75256	65178	91161	51263	54889	80740	818	1068
日照市	10290	15124	14871	9798	14562	14594	17	12
莱芜市	118	249	263	97	220	244	2	2
临沂市	2599	3351	4427	1962	2688	3600	2	26
德州市	901	885	572	758	617	462	1	22
聊城市	842	3608	4161	462	1663	2339	110	547
滨州市	193	242	524	168	154	428		5
菏泽市	338	761	1701	332	651	685		1

16－20 续表

单位：人次

地　　区	港　澳　同　胞			台　湾　同　胞		
	1998 年	1999 年	2000 年	1998 年	1999 年	2000 年
全省总计	**125771**	**120619**	**162901**	**96742**	**76261**	**80964**
济南市	31899	34938	52384	9880	8437	10679
青岛市	32626	31194	37607	21321	20425	22796
淄博市	3389	2594	3105	916	1687	1428
枣庄市	117	198	264	955	339	276
东营市	35	31	120	80	56	64
烟台市	17178	9176	18340	17426	16534	16043
潍坊市	7003	7217	8978	2228	4110	3225
济宁市	21814	10649	11654	15476	7903	7539
泰安市	9671	22213	25721	5752	6908	8244
威海市	1356	957	1253	21819	8264	9168
日照市	180	177	67	295	373	210
莱芜市	14	24	13	5	3	6
临沂市	252	357	469	383	280	358
德州市	40	97	36	102	149	74
聊城市	184	754	1317	86	644	505
滨州市	9	33	52	16	50	44
菏泽市	4	10	711	2	99	305

16－21 各市星级饭店情况

单位：个

地　　区	1996 年	1997 年	1998 年	1999 年	2000 年
全省总计	**101**	**122**	**139**	**171**	**226**
济 南 市	10	11	15	18	31
青 岛 市	19	22	28	40	53
淄 博 市	3	5	6	8	8
枣 庄 市	3	3	3	5	8
东 营 市	4	6	6	10	10
烟 台 市	17	23	25	28	32
潍 坊 市	3	4	5	5	5
济 宁 市	7	7	7	7	13
泰 安 市	9	9	9	9	9
威 海 市	15	19	19	20	31
日 照 市	3	3	3	3	3
莱 芜 市				1	1
临 沂 市	4	4	6	6	7
德 州 市	1	2	2	3	3
聊 城 市	1	1	2	4	5
滨 州 市	2	2	2	2	4
菏 泽 市		1	1	2	3

16－22 经济开发区主要经济指标

（2000 年）

开发区名称	批准进区项目（个）	#外资项目	固定资产投资（万元）	#基础设施投资	引进项目总投资（万元）	#合同外资额（万美元）	实际利用外资额（万美元）	财政收入（万元）
全省总计	**2547**	**451**	**1317708**	**294625**	**2468890**	**148717**	**84912**	**238434**
一、国家级								
青　岛	785	55	368862	87000	646537	48629	29078	60069
烟　台	144	42	93175	24091	155110	9040	6472	54142
威　海	612	44	68370	20949	102899	10542	5519	28506
青岛保税区								
烟台加工区	14	9	1330	860	20493	1567	266	900
二、省级								
济南市								
济　南								
明　水	12	2	8040	1645	3846	266	202	185
临　港			823	443	2520			
青岛市								
环　海	28	25	14776	2849	49425	4255	2337	1600
即　墨	64	12	24110	5536	143000	6888	1560	1075
胶　州	34	14	25881	9320	53649	3621	2500	2452
胶　南	42	8	15289	10400	46322	5025	2120	1712
莱　西	22	8	20932	4813	34282	2501	1549	2260
平　度	19	10	22955	4640	25991	3286	1660	2064
淄博市								
淄　博	111	14	46100	8300	160000	1559	1141	11400
临　淄	7	1	874	151	8608	2488		412
周　村	2	2	4269	40	750	143	172	215
淄　川			3210	500	3210			418
博　山	5	5	47164	20784	10720	671	621	482
桓　台	17	6	5800	630	33900	5990	2001	2008
枣庄市								
枣　庄	1				350	350	162	
滕　州	6	2	605	129	1268	170	65	915
东营市								
东　营	27	9	32131	7670	156723	10861	2652	2831
垦　利	48		7500	2423	12124			2792
广　饶	1		1983	132	2280			1189
烟台市								
蓬　莱	10	5	13070	1413	49116	4520	4043	1090
龙　口	15	9	9578	1450	45243	6300	1543	
莱　州	51	9	26050	7815	48043	4126	1654	4800
牟　平	16	5	16330	320	29910	2081	1218	4489
招　远	4	3	7100	790	260	308	343	2243
莱　阳	16	5	5820	1660	2410	260	102	995
栖　霞			596	149				199

注：青岛保税区数据包括在青岛经济开发区内。

16－22 续表 1　　　　　　　　　　　　　　　　（2000 年）

开发区名称	批准进区项目（个）	#外资项目	固定资产投资（万元）	#基础设施投资	引进项目总投资（万元）	#合同外资额（万美元）	实际利用外资额（万美元）	财政收入（万元）
长　岛								96
海　阳			12242	7850	20856	2395	275	1824
潍坊市								
青　州	9	2	10912	2600	5600	56	10	2441
诸　城	3	3	4686	4430	7320	482	502	
昌　乐	33	5	9395	620	24631	940	402	463
安　丘	4	2	410	300	380	50	30	
高　密	32	5	16716	6270	42860	1485	595	3387
临　朐	3	1	4660	810	3850	240	240	810
潍　坊	16	1	3575	200	11076	180	240	1200
昌　邑								
寿　光								
济宁市								
中　区			45	45	9800			139
曲　阜	22	16	9770	1100	8670	347	401	2836
兖　州	5	1	2100	2100	16080	400		578
任　城			230	230	850	400		578
梁　山	12		4970	1000	6100	400		1074
邹　城								
泰安市								
新　泰	3	1	1236	900	3500			590
泰　安	73	3	24164	3229	114650	577	78	2292
威海市								
荣　成	37	12	4675	2995	18540	1838	874	5180
文　登	11	5	6951	417.7	6406.3	553	400	10900
乳　山	16	6	2890	672	3760	43	29	276
石　岛	2	2	180	50	550	22	16	120
日照市								
岚　山			11480	1860	2250	230	45	3085
日　照	32	11	131182	7200	32469	470	9561	3740
莱芜市								
莱　芜								
临沂市								
临　沂			23160	3339	23060			1880
德州市								
德　州	39	7	92850	14020	134263	1738	1338	1616
聊城市								
聊　城	17	2	39000	600	99238	797	477	1725
嘉　明								
滨州市								
滨　州			3000	2200	900			
博　兴	1	1	4200	2400	3000	350	254	
菏泽市								
菏　泽	25	2	307	286	19241.3	78	166	739

16－22 续表2　　　　(2000年)

开发区名称	工业总产值(万元)	#外商投资企业	工业增加值(万元)	税金总额(万元)	利润总额(万元)	进口额(万美元)	出口额(万美元)	#外商投资企业
全省总计	**7939161**	**3522135**	**2124200**	**378177**	**364729**	**146145**	**249393**	**175752**
青　岛	1799811	646306	449952	49958	53100	38350	64475	34086
一、国家级								
烟　台	1005076	865365	321625	51711	56318	32155	31108	24734
威　海	429268	125887	156339			7180	11080	10946
青岛保税区								
烟台加工区	53386	46523	15501	1692	－1848	3170	7439	1497
二、省级								
济南市								
济　南								
明　水	162356	8019	40530	9456	14358		108	108
临　港	6913	1356	2074	311	752	12	4	4
青岛市								
环　海	89308	89309	20541	1600	－1382	7586	11600	11600
即　墨	42570	16485	10217	1545	3470	1120	2729	1939
胶　州	195573	162976	39115	4663	5645	15499	17500	17500
胶　南	118073	108573	39396	6699	8618	10633	10183	9183
莱　西	39355	23883	9730	1598	1569	1322	3704	3704
平　度	172003	163461	30960	4043	8065	7590	10414	10414
淄博市								
淄　博	980000	130000	270800	100000	90000	1900	3690	500
临　淄	53989	33584	15538	3320	2285	271	587	420
周　村	116970	41453	25450	9530	5768		5480	114
淄　川	81495	56341	17113	3365	7927	2051	5443	5435
博　山	155362	42337	47816	5141	3077	1070	220	118
桓　台	117500	39294	37519	3130	2660	270	2660	870
枣庄市								
枣　庄	1705	1223	344	36	－47		32	
滕　州	36527	15867	6101	1371	2858		559	376
东营市								
东　营	57060	11713	15977	1911	2227	160	1424	5
垦　利	30568		8725	380	333			
广　饶	54584	5055	26355	1129	1266		523	523
烟台市								
蓬　莱	46752	37684	11623	587	1421	24	4292	1292
龙　口	8200	5600	3500	336	220	450	146	146
莱　州	98000	69850	32000	9350	5950	1159	2360	1750
牟　平	106487	82014	18723	6004	4843	7459	8790	7736
招　远	80158	53282	14828	1427	4281	245	3003	900
莱　阳	49903	7692	8521	1210	2215	59	745	685
栖　霞	85127	48300	32350	5104	1761	103	3810	3810

16－22 续表 3　　　　　　　　　　(2000 年)

开发区名称	工业总产值(万元)	#外商投资企业	工业增加值(万元)	税金总额(万元)	利润总额(万元)	进口额(万美元)	出口额(万美元)	#外商投资企业
长　岛	2602		368	168	－49			
海　阳	52101	40046	17780	2783	4939	403	1863	1685
潍坊市								
青　州	151711	22657	70893	25926	11534		1230	647
诸　城	166815	103573	21343	2772	7402	15	6393	6277
昌　乐	21187	8879	3781	663	581	250	641	641
安　丘	17000	6500	7400		1500		820	380
高　密	69688	18113	16028	3309	3977	807	3193	2067
临　朐	49023	36973	21200	2157.5	4245		957	17248
潍　坊	26000	9630	1500	662	295	8	880	522
昌　邑								
寿　光								
济宁市								
中　区	1482	260	436	320	163	1	4	
曲　阜	62891	28156	18867	2836	3067		873	873
兖　州	5533		2382	578	180			
任　城	5533		2382	578	180			
梁　山	14610		5259	397	1720			
邹　城								
泰安市								
新　泰	31690	3400	9507	474	669		150	
泰　安	160468	25364	49709	18104	3830	394	1035	882
威海市								
荣　成	108725	39406	13443	1827	3892	728	1828	1428
文　登	133513	27597	22300	11000	8460	369	5519	2800
乳　山	58760	10206	9617	2148	4360	530	1368	960
石　岛	32360	2520	6840	910	1725	106	1353	1353
日照市								
岚　山	46160	24980	13560	7500	5665	2140	2825	1561
日　照	207249	143978	51812	3203	2126		2845	1903
莱芜市								
莱　芜								
临沂市								
临　沂	114473		8900	437	1479	275	414	
德州市								
德　州	67603	15986	12783	920	2800		352	96
聊城市								
聊　城	32467	4058	5633	741	1597		12	
嘉　明								
滨州市								
滨　州	650		180					
博　兴	14500	9722	327	1481	827	280	725	325
菏泽市								
菏　泽	15821	699	3089	253	36		5	

十七、金　　融

BANKING

简要说明：

一、本篇既反映建国以来全省金融机构的信贷收支主要情况，也反映近两年金融机构、银行的信贷收支和现金收支、投放和回笼情况，较为全面地反映了我省金融业的发展状况。

二、本篇共包括"17－1历年金融机构存款余额"、"17－2历年金融机构贷款余额"、"17－3金融机构信贷收支情况"、"17－4国家银行信贷收支情况"、"17－5金融机构现金收支情况"、"17－6国家银行现金收支情况"、"17－7分市地现金投放回笼情况"、"17－8分市地金融机构存贷款情况"八个部分。其中，"17－1"、"17－2"两表均为全社会金融机构口径，表中1991－1994年的资料已根据1995年金融统计报表制度的口径进行了相应的调整。

三、本篇资料均来自中国人民银行济南分行的统计报表资料。

17－1 1952－2000年金融机构存款余额

单位:万元

年份	存款余额	#企业存款	#财政存款	#农业存款	#储蓄存款
1952	27761	13282	10177	101	4201
1953	37503	14033	16399	428	6643
1954	37953	14230	12829	996	9898
1955	66543	12862	38541	2255	12885
1956	59508	17058	17275	6299	18876
1957	66853	13671	21811	10970	20401
1958	119815	30097	42900	12408	34410
1959	174223	22237	94119	22061	35806
1960	152412	26747	60237	29408	36020
1961	154397	35419	65453	28048	25477
1962	147935	41050	53695	15974	20691
1963	155443	45826	56502	14924	25872
1964	157531	46288	62306	18604	30271
1965	173968	52426	65917	18600	37025
1966	203942	51901	83799	25528	42714
1967	249023	78115	92748	33202	44958
1968	266821	85320	93774	40114	47613
1969	271167	82682	105564	38148	44773
1970	539978	97982	355104	41358	45534
1971	564186	81566	374227	54081	54312
1972	523844	81483	324625	54677	63059
1973	617913	90537	397042	52709	77625
1974	528596	111890	271985	60467	84254
1975	722193	142258	417459	67018	95458
1976	765045	160536	419241	76113	109155
1977	782107	123030	460033	66737	132307
1978	900037	130437	556357	68941	144302
1979	966157	180407	483552	106625	195573
1980	1189283	236035	508844	151545	292859
1981	1489036	313525	587961	150207	391637
1982	1688534	345908	668732	141051	507309
1983	2094338	383650	759591	161896	730080
1984	2736912	555998	862225	219139	1001698
1985	2745277	792906	200421	190082	1301760
1986	3548078	966248	246026	215254	1755596
1987	4666177	1183126	281148	248386	2424184
1988	5605856	1371615	244001	266333	3265247
1989	7246567	1544788	118179	276931	4291525
1990	9340575	1976484	153542	335938	5754706
1991	11636250	2845002	159394	404736	7216749
1992	14482703	3893897	114525	443904	8841510
1993	18166260	4648492	159034	492086	11182415
1994	25225337	6194052	257887	521413	16003992
1995	34243843	8776853	263884	656439	21971982
1996	42938411	11317043	239414	829448	28177108
1997	51346379	13982754	246182	852300	32611120
1998	57554782	15010890	441380	883521	37353766
1999	65629934	17250542	507618	1084540	41098425
2000	74711987	20771967	764478	1351492	44667153

17－2 1952－2000年金融机构贷款余额

单位:万元

年份	贷款余额	#工业贷款	#农业贷款	#商业贷款	#基建贷款	#技改贷款
1952	15674	2786	3796	9092		
1953	44486	2584	6082	35820		
1954	92049	5722	8051	78276		
1955	104448	6580	11898	121970		
1956	162892	12195	34271	116426		
1957	168720	10248	33183	125289		
1958	349843	59095	56826	233922		
1959	465430	117950	55414	292066		
1960	539109	178222	78879	282008		
1961	505425	119466	77270	308689		
1962	414574	72815	75921	265838		
1963	335573	39091	79662	216820		
1964	336843	33558	82586	220699		
1965	389927	41769	86353	261805		
1966	467671	56561	91222	319888		
1967	524989	82522	92431	350036		
1968	573970	104699	92497	376774		
1969	622424	143203	96513	382708		
1970	669092	136735	97501	434856		
1971	673315	172035	56895	444385		
1972	709712	178014	58874	472824		
1973	801467	181583	58446	555619		5819
1974	833605	225297	63227	538531		6550
1975	917553	235441	69972	607077		5063
1976	1029329	282332	101031	639958		6008
1977	1208633	323841	122037	754734		8021
1978	1337139	352225	135620	839518		9776
1979	1466235	380356	139174	937043		9662
1980	1830524	460647	159684	1152911	17371	39911
1981	2140886	516093	192615	1290950	61972	79256
1982	2404139	526317	176643	1499807	74723	126649
1983	2766247	533738	223442	1751147	105723	152197
1984	3600417	715015	560072	2086788	51276	164064
1985	4495372	892195	630616	2497221	120045	222036
1986	5674241	1231050	939709	2749057	132846	464954
1987	6698881	1530695	1240573	2932338	252011	348332
1988	7754020	1894337	1528611	3239649	360158	488191
1989	9413406	2279606	782795	3637710	352348	513105
1990	11677376	3023434	936869	4179923	499006	595666
1991	14280093	3570738	1130450	4737915	736741	868499
1992	17205544	4033468	1389718	5360085	916789	1124986
1993	20791075	4795134	1568072	6225867	1243646	1342356
1994	25204369	5434972	1118700	7388355	1477151	1718007
1995	31289040	6487091	1516858	8850079	1808678	2013439
1996	36802427	7658151	2474472	10289962	2081536	2531164
1997	46637287	9214066	3177039	11786724	2780310	2536443
1998	51067900	9795567	4189496	12097868	3879386	2522862
1999	56799537	10391030	4435895	12657508	5563931	2522178
2000	62090468	9938023	5281785	11249154	7315876	2678175

17－3 金融机构信贷收支情况

单位:万元

项　　　目	2000 年末余额	比 1999 年末增加额
一、各项存款	**74711987**	**9078594**
1. 企业存款	20771967	3516613
(1)活期存款	15277121	2245419
(2)定期存款	5494846	1271194
2. 财政存款	764478	179552
3. 储蓄存款	44667153	3568728
(1)活期储蓄	10013078	1942400
(2)定期储蓄	34654075	1626328
4. 农业存款	1351492	266952
5. 信托存款	234110	－31335
6. 委托存款	2953684	247852
二、各项贷款	**62090468**	**9194696**
1. 短期贷款	40936437	5007416
(1)工业贷款	9938023	283628
(2)商业贷款	11249154	40576
＃农副产品贷款	4917474	－67167
(3)建筑业贷款	619567	40264
(4)农业贷款	5281785	1093020
(5)乡镇企业贷款	4476365	580485
(6)三资企业贷款	1426098	123439
(7)私营企业及个体贷款	296400	52765
(8)其他短期贷款	7649045	2793239
2. 中期流动资金贷款	3593777	1259866
3. 中长期贷款	12270789	2709149
(1)基本建设贷款	7315876	1807789
(2)技术改造贷款	2678175	473851
(3)其他中长期贷款	2276738	427509
4. 信托贷款	149579	－26983
5. 融资租赁	20738	－2002
6. 委托贷款	2668802	245586
7. 其它贷款	2450346	1664

17－4 国家银行信贷收支情况

单位:万元

项　　　目	2000年末余额	比1999年末增加额
一、各项存款	**47540412**	**5240843**
1. 企业存款	13743124	1958908
(1)活期存款	10982002	1656443
(2)定期存款	2761122	302465
2. 财政存款	751437	179400
3. 机关团体存款	1184575	287564
4. 储蓄存款	29896901	2132153
(1)活期储蓄	7254599	1446371
(2)定期储蓄	22642302	685782
5. 农业存款	110278	2367
6. 信托存款	10	－7
7. 其他存款	1854087	680457
二、各项贷款	**41592364**	**5841353**
1. 短期贷款	26552760	2170807
(1)工业贷款	8733179	460562
(2)商业贷款	10483179	33603
#农副产品贷款	4917474	－67167
(3)建筑业贷款	504391	－2950
(4)农业贷款	714768	－101649
(5)乡镇企业贷款	1124079	111503
(6)三资企业贷款	1066920	41749
(7)私营企业及个体贷款	140572	45141
(8)其他短期贷款	3785672	1582849
2. 中期流动资金贷款	3352687	1169831
3. 中长期贷款	11640363	2509314
(1)基本建设贷款	7140347	1748245
(2)技术改造贷款	2603376	445362
(3)其他中长期贷款	1896640	315707
4. 信托贷款	10469	－577
5. 其它贷款	36085	－8022

17－5 金融机构现金收支情况

单位:万元

项　　目	2000 年	2000 年比 1999 年增减(%)
收入合计	**206137483**	**20.07**
一、商品销售收入	23856650	25.32
二、服务业收入	8320244	22.32
三、税款收入	1189477	18.06
四、城乡个体经营收入	7219801	29.60
五、储蓄存款收入	135341775	19.99
六、其他金融机构收入	1094675	25.73
七、居民归还贷款收入	3988219	23.07
八、汇兑收入	3065610	32.91
九、有价证券收入	860232	39.92
十、其他收入	21200801	9.08
#兑换外币收入	86606	63.14
支出合计	**204983150**	**19.71**
一、工资性支出	12151761	11.71
1. 国家工资及奖金支出	6610095	11.58
2. 国家对个人其他支出	2314658	－7.46
3. 部队存款支出	323724	7.66
4. 其他单位工资性支出	2903283	34.92
二、农副产品采购支出	5352565	26.01
三、工矿品用其他产品采购支出	2756896	22.99
四、行政企事业管理费支出	8239547	25.98
五、城乡个体经营支出	7654903	26.57
六、储蓄存款支出	138931313	21.09
七、其他金融机构支出	732200	12.75
八、居民提取贷款支出	4311585	32.42
九、汇兑支出	2941551	35.04
十、有价证券支出	558228	39.37
十一、其他支出	21352601	6.49
#兑换外币支出	72750	73.81

17－6 国家银行现金收支情况

单位:万元

项目	2000年	2000年比1999年末增减(%)
收入合计	**142739559**	**20.51**
一、商品销售收入	17019324	25.10
二、服务业收入	6122016	26.31
三、税款收入	758066	15.86
四、城乡个体经营收入	1938129	21.81
五、储蓄存款收入	97671933	21.12
六、其他金融机构收入	893575	18.96
七、居民归还贷款收入	618218	13.05
八、汇兑收入	2769906	39.00
九、有价证券收入	637015	31.35
十、其他收入	14311377	7.29
#兑换外币收入	86306	62.77
支出合计	**142831213**	**19.92**
一、工资性支出	9634356	10.00
1. 国家工资及奖金支出	5803875	10.31
2. 国家对个人其他支出	1717347	－8.98
3. 部队存款支出	310827	5.75
4. 其他单位工资性支出	1802307	36.92
二、农副产品采购支出	3547375	21.72
三、工矿品用其他产品采购支出	1595641	27.60
四、行政企事业管理费支出	6121079	25.28
五、城乡个体经营支出	2363960	13.62
六、储蓄存款支出	100646045	22.91
七、其他金融机构支出	589128	8.80
八、居民提取贷款支出	587163	15.72
九、汇兑支出	2720797	37.92
十、有价证券支出	456754	50.21
十一、其他支出	14568915	4.07
#兑换外币支出	72576	98.78

17－7 各市现金投放回笼情况

单位:万元

地　　区	1997 年	1998 年	1999 年	2000 年
全省总计	**－847862**	**－823336**	**－347821**	**－1124413**
济南市	－661369	－807139	－819176	－1060161
青岛市	413152	401213	532823	425715
淄博市	－391195	－366790	－354564	－416174
枣庄市	－66051	－91859	－135517	－175772
东营市	281183	298718	282531	199408
烟台市	324183	282250	378520	396174
潍坊市	－100640	－219983	－190375	－136119
济宁市	156168	177195	154778	128275
泰安市	82932	87560	60687	21179
威海市	108765	173570	263580	289713
日照市	－202964	－86311	－1474	－26092
莱芜市	97040	117794	117201	86932
临沂市	－943117	－1130362	－1085346	－1231120
德州市	72140	153653	185981	203284
聊城市	－137559	－11999	80060	9533
滨州市	58107	111491	60951	40102
菏泽市	60379	87165	132657	120609

注:本表中"＋"为现金投放,"－"为现金回笼。

17－8 各市金融机构存贷款情况

(2000年)　　单位:万元

地　　区	存款余额	#城乡居民储蓄	贷款余额
全省总计	**74711986**	**44667154**	**62090468**
济南市	12749590	4630410	10693120
青岛市	10731270	5353195	9656370
淄博市	4807935	3223502	3542837
枣庄市	1480693	1061460	1511580
东营市	2745477	1715431	1424957
烟台市	8613216	5910454	5550164
潍坊市	5606084	4244519	4271892
济宁市	4106181	2875089	3164863
泰安市	2669187	1949474	1975442
威海市	3442072	2472426	2543615
日照市	1256893	869390	943764
莱芜市	770190	558511	741319
临沂市	3731994	2768362	2665369
德州市	2512890	2005927	2177944
聊城市	2483283	1970928	2005989
滨州市	1774710	1307899	1437488
菏泽市	2114351	1739485	1937296

十八、教育、科技、文化

EDUCATION,SCIENCE AND CULTURE

简要说明：

本篇主要反映教育、科技、文化事业发展情况。

一、教育部分包括高等教育(大专院校及研究生院)、中等教育(中等专业学校、技工学校、普通中学和职业中学)、初等教育(小学)、幼儿教育、特殊教育(盲聋哑和弱智儿童学校等)和各种类型的各级成人教育(成人高校、成人中等学校和初等学校)等,主要指标有各级各类学校数、在校学生数、招生数、毕业生数、教职工数和专任教师数等。

教育统计资料主要由省教委发展规划处提供,其资料来源是通过教委制定的教育统计报表搜集加工整理而成。另外,技工学校的资料来源于省劳动和社会保障厅。

二、科学技术部分主要反映了我省科技活动的规模、构成和发展情况。主要内容包括:

1、主要年份重要科技成果情况。反映了1978－2000年间历年科技成果的数量、行业分布及等级状况,资料由省科委提供。

2、主要年份专利情况。反映了1985－2000年间历年的专利申请、授权、实施量及取得效益情况,资料由省专利局提供。

3、技术贸易机构情况。主要反映了各种所有制中的机构数量、人员及构成情况,资料由省科委提供。

4、各类技术合同签订及执行情况。反映不同形式的合同数量、合同金额及实现情况,资料由省科委提供。

5、各级计划项目进入技术市场情况。反映不同渠道、不同级别的计划项目进入市场的项数及金额情况,资料由省科委提供。

三、文化部分主要包括艺术、图书馆、群众文化、广播电视等文化事业的机构、人员及业务活动情况。

1、艺术事业、图书馆事业、群众文化事业的资料主要来自省文化厅计财处。

2、广播电视资料主要来源于省广播电视厅计财处。

上述文化资料都是由各有关厅局根据各自的年报报表提供。

18－1 各级各类学校基本情况

（2000 年）

项　　目	学校数（所）	毕业生数（人）	招生数（人）	在校学生数（人）	教职工数（人）	#专任教师
研究生	26	1690	3850	8522		3308
普通高等学校	58	49687	124817	303826	54910	24764
本科院校	32	41603	92524	242425	44596	19601
专科院校	26	7766	19879	36575	10314	5163
分校、大专班		318	12414	24826		
中等专业学校	243	103629	93493	333184	37241	20409
中等技术学校	187	86201	78835	289319	29826	16371
中等师范学校	56	17428	14658	43865	7415	4038
普通中学	4575	1679560	2341830	6786003	430754	350353
初　　中	3861	1403183	1916187	5699640		286381
高　　中	714	276377	425643	1086363		63972
职业中学	492	153347	149690	430996	41492	28294
初　　中	8	2566	2606	6642		629
高　　中	484	150781	147084	424354		27665
小　　学	26017	1951160	1044775	7748822	440161	408200
特殊教育学校	141	1734	2163	16818	5035	3389
幼儿园	27258		1012612	1613045	105727	86057
成人高等学校	40	70810	82423	219977	14090	7084
成人中等专业学校	316	64156	47430	123164	15371	8753
成人中学	274	18640	20173	24869	2044	741
成人初等学校	14225	418957	389186	373314	18135	6418
成人技术培训学校	63066	8335473	7340342	4945908	77593	35554
技工学校	279	66546	48008	137718	24484	14066

注：普通高等学校数含 2000 年新批准的 10 所职业技术学院。

18－2 历年普通高等学校基本情况

年份	学校数（所）	招生数（人）	毕业生数（人）	在校学生数（人）	教职工数（人）	#专任教师
1949	7	1405	70	3969	1908	484
1950	7	1861	424	5406	2090	650
1951	7	2915	569	5679	2624	935
1952	7	2777	1703	6753	3684	1024
1953	6	2758	1931	7363	3542	1165
1954	6	2976	1759	8509	3262	1366
1955	7	3280	1825	8915	3397	1471
1956	7	5765	1775	11574	3900	1701
1957	7	3122	1686	12532	4518	2114
1958	35	10004	2249	19557	7938	3212
1959	35	9957	2409	26493	7799	3177
1960	63	12074	5821	34744	11746	4809
1961	40	6206	5567	33461	13534	5300
1962	26	3496	7148	26001	10144	4318
1963	18	4472	6180	23807	8882	4093
1964	16	5144	6806	22435	9187	4001
1965	16	5621	6102	22164	9156	3898
1966	15		293	21919	9314	3996
1967	15		5288	16631	9200	4006
1968	15	92	6992	9731	9392	4094
1969	16		2756	9254	10564	4774
1970	16		9162		10185	4526
1971	19	8953		8953	12527	5618
1972	19	6479		14259	12945	5168
1973	19	5982	4098	17291	13609	5166
1974	19	5470	5461	16375	13731	5432
1975	21	7366	6033	17582	13858	5601
1976	22	8896	6072	21340	15035	5941
1977	27	13192	7203	25735	17712	7028
1978	34	19712	7015	38390	20202	7855
1979	35	12856	5364	44771	23544	9478
1980	35	14402	7684	51427	26130	10347
1981	37	14160	6311	60608	27512	10379
1982	37	15765	23993	52443	30381	12065
1983	41	19827	16806	55276	31535	12943
1984	47	24862	13563	66429	33591	13919
1985	49	32745	16159	83567	36383	14974
1986	49	30211	21183	92422	39009	15951
1987	50	32972	29428	95891	41620	16716
1988	50	35714	30869	101281	43990	17585
1989	51	34308	31766	103928	46037	18162
1990	49	35023	33104	105822	46704	18377
1991	49	36067	34500	107093	46839	17825
1992	51	57878	34994	130188	47483	18059
1993	51	57918	33935	151758	48156	18405
1994	49	55036	50457	156639	49537	19460
1995	49	55611	52083	160398	50829	19932
1996	49	56544	47835	169184	51490	20079
1997	48	56950	50141	175920	50374	20414
1998	49	62994	51477	187473	50261	20581
1999	52	82410	49612	213679	49624	21252
2000	58	124817	49687	303826	54910	24764

18－3 历年中等专业学校基本情况

年份	学校数（所）	招生数（人）	毕业生数（人）	在校学生数（人）	教职工数（人）	#专任教师
1949	34	4784	1778	13738	1207	441
1950	48	7734	4292	14206	1663	709
1951	80	11179	4855	21918	3372	1307
1952	171	33756	5223	50175	6845	2744
1953	76	8478	23488	33516	4916	1812
1954	69	9478	9812	32458	4509	1807
1955	58	7738	11553	25336	3707	1477
1956	90	30047	9403	45706	6522	2573
1957	86	7972	12089	40738	6112	2742
1958	394	106779	15584	129494	8704	4537
1959	487	58777	21286	110617	11394	4955
1960	474	79722	32699	143184	15798	7893
1961	198	10395	22687	65735	12433	6008
1962	85	585	16909	23599	6072	2797
1963	79	9685	13814	18942	5883	3312
1964	94	15282	6751	27420	6086	2769
1965	275	35768	2242	72974	9197	4850
1966	158	2831	3403	50097	9128	4310
1967	160	2810	11544	41288	9159	4388
1968	155	11861	28731	24411	9461	4328
1969	128	2107	10537	15956	8410	3942
1970	126	2648	12356	6238	8121	3997
1971	135	18497	11758	12823	7776	5403
1972	140	9746	1313	11581	8756	3773
1973	122	16377	1980	25717	8366	3771
1974	129	18963	9440	34035	10175	4434
1975	144	21442	15786	40798	11378	5038
1976	178	23328	19908	44345	13296	5522
1977	176	23195	29665	33142	14004	5649
1978	189	25961	9006	49466	14814	6158
1979	195	26574	2882	75484	16080	6792
1980	203	28137	35212	68593	17617	7898
1981	219	27797	32661	63864	18563	8115
1982	174	29235	26782	66640	20482	9204
1983	179	31570	21413	77601	21503	9775
1984	188	33597	27166	84125	22539	10184
1985	208	45163	30024	100176	24511	11333
1986	227	44130	31422	114039	27320	12807
1987	214	40120	36247	103128	26820	12846
1988	225	44606	33551	114168	28985	14522
1989	230	48407	28370	134515	29314	14719
1990	236	48634	35423	148504	31634	16000
1991	240	52092	45259	155092	31842	15617
1992	234	55353	52088	158309	32857	15972
1993	241	77875	51360	185062	34354	16769
1994	243	89643	50801	222551	35066	17526
1995	244	95442	58680	258801	36084	18211
1996	255	105468	78496	289827	38030	19898
1997	252	112348	90545	311161	38458	20291
1998	254	114956	99483	327031	39160	20949
1999	251	122331	106740	344062	39274	21311
2000	243	93493	103629	333184	37241	20409

18－4 历年普通中学基本情况

年份	学校数（所）	招生数（万人）	毕业生数（万人）	在校学生数（万人）	教职工数（人）	#专任教师
1949	66	1.08	0.34	3.89	3431	1585
1950	70	1.95	0.66	4.03	3728	1841
1951	112	2.47	0.73	5.50	4507	2232
1952	189	6.12	0.99	10.44	10170	4507
1953	192	4.06	1.82	12.51	12151	5206
1954	211	6.84	2.25	16.83	14666	6621
1955	218	6.74	5.08	17.51	14778	6756
1956	332	9.94	3.75	22.83	17606	8824
1957	1004	17.64	6.20	33.99	24369	14054
1958	3784	34.39	6.19	57.98	32762	20140
1959	3316	31.92	8.55	65.13	38072	23089
1960	2770	27.60	9.98	72.11	49335	28743
1961	1331	14.71	15.26	52.16	43679	24642
1962	1247	15.04	12.77	43.21	37062	21542
1963	1403	18.39	12.94	43.79	39691	24381
1964	2316	23.90	10.80	53.51	42781	26747
1965	6166	34.06	11.67	80.74	53914	37339
1966	4002	14.27	9.95	65.39	47995	33716
1967	3848	14.22	12.99	63.74	48224	33926
1968	6957	54.15	34.31	81.68	59827	41922
1969	13033	96.11	28.13	143.28	97723	79912
1970	13938	103.39	58.50	188.13	122751	100261
1971	12252	146.85	94.53	256.03	124547	116284
1972	11495	139.73	113.47	289.35	187231	155412
1973	12239	121.90	135.22	261.11	177864	144292
1974	12419	131.27	126.88	252.21	177829	142047
1975	14621	172.20	113.98	305.11	200906	161092
1976	19822	263.31	127.48	437.85	275864	228657
1977	20171	260.62	161.35	522.33	330445	277784
1978	17361	210.68	218.75	478.22	318128	264663
1979	16322	176.14	192.39	418.22	304551	246035
1980	14464	144.10	107.90	407.90	309538	247720
1981	12947	125.17	117.55	361.45	296240	233102
1982	11160	119.41	106.37	328.57	271664	212707
1983	9971	112.21	86.35	315.39	256926	200957
1984	9175	115.88	85.31	334.42	257968	201521
1985	9038	123.80	96.87	356.32	268321	209202
1986	8259	125.02	105.22	376.19	283726	220304
1987	7877	125.52	116.95	379.54	297083	232958
1988	7474	125.17	120.41	373.53	307364	241845
1989	6997	123.30	118.61	363.74	315494	245260
1990	6699	125.60	115.14	367.30	324027	249459
1991	6310	129.17	115.30	372.98	329927	253428
1992	5897	132.87	115.58	382.49	335020	258308
1993	5640	139.14	115.88	395.28	337259	260896
1994	5429	154.67	116.82	427.15	345640	268514
1995	5073	167.06	118.14	470.46	358301	279301
1996	4820	169.69	122.97	512.22	375463	294849
1997	4693	178.19	141.95	541.38	392365	310926
1998	4635	201.28	159.91	571.54	404824	322785
1999	4586	222.20	164.88	620.43	414538	333884
2000	4575	234.18	167.96	678.60	430754	350353

18－5 1953－2000年技工学校基本情况

年份	学校数(所)	招生数(人)	毕业生数(人)	在校学生数(人)	教职工数(人)	#专任教师
1953	1	150		150	25	15
1954	2	250		500	149	51
1955	2	452	150	802	206	72
1956	3	775	350	1227	351	127
1957	6	1525	452	2300	614	213
1958	44	9362	775	10887	1255	413
1959	52	9500	1525	18862	1800	620
1960	145	20290	6100	33052	2750	830
1961	16	2178	812	2996	2052	682
1962	19	1274	906	5188	2078	688
1963	21	2890	918	7163	2168	690
1964	28	4498	2687	8781	2019	920
1965	18	2336	1381	6662	1214	503
1966	16	62	115	3836	979	264
1967	16		1063	2773	1005	262
1968	14	633	2444	962	847	207
1969	9		510	452	604	141
1970	6		452		639	106
1971	2	380		380	189	85
1972	2			380	189	85
1973	15	1992	320	2052	1018	192
1974	19	2649	54	4702	1080	257
1975	26	3407	1700	5652	1751	345
1976	26	3144	1704	5841	2204	435
1977	29	6083	5421	6414	3189	735
1978	64	1669	301	19651	7042	1563
1979	72	11673	4950	26632	7055	1951
1980	94	15698	9854	32208	8974	2978
1981	100	9323	11190	29605	9749	3474
1982	103	9379	12857	25953	10154	3474
1983	106	10698	11562	24343	10560	3508
1984	119	12851	8624	28302	11215	3732
1985	134	16748	9219	35163	14142	3423
1986	163	22069	10035	47114	19968	3928
1987	206	28114	11281	63839	22647	5390
1988	236	40381	16036	87832	26382	5996
1989	256	40821	22402	105330	27843	7088
1990	266	42429	28654	118605	19084	10084
1991	279	36336	28384	110814	24129	11532
1992	290	46436	39628	128557	37579	12233
1993	302	55920	42320	142660	37222	12853
1994	306	67812	45358	165989	39351	13424
1995	312	70251	65457	169023	38891	13948
1996	312	77595	62981	185253	37747	13778
1997	305	74054	65310	192675	35160	14059
1998	305	55668	59292	188493	33806	14035
1999	302	50896	71460	161531	28871	14531
2000	279	48008	66546	137718	24484	14066

18-6 历年小学基本情况

年份	学校数（所）	招生数（万人）	毕业生数（万人）	在校学生数（万人）	教职工数（人）	#专任教师
1949	27476	64.85	5.92	193.00	47640	45710
1950	37649	73.09	8.32	237.79	66439	46108
1951	45481	85.14	10.67	341.88	87932	84992
1952	55096	138.44	15.52	453.75	130791	122107
1953	53476	45.09	28.28	425.81	132259	123224
1954	52172	91.94	29.72	432.60	133588	124298
1955	52171	91.05	19.65	432.74	135050	126975
1956	52299	133.10	35.49	501.57	146511	139354
1957	52337	90.99	43.32	490.88	153512	146366
1958	64817	306.00	54.30	708.80	187148	181812
1959	76675	223.99	42.25	763.82	208941	202828
1960	67256	195.19	55.25	722.88	211598	204973
1961	61259	120.27	38.94	551.58	200310	196000
1962	58670	125.37	40.61	487.56	185043	180870
1963	61258	141.11	33.12	524.60	197427	192509
1964	108658	297.43	42.40	748.14	261782	256587
1965	143202	289.83	44.92	966.72	322560	316441
1966	76222	171.14	88.24	774.64	261927	248105
1967	77680	151.12	92.09	793.38	270433	256623
1968	77108	163.30	124.64	791.73	280930	268784
1969	76584	179.99	128.53	799.50	319014	285271
1970	79041	206.71	138.66	813.58	331613	296931
1971	81870	326.20	125.73	898.25	392417	390689
1972	82158	284.62	123.09	951.06	350695	340726
1973	83615	251.02	106.48	1004.20	374535	363243
1974	82910	232.79	105.79	1054.00	390151	376961
1975	82327	240.58	143.75	1091.22	401530	390571
1976	78698	215.88	208.06	1059.68	403562	391905
1977	78137	220.55	198.87	1035.87	399653	388337
1978	79375	234.57	181.42	1041.84	395247	384540
1979	78828	219.38	164.83	1040.06	407704	393271
1980	78796	211.68	155.64	1041.70	418828	402739
1981	78829	197.06	154.84	1017.62	417223	400449
1982	77893	190.23	159.74	978.73	414849	395455
1983	76610	184.50	160.87	946.26	414753	393013
1984	74314	176.38	160.80	927.50	410443	387448
1985	71062	167.67	164.07	894.06	405550	379751
1986	65447	161.76	158.81	870.41	412879	384564
1987	64095	152.42	158.86	844.87	421864	394296
1988	63006	156.57	154.47	830.01	432249	404509
1989	62321	162.45	149.77	823.19	439419	408468
1990	61845	158.09	144.84	818.21	446395	414653
1991	59976	156.99	143.85	815.15	447368	414924
1992	56885	163.94	141.97	826.21	450396	416662
1993	54009	185.75	145.75	853.57	448575	415928
1994	50824	206.15	153.03	895.54	448601	414912
1995	47068	205.33	154.07	940.36	456568	422989
1996	40458	194.37	152.29	971.86	463651	429345
1997	37377	183.70	155.59	990.19	468548	434671
1998	34480	146.34	173.92	951.34	467987	435156
1999	29453	116.04	191.40	870.72	451063	418828
2000	26017	104.48	195.12	774.88	440161	408200

18－7 1985－2000年成人高等学校基本情况

年份	学校数（所）	招生数（人）	毕业生数（人）	在校学生数（人）	教职工数（人）	#专任教师
1985	53	41358	14543	85909	7918	3677
1986	55	38305	18626	119123	9514	4417
1987	58	30789	30352	110258	8900	3847
1988	53	43784	35680	101606	10179	4137
1989	53	43386	30687	115753	11552	4754
1990	53	32580	29317	114764	12745	5164
1991	54	26409	40382	104560	12669	4926
1992	51	49078	41748	105427	12883	5017
1993	53	71210	31104	149282	12648	5257
1994	53	81379	30786	196381	13048	5872
1995	53	61032	55764	198934	13159	6037
1996	53	59850	65204	194454	13308	6495
1997	53	65775	74017	185029	14096	6925
1998	46	73618	61603	198780	13023	6557
1999	40	87117	61611	221161	14335	7131
2000	40	82423	70810	219977	14090	7084

18－8 研究生教育基本情况

项目	单位	1990年	1995年	1996年	1997年	1998年	1999年	2000年
一、培养单位数	**个**	**19**	**18**	**18**	**18**	**18**	**28**	**26**
高等学校	个	15	15	15	15	15	25	23
科研单位	个	4	3	3	3	3	3	3
二、招生数	**人**	**664**	**1501**	**1745**	**1881**	**2022**	**2617**	**3850**
攻读博士学位	人	39	189	216	225	295	409	527
高等学校	人	29	167	191	203	273	384	494
科研单位	人	10	22	25	22	22	25	33
攻读硕士学位	人	625	1312	1529	1656	1727	2208	3323
高等学校	人	597	1265	1476	1602	1681	2146	3236
科研单位	人	28	47	53	54	46	62	87
三、在校生数	**人**	**2039**	**4051**	**4689**	**5239**	**5748**	**6431**	**8522**
攻读博士学位	人	132	440	583	676	788	989	1306
高等学校	人	102	386	515	603	709	900	1209
科研单位	人	30	54	68	73	79	89	97
攻读硕士学位	人	1907	3611	4106	4563	4960	5442	7216
高等学校	人	1822	3507	3972	4415	4814	5282	7022
科研单位	人	85	104	134	148	146	160	194
四、毕业生数	**人**	**766**	**749**	**1088**	**1277**	**1475**	**1537**	**1690**
攻读博士学位	人	28	62	72	116	182	154	186
高等学校	人	24	59	65	105	162	140	169
科研单位	人	4	3	7	11	20	14	17
攻读硕士学位	人	731	687	1013	1161	1293	1383	1504
高等学校	人	700	669	989	1129	1253	1337	1454
科研单位	人	31	18	24	32	40	46	50

18－9 普通高等学校基本情况

（2000 年）

学校名称	学校地址	招生数（人）	毕业生数（人）	在校学生数（人）	教职工数（人）	#专任教师
一、大学、专门学院和专科学校		**102820**	**49188**	**266062**	**50162**	**22227**
综合大学		30901	15580	83440	17253	7327
山东大学	济　南	8383	4992	27124	7786	3068
济南大学	济　南	4147	2302	10486	1693	786
德州学院	德　州	1393	854	3456	854	447
淄博学院	淄　博	3781	1074	8039	1244	616
青岛大学	青　岛	6338	3634	18710	3272	1352
烟台大学	烟　台	3650	1583	8866	1184	470
潍坊学院	潍　坊	3209	1141	6759	1220	588
理工院校		22790	8778	56591	10994	4547
青岛海洋大学	青　岛	2422	1305	7091	1888	633
山东科技大学	泰　安	3726	1630	9793	2003	826
青岛化工学院	青　岛	3640	1170	7961	1300	552
青岛建筑工程学院	青　岛	2843	851	7343	1210	540
山东建筑工程学院	济　南	2920	836	6480	1365	484
山东轻工业学院	济　南	2220	869	5422	778	372
山东工程学院	淄　博	3021	1104	8035	1061	542
山东水利专科学校	泰　安					
济南交通高等专科学校	济　南	1900	814	4054	756	352
山东电力高等专科学校	济　南	98	199	412	633	246
农业院校		6973	3210	18045	3464	1348
山东农业大学	泰　安	4200	2082	11565	2343	888
莱阳农学院	莱　阳	2773	1128	6480	1121	460
医药院校		6023	3051	18801	4027	1877
潍坊医学院	潍　坊	1112	432	3336	743	326
泰山医学院	泰　安	1385	474	3498	636	358
滨州医学院	滨　州	883	498	3000	635	293
山东中医药大学	济　南	787	456	3131	861	336
临沂医学专科学校	临　沂	529	385	1478	290	136
济宁医学院	济　宁	763	414	2838	550	274
菏泽医学专科学校	菏　泽	564	392	1520	312	154
师范院校		26053	14901	64694	10638	5398
山东师范大学	济　南	3983	1697	11877	2134	975
曲阜师范大学	曲　阜	4302	2596	11766	1792	920
聊城师范学院	聊　城	4566	1784	11479	1388	805
滨州师范专科学校	滨　州	1088	783	2657	685	273
烟台师范学院	烟　台	4137	2284	10241	1134	636
临沂师范学院	临　沂	2570	1213	5136	998	472
泰安师范专科学校	泰　安	1355	1394	2858	468	218
济宁师范专科学校	济　宁	1254	1266	2814	649	377
菏泽师范专科学校	菏　泽	1076	674	2311	483	266
枣庄师范专科学校	枣　庄	1662	638	2728	488	278
胜利油田师范专科学校	东　营	60	572	827	419	178
财经院校		7535	2607	17984	2307	1073
山东经济学院	济　南	3542	816	6939	745	390
中国煤炭经济学院	烟　台	2000	636	4600	642	283
山东财政学院	济　南	1993	1155	6445	920	400
政法院校		710	468	1978	383	148
山东公安专科学校	济　南	710	468	1978	383	148
体育院校		500	191	1422	339	128
山东体育学院	济　南	500	191	1422	339	128

学校名称	学校地址	招生数（人）	毕业生数（人）	在校学生数（人）	教职工数（人）	#专任教师
艺术院校		1335	402	3107	757	381
山东艺术学院	济南	666	250	1680	464	245
山东工艺美术学院	济南	669	152	1427	293	136
二、高校分校、大专班		**12414**	**318**	**24826**		
理工院校		5079	168	8987		
青岛远洋船员学院	青岛	946	168	1547		
山东省水利职工大学	曲阜	321		321		
山东省冶金职工大学	济南	406		658		
济南机械职工大学	济南	719		1419		
济南市职工科技大学	济南	427		805		
潍坊市职工大学	潍坊	516		1014		
烟台市职工大学	烟台	707		1088		
泰山乡镇企业职工大学	泰安	235		473		
新汶矿业集团公司职工大	莱芜	162		421		
兖州矿区职工大学	济宁	217		456		
山东铝业公司职工大学	淄博	163		339		
胜利油田职工大学	东营			186		
东营广播电视大学	东营	260		260		
农业院校		677		1707		
山东农业管理干部学院	济南	677		1707		
师范院校		2264		5611		
山东教育学院	济南	622		1291		
济南教育学院	济南	247		680		
烟台教育学院	烟台	268		714		
泰安教育学院	泰安	232		593		
潍坊教育学院	潍坊	196		555		
菏泽教育学院	菏泽	389		784		
青岛教育学院	青岛	310		746		
聊城教育学院	聊城			248		
财经院校		2706		5299		
山东省贸易职工大学	济宁	394		652		
山东省对外贸易职工大学	青岛	410		665		
山东经济管理干部学院	济南	556		1254		
山东青年管理干部学院	济南	835		1663		
山东工会管理干部学院	济南	511		1065		
政法院校		1688	150	3222		
中华女子学院山东分院	济南	851	150	1553		
山东政法管理干部学院	济南	837		1669		
三、职业技术学院		**9583**	**181**	**12938**	**4748**	**2537**
民办山东万杰医学高等专科学校	淄博	426		626	197	156
山东商业职业技术学院	济南	1588	141	2533	411	201
民办青岛滨海职业学院	青岛	408		584	226	122
日照职业技术学院	日照	680	40	1215	225	146
青岛职业技术学院	青岛	1110		1484	134	79
威海职业学院	威海	248		545	363	165
济南铁道职业技术学院	济南	439		439	560	223
山东劳动职业技术学院	济南	376		376	655	141
莱芜职业技术学院	莱芜	148		148	559	351
山东南山职业技术学院	烟台	700		700	266	226
曲阜远东职业技术学院	曲阜	777		777	180	116
山东军星职业技术学院	济南	621		621	354	210
济宁职业技术学院	济宁	630		1458	283	216
聊城职业技术学院	聊城	1432		1432	335	185

18－10 1978－2000年重要科技成果数量

单位:项

年　份	成果数量	农业	工业	医卫	其他	国际领先先进水平	国内领先先进水平	省内领先先进水平
1978	652	116	443	69	24	19	283	350
1979	456	90	261	68	37	21	149	286
1980	657	195	396	66	0	25	210	422
1981	704	169	485	50	0	29	201	474
1982	732	153	516	41	22	35	298	399
1983	977	209	660	79	29	26	378	573
1984	997	196	730	42	29	21	420	556
1985	1196	277	758	127	34	41	566	589
1986	1337	183	933	135	86	75	634	628
1987	1525	264	964	170	127	92	838	595
1988	1786	300	1104	205	177	118	1045	623
1989	1957	325	1220	227	185	135	1081	741
1990	2112	375	1246	252	239	150	1148	814
1991	2488	541	1405	320	222	175	1503	810
1992	2668	57	1265	355	991	327	1538	803
1993	2858	605	1418	402	433	372	1745	741
1994	3113	696	1487	501	429	416	2131	566
1995	3251	702	1524	529	496	466	2272	513
1996	3388	709	1599	596	341	471	2353	564
1997	3507	737	1517	701	552	456	2678	373
1998	3558	614	1515	812	617	724	2516	318
1999	3688	557	1270	1140	721	744	2737	207
2000	3728	575	1289	1112	752	599	2861	182

18－11 科 技 成 果 数 量

单位:项

项　目	1990年	1995年	1996年	1997年	1998年	1999年	2000年
一、国家级科技成果奖励成果	**37**	**52**	**59**	**41**	**39**	**36**	**21**
国家发明奖	11	10	9	11	9	7	5
国家自然科学奖		2		1			
国家科技进步奖	26	40	50	29	30	28	16
国际合作奖						1	
二、省级重大科技成果	**2112**	**3251**	**3388**	**3507**	**3558**	**3688**	**3728**
三、省科技进步奖	**399**	**450**	**446**	**442**	**453**	**442**	**472**
一等奖	11	13	11	14	14	14	20
二等奖	97	120	122	120	129	123	133
三等奖	291	317	313	308	310	305	319

注:国家自然科学奖每两年评一次。

18－12 1985－2000年专利情况

年　　份	申请量（件）	授权量（件）	实施量（件）	创产值（亿元）	创外汇（万美元）	许可合同数（份）	交易额（万元）	创利税（亿元）
1985	436	8						
1986	933	118	107	1.62		38	70.4	0.25
1987	1286	450	295	0.55		295	276	0.13
1988	1804	815	226	3.04		226	582	0.77
1989	1745	1040	252	3.88	1141	75	193.5	0.97
1990	2553	1273	591	6.37	1600	322	755	1.47
1991	3348	1569	995	11.5	5864	354	1779	1.58
1992	4445	2108	1605	37.42	12000	442	4740	4.1
1993	4691	4019	2108	58.23	42100	969	5801	8.8
1994	5092	2647	2248	69.89	35500	503	4293	10.48
1995	4624	2861	2098	97.33	23700	418	3844	14.97
1996	6125	2630	1959	191.68	22500	455	4148	30.66
1997	6523	2907	2313	212.59	28800	486	7997	34.89
1998	7597	4127	2482	233.75	42300	510	8136	39.07
1999	8589	6536	2834	249.90	27000	642	9116	40.95
2000	10019	6962	2936	298.61	27900	648	9252	52.28

18－13 技术贸易机构情况

（2000 年）　　单位：人

项　目	机构数（个）	专职从业人员	兼职人员	专职科技人员	＃初级职称	＃中级职称	＃高级职称
合　计	**14301**	**205019**	**37046**	**127027**	**52775**	**45694**	**23474**
国有企业	3961	61648	9654	32802	10801	13857	6783
集体企业	4979	74329	11909	46240	18071	17087	9762
私营企业	1932	19402	6724	15647	6447	6011	2403
有限责任公司	547	10621	1846	7825	3527	3023	989
股份有限公司	832	16945	948	11344	8128	2140	987
港澳台商投资企业	10	385	79	145	83	44	14
外商投资企业	12	393	69	207	108	72	19
个体经营	1625	17016	3884	9764	4088	2526	2227
其他	403	4280	1933	3053	1522	934	290

18－14 各类技术合同签订及执行情况

（2000 年）

类　别	合同数（项）	合同成交金额（万元）	＃技术交易额	技术合同预测经济效益调查		
				调查的合同数（项）	预计新增投入（万元）	预计新增产值（万元）
总　计	**30962**	**288135.00**	**191162.16**	**3571**	**44929.30**	**189735.70**
技术开发合同	6410	88295.56	58484.43	1107	20982.80	84714.00
技术转让合同	5060	77378.23	54040.34	802	14426.50	43091.00
技术咨询合同	6540	28130.67	16265.53	751	2002.00	8714.00
技术服务合同	12952	94330.54	62371.86	911	7518.00	53216.70

18－15 各级计划项目进入技术市场情况

（2000 年）

项　目	总　计		国家、部门计划		省及计划单列市计划		地、市、县计划	
	项数（项）	金额（万元）	项数（项）	金额（万元）	项数（项）	金额（万元）	项数（项）	金额（万元）
合　计	**1525**	**26236.60**	**299**	**6783.00**	**394**	**8653.50**	**832**	**10800.10**
科研机构	284	7508.00	96	1765.00	79	2258.00	109	3485.00
大中专院校	266	8262.00	70	2843.00	123	3662.00	73	1757.00
企　业	578	6170.00	97	1886.00	129	1613.50	352	2670.50
技术贸易机构	256	2707.60	34	269.00	55	978.00	167	1460.60
个体经营	45	846.00					45	846.00
其　他	96	743.00	2	20.00	8	142.00	86	581.00

18－16 主要年份文化事业基本情况

年份	文化(艺术)馆		文化站		艺术表演团体	
	机构数（个）	人数（人）	机构数（个）	人数（人）	机构数（个）	人数（人）
1949	39				46	
1952	166		139		113	
1957	134		283		175	
1962	130		500		180	
1965	141	1261	6	10	176	9923
1970	137	1601			154	9599
1975	151	1891	887	944	157	12709
1976	150	1979	1644	1803	157	13396
1977	155	2110	1988	2185	156	13557
1978	155	2151	2103	2196	155	13219
1979	155	2138	2104	2163	155	12896
1980	155	2251	2117	2197	156	12562
1981	156	2420	2099	2218	157	11930
1982	155	2490	2107	2268	157	11280
1983	155	2609	2102	2172	157	10584
1984	154	2590	2132	2204	159	9922
1985	157	2818	2198	2230	158	9317
1986	159	2940	2276	2292	149	9177
1987	157	2849	2345	2410	139	7751
1988	159	3043	2423	2787	127	7344
1989	159	3140	2452	2643	123	6992
1990	159	3127	2482	2666	119	6703
1991	156	3100	2504	2783	120	6640
1992	156	3129	2481	2798	120	6657
1993	157	3145	2454	2862	119	6430
1994	157	3197	2387	2882	118	6448
1995	158	3265	2363	3117	118	6170
1996	159	3237	2466	3286	118	6090
1997	158	3264	2482	3177	118	6148
1998	158	3252	2494	3339	118	6170
1999	158	3194	2493	3293	117	6077
2000	159	3055	2422	3304	118	5943

18－16 续表

年份	剧场(院)		图书馆		博物馆	
	机构数(个)	人数(人)	机构数(个)	人数(人)	机构数(个)	人数(人)
1949	5		3			
1952	15		3			
1957	44		40			
1962	129		84			
1965	128	755	27	257	7	183
1970	83	600	12	193	5	155
1975	81	592	43	436	8	211
1976	71	577	62	564	9	237
1977	76	658	66	621	9	246
1978	75	661	80	737	10	298
1979	77	705	88	876	10	310
1980	71	627	88	924	10	317
1981	72	649	89	1004	9	268
1982	71	667	89	1075	15	338
1983	61	660	89	1131	17	364
1984	65	678	92	1240	19	380
1985	62	705	99	1338	23	488
1986	123	2193	101	1486	30	527
1987	119	2310	105	1613	36	763
1988	116	2388	111	1780	40	876
1989	118	2413	113	1796	40	979
1990	117	2516	115	1876	41	1021
1991	121	2736	118	1956	45	1141
1992	120	2772	122	2055	45	1215
1993	119	2837	126	2178	52	1329
1994	118	2878	126	2256	54	1418
1995	115	2783	130	2318	56	1462
1996	111	2727	131	2359	54	1522
1997	107	2652	131	2471	54	1562
1998	107	2577	131	2536	56	1422
1999	107	2544	133	2555	57	1663
2000	105	2473	133	2506	59	1633

18－17 广播电视基本情况

项目	单位	1990年	1995年	1997年	1998年	1999年	2000年
职工人数	人	19079	20045	21865	22453	23078	24256
广播电台	座	64	83	83	18	18	18
广播电台日均播音时间	时:分		827:45	911:24	938:38	1058:08	1156:50
中、短波发射台及转播台	座	26	30	30	30	30	30
发射机功率	千瓦	770.5	807	816	826	826	835
调频发射台及转播台	座	74	85	92	93	90	95
发射机功率	千瓦	126.6	134.87	140.1	141.7	167.6	170.71
县级广播电台、电视台	座	128	116	94	83	83	83
电视台	座	32	56	57	19	18	18
电视台平均每周播出时间	时:分		2804:25	3351:55	3621:36	3955:43	4078:39
电视发射及转播台	座	377	370	364	318	315	347
发射机功率	千瓦	344	447.244	456.77	451.06	456.73	450.07
广播人口覆盖率	%	86	86	92.92	92.92	93.5	93.5
电视人口覆盖率	%	82.0	85.2	88.7	88.7	91.0	91.0

注:自1998年起数据采用国家广电总局年报制度新口径

18－18 文化机构数

单位:个

项目	1990年	1995年	1997年	1998年	1999年	2000年
文化事业	**3032**	**3026**	**3199**	**3206**	**3215**	**3145**
一、艺术事业	237	234	225	225	224	223
1.艺术表演团体	119	118	118	118	117	118
2.艺术表演场所	118	116	107	107	107	105
二、图书馆事业	115	130	131	131	133	133
公共图书馆	115	130	131	131	133	133
三、群众文化事业	2645	2521	2640	2652	2651	2581
1.群众艺术馆	17	18	19	19	19	19
2.文化馆	142	140	139	139	139	140
3.文化站	2486	2363	2482	2494	2493	2422
四、教育事业	10	10	10	10	9	9
1.高等院校	1	1	1	1		
2.中等专业学校	8	8	8	8	9	9
3.其他教育机构	1	1	1	1		
五、其他文化事业	25	131	193	188	198	199
1.艺术创作机构		38	51	51	50	50
2.艺术研究机构		12	5	5	5	5

18－19 文 化 人 员 数

单位:人

项目	1990年	1995年	1997年	1998年	1999年	2000年
文化事业	**20088**	**21805**	**22538**	**23092**	**22539**	**21358**
一、艺术事业	9219	8953	8800	8747	8621	8416
1.艺术表演团体	6703	6170	6148	6170	6077	5943
2.艺术表演场所	2516	2783	2652	2577	2544	2473
二、图书馆事业	1876	2318	2471	2536	2555	2506
公共图书馆	1876	2318	2471	2536	2555	2506
三、群众文化事业	5829	6382	6441	6591	6487	6359
1.群众艺术馆	594	655	660	644	636	627
2.文化馆	2533	2610	2604	2608	2558	2428
3.文化站	2702	3117	3177	3339	3293	3304
四、教育事业	1248	1433	1556	1614	1071	1084
1.高等院校	490	485	485	515		
2.中等专业学校	726	909	1034	1060	1071	1084
3.其他教育机构	32	39	37	39		
五、其他文化事业	1214	2719	3270	3604	3805	2993
1.艺术创作机构		316	446	419	393	390
2.艺术研究机构		194	108	106	102	95

18－20 各市中等专业学校基本情况

(2000年)

地区	学校数(所)	招生数(人)	毕业生数(人)	在校学生数(人)	专任教师数(人)
全省总计	**243**	**93493**	**103629**	**333184**	**20409**
济南市	40	15455	18440	57452	2916
青岛市	19	8011	9636	25192	1727
淄博市	13	4407	6204	17740	1166
枣庄市	10	3028	4137	11615	810
东营市	7	864	3244	7383	649
烟台市	25	10227	10634	37774	2387
潍坊市	25	11334	10923	39730	2845
济宁市	17	7816	7704	25805	1450
泰安市	17	5191	7394	22915	1233
威海市	9	2185	2818	9832	576
日照市	3	1552	1409	4857	486
莱芜市		329	580	1437	
临沂市	15	6825	5265	18883	1024
德州市	10	4177	4646	13308	805
聊城市	13	5067	4298	17481	857
滨州市	8	2029	2450	7157	553
菏泽市	12	4996	3847	14623	925

18－21 各市普通中学情况

（2000年）

地区	普通高中					普通初中				
	学校数（所）	毕业生数（人）	招生数（人）	在校学生数（人）	专任教师数（人）	学校数（所）	毕业生数（人）	招生数（人）	在校学生数（人）	专任教师数（人）
全省总计	**714**	**276377**	**425643**	**1086363**	**63972**	**3861**	**1403183**	**1916187**	**5699640**	**286381**
济南市	52	15622	25175	64791	3906	245	66000	97067	273437	16679
青岛市	64	25090	28772	81151	5433	285	79418	123875	317307	20852
淄博市	52	16906	18571	56487	3367	179	44621	60830	234778	14248
枣庄市	24	9709	18271	42416	2130	151	64461	86047	233127	11442
东营市	27	6506	9728	25478	2045	112	23524	31380	110954	7600
烟台市	60	19960	27539	76904	5420	332	75206	114362	409026	25896
潍坊市	71	28348	45737	113350	7955	427	137186	179561	601943	34100
济宁市	59	25168	39206	97435	5211	338	164366	222677	603518	23137
泰安市	35	15661	30545	70676	3894	214	92274	120535	359767	18186
威海市	24	7962	13209	36438	2363	109	26602	41747	156827	10101
日照市	23	8247	13031	33706	1869	130	45088	57955	190371	9731
莱芜市	10	5072	6241	16656	924	56	17473	20478	79903	4349
临沂市	57	27442	44651	116867	6598	332	167744	255733	665666	29643
德州市	34	12259	21408	51194	3019	228	83398	109752	307097	14497
聊城市	40	16942	25949	65264	3210	222	108086	122328	348721	14188
滨州市	21	9015	11506	31010	1978	153	49857	66971	216196	10966
菏泽市	61	26468	46104	106540	4650	348	157879	204889	591002	20766

18－22 各市职业中学、小学情况

（2000年）

地区	职业中学					小学				
	学校数（所）	毕业生数（人）	招生数（人）	在校学生数（人）	专任教师数（人）	学校数（所）	毕业生数（人）	招生数（人）	在校学生数（人）	专任教师数（人）
全省总计	**492**	**153347**	**149690**	**430996**	**28294**	**26017**	**1951160**	**1044775**	**7748822**	**408200**
济南市	55	15938	12640	37952	1948	1273	97963	54966	413971	27417
青岛市	67	23470	20700	63894	4348	1247	123679	73389	534922	31650
淄博市	22	8372	7898	23542	1682	889	60103	41360	247560	16422
枣庄市	16	4658	3562	13889	565	1085	89352	60657	418531	19473
东营市	7	4054	2148	6195	563	413	31548	19726	135988	7972
烟台市	48	16704	14621	45571	3985	1511	115470	66991	406800	25242
潍坊市	68	23267	23152	63886	3465	2703	179884	83943	649027	37586
济宁市	35	13442	15434	38880	2191	2299	223740	97801	818004	36485
泰安市	23	8168	9615	24500	1341	1445	122795	70981	415753	22157
威海市	37	4425	3264	12046	1431	430	41577	27469	159414	10113
日照市	11	2247	2826	7467	508	912	58480	28749	209685	11406
莱芜市	6	1289	1342	3731	385	364	20416	8953	69569	5215
临沂市	27	10492	12036	36661	2186	3393	260564	101687	978759	41905
德州市	24	6650	6640	19122	1020	1350	112675	50415	505984	28586
聊城市	17	4527	4882	11239	793	2302	129133	76817	574587	27070
滨州市	10	3668	5708	14055	717	820	68080	36095	270908	16154
菏泽市	19	1976	3222	8366	1166	3581	215701	144776	939360	43347

18－23 各市中小学教职工情况

(2000年)　　单位:人

地区	普通中学教职工	#专任教师	小学教职工	#专任教师	普通中学学校数(所)
全省总计	**430754**	**350353**	**440161**	**408200**	**4575**
济南市	25894	20585	29577	27417	297
青岛市	33257	26285	35152	31650	349
淄博市	21855	17615	17844	16422	231
枣庄市	17116	13572	21800	19473	175
东营市	12707	9645	8948	7972	139
烟台市	37761	31316	27492	25242	392
潍坊市	49838	42055	39882	37586	498
济宁市	35363	28348	39381	36485	397
泰安市	27021	22080	23878	22157	249
威海市	15099	12464	11060	10113	133
日照市	14407	11600	12460	11406	153
莱芜市	6153	5273	5453	5215	66
临沂市	43808	36241	45019	41905	389
德州市	20660	17516	30188	28586	262
聊城市	21945	17398	29143	27070	262
滨州市	16023	12944	17533	16154	174
菏泽市	31847	25416	45351	43347	409

18－24 各市普通中学专任教师学历情况

(2000年)　　单位:人

地区	普通高中专任教师	#本科及以上	#专科	普通初中专任教师	#本科及以上	#专科
全省总计	**63972**	**45559**	**17759**	**286381**	**39464**	**208646**
济南市	3906	3260	590	16679	3837	10610
青岛市	5433	3911	1447	20852	3381	15229
淄博市	3367	2620	709	14248	2679	9591
枣庄市	2130	1677	436	11442	1694	8712
东营市	2045	1477	496	7600	1297	5674
烟台市	5420	3980	1364	25896	4902	17291
潍坊市	7955	5606	2267	34100	5174	24993
济宁市	5211	3675	1483	23137	2528	17142
泰安市	3894	2772	1100	18186	2213	12741
威海市	2363	1456	877	10101	1203	6926
日照市	1869	1251	591	9731	1450	7219
莱芜市	924	606	313	4349	637	2838
临沂市	6598	4459	2104	29643	2841	23893
德州市	3019	2181	810	14497	1188	11133
聊城市	3210	2094	1103	14188	1396	10679
滨州市	1978	1558	412	10966	1298	8740
菏泽市	4650	2976	1657	20766	1746	15235

18－25 各市中小学升学、辍学和幼儿园情况

（2000 年）　　单位：%

地　　区	学龄儿童入学率	小学		初中辍学率	幼儿园数（所）	入园儿童数（人）	专任教师数（人）
		升学率	辍学率				
全省总计	**99.78**	**98.34**	**0.40**	**1.0**	**27258**	**1012612**	**86057**
济南市	99.93	99.15	－0.06	1.3	1740	67041	6308
青岛市	99.99	100.16	－0.25	0.5	3262	52713	9247
淄博市	99.82	101.21	0.05	1.3	1353	56177	5459
枣庄市	99.99	96.61	3.54	1.2	1491	58338	3447
东营市	97.09	99.47	－0.09	2.3	1108	32326	3353
烟台市	99.37	99.04	－0.14	1.7	3202	47442	7557
潍坊市	100.00	99.82	0.20	0.7	3766	115088	9932
济宁市	99.62	99.59	0.33	0.4	848	80018	4752
泰安市	100.00	98.16	1.19	0.8	1829	38314	4277
威海市	99.71	100.92	0.40	2.4	949	14607	2505
日照市	99.91	99.11	－0.07	0.7	122	30983	3408
莱芜市	100.00	100.30	0.05	0.3	699	13030	1838
临沂市	99.75	98.30	0.37	2.2	3361	126437	7708
德州市	99.80	97.41	1.00	1.4	1532	57553	3323
聊城市	99.79	95.45	－0.68	0.3	876	62757	3676
滨州市	99.78	98.37	0.06	0.3	1011	58150	3430
菏泽市	99.91	95.25	0.41	0.4	109	101638	5837

注：小学毕业升学率含升入职业初中的学生。

18－26 各市广播电视基本情况

（2000 年）

地　　区	广播电台（座）	广播覆盖率（%）	中、短波广播发射台和转播台（座）	调频发射台及转播台（座）	电视发射及转播台（座）	电视覆盖率（%）
全省总计	**18**	**93.50**	**30**	**95**	**347**	**91.00**
济南市	2	98.96	3	7	10	98.16
青岛市	1	94.19	1	10	30	94.21
淄博市	1	96.96	2	5	58	96.57
枣庄市	1	96.52	1	2	19	89.41
东营市	1	98.93	1	3	5	95.55
烟台市	1	96.34	3	5	12	95.05
潍坊市	1	91.63	2	6	43	96.20
济宁市	1	93.35	2	4	12	91.67
泰安市	1	97.87	1	5	24	95.95
威海市	1	95.31	2	6	5	96.16
日照市	1	89.07	2	2	38	93.00
莱芜市	1	98.00		1	1	95.00
临沂市	1	80.94	2	11	49	88.23
德州市	1	100.00	1	8	11	90.57
聊城市	1	96.03	2	7	11	91.65
滨州市	1	100.00	2	7	11	84.99
菏泽市	1	88.85	3	6	8	71.44

18－27 各市文化事业基本情况

（2000 年）

地　　区	公　共图书馆数（个）	公共图书馆藏书量（万册）	艺术表演团　体（个）	艺术表演场　所（个）	群　众艺术馆（个）	文化馆（个）	文化站（个）	文　化事业费（万元）	博物馆（个）
全省总计	**133**	**1989**	**118**	**105**	**19**	**140**	**2422**	**40635**	**59**
济南市	8	592	15	11	2	10	152	16311	8
青岛市	11	241	11	10	1	12	199	5083	6
淄博市	9	128	3	8	1	8	123	1425	7
枣庄市	7	64	2	5	2	6	83	880	3
东营市	4	24	5		1	5	57	871	1
烟台市	12	175	12	8	1	14	191	2646	8
潍坊市	11	171	10		1	13	253	1937	8
济宁市	11	100	11	13	1	12	177	2281	3
泰安市	7	37	3	7	1	6	108	1066	2
威海市	4	70	3	2	1	5	72	959	2
日照市	4	27	1	3	1	3	66	437	3
莱芜市	1	14	1	1	1		30	139	
临沂市	10	116	7	6	1	10	242	1923	5
德州市	9	60	9	8	1	11	165	912	
聊城市	8	41	7	11	1	9	166	1552	2
滨州市	8	70	7	2	1	7	105	1086	
菏泽市	9	59	11	10	1	9	233	1127	1

十九、卫生、体育、民政、司法测绘、标准计量、环保

HEALTH CARE, SPORTS, CIVIL ADMINISRATION, JUDICATURE, MAPPING, STANDARD MEASUREMENT AND ENVIRONMENT PROTECTION

简要说明：

本篇主要反映卫生、体育、民政、司法、测绘、标准计量、环保事业发展情况。

一、卫生事业统计资料由省卫生厅规财处提供，主要内容为卫生机构、人员、床位数，县及县以上医院诊疗人次数、入院人数、治愈率、死亡率及好转率等基本情况。

二、体育事业统计资料由省体委计财处提供，主要包括运动员、教练员、裁判员发展人数，体育锻炼达标人数及各市举办运动会情况。

三、民政事业统计资料由省民政厅计财处提供，主要包括社会福利事业的机构、人员，社会福利救济、社会保障及婚姻登记情况。

四、司法事业统计资料由省司法厅提供，主要包括律师事务所、执业律师、公证处及公证员等基本情况。

五、测绘部分资料由省国土资源厅提供。

六、标准计量部分资料由省技术监督局提供。

七、环保事业统计资料由省环保局计财处提供，主要包括工业废水、废气、固体废物排放处理情况、工业污染治理情况及工业锅炉和工业炉窑的改造情况。

19－1 卫生事业情况

项　　目	单　位	1990年	1995年	1997年	1998年	1999年	2000年
机　构　数	个	11040	10463	10993	11008	10977	17118
#医院及卫生院	个	3037	3104	3151	3170	3151	3150
床　位　数	张	176952	200241	206475	207733	213264	214809
#医院及卫生院	张	159556	182267	193668	196398	200816	202978
卫生事业人员数	人	306509	340588	365679	372433	379002	383386
一、卫生技术人员	人	**241064**	**270558**	**293922**	**300738**	**307716**	**314685**
1.中医师	人	12353	13742	13934	13790	13940	14518
2.西医师	人	75799	83953	88492	90614	95929	101077
3.中西医结合高级医师	人	72	307	734	608	664	939
4.护师	人	31027	48373	52874	56394	60449	63770
5.中药师	人	5930	6898	7776	7653	7652	7794
6.西药师	人	8876	11765	13679	14241	14932	15178
7.检验技师	人	5610	8476	9247	9666	10032	10343
8.其他技师	人	4855	7740	8659	9158	8435	8755
9.中医士	人	3456	2447	2635	2523	2767	2675
10.西医士	人	14569	18510	23882	24942	25279	25449
11.护士	人	30795	28163	31093	30534	29665	28447
12.助产士	人	4979	3894	3780	3655	3280	3201
13.中药剂士	人	3800	1900	2205	2177	2089	1927
14.西药剂士	人	6530	3991	5674	5775	5790	5565
15.检验技士	人	4769	3586	3811	3927	3813	3668
16.其他技士	人	3899	3789	3529	3411	2876	2739
17.其他中医	人	889	394	479	440	331	249
18.护理员	人	5512	3839	3838	3271	3011	2868
19.中药剂员	人	811	1137	624	613	508	393
20.西药剂员	人	2088	2664	1440	1469	1213	1142
21.检验员	人	998	884	801	794	795	746
22.其他初级卫生技术人员	人	13447	14106	14736	15083	14266	13242
二、其他技术人员	人	**6069**	**11270**	**13262**	**14263**	**14863**	**13535**
三、管理人员	人	**30016**	**29517**	**29024**	**28592**	**26956**	**26571**
四、工勤人员	人	**29360**	**29243**	**29471**	**28840**	**29467**	**28595**

19－2 县及县以上医院工作情况

项　　目	单　位	1990年	1995年	1997年	1998年	1999年	2000年
机　构　数	个	751	810	839	777	868	859
诊疗人次数	万人次	8158.6	7765.5	7584.3	7308.2	8086.8	9537
＃门诊急诊人次数	万人次	7247.3	6798.5	7012.9	6713.5	7327.4	7552
＃死亡人数	人	6346	5377	7457	6878	7341	7440
观察室收容病人数	万人次	156.8	243.0	265.2	236.4	289.7	278
＃死亡人数	人	3402	2797	5829	2546	3132	4487
健康检查人数	万人	219.3	164.3	198.5	204.0	212.1	245
本年入院人数	人	1982949	2194989	2470452	2531831	2800113	2981545
本年出院人数	人	1982539	2189609	2435280	2555815	2794688	2988362
＃出院病人数	人	1539579	1833491	2001532	2078759	2328020	2498249
1.治愈	人	1154025	1355815	1441571	1489703	1647576	1712713
2.好转	人	308214	406909	479725	509314	593121	688236
3.未愈	人	52962	49352	57173	56319	61669	69941
4.死亡	人	24378	21415	23063	23423	25654	27359
本年住院病人手术人次数	万人次			57.6	63.5	82.1	82
年底实有病床数	张	105014	125149	130909	128928	138788	140505
实际开放总床日数	万床日	3736.3	4400.7	4567.4	4481.7	5036	4889
平均每日开放病床数	张	102364	120568	125133	122785	137973	133941
实际占用总床日数	万床日	3144.2	3191.7	3185.0	3119.2	3319.7	3440
出院者占用总床日数	万床日	2999.1	3048.7	3053.4	2991.9	3181.2	3295
治愈率	%	75	73.9	72.0	71.7	70.8	68.56
好转率	%	20	22.2	24.0	24.5	25.5	27.55
病死率	%	1.6	1.2	1.1	1.1	1.1	1.1
病床周转次数	次	19.4	18.2	19.5	20.8	20.3	22.31
病床工作日	日	307.2	264.7	254.5	254.0	240.6	256.79
病床使用率	%	84.2	72.5	69.7	69.6	65.9	70.35
出院者平均在院日数	日	15.1	13.9	12.5	11.7	11.4	11.03

19－3 各市卫生事业基本情况

（2000 年）

地区	卫生机构数（个）	#医院	#卫生防疫站数	#妇幼保健站数	床位数（张）	#医院	卫生技术人员（人）	#医生	#护师和护士数
全省总计	**17118**	**3150**	**166**	**159**	**214809**	**202978**	**314685**	**144907**	**92217**
济南市	1414	231	13	13	21698	20830	35669	16574	11052
青岛市	2911	231	14	10	24392	20057	32160	14860	10297
淄博市	1011	187	11	9	14842	14302	20375	9234	6519
枣庄市	169	138	8	7	9830	9787	13683	5891	4715
东营市	359	92	7	7	6857	6658	9336	3949	3103
烟台市	2395	266	14	13	16932	15467	24426	11514	7021
潍坊市	1114	282	13	14	19352	18208	27447	13602	7610
济宁市	1136	258	13	12	17337	16909	25712	11157	8054
泰安市	512	159	9	9	13991	12802	19647	8647	6112
威海市	2476	87	4	6	6041	5774	13162	6586	3093
日照市	211	81	5	5	4669	4569	6365	3005	1660
莱芜市	217	49	3	3	3444	3444	5714	2528	1625
临沂市	691	290	13	13	16299	15720	21049	9435	5951
德州市	705	227	12	11	9092	8952	14736	7839	3323
聊城市	565	187	9	9	10201	9921	13834	6432	3867
滨州市	688	126	8	8	7421	7366	11519	5561	3412
菏泽市	544	259	10	10	12411	12212	19851	8093	4803

注：1. 医院中包括卫生院。

2. 本表内数字包括诊所、卫生保健所、医务室的机构、人员数。

3. 妇幼保健机构包括妇幼保健院、所、站。

4. 个体开业诊所、保健所 5051 个。

19－4 等级运动员、教练员、裁判员发展人数

单位:人

项　　目	1990 年	1995 年	1997 年	1998 年	1999 年	2000 年
等级运动员	**6186**	**5749**	**10877**	**8067**	**9366**	**6173**
国际运动健将		3		5	7	4
运动健将		49		63	61	34
一　级	73	132	104	265	196	160
二　级	264	1080	860	1312	1509	1689
三　级	3120	3371	4416	3879	5284	3301
少 年 级	2729	1114	5497	2543	2309	985
聘任教练员	**210**	**1604**	**1782**	**1865**	**1890**	**1965**
高级职称	10	277	344	348	315	295
中级职称	62	504	521	531	521	526
初级职称	138	823	917	986	1054	1144
等级裁判员	**3346**	**3140**	**4535**	**3024**	**3581**	**5284**
国 际 级			2	1	1	
国 家 级		15	45	15	25	37
一　级		345	194	209	283	43
二　级	1347	894	1829	581	1000	2427
三　级	1999	1886	2465	2218	2272	2777

19－5 各市举办运动会及达标情况

（2000 年）

地区	举办乡镇以上运动会		达到《国家体育锻炼标准》的人数（人）
	次数（次）	参加人数（人）	
全省总计	**7598**	**1596271**	**10240643**
济南市	496	185937	503674
青岛市	564	287545	824766
淄博市	399	110540	290028
枣庄市	202	19880	297392
东营市	157	40459	189532
烟台市	755	206749	640676
潍坊市	793	230118	829190
济宁市	282	40911	887291
泰安市	85	20690	757612
威海市	811	118430	239518
日照市	321	46120	352153
莱芜市	146	69760	132383
临沂市	277	55312	1411870
德州市	1719	29519	1093566
聊城市	201	24333	348670
滨州市	256	65488	401522
菏泽市	134	44480	1040800

19－6 民政事业基本情况

项　　目	单　位	1990 年	1995 年	1997 年	1998 年	1999 年	2000 年
一、扶贫工作情况							
本年在扶户数	户	472862	280087	228930	198193		
本年脱贫户数	户	279662	165163	126950	111515		
救灾支出	万元	7874	10941	12153	9908	12455	12804
＃生活救济费	万元	6370	7621	10773	9047	9990	11874
二、城镇居民最低生活保障情况							
城镇低保人数	人			58732	126363	102879	164445
城镇保障资金	万元			1837.9	5687.6	8485.6	11132.5
三、社会福利事业情况							
单位数	个	4676	4513	3993	3941	3813	3694
床位数	张	80341	102190	102227	104007	110438	112040
收养人数	人	65493	85913	89646	90523	95027	96580
四、社会福利企业情况							
单位数	个	3775	4248	4177	3793	3335	2876
职工数	人	135234	173147	176339	160739	146500	120096
＃残疾职工	人	58015	76098	76125	70717	65373	57574
利润额	万元	21507	51610	52753	49320	39175	36689

19－7 婚姻登记情况

项　　目	单　位	1990 年	1995 年	1996 年	1997 年	1998 年	1999 年	2000 年
一、国内登记结婚								
申请登记结婚	对	708540	697838	735527				
＃准予登记结婚	对	670708	673609	721129	736199	719367	742031	675602
＃恢复结婚	对	958	1365	1117	1840	1550	1653	1807
初婚人数	人	1300498	1285091	1371103	1401011	1359010	1396156	1266917
再婚人数	人	40918	62127	71155	71387	79724	87906	84287
男性	人	18255	27408	31730	32088	35497	39264	37671
女性	人	22663	34719	39425	39299	44227	48642	46616
二、涉外登记结婚								
准予登记结婚	对	98	432	596	635	651	759	755
准予登记结婚人数	人	196	864	1192	1270	1302	1518	1510
初婚人数	人	135	598	729	842	865		
再婚人数	人	61	266	463	428	437		
国内公民	人	97	432	596	644	651	756	746
男性	人	13	21	21	94	117	32	38
女性	人	84	411	575	550	534	724	708
港澳同胞	人	37	49	57	105	39	53	65
台湾同胞	人	20	231	296	301	313	372	357
华　　侨	人	19	37	54	39	57	78	82
外籍华人	人	4	7	41	14	32		
外 国 人	人	19	108	148	167	210	259	260
三、离婚登记								
民政部门受理离婚申请	对	20318	18160	18552	21906	22875		19749
＃涉外婚姻	对		9	6	8	4		
法院受理离婚案件	件	40020	59758	67201	72489	75991	75413	74919
准予登记离婚总数	对	37585	48169	53490	57293	58171	58151	61085
民政部门办理离婚	对	10218	10233	11280	13179	13943	14049	14768
＃涉外婚姻	对		8	4	8	4	5	6
法院调解离婚	对	21605	28901	30968	31492	29962	28842	29571
法院判决离婚	对	5762	9035	11242	12622	14266	15260	16746

19－8 律师、公证工作基本情况

项　　目	单　位	1990 年	1995 年	1997 年	1998 年	1999 年	2000 年
律师工作							
律师事务所	个	164	426	477	476	504	519
国资所	个			303	302	311	286
合作所	个			76	73	68	78
合伙所	个			94	97	121	150
个人发起所	个			4	4	4	5
执业律师	人	1917	4201	4701	4818	5067	5418
专职律师	人	1318	2523	3300	3674	4434	4847
兼职律师	人	531	1094	978	869	511	478
特邀律师	人	68	584	423	275	122	93
公证工作							
公证处	个	145	163	164	163	165	165
公证员	人	696	809	859	877	912	907
公证员助理	人	168	80	71	79	96	118
办理各类公证事项	件	980367	714313	1513543	1364671	1388132	1233354

19－9 分系统测绘工作情况

(2000 年)

系统名称	大地测量		地形测图			地图数字化
	三角导线测量(含5″级)(点/公里)	水准测量(公里)	1:5千－1:1万比例尺(幅/平方公里)	1:2千比例尺及其以下(幅/平方公里)	专题制图(含图集)(册/幅)	1:1万及以上比例尺(幅/兆比特)
总　　计	**1654/2592.8**	**7378.8**	**3706/7721.6**	**4078/15285.22**	**13/1684**	**4570/11879.82**
国　　土	412/10.2	372.0		1213/119.07	/2	/1006.32
建　　设	485/1009.0	1177.5	2/5522.0	1220/676.09	3/13	2444/4017.2
水　　电	204/900.1	4714.6	4/494.6	96/14174.38	/708	198/238.1
冶　　金	/143.5	33.4		68/21.30		206/388
地　　矿	300/	147.6		193/87.70	/830	3/2023.2
煤　　炭	/44.5	25.5		/3.34	/3	
交　　通	/216.5	231.5		/68.3		200/425
石　　油	/51.0	55.0	/4.0	28/1.94	/62	
海　　洋			/1696.0	/93.00		
核 工 业	/44	120		/1.2		20/22
教　　育			/5.0	/1.00		
铁　　路	/84.0	128		/36.50		
有　　色				/1.4		
其　　他						

19－10 分系统测绘人员情况

(2000 年)　　单位:人

系统名称	年末职工人数	测绘技术人员	按技术职务分类		
			高级工程师	工程师	助工和技术员
总　　计	**8825**	**6980**	**632**	**2154**	**4197**
测　　绘	616	490	27	153	310
国　　土	368	320	27	100	193
建　　设	2413	1804	123	472	1209
水　　电	1800	1659	148	530	981
冶　　金	312	232	30	77	125
地　　矿	686	455	28	151	276
煤　　炭	724	465	60	134	271
交　　通	538	485	60	177	248
石　　油	208	158	17	48	93
海　　洋	79	40	11	13	16
核 工 业	29	26	1	7	18
教　　育	157	137	33	50	57
铁　　路	222	169	32	71	66
有　　色	15	8		3	5
其　　他	658	532	35	168	329

注:"其他"包括地震、建材、邮电、纺织、气象、环保、人防等部门。

19－11 测绘系统生产完成情况

(2000 年)

项　　目	单　位	2000 年
测绘总产值	万元	1932.36
大地测量		
三角导线测量(含 5″级)	点	250
水准测量	公里	371.7
地形测图		
1:5 千－1:1 万比例尺	幅	3700
1:2 千及以上比例尺	幅	1260
专题制图(含图集)	册	10
	幅	66
地图数字化(1:1 万及以上比例尺)	幅	1499
	兆比特	3766
地图印刷	千印张	197.97
	色令	14000
航空摄影	平方公里	1246

19－12 测绘系统成果提供情况

项　　目	单　位	1999 年	2000 年
一、地形图			
1:5 百－1:1(万比例尺)	幅	6422	9356
	张	17112	13192
1:25 万－1:10(万比例尺)	幅	1626	2224
	张	2140	2531
1:20 万－1:100(万比例尺)	幅	155	86
	张	261	96
二、航摄成果	片	4545	300
三、大地成果	点	1806	833
四、各种挂图	幅	828	128
五、各种图集	册	536	392

19－13 产品质量监督情况

（2000 年）

类　　别	监督检验企业数（个）	查出不合格产品企业（个）	不合格产品企业占比例（%）	检验批次（批次）	合格批次（批次）	批次合格率（%）
总　　计	**15630**	**3564**	**22.8**	**70058**	**53126**	**75.8**
一、农用产品	**814**	**176**	**21.6**	**3901**	**3080**	**79.0**
＃拖拉机	29	3	10.3	29	26	89.7
农用化肥	243	47	19.3	1242	997	80.3
化学农药	17	1	5.9	24	22	91.7
饲　　料	347	84	24.2	1815	1410	77.7
二、加工食品和饮料	**6102**	**1928**	**31.6**	**29518**	**20512**	**69.5**
＃食用盐	53	3	5.7	53	50	94.3
白　酒	482	209	43.4	3241	2089	64.5
啤　酒	37	2	5.4	329	323	98.2
食用植物油	1086	68	6.3	4379	4104	93.7
糕点、糖果	1132	317	28.0	6030	4579	75.9
三、家用电器	**318**	**17**	**21.6**	**752**	**642**	**79.0**
＃空调器	12			33	33	100.0
厨房电器具	103	2	1.9	119	117	98.3
电热器具	47	12	25.5	245	171	69.8
四、轻工产品	**1793**	**345**	**19.2**	**7838**	**5910**	**75.4**
＃纸制品	398	119	29.9	1941	1414	72.8
家　具	307	33	10.8	1707	1193	69.9
眼镜（架、片）	123	26	21.1	752	646	85.9
电热、燃气淋浴器	61			127	127	100.0
合成洗涤剂	18	1	5.6	88	84	95.5
橡胶、塑料制品	303	104	34.3	1549	1001	64.6
五、纺织、鞋类商品	**882**	**107**	**12.1**	**4049**	**3567**	**88.1**
＃布（印染　色织　坯布）	189	15	7.9	1026	968	94.3
针织品	89	17	19.1	481	382	79.4
鞋	127	43	33.9	578	407	70.4
六、化工产品	**540**	**77**	**14.3**	**2351**	**2031**	**86.4**
＃涂料、油漆	112	32	28.6	597	462	77.4
七、建材商品	**3206**	**592**	**18.5**	**13633**	**10805**	**79.3**
＃水　泥	420	32	7.6	1945	1816	93.4
砖、瓦	1851	342	18.5	7562	6179	81.7
卫生建筑陶瓷	25	2	8.0	113	107	94.7
装饰材料	9	2	22.2	54	45	83.3
八、机电产品	**838**	**47**	**5.6**	**3007**	**2797**	**93.0**
＃阀类、泵	85	9	10.6	417	363	87.0
低压电器及元件	140	3	2.1	158	155	98.1
电动机、柴油机	8			16	16	100.0
汽车、摩托车	4			4	4	100.0
九、冶金商品、金属制品	**231**	**77**	**33.3**	**1130**	**759**	**67.2**
＃线　材	91	48	52.8	592	325	54.9
型　材	26	3	11.5	120	108	90.0
十、能源产品	**817**	**190**	**23.3**	**3548**	**2727**	**76.9**
＃原　煤	508	86	16.9	2033	1691	83.2
汽油、柴油	195	63	32.3	1061	753	71.0
十一、医疗器械	**25**			**74**	**74**	**100.0**
＃普通医疗器械						
十二、其　　他	**64**	**8**	**12.5**	**257**	**222**	**86.4**

19－14 标准化工作情况

（2000 年）

地区	采用国际标准（项）	#先进水平	企业产品标准备案（个）	标准宣贯 宣贯标准（个）	培训期次（期）	参加人次（人）	地方标准制修订（项）
全省总计	**537**	**285**	**7034**	**243**	**325**	**45576**	**26**
济南市	36	30	570	24	19	1273	
青岛市	103	44	1269	24	31	5103	
淄博市	67	14	555	22	50	2605	
枣庄市	5	4	85	13	5	210	
东营市	24	15	274				
烟台市	39	12	635	16	16	984	
潍坊市	33	13	867	39	67	27191	
济宁市	1		119	3	2	118	
泰安市	30	16	214	7	7	260	
威海市	8	3	362	10	43	784	
日照市	21	19	121	6	4	197	
莱芜市			38	1	1	20	
临沂市	28	13	282	15	11	1192	
德州市	20	16	181	19	22	2756	
聊城市	2	2	171	15	12	893	
滨州市	40	22	299	18	13	604	
菏泽市	2	1	192	11	22	1386	

19－15 商品质量监督情况

（2000 年）

商品类别	检查商业企业数（个）	检查商品批次（批次）	批次合格率（%）	查出伪劣商品批次（批次）	查出不合格商品价值（万元）	伪劣商品价值（万元）
总　计	**12274**	**79309**	**62.0**	**8717**	**11281**	**2717.9**
一、农用产品	**2905**	**23665**	**72.8**	**2392**	**4790.5**	**839.6**
＃拖拉机	1	8	50.0	3	3.6	3.6
农业用运输车	1	7	85.7	1	1.8	1.8
农用化肥	1724	9799	64.4	641	1465.3	522.5
化学农药	456	5435	80.1	607	560.3	227.3
饲　料	176	776	39.2	145	113.6	48.2
农用薄膜	75	413	47.7		235.4	
二、加工食品和饮料	**4223**	**22616**	**55.6**	**3262**	**889.4**	**389.8**
＃白　酒	1481	7189	63.3	785	430.6	259.2
食用植物油	145	639	69.6	2	51.1	0.8
罐　头	37	179	45.3		5.0	
非酒精液体饮料	142	745	41.9	233	19.5	9.8
三、家用电器	**133**	**907**	**48.1**	**112**	**171.9**	**130.4**
＃电视机、录像机	3	54	100.0			
收录机、音响设备	2	16	50.0	2	10.0	10.0
电风扇	11	99	84.8	9	60.0	45.0
吸油烟器	1	10	60.0	1	8.0	8.0
空调器	1	1	100.0			
电热器具	51	271	44.3	40	39.2	16.3
四、轻工产品	**759**	**6379**	**71.1**	**588**	**459.6**	**279.0**
＃纸制品	14	101	43.6	27	4.9	4.5
家　具	16	98	38.8		9.8	
合成洗涤剂	28	164	71.3	26	10.5	10.3
五、纺织、鞋类商品	**203**	**1427**	**43.4**	**207**	**75.7**	**31.5**
＃布(印染、色织、坯布)	1	5	100.0			
服　装	38	547	60.7	130	18.8	15.6
鞋	93	527	23.5	64	44.6	15.2
六、化工产品	**247**	**1438**	**39.9**	**545**	**175.6**	**98.0**
＃涂料、油漆	81	483	43.7	102	142.9	75.4
七、建材产品	**464**	**3240**	**40.7**	**183**	**210.0**	**104.9**
＃水　泥	78	465	57.9	96	13.9	8.4
平板玻璃	5	21	100.0			
八、机电产品	**946**	**5933**	**41.6**	**1045**	**860.2**	**285.9**
＃轴　承	72	718	70.3	30	3.9	1.3
电线、电缆	369	2206	30.6	779	246.5	179.4
低压电器及元件	53	248	26.2	46	15.5	6.9
九、冶金产品及金属制品	**279**	**1688**	**70.1**	**117**	**190.1**	**44.9**
＃线　材	206	1206	71.6	54	88.9	22.5
型　材	16	94	80.8		3.6	
十、能源产品	**2070**	**11806**	**68.7**	**255**	**3400.7**	**502.8**
＃原　煤	61	280	58.9	15	2048.3	263.3
汽油、柴油	1922	11090	68.9	239	1303.9	238.8
十一、医疗器械	**7**	**55**	**34.0**		**4.8**	
十二、其　他	**38**	**157**	**53.5**	**11**	**52.4**	**11.0**

19－16 环境保护事业基本情况

项　　　目	单　位	1990年	1995年	1997年	1998年	1999年	2000年
工业废水排放总量	万吨	87631	96214	130918	117068	107975	110324.23
工业废水排放达标量	万吨	35007	45413	57198	74570	84116	102742.80
#处理排放达标量	万吨	15048	31668	33304	50719	62120	81413.99
工业废水处理量	万吨	32494	180980	250454	268262	303303	324183.99
工业废气排放总量	亿标立米		7386	9614	9089	9841	12178.86
#经过消烟除尘的	亿标立米		4982	5767	5461	6008	7214.89
经过净化处理的	亿标立米		1388	2531	2486	2903	4554.96
工业固体废物产生量	万吨	3880	4484	5131	5109	5166	5407.25
工业固体废物综合利用量	万吨	1337	2899	3448	3777	3877	4173.02
工业固体废物排放量	万吨	120	3	14	11	3	1.40
历年累计贮存量	万吨	28282	30600	32501	32081	33122	30744.13
工业锅炉烟尘排放达标率	%	64.9	88.7	83.3	86.6	89.8	97.32
工业炉窑烟尘排放达标率	%		68.1	48.2	56.2	70.7	81.08
“三废”综合利用产品产值	万元	53234	149746	230852	254605	323559	336332.50
“三废”综合利用产品利润	万元	12945	27881	50522	48971	58825	59057.60
污染治理项目本年完成投资	万元	43075	82367	239845	172747	230235	252855.20
本年安排污染治理项目	个	1675	1249	712	852	1605	1557
当年竣工项目	个	1550	1115	793	676	1392	1442

注：自1997年起数据包括乡镇企业在内。

19－17 各市工业废水排放处理情况

（2000年） 单位:万吨

地区	工业废水排放总量	工业废水排放达标量	#处理排放达标量	工业废水处理量
全省总计	**110324.23**	**102742.80**	**81413.99**	**324183.99**
济南市	6912.62	6221.22	4056.40	33546.55
青岛市	9110.11	8793.59	6150.55	20949.52
淄博市	10279.00	10213.00	8855.57	16871.14
枣庄市	7790.93	7498.93	3653.46	9553.66
东营市	5275.05	4525.16	3609.66	28545.75
烟台市	7226.24	7046.93	5553.55	12490.66
潍坊市	9849.98	8890.47	8033.31	24986.85
济宁市	12984.71	12387.97	9658.55	31809.32
泰安市	7237.13	6062.64	4241.31	29110.49
威海市	2441.77	2431.71	2091.07	4781.55
日照市	2765.26	2730.26	2636.19	4691.51
莱芜市	1738.46	1626.46	1389.97	27488.49
临沂市	6888.75	6601.63	5669.44	17594.52
德州市	6957.67	6584.21	5628.20	30055.79
聊城市	6260.22	6103.26	5886.13	21152.36
滨州市	3125.49	2138.48	1731.24	3762.17
菏泽市	3480.83	2886.87	2569.38	6793.65

19－18 各市工业废气排放处理情况

（2000 年）

地区	工业废气排放总量（亿标立方米）	#经过消烟除尘的	#经过净化处理的	工业二氧化硫排放量（吨）	工业烟尘排放量（吨）
全省总计	**12178.86**	**7214.89**	**4554.96**	**1460901.77**	**543067.13**
济南市	1042.28	567.28	409.91	72093.72	31805.40
青岛市	876.39	718.25	144.77	101212.96	46469.63
淄博市	2046.45	792.82	1164.08	250733.05	88749.74
枣庄市	1215.02	390.14	821.25	81258.44	17914.02
东营市	259.18	238.53	10.62	70980.73	10738.85
烟台市	1035.33	655.06	346.28	108363.22	25672.86
潍坊市	877.29	510.29	363.78	154931.28	57578.58
济宁市	1093.52	827.51	223.07	111625.90	37226.99
泰安市	661.90	458.97	194.00	109743.96	42897.33
威海市	362.82	323.60	39.17	61267.28	13016.98
日照市	331.68	235.33	96.36	44871.94	13538.75
莱芜市	606.92	229.74	317.65	59537.38	30711.82
临沂市	597.69	303.51	276.28	42644.69	47208.62
德州市	668.85	550.72	102.71	84229.07	25877.89
聊城市	234.90	204.67	26.17	62178.82	32566.67
滨州市	124.59	100.93	9.29	16724.39	5528.91
菏泽市	144.04	107.54	9.57	28504.94	15564.09

19－19 各市工业固体废物排放处理及综合利用情况

（2000 年）

地区	工业固体废物产生量（万吨）	＃危险废物	＃冶炼废渣	＃粉煤灰	＃炉渣	＃煤矸石	处置量（万吨）	贮存量（万吨）
全省总计	**5407.25**	**64.01**	**409.33**	**987.31**	**852.49**	**1262.08**	**219.19**	**1049.53**
济南市	390.19	5.73	130.91	86.34	58.04	56.43	1.16	38.85
青岛市	364.42	0.66	47.99	107.62	79.86		0.59	53.65
淄博市	446.86	5.79	23.77	78.91	74.89	88.45	66.28	21.58
枣庄市	370.58		0.02	63.39	90.34	193.92	3.44	79.05
东营市	76.92	7.91	0.01	24.24	14.24		11.14	8.63
烟台市	931.32	11.90	55.06	97.35	51.65	15.14	107.43	213.25
潍坊市	269.25	31.40	15.20	66.41	95.65	13.49	5.94	25.87
济宁市	813.41	0.15	11.57	117.96	60.26	524.61	14.37	144.76
泰安市	490.76		2.04	71.57	66.42	324.02	2.13	131.07
威海市	123.85		7.93	45.65	22.70	0.05	3.16	39.55
日照市	112.89			14.36	38.80	0.03		44.20
莱芜市	441.15		114.74	69.93	25.36	41.38	1.40	131.23
临沂市	234.56	0.01	0.01	19.58	49.98	4.52	0.36	83.90
德州市	136.55		0.01	79.33	47.41			32.33
聊城市	101.03		0.01	22.14	42.18			1.03
滨州市	69.21	0.45	0.06	9.08	19.74	0.03	1.80	0.60
菏泽市	34.29		0.01	13.46	14.99			

19－19续表

地　　区	工业固体废物综合利用量（万吨）	#危险废物	#冶炼废渣	#粉煤灰	#炉　渣	#煤矸石	工业固体废物排放量（万吨）	历年累计贮存量（万吨）
全省总计	**4173.02**	**27.75**	**405.65**	**822.10**	**728.87**	**996.07**	**1.40**	**30744.13**
济南市	329.36	1.73	127.47	56.81	52.94	38.76	0.35	1111.57
青岛市	352.40	0.56	47.92	113.53	74.54		0.65	1310.11
淄博市	338.78	2.46	23.65	92.49	58.51	58.31	0.32	6928.18
枣庄市	283.11		0.02	34.56	62.01	158.38	0.02	3176.71
东营市	54.25	4.99		24.23	11.08		0.01	195.29
烟台市	636.78	11.79	55.04	97.35	50.25	17.41		1614.42
潍坊市	211.84	6.07	14.96	66.41	66.11	13.49		689.77
济宁市	680.28	0.15	11.57	49.40	59.84	472.92		2649.40
泰安市	368.11		0.02	60.18	65.51	208.79		7028.45
威海市	79.14		7.93	45.65	20.68	0.10		399.68
日照市	68.69			13.96	23.20	0.03		484.00
莱芜市	304.51		116.98	39.54	17.59	23.55		2986.65
临沂市	149.61		0.01	19.54	47.40	4.32	0.05	1588.14
德州市	101.56		0.01	48.80	44.75			487.58
聊城市	99.73		0.01	22.75	40.30			86.34
滨州市	66.20		0.06	9.07	19.16			3.78
菏泽市	48.66		0.01	27.84	14.99			4.07

19－20 各市工业锅炉和工业炉窑改造情况

（2000 年）

地区	工业锅炉（台）	工业锅炉（蒸吨）	工业锅炉烟尘排放达标率（%）	工业炉窑（台）	工业炉窑烟尘排放达标率（%）	“三废”综合利用产品产值（万元）	“三废”综合利用产品利润（万元）
全省总计	**7228**	**116927.70**	**97.32**	**4027**	**81.08**	**336332.50**	**59057.60**
济南市	558	8449.50	98.03	544	60.85	22110.80	9128.90
青岛市	903	12337.40	99.11	292	97.95	37390.20	3505.70
淄博市	563	11833.10	98.58	780	93.59	59528.20	15139.00
枣庄市	271	6621.00	98.89	188	100.00	9716.10	1674.30
东营市	726	6757.00	94.90	70	97.14	43286.00	5090.50
烟台市	827	9564.20	99.15	343	95.04	4816.70	1446.10
潍坊市	724	7784.40	99.72	213	95.77	23135.90	1148.10
济宁市	524	14164.00	92.56	243	68.31	21665.20	3583.50
泰安市	436	8415.50	98.85	152	94.08	36522.20	6655.70
威海市	201	4623.90	100.00	74	100.00	6083.10	1010.30
日照市	89	2186.50	100.00	49	100.00	1558.40	393.00
莱芜市	166	3560.50	100.00	156	89.74	9324.20	969.20
临沂市	333	3833.00	84.68	315	90.79	14649.10	3443.40
德州市	343	6340.30	100.00	167	32.34	29518.40	2689.80
聊城市	124	5972.20	99.19	124	100.00	12000.20	1411.30
滨州市	276	2725.20	98.55	115	65.22	4473.70	1690.70
菏泽市	164	1760.00	89.02	202	10.40	554.10	78.10

19－21 各市工业污染治理情况

（2000年）

地区	污染治理项目本年完成投资（万元）	#治理废水	#治理废气	#治理固体废物	#治理噪声	本年安排污染治理项目（个）	当年竣工项目（个）
全省总计	**252855.20**	**119632.90**	**93822.90**	**20449.00**	**273.90**	**1557**	**1442**
济南市	27694.00	3883.50	13984.00		10.00	145	137
青岛市	19841.70	6449.20	8812.30	1900.00	2.20	131	123
淄博市	31656.30	15808.20	12472.80	287.00	34.30	213	208
枣庄市	10214.60	2801.00	7316.60	60.00	20.00	72	68
东营市	11634.70	10632.70	570.50	411.50	20.00	43	38
烟台市	16637.00	7179.40	3163.20	4115.00	3.00	191	175
潍坊市	15322.50	5424.20	9805.80	10.00	65.50	120	119
济宁市	27518.60	17523.10	9064.30	124.00	8.00	138	125
泰安市	16130.20	1854.30	3818.60	10352.50	59.90	125	110
威海市	2344.30	1763.30	497.00	42.00		30	27
日照市	926.00	576.00	350.00			2	2
莱芜市	1954.20	268.50	1684.20			27	25
临沂市	24493.20	8113.50	16379.70			108	105
德州市	6593.00	4079.00	2384.00	120.00		51	48
聊城市	19481.00	13883.00	2517.00	3010.00	51.00	47	37
滨州市	12555.30	11802.00	753.30			92	79
菏泽市	7858.60	7592.00	249.60	17.00		22	18

二十、企业基本情况

BASIC STATISTICS OF ENTERPRISES

简要说明：

一、"大中型工业企业基本情况"反映了产品销售收入1亿元以上的大中型工业企业的基本情况，由省统计局工业处提供。

二、"建筑业一级资质企业基本情况"介绍了资质一级建筑企业的生产经营情况，由省统计局投资处提供。

三、"20－3 规模以上批发贸易企业基本情况"和"20－4 规模以上零售贸易企业基本情况"表。分别反映了规模以上批发贸易企业和零售贸易企业的基本情况，由省统计局贸易处提供。

四、"企业集团基本情况"是根据企业集团统计报表制度的要求整理，由省企业调查队提供。

企业集团统计报表由集团母公司统一编制并负责报送。企业集团统计范围包括企业集团的母公司、在中国境内和境外的全资子公司、绝对控股子公司和相对控股子公司。不包括参股企业、协作企业和子公司下属的二级公司。

20－1 大中型工业企业基本情况

（2000年）

企业名称	工业增加值（万元）	产品销售收入（万元）	销售税金及附加（万元）	全部职工平均人数（人）	流动资产（万元）	固定资产原价（万元）
胜利石油管理局	2915405	4209095	88495	83614	581279	9107234
海尔集团公司	493936	2385711	10315	17808	762573	343407
海信集团	201015	829372	850	5777	237651	109137
齐鲁石化股份有限公司	286563	714128	3777	11237	170812	1300627
兖矿集团有限公司	315309	707734	11170	98093	534137	1592791
济南钢铁厂	223000	633586	3210	20793	442906	546938
中国石化济南炼油厂	102349	551331	33080	4094	128631	311004
莱芜钢铁集团有限公司	144720	514087	2904	27694	291867	843033
中国第一汽车集团青岛汽车厂	70204	385019	1455	4003	64841	65954
山东国际电源开发股份有限公司邹县发电厂	182830	368223	3804	2645	15951	944033
南山集团	74576	354452	5546	26617	80038	421582
山东金锣企业集团总公司	86465	354336	386	9265	62407	46008
山东时风(集团)有限责任公司	97650	353375	1106	17348	52090	61555
诸城市大龙实业有限公司	66574	343495	229	5284	208733	136507
青岛澳柯玛集团总公司	75749	289503	512	5695	367859	39727
山东铝业公司	120832	286000	2569	16561	190000	330000
山东丛林集团公司	58073	279685		4097	84560	174665
山东滨化集团有限责任公司	29720	263421	4655	2561	43571	68857
山东魏桥纺织集团有限公司	82595	260596	816	9479	73993	138754
青岛石油化工厂	36360	256069	14397	2480	142663	55612
山东晨鸣纸业集团股份有限公司	76312	254228	635	8511	337912	200838
山东海化集团有限公司	69000	240000	4040	22100	295100	365100
山东新华医药集团有限责任公司	55652	233859	974	10035	129338	128137
万杰集团	62433	230923	507	3840	87706	278976
山东宏安集团公司	71669	226752	259	767	38309	33873
北汽福田车辆股份有限公司诸城车辆厂	37452	214612	469	4511	56105	21356
颐中烟草(集团)有限公司	146763	195423	73186	2838	69462	165745
青岛钢铁集团公司	35100	195017	1054	7358	149316	91227
青岛啤酒集团有限公司	70616	189864	10674	4164	170244	190737
新汶矿业集团有限责任公司	99000	188775	2422	63226	205911	346110
山东华能发电股份有限公司德州电厂	143079	188156	2111	2019	27226	392226
三角集团有限公司	43076	183234	9067	5383	89277	116665
山东将军烟草集团济南卷烟厂	113573	176671	65106	1679	73833	160347
山东十里泉发电厂	92188	169998	1879	2758	9751	370314
山东巨力集团有限公司	22510	169665	531	3165	46706	45133
四方机车车辆厂	41410	168000	640	11246	160870	123005
烟台张裕集团有限公司	35074	166565	7047	3151	142092	67730
山东德棉集团有限公司	31758	166225	570	13715	88844	74333
山东成山橡胶(集团)股份有限公司	62842	164822	8056	5500	120596	13579
青岛华青工业集团股份有限公司	45393	161242	2730	4600	36640	34521
山东华盛集团总公司	41760	160657	275	9000	49432	74651
烟台东方电子信息产业集团有限公司	69336	152813	2199	2286	158565	26634
山东鲁能泰山电缆股份有限公司	33793	152364	821	4041	112472	160671
山东省鲁北企业集团总公司	57357	146184	671	3175	117381	199988
枣庄矿业(集团)有限责任公司	91263	146039	2230	62882	140000	467531

注：本表为年产品销售收入亿元以上的工业企业。

企业名称	工业增加值（万元）	产品销售收入（万元）	销售税金及附加（万元）	全部职工平均人数（人）	流动资产（万元）	固定资产原价（万元）
青岛橡胶(集团)有限责任公司	33546	137379	9957	5764	190808	230498
山东龙口发电厂	71623	135808	1500	2135	43808	301257
山东小鸭集团有限责任公司	36501	132366	479	6236	174460	92331
山东鲁抗医药集团有限公司	30168	131366	734	7101	116787	99510
山东龙喜集团公司	35752	130591	150	2450	21115	90112
华能电厂	30821	123779	1362	928	17453	399652
青岛泰发集团股份有限公司	28889	122488	228	5888	25976	18040
青岛发电厂	108170	118760	1633	1461	17738	334907
青岛泰光制鞋有限公司	32270	117479		9569	12046	33209
潍坊巨龙化纤集团有限责任公司	19170	112008	338	6159	75366	106087
青岛广源发集团公司	33292	110594	655	856	68288	24780
浪潮电子信息产业有限公司	25455	110417	241	1638	121172	40793
烟台龙大企业集团	30083	109700	356	10552	55785	30982
青岛正大有限公司	20837	108564		2000	19714	50301
山东太阳纸业集团有限公司	36018	107888	120	4193	45709	87855
寿光市供电公司	17813	107435	261	1390	24427	71480
青岛即发集团股份有限公司	29486	105003	412	2154	30388	51378
青岛高合有限公司	16044	104732		597	26922	83625
聊城双力集团公司	8048	103284	244	3063	56076	21603
山东风祥集团总公司	29758	101694	3	7000	34326	46984
龙口市福利橡塑雨布厂	20532	101353	23	143	12385	13067
菱花集团公司	29271	100083	339	7800	32900	56377
中国轻骑集团总公司	32109	100000	2350	6217	258370	130353
山东潍坊发电厂	25422	97574	1224	1830	10598	205716
山东金龙发达集团公司	40524	96550		3429	38629	16761
得利斯集团公司	28332	96388	54	3350	23911	31339
山东滨州印染集团	16337	94381	229	1498	34289	36604
青岛海湾集团有限公司	28646	94185	1333	9045	99973	135993
小松山推工程机械有限公司	28302	91592		375	38450	21237
中国济南化纤总公司	20973	90454	486	6960	134239	317950
山东工友集团股份有限公司	24419	89650	99	2610	20446	9122
淄博矿务局	68746	89547	1317	36229	158425	374178
华泰集团有限公司	41121	89218	125	3000	189972	84641
大宇重工业烟台有限公司	26016	89130		661	86993	43205
烟台有色金属集团有限公司	11336	88268	72	3788	104684	81651
山东广饶石化集团股份有限公司	13016	87394	2059	1404	12295	33482
黄台电厂	65292	85871	888	2275	41654	167053
万达集团股份有限公司	24070	85631	574	2450	20973	17552
山东招金集团公司	34335	85083	340	9419	36331	110089
潍坊柴油机厂	19077	84922	523	8980	85022	105789
莱动内燃机有限公司	15669	83395	219	4846	68118	41573
烟台万华合成革集团有限公司	11447	81500	468	5274	91090	124632
山东松下映像产业有限公司	14995	80115		1210	45188	27774
青岛星火纺机纺织集团股份有限公司	21906	80028	121	1466	24976	8216
山东高密化纤集团有限公司	10921	79803	380	2040	13494	32867
山东兰陵企业(集团)总公司	31362	78849	6330	6186	66915	52267

20－1续表2 （2000年）

企业名称	工业增加值（万元）	产品销售收入（万元）	销售税金及附加（万元）	全部职工平均人数（人）	流动资产（万元）	固定资产原价（万元）
青岛三湖制鞋有限公司	19640	78475		7058	12295	26004
山东大正实业(集团)有限公司	29909	78018	52	1428	30122	25129
青岛三美电机有限公司	17967	77763		5513	31845	46540
山东三维油脂企业集团总公司	16475	76313	62	560	8300	5693
山东东明石化集团有限公司	22526	75648	1831	1538	26741	34050
青岛汉河电缆有限公司	28071	75405	253	1280	38404	16805
高唐县造纸厂	41608	75378	203	3499	64829	40918
山东利华益集团股份有限公司	14942	74130	649	1076	12023	24237
中国重型汽车集团公司	586	74083	255	19740	382311	118829
石油大学(华东)胜华炼油厂	9604	72385	2258	645	12279	17232
博兴县渤海油脂工业有限公司	18374	72219		186	6511	7286
肥城矿业集团有限公司	37780	69815	1008	34645	101200	84500
寿光联盟化工集团有限责任公司	17728	68677	585	3198	14545	65017
青岛大明皮革有限公司	13796	68621		715	18816	6549
博兴县植物油厂	22427	67594	17	256	10494	5823
山东宏信化工有限公司	18563	67149		562	17842	18351
山东黄岛发电厂	59338	65815	726	1558	5953	108961
山东红日集团有限责任公司	17732	65410	26	3445	24326	80110
青岛嘉里植物油有限公司	13498	65320		288	21541	14750
山东马山实业集团总公司	19293	65111	53	1750	21089	40231
颐中烟草(集团)有限公司青州卷烟厂	49687	65082	23659	1671	17190	54554
山东潍坊拖拉机厂集团有限公司	13536	64680		3530	30254	29684
山东连杆集团总公司	17936	64454	128	456	3812	4300
山东玲珑橡胶集团公司	24811	64312	1728	2013	36456	37072
山东华众纸业有限公司	16832	64191	157	1800	26947	135262
济南钢铁集团石横特钢厂	3976	64120	189	3068	26512	40694
青岛世原鞋业有限公司	14685	63702		4071	14336	22638
垦利石化总厂	14267	61193	1477	1775	15402	29201
烟台冰轮集团有限公司	18029	61000	167	2586	55829	32678
潍坊钢铁集团公司	18175	60951	564	2128	9918	41172
滨州针棉织品集团公司	8766	60500	208	2543	24365	23214
文登力象实业集团有限公司	18590	60396	36	1749	14640	19100
威海北洋电气集团股份有限公司	1437	60380	12	2816	57695	28846
青岛纺织机械厂	17051	60332	193	3229	39718	32842
山东双兴集团总公司	19972	60182	277	952	7739	5532
山东景芝集团有限公司	14799	60012	11649	3707	20100	32551
齐鲁考格尔集团有限公司	12770	59197	95	5202	25401	29189
青岛双星集团公司	13876	59084	149	8245	107186	26350
青岛飞龙工艺品集团公司	42422	58669	29	5000	18950	8500
山东巨菱股份有限公司	11102	58498	2	1525	25741	6786
山东华冠集团公司	18501	57754	285	2697	37852	21236
青岛国风药业股份有限公司	13448	57646	280	1477	34531	11267
山东齐鲁增塑剂股份有限公司	4285	57600	71	349	32716	11331
临清银河纸业集团有限公司	13138	57106	358	2492	38693	52563
山东斥山水产集团总公司	12762	57050	30	725	13823	5496
山东沂州水泥集团总公司	15656	56908	235	1035	2698	29517

企业名称	工业增加值(万元)	产品销售收入(万元)	销售税金及附加(万元)	全部职工平均人数(人)	流动资产(万元)	固定资产原价(万元)
张店钢铁总厂	9353	56720	145	3423	45757	44445
山东泸河集团总公司	14042	56712	533	2406	13626	13648
山推工程机械股份有限公司	16148	56611	361	4079	78763	38952
茌平县热电厂	29968	56389	273	2338	32501	88173
烟台东星(集团)公司	14436	55691	130	1784	44956	39614
临清市兴隆实业集团公司	4560	55385	78	1590	12383	3031
山东渤海活塞集团有限责任公司	16199	54639	207	3752	36211	47010
青岛变压器(集团)有限公司	18230	54631	155	2100	57547	17000
德州恒升化工(集团)有限公司	18742	54551	198	3539	29639	91099
临沂发电有限责任有限公司	31721	54497	696	1285	10279	130355
威海光威渔具有限公司	20214	54168	134	2331	14329	11969
山东洁玉纺织有限公司	12425	54168	273	4964	36317	26681
青岛马士基集装箱工业有限公司	9844	54096		808	19218	27524
荣成高虹电业有限公司	5451	53948	427	1595	21868	30568
博兴县润滑油脂厂	9518	53542	3104	575	20894	14863
山东青援食品集团有限公司	13064	53218	234	5098	7507	25067
山东阳谷电缆集团	18204	53007	34	1046	34781	23407
山东峄山化工集团有限公司	14703	52640	72	2430	6817	25147
山东乐化集团有限公司	12663	52260	137	2350	24937	12454
龙口矿务局	27297	51926	674	11378	65366	159099
青岛海王纸业集团股份有限公司	20305	51861	195	1831	12461	18076
山东环日集团总公司	15484	51851	13	2056	25968	9483
山东山口钢管集团有限公司	13973	51581		800	3827	1594
方圆集团	17298	51357	74	2524	21131	23929
济南建筑材料工业集团有限公司	18364	51327	274	4247	41377	74226
荣成市靖海渔业公司冷藏厂	23535	51241		320	4674	1877
鲁南制药股份有限公司	25281	51130		2265	53543	16273
潍坊亚星集团有限公司	13106	51078		2677	30580	66230
山东良友油脂股份有限公司	2429	50747	25	248	3775	6948
聊城嘉明实业有限公司	2741	50695		2208	12774	18076
莱州市电力集团公司	6657	50659	241	1223	18586	32094
淄博钢铁股份有限公司	6670	50625	69	1916	12492	39443
山东泰山钢铁总公司	11427	50423	344	5147	15615	32849
山东里彦能源集团	14705	49925	413	1063	25183	53609
山东隆基集团有限公司	13684	49235	75	1800	19686	10737
山东光明机器厂	5268	49028	5	2323	27999	20093
山东聊城热电有限责任公司	25973	48924	592	1325	11732	103590
青岛信五皮革有限公司	8490	48858		420	11212	5477
山东省文登市啤酒厂	17374	48617	4372	595	5748	6422
山东淄博博汇实业总公司造纸厂	22404	48544	216	4400	42602	38315
青岛喜盈门集团公司	9988	48292	106	2528	26163	13715
山东菏泽发电厂	25795	47964	597	1423	11829	89480
鲁泰纺织股份有限公司	16352	47923		3148	28470	49928
高唐蓝山集团总公司	3464	47610	4	845	13028	9810
日照市水产集团总公司	11177	46696	531	3707	28885	20896
荣成荣达橡胶制品有限公司	14417	46471	155	1029	5246	6940

企业名称	工业增加值（万元）	产品销售收入（万元）	销售税金及附加（万元）	全部职工平均人数（人）	流动资产（万元）	固定资产原价（万元）
山东恒通化工股份有限公司	18298	46231	159	1765	14058	65379
山东省五莲县通用机械厂	10139	46214	94	1410	10709	5919
青岛允春机械有限公司	11054	45829		504	33911	11917
淄博兰雁股份有限公司	10367	45763	199	2996	28483	37442
山东潍坊恒信纸业集团总公司	6172	45756	146	3865	29741	46169
山东河西黄金矿业集团公司	15456	45488	480	1680	4992	11604
山东工程机械厂	11286	45475	146	1711	31282	27076
青岛大洋食品集团股份有限公司	10982	45006	132	1927	15831	65001
诸城市电力工业局	9462	45002	268	1296	7090	36726
大宇水泥(山东)有限公司	16018	44970		468	32536	231589
东营石油化工厂	13031	44826	627	511	9224	13316
烟台氨纶集团有限公司	18869	44763	275	1832	35007	31862
山东龙丰集团公司	12028	44598	20	1550	45658	40839
文登市电业总公司	6212	44572	461	2374	30217	75765
山东胜通集团股份有限公司	15590	43838		1900	12102	18953
青岛银钢炼铁有限公司	11716	43816		1072	15844	74654
青岛昌新鞋有限公司	10056	43799		4733	9374	14463
青岛安普连接器有限公司	9357	43639		1781	14450	11555
山东东阿阿胶集团有限责任公司	24160	43331	814	1979	55336	22338
山东聊城东昌农业机械集团	3165	43182		2126	26757	12302
平度市电业公司	4909	43111	128	492	6626	41757
山东燕山集团总公司	15040	42733	101	1300	6486	16315
山东昌邑石化有限公司	16500	42400	1339	851	5851	11526
烟台正海电子网板有限公司	18759	42200		552	37185	34161
威海市金猴集团公司	21342	42081	120	2466	25165	7143
齐鲁制药厂	9779	42061	300	2180	36811	28751
山东岱银纺织集团股份有限公司	9382	41680	217	3340	11018	14230
青岛星电电子有限公司	11542	41340		1437	11637	3101
山东省聊城市鲁西化工集团	3044	41226	11	2488	73938	77719
五莲县钢圈厂	9952	41173	47	1050	13526	5658
山东鲁南化肥厂	13393	41163	181	5992	50161	98787
山东东大化学工业(集团)公司	9797	40955	129	2133	21234	40445
青岛宇宙集装箱工程有限公司	9305	40942		360	21821	10287
招远市电业局	5281	40931	109	948	8514	38042
山东沭化集团有限公司	11326	40737	509	1800	12671	25712
山东恒源石油化工集团有限公司	8806	40606	1883	2496	32186	35054
山东如意毛纺集团有限责任公司	15893	40591	322	8130	50468	21236
威海市石岛捕捞公司	12973	40523	126	896	2855	4299
文登云龙绣品集团公司	5938	40454	253	1615	17820	7442
威海市金泓化工集团有限公司	11179	40256	4447	680	7162	3809
招远市黄金冶炼集团公司	7506	40033	31	1428	15405	21866
山东省三环制锁集团公司	7316	39946	70	4586	20337	17380
山东南定热电厂	19838	39778	199	1436	10084	72677
山东海源盐化集团有限公司	7501	39662	1724	4660	42371	38404
山东三工集团股份有限公司	8137	39613	131	1515	14612	4838
威海三星电子通信设备有限公司	9526	39442		280	27086	12742

企业名称	工业增加值（万元）	产品销售收入（万元）	销售税金及附加（万元）	全部职工平均人数（人）	流动资产（万元）	固定资产原价（万元）
淄博汽车制造厂	12151	39411	45	1090	11569	8287
荣成市石岛镇明泰渔业有限公司	12376	39275	11	490	1377	3788
烟台福斯达纸业集团有限公司	9381	38705		554	83399	132384
潍坊永昌食品工业有限公司	5732	38665		1377	10364	13006
龙口市电业局	2214	38565	73	813	11576	24845
高密市供电局	5661	38393	279	502	23123	24751
泰安经纬油脂有限公司	7542	38393	25	147	8420	3930
烟台啤酒朝日有限公司	15594	38214	3867	1419	16413	30528
东平县瑞星化学工业集团总公司	13329	38181	67	2919	11025	51786
山东泰龙纺织集团有限责任公司	10002	38177	228	5174	14865	19605
山东九发集团公司	10467	38091	1143	1300	31020	26234
山东金泉发展集团总公司	7856	37780		1530	20323	3436
一汽山东汽车改装厂	3037	37651	100	1244	9154	18328
青岛特种汽车集团	6508	37440	138	875	16030	4475
山东农药工业股份有限公司	8282	37430	7	3412	58933	34767
山东平阴铝厂	9796	37352	118	2234	15840	38208
青岛三莹电子有限公司	12450	37307		1232	19202	36104
特丝丽化工有限公司	11250	37121		541	4599	2772
诸城市桑莎制衣有限责任公司	10768	37097	7	1074	12431	12042
章丘市电业局	8415	37081	212	737	16561	36110
山东蓬莱黑岚沟黄金工业公司	20474	37029	83	1415	19167	39252
山东龙海集团有限公司	6726	37010	45	1210	9849	9685
山东常林机械集团	12189	36873	2	3316	20103	10546
山东济宁发电厂	20368	36680	377	1482	25090	86345
山东聊城鲁西化工集团总公司东阿化肥厂	5683	36425	5	1464	12860	47914
济南机车车辆厂	9987	36276	146	4168	15034	36547
山东省陵县绿源化工集团有限公司	9000	36232		1850	12592	10325
潍坊裕华纺织有限公司	9759	36017	283	4342	18208	30392
济南古城实业总公司	17129	36012		522	11697	10465
青岛信宇皮革有限公司	7376	35864		1101	13589	1989
青岛海晶化工集团有限公司	8205	35860	195	2587	31012	56202
招远市金昶集团公司	11496	35822	925	1344	3736	5694
山东黑豹股份有限公司	11872	35782	98	2288	47467	41967
青岛胶南康大外贸集团公司	6586	35653		1092	13677	4947
兖州市雪花淀粉集团公司	13427	35501	329	1125	9606	9869
沂水鲁洲食品厂	13432	35451	86	1491	4752	8033
青岛振华工业集团有限公司	12021	35388	191	2600	13882	7270
龙口新龙食油有限公司	8012	35302		280	10710	14670
青岛交河塑料有限公司	12206	35299		1368	14409	7837
济宁矿业(集团)有限公司	14096	35120	419	4836	53283	40059
淄博华辰集团总公司	7368	34997	7	2916	49604	46628
济南啤酒集团总公司	13958	34961	3469	2489	32799	23382
五莲县纺织集团公司	7750	34881	78	5310	15646	27800
淄博华光陶瓷有限公司	5734	34741	172	4120	67294	30160
即墨市山前新国际集团公司	6106	34564	67	1209	4016	4147
莱芜市纺织厂	4658	34548	58	3109	3487	21693

企业名称	工业增加值（万元）	产品销售收入（万元）	销售税金及附加（万元）	全部职工平均人数（人）	流动资产（万元）	固定资产原价（万元）
荣成市标准件厂	10239	34473	18	215	1762	1882
德州晶华集团	13621	34377	209	5831	30951	59141
泰安国泰拖拉机股份有限公司	5526	34232		986	16073	4411
即墨市电业公司	3553	34228	101	594	10348	22728
邹平县电力总公司	6821	34007	143	644	17474	23515
山东蓬泰集团股份公司	9221	33987	124	498	5680	8196
烟台鲁宝钢管有限责任公司	4338	33969	127	584	26102	18699
青岛仁成人造皮毛有限公司	8781	33850		430	15033	4213
山东宏力集团有限公司	4552	33798	21	3912	23722	25267
蒙阴县银麦啤酒有限公司	9808	33580	4205	1325	23057	21198
威海市齐全木机集团有限公司	6995	33506	574	580	3420	1453
山东辛店发电厂	4905	33379	56	1342	5673	50885
招远金宝电子有限公司	8817	33363		1511	22019	25221
山东广寒宫集团公司	9558	33188	4963		17466	36260
临清华润纺织有限公司	13962	33145		5280	11439	17096
山东玻璃集团	7517	33099	228	1613	33399	57984
莱阳鲁花浓香花生油有限公司	10347	33079		490	31771	5942
济南石化集团股份有限公司	8620	32996	1766	1965	30820	25033
鲁丽集团有限公司	19267	32988	176	3500	19000	17237
三英集团公司	5955	32921	51	1872	12615	11571
青岛德维集团公司	6475	32567	85	2869	13195	22517
山东长盛泰玻璃制品有限公司	9617	32350	154	1200	5600	2400
山东鸿达建工集团公司	10451	32305	50	2010	13054	7501
潍坊第二印染厂	8183	32129	90	2372	29038	25961
山东省烟草工业印刷厂	9576	32087	81	1065	40736	24535
山东无名啤酒股份有限公司	12681	31941	4540	2335	7405	23160
胶南市供电公司	3308	31903	62	385	9538	15007
山东华金集团有限公司	15213	31556	100	2920	16286	37085
济南农工商集团有限公司	13812	31270	153	3692	7292	24335
山东坤华集团公司	9257	31166		386	12013	9167
东营市天信纺织有限公司	6485	31154	104	3010	15649	17527
山东泰山轮胎厂	9750	31133	1581	2040	18358	19467
山东省金光玻璃钢集团	8423	31010	396	110	4705	4350
青岛佳元水产集团有限公司	5704	31005	28	1760	10368	4655
济南玫德铸造有限公司(玛钢股份)	17600	31000		3443	13738	8877
曲阜电缆集团有限公司	13178	30963	128	738	22229	6875
招远市纺织工业集团公司	9684	30937	148	1721	10740	29999
山东省聊城客车厂	4200	30833	156	1840	60057	16023
青岛华金集团股份有限公司	4602	30774	96	1171	22326	11980
烟台汽车制造厂	4100	30675	72	2276	16912	20105
文登市金洋乳品集团有限公司	8181	30667	39	219	2013	2072
山东新昌肉食集团公司	2355	30629	31	1527	5704	13098
文登市艺利达抽纱制衣集团公司	8959	30620	148	1478	13871	7112
国营山东省郯城纸板厂	10832	30540	38	1877	15144	17563
青岛恒昌化工股份有限公司	5128	30462	98	1851	6006	27380
山东大海集团有限公司	8178	30427	3	1700	13978	10468

企业名称	工业增加值（万元）	产品销售收入（万元）	销售税金及附加（万元）	全部职工平均人数（人）	流动资产（万元）	固定资产原价（万元）
潍坊美城肉鸡有限公司	10042	30324		693	5460	7762
青州供电局	4425	30295	74	647	6484	27792
淄搏第二棉纺厂	9539	30183	151	3260	18952	22833
山东鲁抗医药集团济宁煤化公司	7081	30164	154	3158	32048	28246
北汽福田车辆股份有限公司潍坊收获机械厂	17908	30132	21	1652	18610	18606
淄博海信电子有限公司	6456	30046	21	375	4088	1892
龙口市诸由毛巾厂	11693	29790	120	2000	8942	13059
青岛胶州水泥厂	6090	29642	95	1158	4504	6731
青岛北海船厂	11300	29578		2356	41230	59457
莱州市黄金冶炼厂	6245	29429	6	2502	18881	23528
山东石岛水产供销集团公司	4252	29400	744	12610	9064	8718
青岛东生集团股份有限公司	6223	29247	70	236	12718	4027
青岛大农服装有限公司	9121	29076		1021	7123	11637
蓬莱市电业公司	2458	29041	81	521	5042	26493
青岛信元服装有限公司	5781	28987		1704	2855	3237
山东临沂工程机械股份有限公司	8164	28959	114	1070	80351	17069
山东华日集团总公司	9451	28900	1432	3598	40496	32545
山东省药用玻璃股份有限公司	15534	28863	221	2635	23616	19394
山东省临清市鲁西棉纺织厂	4538	28775	66	2269	16176	6990
青岛可口可乐饮料有限公司	9101	28772		758	9619	34678
山东恒星集团有限公司	8799	28504	56	3488	25852	21107
山东双龙集团有限公司	9141	28361	93	586	3452	5529
肥城市供电局	2570	28322	96	1341	24799	28989
蓬莱得宝新光源灯饰有限公司	12539	28257	57	687	5412	5735
山东临沂棉纺织厂	6357	28236	30	4535	16097	29791
黄海粮油工业(山东)有限公司	11374	28230		280	14855	8986
山东英克莱集团有限公司	3228	28114	104	1758	13897	15019
山东金辉集团公司	9476	28060	84	657	2497	7653
青岛宏丰集团股份有限公司	6097	28038	52	2400	17658	5563
滕州市恒源油脂有限公司	421	27996	10	254	2045	2254
青岛琴畅制罐有限公司	5304	27896	2	276	4823	2068
济南裕兴化工总厂	8031	27881	127	2966	35404	75926
山东九龙实业集团有限公司	9691	27684	227	3492	11887	12742
山东聊城鲁西化工总公司阳谷化工厂	6277	27660		1267	21394	29858
山东拖拉机厂	6295	27638	28	5247	22594	28975
山东金岭集团公司	6972	27630	146	408	11805	21382
莒南县春园食品集团有限公司	4830	27402	866	1100	9772	7663
烟台华润锦纶有限公司	6223	27337		929	28129	32666
青岛胶带(集团)有限责任公司	10945	27331	766	2679	31597	48445
青岛雀巢有限公司	6964	27145		246	7227	21020
青岛正进实业集团公司	8207	27056	29	3870	12767	9402
山东万豪纸业集团股份有限公司	4939	27047	38	1338	12937	18315
安丘市电业公司	1027	27044	74	753	10256	17532
山东华阳农药化工集团有限公司	7945	27033	40	2413	17135	28016
山东三孔集团有限公司	12044	27011	4130	2164	11882	34464
山东鲁鑫贵金属集团公司	6882	26922	369	1177	12565	11439

企业名称	工业增加值（万元）	产品销售收入（万元）	销售税金及附加（万元）	全部职工平均人数（人）	流动资产（万元）	固定资产原价（万元）
山东光大电力集团	7674	26825	183	1794	13378	38939
华源凯马车辆有限公司	8632	26750		1408	17465	8631
青岛黎马敦包装有限公司	9925	26671		230	15197	20690
济南二机床集团有限公司	11865	26655	211	4877	64993	56341
青岛浮法玻璃有限公司	7925	26637		1016	13098	53919
山东星王集团有限公司	5899	26519	72	1102	5394	3382
青岛纺联集团六棉有限公司	6661	26489	209	4276	31724	33471
山东大洋食品集团有限公司	11458	26431	72	2300	15336	10540
青岛松下电子部品(保税区)有限公司	5024	26284		286	7689	9810
山东泰山生力源股份有限公司	13036	26220	3743	1482	20859	24071
山东省泰山造纸厂	15228	26183	410	2750	17060	26155
莱西市电力工业公司	2637	26181	73	578	10490	25026
山东枣庄鑫源植物油厂	1105	26080	22	168	2070	3355
青岛南南尼龙有限公司	7860	25998		1680	5486	11487
山东省菏泽华瑞油脂有限公司	1917	25941	8	257	3911	2172
山东新光股份有限公司	7384	25860	1	1337	14764	25674
青岛中达化纤有限公司	5657	25761		482	15812	43135
昌邑市电业总公司	3817	25685	65	447	1476	22793
山东九羊集团总公司	7454	25601	51	3600	12917	16147
山东省鲁王集团总公司	10204	25600	187	800	2197	4204
信义集团公司	6497	25574	376	1368	20133	11592
文登市埠口渔业公司	6843	25389	95	899	4309	9132
莱芜市橡胶集团公司	6516	25337	729	1635	7767	11440
滨州市环宇纺织集团总公司	8536	25315	114	2000	13107	10361
山东现代达驰集团公司	7029	25307	117	738	16443	8345
烟台市牟平区电业集团公司	5738	25218	43	1374	23424	45902
平原县化工实业公司	6820	25120	11	1500	3340	24004
烟台啤酒朝日有限公司二厂	6375	25095	2382	527	5798	19169
山东晨鸣纸业集团齐河板纸厂	7949	24888	113	1275	10663	25225
淄博中轩实业集团总公司	8002	24821	1428	631	14457	10870
山东三塑集团有限公司	4421	24728	6	940	8686	17363
山东中石化工有限公司	7720	24720		620	12407	5672
山东高密大昌纺织有限公司	11457	24652	127	2869	9202	11030
烟台三菱水泥有限公司	7307	24591	118	329	15846	96735
文登市制革厂	7984	24526	111	1310	15437	11980
泰安高压开关集团	8686	24504	136	1247	18613	13512
潍坊乐港食品有限公司	5013	24500	29	254	20112	21494
青岛海丰集团股份有限公司	2948	24415	42	719	23375	7977
冠县冠星纺织集团总公司	5074	24368	58	1604	6056	7923
山东华远造纸集团有限公司	4048	24320	137	2385	17313	11733
莱阳市电业公司	3645	24108	109	1269	21724	24726
山东文登加力农用车有限公司	9836	24101	276	540	7759	5290
山东德州石油化工总厂	5638	23919	124	1318	16470	20555
青岛昌华集团公司	7323	23859	4	3026	15870	67763
山东省金贵集团	6002	23841	2095	516	5948	6423
山东济宁樱花纺织集团有限责任公司	7500	23831	184	3534	27956	30259

企业名称	工业增加值（万元）	产品销售收入（万元）	销售税金及附加（万元）	全部职工平均人数（人）	流动资产（万元）	固定资产原价（万元）
潍坊银象曲轴有限责任公司	7567	23820	28	860	2111	6078
山东鲁南水泥有限公司	9410	23781	210	1986	27525	110557
颐中烟草(集团)有限公司滕州烟厂	20524	23693	7570	1292	11813	36601
山东银河橡塑集团总公司	8088	23689		493	13514	8235
山东真情集团有限公司	7771	23505	169	2817	12018	14714
济南东港安全印务有限公司	6723	23461		293	8703	3822
烟台威龙葡萄酒股份有限公司	9351	23397	2094	429	21702	4383
山东景阳岗酒厂	7430	23350	1945	983	15825	4732
青岛双桃精细化工(集团)有限公司	5755	23343	122	2332	20348	48572
青岛东方化工集团股份有限公司	4568	23337	8	1696	12579	25231
冠洲集团总公司	6370	23256	62	956	13492	14547
莱州市环日橡胶厂	6989	23107	144	980	5795	2765
山东省乐陵市乐鑫集团	7103	23100	80	2630	7520	12940
青岛琅琊台酒业股份有限公司	7000	23000	1372	1796	11568	12747
济宁中银电化有限公司	9379	22928		1121	14416	23326
山东泰鹏纺织用品厂	8691	22819		1173	10249	4780
山东中鲁果汁集团公司	8930	22815	19	546	20715	12510
济南柴油机股份公司	6372	22782	145	2462	29624	29462
青岛市自来水集团有限公司	5026	22768	137	2430	18457	94782
明水化肥厂	7210	22719	1	1540	6834	26004
茌平县三九味精有限公司	5762	22668	92	1245	12433	13492
临沂矿务局	7000	22660	268	11391	35012	59821
威海市山花地毯集团公司	7191	22657		1424	20076	19175
文登市昆嵛花生食品	3528	22645	27	477	7192	6498
威东日食品有限公司	4567	22591		1150	9181	14004
龙口市环驰橡胶集团公司	5681	22375		563	3525	4386
山东省华乐实业集团公司	9193	22261		2500	10021	8063
鲁中冶金矿山公司	7338	22211	507	8015	31365	91437
山东兴禹化工集团	6409	22186	1	2701	18171	51252
青岛城阳制桶有限公司	4891	22159	108	678	6624	7750
青州瑞化科技造纸有限公司	5694	22152	61	1690	19253	20094
山东莺歌食品有限公司	5474	22127	27	430	1617	2300
山东淄博万洋集团总公司	7158	22116		1589	4874	4844
济南市历城区供电局	1879	22017	67	532	12534	35702
山东省标志服装股份有限公司	6699	22010		2089	7440	10295
山东洁晶集团股份有限公司	7868	22002	88	2585	8231	19548
青岛万福集团股份有限公司	4717	21985		3400	19212	12569
济南铸材集团有限责任公司	5096	21928	14	2084	18535	18410
山东诸城金旭纺织有限责任公司	5867	21848	145	2825	6302	7034
青岛太阳玻璃实业有限公司	5912	21798		590	13356	48457
荣成市粮油机械股份有限公司	7102	21767	80	1000	12838	3200
莱芜市第二染织厂	7127	21749	9	2241	7061	18202
山东春雪食品集团公司	3567	21731	26	746	6543	7937
青岛胶南东佳纺机集团有限公司	6072	21688	22	1127	9325	7058
济南酿酒厂	11946	21570	154	887	15644	10391
山东茂德皮革集团有限公司	5230	21412		726	5795	5183

企业名称	工业增加值(万元)	产品销售收入(万元)	销售税金及附加(万元)	全部职工平均人数(人)	流动资产(万元)	固定资产原价(万元)
山东省肥城市化肥厂	6074	21399		1824	11729	33298
山东蓝星玻璃(集团)有限公司	8065	21349	122	2007	14339	23544
莱州市金仓矿业有限公司	10998	21206	283	2945	30116	25933
邹平利生植物油厂	255	21150	14	207	3277	7464
山东北联集团总公司	6355	21086	211	3368	7511	14200
临清市电业公司	4139	21019	60	486	2161	18607
济南锅炉集团有限公司	10056	20912	38	2369	30787	17873
莒县电业局	2104	20879	44	570	12356	19111
烟台新牟电缆有限公司	5475	20794		397	22001	9002
青岛电度表厂	4334	20752	57	1235	7457	4480
临朐县电业局	2859	20696	84	532	8519	15289
博兴县第三油棉厂	3426	20678	9	212	11155	4328
青岛二和纤维有限公司	9919	20612		900	33927	22556
山东德昌集团总公司	7096	20593	20	1760	9156	13632
威海医用高分子有限公司	4327	20567	112	2021	18012	8669
潍坊迈特钢管集团有限公司	5046	20508	23	889	20972	23322
山东琥珀啤酒厂	9332	20500	3660	1229	15093	38769
枣庄海扬纺织有限公司	2921	20460	87	2849	8984	33465
青岛环球机械股份有限公司	4633	20454	61	1646	10644	7034
东营市广饶面粉厂	2502	20428	19	526	3356	6163
山东恒昌(集团)股份有限公司	8465	20396	54	3302	22747	9416
山东省潍坊生建集团	4800	20369	131	1353	30056	10205
山东金泰集团股份有限公司	2790	20356	40	1163	24223	11970
金乡金利纺织有限公司	6012	20312		2339	46883	11238
青岛食品股份有限公司	6419	20258	124	1244	5339	7435
山东省成武县造纸厂	5474	20238	81	1660	6133	17926
康宏养殖有限责任公司	4857	20237	2	800	2821	3980
淄博工业搪瓷厂	7183	20210	351	780	3251	6381
山东华力电机集团股份有限公司	9772	20158	86	1059	9164	6122
山东亚视集团公司	7092	20138	41	2405	6906	28283
山东滨州华润纺织有限公司	7666	20055		2165	8170	17124
青岛宏达塑胶总公司	5392	20042	11	1508	15056	5296
山东黄海造船有限责任公司	6664	20001	125	1309	12458	10752
山东孔府家集团有限公司	8842	19965	2728	2573	46484	25271
招远市远星塑料机械有限公司	6185	19879	6	563	3461	1157
商河宏业棉纺织(集团)有限公司	6968	19843	41	2357	8919	13532
沂水县电业局	2128	19834	54	555	8055	14136
安丘市华春纺织服装有限公司	4869	19806	151	2397	18884	32810
山东安丘蓝天纸业集团有限公司	4729	19742	108	2120	13043	12846
泰安泰山啤酒有限公司	6723	19662	2411	1040	6208	20799
潍坊华星企业集团公司	4738	19658	62	955	15218	15152
章丘市圣泉集团股份有限公司	5208	19644	90	660	13475	7370
青岛红星化工集团有限责任公司	1572	19630	68	2541	13726	21947
济南化肥厂	5949	19594	157	2807	6507	26553
泰安特种车厂	2845	19589		1219	15594	6684
山东鹰轮集团公司	7591	19578	24	760	5557	5479

企业名称	工业增加值（万元）	产品销售收入（万元）	销售税金及附加（万元）	全部职工平均人数（人）	流动资产（万元）	固定资产原价（万元）
临沭县电力总公司	2441	19531	74	1062	13598	16870
基德科技纺织有限公司	9139	19475	126	2211	6707	1625
山东吉龙集团公司	5361	19463	3	2291	21291	13021
青岛藤华纺织有限公司	4835	19419		832	15506	38583
山东省方舟集团	9874	19409	123	1200	11446	3796
蓬莱市橡塑制品三厂	7275	19276	19	501	4778	4611
山东新华医疗器械厂	5936	19127	113	1786	17978	18215
济南市自来水公司	15612	19100	4	3100	14291	55226
山东超凡集团	3369	19086	109	600	8576	12452
山东安厦水泥有限公司	5069	19030	448	3498	8194	21904
山东乳山笙歌集团公司	6047	19024		2971	5039	11442
枣庄万泰纺织有限公司	7225	19021	124	4621	15323	42525
聊城兴鲁工贸集团公司	6268	19010	45	989	4152	2011
四砂股份有限公司	2166	19000	77	2149	31003	20422
海阳禄达(集团)股份有限公司	6487	18900	138	1894	13559	11815
郯城供电局	1706	18854	50	757	9184	19143
山东省新城金矿	13145	18797		2150	4338	41990
烟台渤海热电有限公司	11230	18762		465	4719	45477
青岛国人科技股份有限公司	4628	18655	606	1013	7401	13581
宁阳县电业局	3016	18584	45	755	7175	12398
山东黄岗集团总公司	4876	18573	113	1668	6126	19277
山东恒成集团有限公司	15055	18568		950	5889	3822
齐鲁塑编(集团)股份有限公司	4675	18540	3	1683	14733	13320
沂南县宝珠集团公司	5525	18540	304	1050	4489	5956
青岛纺联集团一棉有限公司	5700	18494	124	3095	20813	22814
山东省泰安泰山纸面石膏板总厂	6710	18483	48	1715	12044	18469
山东嘉陵恒兴车业有限公司	5419	18472	58	760	5495	3597
招远世宇水泥有限公司	5930	18471	24	960	12582	20893
威海市水产集团公司	2573	18390	580	677	6492	3571
山东昌裕集团有限公司	6109	18357		1020	6448	5695
山东莒南县阜丰发酵有限公司	5671	18313	31	899	4871	5461
山东曲轴总厂	3528	18226	128	1774	22835	39434
荣成市荣佳电机有限公司	4830	18164	34	287	1732	2809
山东金马工业集团股份有限公司	4608	18129	132	1470	9302	8837
山东瑞阳制药有限公司	6244	18063	120	1197	5657	8538
山东大宇电器有限公司	6308	18047		496	4988	20467
山东铃兰味精集团公司	4716	17970	101	1003	6420	12634
白杨河发电厂	7756	17844	151	945	2820	21601
东阿县供电公司	1934	17791	45	603	9759	5294
青岛德固萨化学有限公司	3633	17784		420	16320	30064
韩一华瑞纺织有限公司	3909	17716		1066	13994	11732
高唐棉纺织厂	3550	17715	63	2851	11193	10278
山东榴园水泥有限公司	5024	17676	413	2741	1679	23160
山东齐鲁电机制造有限公司	3135	17579	142	1148	21062	16584
淄博鲁鹰集团有限公司	7042	17578	17	540	4157	950
东营市东辰集团有限公司	5363	17574	1	269	4404	4651

企业名称	工业增加值（万元）	产品销售收入（万元）	销售税金及附加（万元）	全部职工平均人数（人）	流动资产（万元）	固定资产原价（万元）
陵县饲料公司	3948	17552	26	240	3744	3541
荣成荣山食品有限公司	5216	17548	323	698	1760	3580
山东金塔王集团有限公司	5313	17520	199	1863	15587	19242
青岛华仁玩具有限公司	5350	17468		4460	6284	2761
淄博市化工设备厂	7104	17452	322	750	1834	1857
滨州针织厂	2718	17427	50	904	3963	9153
山东省锦绣集团公司	6342	17358		1366	8174	2494
烟台银河纺织有限公司	4788	17318	119	2296	5278	14391
山东东方冶炼股份有限公司	16238	17249	154	1256	18108	20936
山东祥和集团股份有限公司	6828	17237	39	1466	17634	10478
惠民县华润纺织有限公司	5913	17231		2054	4476	10799
山东美华瓷业集团股份有限公司	5709	17205	205	5312	9584	18799
山东黄埔集团公司	3405	17203	134	462	5396	6396
青岛铺集化工厂	5208	17069	44	1108	5432	8000
山东省金曼克电气集团股份有限公司	8621	17051		802	27077	10656
中国轻骑摩托车集团总公司乳山公司	8634	16975	210	413	15849	6491
济南市卢堡麦芽有限公司	6778	16944	144	1068	7680	8560
莱州市中策啤酒有限公司	3255	16940	1658	1210	10105	20143
山东惠普研石电力股份有限公司	10163	16890	245	2508	13216	26000
山东滨州黄河纸业集团有限公司	2221	16882	71	2436	15217	23000
武城县古贝春有限责任公司	5088	16880	2061	735	13145	451
泰山集团股份有限公司	8255	16861	39	1781	26354	14068
青岛中泰化纤实业总公司	3545	16807	21	1036	11571	21014
青岛青联股份有限公司	4065	16799	118	786	8500	12051
安丘市外贸食品有限责任公司	4550	16797	202	1167	4724	12009
山东江海实业集团总公司	5000	16772	70	720	8134	11882
青岛长生集团公司	3709	16751	20	262	10591	1944
青岛良木集团公司	5215	16691	61	1200	2918	6788
山东龙口造纸总厂	3895	16620	25	719	8295	13105
烟台黄海热电有限公司	7574	16600		465	3044	31173
山东金岭铁矿	9915	16585	124	3842	11322	42420
青岛纺联集团八棉有限公司	5654	16576	117	2722	16518	25044
威海市冶金工业公司	6282	16559	27	1986	10790	13110
寿光市第二食品工业公司	7137	16556	32	1255	4270	3471
中国烟草总公司山东省公司沂水烟叶复烤厂	11204	16500	137	428	15586	6556
山东童海集团公司	4242	16496	75	530	1639	13358
山东华润纺织有限公司	4216	16491		2611	5681	8750
山东省宏塑窗机械集团总公司	3992	16469	64	1504	6603	13367
鲁南牧工商联合公司肉类联合加工厂	4019	16430	21	668	4291	1554
山东康达油泵油嘴有限公司	3577	16422	99	1524	14705	11956
荣成市第一轮胎厂	4547	16412	96	510	1838	3100
招远市化工总厂	5229	16381	38	1480	7350	12209
博山水泵厂股份有限公司	6937	16356	98	2174	15560	14462
诸城市淀粉股份有限公司	6766	16323	39	810	8029	7640
德州沪平永发造纸有限公司	5829	16320		1273	9564	15167
龙口油泵油嘴股份有限公司	3655	16293	81	1534	12007	13652

企业名称	工业增加值(万元)	产品销售收入(万元)	销售税金及附加(万元)	全部职工平均人数(人)	流动资产(万元)	固定资产原价(万元)
济南元首针织股份有限公司	8964	16273	150	1780	9175	17753
乳山市电业局	3214	16213	35	528	13249	9896
章丘海尔电机有限公司	6069	16213	64	1212	9506	13419
沾化县天祥粮油股份有限公司	3327	16180	6	198	4534	2465
威海地毯一厂	3497	16179	115	1188	12591	10824
青岛蓝宝石酒业股份有限公司	6605	16155	1718	815	6632	20878
山东贵和纸业集团有限公司	1876	16151	67	1300	4905	7401
山东安丘奥宝化工有限公司	4037	16124	24	2001	9244	14188
山东双轮集团有限公司	3209	16124	51	961	14317	6215
青岛崂山海化集团公司	3443	16118	55	946	5142	11838
山东丽波日化股份有限公司	3986	16112	65	820	14538	11098
山东裕隆矿业集团有限公司	8115	16098	278	3206	25502	19111
山东沂水恒泰纺织有限责任公司	5049	16072	30	1675	4037	4044
王晁煤电(集团)有限公司	7838	16048	173	2283	11370	19010
山东聊城鲁西化工集团总公司平阴化肥厂	2979	16046		1008	3290	19522
青岛崂发包装制品有限公司	4540	16001	64	650	2245	3267
山东省陵县棉纺织厂	4271	15978	24	1026	6470	10709
山东李家集团公司	8886	15907	28	2138	3967	18858
龙口复发中记冷藏有限公司	6399	15797		581	38527	30484
青岛海洋化工有限公司	6078	15764	124	1274	10132	13273
青岛荣花边有限公司	2990	15750		793	14224	10392
山东威海环球渔具有限公司	3342	15734		2326	7155	6836
山东早春集团股份有限公司	3585	15692	33	565	6822	8588
菏泽华瑞食品公司	3616	15691	5	347	4546	11143
淄博涤纶厂	5659	15663	12	921	6672	20403
青岛昌隆文具有限公司	6268	15650		580	8249	6674
青岛亚是加食品有限公司	2507	15633		112	8265	4556
青岛东方铁塔集团有限公司	3224	15601	35	1400	20131	11764
山东省威海七八一工厂	2092	15600	28	398	4652	1861
沂南县供电局	1323	15593	60	1137	6707	7587
青岛燃气集团有限责任公司	2128	15520	75	2016	40125	104972
五莲县电力局	1352	15474	41	508	7139	19694
曲阜市供电局	1733	15473	44	444	6700	15780
烟台新潮实业股份有限公司	3661	15456	10	740	22690	5180
青岛热电集团有限公司	5073	15415	118	949	7897	45442
东营市石油化工厂	5005	15355	99	119	903	2246
淄博铝厂	2274	15339	43	1300	9219	15058
昌乐县电业局	2241	15323	30	585	10892	10890
山东威达工具集团总公司	4114	15322	96	2003	18762	7185
青岛啤酒第五有限公司(崂山啤酒厂)	6356	15318	1789	926	8158	28229
青岛天元化工股份有限公司	3734	15215	53	911	4089	6707
山东省广饶县第二油棉加工厂	783	15211	3	119	6295	1943
烟台莱佛士船业有限公司	9775	15147		843	23813	12882
山东圣龙集团	4221	15111	94	2560	4897	9651
青岛豪迈电缆集团股份有限公司	4357	15096	75	300	12446	8022
临沭县金星集团有限责任公司	4710	15061	46	1399	22722	8510

企业名称	工业增加值（万元）	产品销售收入（万元）	销售税金及附加（万元）	全部职工平均人数（人）	流动资产（万元）	固定资产原价（万元）
青岛美特容器有限公司	3127	15012		188	18947	18529
山东温河股份有限公司	5717	15009	1805	1100	11728	11783
山东贺友集团总公司	3150	15003	2	601	3845	7814
山东省济宁化肥厂	2985	14999	3	1840	1991	51124
豪顿华工程有限公司	4627	14973		276	15013	8226
淄博工业陶瓷厂	6349	14965	6	1664	14537	25254
博兴县电业总公司	2117	14957	57	181	8345	6107
青岛万德集团股份有限公司	2945	14899	34	3000	3775	5790
济南成通纺织有限责任公司	5151	14841	62	2104	10313	24262
文登威力工具集团公司	4427	14815		1553	7331	4771
山东省岱庄生建煤矿	11252	14767	256	1067	20160	11847
烟台三和高分子有限公司	6126	14720		3000	7480	3054
青岛白樱花集团有限公司	3050	14711	6	1338	7495	13386
山东省宏河矿业集团有限公司	7224	14669	676	3886	13961	12211
济南金钟电子衡器股份有限公司	5705	14667	75	674	12725	9474
禹城市家用电器总厂	4436	14641	300	1255	7475	2807
青岛胶南明月海藻工业有限责任公司	4514	14600	80	1025	9542	6626
山东海化魁星化工有限公司	2388	14592	19	1373	18676	10163
山东蔚阳实业总公司	4082	14570	14	1652	11852	19094
莱州华汽机械有限公司	4059	14559	13	659	6347	3896
山东雪银化纤集团股份有限公司	1797	14555	15	2080	17328	15076
山东丰源煤碳有限公司	4817	14537	289	2911	14656	20610
临沂金罗电池有限公司	3104	14519	51	1680	5439	5450
淄博牵引电机集团有限公司	6343	14497	103	2384	17639	13634
山东省宁阳县飞达化工有限公司	3960	14486	14	1578	7586	16272
山东北方铝业集团公司	5316	14400	1	1160	3028	5228
蓬莱龙福水泥有限公司	4606	14386	20	904	2416	5802
青岛绵花纤维有限公司	5378	14373		970	3363	14017
临沂华太电池有限公司	3453	14346		1006	3803	3466
山东信诚化工股份有限公司	2496	14318		2010	5074	17382
青岛联创实业有限公司	3529	14307	49	2383	13420	38367
山东汇金股份有限公司	3857	14302	62	3000	8862	7080
山东省菏泽棉纺织厂	6447	14293	110	3200	8631	17070
东阿县钢球厂	5445	14287	66	1100	12783	8225
山东华兴纺织集团有限公司	2338	14213	104	1739	4129	5283
烟台五金企业集团公司	4261	14185	30	633	17470	6131
山东省玲珑黄金矿业公司	8068	14179		3836	3804	23997
青岛彗重人造毛皮有限公司	4001	14091		362	8529	4032
山东恒大化工(集团)有限公司	4993	14087	11	987	5482	10111
日照三木集团有限公司	6473	14084		1277	6384	8407
莘县棉纺织厂	7024	14078	44	3150	9381	18101
大宇电子有限公司	3085	14045		270	20907	2968
山东省三河口生建煤矿	11480	14015	248	1056	16207	27487
烟台北方安德利果汁有限公司	6832	14010		75	8198	11156
山东傲饰集团有限公司	3217	13988	89	1815	18309	8594
龙口市酒精厂	3933	13985	776	150-	2530	1599

20－1续表15　　(2000年)

企业名称	工业增加值(万元)	产品销售收入(万元)	销售税金及附加(万元)	全部职工平均人数(人)	流动资产(万元)	固定资产原价(万元)
费县供电总公司	1165	13892	78	452	13440	10532
诸城市渔业机械股份有限公司	3220	13851	40	635	3492	1563
山东兰凤集团有限公司	4075	13849	88	1242	5949	9487
山东双连集团有限公司	4840	13846	14	1591	5325	2845
威海市制革厂	5418	13769	76	932	9452	4638
山东省武所屯生建煤矿	7631	13746	221	1127	11290	27929
广饶县电业公司	1606	13711	35	426	8034	12737
山东晨鸣新力热电有限公司	4156	13697		709	13949	17450
昌邑市海天纺织有限公司	2693	13648	39	1469	2216	1805
东平县棉麻集团公司	4950	13620	4	521	4830	4372
青岛中大集团股份有限公司	3707	13601	83	1368	18352	17184
山东龙口啤酒厂	3778	13557	520	296	2210	2700
招远市石油化工厂	3337	13552	8	140	1036	1706
泰山复合材料厂	6394	13547	137	664	17671	43785
雄鹰集团公司	2683	13507	23	2871	26308	28651
枣庄市神工化工有限责任公司	3114	13503	87	560	6364	5416
台儿庄万通集团公司	3042	13502	41	1226	16306	13477
山东临清重型汽车改装厂	3601	13501	50	1765	8570	5111
山东省莱州工艺品集团有限责任公司	2065	13432	13	881	5754	2251
山东凌志包装集团公司	4283	13400	80	1270	3302	6474
山东鲁宝食品集团公司	3228	13366	32	1260	3301	3095
山东省平邑县电业局	1085	13364	47	425	4568	12811
潍坊中基饲料有限公司	3238	13363		273	4666	2327
安捷伦科技医疗产品(青岛)有限公司	3553	13358		155	15150	7543
青岛晶华玻璃厂	4325	13355	66	1083	15004	20015
山东玉王浸出油厂(集团)	476	13313	8	328	6508	3934
潍坊市寒亭区供电公司	441	13277	34	312	3990	10027
招远市曲轴有限公司	5341	13240	18	508	2452	1969
青岛百龙大亚绿色门窗异型材有限公司	4347	13223		374	3030	4405
山东济宁车轮厂	2465	13211	64	873	7972	4865
淄博热电股份有限公司	6214	13200	124	1096	13813	21958
潍坊长安铁塔股份有限公司	3732	13179	52	1035	13454	6219
青岛浩大实业有限公司	2900	13162		500	4156	5107
单县棉纺织厂	4495	13139	63	2106	17526	11327
山东鲁宝冶金股份有限公司	4022	13104	429	349	5660	2185
青岛隆兴纺织服装有限公司	2370	13065	60	2434	30829	15227
加信氏(青岛)家庭用品有限公司	4338	13062	286	811	9859	20343
德州华北纸业集团有限公司	3540	13018	28	1400	3868	8216
滕州市荆河酒业有限责任公司	4364	13005	979	2300	7407	2028
威海啤酒集团	3081	13000	1027	1050	5100	14876
荣成荣东食品有限公司	3162	12993		766	1200	2250
青岛宏泰印刷集团公司	2753	12993	41	710	2140	2856
青岛扶桑精制加工有限公司	2875	12977		103	5859	7243
阳信县长威电子有限责任公司	4993	12939		602	9992	9508
安丘市鲁安药业有限责任公司	3438	12922	55	743	4023	8650
青州化工股份有限公司	4070	12894	82	1432	15098	6937

企业名称	工业增加值（万元）	产品销售收入（万元）	销售税金及附加（万元）	全部职工平均人数（人）	流动资产（万元）	固定资产原价（万元）
山东三乐食品集团公司	5331	12879	4	658	9939	4530
东平县锦轮股份有限公司	6570	12831	246	1537	3107	8970
山东京蓬集团有限公司	5050	12830	14	580	6049	2482
山东万祥电气集团股份有限公司	4951	12800	71	1108	13669	10880
山东微山县煤炭开发有限公司	7107	12779	220	2033	7034	20467
微山县供电局	1283	12771	32	356	11775	8880
乐陵乐港五金制品有限公司	1404	12765	11	1288	7858	4275
山东省三山岛金矿	7741	12762		1764	6943	50472
山东烟台钢管总厂	－448	12745	34	822	15705	16341
青岛棉花纤维有限公司胶南分厂	3670	12657		244	3264	14017
龙口鸿燕水泥有限公司	2073	12650		837	8020	18775
木工机械厂	2717	12635	71	1315	11478	11253
青岛亨达鞋业集团有限公司	3590	12622		3060	7672	3226
山东兴隆纸业集团有限公司	5567	12610	68	760	770	3229
青岛崂山塑料建材实业公司	3894	12606	31	562	2382	4313
山东莒信涤纶有限公司	2045	12599		979	10485	18341
山东省肥城市水泥股份有限公司	4689	12591	80	2100	12208	24001
山东省高密高源企业集团公司	3058	12590	6	1288	4344	13030
山东省枣庄市联兴玻璃有限公司	4269	12554	50	867	2377	4289
山东都庆股份有限公司	2917	12505	24	1400	8589	6748
济南汽车配件厂	6588	12501	66	2299	16710	16678
海阳日月五金有限公司	4092	12423	5	714	5207	4555
文登市三峰轮胎有限公司	4413	12420	476	562	3536	4715
济南仁丰纺织(集团)有限责任公司	4602	12408	60	2850	9388	21778
青岛轻骑摩托车有限公司	4730	12384	338	588	20244	13661
山东省章丘鼓风机厂	4966	12380	80	1242	10535	10940
长清县供电局	1191	12369	31	691	6916	15742
潍坊瑞祥集团纺织有限公司	5130	12305	70	1456	14838	17897
山东诸城化工股份有限公司	3009	12305	34	878	6425	5457
山东光岳转向节总厂	2358	12300	70	715	10400	8600
山东耶莉娅服装集团总公司	4740	12198	17	1256	6668	4705
济南一机床集团有限公司	5120	12156	61	4159	44496	39885
蓬莱市大柳行金矿	3863	12156		542	2375	19261
山东建设锦宏水泥有限公司	3063	12153		1603	9407	12939
寿光市抽纱总厂	2563	12152		1491	4124	8743
青岛崂山玻璃厂	3700	12144	78	924	9477	6047
国营青岛泡花碱厂	2557	12141	59	492	9245	7716
日照信中食品有限公司	1705	12126		392	8907	7355
曲阜市远东铝业有限公司	2956	12117		237	7759	6230
威海市汇泉工业总公司	5589	12108	65	1969	4327	12181
山东机器厂	3855	12103	15	2948	18714	26622
泰安起重机械厂	2430	12083	48	1500	4059	6386
烟台汽车内饰材料公司	3064	12077	46	369	9556	15301
青岛颁布旅游用品有限公司	2176	12043		700	6487	1775
希杰(青岛)食品有限公司	3664	12026		397	9019	5767
海阳市工艺品集团公司	3612	12026	17	1462	5002	2570

20－1续表17 (2000年)

企业名称	工业增加值（万元）	产品销售收入（万元）	销售税金及附加（万元）	全部职工平均人数（人）	流动资产（万元）	固定资产原价（万元）
章丘市第二化肥厂	4459	12021	23	938	2539	13938
莘县莘星纺织印染有限公司	772	12016	46	2750	2769	4086
高密市锅炉附件厂	5860	12010	77	676	1659	7799
莒南县供电公司	1719	12010	104	518	9828	7782
山东吉明美有限公司	5574	12007		510	3509	11412
仙家寨工贸公司	2608	12006	328	343	2714	2420
山东益康集团公司	3092	12001	8	916	2382	2563
山东昌华食品集团有限公司	4088	12000		1000	6491	9861
山东金城集团公司	－1250	12000	240	538	1944	2063
青岛捷能电工电子集团有限责任公司	3689	11973	56	2091	29863	32530
山东电力设备厂	3638	11912	78	671	9804	15835
青岛益和电气设备股份有限公司	5301	11882	32	560	12827	6612
烟台制革厂	2548	11857	68	660	9314	5423
山东省新泰市酿酒总厂	4298	11850	1233	1431	9869	5235
肥城市肉类联合加工厂	1791	11846	46	600	5444	4462
青岛美好巾被股份有限公司	4031	11841	83	1873	10848	3734
青岛人民印刷厂	1315	11829	55	850	16246	12349
博山电机厂集团股份有限公司	3152	11823	62	3806	22418	22837
济南市北郊热电厂	3576	11782	119	948	7622	37617
山东牟平造纸厂	3801	11743	4	1008	8124	10114
莱州三力机械制造有限公司	3593	11701	20	714	4325	2784
淄博齐银水泥有限公司	3510	11687		1292	8931	17747
山东神龙地毯集团	3220	11680	17	2070	5868	2141
德州无线电三厂	3255	11679	3	922	9594	5471
临清市热电厂	8086	11625	142	801	14156	13229
东明县棉纺织厂	2897	11615	36	1273	9104	10274
山东沙土裕鲁实业集团	3775	11602	264	1322	11964	13627
山东金号织业有限公司	4786	11597	79	2419	6765	4176
青岛印刷股份有限公司	3156	11591	50	809	15131	12852
潍坊广华集团总公司	3049	11586	117	491	1358	3279
山东莱阳重型机械厂	3519	11584	35	740	10605	7985
济南志友集团股份有限公司	3564	11580	46	698	19555	11350
淄博市临淄有机化工股份有限公司	3215	11548	54	582	5616	7687
栖霞市服装集团股份有限公司	4139	11539	48	1190	4350	6482
山东颖汇纸业股份有限公司	4099	11497	39	736	4173	8228
乐陵金麒刹车片有限公司	1350	11482		695	3653	5876
临沂宝泉实业有限公司	3280	11467	15	1869	22323	20013
山东省昌邑市顺达实业公司	2347	11450		389	3400	6694
山东双泉集团有限公司	5604	11433	18	628	1420	3250
青岛市华宝集团公司	3316	11430	34	210	1219	2013
山东省七五生建煤矿	7873	11427	190	1224	8046	14598
宁津县天雁制粉有限公司	3296	11427		105	930	2892
山东省焦家金矿	7524	11384		2516	4627	25191
济南光明机器有限公司	5368	11353	15	576	3617	1930
临沂华盛企业集团总公司	2549	11323	83	852	14346	7802
台儿庄区水泥厂	3291	11313	62	1826	14709	29907

20－1 续表 18　　　　　　　　　　（2000 年）

企业名称	工业增加值（万元）	产品销售收入（万元）	销售税金及附加（万元）	全部职工平均人数（人）	流动资产（万元）	固定资产原价（万元）
文登市刺绣工业集团公司	4953	11287	18	1540	4037	5638
济南华达企业集团总公司	5150	11283	43	1039	14105	12538
曹县百隆纺织有限公司	3080	11275	11	1000	673	2143
青岛成昌鞋业有限公司	1682	11265		1186	7146	4618
济南康泰有限公司	1984	11249	144	1032	6255	8667
苍山县益星食品有限公司	4208	11242		473	2291	10626
烟台市电缆厂	4150	11212		588	9177	9412
山东日照酿酒(集团)总厂	2044	11208	1632	1293	8315	3927
青岛大星电子有限公司	2650	11199		790	3015	8625
威海市艺源绣业集团有限公司	4050	11178	50	927	6683	3266
泰安市造纸厂	1465	11165	53	1617	8733	11207
烟台市风机厂	2600	11144	15	680	3258	4144
宁津县汇通纺织集团总公司	3491	11122		1140	4388	2860
潍坊市三丰钢管有限责任公司	3899	11063	17	399	4457	3961
潍坊华港包装材料有限公司	4628	11047		468	9024	9116
山东声乐鞋业集团公司	7353	11032	9	3500	43592	12330
重汽集团专用汽车公司	3718	11030	57	1031	12030	18404
山东塑料制品试验厂	2258	11012	9	624	4244	8818
禹城棉纺织厂	5379	11009	130	2800	5604	12952
山东龙口针织厂	4172	11007	17	1349	2010	5113
山东禹王亭集团酒业股份有限公司	4307	11000	414	931	8847	5381
山东柳絮集团有限公司	4368	10989		1640	6086	8462
淄博蓄电池厂	5144	10974	24	1651	11384	10110
烟台双一制鞋产业总公司	2465	10973	2	966	16791	5947
山东金山口纸业有限责任公司	5852	10911	174	1213	7723	8836
山东照东方纸业公司	4236	10896	52	1600	6122	10434
山东荣皎纸业(集团)有限公司	2661	10886	24	763	8107	5426
山东威海橡胶厂	3769	10882	483	1482	6909	5993
莒县银丰化工股份有限公司	3168	10881	48	1896	5194	14885
茌平县电业公司	1660	10873	35	796	17993	10728
郑州金牛集团菏泽车辆有限公司	2839	10870		1048	5338	3673
昌邑市丝绸织造集团总公司	2923	10855	40	1450	4269	9402
海阳市电业局	794	10852	25	489	5324	21499
国营聊城棉纺织厂	6243	10851	39	3835	5119	16095
山东德州扒鸡集团有限公司	1601	10850	18	1008	7103	6982
莒南县宇达实业集团	4075	10845	16	1297	3313	11576
潍坊富泰家用纺织品有限公司	2074	10840	17	1907	5781	10237
青岛磊鑫实业总公司	1665	10805	51	260	3752	1758
山东省东明县东欣油脂有限公司	998	10798	4	192	1519	1620
潍坊华光集团有限责任公司	2128	10792	316	3573	24511	17152
山东鼎新玻璃有限公司	2696	10770	66	1401	7424	609
山东腾达集团总公司	3246	10760	42	750	4033	3948
济宁碳素工业总公司	3395	10730	45	951	10467	10122
山东光电仪器厂	3535	10729	9	834	5390	17611
泰安专用汽车制造厂	1393	10709	38	1505	5784	10712
山东临沂陶瓷企业集团公司	4046	10694	83	2849	8543	12589

20－1 续表 19　　　　　　　　　　　　　(2000 年)

企业名称	工业增加值（万元）	产品销售收入（万元）	销售税金及附加（万元）	全部职工平均人数（人）	流动资产（万元）	固定资产原价（万元）
荣成汽车改装厂	5384	10627	492	430	9308	747
淄博赛德克陶瓷颜料有限公司	3980	10586	3	170	8586	4408
淄博钴业股份有限公司	2407	10558	61	1123	10750	9160
青岛黄海集装箱有限公司	2705	10538		468	9767	10371
山东双城纸业有限公司	2678	10527	56	1198	4982	9586
济南含章印务有限公司	4199	10517		948	7287	12302
青岛亚花玻璃有限公司	3105	10506		337	3746	12464
烟台第二制药厂	3863	10492	62	835	7080	10527
烟台北极星钟表集团公司	4078	10489	35	2761	19570	26156
莱州市盐业集团有限公司	4277	10436	528	1916	10079	6037
济南双凤水泥厂	3754	10434	23	880	1987	5326
山东生建八三厂	4659	10422	68	2398	15868	16197
荣成市华鹏玻璃有限公司	6510	10417	50	1114	6300	7954
龙口盛达玻璃制品有限公司	2420	10398	14	896	4832	4540
淄博兰骏纺织服装有限公司	2583	10389	32	1350	3461	6442
山东风阳集团股份有限公司	3607	10388	139	1159	11061	22809
山东扳倒井集团	2950	10364	1254	840	13847	9607
山东济宁心声实业(集团)总公司	2095	10318	888	983	9783	4160
青岛藏南纸制品机械厂	5481	10315	11	810	1147	2246
青岛知永电源有限公司	2702	10305		200	4709	2092
山东鑫亚工业股份有限公司	5840	10294	87	2463	11869	10182
山东省成武县银翔棉纺织有限公司	4857	10282	13	1689	3269	6061
莒南县玉皇粮油食品有限公司	2451	10280		202	2137	1480
山东佳丽日化股份有限公司	773	10266	44	781	7509	8387
山东薛城焦化厂	1574	10262	97	1580	10556	20251
德州鲁德制粉有限公司	1466	10254	10	304	1166	4164
临沂古城企业集团	3273	10253	19	837	6632	5737
山东卢堡啤酒有限公司	2991	10249	1041	1110	9600	8912
昌邑市纺织机械(集团)有限公司	2363	10236	60	1057	8301	7636
济南试金集团有限公司	3658	10211	66	2820	12706	16237
济南民天面粉有限责任公司(中心面粉)	2399	10210	23	363	3955	6080
日照棉纺织厂	3319	10207	58	1456	4937	8158
青岛灵山船业股份有限公司	3049	10200	16	570	3791	7350
山东北方玻璃钢厂	3886	10172		200	3441	1869
惠民第二棉纺厂	3296	10131	23	2600	7391	9958
山东鑫塑(集团)公司	1567	10125	19	520	5203	10208
临沭县丰收化肥厂	3031	10120		1160	4348	794
山东省乐陵农药厂	1808	10115		860	2490	6705
青岛啤酒(薛城)有限公司	2863	10110	1389	1036	4320	9427
烟台六塑产业有限公司	3015	10094	15	748	3579	5100
济南半导体总厂	3728	10088	17	849	9029	11881
山东中联包装集团总公司	2474	10085	7	475	8915	9440
青岛雪达集团有限公司	3489	10062	2	986	5381	3205
山东天象集团公司	3464	10050	28	900	16156	4991
阳信县第三油棉有限公司	2377	10050	10	272	3195	2237
山东鲁钟陶瓷集团股份有限公司	2760	10044	10	1416	4311	9040
郓城县供电局	1071	10043	25	722	11125	5884
山东曹县电业局	975	10036	27	1256	9224	4880
兖州市合金钢股份有限公司	4132	10029	33	600	6313	8601
巨野县华鲁油脂化工有限公司	2024	10017	115	249	1648	1665
莱芜市毛巾厂	3292	10012		1226	5684	7389
青岛福生食品有限公司	2634	10004		508	6870	4705
泰安双丰化肥有限公司	4481	10002	9	500	1790	304
济南吉美乐办公设备制造公司(省电影机械)	3407	10000	21	532	6073	5025

20－2 建筑业一级资质企业基本情况

（2000 年）

法人单位名称	自行完成施工产值（万元）	竣工产值（万元）	单位工程施工个数（个）	房屋建筑施工面积（平方米）	固定资产原值（万元）	期末从业人数（人）	利润总额（万元）
山东省筑港总公司	36416	9609	26		11906	1026	50
山东省送变电工程公司	42036	44385	320	19374	10250	1975	585
山东省邮电工程公司	4240	3880	85		1399	286	333
山东电力建筑第一工程公司	61680	60294	346	112991	26188	3421	1358
山东省工业设备安装总公司	18490	19294	150	16047	8570	2803	－1600
中国建筑第八工程局装饰公司	20348	5821			578	183	164
齐鲁建设集团公司	10233	6140	26	88224	1502	420	－196
中国建筑第八工程局第一建筑公司	66908	58639	100	1202456	6898	7889	309
山东省交通工程总公司	78043	42075	19		16672	1610	1231
山东省中鲁建筑集团总公司	7593	5418	17	96225	367	920	237
中国建筑第八工程局总承包公司	40401	39743	43	1301414	8573	2960	627
中国建筑第八工程局第二建筑公司	45095	43988	76	891461	8192	4918	2975
山东水利工程总公司	4890	4080	25		5361	600	－6
山东黄河工程局	56172	45524	49		25575	3023	2370
中铁第十四工程局基础工程处	16307	5251	11	39371	439	866	30
山东省齐鲁装饰设计院	38	38			105	58	－4
山东德泰装饰有限公司	1589	906			149	251	－23
烟台二建实业股份有限公司	24166	20656	54	363549	5738	2200	15
山东津单幕墙有限公司	3048	1950			2946	106	91
铁道部第十四工程局电务工程处	2928	3284	14	96	2570	692	343
济南第二市政工程公司	10612	580	50		4057	800	25
济南一建集团总公司	30356	17496	160	696405	5210	4429	37
山东省机械施工公司	5743	5938	113		5378	717	26
山东三箭置业集团有限公司	65086	20300	154	1080758	1911	4476	360
济南第一市政工程公司	15087	10431	65	5000	6790	1365	489
济南建工总承包集团公司	16975	13466	81	424201	2041	525	30
济南市第二建筑工程总公司	42526	33692	130	834533	4418	4499	79
济南铁路局工程总公司	85931	51908	320	133037	15921	9114	873
青岛市第一住宅建筑公司	9568	9706	59	294451	1057	3538	1
中港第一航务工程局第二工程公司	40498	63567	33	45400	33217	1868	409
青岛市第二建筑工程公司	22372	14964	106	647430	2841	3607	76
青岛市装饰总公司	351	351			842	46	－72
青岛市第三建筑工程公司	3923	3578	29	101736	919	1970	－326
青岛市第一建筑工程公司	27584	10283	126	668615	3994	3008	26
青岛市建筑装饰装潢公司	860	860			38	50	－30
山东华青建安集团公司	50001	5019	52	238383	3130	6491	1428
莱西市建筑总公司	20504	12493	46	396631	1800	1360	420
中国石化集团第十建设公司	63146	59507	265	16678	28294	6898	100

法人单位名称	自行完成施工产值（万元）	竣工产值（万元）	单位工程施工个数（个）	房屋建筑施工面积（平方米）	固定资产原值（万元）	期末从业人数（人）	利润总额（万元）
淄博市建筑工程公司	32273	24786	104	380101	13202	4105	311
淄博市临淄区高阳乡建筑工程公司	26430	12460	43	216850	6499	2600	1164
山东新城建工集团有限公司	15066	739	39	250953	3408	35962	944
桓台县建筑工程总公司	33832	27066	134	456977	5061	4830	1925
枣庄矿业(集团)有限责任公司第四工程处	5884	4643	62	68601	3263	1268	109
枣庄市建筑工程总公司	8156	5586	42	128319	2365	1196	－57
枣庄矿业集团公司第三工程处	5101	226	58		3371	1638	1
科达集团股份分有限公司	42040	19857	10		11960	2668	4193
烟台市政工程总公司	12438	9960	58		7248	1099	10
潍坊昌大建设有限公司	20176	20503	130	433870	9451	3293	－2884
山东电力建设第三工程公司	40990	4574	184	105189	16830	2539	640
安丘市景芝建工有限责任公司	12748	13009	40	175629	5487	1690	35
寿光市建筑公司	9218	3218	27	146215	4538	962	－282
山东高密市广安第一建筑工程有限公司	8804	4358	45	179235	2140	2950	182
山东电力建设第二工程公司	52000	97195	348	157558	29411	3842	1080
济宁市建筑工程公司(集团)	13140	14151	67	335997	2879	3361	－7507
中国建筑材料工业建设兖州矿山工程公司	4350	603	12		4499	632	－22
山东省第二水利工程局	2000	2000	7		2108	411	－46
煤炭建筑安装工程公司第68工程处	12441	6667	125	64944	4894	1868	－2
泰安建筑工程公司	32525	13064	153	577086	13432	4340	－469
铁道部十四工程局二处	3665	1868	42	752	1229	2400	－172
泰安第二建筑安装工程公司	12108	8111	38	132707	2073	2005	74
鲁润股份有限公司装饰装璜公司	10140	10140			485	130	2564
肥城市工业设备安装工程公司	18006	18006	69	6540	6085	2656	750
肥城市设备安装工程公司	38152	6759	147	99369	5982	5862	1668
肥城市建筑安装工程公司	15320	6907	127	200835	4579	3920	197
威海建设集团股份有限公司	31760	12209	62	424326	7782	2513	1536
山东省滨州地区建筑公司	12726	10001	74	476045	11302	2675	47
中国水利水电第十三工程局	51897	44240	67	58618	36601	5178	－2
临沂市天元建设集团	92743	50524	305	1168308	14536	8683	2785
临沂山东东方路桥建设总公司	20400	15100	10		13069	1020	76
临沂中铁第十四工程局第四工程处	38028	46888	101	1316	12725	2039	121
临沂市市政工程公司	3080	3080	11		4999	307	135
铁道部第十四局第一工程局	44809	45619	278	6610	14582	2865	167
日照市建筑工程公司	14128	10981	81	329399	3297	3300	249
平邑县山东冠鲁集团公司	71368	62241	136	494995	21664	9872	4084
菏泽地区建筑公司	8695	6011	60	216867	3501	2118	168
山东黄河工程局第一建筑安装工程处	1001	259	7		820	345	－6

20－2 续表 2　　　　　　　　　　　　(2000 年)

法人单位名称	自行完成施工产值（万元）	竣工产值（万元）	单位工程施工个数（个）	房屋建筑施工面积（平方米）	固定资产原值（万元）	期末从业人数（人）	利润总额（万元）
山东天幕集团总公司	5100	3000	46		2812	600	66
莱芜钢铁总厂建筑安装工程公司	5860	3508	86	42024	4889	1139	100
莱芜建工集团有限公司	6168	1605	31	142817	3123	1300	11
新汶矿业集团工程有限责任公司	8237	6479	79	122111	7047	1415	548
青岛市胶州建设集团总公司	27632	2336	130	704010	3382	7515	353
诸城市建筑工程公司	26079	10141	51	272677	3918	2876	34
滕州市建筑安装工程集团公司	17174	15042	90	177948	6813	3880	266
滕州雄狮装饰工程有限公司	8031	5056			379	800	－25
中铁建厂工程局第二建筑工程处	18541	10989	32	576736	3639	2334	－831
中国铁路通信信号济南工程公司	9082	9082	17		3813	1999	314
山东省建设建工集团有限责任公司	90007	54408	182	1261523	10358	1613	2059
济南四建(集团)有限责任公司	58720	48474	152	1073072	16874	12561	787
济南建设设备安装有限责任公司	4174	3820	50	17795	1165	882	1
青岛大学消防工程公司	36	28	4		52	34	－21
青岛装饰集团公司	3448	2658			501	299	22
青岛安装建设股份有限公司	8634	6701	72	5521	3484	1123	20
临沂山东沂蒙交通工程有限公司	18295	15534	8		11707	892	
山东省水利工程局	10433	10862	15		2371	1507	－296
济南大正装饰工程有限公司	770	763			237	18	－40
济南光达装饰有限公司	128	80			121	12	－5
文成(烟台)建筑装饰工程有限公司	3800	1200			487	323	49
潍坊鸢港装饰工程有限公司	526	526			122	80	－59
山东展鸿华商装饰工程有限公司	843	1000			138	17	－66
青岛大造装饰工程有限公司	1474	1474			267	130	20
德州德建集团有限公司	14698	8941	118	358406	4591	3000	458
聊城市建筑安装工程总公司	45169	27661	367	1188808	35994	5436	20
烟台建设集团有限公司	82720	66800	199	1283362	24811	7986	868
青岛城建集团有限公司	34616	33950	95		14393	2053	－845
中国石油天然气第七建设公司	28181	31024	82	18275	16167	2054	172
中国建筑第八工程局第四建筑公司	90590	21201	101	1613217	9427	5600	80
山东方大工程有限责任公司	8633	8298	212	42626	2301	2445	866
胜利石油管理局油建一公司	101111	125039	446	23840	42916	8279	2408
胜利石油管理局油建三公司	87387	118204	133	142855	46153	8642	2679
胜利油田工程建设总公司	152511	151458	5000	204802	61770	20548	6354
龙口矿务局工程处	2808	2329	17	25023	3238	773	
山东铝业公司工程公司	10018	7511	44	44027	3414	1335	38
兖州矿业集团公司施工处	65350	53731	585	224207	31072	11847	－576
肥城矿务局工程处	10103	6224	43	102392	2332	844	3

20－3 规模以上批发贸易企业基本情况

（2000 年）

企业名称	商品销售总额（万元）	资产总计（万元）	负债合计（万元）	利润总额（万元）	从业人员（人）
颐中烟草购销有限公司	388085	188537	172412	2201	448
山东省烟草购销集团有限公司济南卷烟调拨站	338458	128769	117351	1670	156
海尔集团电器产业有限公司	334574	85271	84602	－270	120
青岛海尔国际贸易有限公司	285533	30649	27160	1407	187
山东省机械进出口公司	247389	88225	63106	3331	245
中石化青岛石油分公司	171850	73864	71914	1841	470
山东省服装进出口公司	170287	98485	71645	2075	457
烟台市农业生产资料总公司	168932	73689	65402	904	265
淄博石油分公司	149363	29073	27844	1560	885
中国轻骑集团销售总公司	148647	54388	33623	－2475	1300
颐中烟草集团有限公司驻青州调拨站	146151	67251	62391	586	155
山东省新星购销总部	137492	18062	13659	851	1126
山东省图书音像发行总公司	134557	36919	30964	1518	245
中国煤炭工业进出口集团公司青岛分公司	130692	13375	8698	2275	107
山东省纺织品进出口公司	126982	108404	91404	808	573
润华集团股份有限公司	118537	90148	74260	－403	355
山东省农业生产资料公司烟台分公司	118451	34476	31559	－418	232
青岛海尔电冰箱销售有限公司	114926	22825	20021	－174	485
山东潍坊百货(集团)股份有限公司	112179	33173	27956	326	1369
山东省丝绸进出口公司	109277	54253	81190	－362	189
山东省棉麻公司	102801	202359	195023	465	155
山东省工艺品进出口集团股份有限公司	101606	65915	60409	701	300
中国石油化工股份有限公司山东日照石油公司	95871	24351	23832	495	572
山东省青州市农业机械总公司	95495	13425	9199	143	430
青岛海尔洗衣机销售有限公司	92054	20261	19665	1	237
青岛益佳集团有限公司	89687	51856	45916	531	311
山东泰山石化股份有限公司	88066	11040	7628	3330	393
中国石化山东省临沂石油分公司	86457	28600	28038	717	299
山东省农业生产资料公司	82561	46043	38445	477	131
龙口市兴隆橡塑有限责任公司	80456	10193	9491	72	159
中国石油化工股份有限公司山东济宁分公司	79013	31640	31170	753	336
山东潍坊烟草有限公司	78313	167310	80843	－1400	207
山东淄博烟草有限公司	76083	25982	16956	2339	819
中粮山东粮油进出口公司	71641	56745	71690	－3570	335
临沂汽车工业贸易有限公司	69371	9292	8784	9	196
中国重型汽车销售公司	67110	129292	341074	－62447	1301
山东省济南医药站	66214	27280	21388	－734	896
山东省印刷物资公司	65233	23749	8437	2668	163
青岛纺织品联合进出口公司	63596	25573	20124	－1782	186
滕州卷烟厂调拨供应站	62835	19718	18994	210	123
山东省烟草物资设备有限公司	61759	23827	14332	4683	26
兰山区工业品总公司	60969	50567	36618	66	236
青岛海尔工贸有限公司	60861	6803	6664	58	770
山东省青岛医药采购供应站	60642	41321	38120	306	805
山东省石油集团烟台总公司	58909	44592	43566	85	301
青岛海尔空调器销售有限公司	57745	11113	10225	206	638
中国抽纱山东进出口公司	54259	81608	70630	－1823	216
山东省石油集团潍坊总公司	54170	6533	6021	1245	429

注：本表为 2000 年商品销售总额 20000 万元以上的批发贸易企业。

企业名称	商品销售总额(万元)	资产总计(万元)	负债合计(万元)	利润总额(万元)	从业人员(人)
山东省石油集团菏泽总公司	53390	24188	24230	-37	462
山东省塑料工业总公司	53168	27866	27818	1	87
山东省食品进出口公司	52081	90358	111773	-6722	169
潍坊市钢联金属材料有限公司	51613	11544	10526	476	225
山东东营石油分公司	50268	19434	18973	746	348
山东省畜产进出口公司	49379	106874	203365	-12575	145
山东省五金矿产进出口公司	48844	55560	55040	43	218
山东凌云工贸股份有限公司	48222	23443	16615	588	390
青岛市汽车贸易中心	46639	7476	6403	70	130
中国化工建设青岛公司	45803	10344	9898	26	59
烟台市芝罘区农业生产资料中心	44802	7287	7132	6	71
烟台供销实业集团农业生产资料调剂处	44677	9259	9029	14	56
中国石油化工股份有限公司山东威海石油	43925	21902	21645	29	196
山东省出版对外贸易公司	43898	6779	4754	477	21
山东省淄博糖酒站股份有限公司	43623	20894	14456	305	1179
山东威海进出口集团有限公司	43499	18637	17322	172	261
烟台市金属材料公司	42800	32254	31230	300	490
山东省石油集团莱芜分公司	42111	19972	17661	524	268
山东鲁能物资集团公司烟台供电物质公司	42099	9204	9204	135	26
山东烟台烟草有限公司	41325	7674	4636	1456	72
山东省石油集团公司	39868	24694	24267	291	322
烟台市农业生产资料科技服务中心	39604	3074	2836	32	54
山东省石油集团聊城总公司	39596	23515	22938	297	269
济南烟草有限公司	39268	12643	2093	1567	274
山东省医药公司	38489	30394	27723	3	645
山东省糖酒茶叶公司	38466	18649	14222	14	248
山东省石油集团滨州总公司	38374	22905	18269	169	357
高唐县粮油集团总公司	37673	22186	22232	9	1874
青岛国风集团药材有限责任公司	37578	23949	20592	571	454
山东省物产进出口公司	37131	70368	76267	863	1431
中化山东进出口集团公司	36714	65947	65086	-1806	570
青岛海尔冷柜销售有限公司	35980	16506	14975	30	99
潍坊医药集团股份有限公司医药采购供应站	35279	19447	21128	301	474
临沂九州集团总公司	34215	30883	17679	-231	434
青岛红星化工集团进出口公司	34208	9720	9514	119	30
菏泽地区棉麻公司	33587	36335	31069	2	810
青岛金属股份有限公司	33251	10834	7526	172	72
中国船舶燃料供应青岛公司	33105	15628	12320	393	437
山东省文教体育用品进出口公司	33104	30262	35421	-2070	241
寿光市农机总公司	32682	5175	2931	226	491
中国出口商品基地建设山东公司	31858	18425	16994	-635	89
威海纺织集团进出口有限责任公司	31204	7108	6791	7	102
山东省石油集团莱阳公司	31119	6300	5982	215	100
天津汽车工业销售山东有限公司	31079	28944	27762	39	76
山东烟草购销(集团)有限公司青岛市分公司	30950	2405	517	1750	130
山东省潍坊坊市进出品公司	30753	2138	1368	-168	69
东明县石油集团菏泽总公司东明直属油库	30747	3162	2935	150	116

20－3续表2　　　　　　　　　　　　(2000年)

企业名称	商品销售总额(万元)	资产总计(万元)	负债合计(万元)	利润总额(万元)	从业人员(人)
青岛农资股份有限公司	30695	10949	8843	303	116
临清市粮食牧储有限责任公司	30545	21123	17823	26	713
威海市纺织服装进出口公司	29725	14199	13620	87	123
兰山区钢材总公司	29288	6135	5234	112	35
济南药业集团有限公司责任公司	29279	15637	15384	50	822
山东济宁烟草有限公司	28968	2615	685	614	102
济南华幸化工集团有限责任公司	28866	20592	13297	137	527
烟台市进出口公司	28684	15456	10741	111	137
山东齐鲁物资集团公司	28375	37542	34595	－178	460
济南果品总公司	28340	7085	6566	－6	570
中国抽纱烟台进出口公司	27974	20754	13122	30	205
中国石油化工股份有限公司寿光分公司	27793	5153	4908	365	94
山东省棉麻公司济南分公司	27690	7457	6307	1	113
山东省山海水产品贸易中心	27619	19704	18562	－3	50
东方烟草(集团)有限公司诸城分公司	26803	45471	28403	370	556
青岛化学石油供销总公司	26682	14790	12901	57	64
山东机械设备进出口集团公司	26441	41194	31400	2068	222
中国石油化工股份有限公司山东枣庄公司	26365	18229	17965	－130	268
烟台绮丽经贸有限公司	26295	9405	7878	247	132
滕州市华泰商贸有限公司	26212	5987	5239	202	142
诸城市农业机械总公司	25195	7594	7873	－67	295
山东石化集团石岛分公司	25049	8719	8231	288	148
寿光市再生资源公司	24924	1648	1282		65
烟台市供销石油公司	24851	6032	5206	16	182
临沂医药集团总公司	24648	11952	10376	102	764
山东烟草购销(集团)莱芜分公司	24349	4146	2309	474	121
山东省技术进出口公司	24239	10819	10076	23	64
山东省肉食蛋品进出口公司	23774	35566	40399	－1918	148
济南永君物资有限责任公司	23632	2243	1579	132	65
莱芜市双峰有限公司	23512	4123	3939	155	21
省农业行产资料公司日照分公司	23377	9640	8539	19	25
郓城县棉麻公司	23249	36961	31748	132	2091
文登市石化公司	22685	2061	1487	61	80
山东省特艺品进出口公司	22424	18937	18678	－586	152
山东烟草购销集团菏泽调拨供应站	22172	10115	9908	90	123
兰山区供销实业总公司	21950	7088	6302	5	33
潍坊市棉麻公司	21890	27676	25382	10	132
山东日照烟草有限公司	21779	14944	9307	－63	83
山东威海烟草有限公司	21351	5596	1507	433	141
青岛化辰化工供销公司	21159	4891	1558	120	42
山东烟草购销集团有限公司菏泽分公司	20942	3835	4405	610	80
山东省轻工业品进出口公司	20797	12208	11849	15	145
临淄生产资料供应公司	20720	1554	1369	11	244
山东潍坊烟草有限公司安丘市分公司	20541	26618	17206	367	964
凯远集团潍坊公司	20469	3457	2967	23	37
山东省潍坊市食品进出口公司	20274	5055	4664	－323	182
潍柴进出口有限公司	20141	52819	50650	37	75
聊城市塑料工业公司	20052	2189	1108	308	19

20－4 规模以上零售贸易企业基本情况

（2000 年）

企业名称	商品销售总额（万元）	资产总计（万元）	负债合计（万元）	利润总额（万元）	从业人员（人）
三联商社	327411	72665	32665	2705	2821
山东银座商城股份有限公司	146858	95581	51731	971	1787
淄博商厦股份有限公司	92006	49217	34898	2338	2540
青岛第一百盛有限公司	64808	75601	51857	987	592
青岛崂山百货大楼股份有限公司	59909	50823	41183	500	1260
青岛东方集团股份有限公司	47678	66904	32908	1372	985
青岛利群股份有限公司	45654	46263	35200	2066	700
德州市百货大楼	42168	11896	8629	650	1442
济南华联商厦股份有限公司	40526	56199	51226	171	1554
济南人民商场	40504	49333	35295	163	2289
青岛名达超市有限公司	39898	9928	7483	1313	381
青岛东泰佳世客有限公司	39516	42345	31308	2260	1344
济南大观园股份有限公司	38164	32404	22285	9	2034
青岛海信实业股份有限公司	35624	30807	27346	－945	1192
山东济南百货大楼(集团)	30870	49216	26270	22	1151
烟台百大集团有限公司	30764	38229	37170	－1	2219
山东振华集团有限公司	30607	13061	6474	300	1016
青岛北方国贸大厦股份有限公司	30245	19761	16207	61	835
山东省威海糖酒采购供应站	30018	9230	8155	416	916
东营市百货大楼	28920	22538	19033	200	1261
青岛华联商厦股份有限公司	28547	19265	8942	805	490
潍坊百货大楼股份有限公司	27282	17400	19642	－2718	621
淄博东泰商厦	26273	7551	6050	133	430
威海华联商厦股份有限公司	25839	47622	34401	1013	1126
山东省齐鲁汽车贸易有限公司	25074	3575	3288	45	39
烟台市良友广场有限责任公司	22908	41630	33923	7	832
山东龙泉集团公司	22811	5524	4491	460	405
山东威海百货大楼集团股份有限公司	22300	10843	3607	820	655
青岛海滨食品股份有限公司	21073	8789	6203	132	366
青岛三百惠商厦	19605	18386	14961	11	498
济南市蔬菜公司经营部	19512	20458	9379	28	1734
青岛国风大药房连锁有限公司	19164	8860	7017	1179	834
东营市商业大厦有限责任公司	18905	16569	14011	39	643
山东泰山百货股份有限公司	18802	20838	18255		1269
青岛国货集团股份有限公司	18800	39620	15037	－325	2300
青岛福兴祥商品配送有限公司	18754	19699	12964		64
济南世界购物广场	18533	19013	7970	－688	392
寿光市百货大楼	18507	12288	11425	40	710
青岛崂山商贸股份有限公司	17948	14795	12496	42	819
山东华达汽车服务有限公司	17759	21538	14035	207	50
枣庄购物中心有限公司	17612	5567	5025	9	664
山东吉客隆集团有限公司	16599	22139	15471	－980	1138
山东济宁华联商厦股份有限公司	16485	23474	19907	12	1220
临淄酒糖茶站	16242	7258	6730	1	596

注：本表为 2000 年商品销售总额 5000 万元以上的零售贸易企业。

20－4 续表 1　　　　　　　　　　　　(2000 年)

企业名称	商品销售总额（万元）	资产总计（万元）	负债合计（万元）	利润总额（万元）	从业人员（人）
青岛福日汽车销售有限公司	15769	3205	1740	－65	59
日照市百货大楼有限公司	15652	7277	6489	203	675
山东聊城利民药业有限公司	15208	8965	6879	103	679
山东万嘉隆商贸发展有限公司	14610	10282	3910	139	514
诸城市五金交电家电化工股份有限总公司	14034	5824	4687	81	196
东营市昌达机电设备有限责任公司	13664	1653	1464	43	110
山东鲁南家电有限公司	13627	3009	2905	37	112
安丘市供销大厦有限公司	13612	7333	7009	90	459
山东省聊城市百货大楼股份有限公司	13352	15623	12297		805
山东省东营市日用工业品公司	13078	12070	10734	124	670
青岛崂山华隆商厦股份有限公司	13049	14060	11581	1	720
青岛长青股份有限公司	12760	7642	6251	33	554
邹城市百货大楼	12607	3454	2670	20	459
济南市新华书店	12188	10278	8569	67	469
文登市艺利达商贸城	12174	3574	2547	438	375
青岛市新华书店	12136	9238	5359	23	508
山东省淄博市东方商厦	12117	5429	4882		387
潍坊友谊商场	11992	12674	12266		709
梁山水泊商场	11990	5050	2931	2	564
山东省石油集团邹城公司	11976	3746	3504	224	45
文登市百货大楼	11686	10692	9801		532
山东雅泰电器有限公司	11583	4305	4481	－197	167
安丘市中百商厦有限责任公司	11509	7989	7859		420
德州商场	11375	5292	5144	117	609
即墨市新世界大厦	11241	7806	6919	21	260
莱芜市工贸公司	11000	3343	3019		449
青岛利群即墨商厦有限公司	10824	1798	953	578	201
莱芜市华联商城	10517	3248	795	103	103
济南绿地商城	10450	5236	3718	18	844
滨州市百货大楼	10405	13164	10225	26	1249
新泰青云购物中心有限公司	10377	4196	3377	67	620
济宁百货总公司	10149	15069	15438		1163
淄博公园商场股份有限公司	10148	13847	12823	108	709
华菱汽车贸易总公司	10124	774	864		5
青岛中新购物商厦股份有限公司	10023	7190	5728	84	138
山东百大商贸股份有限公司	9624	9587	6309	151	518
青岛发达商厦有限责任公司	9464	17946	12465	95	212
济南市亨得钟表眼镜有限公司	9012	5905	5379	9	464
淄博绿岛超级商场	8713	2270	1887	328	350
淄博市博山百货集团有限责任公司	8409	6276	3674	25	460
文登市金都大厦	8303	5400	3222	21	100
济宁市百货大楼	8205	21466	19623	2	1010
寿光市商业大厦	8154	5202	3641		356
平原县石油化工公司	8049	1862	1634	20	76
青岛市即墨医药公司	8009	3178	2105	171	176

20－4续表2 (2000年)

企业名称	商品销售总额（万元）	资产总计（万元）	负债合计（万元）	利润总额（万元）	从业人员（人）
泰安市华联商厦	7787	2670	1542		585
平度市新时代商厦	7573	5247	3403	25	369
济南华达汽车销售公司	7305	2062	1270	8	20
烟台市医药公司莱州公司	7275	2470	916	242	195
山东省枣庄市新华书店	7229	4580	3580	54	163
滕州市百货总公司	7199	8851	11355		818
淄博市隆盛集团公司	6837	2777	1258	18	150
青岛经济技术开发区国货商厦	6734	7180	6847	－134	317
泰安市泰山百货大厦	6596	7311	2785		891
中国联合通信有限公司济宁分公司	6375	27793	2536		120
肥城市正大商场	6259	5115	4810	90	400
莱西市粮贸大厦有限公司	6194	3467	2282	50	156
青岛鲁汇商业集团公司	6190	6525	5279	565	486
济南市建联中药材经理部	6162	5154	2192	687	364
招远市供销社人民商场	6106	2273	2056	8	301
安丘市土产杂品公司	6056	3072	2361		144
阳信县商业大厦	6052	1235	1149		189
广饶县宏达商业有限责任公司	6037	399	276	28	135
威海机电商厦有限公司	6035	4756	4234	65	89
山东高唐时风商场有限公司	5926	1887	1138	148	67
招远市机电设备有限公司	5909	3317	2979	3	61
三联商社日照商业广场	5900	2981	2491	48	300
山东省济南市章丘医药公司	5813	1131	640	40	168
莱州市百货大楼	5726	1994	927	43	506
青州市商业大厦	5684	6492	5521	5	232
青岛千川百货有限公司	5603	3285	2243	1	364
威海华客隆百货大楼有限公司	5566	1891	－54	－270	65
威海市金猴商场有限公司	5566	2547	2068	635	130
德州市鲁北大厦有限责任公司	5451	4193	4277	10	546
安丘市百货总公司	5400	4779	4737		482
烟台市医药公司龙口公司	5385	3010	1970	80	144
潍坊市城区粮食总公司	5291	17533	16521	－101	1015
青岛平度东方大厦股份有限公司	5264	7642	4405	10	286
即墨市五交化总公司	5247	2355	2722	－110	315
菏泽南华购物广场有限公司	5051	7146	5962	3	300
青州供电局有为经贸公司	5043	2731	2993	－240	32
新泰市百货大楼股份有限公司	5010	1299	975	3	448

20－5 企业集团基本情况

（2000 年）

集　团　名　称	营业收入（万元）	资产总计（万元）	固定资产原　价（万元）	流动资产年平均余额（万元）	从业人员（人）
海尔集团	4062822	1321012	343407	744703	21297
山东电力集团	3256791	7160449	4440212	2034289	64586
海信集团	1398033	526285	153490	306606	10623
中国石油化工股份有限公司山东分公司	1382330	680172	207666	350689	18323
颐中集团	1016147	1016439	419685	537847	11772
兖州矿业集团	878869	2030566	1863439	491606	99571
济南钢铁集团	788647	1010458	537412	416164	20982
莱芜钢铁集团	619469	1117397	872731	281468	37141
万杰集团	520486	568099	387520	250646	7100
三联集团	512947	590508	43139	381680	10077
轻骑集团	474232	1453521	451734	615688	25999
青岛钢铁集团	436390	581223	286846	296265	14773
山东三箭集团	417242	184326	39517	131810	40453
浪潮电子信息产业集团	409387	175948	48968	126276	2898
青岛啤集团	406845	757743	581551	204677	17446
山东时风集团	366875	108482	61555	51364	18746
山东金锣企业集团总公司	354336	102188	46008	58762	9265
诸城市大龙实业有限公司	343701	317823	136507	173663	5332
南山集团	325748	440177	421582	81038	26678
中国重型汽车集团有限公司	316547	949912	489595	733975	39157
山东省商业集团总公司	315339	373384	105309	156475	6031
青岛澳柯玛集团	300180	447611	46243	324911	7431
山东铝业公司	295500	425000	330000	175056	16972
将军集团	279126	341790	232457	94824	5316
山东工程机械集团	276650	383113	127962	207370	11680
东营市石油化学工业集团	267542	143790	101891	49420	4776
山东滨化集团	265140	100375	72330	40563	3021
枣庄矿业(集团)有限责任公司	264218	535791	457882	146849	56351
山东魏桥纺织集团	261286	238455	138754	75455	11645
山东晨鸣纸业集团	260742	550401	162814	336038	8900
山东丛林集团公司	260539	196073	177524	69359	4096
青岛石油化工厂	260478	225532	55551	117220	1805
山东海化集团	254784	600828	353808	294513	21606
新汶矿业集团	252546	441979	351683	206029	66806
联大集团	241357	504907	91111	220950	4549
山东冠鲁企业集团	234364	201076	45198	97259	21006
山东新华医药集团	232193	212064	128560	122452	8897
宏安集团	225752	67409	33873	42900	1078
新牟国际集团	212137	200215	112099	110490	6052
青岛双星集团	210750	230826	40033	172325	15207
齐鲁化纤集团	207077	793803	499003	221854	18443
山东华盛集团总公司	204981	112501	73651	50957	10000
青岛国风集团	201368	169479	35391	120836	6309
三角集团	195711	214037	121318	109227	6367
青岛凯远集团	193255	237759	72325	140504	3129
鲁能泰山电缆电器集团	188619	298470	176405	127344	7173
山东省建设建工集团有限责任公司	186544	162365	26412	128599	18195
青岛港务局	184962	826673	653084	155248	11971
青岛橡胶集团	182084	502672	291355	222958	9660
青岛建设集团	177762	347532	31889	292760	9029

注:本表为年营业收入前350家的企业集团。

集 团 名 称	营业收入（万元）	资产总计（万元）	固定资产原 价（万元）	流动资产年平均余额（万元）	从业人员（人）
山东巨力集团	169665	103435	45133	45133	3140
四方机车车辆厂	168900	277843	123005	153366	11075
烟台张裕集团	168273	190959	67730	102877	3553
山东德棉集团	167501	175090	78333	67335	13894
华青工业集团股份有限公司	167242	69629	34521	32989	4780
山东小鸭集团	165519	354740	108997	175437	6538
山东成山橡胶集团	159958	257109	120587	111394	5874
山东聊城鲁西化工集团	157282	367336	199519	114650	8997
山东鲁北企业集团	146364	391720	199988	94308	3186
烟台东方电子信息产业集团	144413	212724	26634	133593	2436
山东招金集团	143278	252975	163497	59182	11149
山东新星购销总部(集团)	137553	18063	4654	9957	1400
山东天元建设集团	135415	116112	14536	101063	10179
山东鲁抗医药集团	132499	297885	101576	108277	7069
青岛泰发集团股份有限公司	122488	46287	18040	24643	6221
山东龙喜集团公司	120768	98231	87237	25916	2786
山东只楚集团	119403	82000	49074	41688	3250
山东省对外贸易集团有限公司	118099	81678	12544	68843	606
山东临沂华丰企业集团总公司	116485	106750	75334	29160	5322
山东龙大企业集团公司	115220	88735	30982	47004	12116
菱花集团	115069	80793	56377	29608	7800
山东聊城双力集团	114576	97190	27438	66789	4368
山东济宁樱花纺织集团有限责任公司	112923	143311	79310	66974	14607
潍坊巨龙化纤集团	112472	178371	106087	65688	5814
青岛广源发集团公司	111025	92135	24780	52553	1295
山东省水产集团总公司	109838	198832	94532	22763	4887
山东太阳纸业集团	107888	145747	87855	41698	4874
山东巨能电力集团	107445	89775	71480	30311	1466
中国石化山东泰山石油股份有限公司	107148	119717	17679	94679	1802
青岛即发集团	105003	80150	51378	27989	3018
山东工艺品进出口集团股份有限公司	102238	65722	7270	47002	300
山东凤祥集团	101694	88966	46984	36486	7000
青岛海湾集团	100915	228933	141510	106542	8277
好当家集团有限公司	97817	129637	58287	36080	3832
山东潍坊百货集团股份有限公司	97377	33173	11720	22809	1369
得利斯集团	96388	94523	31339	19625	3350
山东滨州印染集团	96254	63270	36604	28067	1450
山东胜利股份有限公司(集团)	95846	103439	33188	58802	1516
山东省金龙发达集团公司	95601	56323	16761	38029	3431
潍坊新立克集团	95216	385685	222303	127968	3393
山东大陆企业集团有限公司	95087	29680	8762	1780	1900
青岛红星化工集团	94123	95769	47484	48113	3407
淄博商厦集团股份有限公司	92182	49217	23496	24748	2540
山东省农业机械集团总公司	91269	67782	30363	40055	3087
青岛利群集团股份有限公司	91068	46264	32128	9092	1868
华泰集团	90620	288398	84641	116371	3000
山东淄博田家企业集团公司	89688	33431	25651	11070	4320
烟台有色金属集团	88923	195297	81651	99251	4050
烟台万华合成革集团	88547	252124	160240	69301	4147

20－5 续表 2 （2000 年）

集团名称	营业收入（万元）	资产总计（万元）	固定资产原价（万元）	流动资产年平均余额（万元）	从业人员（人）
山东黄金集团	88300	214713	195432	60502	15800
山东省粮油集团总公司	88227	33009	5599	18995	75
山东广饶石化集团	87668	38136	33481	12638	1404
肥城矿业集团	87352	173303	116253	97033	25642
清河集团公司	86610	96798	74048	38182	3017
山东莱动内燃机有限公司	86231	105672	41573	72160	4850
万达集团股份有限公司	85631	42673	17552	19394	2560
山东高密化纤集团	84165	53202	33043	17948	2394
山东泰山电器集团	83173	73795	32201	60758	1811
胜利油田东胜精攻石油开发集团	81946	172613	58856	85012	512
山东巨菱股份有限公司	81255	44556	8701	32961	1769
山东如意毛纺集团	81048	155449	53237	72283	8130
山东省茌平热电企业集团	80480	190001	107476	56843	4297
青岛星火纺机纺织集团股份有限公司	80028	30312	8216	24035	1466
青岛益佳集团有限公司	79880	51906	2408	42681	251
山东兰陵企业集团	79600	123207	52267	67251	6204
山东泉林纸业有限责任公司	79341	203153	40918	61112	3969
山东淄博付山集团有限公司	78663	58746	44924	21811	3965
山东三维油脂股份有限公司	76313	17874	5693	9059	560
山东东明石化集团	75706	57892	34050	15168	1837
山东常林机械集团	75050	43317	10546	21479	3266
青岛汉河电缆集团有限公司	74877	59188	16805	33798	1280
青岛竞业集团公司	73852	78633	35632	38926	3348
济南四建集团有限责任公司	72543	122188	18208	81776	12655
山东渤海活塞集团	72340	83399	47010	39511	3687
山东裕鲁实业集团	71266	69978	34715	43133	4628
山东大成化工集团	70766	134993	57594	72136	4789
青岛交运集团	70421	88581	39222	41562	6032
潍坊亚星集团	69665	135711	81250	51532	3733
威海纺织集团	69210	90635	63316	42119	7210
山东寿光联盟化工集团	68677	67449	65017	13966	3185
潍坊医药集团总公司	68498	78708	28716	44846	4085
山东潍坊拖拉机集团	67529	60937	32360	27861	4287
威海木机集团	67393	109420	55118	53190	5039
山东工友集团股份有限公司	67240	22231	6842	15693	1803
山东华明电力集团	67003	99442	61049	34932	4918
日照港务局	66842	234810	240731	56902	5853
山东万鑫集团股份有限公司	65821	39163	17817	19852	5596
青岛大洋食品集团	65797	77678	65001	32555	3961
济南一建集团	65567	94340	7540	81589	7731
山东红日集团	65506	105199	80110	31673	3445
山东潍坊外贸实业集团	65204	26294	13101	15176	996
山东通联信息产业集团有限公司	64669	42209	6967	21793	1159
山东玲珑橡胶集团公司	64532	67216	37072	33559	2020
山东华众纸业有限公司	64318	166854	135262	25843	2030
龙口矿务局	63473	189732	162586	55512	11442
方圆集团	62071	52757	23929	18850	2705
淄博华辰集团	61371	162122	86979	81866	5042
潍坊钢铁集团公司	61266	46109	41172	10184	2159
威海北洋电气集团	61256	98913	28766	57036	2867
山东亚光纺织集团	60852	51752	23214	21906	4639

集团名称	营业收入（万元）	资产总计（万元）	固定资产原价（万元）	流动资产年平均余额（万元）	从业人员（人）
烟台冰轮集团	60229	98065	32678	49330	2494
青岛十梅庵集团公司	60220	12637	5368	7996	5880
山东景芝集团	60012	48818	32551	26971	3707
山东兰田集团总公司	59757	79939	29263	12443	3849
烟台东星集团公司	59543	93689	39614	43703	1784
齐鲁考格尔集团	59045	82877	57307	34377	3897
山东胜通集团	58941	31092	18953	11795	1900
山东华冠集团	58601	75034	22957	49384	3887
山东省物资集团总公司	58063	147950	33091	113032	1910
山东省交通工业集团总公司	57906	113592	37094	60259	4234
山东(临清)银河纸业集团	57799	83834	52563	33938	2555
山东淄博博汇实业总公司	57415	106273	63078	42324	4865
山东泸河集团总公司	56712	27744	13647	12386	2706
青岛变压器集团	56548	79115	17592	54548	2200
山东峄山化工集团有限公司	56282	73777	45064	16447	5910
山东雪花淀粉集团公司	55502	16319	9869	9914	1200
青岛中泰集团有限公司	55038	122399	83519	40283	2185
山东华鲁恒升集团	54837	91955	91099	29216	3470
山东金府集团	54552	13000	8600	6500	2782
青岛纺联集团有限公司	54142	27999	2916	18956	160
青岛公交集团	53704	100194	78502	27242	13145
崂山百货大楼集团股份有限公司	53196	50822	23208	26718	1260
山东阳谷电缆集团	53152	55527	23407	32240	1046
山东青援食品集团有限公司	53105	32664	25022	9114	5422
山东乐化集团	52570	36316	12454	24937	2562
山东华阳农药化工集团	52414	91216	58282	29109	7842
青岛海王纸业集团股份有限公司	51861	47115	18076	13838	1857
莱芜市冶金工业集团	51439	55349	32849	17614	5165
山东明水集团有限公司	51050	24868	18477	9007	6812
济南山水集团	50528	139955	78227	45184	4093
山东里彦能源集团	50453	76514	53754	25761	1438
青岛东方集团股份有限公司	50196	66905	30074	20496	1322
鲁泰集团	50029	142067	51751	57154	3379
青岛华青建安集团	50001	7588	3130	3924	6918
山东药玻集团	49293	54075	28514	31150	4002
山东东昌农业机械集团	48823	39516	13270	29854	2128
山东河西黄金矿业集团公司	48488	19257	17746	4992	1839
潍坊裕华纺织(集团)有限公司	48459	44546	34441	23369	4979
耶莉娅集团	48227	55100	40973	20452	3206
日照市水产集团总公司	47798	52120	20896	25776	3673
山东郯化集团	47316	70139	65379	14357	2760
青岛市正进实业集团	46412	38064	9402	15903	6970
兰雁集团	45911	55252	37442	27138	2990
鲁南化学工业集团	45792	145680	104290	31745	6003
潍坊恒信纸业集团	45756	74222	46169	29562	3842
山东泰山生力源集团	45463	65033	35068	26700	2635
青岛城建集团	45378	85938	18549	75647	2296
华光集团	45284	132033	34962	84147	5091
烟台氨纶集团	44833	66570	31862	31667	1833
山东龙丰集团公司	44626	91417	40839	44667	2360

20－5续表4　　　　　　　　　　　　（2000年）

集团名称	营业收入（万元）	资产总计（万元）	固定资产原价（万元）	流动资产年平均余额（万元）	从业人员（人）
青岛华金集团	44335	36949	13376	23350	2577
山东双兴集团有限公司	44200	9465	5532	5214	1289
山东东大化学工业集团公司	43971	71805	40445	18283	1952
青岛昌华集团公司	43910	114901	89535	21866	4732
青岛国人集团	43290	62679	15114	34617	1490
山东德百集团	42242	11896	1981	4671	2243
威海市金猴集团有限责任公司	42081	39407	7143	20708	2493
山东宏发烟草集团有限公司	41839	119559	32374	81142	1536
青岛德维集团公司	41691	40393	22516	11156	2564
山东荣成高虹电力集团总公司	41681	42331	30568	21342	1587
东阿阿胶集团	41622	86661	22338	44097	2003
青岛国货集团股份有限公司	41573	68035	30373	16017	2431
德州晶华集团	41137	78537	59142	24906	5721
山东新昌肉食集团公司	40942	17092	13098	6452	1280
山东金沂蒙集团	40777	30001	25712	11913	1800
济宁市矿业(集团)有限公司	40679	133161	40107	48067	5311
山东恒源石油化工集团有限公司	40606	66169	35054	26843	2498
山东云龙绣品工业公司	40454	24695	7442	16401	1633
烟台三环锁业集团	40388	38788	17380	22902	4575
山东泰龙纺织集团有限责任公司	40212	44659	19605	12357	4963
烟台港务局	40101	237467	225790	52487	7157
招远市黄金冶炼集团	40033	33019	21866	14326	1335
济南华诚元首集团	39888	89652	57066	24402	7550
德州市新华出版发行集团	39876	16309	5693	6112	745
山东海源盐化集团	39844	70756	38403	40442	4605
山东黑豹集团	39708	171526	85623	55655	3025
山东万泰纺织集团	39621	52023	46516	12254	5589
潍坊永昌食品工业集团	38842	23819	13006	10364	1377
山东省瑞星化工工业集团	38667	55073	51786	10208	2756
山东段店集团总公司	38600	14300	11400	2500	380
山东九发集团公司	38091	50615	26234	31019	1300
青岛特种汽车集团公司	37440	21247	4475	12313	896
山东环中医药集团有限公司	37196	48638	22984	31744	3064
山东鸿达建工集团公司	36798	18863	7042	12446	2010
济宁市医药集团总公司	36380	35749	6656	28319	2618
山东绿源化工集团	36369	35967	10325	9610	1962
山东华龙纺织集团	36262	41935	27800	14488	5567
青岛海晶化工集团有限公司	35778	85618	55940	32295	1749
雄鹰集团	35759	113254	71792	47271	6091
青岛振华工业集团有限公司	35388	20381	7269	12793	2600
青岛金王集团有限公司	35078	26427	7834	18593	1300
山东双凤集团总公司	35000	50360	28604	21214	3734
济宁电化集团	34466	46266	32248	21544	2099
山东龙海集团公司	34410	14017	9685	984	1210
潍坊华实纺织印染集团	34406	49312	28875	30731	2193
济南农工商集团有限公司	34078	78521	29391	12010	2601
山东宏力集团	33947	49435	25267	24374	3762
山东金宝电子集团	33814	42214	26133	21788	1589
山东华金集团总公司	33427	57041	37085	14078	2920
山东兆光集团	33316	34182	7480	21069	2334

集团名称	营业收入(万元)	资产总计(万元)	固定资产原价(万元)	流动资产年平均余额(万元)	从业人员(人)
山东玻璃集团	33099	98386	57984	31861	1792
威海建设集团股份有限公司	32972	39240	7782	28694	2513
三英集团公司	32921	25043	11571	12597	1872
山东坤华集团	32838	21417	9167	9483	395
山东长盛泰集团	32350	8500	2725	4900	1200
山东西苑集团公司	32317	12735	7318	8514	695
青岛飞龙工艺品集团有限公司	32000	19880	7120	6239	1980
济南华幸化工集团有限责任公司	31883	21121	5963	7860	789
济南百货大观集团有限公司	31819	124279	51531	43620	4853
淄博九州公园商场集团公司	31256	23138	7033	14932	1562
青岛金属集团有限公司	31163	28866	3892	1981	282
青岛佳元水产集团有限公司	30971	16074	4655	10700	1760
曲阜电缆集团股份有限公司	30963	28849	6875	19689	789
招远市纺织工业集团公司	30936	20409	18998	9290	1736
山东聊城客车工业集团	30834	76256	17615	45653	1925
山东临沂九州集团总公司	30769	30883	18539	8009	916
齐鲁英克莱集团	30701	28390	15019	13860	1618
淄博新宇化肥集团有限公司	30639	20478	18326	9092	1762
山东临沂巨灵集团	30609	49191	29791	20282	4119
山东银河橡塑集团公司	30316	46591	27750	26244	1053
山东红建建安集团	30001	93822	2247	83280	3600
青岛市胶州建设集团有限公司	29988	39170	4253	23697	7636
烟台交运集团	29891	60604	51305	20893	5485
山东北联集团总公司	29880	25336	13760	5119	3668
山东机械设备进出口集团公司	29645	41195	7738	35680	238
山东石岛水产供销集团总公司	29400	27528	12106	17170	1288
济南二机床集团	29018	110719	56409	62347	4900
青岛海丰集团	28923	37972	12537	26465	1106
山东华日集团	28899	82533	32545	46402	3598
山东笙歌集团	28403	26399	21456	18172	4272
山东沂州水泥集团	28332	42645	35517	9451	1662
山东省高青县供销企业集团总公司	28305	41001	10796	25547	2167
山东北方铝业集团	28250	13200	8560	6200	2340
山东真情集团有限公司	28110	30379	14810	12304	3088
山东鲁鑫油脂集团公司	28023	7503	1139	1896	470
济宁物资集团总公司	27781	26461	13419	14278	963
烟台德通企业集团公司	27672	75592	44678	30666	1846
鲁丽集团	27556	33846	17237	19000	3500
山东光大电力集团	27370	54028	38393	12378	1801
津华集团	27325	7980	2100	7800	435
菏泽交通集团总公司	27217	42815	25725	11613	7639
山东万豪纸业集团公司	27050	29400	18320	15940	1335
山东海泰集团有限公司	27037	51155	25966	20914	3611
山东环日集团总公司	27020	27464	13377	18051	3064
山东三孔集团有限公司	27011	48881	34464	13199	2000
山东齐丰工贸集团公司	26963	18952	11173	9367	605
山东鲁鑫金属集团	26922	25362	11439	11795	1160
济南蔬菜副食品集团有限责任公司	26861	37904	19670	10187	2437
山东星王集团有限公司	26616	8602	3382	5208	1102
山东振华集团公司	26609	13062	7298	5451	1016

20－5 续表 6　　　　　　　　　　（2000 年）

集　团　名　称	营业收入（万元）	资产总计（万元）	固定资产原　价（万元）	流动资产年平均余额（万元）	从业人员（人）
山东宏伟集团	26530	16901	4590	12400	1800
恒星集团有限公司	26513	65178	28086	31736	3488
山东新光实业集团有限公司	26182	37143	22166	9146	1142
山东省鲁能五洲集团	26061	41596	8262	14631	870
山东童海集团	26040	28948	9816	20490	847
山东广潍集团总公司	26030	17269	5810	11350	1400
山东现代达驰电工电气股份有限公司	25825	33139	8344	16411	736
青岛燃气集团	25815	179686	105547	45473	1771
山东金塔王集团	25672	37672	29131	15587	1675
山东省农业实业集团公司	25606	52260	2264	28530	170
信义集团公司	25574	35726	11592	19563	1368
青岛市新华书店集团	25574	19712	6778	9519	1124
山东滨州环宇纺织集团	25315	21266	10361	9915	2000
烟台市牟平区电业集团	25218	64320	45901	24460	1340
山东东岳化工有限公司	25161	21619	8398	13674	825
山东三塑集团	24946	22682	17363	6407	914
山东华远造纸集团有限公司	24893	26921	11733	17073	2428
山东泛海集团公司	24861	335367	45352	190846	199
山东宝桥水泥集团公司	24841	22411	13934	14744	1670
淄博中轩实业集团总公司	24821	22858	10870	12298	631
山东景芝建工集团公司	24817	16885	5487	13218	2577
山东东风集团有限公司	24779	47635	32567	14795	4579
山东省冠县冠星纺织集团	24368	12431	7923	5358	1724
山东省金贵集团	24324	23948	6422	4891	660
山东齐鲁物资集团公司	24254	37541	7691	26218	460
山东三行集团公司	24220	37212	24264	10928	2958
山东德齐龙化工集团	24120	23975	24004	6103	1669
山东融海集团公司	24081	24710	12167	8067	4231
青岛长生集团	23917	20402	3172	13706	382
潍坊华星企业集团	23858	29898	15151	12506	955
威海华联集团公司	23669	47622	13536	14756	1526
山东冠洲集团	23428	25802	14547	12876	956
青岛东方化工集团	23337	43384	25239	13939	1645
山东汇业集团	23239	4977	1418	2488	1510
青岛琅琊台酒业集团	23050	22886	12747	10406	1796
山东泰鹏集团	22819	16846	4780	8906	1173
齐鲁塑编集团股份有限公司	22644	29453	13320	15503	1657
山东威海百货大楼集团股份有限公司	22433	10843	6049	4514	648
山东兴禹化工集团	22186	64775	51252	20679	2701
济南铸材集团有限责任公司	22123	46139	22296	22279	1831
山东连杆集团总公司	22097	25776	14596	11801	1234
青岛胶南东佳纺机集团有限公司	22008	11889	7033	8361	1106
山东洁晶集团	22002	27029	19548	9226	2597
潍坊昌大建设集团	21877	57425	11082	36333	3293
山东黄岗集团总公司	21659	22742	19276	5784	1668
山东安丘蓝天纸业集团有限公司	21638	24551	12846	12482	2120
山东华力电机集团	21597	14608	6251	9635	1179
山东蓝星玻璃(集团)有限公司	21515	41282	23544	12819	2146
青岛热电集团有限公司	21424	58120	47255	11379	930
山东茂德皮革集团有限公司	21412	10621	5183	5669	741

二十一、县、市、区主要经济指标

MAJOR STATISTICS OF COUNTIES (CITIES AND DISTRICTS AT COUNTY LEVEL)

简要说明：

本部分资料来源于农调队综合统计报表，反映了全省各县(市、区)主要经济发展情况。

21-1 各县(市、区)主要经济指标

(2000年)

地区	年末总人口(万人)	年末单位从业人员数(人)	乡村从业人员数(人)	行政区域土地面积(平方公里)	地方财政预算内收入(万元)	地方财政预算内支出(万元)	年末金融机构各项存款余额(万元)	城乡居民储蓄存款余额(万元)	年末金融机构各项贷款余额(万元)
济南市									
历下区	52.6	17423	20900	109	21216	22498	2296898	724524	1976246
市中区	50.0	593877	63200	278	17686	22275	2182053	688298	1877433
槐荫区	33.8	13856	49100	149	19046	21006	1492984	470941	1284560
天桥区	47.2	11484	70700	248	20528	21617	2067208	652072	1778621
历城区	80.8	25037	317300	1335	41200	48434	3445347	1086786	2964368
长清县	52.7	47220	216500	1120	15016	19720	290626	234935	166810
平阴县	36.1	30950	140200	827	12150	17077	182136	132387	139274
济阳县	52.3	18755	278600	1076	23109	28204	120260	95156	111225
商河县	58.4	21237	270700	1157	10300	16491	131344	106048	137719
章丘市	98.6	56642	464300	1855	47508	56084	540743	439253	256868
青岛市									
市南区	47.7	15673		30	21709	27358			
市北区	46.8	62000	4031	29	20877	28837			
四方区	35.7	48900		35	12008	18284			
黄岛区	19.4	48823	64544	217	15774	17402	563704	210156	384406
崂山区	19.2	27497	94141	389	43332	59119	777671	254077	550006
李沧区	27.9	29287	12000	98	17477	22668	319333	319333	
城阳区	42.9	57000	190792	553	38303	46332	437274	274106	284782
胶州市	75.8	109493	324107	1313	30305	37202	517977	365290	353775
即墨市	106.6	83547	537200	1780	36258	47087	630762	511560	400498
平度市	133.5	69967	638101	3166	31875	41858	552652	474517	442961
胶南市	83.6	123339	347500	1894	34483	45509	404030	302670	342574
莱西市	72.6	67129	333936	1522	23852	32323	368976	306984	352888
淄博市									
淄川区	67.1	68692	250400	999	21403	27606	691117	479040	380933
张店区	64.2	159865	114900	349	24535	25791	1492848	774637	1263677
博山区	47.5	58521	140122	682	15209	14489	426282	333364	353264
临淄区	58.6	99876	207900	668	25350	35958	1077225	736916	626939
周村区	31.1	42328	98541	263	12275	16229	397408	312089	324619
桓台县	48.6	30925	225260	510	15311	20226	403028	330758	308518
高青县	35.6	16445	177538	830	6868	14456	125126	99746	110105
沂源县	55.3	38989	281676	1637	12796	19922	194902	156953	174781
枣庄市									
市中区	48.1	93064	93400	375	12704	18987	495141	285560	505293
薛城区	45.3	39398	166300	507	14735	18455	205067	148250	249654
峄城区	35.1	27143	159700	627	8642	11872	70558	60917	93943
台儿庄区	28.2	21017	139629	538	8500	11431	89224	68532	132702

21－1 续表1　　　　　　　　　　　　　　　　　　（2000年）

地　　区	年　　末 总人口 （万人）	年末单位 从　　业 人员数 （人）	乡村从业 人员数 （人）	行政区域 土地面积 （平方公里）	地方财政 预算内收入 （万元）	地方财政 预算内支出 （万元）	年末金融 机构各项 存款余额 （万元）	城乡居民储 蓄存款余额 （万元）	年末金融 机构各项 贷款余额 （万元）
山亭区	46.2	19259	215100	1018	7158	12156	70038	57981	75545
滕州市	155.1	152366	678200	1485	29688	37036	565767	440217	454442
东营市									
东营区	55.6	263515	64900	1155	17486	18419	1639317	924771	843578
河口区	19.1	8135	38000	2139	11413	11415	355177	265021	52944
垦利县	21.1	15100	63700	2204	8530	15681	300411	217919	114657
利津县	29.1	13642	139636	1287	8838	12699	102472	73942	85792
广饶县	47.2	24308	209000	1138	16165	22324	348085	233773	327991
烟台市									
芝罘区	62.2	188549	43900	169	21998	28407	2618994	1213953	2150556
福山区	34.6	55322	93800	628	13879	16683	610967	335412	472308
牟平区	48.7	47029	194000	1589	21762	27859	513815	413396	297457
莱山区	15.9	15379	70700	258	7746	10716	183166	121789	107697
长岛县	4.6	7229	13000	56	4109	7208	99397	83632	65868
龙口市	62.3	64135	245300	893	42036	43752	1069736	848486	590120
莱阳市	89.1	55088	355800	1732	23369	26276	497055	396060	343613
莱州市	87.2	70145	360912	1878	40007	43720	937130	778360	407754
蓬莱市	48.5	35734	205600	1207	24560	29189	563117	476315	328354
招远市	57.7	63595	213800	1433	28818	33188	741921	596014	414353
栖霞市	66.0	46866	283456	2016	16080	21566	405980	340159	197577
海阳市	69.0	34040	321600	1887	14320	19665	373215	306882	174509
潍坊市									
潍城区	36.5	24816	88700	290	13362	18258	299804	213986	170928
寒亭区	35.4	18061	139300	786	11116	13544	173879	156473	195927
坊子区	25.1	17979	114300	355	10675	15214	156347	123536	142175
奎文区	36.2	174757	31900	88	10229	12246	1260347	723788	1309941
临朐县	86.7	48004	377973	1833	17856	25047	321326	267886	202138
昌乐县	60.3	30524	238200	1101	17542	22125	236942	202943	171820
青州市	89.7	59015	333900	1569	25938	35733	640197	525513	344795
诸城市	105.7	78551	441300	2183	38018	40938	508368	402886	414338
寿光市	105.7	53037	433800	2200	43927	47774	782868	613529	493794
安丘市	109.9	59527	484515	2011	33034	39931	401068	326911	282484
高密市	84.8	50323	359700	1603	24408	28742	339938	287252	287761
昌邑市	68.4	42603	274500	1810	21852	23655	484992	399813	255793
济宁市									
市中区	38.8	16306	37448	39	8573	11060			
任城区	62.0	16727	312600	881	13549	19464	278482	209766	204790
微山县	67.9	34946	306059	1780	17502	22323	232715	173469	158006

地　　区	年　　末总人口(万人)	年末单位从　　业人员数(人)	乡村从业人员数(人)	行政区域土地面积(平方公里)	地方财政预算内收入(万元)	地方财政预算内支出(万元)	年末金融机构各项存款余额(万元)	城乡居民储蓄存款余额(万元)	年末金融机构各项贷款余额(万元)
鱼台县	44.8	22532	215169	654	8430	13020	134185	116326	115832
金乡县	60.3	29029	291739	885	12905	16962	200626	172683	196090
嘉祥县	77.2	30033	364098	973	11856	18020	227811	199846	173279
汶上县	72.6	33688	342100	877	10425	15405	166140	145000	131905
泗水县	59.2	26524	256100	1070	14548	18198	117423	98991	146087
梁山县	70.9	35894	307800	963	10289	18067	233295	201548	155042
曲阜市	63.2	51133	268341	896	26909	37397	363262	250519	199752
兖州市	60.2	103040	217800	648	37756	39739	374789	303002	286322
邹城市	111.1	157110	407400	1619	48652	49658	686000	486000	551000
泰安市									
泰山区	59.2	133621	99800	337	16966	20353	834374	444856	651710
岱岳区	94.6	33062	467900	1750	24298	29404	332246	285315	196614
宁阳县	80.3	48339	335100	1124	19388	25739	208611	162094	159970
东平县	76.7	38815	320100	1340	15818	22536	170150	144034	122378
新泰市	133.7	140489	560500	1933	36973	44950	562413	475949	394541
肥城市	96.2	106099	346800	1277	35396	42614	561644	437481	450229
威海市									
环翠区	52.2	143800	112700	731	26022	34059	1518387	850354	1228870
文登市	66.2	69300	292500	1645	52591	56064	716368	596484	447675
荣成市	68.1	65500	256000	1392	58845	59639	837305	704356	609449
乳山市	60.5	59000	288800	1668	29117	33968	405254	356477	257624
日照市									
东港区	115.3	95257	469000	1915	13316	19301	791517	509496	609757
五莲县	51.0	41762	254600	1443	14112	19866	204594	153287	144585
莒　县	109.8	43180	582500	1952	21120	30555	260786	206608	189421
莱芜市									
莱城区	99.9	89711	404800	1910	11056	22038	530100	484000	589000
钢城区	23.3	49789	78500	336	4002	6309	240092	74511	152296
临沂市									
兰山区	82.3	108814	269258	650	21065	26536	881500	587300	512500
罗庄区	41.6	10807	162535	371	11409	12700	235522	164944	231426
河东区	59.0	11477	272221	728	7568	13505	192900	166800	132000
沂南县	90.1	39641	459200	1784	17818	24417	219690	184734	188587
郯城县	96.8	38850	531700	1312	19280	24493	226031	189771	141487
沂水县	111.7	47975	527868	2435	27558	36456	317851	266168	230270
苍山县	117.0	35108	587879	1800	14053	26256	216455	180150	185488
费　县	92.1	36134	485586	1904	14478	22701	211722	169245	138618
平邑县	97.9	44055	501939	1823	17170	24209	194800	155000	150000
莒南县	99.0	43462	522671	1752	15509	23825	286080	232472	212098
蒙阴县	52.7	31239	256086	1602	13820	21606	159531	129361	120598
临沭县	61.8	33137	332791	1051	11916	18220	188630	146699	147478

21－1续表3 (2000年)

地　　区	年　　末总人口（万人）	年末单位从　　业人员数（人）	乡村从业人员数（人）	行政区域土地面积（平方公里）	地方财政预算内收入（万元）	地方财政预算内支出（万元）	年末金融机构各项存款余额（万元）	城乡居民储蓄存款余额（万元）	年末金融机构各项贷款余额（万元）
德州市									
德城区	53.2	110708	117300	539	15168	18181	883086	550304	686255
陵　县	54.5	24463	220100	1213	12674	16346	188013	169640	190781
宁津县	45.2	18014	193800	833	14450	17796	223018	205168	189478
庆云县	29.2	11568	134500	502	4400	8661	77361	68019	71146
临邑县	51.1	25215	217800	1016	11640	15657	167605	145119	129112
齐河县	60.1	38858	259100	1411	14704	19621	170836	145916	186247
平原县	44.1	27722	197900	1047	11528	15536	146453	128547	156554
夏津县	48.0	19548	229300	882	7545	13257	149448	137694	170760
武城县	36.8	16932	160600	751	10097	14410	163732	153514	166921
乐陵市	63.4	23599	282600	1172	14800	18536	177471	166894	177258
禹城市	49.9	19331	239900	990	15695	19766	158877	135085	219188
聊城市									
东昌府区	95.8	96591	313100	1245	13362	22687	867307	606275	662896
阳谷县	74.2	32723	290786	1065	12436	19068	271264	242412	228351
莘　县	95.3	31449	387900	1416	11120	20748	205642	188903	187396
茌平县	55.6	29843	238412	1120	12000	17966	189074	151545	178684
东阿县	41.7	23693	172800	799	7773	13108	195258	143293	140366
冠　县	73.2	25140	319762	1161	6466	13555	202825	179329	180839
高唐县	46.2	45933	203400	949	17335	22640	182391	130377	153008
临清市	71.0	45828	307854	950	15927	20477	371601	328795	274450
滨州市									
滨城区	59.8	80000	186400	1041	13850	22147	566868	363984	425180
惠民县	61.9	35000	309000	1364	11818	17314	160244	135800	113155
阳信县	43.0	17500	191300	798	9800	13836	101402	89835	91738
无棣县	43.0	27000	158431	1979	13115	16627	165730	121924	143003
沾化县	38.0	18000	171200	2114	10009	14916	117335	93244	92754
博兴县	46.5	34000	194612	900	14088	18491	271658	209661	195231
邹平县	68.9	60000	324920	1250	22098	27677	365305	268017	335364
菏泽市									
牡丹区	129.4	105045	462900	1432	13723	28757	706232	516316	520191
曹　县	140.3	50934	647200	1963	10223	24001	186083	166552	249865
单　县	114.1	40921	539600	1650	9676	20291	177096	154523	176741
成武县	62.5	29120	282600	988	8740	12910	126850	109730	144361
巨野县	90.2	37625	374100	1303	6930	17999	194429	172407	235430
郓城县	107.3	38954	484100	1643	10008	20046	280131	245841	183974
鄄城县	75.2	27011	340900	1036	5788	15555	138145	120559	124752
定陶县	59.2	27955	272000	843	7652	13080	126546	105277	158905
东明县	70.7	31153	242800	1370	8491	15788	178835	148278	141207

（2000 年）

地 区	粮 食 总产量（吨）	油料产量（吨）	水果产量（吨）	肉 类 总产量（吨）	奶类产量（吨）	蔬菜产量（吨）	规模以上工业企业（万元）		
							工 业 总产值	产 品 销售收入	利润总额
济南市									
历下区	11613		4450	1371	198	23000	143781	123158	5579
市中区	39526	96	10676	7659	9244	14055	4079621	3893355	53556
槐荫区	28625		2850	2457	1860	70693	190900	139015	2889
天桥区	58139	859	1025	10301	602	51215	94492	87614	1685
历城区	260248	2754	65483	44230	42730	862704	469503	420322	33013
长清县	300096	14285	49657	36342	4222	772122	456129	316993	26179
平阴县	229910	7175	101838	37464	385	468635	295821	299175	20832
济阳县	469242	11120	54148	50055	396	1120224	200502	156271	8933
商河县	496255	1241	32085	48497		800930	193582	185012	10044
章丘市	509078	8372	50624	79831	11222	1194103	676062	676251	54150
青岛市									
市南区							22467	24179	141
市北区							81221	86990	4400
四方区							50269	50417	1389
黄岛区	25844	4542	3321	1764	720	10543	1625660	647664	41354
崂山区	5607	1001	12909	5736	6343	23536	2154792	2134554	58596
李沧区	538	198	1100	1925	303	6491	299635	293134	17607
城阳区	53926	1578	15858	15271	11758	456535	1333042	1202718	37007
胶州市	355135	43180	49991	80389	40520	1703584	1149340	1011291	9075
即墨市	481172	120536	31255	78014	46173	1270837	709650	692856	20812
平度市	972599	170371	159245	229300	7354	1494695	822189	773315	28805
胶南市	427850	102934	215787	98096	52432	683141	1064537	1029080	34230
莱西市	457810	89844	162125	93000	58000	999960	641942	652968	14400
淄博市									
淄川区	111484	1654	15088	9382	1481	76542	1108261	856075	58907
张店区	88783	928	5889	8626	9603	377215	2008065	1738580	82815
博山区	46337	592	10138	5075	660	162335	862769	712376	29495
临淄区	276716	50	4171	10161	2776	1398413	2564730	3223293	58399
周村区	94873	853	9308	9396	2976	263715	612958	567548	26358
桓台县	345779	432	37094	18082	2026	437402	546372	532117	33482
高青县	287467	8728	37211	16909	5408	323952	126444	130181	2012
沂源县	79575	6177	183570	24049	90	178730	280115	226933	8989
枣庄市									
市中区	63595	7964	6608	7323	5397	125670	494073	595205	3
薛城区	155157	23450	9099	16648	303	173137	408022	333015	8667
峄城区	191141	11983	9654	8067	39	942717	214452	164779	8944
台儿庄区	181870	6436	5177	13133	200	375926	261443	207080	10978

地区	粮食总产量（吨）	油料产量（吨）	水果产量（吨）	肉类总产量（吨）	奶类产量（吨）	蔬菜产量（吨）	规模以上工业企业(万元) 工业总产值	产品销售收入	利润总额
山亭区	147109	15387	88904	14662	1564	96146	110499	104998	2954
滕州市	565564	63827	46380	47149	811	2149679	798291	704910	24992
东营市									
东营区	102110	616	8508	20577	30	162322	4707979	4447756	1774635
河口区	48568	1454	9513	8779	432	17052	31203	25926	908
垦利县	132215	1901	3096	12121	412	119988	254920	241785	26530
利津县	168253	6096	23713	22500	215	298970	201176	202744	11283
广饶县	358257	1071	23544	32050	7858	1065754	508742	508228	35338
烟台市									
芝罘区	668	139	4503	2119	4751	69671	1202014	1175674	79196
福山区	50118	5335	69948	7012	1856	44819	672099	629336	55691
牟平区	165050	27653	78269	21931	5932	101929	650694	501741	37423
莱山区	25786	4101	9884	2912	3355	68875	164526	131156	6392
长岛县	126		921			655	19358	21213	－294
龙口市	260436	7028	246743	21052	32270	199776	2567896	2455720	146168
莱阳市	265986	56958	177134	24740	12120	792705	735105	675900	27957
莱州市	348883	35548	253805	50422	15785	371692	791206	793118	62067
蓬莱市	170954	21408	210500	18805	4879	104150	952716	763646	42451
招远市	162812	42456	192514	19814	4539	71167	1625895	1419585	124558
栖霞市	256993	41202	986569	16829	1585	115511	460406	378920	11897
海阳市	278668	48009	105054	14551	3397	492976	290922	271619	15752
潍坊市									
潍城区	90454	762	18279	14180	2538	70302	322536	261200	6906
寒亭区	248584	2300	94396	23729	867	246212	142148	130541	3100
坊子区	106852	4772	8840	10538	5610	62754	159343	145749	4603
奎文区	13655	14	1007	758	462	34326	1333081	1335855	30385
临朐县	233124	6410	220160	67500	38122	250052	248808	267244	6809
昌乐县	169679	13303	43924	71064	12026	779716	264140	280540	5914
青州市	430832	248	110274	52397	7081	1031212	546331	526004	28012
诸城市	551899	37758	33935	249475	25001	622297	1123810	1180499	45117
寿光市	492677	637	213779	61329	3116	3023414	931738	909033	74201
安丘市	421973	18401	179009	183019	2581	2333388	612048	568988	25228
高密市	479692	60966	113882	136712	1535	679323	536169	543954	23208
昌邑市	436812	24805	44659	123243	311	895300	655188	472062	24798
济宁市									
市中区	2210		28	524	1711	12821	78722	75346	1674
任城区	477783	7776	9757	48644	3444	672450	282856	282088	13981
微山县	290440	3982	273	39547	29	100988	105569	112957	14988

21－1 续表 6　　(2000 年)

地　区	粮　食总产量（吨）	油料产量（吨）	水果产量（吨）	肉　类总产量（吨）	奶类产量（吨）	蔬菜产量（吨）	规模以上工业企业(万元)		
							工　业总产值	产　品销售收入	利润总额
鱼台县	367314		6365	20959	553	230410	72044	77086	1222
金乡县	300039	4668	16021	29936	599	1341234	82985	105098	6058
嘉祥县	420816	12285	18104	40252	560	321954	115679	124880	2930
汶上县	407703	45226	2155	58800	30	560074	77600	89178	2191
泗水县	231230	25426	60170	72937	11	241517	187813	176395	5385
梁山县	374282	45929	15220	51796	260	422861	92803	98747	3146
曲阜市	346235	15344	26982	80190	4798	216977	224474	227026	6213
兖州市	395254	28314	2283	65170	6385	767224	390645	367365	31362
邹城市	524261	63003	28489	52567	2195	401490	1296589	1331677	53449
泰安市									
泰山区	103948	118	15174	9271	5749	97064	757954	698596	14165
岱岳区	416877	24954	239062	52996	2826	2551142	219852	177187	5106
宁阳县	439836	82228	17977	40572	258	894030	139415	151979	4477
东平县	372838	29740	26138	31491	64	674394	120156	122023	1615
新泰市	459116	44102	40741	60267	3190	693212	702547	697621	27994
肥城市	550457	10759	132309	57565	350	1001470	567582	463321	11588
威海市									
环翠区	72487	20505	79889	6382	5558	132333	2390372	1996242	103287
文登市	292578	72845	106873	38679	59717	155401	2999934	2422329	206552
荣成市	290133	68131	121866	23023	4008	255248	3234617	2446339	213415
乳山市	284027	74215	214484	14001	10032	172672	1041798	570314	50655
日照市									
东港区	456722	104097	133630	36757	681	340562	552216	428036	14129
五莲县	249173	39874	59757	40064	69	204101	247576	253835	4124
莒　县	442103	46769	97076	61476	1200	800359	179310	189617	3692
莱芜市									
莱城区	319590	10678	58542	34255	768	1159305	891074	905103	33059
钢城区	38140	1733	23960	4302	57	146719	336226	181021	6612
临沂市									
兰山区	183002	7642	27630	30989	2536	102424	654916	606856	30286
罗庄区	105577	2093	2273	19122	3050	52950	331095	308992	19022
河东区	253075	16430	23556	33982	1500	180269	89953	82942	4344
沂南县	335996	47499	61433	39919	1750	644079	207569	158105	4427
郯城县	485953	36908	18292	50873	912	438665	142889	151629	12175
沂水县	474547	51322	180000	58523	4890	332256	296456	277717	14242
苍山县	488828	33398	90000	47667	1725	1432857	125181	115120	2753
费　县	312107	72388	141510	59385	1601	529354	130569	130287	5273
平邑县	328257	49136	148640	63245	2366	234676	174670	165017	5747
莒南县	399805	111929	155607	46620	1002	100072	165921	182997	5394
蒙阴县	226358	29582	170077	27721	1970	118599	104997	101531	3008
临沭县	251394	104856	18661	25539	378	109697	196785	200636	4544

地　区	粮　食总产量（吨）	油料产量（吨）	水果产量（吨）	肉　类总产量（吨）	奶类产量（吨）	蔬菜产量（吨）	规模以上工业企业(万元)		
							工　业总产值	产　品销售收入	利润总额
德州市									
德城区	132674	1435	74356	24825	2057	491301	805815	827824	157467
陵　县	395783	2244	119267	47591	311	894262	142802	149943	5090
宁津县	290246	26221	45657	30276	274	453858	192004	189954	9757
庆云县	147939	11	50353	6090	10	104134	37384	38006	1857
临邑县	356396	3075	9547	35242		636480	187595	181041	8343
齐河县	480772	18304	39353	24861	32	990146	148525	156551	5494
平原县	364299	3773	46717	21677	23	949299	137368	129527	3531
夏津县	215147	10279	86154	11450	16	186435	156944	126437	3487
武城县	198067	11094	2609	10289	8	116533	198824	191747	6379
乐陵市	459172	3181	220712	45689		410523	147289	145910	2790
禹城市	359050	5935	30709	74465	2	1019198	244288	242505	8919
聊城市									
东昌府区	485416	36446	23747	48452	3050	1160353	592034	560951	21784
阳谷县	443939	46216	29433	66390	1609	776518	355600	358736	24703
莘　县	523351	57455	32150	57103	320	814929	99696	100005	2404
茌平县	427686	27465	58783	43011	1442	822845	180839	174843	21724
东阿县	321031	845	13726	26008	300	369068	161063	158652	16195
冠　县	415884	104525	101849	42743	220	695551	107179	112996	3995
高唐县	354805	26608	21932	31000	390	520991	560172	568536	29195
临清市	337301	15266	37616	27684	766	611325	370637	378769	20519
滨州市									
滨城区	262996	465	40114	11206	4004	413088	609283	748685	25047
惠民县	386785	9977	84638	40756	1500	852316	125210	120546	4142
阳信县	280108	52	215000	27406	455	225621	108711	112995	2486
无棣县	173882	3424	69193	26307	63	20712	276349	259348	34849
沾化县	210752	470	18575	21161		18000	67868	68760	2483
博兴县	358161	603	11969	24313		236343	311783	320561	7131
邹平县	555563	2503	53895	31846	8946	488751	650702	645514	49558
菏泽市									
牡丹区	461815	30790	25862	28265	1130	943163	248959	228278	13440
曹　县	505370	70290	48919	45912	117	749434	74743	85381	1920
单　县	409353	127751	155803	57877	127	909632	59103	55063	1766
成武县	259074	19620	31474	27239	118	717651	86107	92873	5850
巨野县	316754	37183	65080	17954	23	553156	60569	83720	936
郓城县	587358	90260	81672	44088	103	942229	69181	78893	1110
鄄城县	360643	56316	38651	16950	331	355169	20909	23852	485
定陶县	247340	20579	40051	23431	315	809876	69364	69634	3599
东明县	381925	52785	40724	16748		280245	127635	134191	4275

地　　区	邮　电业务总量（万元）	出口总额（万美元）	基本建设投资完成额（万元）	更新改造投资完成额（万元）	普通中学专任教师数（人）	小　学专任教师数（人）	普通中学在校学生数（人）	小　学在校学生数（人）	农民人均纯收入（元）
济南市									
历下区	44480	1354	15573	4300	1491	2357	23099	40032	3916
市中区	42256	43570	800685	491957	3657	2271	57533	39027	3448
槐荫区	28912	603	15760		1020	1782	15476	24940	3676
天桥区	40032	662	56585	1000	1245	1945	18997	30605	3369
历城区	66720	3084	65478	11850	2530	3370	40364	44774	3079
长清县	5795	1590	28107	4824	2073	2429	34653	32176	3082
平阴县	3625	4167	9478	12198	1402	1851	25788	29990	2994
济阳县	2629	390	22867	4500	1635	3155	30188	54661	2516
商河县	4600	182	19685	13711	1606	3830	35055	55699	2457
章丘市	10650	1506	30568	7636	3926	4427	57075	62067	3455
青岛市									
市南区		4599		1231		1619		27580	
市北区		7668	8745			1851		27200	
四方区		3150	24569	602		1246		23105	
黄岛区	7369	143453	150850	104985	854	1035	11897	16331	4159
崂山区		45000	192106	35980	840	1039	10849	15102	4318
李沧区		29842	3970	1600	802	1281	13400	21620	4836
城阳区	10600	97920	116810	3924	1777	1973	24133	31325	3810
胶州市	12567	139928	47913	9036	2703	3841	37605	63941	3640
即墨市	30585	58000	75653	19653	3684	3923	57202	79430	3426
平度市	22540	22942	22637	33388	5020	6190	76845	117659	3504
胶南市	11247	34000	46480	41990	3264	4095	48331	64119	3510
莱西市	7223	43500	22758	39005	3418	2773	53524	48252	3422
淄博市									
淄川区	18450	16818	44098	1885	3182	3006	45864	44329	3622
张店区	55000	41320	461211	69608	2627	2414	40560	36283	3876
博山区	6418	13248	39548	21876	1869	1734	34470	26368	3458
临淄区	19652	9072	252555	215450	2990	2319	44010	37514	3676
周村区	10545	13023	33401	3762	1505	1326	22201	17148	3706
桓台县	14712	8614	24815	4000	2257	1805	36485	28020	3493
高青县	5262	2362	22157	9315	1302	1201	27033	17731	2496
沂源县	6455	1699	24843	11383	1883	2617	40642	40167	2220
枣庄市									
市中区	51280	1003	155802	46404	1869	2167	35964	45152	3102
薛城区	4848	1164	14072	4498	1762	2577	33165	49420	2883
峄城区	4176	1615	9325	1196	1475	1880	30373	37925	2738
台儿庄区	2245	99	9895	1640	1212	1633	24039	31249	2805

地　　区	邮　电业务总量（万元）	出口总额（万美元）	基本建设投资完成额（万元）	更新改造投资完成额（万元）	普通中学专任教师数（人）	小　学专任教师数（人）	普通中学在校学生数（人）	小　学在校学生数（人）	农民人均纯收入（元）
山亭区	2237	57	11606	13185	1340	3095	28849	66027	2266
滕州市	9792	860	53088	9931	5914	8121	123153	188758	2906
东营市									
东营区	59421	2434	442689	272043	4753	3609	52420	56039	2824
河口区	2388	343	8551	1730	388	427	5926	8078	2549
垦利县	2554		16280	11100	805	865	15353	17864	2591
利津县	2805	900	37881	5739	1277	1293	20617	23519	2639
广饶县	6632	3810	34100	41140	2422	1778	42116	30488	2978
烟台市									
芝罘区	114473	77673	255914	57176	2435	1702	39128	33104	4282
福山区	10013	24946	119939	8448	1834	1594	26385	19058	3191
牟平区	7016	16392	28354	20496	2300	2104	35049	31129	3377
莱山区	4330	8155	32272		667	582	9887	8548	3478
长岛县	3006	2040	8006	779	257	234	4338	3663	3965
龙口市	23135	10528	30700	8600	3497	2250	48428	39340	4206
莱阳市	17701	17540	41023	15076	4422	3355	75903	62104	3013
莱州市	26308	10534	43622	27939	4281	3388	66798	56652	3656
蓬莱市	9872	6157	31135	10654	2219	2262	35702	26701	3481
招远市	18560	13487	48171	30921	3004	2159	45824	38337	3988
栖霞市	17550	4169	29429	4500	3611	2789	51905	44346	3345
海阳市	5561	5000	22618	16318	2789	2823	46583	43818	2821
潍坊市									
潍城区	19310	2127	8307	5761	1153	1866	16390	28527	3742
寒亭区	5295	759	9448	2262	1580	1599	21729	26943	3598
坊子区	5809	2878	22717	3100	1175	1311	16870	18917	3447
奎文区	26622	36393	109707	59882	1287	1599	19240	24823	3666
临朐县	11372	2205	26635	11934	4821	3738	110900	65855	2782
昌乐县	7670	4838	15350	22574	2918	3129	49453	48373	3217
青州市	22277	3462	16742	26628	4821	3508	76906	63739	3308
诸城市	15189	17681	20165	43284	5492	4730	85933	78902	3560
寿光市	19573	7561	42766	116102	5897	3642	112440	65338	4010
安丘市	13332	5316	33346	15429	5610	5595	93834	119694	3550
高密市	13419	13917	33420	13831	3822	4245	55230	68248	3100
昌邑市	12295	2276	24322	23846	3479	2624	56332	39668	3638
济宁市									
市中区	2500	1348	3106	6892	878	1254	17842	19713	3810
任城区	2718	3036	16560	6970	2763	3324	56367	59211	2936
微山县	7113	302	24662	21637	2096	3059	63919	84225	2500

地　　区	邮　电业务总量（万元）	出口总额（万美元）	基本建设投资完成额（万元）	更新改造投资完成额（万元）	普通中学专任教师数（人）	小　学专任教师数（人）	普通中学在校学生数（人）	小　学在校学生数（人）	农民人均纯收入（元）
鱼台县	3350	25	19714	6261	1407	2089	44673	55370	2628
金乡县	7725	1500	17356	3585	2483	3192	52075	76587	2666
嘉祥县	6750	519	9696	4070	2455	3452	56510	94737	2408
汶上县	3108	1908	11480	6632	2163	3566	64561	89717	2442
泗水县	2449	5521	21037	1454	1647	3134	43469	59892	2241
梁山县	6500	603	14884	8843	2280	3222	64896	77821	2348
曲阜市	9506	1250	19995	12628	2879	2305	53998	42484	2653
兖州市	14000	324	54060	3157	3596	2554	50583	39047	3328
邹城市	15000	30341	199045	95911	4328	5553	108509	117483	2998
泰安市									
泰山区	57598	6638	196613	58348	2189	1789	42852	30392	3162
岱岳区	3164	938	10675	3582	3469	3735	56759	55237	2992
宁阳县	4960	882	23408	10277	3179	3600	68957	65651	2705
东平县	4005	322	15022	1124	2457	3340	53594	71662	2317
新泰市	11989	822	41759	16664	4191	5188	93770	115926	2824
肥城市	9233	4050	36729	28333	5236	3429	90852	60947	2879
威海市									
环翠区	69742	79348	156512	99141	2244	1933	38300	35300	4400
文登市	21959	17543	25876	13030	3249	2876	52200	44600	3820
荣成市	28509	19215	41317	37417	3711	2523	58500	42000	4158
乳山市	13745	15069	19731	12956	3260	2781	44300	37500	3320
日照市									
东港区	42332	16801	257230	38873	5462	4404	87360	80605	2857
五莲县	4163	1814	17488	9828	2085	1997	42860	32378	2820
莒　县	4905	386	27175	8100	4053	5005	93880	96717	2846
莱芜市									
莱城区	27996	14057	125345	48301	4462	4508	84646	59447	3238
钢城区	316	2811	31080	14280	811	707	11954	10153	3292
临沂市									
兰山区	17016	4298	378681	1359	4406	4052	80326	80254	2769
罗庄区	3170		19915	7800	1819	1599	37300	44300	2597
河东区	5688	7229	2314		1867	1548	42080	54756	2308
沂南县	6056	566	13041	12511	2908	3686	63341	85705	2283
郯城县	4024	812	25110	7585	2384	3574	53407	113679	2495
沂水县	6895	1680	26712	16550	4102	4252	95447	96466	2272
苍山县	4537	1675	14695	11694	3989	4875	74726	141831	2262
费　县	3640	4000	17100	2500	4200	3626	78956	90098	2232
平邑县	5239	1430	13076	17015	3466	4750	65639	100892	2298
莒南县	4203	2526	8414	14368	3349	4016	83717	86557	2367
蒙阴县	3783	1063	13867	19202	2141	2554	46069	44876	2299
临沭县	5738	10360	6426	18427	2043	2425	39659	54633	2316

(2000 年)

地　　区	邮　电 业务总量 (万元)	出口总额 (万美元)	基本建设 投资完成额 (万元)	更新改造 投资完成额 (万元)	普通中学 专任教师数 (人)	小　学 专任教师数 (人)	普通中学 在校学生数 (人)	小　学 在校学生数 (人)	农民人均 纯收入 (元)
德州市									
德城区	16347	8248	193626	83525	1791	2196	29420	46966	2905
陵　县	8837	165	18746	11047	1278	2423	31720	52689	2513
宁津县	8982	385	17773	16600	1412	2229	28020	42889	2555
庆云县	8375	55	4343	11615	828	1849	18620	38189	2055
临邑县	9348	116	20390	19092	1462	3394	39520	45489	2470
齐河县	8979	852	17634	13374	1682	2959	33723	57989	2513
平原县	9005	218	18803	17459	1414	2404	25120	42089	2506
夏津县	8748	232	4989	4742	1606	2695	32120	45352	2288
武城县	8891	106	18417	18872	1440	2097	30520	36289	2432
乐陵市	9203	1025	7885	19270	1872	3073	49897	51270	2546
禹城市	9585	1952	17924	19429	1759	2466	39620	46789	2603
聊城市									
东昌府区	16359	824	104714	17601	1907	4203	62762	103084	2380
阳谷县	8691	2592	18977	6370	2280	3780	49768	85759	2257
莘　县	3073	154	730	10513	3033	4594	65089	104710	2074
茌平县	3313	154	44336	8883	2150	3204	43729	63518	2251
东阿县	4379		4664	15469	1299	2167	30430	45024	2124
冠　县	4588		7375	5691	2197	3443	59415	69596	2064
高唐县	3126	458	40529	22233	1582	1975	33849	40411	2441
临清市	3371	554	17316	36675	2664	3211	44829	72445	2187
滨州市									
滨城区	21146	11661	57428	49209	2241	2658	42333	42663	2470
惠民县	5283	319	2560	7552	1826	2895	32921	56610	2378
阳信县	4351	2183	1300	17969	1512	1763	31232	30579	2288
无棣县	5218	1089	25306	49935	1625	1952	32623	37414	2201
沾化县	3465	149	18359	13104	1234	3000	25669	31660	2254
博兴县	7967	459	39143	14588	1739	2112	29625	31084	2730
邹平县	9747	12098	60564	84408	2767	2825	50277	46737	2861
菏泽市									
牡丹区	29510	3228	82633	13810	4072	6706	99814	149835	2173
曹　县	9551	1679	13829		3861	7365	110265	154590	2068
单　县	8488	196	33576	495	3175	5085	104345	101227	2089
成武县	5166	126	13298	12652	2147	3359	60819	71312	2072
巨野县	6765	229	7709		2321	4309	75712	110235	2062
郓城县	9191	460	16290		3557	5977	79953	118379	2056
鄄城县	5244	133	5819	160	2125	3913	61391	96870	1909
定陶县	5444	133	640	18623	1912	3373	51169	68745	2091
东明县	6538	305	12709	4879	2246	3260	54074	68167	2038

附录一、全国各省市主要经济指标

MAIN ECONOMIC INDICATORS OF THE WHOLE COUNTRY BY REGION

附录1－1 国内生产总值和平均增长速度

地区	国内生产总值(亿元)					“九五”时期平均每年增长(%)
	1996年	1997年	1998年	1999年	2000年	
全国总计	**67884.6**	**74462.6**	**78345.2**	**82067.4**	**89403.5**	**8.3**
北京	1615.7	1810.1	2011.3	2174.5	2460.5	10.0
天津	1102.4	1235.3	1336.4	1450.1	1639.4	11.3
河北	3453.0	3953.8	4256.0	4569.2	5076.3	11.1
山西	1308.0	1480.1	1486.1	1506.8	1640.1	7.6
内蒙古	984.8	1099.8	1192.3	1268.2	1403.9	10.0
辽宁	3157.7	3582.5	3881.7	4171.7	4668.3	8.9
吉林	1337.2	1446.9	1557.8	1669.6	1831.1	9.8
黑龙江	2402.6	2708.5	2798.9	2897.4	3252.0	8.5
上海	2902.2	3360.2	3688.2	4035.0	4551.2	11.3
江苏	6004.2	6680.3	7200.0	7697.8	8584.7	11.2
浙江	4146.1	4638.2	4987.5	5364.9	6024.3	11.0
安徽	2339.3	2670.0	2805.5	2908.6	3031.8	10.3
福建	2583.8	3000.4	3286.6	3550.2	3920.0	11.7
江西	1517.3	1715.2	1852.0	1963.0	2000.0	7.9
山东	**5960.4**	**6650.0**	**7162.2**	**7662.1**	**8542.4**	**11.0**
河南	3661.2	4079.3	4356.6	4576.1	5126.1	10.1
湖北	2970.2	3450.2	3704.2	3858.0	4276.3	10.8
湖南	2647.2	2993.0	3118.1	3326.8	3688.9	9.2
广东	6519.1	7315.5	7919.1	8464.3	9506.0	10.3
广西	1869.6	1817.3	1903.0	1953.3	2035.6	6.6
海南	389.5	409.9	438.9	471.2	518.5	8.5
重庆	1179.1	1350.1	1429.3	1479.7	1589.6	9.4
四川	2985.2	3320.1	3580.3	3711.6	4016.8	8.9
贵州	713.7	793.0	841.9	911.9	993.3	8.7
云南	1491.6	1644.2	1793.9	1855.7	1955.3	8.4
西藏	64.8	77.0	91.2	105.6		4.8
陕西	1175.4	1300.0	1381.5	1487.6	1661.0	9.0
甘肃	714.2	781.3	869.8	932.0	983.0	9.3
青海	183.6	202.1	220.2	238.4	263.1	8.7
宁夏	193.6	210.9	227.5	241.5	265.3	9.7
新疆	912.2	1050.1	1116.7	1168.6	1364.7	8.0

注:本表绝对数按当年价格计算,增长速度按可比价格计算。

附录1-2 国 内 生 产 总 值

(2000 年)

地　　区	国内生产总　值(亿元)	第一产业	第二产业	工　业	建筑业	第三产业	#交通运输仓储邮电通 信 业	国内生产总值比上年增长(%)
全国总计	**89403.5**	**14212.0**	**45487.8**	**39570.3**	**5917.5**	**29703.8**	**4918.6**	**8.0**
北　京	2460.5	90.0	935.8	737.0	198.8	1434.7	192.9	11.0
天　津	1639.4	73.5	811.5	738.9	72.6	754.4	177.1	10.8
河　北	5076.3	824.6	2551.8	2244.1	307.7	1699.9	405.1	9.5
山　西	1640.1	168.0	835.7	714.5	121.2	636.4	146.0	7.7
内蒙古	1403.9	351.8	559.7	454.4	105.3	492.3	140.0	9.9
辽　宁	4668.3	510.0	2307.3	2075.3	232.0	1851.0	361.3	8.9
吉　林	1831.1	399.7	792.0	648.3	143.7	639.4	141.0	9.0
黑龙江	3252.0	353.0	1885.0	1678.0	207.0	1014.0	177.6	8.1
上　海	4551.2	81.7	2186.9	1991.6	195.3	2282.6	308.7	10.8
江　苏	8584.7	1028.0	4439.0	3846.7	592.3	3117.7	541.3	10.6
浙　江	6024.3	650.0	3194.3	2894.3	300.0	2180.0	440.7	10.9
安　徽	3031.8	732.2	1294.9	1099.1	195.9	1004.7	179.0	8.0
福　建	3920.0	638.0	1711.0	1470.0	241.0	1571.0	444.0	9.5
江　西	2000.0	485.0	695.0	532.0	163.0	820.0	193.7	8.0
山　东	**8542.4**	**1268.6**	**4226.6**	**3723.4**	**503.1**	**3047.3**	**539.5**	**10.5**
河　南	5126.1	1160.0	2410.0	2075.0	335.0	1556.1	385.3	9.4
湖　北	4276.3	662.3	2123.7	1903.3	220.4	1490.3	256.9	9.3
湖　南	3688.9	781.2	1463.2	1234.4	228.8	1444.5	287.6	9.0
广　东	9506.0	990.3	4853.1	4294.6	558.4	3662.7	897.0	10.5
广　西	2035.6	536.6	741.5	616.3	125.3	757.4	160.9	7.2
海　南	518.5	196.6	101.7	65.0	36.7	220.2	47.7	8.8
重　庆	1589.6	283.3	656.6	526.6	130.0	649.7	98.2	8.5
四　川	4016.8	935.2	1715.9	1409.3	306.7	1365.7	249.4	9.3
贵　州	993.3	270.3	385.7	308.5	77.2	337.4	61.7	8.7
云　南	1955.3	436.2	840.2	697.1	143.2	678.9	120.1	7.1
西　藏								
陕　西	1661.0	279.1	731.9	549.6	182.3	649.9	156.9	9.0
甘　肃	983.0	193.0	439.9	328.0	111.9	350.1	48.1	8.7
青　海	263.1	38.5	113.2	80.0	33.2	111.5	19.7	9.0
宁　夏	265.3	46.3	120.0	93.0	27.0	99.0	19.1	9.6
新　疆	1364.7	288.0	587.0	422.0	165.0	489.7	127.4	8.2

注:1. 本表绝对数按当年价格计算,增长速度按可比价格计算。

2. 全国与各地区的国内生产总值系分别计算,故各地相加不等于全国数据。

附录 1－3 国内生产总值构成

（2000 年，国内生产总值＝100）

地区	国内生产总值	第一产业	第二产业	工业	建筑业	第三产业	#交通运输仓储邮电通信业	#批发和零售贸易餐饮业
北京	100.0	3.7	38.0	30.0	8.1	58.3	7.8	9.0
天津	100.0	4.5	49.5	45.1	4.4	46.0	10.8	9.6
河北	100.0	16.2	50.3	44.2	6.1	33.5	8.0	8.8
山西	100.0	10.2	51.0	43.6	7.4	38.8	8.9	8.2
内蒙古	100.0	25.1	39.9	32.4	7.5	35.1	10.0	9.5
辽宁	100.0	10.9	49.4	44.5	5.0	39.7	7.7	13.4
吉林	100.0	21.8	43.3	35.4	7.8	34.9	7.7	8.3
黑龙江	100.0	10.9	58.0	51.6	6.4	31.2	5.5	8.4
上海	100.0	1.8	48.1	43.8	4.3	50.2	6.8	10.5
江苏	100.0	12.0	51.7	44.8	6.9	36.3	6.3	10.0
浙江	100.0	10.8	53.0	48.0	5.0	36.2	7.3	13.3
安徽	100.0	24.2	42.7	36.3	6.5	33.1	5.9	10.4
福建	100.0	16.3	43.6	37.5	6.1	40.1	11.3	9.8
江西	100.0	24.3	34.8	26.6	8.2	41.0	9.7	8.7
山东	**100.0**	**14.9**	**49.5**	**43.6**	**5.9**	**35.7**	**6.3**	**9.3**
河南	100.0	22.6	47.0	40.5	6.5	30.4	7.5	7.3
湖北	100.0	15.5	49.7	44.5	5.2	34.9	6.0	10.3
湖南	100.0	21.2	39.7	33.5	6.2	39.2	7.8	9.4
广东	100.0	10.4	51.1	45.2	5.9	38.5	9.4	9.9
广西	100.0	26.4	36.4	30.3	6.2	37.2	7.9	13.3
海南	100.0	37.9	19.6	12.5	7.1	42.5	9.2	13.3
重庆	100.0	17.8	41.3	33.1	8.2	40.9	6.2	9.6
四川	100.0	23.3	42.7	35.1	7.6	34.0	6.2	9.5
贵州	100.0	27.2	38.8	31.1	7.8	34.0	6.2	8.3
云南	100.0	22.3	43.0	35.7	7.3	34.7	6.1	9.7
西藏	100.0							
陕西	100.0	16.8	44.1	33.1	11.0	39.1	9.4	6.7
甘肃	100.0	19.6	44.7	33.4	11.4	35.6	4.9	11.8
青海	100.0	14.6	43.0	30.4	12.6	42.4	7.5	8.0
宁夏	100.0	17.5	45.2	35.1	10.2	37.3	7.2	8.2
新疆	100.0	21.1	43.0	30.9	12.1	35.9	9.3	8.6

注：本表按当年价格计算。

附录1－4 年 底 总 人 口

单位:万人

地　　区	1996 年	1997 年	1998 年	1999 年	2000 年
全国总计	**122389**	**123626**	**124810**	**125909**	**126583**
北　　京	1259	1240	1246	1257	1382
天　　津	948	953	957	959	1001
河　　北	6484	6525	6569	6614	6744
山　　西	3109	3141	3172	3204	3297
内 蒙 古	2307	2326	2345	2362	2376
辽　　宁	4116	4138	4157	4171	4238
吉　　林	2610	2628	2644	2658	2728
黑 龙 江	3728	3751	3773	3792	3689
上　　海	1419	1457	1464	1474	1674
江　　苏	7110	7148	7182	7213	7438
浙　　江	4343	4435	4456	4475	4677
安　　徽	6070	6127	6184	6237	5986
福　　建	3261	3282	3299	3316	3471
江　　西	4105	4150	4191	4231	4140
山　　东	**8738**	**8785**	**8838**	**8883**	**9079**
河　　南	9172	9243	9315	9387	9256
湖　　北	5825	5873	5907	5938	6028
湖　　南	6428	6465	6502	6532	6440
广　　东	6961	7051	7143	7270	8642
广　　西	4589	4633	4675	4713	4489
海　　南	734	743	753	762	787
重　　庆		3042	3060	3075	3090
四　　川	11430	8430	8493	8550	8329
贵　　州	3555	3606	3658	3710	3525
云　　南	4042	4094	4144	4192	4288
西　　藏	244	248	252	256	262
陕　　西	3543	3570	3596	3618	3605
甘　　肃	2467	2494	2519	2543	2562
青　　海	488	496	503	510	518
宁　　夏	521	530	538	543	562
新　　疆	1689	1718	1747	1774	1925

注:1.1996—1999 年数据为人口变动情况抽样调查推算数。2000 年数据为第五次全国人口普查快速汇总 11 月 1 日零时数,各省总人口包括外来人口,不包括外出人口。

2.全国总计包括中国人民解放军现役军人数,但不包括香港、澳门特别行政区和台湾省数据;分省数据中未包括中国人民解放军现役军人数。

附录1－5 职 工 平 均 工 资

（2000年） 单位：元

地区	平均工资	国有单位	集体单位	股份合作单位	联营单位	有限责任公司	股份有限公司	港澳台商投资单位	外商投资单位
全国总计	**9371**	**9552**	**6262**	**7473**	**10663**	**9766**	**11131**	**11914**	**14372**
北京	16350	16431	10005	11126	13086	17122	17762	21082	29621
天津	12480	12721	7646	10826	10516	13636	14922	12337	15018
河北	7781	8146	5187	5709	7057	7735	8112	9028	8620
山西	6918	7249	4193	4955	5295	8669	6345	7588	8984
内蒙古	6974	7261	4826	4548	8453	7284	6888	6015	6831
辽宁	8811	9221	5721	6422	6460	9816	10051	10539	12109
吉林	7924	8121	5501	8408	5248	7837	9587	9055	12309
黑龙江	7835	7792	4708	9177	8366	6628	16282	9946	7565
上海	18531	18865	12020	13825	15402	16468	21757	17232	23525
江苏	10299	11109	6962	7254	9470	10286	11011	11074	13167
浙江	13076	14465	10403	9485	11830	11362	14581	12006	12974
安徽	6989	7471	4762	5134	6057	6672	9082	7062	8341
福建	10584	11170	8140	8248	11915	10613	12674	10084	10397
江西	7014	7249	4676	5250	4392	7993	9571	7149	7131
山东	**8772**	**9656**	**5586**	**5510**	**7189**	**7765**	**7723**	**7201**	**8792**
河南	6930	7453	4913	5637	5063	6925	7547	9227	7794
湖北	7565	7989	5090	5726	7545	7364	7067	7797	10180
湖南	8128	8401	5995	6712	6937	9017	8867	7972	10396
广东	13823	14387	8615	10079	16402	19006	18126	13124	16454
广西	7651	7663	5583	5999	7007	9759	10008	6048	9447
海南	7408	7146	5919	10468	8420	9454	11794	9474	10859
重庆	8020	8390	5816	6463	5780	7046	9715	9007	13085
四川	8323	8909	5749	6183	6099	7256	8346	9482	9466
贵州	7468	7594	5444	5657	5832	8512	8856	9395	8414
云南	9231	9422	7033	6779	9544	9268	10780	9908	12301
西藏	14976	15566	5835	27924	9579	13600	11669	9000	
陕西	7804	8043	4920	5011	7417	8246	9201	8642	12501
甘肃	8560	8916	6806	6112	6405	5625	10626	10884	12672
青海	10050	10744	4785	5967	5963	6287	6726	9000	7643
宁夏	8590	8913	6538	7531	6791	7785	8183	6330	9444
新疆	8717	8731	7489	6987	6615	8989	11187	9544	10792

附录1-6 固定资产投资

单位:亿元

地区	1996年	1997年	1998年	1999年	2000年	"九五"时期合计
全国总计	**22974.0**	**24941.1**	**28406.2**	**29854.7**	**24242.8**	**130418.8**
北京	889.7	989.7	1124.6	1171.2	1186.3	5361.5
天津	438.5	500.7	571.1	576.5	526.2	2613.0
河北	1182.6	1426.0	1591.8	1770.5	1047.8	7018.7
山西	311.8	376.7	454.9	477.6	456.5	2077.5
内蒙古	262.1	278.7	316.8	348.2	347.3	1553.1
辽宁	881.7	986.6	1057.7	1119.5	1028.2	5073.7
吉林	363.0	361.2	431.8	500.0	484.9	2140.9
黑龙江	568.6	669.9	770.1	751.7	740.7	3501.0
上海	1996.9	1981.5	1966.4	1855.8	1678.8	9479.4
江苏	1963.1	2175.0	2450.4	2441.9	1645.3	10675.7
浙江	1611.4	1608.6	1801.7	1958.1	1444.6	8424.4
安徽	609.8	677.9	722.6	703.5	573.8	3287.6
福建	779.8	880.9	1053.0	1084.7	810.5	4608.9
江西	317.3	329.5	400.6	454.4	321.9	1823.7
山东	**1528.5**	**1742.5**	**1935.6**	**2220.6**	**1563.9**	**8991.1**
河南	1039.4	1209.5	1289.7	1206.8	884.6	5630.0
湖北	935.2	1023.5	1156.8	1239.1	988.2	5342.8
湖南	684.1	667.4	796.9	883.9	634.4	3666.7
广东	2363.2	2291.1	2644.1	2937.0	2535.7	12771.1
广西	476.4	479.8	562.3	578.8	397.7	2495.0
海南	181.0	161.5	173.4	194.8	150.3	861.0
重庆		375.6	493.0	525.3	458.4	1852.3
四川	1113.2	926.3	1145.3	1224.4	1016.4	5425.6
贵州	193.6	222.3	278.4	311.9	288.3	1294.5
云南	456.3	538.6	660.4	664.0	504.1	2823.4
西藏	29.4	34.5	41.3	53.6	48.6	207.4
陕西	343.7	393.2	517.6	587.8	529.1	2371.4
甘肃	207.0	242.1	301.5	355.5	322.1	1428.2
青海	77.7	88.4	108.8	117.2	131.9	524.0
宁夏	72.1	85.8	106.8	128.1	123.9	516.7
新疆	388.7	447.0	514.8	526.7	519.9	2397.1

注:2000年数据不含城乡集体与个体。

附录1－7 基 本 建 设 投 资

单位:亿元

地　　区	1996 年	1997 年	1998 年	1999 年	2000 年	“九五”时期合　计
全 国 总 计	**8610.8**	**9917.0**	**11916.4**	**12455.3**	**13214.6**	**56114.1**
北　京	313.9	374.3	415.5	445.3	447.0	1996.0
天　津	169.6	203.4	262.5	263.0	280.4	1178.9
河　北	375.1	479.4	544.0	581.4	624.4	2604.3
山　西	148.1	197.4	255.1	265.1	276.5	1142.2
内 蒙 古	139.5	157.4	172.8	172.3	232.5	874.5
辽　宁	326.3	397.3	438.1	421.7	451.3	2034.7
吉　林	194.4	177.5	200.8	230.2	274.5	1077.4
黑 龙 江	232.2	344.3	308.5	340.0	382.5	1607.5
上　海	644.5	762.0	844.2	786.8	703.8	3741.3
江　苏	469.0	567.5	712.7	709.4	751.4	3210.0
浙　江	424.2	509.6	619.5	680.4	791.8	3025.5
安　徽	193.1	214.1	251.4	272.3	318.0	1248.9
福　建	241.2	274.2	343.6	363.7	333.1	1555.8
江　西	114.5	130.3	173.0	173.2	194.0	785.0
山　东	**451.6**	**513.6**	**641.0**	**713.0**	**784.1**	**3103.3**
河　南	395.7	443.3	518.1	507.9	594.8	2459.8
湖　北	398.4	435.6	517.7	557.8	594.4	2503.9
湖　南	235.4	237.0	306.6	326.6	367.7	1473.3
广　东	905.2	891.1	1039.9	1191.7	1151.5	5179.4
广　西	174.5	183.0	240.5	259.7	267.8	1125.5
海　南	138.2	126.9	135.7	137.8	127.0	665.6
重　庆		120.9	186.2	190.6	215.5	713.2
四　川	417.9	428.6	530.2	551.8	640.8	2569.3
贵　州	85.7	95.8	126.0	130.4	146.6	584.5
云　南	168.3	225.8	297.9	320.9	331.8	1344.7
西　藏	28.7	30.3	35.3	46.0	45.0	185.3
陕　西	135.3	173.9	251.0	279.4	302.0	1141.6
甘　肃	101.4	121.7	157.1	187.5	199.8	767.5
青　海	51.4	58.4	72.9	72.8	97.6	353.1
宁　夏	37.5	47.3	58.4	69.1	85.0	297.3
新　疆	212.9	256.0	332.1	332.8	373.8	1507.6

附录1-8 更 新 改 造 投 资

单位:亿元

地　　区	1996年	1997年	1998年	1999年	2000年	"九五"时期合　计
全国总计	**3622.7**	**3921.9**	**4516.7**	**4485.1**	**5077.4**	**21623.8**
北　京	168.0	191.2	252.4	175.2	185.9	972.7
天　津	106.7	133.7	119.6	103.6	111.9	575.5
河　北	212.3	255.0	293.3	324.2	305.9	1390.7
山　西	81.5	87.4	89.4	85.8	110.8	454.9
内蒙古	53.9	48.8	51.6	55.9	59.6	269.8
辽　宁	187.0	241.4	259.8	260.9	284.2	1233.3
吉　林	62.4	57.7	83.2	99.4	114.3	417.0
黑龙江	119.1	117.5	219.5	141.2	230.3	827.6
上　海	414.5	386.2	365.0	393.6	402.0	1961.3
江　苏	239.5	268.8	296.0	297.9	339.4	1441.6
浙　江	110.3	113.2	171.2	209.6	240.7	845.0
安　徽	101.6	115.0	109.7	122.9	152.8	602.0
福　建	92.5	137.3	168.3	172.6	176.5	747.2
江　西	60.3	65.9	66.2	69.5	75.1	337.0
山　东	**237.2**	**263.5**	**283.5**	**312.9**	**390.2**	**1487.3**
河　南	155.7	169.3	165.4	159.5	163.4	813.3
湖　北	191.9	211.8	227.0	221.8	245.2	1097.7
湖　南	118.6	107.3	115.5	143.3	176.8	661.5
广　东	273.2	273.5	326.9	368.6	432.8	1675.0
广　西	71.3	59.1	69.7	70.1	80.2	350.4
海　南	8.5	7.5	6.3	7.6	10.2	40.1
重　庆		65.4	89.2	92.1	89.9	336.6
四　川	168.8	117.8	196.1	167.7	173.9	824.3
贵　州	43.6	55.1	62.8	65.2	88.0	314.7
云　南	107.0	122.5	130.1	89.8	74.6	524.0
西　藏	0.3	2.3	3.1	3.4	2.9	12.0
陕　西	76.5	63.0	84.0	88.8	132.1	444.4
甘　肃	52.3	60.6	76.3	79.3	88.4	356.9
青　海	10.9	13.6	13.7	15.3	17.1	70.6
宁　夏	17.4	18.0	18.5	18.4	22.2	94.5
新　疆	68.6	73.9	76.1	61.1	75.9	355.6

附录1－9 财 政 收 入 情 况

单位:亿元

地　　区	1996 年	1997 年	1998 年	1999 年	2000 年	“九五”时期合　计
地方总计	**3746.9**	**4424.2**	**4984.0**	**5594.9**	**6406.1**	**25156.1**
北　京	150.9	182.3	229.4	281.4	345.0	1189.0
天　津	79.0	89.9	101.4	112.8	133.6	516.7
河　北	151.8	176.1	206.8	223.3	248.8	1006.7
山　西	84.2	92.8	104.2	109.2	114.5	504.9
内蒙古	57.3	66.1	77.7	86.6	95.0	382.7
辽　宁	211.7	228.2	264.6	279.6	295.6	1279.8
吉　林	76.4	82.9	93.6	101.3	103.8	458.0
黑龙江	126.9	136.2	157.3	170.1	185.3	775.9
上　海	280.5	332.5	380.7	420.0	485.4	1899.0
江　苏	223.2	255.6	296.6	343.4	448.3	1567.1
浙　江	139.6	157.3	198.1	245.5	342.8	1083.2
安　徽	114.6	140.5	159.2	174.3	178.7	767.3
福　建	142.1	162.9	187.9	208.9	234.1	935.9
江　西	77.1	88.4	97.2	105.1	111.6	479.4
山　东	**241.7**	**290.4**	**352.4**	**404.5**	**463.7**	**1752.7**
河　南	162.1	185.7	208.2	223.4	246.5	1025.8
湖　北	124.5	139.9	169.0	194.4	214.3	842.2
湖　南	130.4	137.2	156.8	166.5	177.0	767.9
广　东	479.4	543.9	640.8	766.2	910.6	3340.8
广　西	90.5	99.2	119.7	133.6	147.1	590.0
海　南	30.7	30.9	33.7	36.1	39.2	170.6
重　庆		59.3	71.1	76.7	87.2	294.4
四　川	209.0	172.9	197.3	211.5	233.9	1024.5
贵　州	49.5	55.9	65.3	74.3	85.2	330.2
云　南	130.0	150.4	168.2	172.7	180.7	802.0
西　藏	2.4	3.0	3.6	4.6	5.4	19.0
陕　西	67.6	76.5	93.3	106.4	115.0	458.8
甘　肃	43.4	46.9	54.0	58.4	61.3	264.0
青　海	9.6	10.9	12.8	14.2	16.6	64.1
宁　夏	12.7	14.1	17.8	18.8	20.8	84.3
新　疆	48.3	54.5	65.4	71.3	79.1	318.6

附录1-10 财 政 支 出 情 况

单位:亿元

地区	1996年	1997年	1998年	1999年	2000年	"九五"时期合计
地方总计	**5786.3**	**6701.1**	**7672.6**	**9035.4**	**10436.6**	**39632.0**
北京	187.4	236.4	280.7	355.2	443.0	1502.7
天津	113.2	122.8	137.9	157.4	187.0	718.3
河北	231.9	270.5	301.6	350.8	414.3	1569.1
山西	133.2	143.5	164.4	185.3	224.9	851.4
内蒙古	126.4	142.9	170.3	199.8	247.1	886.5
辽宁	314.8	340.6	390.3	457.9	516.9	2020.5
吉林	145.5	167.8	190.1	234.6	260.7	998.7
黑龙江	208.9	220.4	259.4	339.0	381.9	1409.6
上海	333.2	408.8	470.0	533.5	608.6	2354.1
江苏	310.9	364.4	424.9	484.7	591.3	2176.1
浙江	213.7	240.2	286.8	344.0	431.3	1516.0
安徽	178.7	207.2	242.1	288.6	322.5	1239.1
福建	200.3	224.4	254.9	279.3	324.1	1283.0
江西	131.8	150.2	175.3	207.8	223.2	888.3
山东	**359.0**	**407.8**	**487.8**	**550.0**	**613.0**	**2417.6**
河南	255.3	284.4	323.6	384.3	444.0	1691.6
湖北	197.4	223.7	280.1	336.5	369.8	1407.5
湖南	217.7	230.8	273.6	313.1	347.8	1383.1
广东	601.2	682.7	825.6	965.9	1070.3	4145.7
广西	157.0	170.8	198.4	225.0	258.5	1009.7
海南	45.2	47.8	54.9	56.8	64.0	268.7
重庆		101.0	125.8	150.2	187.6	564.7
四川	326.7	275.1	320.9	363.5	451.9	1738.1
贵州	99.6	111.8	133.1	170.7	200.1	715.3
云南	270.4	313.2	328.0	378.0	414.0	1703.7
西藏	36.8	38.2	45.3	53.3	60.0	233.5
陕西	121.8	137.7	166.2	206.5	271.6	903.8
甘肃	91.0	104.3	125.3	147.8	187.3	655.7
青海	32.7	36.5	44.1	55.7	68.3	237.3
宁夏	29.5	33.6	45.1	49.5	60.8	218.5
新疆	114.9	123.4	146.0	166.3	191.0	741.6

附录 1-11 城镇居民人均可支配收入

单位:元

地区	1996 年	1997 年	1998 年	1999 年	2000 年
全国总计	**4838.9**	**5160.3**	**5425.1**	**5854.0**	**6280.0**
北京	7332.0	7813.2	8472.0	9182.8	10349.7
天津	5967.7	6608.4	7110.5	7649.8	8140.5
河北	4442.8	4958.7	5084.6	5365.0	5661.2
山西	3702.7	3989.9	4098.7	4342.6	4724.1
内蒙古	3431.8	3944.7	4353.0	4770.5	5129.1
辽宁	4207.2	4518.1	4617.2	4898.6	5357.8
吉林	3805.5	4190.6	4206.6	4480.0	4810.0
黑龙江	3768.3	4090.7	4268.5	4595.1	4912.9
上海	8178.5	8438.9	8773.1	10931.6	11718.0
江苏	5185.8	5765.2	6017.9	6538.2	6800.2
浙江	6955.8	7358.7	7836.8	8428.0	9279.2
安徽	4512.8	4599.3	4770.5	5064.6	5293.6
福建	5172.9	6143.6	6485.6	6859.8	7432.3
江西	3780.2	4071.3	4251.4	4720.6	5103.6
山东	**4890.3**	**5190.8**	**5380.1**	**5809.0**	**6490.0**
河南	3755.4	4093.6	4219.4	4532.4	4766.3
湖北	4364.0	4673.2	4826.4	5212.8	5524.5
湖南	5052.1	5209.7	5434.3	5815.4	6218.7
广东	8157.8	8561.7	8839.7	9125.9	9761.6
广西	5033.3	5110.3	5412.2	5619.5	5834.4
海南	4926.4	4849.9	4852.9	5338.3	5358.3
重庆		5322.7	5466.6	5896.0	6276.0
四川	4482.7	4763.3	5127.1	5477.9	5894.3
贵州	4221.2	4441.9	4565.4	4934.0	5122.2
云南	4978.0	5558.3	6042.8	6178.7	6324.6
西藏	6556.3			6908.7	7426.3
陕西	3809.6	4001.3	4220.2	4654.1	5124.2
甘肃	3353.9	3592.4	4009.6	4475.2	4916.3
青海	3834.2	3999.4	4240.1	4703.4	5170.0
宁夏	3612.1	3836.5	4112.4	4472.9	4912.4
新疆	4649.9	4844.7	5000.8	5319.8	5644.9

附录 1-12 城镇居民人均收支情况

（2000 年）

地区	全部收入	#可支配收入	实际支出	#消费性支出	非消费性支出	恩格尔系数（%）
全国总计	**6316.8**	**6280.0**	**6147.4**	**4998.0**	**1146.1**	**39.18**
北京	10416.4	10349.7	10083.6	8493.5	1590.1	36.30
天津	8165.1	8140.5	8146.9	6121.0	2025.8	40.10
河北	5686.2	5661.2	5503.8	4348.5	1154.1	34.91
山西	4745.3	4724.1	5045.6	3941.9	1101.7	34.91
内蒙古	5150.8	5129.1	4955.6	3927.8	1021.4	34.46
辽宁	5389.0	5357.8	5515.9	4356.1	1157.7	40.68
吉林	4829.2	4810.0	4793.0	4020.9	770.8	39.36
黑龙江	4945.5	4912.9	4771.4	3824.4	939.6	38.42
上海	11802.4	11718.0	11324.3	8868.2	2456.1	44.15
江苏	6841.5	6800.2	6645.4	5323.2	1320.4	41.14
浙江	9334.2	9279.2	8786.1	7020.2	1759.5	39.20
安徽	5331.6	5293.6	5258.5	4233.0	1021.3	45.71
福建	7486.4	7432.3	7108.7	5638.7	1466.5	44.66
江西	5129.5	5103.6	4344.5	3623.6	717.1	43.04
山东	**6521.6**	**6490.0**	**6060.4**	**5022.0**	**1037.0**	**34.73**
河南	4784.0	4766.3	4486.5	3830.7	654.7	36.20
湖北	5542.6	5524.5	5643.6	4644.5	997.9	38.31
湖南	6261.2	6218.7	6433.3	5218.8	1211.1	37.24
广东	9853.7	9761.6	9325.4	8016.9	1306.5	38.62
广西	5881.7	5834.4	6097.7	4852.3	1228.4	39.90
海南	5416.2	5358.3	5049.1	4082.6	933.0	49.31
重庆	6296.7	6276.0	6175.6	5569.8	603.9	41.45
四川	5925.6	5894.3	5713.8	4855.8	856.6	41.48
贵州	5137.2	5122.2	5075.8	4278.3	794.8	42.95
云南	6369.6	6324.6	6520.2	5185.3	1330.4	40.34
西藏	7477.5	7426.3	9827.5	5554.4	4263.7	46.27
陕西	5149.3	5124.2	5304.1	4276.7	1026.9	35.82
甘肃	4944.3	4916.3	4862.5	4126.5	735.8	37.63
青海	5196.7	5170.0	5078.2	4185.7	888.1	40.88
宁夏	4948.0	4912.4	5873.2	4200.5	1669.7	35.73
新疆	5686.5	5644.9	5276.7	4422.9	844.7	36.38

附录 1－13 农村居民人均纯收入

单位:元

地区	1996 年	1997 年	1998 年	1999 年	2000 年
全国总计	**1926.07**	**2090.13**	**2161.98**	**2210.34**	**2253.39**
北京	3561.94	3661.68	3952.30	4226.59	4604.55
天津	2999.68	3243.68	3395.70	3411.11	3622.39
河北	2054.95	2286.01	2405.30	2441.50	2478.86
山西	1557.19	1738.26	1858.60	1772.62	1905.61
内蒙古	1602.34	1780.19	1981.50	2002.93	2038.21
辽宁	2149.98	2301.48	2479.80	2501.04	2355.58
吉林	2125.56	2186.29	2383.60	2260.59	2022.50
黑龙江	2181.86	2308.29	2253.10	2165.93	2148.22
上海	4846.13	5277.02	5406.80	5409.11	5596.37
江苏	3029.32	3269.85	3376.80	3495.20	3595.09
浙江	3462.99	3684.22	3814.60	3948.39	4253.67
安徽	1607.72	1808.75	1862.90	1900.29	1934.57
福建	2492.49	2785.67	2946.40	3091.39	3230.49
江西	1869.63	2107.28	2048.00	2129.45	2135.30
山东	**2086.31**	**2292.12**	**2452.80**	**2549.58**	**2659.20**
河南	1579.19	1733.89	1864.10	1948.36	1985.82
湖北	1863.62	2102.23	2172.20	2217.08	2268.59
湖南	1792.25	2037.06	2064.90	2127.46	2197.16
广东	3183.46	3467.69	3527.10	3628.95	3654.48
广西	1703.13	1875.28	1971.80	2048.33	1864.51
海南	1746.08	1916.90	2018.30	2087.46	2182.26
重庆	1491.00	1643.21	1720.50	1736.63	1892.44
四川	1459.09	1680.69	1789.20	1843.47	1903.60
贵州	1276.67	1298.54	1334.50	1363.07	1374.16
云南	1229.28	1375.50	1387.30	1437.63	1478.60
西藏	1353.26	1194.51	1231.50	1309.46	1330.81
陕西	1165.10	1273.30	1405.60	1455.86	1443.86
甘肃	1100.59	1185.07	1393.10	1357.28	1428.68
青海	1173.80	1320.63	1424.80	1466.67	1490.49
宁夏	1397.80	1512.50	1721.20	1754.15	1724.30
新疆	1290.01	1504.43	1600.10	1473.17	1618.08

附录 1－14 农村居民家庭收支情况

(2000 年)　　　　单位:元

地　　区	总收入	#纯收入	总支出	#生活消费	现金收入	现金支出	恩格尔系数(%)
全国总计	**3146.17**	**2253.39**	**2652.38**	**1670.11**	**2381.56**	**2140.34**	**50.1**
北　京	5515.65	4604.55	4498.05	3425.71	5092.56	4374.65	38.1
天　津	4649.13	3622.39	3127.32	1995.61	3938.48	2940.32	40.1
河　北	3307.55	2478.86	2264.78	1365.23	2607.23	1977.44	39.5
山　西	2423.85	1905.61	1711.66	1149.01	1836.31	1425.88	48.6
内蒙古	3440.31	2038.21	3123.29	1614.91	2448.89	2355.68	44.8
辽　宁	3704.29	2355.58	3385.45	1753.54	3050.75	2783.07	46.5
吉　林	3259.07	2022.50	3016.70	1553.35	2296.07	2495.37	45.4
黑龙江	3712.63	2148.22	3390.05	1540.35	2654.57	2821.14	44.3
上　海	6399.54	5596.37	5577.53	4137.61	5914.94	5199.98	44.0
江　苏	4542.03	3595.09	3434.26	2337.46	3673.63	2970.24	43.5
浙　江	5325.17	4253.67	4527.24	3230.88	4863.37	4160.18	43.5
安　徽	2585.56	1934.57	2045.56	1321.50	1901.60	1614.69	52.5
福　建	4103.55	3230.49	3412.00	2409.69	3617.21	3017.52	48.7
江　西	2833.80	2135.30	2447.25	1642.66	2004.94	1861.27	54.5
山　东	**3880.98**	**2659.20**	**3036.21**	**1770.75**	**3090.67**	**2574.97**	**44.2**
河　南	2726.08	1985.82	2119.50	1315.83	1854.40	1578.10	49.7
湖　北	3008.13	2268.59	2404.65	1555.61	2098.22	1808.57	53.2
湖　南	3195.13	2197.16	2964.85	1942.94	2440.74	2363.32	54.2
广　东	4590.47	3654.48	3613.14	2646.02	3759.51	3090.91	49.8
广　西	2649.18	1864.51	2317.08	1487.96	1975.68	1809.36	55.4
海　南	2840.75	2182.26	2145.30	1483.90	2208.68	1643.59	56.9
重　庆	2594.95	1892.44	2165.60	1395.53	1627.80	1516.77	53.6
四　川	2829.93	1903.60	2431.90	1484.59	1841.69	1709.57	54.6
贵　州	1947.47	1374.16	1717.52	1096.64	1136.38	1063.25	62.7
云　南	2246.94	1478.60	2066.36	1270.83	1430.02	1360.59	59.0
西　藏	1732.32	1330.81	1477.49	1116.59	1174.80	719.55	79.3
陕　西	2032.79	1443.86	1917.76	1251.21	1558.95	1599.51	43.5
甘　肃	1958.00	1428.68	1639.01	1084.00	1309.03	1226.34	48.4
青　海	2000.32	1490.49	1845.80	1218.23	1365.72	1327.21	57.9
宁　夏	2819.79	1724.30	2582.63	1417.13	2169.24	2032.23	48.8
新　疆	3129.35	1618.08	2819.77	1236.45	2444.30	2353.45	50.0

注:现金收支为不含储蓄借贷后的现金收支。

附录 1－15 农林牧渔业总产值和指数

（2000 年）

地　　区	农林牧渔业总产值（亿元）	农　业	林　业	牧　业	渔　业	农林牧渔业总产值指数（上年＝100）
全国总计	**24915.8**	**13873.6**	**936.5**	**7393.1**	**2712.6**	**103.6**
北　京	195.2	91.1	5.4	90.6	8.1	113.1
天　津	156.3	83.4	1.4	51.8	19.8	104.2
河　北	1544.7	846.7	25.4	613.7	58.9	105.7
山　西	322.4	218.3	12.7	89.7	1.6	109.3
内蒙古	543.2	308.4	23.6	205.5	5.7	102.5
辽　宁	967.4	463.5	19.7	304.2	180.0	99.2
吉　林	609.4	320.3	11.4	268.7	9.0	94.4
黑龙江	625.1	414.4	18.3	175.7	16.8	99.3
上　海	216.5	89.8	1.4	87.4	37.9	103.9
江　苏	1869.7	1096.0	30.2	430.5	313.0	105.0
浙　江	1062.9	520.4	67.8	177.3	297.4	104.6
安　徽	1220.0	675.3	64.0	349.4	131.3	101.7
福　建	1037.3	421.0	82.3	208.2	325.8	103.1
江　西	760.3	387.3	51.1	221.8	100.1	102.8
山　东	**2294.3**	**1300.4**	**47.6**	**599.2**	**347.1**	**103.9**
河　南	1981.5	1264.3	56.2	641.6	19.5	105.4
湖　北	1125.6	615.7	40.2	338.8	130.9	102.8
湖　南	1221.7	633.8	51.0	455.9	80.9	104.2
广　东	1640.7	807.9	59.6	389.7	383.4	104.0
广　西	829.0	418.8	38.8	275.3	96.1	100.2
海　南	311.9	145.0	48.1	50.3	68.6	111.5
重　庆	412.6	244.7	10.8	142.0	15.1	100.9
四　川	1413.3	785.4	49.1	541.5	37.3	104.9
贵　州	413.0	279.6	18.0	110.7	4.6	103.8
云　南	680.9	416.4	49.7	201.5	13.3	106.5
西　藏	51.2	26.4	1.3	23.5		101.9
陕　西	464.9	327.8	27.2	106.4	3.5	104.6
甘　肃	323.0	239.0	11.2	71.7	1.2	104.9
青　海	57.0	24.9	1.5	30.5	0.1	97.5
宁　夏	77.8	47.0	3.1	25.7	1.9	103.8
新　疆	461.2	340.9	7.6	109.2	3.4	105.2

附录1-16 粮　　食　　产　　量

单位：万吨

地　　区	1996年	1997年	1998年	1999年	2000年	“九五”时期合　　计
全国总计	**50453.5**	**49417.1**	**51229.5**	**50838.6**	**46217.5**	**248156.2**
北　　京	237.4	237.5	239.2	201.0	144.2	1059.3
天　　津	207.0	206.2	210.1	174.9	124.1	922.2
河　　北	2789.5	2746.7	2917.5	2746.3	2551.1	13751.0
山　　西	1077.1	901.4	1081.5	821.7	853.4	4735.0
内 蒙 古	1535.3	1421.0	1575.4	1428.5	1241.9	7202.1
辽　　宁	1660.1	1313.5	1828.9	1648.8	1140.0	7591.2
吉　　林	2326.6	1808.3	2506.0	2305.6	1638.0	10584.5
黑 龙 江	3046.6	3104.5	3008.5	3074.6	2545.5	14779.7
上　　海	226.3	230.2	212.6	208.1	174.0	1051.2
江　　苏	3476.4	3563.8	3415.1	3559.0	3106.6	17120.9
浙　　江	1516.8	1493.5	1435.2	1393.0	1217.7	7056.2
安　　徽	2674.1	2802.7	2591.0	2771.2	2472.1	13311.1
福　　建	952.2	961.8	958.1	942.2	854.7	4669.0
江　　西	1766.3	1767.7	1555.5	1732.7	1614.6	8436.8
山　　东	**4332.7**	**3852.2**	**4264.8**	**4269.0**	**3837.7**	**20556.5**
河　　南	3839.9	3894.7	4009.6	4253.3	4101.5	20098.9
湖　　北	2484.4	2634.4	2475.8	2451.9	2218.5	12265.0
湖　　南	2701.5	2801.9	2647.9	2725.4	2767.9	13644.6
广　　东	1839.2	1897.7	1947.6	1967.1	1760.1	9411.7
广　　西	1509.3	1544.8	1557.1	1575.0	1528.5	7714.7
海　　南	197.7	213.9	210.8	217.0	199.6	1038.9
重　　庆		1157.7	1122.5	1111.6	1106.9	4498.7
四　　川	4495.7	3461.3	3519.7	3551.4	3372.0	18400.1
贵　　州	1012.6	1025.9	1100.0	1125.2	1161.3	5425.0
云　　南	1246.2	1271.9	1319.5	1399.3	1467.8	6704.7
西　　藏	77.7	79.2	85.0	92.2	96.2	430.3
陕　　西	1217.3	1044.4	1303.1	1081.6	1089.1	5735.5
甘　　肃	820.6	766.2	872.0	814.9	713.5	3987.1
青　　海	123.8	127.6	128.2	103.6	82.7	565.9
宁　　夏	257.9	256.6	294.9	293.3	252.7	1355.4
新　　疆	805.3	830.0	836.6	799.3	783.7	4054.9

附录 1－17 棉花产量

单位:万吨

地　区	1996 年	1997 年	1998 年	1999 年	2000 年	"九五"时期合计
全国总计	**420.3**	**460.3**	**450.1**	**382.9**	**441.7**	**2155.2**
北　京	0.3	0.2	0.2	0.2	0.2	1.0
天　津	0.5	0.4	0.6	0.6	1.8	3.9
河　北	25.8	24.9	27.0	22.3	30.0	130.0
山　西	7.2	4.4	5.6	4.4	4.5	26.2
内蒙古		0.1	0.2	0.2	0.2	0.7
辽　宁	1.1	1.5	1.8	0.5	0.6	5.4
吉　林						
黑龙江						
上　海	0.4	0.4	0.5	0.2	0.1	1.6
江　苏	53.7	50.7	46.2	24.6	31.4	206.7
浙　江	6.8	4.8	6.5	4.0	2.9	25.1
安　徽	27.0	30.1	29.0	19.5	27.4	133.0
福　建						
江　西	12.3	13.2	7.6	6.3	6.8	46.3
山　东	**37.2**	**35.4**	**41.3**	**33.9**	**59.0**	**206.8**
河　南	73.6	79.0	72.8	70.7	70.4	366.5
湖　北	43.0	58.1	32.5	28.2	30.4	192.2
湖　南	19.0	25.6	19.2	17.7	15.8	97.3
广　东						
广　西	0.1	0.1	0.1	0.1	0.1	0.5
海　南						
重　庆		0.1	0.1	0.1		0.3
四　川	12.3	10.7	10.2	7.6	5.9	46.7
贵　州	0.1	0.1	0.2	0.1	0.1	0.6
云　南	0.1	0.1	0.1	0.1	0.1	0.3
西　藏						
陕　西	3.1	2.1	2.3	2.0	2.7	12.2
甘　肃	2.6	3.4	6.1	4.3	5.7	22.1
青　海						
宁　夏						
新　疆	94.0	115.0	140.0	135.4	145.6	630.0

附录1－18 油料产量

单位:万吨

地　　区	1996年	1997年	1998年	1999年	2000年	“九五”时期合　计
全国总计	**2210.6**	**2157.4**	**2313.9**	**2601.2**	**2954.8**	**12237.8**
北　京	2.9	2.7	2.8	2.8	3.8	15.1
天　津	3.1	3.0	3.8	2.3	3.3	15.6
河　北	120.7	118.0	138.8	129.5	147.0	653.9
山　西	37.3	28.1	42.5	25.5	44.8	178.2
内蒙古	81.4	73.1	90.3	100.9	116.4	462.1
辽　宁	17.0	16.1	23.4	19.8	29.6	105.8
吉　林	21.7	15.9	21.3	31.4	39.0	129.3
黑龙江	16.8	18.2	16.9	39.3	43.8	134.9
上　海	16.2	10.7	6.8	13.4	16.4	63.4
江　苏	147.5	141.9	115.6	184.0	225.6	814.8
浙　江	52.1	48.9	35.5	54.1	57.9	248.5
安　徽	177.2	205.0	176.5	268.1	285.1	1111.8
福　建	23.0	24.4	24.6	25.8	25.8	123.6
江　西	101.0	105.6	84.3	94.4	96.7	482.1
山　东	**309.3**	**240.9**	**335.6**	**320.5**	**356.9**	**1563.3**
河　南	278.5	276.7	312.1	349.3	392.6	1609.0
湖　北	181.8	195.5	216.7	228.3	287.2	1109.4
湖　南	118.1	129.3	120.7	130.2	139.3	637.6
广　东	74.2	75.5	79.3	74.5	78.8	382.3
广　西	51.6	55.5	54.4	54.7	58.6	274.9
海　南	8.0	8.4	9.5	9.6	10.1	45.6
重　庆		23.3	25.1	24.1	31.1	103.6
四　川	156.8	134.2	146.4	151.6	193.0	782.0
贵　州	55.6	59.0	62.2	67.3	74.3	318.5
云　南	18.8	17.4	17.5	20.6	27.0	101.3
西　藏	3.5	3.4	3.0	4.1	4.0	18.0
陕　西	37.4	36.7	35.5	31.9	38.8	180.3
甘　肃	43.1	35.6	45.5	43.8	41.7	209.6
青　海	17.1	18.4	21.0	28.5	19.4	104.4
宁　夏	7.9	6.2	8.6	10.4	7.0	40.1
新　疆	31.0	30.0	37.5	60.5	60.1	219.0

附录1－19 主要农产品产量

单位:万吨

地　　区	糖　料	水　果	猪　肉	牛　肉	羊　肉	奶　类	水产品
全国总计	**7635.3**	**6225.1**	**4031.4**	**532.8**	**274.0**	**919.1**	**4278.5**
北　京		58.6	29.1	3.3	1.6	30.4	7.5
天　津		28.3	17.3	2.8	2.0	16.5	24.2
河　北	11.5	677.3	242.8	65.3	24.6	96.2	80.9
山　西	21.0	204.5	43.5	7.3	7.0	35.9	2.6
内蒙古	141.3	21.4	76.6	21.8	31.8	83.0	7.2
辽　宁	28.7	250.0	117.0	25.8	3.4	21.9	338.5
吉　林	44.4	48.6	95.5	33.5	3.2	15.0	14.0
黑龙江	254.8	19.2	87.1	27.1	3.5	156.5	38.2
上　海	6.8	22.5	25.9		0.7	25.9	28.9
江　苏	28.3	176.4	205.7	5.1	15.8	25.7	308.8
浙　江	98.5	170.4	89.8	0.9	2.6	11.2	469.5
安　徽	32.1	110.6	184.8	31.9	11.2	4.1	159.8
福　建	82.7	356.4	106.5	2.1	1.3	9.9	527.9
江　西	136.8	42.3	143.5	5.2	0.9	5.8	127.1
山　东	**0.1**	**966.6**	**285.9**	**69.2**	**24.8**	**70.5**	**698.2**
河　南	32.6	364.7	322.9	83.0	32.0	20.2	32.2
湖　北	101.7	215.7	193.5	13.8	3.0	5.9	234.3
湖　南	115.9	150.5	371.8	13.5	6.1	1.1	133.2
广　东	1253.2	643.5	206.8	5.2	0.4	9.5	593.2
广　西	2937.9	360.1	206.8	9.8	2.5	1.7	239.9
海　南	338.9	105.5	22.7	2.1	1.0		83.1
重　庆	9.1	81.7	132.1	4.4	1.9	5.6	20.0
四　川	166.8	252.6	419.1	23.8	16.2	28.9	51.3
贵　州	66.7	31.1	104.8	7.0	4.2	1.7	6.2
云　南	1420.6	77.0	172.6	12.8	5.8	14.7	16.6
西　藏		0.7	0.8	8.5	5.7	20.4	0.2
陕　西	1.8	493.8	60.9	7.9	5.4	63.9	6.1
甘　肃	37.9	121.6	38.9	7.9	7.5	13.7	1.4
青　海	0.1	2.2	7.0	6.4	7.0	21.3	0.1
宁　夏	0.3	19.3	8.8	3.3	3.3	23.6	3.7
新　疆	265.0	151.9	10.8	22.2	37.5	78.2	6.0

注:水产品总数包括水产品总公司17.58万吨。

附录1－20 发电量

单位:亿千瓦小时

地　　区	1996年	1997年	1998年	1999年	2000年	"九五"时期合　计
全国总计	**10813.1**	**11355.5**	**11670.0**	**12393.0**	**13556.0**	**59787.6**
北　　京	141.6	146.4	144.5	143.2	145.3	720.9
天　　津	146.0	178.2	165.3	181.3	211.5	882.3
河　　北	651.4	694.1	687.1	769.6	844.4	3646.6
山　　西	526.9	546.0	554.0	569.8	620.3	2817.0
内 蒙 古	323.8	342.2	350.4	380.6	439.2	1836.2
辽　　宁	584.0	615.2	608.1	610.5	645.6	3063.3
吉　　林	294.0	280.0	281.3	299.6	313.5	1468.4
黑 龙 江	410.3	432.9	423.8	411.5	426.7	2105.2
上　　海	428.6	458.5	483.2	498	553.1	2421.4
江　　苏	756.9	777.0	754.3	787.1	909.7	3985.0
浙　　江	448.4	485.8	492.1	528.5	624.8	2579.6
安　　徽	325.8	329.3	308.8	308.2	355.4	1627.6
福　　建	284.1	310.2	321.9	356	403.7	1675.9
江　　西	183.3	179.8	181.1	187.8	203.4	935.3
山　　东	**793.0**	**840.3**	**823.8**	**910.5**	**1005.3**	**4372.9**
河　　南	594.0	630.8	631.1	659	694.9	3209.8
湖　　北	476.0	490.5	506.1	508	534.8	2515.4
湖　　南	339.1	346.0	345.7	332.5	354.4	1717.7
广　　东	908.7	981.2	1004.4	1104.4	1292.7	5291.4
广　　西	226.1	237.3	245.0	253.4	283.0	1244.8
海　　南	32.8	34.6	35.5	37	39.1	179.0
重　　庆		148.2	158.7	158.3	167.9	633.1
四　　川	618.0	492.0	475.6	443.9	500.2	2529.7
贵　　州	248.8	255.8	291.8	334.5	404.7	1535.5
云　　南	253.7	253.1	264.6	298.2	297.8	1367.4
西　　藏	4.3	5.8		6.3	6.6	23.0
陕　　西	268.7	269.8	246.0	255.1	272.3	1311.8
甘　　肃	235.7	246.4	250.0	262.4	253.5	1248.0
青　　海	61.8	84.3	100.5	114.4	133.8	494.7
宁　　夏	111.6	113.4	110.6	112.3	136.6	584.6
新　　疆	136.0	150.6	158.3	167.1	182.1	794.1

注:1996年重庆市数据包含在四川省中。

附录1－21 钢产量

单位：万吨

地区	1996年	1997年	1998年	1999年	2000年	“九五”时期合计
全国总计	**10124.1**	**10894.2**	**11559.0**	**12426.0**	**12850.0**	**57853.3**
北京	794.7	801.7	803.2	734.5	803.4	3937.6
天津	201.0	236.8	254.9	317.7	356.8	1367.2
河北	908.6	1056.1	1103.9	1303.9	1230.1	5602.6
山西	355.8	399.0	420.0	452.3	470.9	2098.0
内蒙古	432.0	453.3	404.4	416.3	423.6	2129.5
辽宁	1369.3	1354.9	1406.5	1492.2	1553.8	7176.7
吉林	119.1	139.0	152.0	169.9	159.3	739.3
黑龙江	84.2	88.4	79.1	77.5	89.0	418.2
上海	1441.9	1532.4	1603.8	1668.6	1778.7	8025.4
江苏	446.6	475.0	520.4	654.5	617.2	2713.7
浙江	143.7	152.4	147.4	192.6	145.0	781.1
安徽	361.3	385.7	405.8	424.3	438.9	2016.0
福建	80.5	89.3	113.3	123.5	124.9	531.6
江西	173.0	173.8	222.9	267.0	319.9	1156.6
山东	**447.6**	**523.1**	**579.3**	**623.3**	**635.4**	**2808.7**
河南	309.9	334.2	366.6	392.0	404.8	1807.5
湖北	707.7	790.3	809.6	851.6	895.9	4055.2
湖南	190.0	243.7	270.6	306.5	304.1	1314.9
广东	224.7	248.7	263.7	303.2	287.0	1327.2
广西	87.3	98.6	112.8	118.9	112.0	529.6
海南	0.4		0.2	0.2	0.2	0.9
重庆		138.9	163.9	173.6	179.7	656.1
四川	688.5	548.8	567.9	609.1	602.4	3016.7
贵州	59.5	78.8	100.3	140.1	166.9	545.6
云南	161.8	184.0	176.2	178.7	187.1	887.8
西藏						0.0
陕西	54.1	48.0	52.5	50.5	53.7	258.7
甘肃	146.6	170.7	178.4	227.9	227.2	950.8
青海	40.7	43.1	43.5	44.7	42.9	215.0
宁夏	6.3	8.2	8.3	8.3	0.8	32.0
新疆	87.5	97.2	104.0	95.7	112.2	496.6

注：1996年重庆市数据包含在四川省中。

附录1-22 微型电子计算机产量

单位:万部

地区	1996年	1997年	1998年	1999年	2000年	"九五"时期合计
全国总计	**138.8**	**206.6**	**291.4**	**405.0**	**672.0**	**1713.8**
北京	28.1	59.8	160.9	179.0	257.9	685.6
天津	12.0	0.3	0.4	0.6	1.0	14.3
河北						
山西	0.1				0.1	0.2
内蒙古			5.6	9.5	7.3	22.4
辽宁	3.4	7.6	13.9	23.1	83.7	131.7
吉林			1.1	0.4	0.4	1.9
黑龙江		2.4	6.5	6.7	4.2	19.8
上海	6.2	8.5	21.2	40.1	42.0	118.0
江苏	6.7	9.9	20.2	3.4	11.6	51.8
浙江	10.2	6.3	0.7	0.1	2.1	19.3
安徽		0.2	2.5	8.1	14.2	24.9
福建	5.5	16.1	15.7	51.9	88.8	178.0
江西	0.5	1.0	0.7	0.6	2.7	5.4
山东	**3.9**	**7.4**	**16.6**	**20.7**	**31.1**	**79.6**
河南	0.1	0.1	0.4	0.3	0.6	1.5
湖北				2.6	2.6	5.2
湖南				1.8		1.8
广东	58.4	79.6	74.8	111.4	169.7	494.0
广西		0.1		1.2	1.6	2.8
海南						
重庆		3.6	1.1	0.1		4.8
四川	2.0	0.5	2.2	5.7	5.0	15.4
贵州		1.1	6.2	3.5	3.0	13.7
云南	0.5	0.2	2.8	0.1		3.6
西藏						
陕西	1.1	1.9	4.6	6.5	5.7	19.8
甘肃						
青海						
宁夏						
新疆	0.2	0.1		0.2		0.5

注:1996年重庆市数据包含在四川省中。

附录1－23 国有及规模以上非国有工业企业主要经济指标(一)

(2000年)　　单位:亿元

地　　区	产品销售收　入	#产品销售成　本	产品销售费　用	产品销售税金及附加	税金总额	利润总额
全国总计	**82314.29**	**66880.43**	**2931.33**	**1460.40**	**4974.93**	**4261.75**
北　京	2575.72	2109.66	102.90	24.75	115.79	110.85
天　津	2603.52	2143.01	92.45	25.00	110.83	171.94
河　北	3372.40	2759.64	106.16	43.72	195.98	180.58
山　西	1098.42	833.47	59.79	15.93	86.72	26.75
内蒙古	733.94	597.33	29.43	11.61	60.97	17.32
辽　宁	4251.46	3580.19	103.11	69.44	260.06	174.97
吉　林	1568.59	1258.89	42.80	33.78	117.69	85.55
黑龙江	2420.75	1480.93	66.43	59.39	262.29	566.53
上　海	6195.07	5031.81	250.61	87.31	315.05	380.85
江　苏	9992.98	8543.06	317.12	86.96	461.55	367.53
浙　江	6223.92	5247.90	197.20	83.75	310.48	343.02
安　徽	1564.71	1283.64	64.89	40.75	120.49	34.33
福　建	2399.20	2009.83	81.42	45.29	122.40	95.70
江　西	883.91	721.33	33.80	22.68	66.74	12.80
山　东	**8060.30**	**6586.76**	**265.57**	**97.57**	**459.42**	**543.62**
河　南	3278.30	2702.57	114.89	57.47	193.17	135.15
湖　北	2990.58	2371.86	113.70	75.21	207.87	89.77
湖　南	1617.25	1289.15	57.01	88.84	175.37	32.55
广　东	11727.64	9660.07	480.94	120.06	432.57	524.52
广　西	956.85	754.57	39.02	18.80	79.84	34.91
海　南	153.64	118.74	13.27	3.28	10.74	4.34
重　庆	950.18	768.56	47.62	20.20	68.60	14.02
四　川	2065.55	1601.03	107.65	49.93	164.75	66.80
贵　州	552.11	398.28	24.48	31.84	68.42	11.22
云　南	1011.98	652.28	24.37	173.55	257.73	67.13
西　藏	10.70	6.98	0.94	0.23	1.10	0.84
陕　西	1120.59	845.03	44.98	28.60	88.00	59.85
甘　肃	737.73	620.47	17.70	17.34	54.58	9.30
青　海	168.32	147.32	4.89	2.80	15.51	1.14
宁　夏	223.58	189.57	6.09	2.94	14.11	3.98
新　疆	796.50	560.69	18.84	21.32	75.84	93.67

附录1－24 国有及规模以上非国有工业企业主要经济指标(二)

(2000年)　　单位:亿元

地　　区	亏损企业 亏损额	应收帐款 净额	产成品	资产总计	负债总计	全部职工 平均人数 (万人)
全国总计	**1027.64**	**14352.62**	**6754.47**	**123983.94**	**75890.65**	**5531.91**
北　京	36.41	540.84	209.21	4197.85	2492.02	109.65
天　津	44.57	533.03	180.92	3776.70	2438.43	115.90
河　北	38.19	483.93	310.75	5170.20	3189.38	272.66
山　西	23.12	314.15	150.42	3016.66	2001.72	178.70
内蒙古	16.55	131.75	83.04	1795.97	1067.93	87.48
辽　宁	47.98	793.87	334.20	7845.81	4720.89	281.31
吉　林	25.98	381.02	141.54	3175.19	2093.58	134.84
黑龙江	42.78	467.75	187.55	4048.14	2538.54	201.57
上　海	73.21	1221.91	438.68	9320.09	4675.72	203.45
江　苏	70.19	1513.27	687.92	11091.36	6848.64	521.13
浙　江	26.92	864.73	429.08	6266.80	3596.47	315.85
安　徽	19.25	295.21	162.46	2821.08	1762.83	161.63
福　建	38.27	379.74	182.36	3152.95	1710.73	144.62
江　西	18.20	149.73	89.04	1817.72	1248.43	111.00
山　东	**41.39**	**878.42**	**582.90**	**9698.17**	**6059.83**	**527.12**
河　南	39.42	534.27	320.55	5217.26	3433.94	345.87
湖　北	41.46	543.28	202.19	4912.12	3124.84	241.07
湖　南	35.92	289.93	138.11	2781.26	1784.19	170.06
广　东	151.77	2071.20	950.91	14085.73	8293.58	557.29
广　西	17.29	160.12	104.66	1915.84	1308.41	91.31
海　南	5.66	40.40	16.62	381.33	249.23	10.82
重　庆	28.55	247.95	88.29	1924.28	1271.44	94.95
四　川	38.35	457.47	218.51	4584.37	2944.74	210.53
贵　州	14.14	186.31	83.50	1369.74	938.99	68.52
云　南	22.15	147.93	83.11	2224.37	1211.58	72.34
西　藏	0.54	7.39	1.56	50.73	16.82	1.86
陕　西	30.49	285.91	148.32	2673.77	1782.43	124.60
甘　肃	11.05	162.38	101.38	1739.10	1133.32	88.09
青　海	4.00	60.77	18.59	699.47	487.21	15.66
宁　夏	4.52	66.11	26.86	507.19	306.18	24.36
新　疆	19.15	140.33	80.47	1703.30	1143.63	46.89

附录1－25 国有及规模以上非国有工业企业主要经济效益指标

（2000 年）

地区	综合指数（%）	总资产贡献率（%）	资本保值增值率（%）	资产负债率（%）	流动资产周转次数（次）	成本费用利润率（%）	全员劳动生产率（元/人）	产品销售率（%）
全国总计	**117.83**	**9.40**	**110.80**	**61.21**	**1.59**	**5.54**	**39657**	**97.71**
北京	120.56	6.74	112.37	59.36	1.38	4.52	60937	98.51
天津	123.59	9.35	99.01	64.57	1.61	7.07	43623	98.32
河北	114.29	9.14	107.22	61.69	1.69	5.72	32884	97.76
山西	80.37	5.71	114.62	66.36	0.99	2.56	19466	96.81
内蒙古	88.80	6.69	120.45	59.46	1.26	2.41	21989	98.91
辽宁	103.62	7.26	112.36	60.17	1.44	4.31	31840	98.45
吉林	108.48	8.18	121.81	65.94	1.27	5.72	31903	98.09
黑龙江	238.73	22.88	113.96	62.71	1.59	32.17	31650	98.21
上海	146.34	9.09	113.83	50.17	1.51	6.50	81431	98.88
江苏	117.61	9.34	110.89	61.75	1.88	3.84	45739	97.12
浙江	139.88	13.00	117.00	57.39	2.07	5.85	53285	97.09
安徽	92.41	7.38	106.29	62.49	1.35	2.30	29346	98.52
福建	120.57	8.96	110.74	54.26	1.80	4.21	49798	97.39
江西	78.25	6.32	106.91	68.68	1.23	1.49	19423	97.82
山东	**132.89**	**12.47**	**112.86**	**62.48**	**2.07**	**7.30**	**36395**	**97.85**
河南	98.53	8.46	101.42	65.82	1.49	4.34	24124	98.00
湖北	103.02	7.81	106.46	63.61	1.52	3.23	37752	97.80
湖南	93.55	9.49	104.49	64.15	1.50	2.15	24469	98.93
广东	126.89	8.69	110.80	58.88	1.80	4.78	57622	96.85
广西	99.26	7.99	113.21	68.29	1.42	3.86	29530	97.96
海南	95.92	5.54	105.59	65.36	1.06	2.91	44304	94.71
重庆	84.64	6.31	118.28	66.07	1.11	1.51	27816	98.59
四川	94.16	7.10	107.74	64.23	1.16	3.40	30079	98.32
贵州	85.99	7.71	114.59	68.55	0.91	2.26	27084	95.51
云南	142.77	16.01	105.42	54.47	1.27	8.50	47566	98.57
西藏	106.70	8.30	86.66	33.17	0.61	8.65	27400	91.25
陕西	101.81	7.80	121.81	66.66	1.08	5.80	25286	96.97
甘肃	74.71	5.47	101.53	65.17	1.03	1.29	20060	98.11
青海	70.21	5.00	108.24	69.65	0.71	0.64	24237	97.66
宁夏	81.68	5.39	119.84	60.37	1.16	1.82	20437	96.33
新疆	147.56	12.32	104.67	67.14	1.40	14.08	33863	97.65

附录1－26 建筑业总产值和房屋建筑面积

地区	总产值(亿元)		房屋施工面积(万平方米)		房屋竣工面积(万平方米)	
	1999年	2000年	1999年	2000年	1999年	2000年
全国总计	**11152.9**	**11759.0**	**147262.5**	**155175.3**	**73924.9**	**73835.1**
北京	681.4	726.0	6824.3	7244.2	2632.2	2808.5
天津	222.7	230.0	2087.0	2101.4	901.9	930.1
河北	432.1	444.7	5950.3	5821.2	3524.8	3170.7
山西	239.8	253.3	1908.6	1759.9	847.3	708.2
内蒙古	116.9	117.6	1561.7	1698.0	933.2	882.7
辽宁	489.3	553.0	5046.3	6157.8	2693.9	2773.9
吉林	171.4	179.4	1447.3	1566.8	928.9	941.2
黑龙江	299.6	274.4	2598.2	2688.0	1588.0	1449.4
上海	568.3	518.9	4693.5	4066.5	1707.2	1496.6
江苏	1330.0	1427.1	18638.5	19868.6	10449.1	11232.8
浙江	1128.3	1261.3	13326.6	16123.9	6044.6	6607.9
安徽	277.3	296.6	4243.6	4452.2	2249.7	2460.7
福建	251.1	250.1	3990.0	3797.7	1824.1	1305.3
江西	102.2	102.1	2447.7	2259.0	1218.6	1109.4
山东	**767.3**	**833.7**	**10121.0**	**10648.1**	**5551.7**	**5077.1**
河南	317.0	353.8	5016.5	5277.4	2584.8	2606.8
湖北	399.0	439.2	5797.4	6724.2	2872.8	3275.4
湖南	333.9	356.7	5180.9	5278.9	2681.8	2674.7
广东	872.0	876.7	15534.3	15878.0	6236.2	6052.4
广西	149.1	153.8	2428.8	2560.0	1212.5	1224.6
海南	33.4	27.4	412.4	356.3	172.1	121.4
重庆	317.6	337.4	5481.9	6160.0	2974.8	2811.4
四川	649.5	676.0	9817.1	10196.7	5429.3	5671.1
贵州	96.7	98.5	1670.8	1713.5	694.4	638.0
云南	311.5	286.5	3726.9	3324.3	2217.6	1894.5
西藏	13.5	3.7	69.6	28.5	60.0	4.8
陕西	218.3	240.1	2335.2	2172.5	1042.8	976.7
甘肃	118.8	130.1	2107.5	2060.6	1033.0	1054.2
青海	39.7	39.6	386.9	345.3	223.8	274.3
宁夏	48.3	57.6	568.3	672.6	351.7	416.2
新疆	156.9	213.9	1843.1	2173.2	1042.5	1184.1

注:本表为资质等级四级及以上建筑业企业数据(下表同)。

附录 1－27 建筑业主要效益指标

（2000 年）

地　　区	企　业 个　数 （个）	计算劳动 生产率的 平均人数 （万人）	按建筑业总 产值计算的 劳动生产率 （元/人）	人　　均 竣工产值 （元）	人　　均 施工面积 （平方米）	人　　均 竣工面积 （平方米）
全国总计	**49722**	**2032.63**	**57851**	**38680**	**77.9**	**37.5**
北　　京	1771	82.66	87834	58683	87.6	34.0
天　　津	459	25.51	90155	66984	82.4	36.5
河　　北	1758	92.12	48274	32104	63.2	34.4
山　　西	950	37.68	67232	22476	46.7	18.8
内 蒙 古	960	31.74	37040	27633	53.5	27.8
辽　　宁	2664	100.97	54768	35729	61.0	27.5
吉　　林	723	33.01	54353	40907	47.5	28.5
黑 龙 江	1435	57.59	47646	30404	46.7	25.2
上　　海	1514	39.60	131044	79106	102.7	37.8
江　　苏	3946	222.07	64262	48962	89.5	50.6
浙　　江	3628	148.18	85117	54887	108.8	44.6
安　　徽	1551	70.95	41809	30996	62.8	34.7
福　　建	1914	34.90	71652	39771	108.8	37.4
江　　西	1001	28.62	35682	22720	78.9	38.8
山　　东	**4601**	**169.14**	**49290**	**29591**	**63.0**	**30.0**
河　　南	2456	77.47	45667	29429	68.1	33.6
湖　　北	2096	89.15	49262	37530	75.4	36.7
湖　　南	1823	78.31	45543	32955	67.4	34.2
广　　东	2917	133.01	65909	44970	119.4	45.5
广　　西	1295	33.60	45762	38255	76.2	36.4
海　　南	215	7.28	37621	21187	48.9	16.7
重　　庆	1723	76.46	44122	26583	80.6	36.8
四　　川	3108	161.23	41927	29739	63.2	35.2
贵　　州	640	21.31	46210	28930	80.4	29.9
云　　南	1528	55.01	52086	34154	60.4	34.4
西　　藏	81	1.30	28195	4326	21.9	3.7
陕　　西	846	40.71	58986	30247	53.4	24.0
甘　　肃	572	33.08	39321	24762	62.3	31.9
青　　海	251	8.64	45802	25866	399.7	317.5
宁　　夏	523	10.73	53717	42942	62.7	38.8
新　　疆	773	30.60	69908	52298	71.0	38.7

附录1－28 全社会货物周转量

单位:亿吨公里

地区	1996年	1997年	1998年	1999年	2000年	#铁路	#公路	#水运
全国总计	**36454.1**	**38368.6**	**38045.3**	**40495.5**	**44452.3**	**13902.1**	**6129.4**	**23734.2**
北京	372.4	366.2	333.8	334.8	363.1	280.4	82.6	
天津	356.1	364.5	365.9	4791.0	4621.9	252.7	62.7	4306.6
河北	2097.6	2059.7	1952.5	2116.8	2323.9	1500.5	555.4	268.0
山西	737.5	773.2	762.4	795.0	866.0	595.9	270.0	
内蒙古	789.1	813.6	759.5	870.6	943.2	731.2	211.9	
辽宁	1384.2	1403.0	1229.9	1587.9	1745.5	963.7	209.4	572.4
吉林	501.9	520.7	464.8	491.7	492.1	406.2	85.6	0.3
黑龙江	903.3	957.1	844.0	909.7	918.2	736.7	161.9	19.5
上海	211.6	170.8	206.3	5454.7	6286.9	43.6	56.4	6187.0
江苏	1154.8	1096.4	1075.1	1367.4	1459.3	372.2	340.7	746.4
浙江	900.8	914.8	897.9	1002.0	1199.8	187.2	280.0	732.6
安徽	941.4	876.0	887.2	956.0	1050.9	616.9	274.7	159.3
福建	594.6	617.1	674.1	880.0	929.2	152.5	195.0	581.7
江西	443.6	500.2	569.4	603.9	645.0	462.0	147.2	35.8
山东	**1258.9**	**1290.8**	**1238.9**	**2764.0**	**4033.0**	**799.5**	**405.8**	**2827.8**
河南	1639.0	1607.6	1519.7	1506.3	1553.5	1178.9	363.9	10.7
湖北	833.6	854.9	830.3	1009.9	1081.1	543.1	232.7	305.3
湖南	1012.8	986.0	969.0	981.3	1066.4	624.8	297.8	143.8
广东	918.0	911.8	935.2	2768.7	3276.9	540.1	487.2	2249.6
广西	578.9	613.4	647.5	647.2	707.0	421.5	209.4	76.0
海南	271.3	309.4	270.2	181.0	310.0	2.0	39.1	269.0
重庆		236.4	215.2	273.9	289.0	110.8	72.5	105.7
四川	868.1	633.8	614.9	590.7	622.9	423.4	187.7	11.8
贵州	317.7	332.4	330.3	370.0	404.1	334.1	65.9	4.1
云南	352.3	384.6	415.2	444.5	481.9	184.3	296.7	1.0
西藏	4.7	18.9	7.9	13.8	13.5		13.5	
陕西	518.4	529.8	527.0	547.2	573.0	429.1	143.6	0.3
甘肃	508.0	526.1	533.6	581.5	639.5	530.1	109.4	0.1
青海	64.7	70.6	73.6	79.7	86.6	50.0	36.6	
宁夏	141.9	156.9	168.4	186.3	205.2	148.4	56.9	
新疆	399.6	443.8	413.4	459.7	457.3	280.2	177.2	

附录1－29 全社会旅客周转量

单位:亿人公里

地区	1996年	1997年	1998年	1999年	2000年	#铁路	#公路	#水运
全国总计	**9142.6**	**10055.3**	**10636.7**	**11300.2**	**12261.0**	**4532.6**	**6657.4**	**100.5**
北京	73.4	76.6	82.9	98.5	118.2	65.4	52.8	
天津	77.4	81.2	82.3	86.6	91.6	73.0	18.6	
河北	492.0	526.5	679.0	740.1	795.8	390.2	405.6	
山西	168.0	177.2	185.7	198.2	219.3	83.4	135.9	
内蒙古	155.8	166.1	171.0	186.8	200.1	83.8	116.3	
辽宁	397.8	430.8	447.4	462.2	495.8	325.2	159.9	10.7
吉林	168.2	176.1	184.2	196.9	206.7	129.8	76.8	0.1
黑龙江	277.3	331.5	344.2	366.8	377.4	162.8	214.5	0.1
上海	50.2	49.4	64.6	69.1	73.6	35.4	34.1	4.1
江苏	646.6	650.3	670.3	713.9	762.7	166.8	594.5	1.4
浙江	503.4	532.4	554.9	585.3	609.8	151.4	449.5	8.9
安徽	366.5	385.4	410.4	491.7	519.0	203.2	314.1	1.7
福建	279.6	298.1	321.8	356.7	403.9	72.4	330.0	1.4
江西	253.9	299.8	334.0	369.0	418.9	246.4	171.3	1.2
山东	**363.1**	**413.7**	**441.2**	**507.3**	**549.1**	**222.3**	**323.5**	**3.3**
河南	597.3	636.3	650.3	704.2	759.4	405.3	353.8	0.3
湖北	339.5	385.7	431.9	458.7	512.6	202.7	297.5	12.4
湖南	545.0	580.5	599.2	662.9	714.6	392.7	318.4	3.5
广东	699.2	846.7	877.4	802.9	937.0	242.4	685.4	9.2
广西	318.8	369.5	377.8	428.5	451.5	101.0	347.9	2.5
海南	52.7	61.2	51.2	53.9	60.5	0.1	57.7	2.6
重庆		197.9	206.1	227.5	242.7	41.4	170.1	31.1
四川	554.1	465.7	468.6	463.0	496.8	134.7	358.7	3.4
贵州	181.3	191.0	201.8	229.3	238.4	120.8	116.5	1.0
云南	125.4	142.8	159.2	200.2	205.5	33.5	171.2	0.8
西藏	1.7	2.8	3.0	4.1	4.1		4.1	
陕西	245.1	264.9	264.5	294.5	331.1	179.7	151.0	0.4
甘肃	177.9	183.9	200.7	208.4	226.0	155.2	70.6	0.2
青海	20.1	29.9	23.5	26.5	29.7	11.5	18.2	
宁夏	26.7	33.2	38.9	47.7	52.1	20.7	31.4	
新疆	170.0	199.8	192.5	201.5	186.8	79.4	107.4	

附录1－30 社会消费品零售总额

单位:亿元

地　　区	1996年	1997年	1998年	1999年	2000年	2000年比上年增长(%)
全国总计	**24774.1**	**27298.9**	**29152.5**	**31134.7**	**34152.6**	**9.7**
北　　京	923.7	1051.5	1167.2	1313.3	1443.3	9.9
天　　津	470.0	535.0	587.1	657.3	736.6	12.1
河　　北	1022.1	1195.0	1332.6	1458.8	1613.9	10.6
山　　西	449.6	503.9	547.1	587.1	629.1	7.2
内 蒙 古	330.9	367.9	399.5	437.4	484.0	10.7
辽　　宁	1289.4	1450.6	1568.7	1696.1	1847.6	8.9
吉　　林	555.6	619.7	680.4	734.0	810.9	10.5
黑 龙 江	782.2	880.2	949.7	1016.2	1094.0	7.7
上　　海	1161.3	1325.2	1471.0	1590.4	1722.3	8.3
江　　苏	1932.9	2118.1	2238.0	2394.1	2604.1	8.8
浙　　江	1599.4	1757.2	1909.1	2075.8	2298.8	10.7
安　　徽	727.1	859.8	924.8	979.1	1054.3	7.7
福　　建	832.5	987.7	1132.5	1246.3	1372.8	10.2
江　　西	490.4	558.5	605.1	650.5	704.9	8.4
山　　东	**1691.7**	**1914.2**	**2127.2**	**2310.1**	**2545.9**	**10.2**
河　　南	1118.9	1358.8	1496.2	1616.0	1786.7	10.6
湖　　北	1145.7	1345.3	1481.4	1617.1	1789.4	10.7
湖　　南	947.4	1041.6	1125.3	1229.2	1364.7	11.0
广　　东	2577.9	2918.7	3316.3	3656.0	4071.9	11.4
广　　西	611.3	673.7	733.9	791.3	859.2	8.6
海　　南	121.6	133.4	147.9	157.7	172.5	9.4
重　　庆	423.4	507.9	553.7	596.3	643.4	7.9
四　　川	1091.4	1212.4	1298.6	1382.6	1523.7	10.2
贵　　州	233.5	265.5	289.9	313.8	343.7	9.5
云　　南	414.2	467.1	500.1	539.0	583.2	8.2
西　　藏	26.5	32.6	35.0	37.9	42.9	13.2
陕　　西	432.1	490.5	518.8	557.1	607.6	9.1
甘　　肃	259.5	278.5	303.7	331.6	362.7	9.4
青　　海	62.5	66.7	70.6	75.2	82.1	9.2
宁　　夏	65.7	71.2	77.2	82.7	90.2	9.1
新　　疆	295.4	310.4	327.5	347.4	374.5	7.8

注:1. 社会消费品零售总额及其增长速度均按当年价格计算。

2. 各地区相加不等于全国总计,原因是全国数据进行了修正(下表同)。

附录 1-30 续表　　　　(2000 年)　　　　单位:亿元

地区	按销售单位所在地分			按行业分				
	市	县	县以下	批发零售贸易业	餐饮业	其他行业	#制造业	#农业生产者
全国总计	**21110.3**	**4217.2**	**8825.1**	**23042.3**	**3752.6**	**7357.7**	**2191.8**	**4035.8**
北京	1138.5	92.6	212.2	1025.5	86.4	331.4	86.9	6.4
天津	564.5	58.6	113.5	379.2	79.0	278.4	31.0	61.0
河北	749.5	312.8	551.6	1121.1	162.6	330.2	140.4	147.0
山西	369.2	132.5	127.4	423.3	54.3	151.5	36.7	88.4
内蒙古	288.4	117.1	78.5	314.5	48.1	121.4	34.7	66.1
辽宁	1529.9	102.3	215.4	1355.1	219.7	272.8	52.4	188.3
吉林	596.4	55.6	158.9	674.6	98.7	37.6	12.9	18.7
黑龙江	785.1	160.6	148.3	848.6	98.5	146.9	39.7	88.1
上海	1398.9	81.2	242.2	1368.2	127.7	226.4	45.4	168.0
江苏	1598.1	187.0	819.0	1905.3	241.4	457.4	182.4	225.2
浙江	1255.2	225.4	818.2	1600.5	214.0	484.3	150.9	260.6
安徽	499.0	234.5	320.8	666.2	117.1	271.0	85.3	163.8
福建	778.0	178.6	416.2	991.5	157.2	224.1	67.5	93.3
江西	333.7	159.8	211.4	433.2	60.1	211.6	48.2	139.6
山东	**1573.0**	**243.6**	**729.3**	**1618.7**	**265.4**	**661.8**	**280.3**	**259.5**
河南	874.2	381.3	531.2	1113	209.6	464.1	234.4	168.7
湖北	1128.5	177.7	483.2	1107.4	192.4	489.6	98.1	307.7
湖南	710.1	255.1	399.5	885.0	139.6	340.1	69.8	243.2
广东	2685.7	221.8	1164.4	2894.3	646.6	531.0	180.1	259.9
广西	416.4	176.4	266.4	590.9	96.3	172.0	44.1	109.0
海南	113.6	14.8	44.1	103.9	22.9	45.7	4.5	35.2
重庆	361.6	88.9	192.9	383.2	54.6	205.6	38.3	15.5
四川	713.1	271.2	539.4	885.3	222.4	416.0	89.9	275.8
贵州	197.4	66.8	79.5	232.4	42.3	69.0	18.0	43.1
云南	309.3	139.1	134.8	376.5	74.9	131.8	27.0	90.0
西藏	16.3	18.5	8.1	33.9	4.2	4.8	1.8	2.1
陕西	400.7	103.1	103.8	380.7	63.1	163.8	52.5	97.9
甘肃	234.0	57.5	71.2	235.2	46.6	80.9	16.7	46.4
青海	50.7	19.8	11.6	56.9	11.3	13.9	3.6	8.1
宁夏	58.9	16.6	14.7	54.0	10.9	25.3	3.7	19.9
新疆	233.7	65.1	75.7	242.3	38.2	94.0	22.0	51.2

附录1－31 海关进出口总额

（按境内目的地、货源地分） 单位：亿美元

地　　区	1996年	1997年	1998年	1999年	2000年	出口额	进口额
全国总计	**2898.8**	**3251.6**	**3240.5**	**3606.3**	**4743.1**	**2492.1**	**2251.0**
北　京	149.3	156.2	157.8	183.7	242.4	76.6	165.8
天　津	101.6	106.9	110.8	134.1	171.6	76.8	94.8
河　北	42.1	39.8	42.4	45.3	54.9	32.8	22.1
山　西	21.5	24.2	21.2	23.0	27.9	20.9	7.0
内蒙古	10.1	9.7	9.3	12.7	23.9	11.2	12.7
辽　宁	135.7	147.7	137.6	146.3	200.7	105.9	94.8
吉　林	24.8	24.7	22.0	25.5	29.9	14.9	15.0
黑龙江	43.3	44.0	31.9	30.2	39.9	24.2	15.7
上　海	278.9	303.6	312.0	380.5	547.0	246.4	300.6
江　苏	222.8	253.7	280.7	328.6	492.0	263.8	228.2
浙　江	144.3	162.5	167.5	202.6	315.2	204.8	110.4
安　徽	23.9	26.4	25.4	28.2	36.9	21.2	15.7
福　建	158.8	192.6	181.1	184.0	229.6	136.3	93.3
江　西	11.9	12.3	14.8	15.1	20.5	11.9	8.6
山　东	**180.9**	**200.6**	**192.0**	**208.0**	**282.5**	**160.9**	**121.6**
河　南	24.8	24.0	21.1	24.0	31.2	15.8	15.4
湖　北	31.0	32.1	31.9	30.7	38.9	19.0	19.9
湖　南	20.0	20.5	20.3	22.3	29.9	16.3	13.6
广　东	1120.1	1325.7	1314.5	1433.9	1754.9	934.3	820.6
广　西	24.1	24.8	23.9	18.7	22.9	16.4	6.5
海　南	19.5	19.3	15.7	10.4	10.9	6.1	4.8
重　庆		14.8	10.9	13.2	18.5	10.6	7.9
四　川	39.2	21.6	23.9	27.3	27.8	14.3	13.5
贵　州	6.1	7.1	6.6	6.9	8.6	4.8	3.8
云　南	22.0	16.3	15.9	17.2	18.8	10.9	7.9
西　藏	1.7	1.4	0.9	1.7	1.5	1.1	0.4
陕　西	18.2	17.1	21.1	20.8	23.9	13.3	10.6
甘　肃	6.1	5.2	5.6	5.6	6.9	4.2	2.7
青　海	2.0	1.5	1.8	1.9	2.3	1.4	0.9
宁　夏	2.2	2.7	3.0	4.0	5.3	3.5	1.8
新　疆	11.9	12.6	16.9	19.9	25.9	11.5	14.4

附录 1－32 外商实际直接投资额

单位:万美元

地　区	1996 年	1997 年	1998 年	1999 年	2000 年	“九五”时期合　计
全国总计	**4172552**	**4525704**	**4546275**	**4031871**	**4071481**	**21347883**
北　京	155290	159286	216800	197525	168368	897269
天　津	200637	251135	211361	176399	116601	956133
河　北	82587	110064	142868	104202	67923	507644
山　西	13802	26592	24451	39129	22472	126446
内蒙古	7186	7325	9082	6456	10568	40617
辽　宁	173768	220470	219045	106173	204446	923902
吉　林	45155	40227	40917	30120	33701	190120
黑龙江	54841	73485	52639	31828	30086	242879
上　海	394094	422536	360150	283665	316014	1776459
江　苏	521009	543511	663179	607756	642550	2978005
浙　江	152050	150345	131802	123262	161266	718725
安　徽	50661	43443	27673	26131	31847	179755
福　建	408451	419666	421211	402403	343191	1994922
江　西	30068	47768	46496	32080	22724	179136
山　东	**259041**	**249294**	**220274**	**225878**	**297119**	**1251606**
河　南	52356	69204	61654	52135	56403	291752
湖　北	68004	79019	97294	91488	94368	430173
湖　南	70344	91702	81816	65374	67833	377069
广　东	1162362	1171083	1201994	1165750	1128091	5829280
广　西	65618	87986	88613	63512	52466	358195
海　南	78908	70554	71715	48449	43080	312706
重　庆	19412	38675	43107	23893	24436	149523
四　川	23132	24846	37248	34101	43694	163021
贵　州	3138	4977	4535	4090	2501	19241
云　南	6537	16566	14568	15385	12812	65868
西　藏						
陕　西	32509	62816	30010	24197	28842	178374
甘　肃	9002	4144	3864	4104	6235	27349
青　海	100	247		459		806
宁　夏	555	671	1856	5134	1741	9957
新　疆	6390	2472	2167	2404	1911	15344

注:全国总计中包括部门统计数据,故各地区相加不等于全国总计。

附录1－33 国际旅游接待情况

地区	1999年			2000年		
	旅游人数（万人次）	#外国人	旅游创汇总额（亿美元）	旅游人数（万人次）	#外国人	旅游创汇总额（亿美元）
北京	252.39	205.02	24.96	282.09	237.96	27.68
天津	32.08	28.15	2.09	35.62	32.14	2.32
河北	37.09	32.22	1.24	41.43	35.90	1.42
山西	13.78	10.11	0.43	16.53	11.66	0.50
内蒙古	36.84	36.35	1.20	39.19	38.74	1.26
辽宁	49.13	38.63	3.04	61.22	50.05	3.82
吉林	15.95	14.11	0.45	22.27	19.19	0.58
黑龙江	40.71	36.06	1.48	55.17	50.47	1.89
上海	165.68	128.73	13.64	181.40	143.90	16.13
江苏	134.41	80.44	6.20	160.95	98.15	7.24
浙江	94.78	50.67	4.10	112.59	64.75	5.14
安徽	25.12	13.83	0.67	31.84	16.79	0.86
福建	135.60	35.30	7.25	161.33	49.75	8.94
江西	13.86	4.10	0.50	16.31	5.54	0.62
山东	**62.20**	**41.79**	**2.65**	**72.31**	**48.01**	**3.15**
河南	30.01	16.03	1.14	32.50	18.21	1.24
湖北	30.54	22.33	1.05	45.08	35.73	1.46
湖南	38.58	13.48	1.85	45.40	15.79	2.21
广东	876.02	148.77	32.72	1198.94	212.85	41.12
广西	77.07	37.07	2.02	122.91	50.80	3.07
海南	45.65	7.32	1.05	48.68	9.37	1.09
重庆	18.49	13.36	0.97	26.61	19.29	1.38
四川	37.34	17.95	0.97	46.20	19.97	1.22
贵州	16.70	6.57	0.55	18.39	7.12	0.61
云南	104.00	72.50	3.50	100.11	66.59	3.39
西藏	10.08	9.26	0.36	15.00	13.58	0.52
陕西	63.03	50.16	2.72	71.28	58.48	2.80
甘肃	14.46	9.46	0.37	21.31	14.34	0.55
青海	2.05	0.89	0.04	3.26	1.46	0.07
宁夏	0.60	0.45	0.02	0.78	0.58	0.03
新疆	22.38	19.02	0.86	25.61	20.84	0.95

附录二、国际统计资料

INTERNATIONAL STATISTICAL DATA

附录 2－1 国土面积和人口密度

（2000 年）

国家和地区	国土面积（万平方公里）	1998年年中人口数（万人）	1998年人口密度（人/平方公里）	国家和地区	国土面积（万平方公里）	1998年年中人口数（万人）	1998年人口密度（人/平方公里）
世界总计	**13387.0**	**590105**	**44**	土耳其	77.5	6345	82
亚　洲①	**3174.8**	**358537**	**113**	土库曼斯坦	48.8	486	10
中　国②	**960**	**124810**	**130**	阿联酋	8.4	272	32
阿富汗	65.2	1880	29	乌兹别克斯坦	44.7	2405	54
亚美尼亚	2.9	354	122	越　南	33.2	7756	234
阿塞拜疆	8.7	764	88	也　门	52.8	1707	32
巴　林	0.1	64	640	**非　洲**	**3031.2**	**74893**	**25**
孟加拉国	14.4	12477	866	阿尔及利亚	238.2	2980	13
不　丹	4.7	200	43	安哥拉	124.7	1209	10
文　莱	0.6	31	52	布隆迪	2.8	630	225
柬埔寨	18.1	1144	63	喀麦隆	47.5	1431	30
塞浦路斯	0.9	75	83	中　非	62.3	349	6
格鲁吉亚	6.9	506	73	刚　果	34.2	279	8
印　度	328.8	97093	295	埃　及	100.1	6598	66
印度尼西亚	190.5	20442	107	埃塞俄比亚	110.4	5988	54
伊　朗	163.3	6163	38	加　纳	23.9	1916	80
伊拉克	43.8	2180	50	肯尼亚	58.0	2901	50
以色列	2.1	597	284	利比里亚	11.1	267	24
日　本	37.8	12641	334	利比亚	176.0	534	3
约　丹	8.9	630	71	马　里	124.0	1069	9
哈萨克斯坦	271.7	1507	6	摩洛哥	44.7	2778	62
朝　鲜	12.1	2335	193	莫桑比克	80.2	1692	21
韩　国	9.9	4643	469	纳米比亚	82.4	166	2
科威特	1.8	203	113	尼日利亚	92.4	10641	115
老　挝	23.7	516	22	卢旺达	2.6	660	254
黎巴嫩	1.0	319	319	塞内加尔	19.7	928	47
马来西亚	32.9	1035	31	索马里	63.8	924	14
蒙　古	156.7	240	2	南　非	122.1	4313	35
缅　甸	67.7	4405	66	苏　丹	250.6	2829	11
巴基斯坦	79.6	13058	164	坦桑尼亚	94.5	3210	34
菲律宾	30.0	7515	251	突尼斯	16.4	933	57
沙特阿拉伯	215.0	2018	9	乌干达	24.1	2103	87
新加坡	0.1	387	3870				
斯里兰卡	6.6	1877	284	赞比亚	75.3	878	12
叙利亚	18.5	1560	84	津巴布韦	39.1	1268	32
泰　国	51.3	6120	119				

注：未包括前苏联各共和国。中国为年底人口数。

附录2－1续表　　　　　　　　　　　　　　　　（2000年）

国家和地区	国土面积（万平方公里）	1998年年中人口数（万人）	1998年人口密度（人/平方公里）	国家和地区	国土面积（万平方公里）	1998年年中人口数（万人）	1998年人口密度（人/平方公里）
北美洲	**2239.1**	**46718**	**21**	保加利亚	11.1	825	74
安提瓜和巴布达	0.04	7	175	克罗地亚	5.7	457	80
加拿大	997.1	3030	3	捷克共和国	7.9	1029	130
哥斯达黎加	5.1	334	65	丹麦	4.3	530	123
古巴	11.1	1112	100	爱沙尼亚	4.5	145	32
萨尔瓦多	2.1	603	287	芬兰	33.8	515	15
格林纳达	0.03	9	300	法国	55.2	5885	107
危地马拉	10.9	1080	99	德国	35.7	8202	230
海地	2.8	765	273	希腊	13.2	1052	80
洪都拉斯	11.2	618	55	匈牙利	9.3	1011	109
牙买加	1.1	254	231	冰岛	10.3	27	3
墨西哥	195.8	9583	49	爱尔兰	7	370	53
尼加拉瓜	13.0	481	37	意大利	30.1	5759	191
巴拿马	7.6	276	36	拉脱维亚	6.5	245	38
波多黎各	0.9	381	423	立陶宛	6.5	370	57
美国	936.4	27056	29	荷兰	4.1	1571	383
南美洲	**1783.2**	**33572**	**19**	挪威	32.4	443	14
阿根廷	278.1	3617	13	波兰	32.3	3867	120
玻利维亚	109.9	795	7	葡萄牙	9.2	997	108
巴西	851.2	16179	19	罗马尼亚	23.8	2250	95
智利	75.7	1482	20	俄罗斯	1707.5	14654	9
哥伦比亚	113.9	4083	36	斯洛伐克	4.9	539	110
厄瓜多尔	28.4	1217	43	斯洛文尼亚	2	198	99
圭亚那	21.5	85	4	西班牙	50.5	3937	78
巴拉圭	40.7	509	13	瑞典	44.9	885	20
秘鲁	128.5	2480	19	瑞士	4.1	710	173
苏里南	16.3	41	3	英国	24.5	5865	239
乌拉圭	17.7	329	19	乌克兰	60.4	5050	84
委内瑞拉	91.2	2344	26	南斯拉夫	10.2	1062	104
欧洲①	**2298.8**	**72887**	**32**	**大洋洲**	**856.4**	**2964**	**3**
阿尔巴尼亚	2.9	379	131	澳大利亚	774.1	1875	2
奥地利	8.4	808	96	新西兰	27.1	379	14
白俄罗斯	20.8	1019	49				

附录 2－2 森林消失和淡水资源

国家和地区	1990年－1995年年平均森林消失量①		1996年人均淡水资源总　量（立方米）	1980－1997年年度淡水抽取量占水百分比（%）	1987年淡水抽取量的利用（%）		
	平方公里	占森林总面积的百分比			用于农业	用于工业	生活用水
中　国②	**866**	**0.1**	**2282**	**16.4**	**87**	**7**	**6**
孟加拉国	88	0.8	19065	1.0	96	1	3
印　度	－72		2167	18.2	93	4	3
尼日利亚	1214	0.9	2375	1.3	54	15	31
巴基斯坦	550	2.9	3256	37.2	97	2	2
斯里兰卡	202	1.1	2329	14.6	96	2	2
印度尼西亚	10844	1.0	12839	0.7	76	11	13
菲律宾	2624	3.5	4393	9.1	61	21	18
罗马尼亚	12		9222	12.5	59	33	8
保加利亚	－6		24663	6.8	22	76	3
乌克兰	－54	－0.1	4556	15.0	30	54	16
泰　国	3294	2.6	2954	17.8	90	6	4
波　兰	－120	－0.1	1454	21.9	11	76	13
土耳其			2246	22.1	72	11	16
俄罗斯			30168	2.6	23	60	17
蒙　古			9677	2.2	62	27	11
南　非	150	0.2	1231	26.6	72	11	17
巴　西	25544	0.5	42459	0.5	59	19	22
马来西亚	4002	2.4	21046	2.1	47	30	23
委内瑞拉	5034	1.1	57821	0.3	46	11	43
白俄罗斯	－688	－1.0	1841	15.9	19	49	32
匈牙利	－88	－0.5	11817	5.7	36	55	9
墨西哥	5080	0.9	3788	21.7	86	8	6
阿根廷	894	0.3	27861	2.8	73	18	9
韩　国	130	0.2	1438	41.7	46	35	19
新西兰	－434	－0.6	532	100.0	44	10	46
以色列			377	84.1	79	5	16
西班牙			2398	32.6	62	26	12
新加坡			193	31.7	4	51	45
澳大利亚	－170		18508	4.3	33	2	65
英　国	－128	－0.5	1203	16.6	3	77	20
意大利	－58	－0.1	2903	33.7	59	27	14
荷　兰			5767	8.7	34	61	5
加拿大	－1764	－0.1	95785	1.6	12	70	18
法　国	－1608	－1.1	3029	21.3	15	69	16
德　国			2084	27.1	20	70	11
美　国	－5886	－0.3	9259	18.9	42	45	13
日　本	132	0.1	4338	16.6	50	33	17
瑞　士			7054	2.4	4	73	23

注：①负值表示森林面积的增长。②中国为世界银行统计数据。

附录2-3 人口自然增长率

单位:‰

国家和地区	1980年	1990年	1991年	1992年	1993年	1994年	1995年	1996年	1997年	1998年
世界总计	**16.8**	**16.0**		**14.9**					**13.6**	**13.2**
中　　国	**11.9**	**14.4**	**13.0**	**11.6**	**11.5**	**11.2**	**10.6**	**10.4**	**10.1**	**9.5**
中国香港	12.0	7.3	7.0	7.0	6.8	6.9	6.1	5.1	3.7	-1.7
阿根廷	15.5	12.6		12.2	11.9		11.2		12.0	11.7
澳大利亚	8.0	8.4	7.9	8.0	7.8	7.4	7.2		6.7	6.5
孟加拉国	20.62	20.3		18.9					18.3	23.0
白俄罗斯	6.4	3.2	1.7	1.1	-1.1	-1.9	-3.2	-3.7	-4.6	-4.3
巴　　西	22.18	16.1		14.9					13.3	13.0
保加利亚	3.43	-0.3	-1.6	-2.2	-2.9	-3.8	-5.0	-5.3	-5.1	-6.4
加拿大	8.32	7.7	7.7	7.8	6.8	6.3	6.1	5.6	4.8	4.4
捷克共和国	2.71	0.2	0.6	0.1	0.4	-1.1	-2.1	-2.0	-1.7	-1.8
埃　　及	25.7	21.7		19.9					17.5	17.2
法　　国	4.75	4.1	4.1	3.9	3.1	3.2	3.4	3.4	3.3	3.4
德　　国	-1.1	-0.1	-1.0.	-0.9	-1.2	-1.4	-1.4	-0.9	-0.8	-0.7
印　　度	21.5	20.5	19.7	19.1	19.4	19.4	19.3	18.6	18.3	17.6
印度尼西亚	21.48	16.9		16.3					16.3	15.6
伊　　朗	32.33	23.6		16.3					16.5	16.5
以色列	17.6	15.4	14.9	15.1	14.7	14.7	14.8	15.0	14.8	15.7
意大利	1.5	0.6	0.2	0.3	0.0	-0.2	-0.5	-0.3	-0.4	-1.0
日　　本	7.4	3.3	3.2	2.9	2.5	2.9	2.1	2.5	2.2	2.1
哈萨克斯坦	15.9	14.0	13.0	11.8	9.4	8.6	6.4	5.2	4.4	4.4
韩　　国	16.01	10.0		9.9			9.9		9.0	8.7
马来西亚	24.95	24.0	23.3	23.6	23.6	22.5	22.4	22.3	21.3	20.5
墨西哥	27.11	22.5		21.8					19.5	22.4
蒙　　古	27.7	22.8		20.2					16.2	13.9
缅　　甸	21.9	13.3		11.9					17.3	16.0
荷　　兰	4.7	4.6	4.6	4.4	3.8	4.0	3.5	3.3	3.0	3.1
新西兰	7.70	9.1		8.6	9.1	8.9	8.6	8.2	8.1	7.9
尼日利亚	32.1	29.2		29.1					28.1	27.8
巴基斯坦	31.9	28.8		28.0					27.7	27.2
菲律宾	26.83	23.9		23.8					22.8	22.3
波　　兰	9.65	4.1	3.7	3.2	2.6	2.5	1.2	1.1	0.9	0.6
罗马尼亚	7.5	2.9	1.0	-0.2	-0.6	-0.8	-1.6	-2.3	-2.3	-1.3
俄罗斯	4.9	2.2	0.7	-1.5	-5.1	-6.2	-5.7	-5.3	-5.2	-4.7
沙特阿拉伯	47	48.8	48.8	21.9	21.9	21.9	21.9	24.6		
新加坡	11.9	13.6	12.6	12.3	12.4	11.7	10.9	10.9	8.6	8.6
南　　非	24.63	22.7		22.4					17.1	15.9
西班牙	7.5	1.8	1.6	1.7	1.2	0.8	0.3	0.4	-0.4	0.1
斯里兰卡	22.2	15.1		15.1			13.5		12.7	11.5
瑞　　典	4	5.0	5.0	5.1	5.1	5.1	5.1	5.1		
瑞　　士	7	9.0	9.0	10.5	10.5	10.5	10.5	10.0		
泰　　国	15	16.9	16.9	16.9	16.9	16.9	11.3	10.4	10.1	10.2
土耳其	20.2	13.8		12.0					10.0	14.8
乌克兰	3.3	0.6	-0.8	-2.0	-3.5	-4.7	-5.8	-6.1	-6.2	-6.3
英　　国	1.7	2.8	2.5	2.5	1.8	2.2	1.5		1.0	1.3
美　　国	7.1	8.1	7.7	7.4	6.7	6.4	6.0	6.0	6.5	5.8
委内瑞拉	27.3	23.7		22.7				21.1	20.3	20.5
越　　南	27.7	21.5		20.8					14.3	14.0
南斯拉夫	8.6	5.6	4.8	3.5	3.2	3.2	3.1	2.5	2.5	1.4

附录 2－4 国内生产总值(美元)

单位:百万美元

国家和地区	1980 年	1990 年	1991 年	1992 年	1993 年	1994 年	1995 年	1996 年	1997 年	1998 年
中　国①	**201687**	**354644**	**376617**	**418181**	**431780**	**542534**	**700219**	**816493**	**898244**	**959030**
阿尔巴尼亚		2102	1128	708	1221	1986	2422	2689	2284	3047
阿 根 廷	76962	141352	180898	226638	257570	281643	258290	272150	292859	298131
澳大利亚	160109	297204	303381	299602	294602	336531	364981	404098	404252	361722
奥 地 利	78539	159499	166653	187206	182712	196083	230991	228085	206024	211858
孟加拉国	17430	29855	30729	31537	33066	33476	37614	40304	41040	42702
白俄罗斯		34911	36071	30874	26958	19421	18307	18588	20863	22555
巴　西	235025	464989	407729	390567	438299	546489	703912	774946	820381	778209
保加利亚	20040	20726	10944	10374	10833	9781	13106	9830	10056	12258
加 拿 大	266003	572673	586981	568678	552924	549547	573437	592295	607694	580623
中非共和国	797	1488	1404	1434	1299	853	1122	1070	1004	1057
智　利	27572	30307	34635	41833	45452	49692	59348	68570	74108	78738
哥伦比亚	38900	46907	41485	49215	55800	70154	92506	99352	108801	102896
刚　果(金)	14922	9348	9086	8206	8975	7158	6338	5869	6101	6964
捷克共和国	29123	34880	26292	27951	31185	39882	52036	57922	53000	56379
丹　麦	67791	133361	134082	147092	139912	151279	180913	183975	170034	174870
埃　及	22912	43130	36971	41857	47197	51898	60159	67651	75605	82710
芬　兰	51306	134806	121382	106437	84449	97825	125923	124964	119833	123502
法　国②	664596	1195438	1201009	1322212	1249656	1330979	1535093	1538793	1394127	1426967
德　国			1719511	1971377	1913543	2050907	2402289	2341548	2089898	2134205
希　腊	48613	82914	89048	98445	92195	98653	116046	123375	119946	120724
危地马拉	7879	7650	9406	10440	11401	12984	14656	15783	17785	18942
匈 牙 利	22164	33056	33445	37249	38610	41491	44669	45162	45723	47807
印　度	186392	322737	251550	243834	258432	306847	363981	397132	420782	430024
印度尼西亚	78013	114426	128168	139116	158007	176892	202132	227370	215747	94156
伊　朗	92664	120404				62006	71485	88395	108070	113140
爱 尔 兰	20080	45527	46194	52125	48896	53935	65624	72018	77157	81949
以 色 列	21781	52490	59170	65771	65926	74670	86868	95461	98566	100525
意 大 利	449913	1093947	1150698	1219154	985149	1016262	1087982	1213677	114370	1171865
日　本	1059254	2970043	3402200	3719036	4275094	4689076	5137882	4599321	4197440	3782964
约　旦	3962	4020	4193	5138	5487	6037	6508	6721	6976	7393
哈萨克斯坦		40304	31765	27409	25810	19788	19925	21036	22165	21979

注:①为世界银行统计数据。②包括法属圭亚内、瓜德鲁普、马提尼克和留尼汪。

附录 2－4 续表　　　　单位：百万美元

国家和地区	1980 年	1990 年	1991 年	1992 年	1993 年	1994 年	1995 年	1996 年	1997 年	1998 年
韩　国	62543	252622	294175	307938	332821	380820	89258	520205	476486	320748
科威特	28639	18428	11009	19859	23941	24848	26558	30654	30207	25171
老　挝		865	1027	1128	1328	1544	1764	1873	1725	1261
马来西亚	24488	42775	47046	58309	64180	72505	87337	100851	100198	72489
墨西哥	223510	262710	314287	364183	402627	420166	363280	352862	359870	393508
蒙　古					561	686	957	1070	961	1042
摩洛哥	18821	25821	27836	28451	26801	30351	32986	36639	33415	35546
荷　兰	171861	283672	290196	321928	313067	337512	398368	397029	363348	381819
新西兰	22395	43103	41693	40058	43656	51335	60081	65441	64572	52845
尼日利亚	64202	28472	27313	32710	21353	23663	28109	35299	39856	41353
挪　威	63419	115453	117757	126307	116111	122926	146602	158152	153362	145892
巴基斯坦	23690	40010	45625	48884	51810	52294	61200	63967	63020	63369
菲律宾	62500	44331	45382	53002	54408	64126	74120	82847	82159	65107
波　兰	56789	61197	76478	84356	89995	92580	126318	142965	143132	158574
葡萄牙	28730	69132	78316	94513	83726	88129	104680	108823	101287	106697
罗马尼亚		38299	28847	25122	26356	28038	32841	31179	34843	38158
俄罗斯		579068	542096	441988	393449	325918	337903	419000	435953	276611
沙特阿拉伯	156487	104670	118035	123204	118515	120168	127824	141335	146489	128892
新加坡	11718	36638	43718	49684	58372	70850	83598	91470	95139	84379
南　非	80544	111997	112309	119850	116998	121444	151117	143031	147617	133461
西班牙	213308	491938	528596	577314	478960	483653	559633	582207	532031	553230
斯里兰卡	4024	8032	8994	9712	10343	11722	13029	13912	15091	15707
苏　丹	7617	13167	11410	6402	7895	8170	7194	7208	10069	10366
瑞　典	125557	229756	239328	247556	185807	198433	231299	251746	227752	226492
瑞　士	107474	228415	232679	243464	236731	261362	307399	295113	255264	263630
泰　国	32354	85345	98234	111453	125213	144366	168129	181445	149071	111327
土耳其	68790	150721	151042	159105	180422	130655	170047	181682	190664	198844
乌克兰		91327	81359	91505	71285	92598	49061	62761	53459	43615
阿联酋	29625	34132	33920	35003	35405	36230	42807	42884	49309	47234
英　国	537383	975512	1012158	1047801	942886	1019901	1107040	1153367	1282865	1357197
美　国	2709000	5554100	5710900	6027700	6341701	6722900	7038400	7418700	7844000	8230397
越　南		6472	9613	9867	12834	15509	20240	23340	26355	27184

附录 2－5 第三产业对国内生产总值增长的贡献

单位：%

国家和地区	1990 年	1991 年	1992 年	1993 年	1994 年	1995 年	1996 年	1997 年	1998 年
中　国①	**0.57**	**2.78**	**3.87**	**3.29**	**2.88**	**2.44**	**2.25**	**2.56**	**2.14**
孟加拉国	2.68	1.76	2.45	2.13	2.10	3.41	2.04	2.27	9.74
印　度	1.80	1.71	2.11	3.11	3.40	3.94	3.25	3.39	2.66
印度尼西亚	4.13	3.96	2.89	3.13	3.01	3.26	2.79	2.32	－6.82
伊　朗	3.31	3.28	2.83	2.62	1.20	1.34	1.99		
日　本	2.24	1.97	1.19	1.42	0.62	0.52	2.89	1.21	
哈萨克斯坦				4.57	0.86	－1.07	1.99	－0.02	－0.03
韩　国	4.25	4.57	3.19	3.14	4.36	4.11	3.52	2.40	－2.59
马来西亚	4.10	3.87	3.15	3.23	3.91	3.01	3.00	3.31	－1.23
蒙　古	－2.64	－2.02	－3.89	1.99	1.20	－0.71	2.33	1.73	1.88
巴基斯坦	1.94	2.26	2.92	1.98	1.84	2.12	2.19	1.59	1.44
菲律宾	2.02	0.06	0.44	1.07	1.82	2.15	2.75	2.36	1.54
新加坡	5.77	4.35	4.19	9.39	6.67	5.16	4.99	5.45	1.19
斯里兰卡	1.96	2.86	2.49	2.92	2.39	2.29	2.79	3.11	2.31
泰　国	6.09	2.99	3.57	4.38	4.24	4.27	2.19	－0.98	－4.04
土耳其	4.16	0.09	2.97	3.22	－1.56	2.97	3.39	3.27	1.57
越　南	3.83	3.08	2.67	3.47	2.74	4.15	4.03	3.12	2.11
埃　及	2.39	1.41	1.05	1.27	1.40	2.35	2.61	2.99	2.25
尼日利亚	4.48	0.65	2.12	1.75	0.15	0.78	1.47	1.12	0.84
南　非	0.29	0.09	－0.08	0.40	1.60	2.47	2.43	1.35	0.86
加拿大	0.54	－0.08	0.72	1.22	1.88	1.07	0.88	2.13	
墨西哥	3.07	3.24	2.60	1.70	3.22	－4.33	2.46	4.39	3.07
美　国	1.05	－0.01	2.41	1.76	1.30	1.15	2.32	2.15	
阿根廷	－0.66	6.12	5.85	3.54	3.88	－1.19	3.40	4.80	2.89
巴　西	－0.74	0.56	0.13	1.52	2.35	2.55	1.02	1.53	0.58
白俄罗斯	0.05	－1.07	－3.61	－1.85	0.54	－3.81	1.08	4.66	0.94
保加利亚	－1.82	－0.28	－1.00	8.21	－2.31	0.75	－4.91	－7.62	1.38
法　国	1.86	1.12	1.16	－0.06	2.07	1.16	1.10	1.45	
意大利	1.49	0.92	0.36	－0.18	1.05	1.63	0.77	1.01	
荷　兰	2.87	1.92	1.93	0.63	1.91	1.63			
波　兰	0.33	－0.58	2.14	0.05	2.16	1.49	2.41		
罗马尼亚	－10.87	－3.35	－0.59	－0.77	0.80	3.08	1.44	－3.83	－1.50
俄罗斯				－10.09	0.23	－5.32	2.97	2.96	－0.54
西班牙	2.23	1.66	1.20	0.02	1.60	－60.88	1.26		
乌克兰		0.10	－2.12	－6.14	－5.41	－6.90	－4.95	－2.76	－0.26
澳大利亚	－0.56	1.53	2.62	3.57	4.26	2.82	1.91		
新西兰	－0.06	－0.45	1.45	3.36	3.79	2.70	1.58	1.33	

注：①世界银行统计数据。

附录2－6 人均主要经济指标

（1998年）

国家和地区	人均国民生产总值（美元/人）	主要农产品人均产量（公斤/人）①						
		谷　物	棉　花	肉　类	牛　奶	油菜籽	原　糖	水产品②
世界总计	**4890**	**345.3**	**3.1**	**37.8**	**90.5**	**7.1**	**22.3**	**21.0**
中　　国	**750③**	**359.8**	**3.0**	**47.2**	**5.7**	**8.0**	**6.8**	**32.7**
中国香港	23660			36.4				29.8
孟加拉国	350	250.8	0.1	3.2	6.1	2.0	1.3	11.0
印　　度	440	230.5	2.1	4.7	74.1	5.8	16.9	5.6
印度尼西亚	640	280.4		9.3	1.8		7.7	21.7
伊　　朗	1650	207.4	2.1	21.9	68.6		13.3	5.9
以 色 列	16180	14.8	8.8	53.8	194.4			4.0
日　　本	32350	97.1		23.7	67.0		6.7	53.1
哈萨克斯坦	1340	875.8	4.6	38.5	213.0	0.3	1.9	2.5
朝　　鲜		167.0		7.9	3.4			13.3
韩　　国	8600	165.7	0.5	27.2	45.8			56.8
马来西亚	3670	90.9		47.3	2.1		5.0	60.8
蒙　　古	380	65.4		94.1	124.0			0.1
缅　　甸		391.3	1.2	9.5	13.3		1.1	20.9
巴基斯坦	470	175.0	9.8	14.9	138.9	2.0	25.1	4.2
菲 律 宾	1050	215.3		26.8	0.4		22.6	29.9
新 加 坡	30170			34.0				3.9
斯里兰卡	810	146.5					3.4	13.5
泰　　国	2160	461.8	0.2	31.0	7.8		88.5	58.4
土 耳 其	3160	462.0	12.2	19.0	138.4		33.7	7.9
越　　南	350	421.1	0.1	23.4	1.0		9.2	20.2
埃　　及	1290	291.4	3.6	19.3	50.6		20.1	6.5
尼日利亚	300	213.3	0.5	11.9	3.5		0.3	3.7
南　　非	3310	240.9	1.1	31.3	74.9		62.7	13.3
加 拿 大	19170	1742.8		122.5	270.3	285.1	4.5	34.1
墨 西 哥	3840	294.3	1.6	44.1	91.3		48.8	16.2
美　　国	29240	1216.5	13.4	134.6	266.0	2.3	27.4	20.1
阿 根 廷	8030	913.9	6.2	101.2	266.6	0.1	50.0	37.9
巴　　西	4630	283.6	3.0	78.1	133.9	0.1	125.0	5.0
委内瑞拉	3530	88.4	0.5	44.0	55.3		27.8	22.1
白俄罗斯	2180	326.4		63.5	463.5	5.8	14.9	0.5
保加利亚	1220	590.4	0.3	59.0	167.4		0.4	0.5
捷克共和国	5150	684.4		80.8	268.4	107.0	50.5	2.0
法　　国	24210	1099.8		109.8	417.9	75.9	83.1	14.2
德　　国	26570	539.5		77.2	344.4	51.3	52.3	3.9
意 大 利	20090	366.3		70.5	197.5	1.1	32.2	9.8
荷　　兰	24780	85.5		186.6	692.4	0.3	73.2	35.2
波　　兰	3910	664.7		76.7	319.4	29.2	46.3	10.1
罗马尼亚	1360	701.9		50.5	198.6	5.0	4.7	0.9
俄 罗 斯	2260	365.4		29.5	216.0	0.9	10.3	31.9
西 班 牙	14100	452.7	3.1	123.0	159.0	1.6	27.1	33.9
英　　国	21410	469.1		33.4	260.6	3.0	25.4	17.5
乌 克 兰	980	373.8		60.9	254.7	28.3	37.5	7.9
南斯拉夫		818.3		96.9	206.6	0.2	19.3	0.7
澳大利亚	20640	1663.9	38.3	192.8	525.2	112.5	309.0	11.7
新 西 兰	14600	237.7		320.8	2970.7	1.2		178.0

注：①1999年数。②1997年数。③世界银行统计数据。④1996年数。

附录 2－6 续表

(1998 年)

国家和地区	主要工业产品产量(公斤/人)						出口额 (美元/人)	包括黄金的国际储备 (美元/人)
	煤	原　油	电 (千瓦时)	水　泥	化　肥	钢		
世界总计	**839.8④**	**537.4④**	**2383.1④**	**261.4④**	**25.0**	**126.1④**	**9101.6**	**279.7**
中　　国	**1001.5**	**129.0**	**935.0**	**429.5**	**24.1**	**92.6**	**147.2**	**116.1**
孟加拉国			107.5	3.8②	8.4	0.3④	30.7	15.2
印　　度	331.0	34.0	461.3	88.1	13.9	14.0②	34.6	27.8
印度尼西亚	295.1	355.1		109.3	15.2	17.2④	239.0	109.6
伊　　朗		3003.4④			14.9	90.4④	302.9②	
以 色 列			6357.8	1014.8②	338.4	3.5④	3851.4	3797.9
日　　本	29.1	5.3	8048.2④	643.3	8.2	684.4	3068.8	1607.6
哈萨克斯坦	4916.3④	1598.1	3281.5		2.2	202.0④	360.7	71.3
朝　　鲜					5.1	383.4④		
韩　　国	93.8		4637.2	1007.7	21.5	937.2	2849.7	1119.2
马来西亚		1593.4④	2709.1②	585.0	14.8		3305.0	1114.9
蒙　　古							143.8	38.7
巴基斯坦	24.1	21.0	452.5	69.1②	12.3		66.3	7.9
菲 律 宾	15.4④		483.7④		5.3	7.0④	480.0	121.1
新 加 坡			7308.5				28396.6	19229.3
斯里兰卡			264.4②		0.6		255.6	103.9
泰　　国	328.8	24.7	1259.6②	645.6④	2.7	35.4④	889.8	464.6
土 耳 其	1000.7④	50.9	1746.8	570.3④	17.4	209.7	408.8	306.4
越　　南					2.3	4.1④		25.8
埃　　及		620.2		239.1②	16.5	44.2④	47.4	271.1
尼日利亚		975.7②	129.6④		0.8	0.2④	91.4	39.3④
南　　非	5121.3④		4876.1	195.4②	21.4	184.2②	625.7	99.0
加 拿 大	2622.0②	3272.9	17924.4	391.2②	415.5	969.4④	7073.5	657.1
墨 西 哥		1665.8	1752.9④	322.1	16.9	112.8	1225.7	328.3
美　　国	3721.0	1564.3	11872.3	353.8②	89.5	397.8	2522.5	133.1
阿 根 廷	8.9④	1171.8	1959.5	189.7②	1.9	116.7②	732.0	678.0
巴　　西	30.4④	294.5	1835.8④	246.9	14.6	159.2	316.0	263.2
白俄罗斯					389.4	119.8②	693.8	33.2
保加利亚	3752.7	2.9	5054.5	199.3②	54.4	316.2②	520.7	333.8
捷克共和国	6563.3		6327.7	447.8	30.2	630.9	2567.3	1218.9
法　　国	152.1④	36.2④	8375.9④	314.7②	41.1	337.2②	5190.5	658.5
德　　国	2576.3	35.3	6709.6	445.8	60.2	497.3②	6625.2	781.9
意 大 利	3.3④	94.7④	4439.2④	586.2②	11.2	449.8②	4208.0	441.9
荷　　兰		109.2	5782.3		125.7	425.4②	12818.2	1116.3
波　　兰	5203.6②		3707.2④	385.9②	56.2	309.2②	703.2	680.5
罗马尼亚	1014.4	279.5	2332.8	324.3	18.2	294.9	368.9	127.4
俄 罗 斯	17375.4④	2069.1	5644.6	177.2	62.4	345.2②	506.4	53.2
西 班 牙	346.5④	13.0④	4441.9④	670.7④	46.8	317.4	2774.4	1333.2
英　　国	703.6	2116.0	5509.0	192.0④	38.8	310.5②	4635.0	466.6
乌 克 兰	1556.0	77.2	3422.3	110.7	30.1	399.2	250.2	11.5
南斯拉夫	4108.5	85.9	3828.2	212.4	12.8	3.4		
澳大利亚	13514.6④	1188.5	9333.0②	405.1	35.5	431.4	2981.0	712.9
新 西 兰	995.7②	376.8	9147.2		92.9	242.3④	3184.7	1014.6

附录2－7 主要农产品产量

国家和地区	谷物(千吨)		小麦(千吨)		稻谷(千吨)		玉米(千吨)	
	1997 年	1998 年	1997 年	1998 年	1997 年	1998 年	1997 年	1998 年
世界总计		**2057984**	**602484**	**588842**	**571742**	**563188**	**580000**	**604013**
亚　洲	**979832**	**996191**	**231924**	**253192**	**522050**	**514536**	**1142348**	**166205**
中　国①	**447520**	**456247**	**123290**	**109726**	**200730**	**198713**	**104310**	**132954**
孟加拉国	29372		1400	1803	27903	28293	3	3
印　度	214692	224027	68700	66000	121512	122244	9800	10000
印度尼西亚	60090	58531		12000	51000	48472	8925	10059
伊　朗	17108	18971		116	2300	2600	545	1000
以色列	196	161	140				3	2
日　本	13791	11942	550	570	13000	11200		0.3
哈萨克斯坦	11209		85000		226		122	167
马来西亚	2110	1990			2065	1940	45	50
蒙　古	202	194	198	192				
朝　鲜			100	165	2300	2063	1500	1765
韩　国	7688	7131	12	7	6393	7312	72	75
巴基斯坦	25145	26755	16907	18694	6430	6587	1300	1260
菲律宾	15435	14059			11669	8555		3823
斯里兰卡	2099	2731			2610	2692	33	34
泰　国	26326	27705		1	20700	23240	4361	4986
土耳其	29342	33182	18700	21000	290	317	2000	2300
越　南	27939	30759			26397	29142	1537	1612
非　洲	**126328**	**112826**	**15269**	**18263**	**15861**	**17312**	**41856**	**38729**
埃　及	16542	17047	5600	6093	4900	5585	5180	5330
尼日利亚	21653	21621	50	98	3278	3268	6234	5858
南　非	13589	10026	2360	1469	3	3	8920	7574
北美洲	**428751**	**430451**	**95466**	**97057**	**10287**	**10711**	**265367**	**278225**
加拿大	58456	51150	23024	24400			7000	8912
墨西哥	27078	29265	3656	3241	400	483	18500	18411
美　国	337736	349703	68763	69410	8137	8530	236528	247943
南美洲	**94633**	**94546**	**19967**	**15023**	**17986**	**16102**	**56875**	**54626**
阿根廷	30457	35929	14000	10000	1222	1036	14496	19100
巴　西	46130	40471	2897	2222	9546	7796	36142	29297
委内瑞拉	2084	1997		1	638	673	1150	983
欧　洲	**288787**	**386030**	**130340**	**183187**	**2753**	**3174**	**66501**	**65702**
白俄罗斯			800	3295			5	4
保加利亚	3495	5480	3780	8	9	12	1650	1340
捷克共和国	6683	6677	3639	3931			143	173
法　国	62598	68446	33978	39862	127	113	15451	14426
德　国	42145	44580	19867	20187			3061	2781
意大利	21247	20636	7214	8520	1424	1400	9646	9031
荷　兰	1659	1434	1146	1040			95	77
波　兰	25300	26865	8200	9537			300	496
罗马尼亚	14212	15450	7117	4804	25	5		8623
俄罗斯	68030	46969	42000	26900	500	410	1500	800
西班牙			5347	5347	760	755	4386	4154
乌克兰		32061	19000				2400	2301
英　国	24568	22781	15130	15449				
南斯拉夫	7519	9063	2800	2937			5200	5600
大洋洲	**36244**	**32990**	**16463**	**22120**	**1426**	**1353**	**605**	**526**
澳大利亚	35311	32129	16208	21855	1407	1335	371	340
新西兰	908	839	255	265			229	176

注:①中国收获面积为播种面积。

附录 2－8 主要工业产品产量

国家和地区	钢(万吨)		煤炭(万吨)		原油(万吨)		发电量(亿千瓦小时)	
	1997 年	1998 年	1997 年	1998 年	1997 年	1998 年	1997 年	1998 年
中　　国	**10894**	**11559**	**137300**	**125000**	**16074**	**16100**	**11356**	**11670**
中国香港							328	355
阿 根 廷	416				4145	4232	686③	708③
澳大利亚	809			24812①	2633	2228	1728	
奥 地 利							567	574
比 利 时	1072							
巴　　西	2610				4204			
保加利亚	263		2960	3096			436	417
加 拿 大			7866		9542		5538	
捷克共和国	674		5744②	5142②			646	651
丹　　麦	79							
芬　　兰	372	395						671
法　　国	1976							
德　　国	4081	4081	22830	21131	282	289		
匈 牙 利	182		1561	1450	136	126	359	370
印　　度	1342		31922	32125	3319	3290	4213	
意 大 利								
日　　本①	10450		427	367	72	67		
韩　　国			457	436			2244	2153
墨 西 哥	1056				15964			
荷　　兰					206	172	866	908
波　　兰	1159		20112					
罗马尼亚				2525		629	569	525
南　　非							2103	2054
西 班 牙								
瑞　　典	515							
土 耳 其			5862②	6178②	343	323		1108
俄 罗 斯	5078							
英　　国	1832		4849	4128	12052	12410		
美　　国	10856	10764	98878		43412		31225	
委内瑞拉①			556					
南斯拉夫			4236	4363	98	91	403	407

注:①仅指硬煤产量。②仅指褐煤产量。③电力企业发电量。

附录2－9 中央政府财政收入占国内生产总值的比重①

单位：%

国家和地区	1980年	1990年	1991年	1992年	1993年	1994年	1995年	1996年	1997年	1998年
中　　国	**6.3**	**5.4**	**4.3**	**3.7**	**2.8**	**6.2**	**5.6**	**5.4**	**5.7**	**6.2**
印　　度	10.8	12.4	12.8	12.8	11.5	11.8	12.0	12.1	12.1	11.6
印度尼西亚	21.3	18.8	17.0	17.9	17.1	18.2	17.7	17.0	18.1	16.8
伊　　朗	21.6	18.1	16.7	18.5	23.4	25.8	25.0	26.9	24.3	26.6
以 色 列	52.2	39.4	29.5	38.9	39.4	39.4	40.8	40.1	42.3	42.8
日　　本	11.6	14.4	22.7	21.0	20.9					
马来西亚	26.3	27.1	28.8	28.7	27.7	28.4	24.8	24.5	23.1	
缅　　甸	16.0	10.5	9.3	7.8	7.3	6.7	6.4	6.9	7.7	
韩　　国	17.7	17.5	16.6	17.4	18.0	18.5	18.8	19.8	20.0	
巴基斯坦	16.3	19.1	16.7	17.9	18.1	17.4	17.1	17.3	16.0	15.8
菲 律 宾	14.0	16.2	17.1	17.7	17.4	18.1	17.7	18.6	19.0	
新 加 坡	25.4	26.3	26.4	26.5	26.8	26.0	26.0	29.0	24.2	
斯里兰卡	20.2	21.0	20.5	20.2	19.7	19.0	20.4	19.0	18.5	17.2
泰　　国	14.3	18.5	19.20	17.6	18.0	18.4	18.6	19.0	18.0	16.4
土 耳 其	18.1	13.7	14.3	16.1	17.9	19.3	17.9			
埃　　及	44.1	23.0	29.7	32.7	34.4	36.9	35.4			
南　　非	23.5	27.6	27.3	25.7	27.2	27.0	27.7	28.8	29.5	26.3
加 拿 大	18.55	20.8	21.2	21.0	20.7	20.6				
墨 西 哥	15.1	15.3	14.9	15.4	14.9	15.0	15.3	15.4		
美　　国	20.2	19.6	19.6	19.1	19.5	19.8	20.4	20.7	21.3	21.8
阿 根 廷	15.6	10.4	11.2	12.3	13.9	13.6	12.9	11.9	12.3	
巴　　西	22.6	22.8	20.9	23.5	25.6	27.0				
委内瑞拉	22.3	23.7	23.7	18.1	17.4	18.2	16.4	19.7	24.0	17.3
法　　国	39.6	40.4	40.6	40.4	40.4	40.2	40.6	41.6	41.8	
德　　国			28.3	31.5	31.6	32.4	32.1	31.3	31.8	31.5
意 大 利	31.4	38.5	39.4	40.1	42.3	39.6	41.2	42.7	44.7	41.5
荷　　兰	49.4	47.0	49.9	49.3	50.0	47.6	45.8	45.1	46.1	
罗马尼亚	45.3	34.4	35.8	36.1	31.9	29.9	29.6	27.8		
英　　国	35.2	36.8	37.0	36.0	34.8	35.3	36.2			38.4
澳大利亚	21.7	25.8	25.9	23.6	22.7	22.6	23.1	24.3	25.4	24.3
新 西 兰	34.2	42.6	37.6	34.9	32.9	34.8	35.6	35.3	33.9	34.2

注：①不包括捐赠。

附录2－10 进 出 口 贸 易

国家和地区	进口额(亿美元)				出口额(亿美元)			
	1980年	1990年	1995年	1998年	1980年	1990年	1995年	1998年
世界总计	**19717**	**35561**	**50632**	**54144**	**18968**	**34329**	**49821**	**53393**
中　　国	**200**	**534**	**1321**	**1402**	**181**	**621**	**1488**	**1838**
中国香港		825	1928	1845		822	1738	1303
孟加拉国	26	36	65	70	8	17	32	38
印　　度	149	236	347	422	86	180	306	329
印度尼西亚	108	218	406	273	219	257	454	488
伊　　朗	123				145			
以 色 列	97	168	296	293	55	116	190	293
日　　本	1413	2354	3359	2807	1304	2877	4431	3882
马来西亚	108	293	778	583	130	295	740	733
缅　　甸	4	3	13	27	5	3	9	11
韩　　国	223	697	1351	933	175	649	1251	1332
巴基斯坦	54	74	115	93	26	56	80	85
菲 律 宾	83	130	283	315	57	81	175	165
新 加 坡	240	608	1245	1048	194	527	1183	1099
斯里兰卡	20	27	52	59	11	19	38	47
泰　　国	92	330	706	430	65	231	562	545
土 耳 其	79	223	357	454	29	130	216	259
越　　南	13	28	82	115	5	24	54	94
埃　　及	49	102	130	162	31	50	35	31
尼日利亚	167	57	93	136	260	130	106	115
南　　非	196	180	306		255	236	279	254
加 拿 大	625	1232	1681	2011	677	1276	1922	2143
墨 西 哥	195	311	460		156	271	471	
美　　国	2570	5170	7709	9446	2256	3936	5847	6830
阿 根 廷	105	41	201	314	80	124	210	253
巴　　西	250	225	538	576	201	314	465	511
委内瑞拉	118	74	126		192	178	187	157
捷克共和国	128	131	253	289		119	217	264
法　　国	1349	2332	2770	2868	1160	2102	2873	3055
德　　国	1880	3453	4446	4673	1929	4100	5084	5406
意 大 利	1007	1820	2060	2158	781	1704	2340	2426
荷　　兰	884	1262	1769	1877	851	1318	1963	2014
波　　兰	167	84	291	465	142	136	229	272
罗马尼亚	138	98	103	118	112	58	79	83
俄 罗 斯	658	1207	609	589	764	1042	811	742
西 班 牙	341	877	1133	1332	207	555	910	1092
英　　国	1156	2246	2653	3136	1101	18535	2420	2714
南斯拉夫	151	189		46	90	143		26
澳大利亚	224	420	613	646	219	398	531	559
新 西 兰	55	95	140	125	54	93	137	121

附录2－11 公共教育经费占国民生产总值的比重

单位:%

国家和地区	1980年	1990年	1992年	1993年	1994年	1995年	1996年
中国香港	2.4	2.8	2.8	2.8	2.8	2.9	
孟加拉国	1.5	2.0	2.3				2.9
印　　度	2.8	3.9	3.7	3.6	3.6	3.4	
印度尼西亚	1.7	1.0	2.2		1.4	1.4	1.4
伊　　朗	7.5	4.1	4.7	5.4	4.7	4.0	
以 色 列	7.9	6.2	6.4	6.6	7.2		
日　　本	5.8	4.7	3.6	3.8	3.6		
马来西亚	6.0	5.5	5.5	5.3	5.3		
缅　　甸					1.2		
韩　　国	3.7	3.5	4.2	4.4	3.7	3.7	
巴基斯坦	2.0	2.6			2.8	2.8	3.0
菲 律 宾	1.7	2.9	2.3	2.4		2.2	
新 加 坡	2.8	3.0	3.2	3.1	3.0	3.0	
斯里兰卡	2.7	2.7	3.3	3.1	3.2	3.0	3.4
泰　　国	3.4	3.6	4.0	4.2	3.8	4.1	3.8
土 耳 其	2.2	2.2	2.8	3.3	3.4	2.2	
埃　　及	5.7①	4.0	5.0	5.5	4.6	4.8	
尼日利亚	6.4①	1.0	0.5	1.2	1.2	0.9	
南　　非		6.5	7.0	7.0	7.3	6.8	7.9
加 拿 大	6.9	6.8	7.6	7.3	7.0		
墨 西 哥	4.7	3.7	4.8	5.1	4.7	4.9	
美　　国	6.7	5.2	5.4	5.3	5.4		
阿 根 廷	2.7	1.1	3.1	3.3	3.8	4.5	3.5
巴　　西	3.6					5.2	
委内瑞拉	4.4	3.1	5.3	4.6	5.2		
捷克共和国	4.0	4.6	4.7	5.9	6.2	5.8	5.4
法　　国	5.0	5.4	5.7	5.8	5.9	6.1	
德　　国	4.7	4.0		4.8	4.7	4.8	
意 大 利	4.4	3.2	4.2	5.2	4.9	4.7	
荷　　兰	7.6	6.0		5.4	5.2	5.2	
波　　兰		5.0	5.5	5.5		5.2	
罗马尼亚	3.3	2.8	3.6	3.2	3.1	3.0	3.6
西 班 牙	2.6	4.4	4.6	4.7	5.0	4.0	
英　　国	5.6	4.9	5.4	5.5		4.9	
南斯拉夫	4.7	6.1	5.3		5.8	5.5	5.6
澳大利亚	5.5	5.4	6.0	5.8	5.6		
新 西 兰	5.8	6.6	7.3	7.0	6.8	7.3	

注:①1981年数字。

附录三、2000年山东省统计局工作大事记

CHRONICLE LF EMENTS OF
SHANDONG STATISTICAL UNDERTAKING LF 2000

2000年统计工作大事记

1月3日，省局印发2000年全省统计工作要点，对全省2000年统计工作进行部署。

1月6日—12日，省局组成检查组，由局队领导带队，分赴有关县市区进行了小康监测验收。

1月19日，省局召开1999年度新闻发布会，对全省经济和社会发展情况进行通报。会议由姜玉山副局长主持，张德宽副局长发布，驻济各大新闻单位对新闻发布会情况进行了报道。

1月21日，省局召开部分部门统计负责人座谈会，对当前部门统计工作进行座谈。张义国局长参加了座谈。

2月20日—22日，全省统计工作会议在济南召开。会议的主要任务是传达贯彻全国统计局长会议精神，总结交流1999年全省统计工作，研究部署2000年统计任务。林书香副省长出席会议并作了重要讲话，张义国局长作了工作报告，栾炳焕副局长进行了会议总结。各市地统计局长、国家和省属调查队长、省局队各处室处长等180余人参加了会议。

2月25日，林书香副省长主持召开全省第五次人口普查领导小组第二次会议。会议听取了省人口普查办公室关于第五次人口普查准备工作情况的汇报，就人口普查的有关问题达成一致意见，并对下一步工作做了部署安排。

3月6日—10日，按照省委部署，省局开展了“三讲回头看”活动。

3月20日，韩寓群副省长在省局《如何看待我省利润增长104%——简析我省一、二月份利润增长的得与失》的分析报告上批示经贸委负责同志：两项资金占用，1-2月份增长较快，要引起重视，请运行局认真抓好。省属企业是个大问题，请经贸委分析一下主要原因，采取对策。

4月7日—10日，全省第五次人口普查工作会议在烟台召开。会议传达了全国人口普查工作会议精神，部署了今年普查工作任务，并就省级试点过程中出现的问题进行了研讨，提出了解决措施。会议由省政府副秘书长王玉芬同志主持，林书香副省长出席会议并作重要讲话。省统计、公安、宣传、计生部门负责同志及各市地分管副秘书长、统计、公安、宣传、计生部门领导200余人参加了会议。

4月11日，省政府办公厅以鲁政办发[2000]26号文件发出了《关于改进和加强部门统计工作的通知》，以进一步改进和加强部门统计工作，明确部门统计分工，促进政府综合统计和部门统计的协调发展。

4月12日，林书香副省长听取了省局关于全省物价形势的汇报。

5月18日，受林书香副省长委托，张义国局长主持召开了由省总工会、计委、经委、公安厅、财政厅、人事厅等部门参加的部门协调会议，就健全城市调查网络，加强全省物价和城市住户调查工作进行了研究。

5月23日，李春亭省长在省局《关于近期各地人口普查工作进展情况的报告》上批示：“书香同志：总的看可以，但进展不平衡，有些市地县没引起重视和领导不力，可将此报告以办公厅名义转发各地并提出要求。对个别县财政确有困难的，省里可给予适当支持。”同日，林书香副省长在此件上批示：“请统计局抓紧把全省贯彻情况进行一次全面通报，特别是没有贯彻落实的市地要通报批评。”

5月29日，省局印发了《关于进一步完善主要统计指标数据质量评估办法的意见》，在实行主要统计数据下管一级的基础上，加大数据“总量”和“速度”的评估力度。

5月30日，按照省委的统一部署，省局理论中心组认真学习了江泽民同志关于“三个代表”的重要讲话，并对局、队各处室学习“三个代表”理论作出具体部署。

6月14日，李春亭省长在省局系列统计资料《近几年山东经济增速放慢的原因》、《启动新一轮经济回升的有利与不利因素》、《促进山东经济持续快速增长的基本思路与对策建议》上批示：转送寓群、世成、书香、可华同志阅，发省府研究室、计委、经委、财政厅、农业厅领导参阅，并在编制“十五”计划中借鉴。

6月19日—21日，全省上半年经济形势分析会议在枣庄市召开。张义国局长作重要讲话，会议通报了全省国民经济运行情况。各市地统计局长、综合科长、省局三队队长、各业务处长共80余人参加了会议。

6月26日，省局在济南设立分会场，收听收看了国家统计局、监察部、司法部、国务院法制办联合召开的宣传贯彻

《统计法实施细则》电视电话会议。省统计局、监察厅、司法厅的领导，以及省直有关部门、省、济南市统计系统的有关人员参加了会议。全国会议后，魏庆铭同志、张天民同志、栗甲同志分别代表省直三部门讲了话。

6月28日，吴官正书记在我局关于上半年经济形势分析会议情况的请阅件上批示：请春亭、书香阅。同日，李春亭省长在此件上批示：应肯定省统计系统半年来工作勤奋扎实所取得的成绩，也感谢你们对半年来经济走势分析和提出的对策，我把你们的分析和建议吸收到7月10日省工作会上我的报告中。

6月30日，按照省委要求，省委组织部统一部署，省局四位同志分赴平邑、成武、荣成、垦利挂职锻炼，并分别被任命为所在县(市)委的常委、副书记。

7月4日，中共山东省委以鲁委[2000]143号文件任命潘振文同志为山东省统计局党组成员。7月18日，省政府以鲁政任[2000]15号文件任命潘振文同志为山东省统计局副局长。

7月4日，省政府以鲁政办发[2000]93号文件下发了《山东省人民政府办公厅关于印发山东省统计局职能配制内设机构和人员编制规定的通知》。

7月10日—12日，全国第五次人口普查宣传工作会议在青岛市召开。受李春亭省长委托，省政府特邀顾问秦家浩同志出席会议并讲话。

7月13日，经省政府同意，省统计局、发展计划委员会、经济贸易委员会、财政厅、人事厅、建设厅联合下发了《关于健全城市调查网络，加强物价和城市住户调查工作的通知》。

7月17日，陈延明副省长在省局《民间投资——县域经济发展的主动力》的分析报告上批示：这个调查题目选得好，问题抓得准，看了以后让人深受启发。目前，全省各地“加大投资，加快发展”的热情都很高，但又都普遍遇到了一个资金不足的现实问题。即墨的经验给我们以深刻的启示：资金“活水”的“源头”在民间，“民间”是农业和农村统一发展投资来源的一个“巨大宝库”。建议将此件在省政府有关刊物上给予刊载，并请新闻单位予以宣传报道。杜世成副省长在此件上批示：许多统计分析我都认真阅读，并加以实施参阅，只是因非分管，故很少写出意见，但一直认为统计分析十分重要，统计工作也卓有成效。该文具有战略性指导意义，特别是三点启示更需完善。另外，县域经济发展另一翼则应是对外开放，因WTO后，农业及其后工业是世界范围的焦点热点和保护与争夺的重点，也是县域经济的最前沿，而其需要的环境则与该文共之。请多加研究。

7月25日，省局召开机构改革动员大会，全体干部职工参加了会议，张义国局长作了重要讲话。会议还组织全体正科级以上干部进行了民主评议、推荐等工作。

8月17日—19日，全省第五次人口普查宣传工作会议在莱芜召开。全省各地宣传部门和人口普查办公室的负责同志参加了会议。省人口普查领导小组副组长、省局张义国局长，省委宣传部王兆成副部长出席会议并讲话。

8月21日，省局印发了《关于在章丘市进行工业企业“一套表”试点工作的通知》，制定了工业企业“一套表”试点方案，进行了工业企业“一套表”试点。

9月4日—8日，全省统计局长研讨会在威海召开。会议通报了省局机构改革有关情况，并就开展各市经济社会发展水平综合评价、发展统计信息咨询业、新世纪山东统计发展战略等几个重大问题进行了研讨。省局局长、队长出席会议，全省17市统计局局长及省局部分处长参加了会议。

9月7日—8日，国务委员、国务院秘书长、全国人口普查领导小组组长王忠禹，国家计生委主任张维庆一行在副省长邵桂芳、林书香，省局张义国局长的陪同下，到我省泰安市检查指导人口普查工作。

9月13日，韩寓群副省长在省局《债转股——关键是转变企业经营机制》的分析报告上批示：请经贸委就我省企业实施债转股中以及实施债转股以后企业发展等问题进一步协调，可开一次领导小组会研究。

9月16日，全省第五次人口普查电视电话会议在省政府召开。会议由省政府王玉芬副秘书长主持，副省长、省人口普查领导小组组长林书香，省局张义国局长出席会议并作重要讲话。各市、县、乡镇分管领导、人口普查领导小组及其办公室全体人员分别在各地分会场收听收看了会议。

9月17日—21日，国家统计局邱晓华副局长一行来山东调研。省政府陈延明副省长会见了邱晓华副局长一行。

9月25日，省政府以鲁政任[2000]25号文件任命左振华同志为山东省统计局助理巡视员。

10月20日，陈延明副省长在省局关于前三季度农村经济形势的分析报告——《我省农村经济稳步发展，深层矛盾依然存在》上批示：工作做得细，材料整得好。对今年的农业生产形势，省几大班子领导一直都很关心，并经常询问这方面的有关情况。请省统计局把这些情况以请阅件的形式给省领导专报一下。

10月21日，省暨济南市第五次人口普查大型宣传活动在济南泉城广场隆重举行。副省长邵桂芳、省政协副主席周鸿兴、省政府副秘书长王玉芬、省统计局局长张义国、济南市副市长徐华东等省市领导亲临活动现场，观看了人口普查文艺宣传节目。

10月23日，省政府副秘书长王玉芬受林书香副省长委托，主持召开了省第五次人口普查领导小组第三次会议，听取了省人普办关于近期全省人口普查工作情况及省公安厅关于全省户口整顿情况的汇报。王玉芬副秘书长、省人口普查领导小组副组长张义国分别就全省人口普查工作提出了明确要求。

10月24日，省委常委、副省长韩寓群发表广播电视讲话，号召全省人民积极行动起来，齐心协力，为圆满完成第五次人口普查工作做出积极贡献。

10月25日，省齐鲁电视台在省统计局院内现场录制了"心连心，面对面"人口普查专题宣传节目。省第五次人口普查领导小组副组长、省统计局局长张义国、省第五次人口普查领导小组副组长、省计生委巡视员李翰章等领导同志作为特邀嘉宾与来自济南市各区的普查员、普查指导员及街道居委会主任等基层同志就人口普查工作进行了心连心、面对面的交流。

10月27日，省财政厅原办公大楼正式移交省统计局管理使用，省局张义国局长、魏庆铭副局长代表省统计局与省行管局签订了交接协议。

10月29日，省第五次人口普查办公室、省统计局、省委宣传部和山东电视台联合举办了星光50'人口普查专题文艺晚会。省五普领导小组组长、副省长林书香、省政府副秘书长王玉芬、省统计局局长张义国、省委宣传部副部长王兆成等领导亲临现场，观看了文艺演出。

10月30日，省政府紧急召开电视电话会议，对临战前的人口普查工作进行再动员。会议由省政府副秘书长王玉芬主持，省第五次人口普查领导小组组长、副省长林书香、省第五次人口普查领导小组副组长、省统计局局长张义国出席会议并作重要讲话。省人口普查领导小组成员、普查办公室全体人员在省政府电视电话主会场参加了会议，各市分管人口普查的副市长、各县（市、区）长、各乡镇长、街道办事处主任及各级人口普查办公室人员在当地分会场收听收看了会议。

11月1日，第五次人口普查登记工作全面展开。中共中央政治局委员、省委书记吴官正、省长李春亭、省人大主任赵志浩、省政协主席韩喜凯等领导同志分别以普通公民的身份在居住地进行了第五次人口普查现场登记。省第五次人口普查领导小组组长、副省长林书香在省第五次人口普查办公室主任栾炳焕、省统计局副局长潘振文等同志的陪同下，深入济南市甸柳新村居民家中，视察了人口普查登记工作。省第五次人口普查领导小组副组长、省统计局局长张义国接受了《大众日报》社记者的采访。

11月2日，省人口普查领导小组派出6个检查组，分别赴潍坊、青岛、滨州、临沂、枣庄、菏泽等地，检查人口普查登记工作。

11月6日，联合国粮农组织官员加藤正胜先生一行到省局考察评估粮农组织援建项目。张义国局长、宋文理队长向评估团介绍了情况。

11月7日，在收听收看全国人口普查电视会议之后，省政府召开全省第五次人口普查领导小组成员会议。会议通报了当前人口普查登记工作进展情况和存在的问题。韩寓群副省长主持会议并作重要讲话。

11月11日，陈延明副省长在省局《山东省农民收入问题研究》和《前三季度我省农民现金收支情况简析》两篇统计资料上批示：这两个分析报告写得很好，抓住了当前农业和农村工作的关键，情况分析入情入理，所提建议积极可行，很有参考价值。请印发农口各部门和各市地分管农业的领导同志参阅。

11月15日，全省统计局长暨人普办主任会议在济南召开，来自17市地的统计局长及人普办主任参加了会议。会议通报了全省人口普查入户登记工作基本情况，指出了存在的问题，听取了各市地关于人口普查入户登记情况及几个主要指标评估情况的汇报。

12月5日—8日，省局派出检查组，由局队长带队，分赴市地进行人口普查数据质量抽查和统计"三五"普法验收。

12月22日，李春亭省长在《山东省各市地经济社会发展水平综合评价分析报告》上批示：统计局提出的经济社会发展评价分析很有参考价值。这对正确认识省情，实施分类指导，加快发展将起到重要作用。

12月26日—28日，省局张义国局长、企调队宋志申队长参加了在北京召开的全国统计局长会议，张义国局长在大会上作了典型发言。

12月27日，吴官正书记在省局报送的《鲁苏两省GDP及其相关指标的比较研究》上批示：我也这样认为，也曾找数据算过。

附录四、主要统计指标解释

EXPLANATION LF SUMMARY STATISTICS INDICATORS

一、行政区划和自然资源

森林面积 指生长着乔木和竹林，郁闭度在0.3以上(不包括0.3)的林地面积，即有林地面积。它是反映森林资源总面积的重要指标。森林面积包括天然林面积和人工林面积，但不包括灌木林地和疏林地面积。

森林覆盖率 通常是指森林面积占土地总面积之比，一般用百分数表示。但国家计算森林覆盖率时，森林面积还包括灌木林面积、农田林网树占地面积以及四旁树木面积。森林覆盖率是反映一个国家或地区森林资源和绿化水平的重要指标，计算公式：

$$森林覆盖率(\%)=\frac{森林面积}{土地总面积}\times100\%$$

市 指经国家批准成立"市"建制的城市。

镇 指经省、自治区、直辖市批准的镇。1963年以前为常住人口在2000人以上，非农业人口占50%以上的。1964年起改为常住人口在3000人以上，非农业人口占70%以上；或常住人口在2500人以上，不满3000人，非农业人口占85%以上的。1984年后又调整为凡县级地方国家机关所在地；或总人口在20000人以下的乡，乡政府驻地非农业人口超过2000人的；或总人口在20000人以上的乡，乡政府驻地非农业人口占全乡人口10%以上；或少数民族地区、人口稀少的边远地区、山区和小型工矿区、小港口、风景旅游、边境口岸等地，非农业人口虽不足2000人，都可建镇。

二、综　　合

国民生产总值(GNP) 指一个国家(或地区)所有常住单位在一定时期内收入初次分配的最终结果。一国常住单位从事生产活动所创造的增加值在初次分配中主要分配给该国的常住单位，但也有一部分以生产税及进口税(扣除生产和进口补贴)、劳动者报酬和财产收入等形式分配给非常住单位；同时，国外生产所创造的增加值也有一部分以生产税及进口税(扣除生产和进口补贴)、劳动者报酬和财产收入等形式分配给该国的常住单位，从而产生了国民生产总值的概念。它等于国内生产总值加上来自国外的初次分配收入净额。与国内生产总值不同，国民生产总值是个收入概念，而国内生产总值是个生产概念。

国内生产总值(GDP) 指一个国家(或地区)所有常住单位在一定时期内生产活动的最终成果。

国内生产总值有三种表现形态，即价值形态、收入形态和产品形态。从价值形态看，它是所有常住单位在一定时期内生产的全部货物和服务价值超过同期中间投入的全部非固定资产货物和服务价值的差额，即所有常住单位的增加值之和；从收入形态看，它是所有常住单位在一定时期内创造并分配给常住单位和非常住单位的初次收入分配之和；从产品形态看，它是所有常住单位在一定时期内最终使用的货物和服务价值与货物和服务净出口价值之和。在实际核算中，国内生产总值有三种计算方法，即生产法、收入法和支出法。三种方法分别从不同的方面反映国内生产总值及其构成。

①**生产法** 是从生产过程中生产的货物和服务总产品价值入手，剔除生产过程中投入的中间产品的价值，得到增加价值的一种方法，公式为：

增加值＝总产出－中间投入

总产出：是一定时期内一个国家(或地区)常住单位生产的所有货物和服务的价值。既包括新增价值，也包括转移价值。

中间投入：是常住单位在生产或提供货物与服务过程中，消耗和使用的所有非固定资产货物和服务的价值。中间投入也称为中间消耗。

增加值：是指常住单位生产过程创造的新增价值和固定资产的转移价值。按生产法计算它等于总产出减去中间投入。

②**收入法** 收入法也称分配法，按收入法计算国内生产总值是从生产过程创造收入的角度，对常住单位的生产活动成果进行核算。按照这种计算方法，增加值由劳动者报酬、生产税净额、固定资产折旧和营业盈余四个部分组成。用公式表示为：

增加值＝劳动者报酬＋生产税净额＋固定资产折旧＋营业盈余

国民经济各部门的增加值之和等于国内生产总值。

劳动者报酬：指劳动者因从事生产活动所获得的全部报酬。它包括劳动者获得的各种形式工资、奖金和津贴，既包括货币形式的，也包括实物形式的，它还包括劳动者所享受的公费医疗和医疗卫生费、上下班交通补贴和单位直接支付的社会保险费等。

生产税净额：生产税减生产补贴后的差额。

生产税：指政府对生产单位生产、销售和从事经营活动以及因从事生产活动使用某些生产要素，如固定资产、土地、劳动力所征收的各种税、附加费、和规费。具体包括销售税金及附加、增值税、管理费中开支的各种税、应交纳的养路费、排污费和水电费附加、烟酒专卖上缴政府的专项收入等。

生产补贴：与生产税相反，是政府对生产单位的单方面收入转移，因此视为负生产税处理，包括政策亏损补贴、粮食系统价格补贴、外贸企业出口退税收入等。

固定资产折旧：指一定时期内为弥补固定资产损耗按照核定的固定资产折旧率提取的固定资产折旧，或按国民经济核算统一规定的折旧率虚拟计算的固定资产折旧。它反映了固定资产在当期生产中的转移价值。各种类型企业和企业化管理的事业单位的固定资产折旧指实际计提并计入成本费用中的折旧费;不计提折旧的单位,如政府机关、非企业化管理的事业单位和居民住房的固定资产折旧则是按照统一规定的折旧率和固定资产原值计算的虚拟折旧。

营业盈余:是指常住单位创造的增加值扣除劳动者报酬、生产税净额和固定资产折旧后的余额。它相当于企业的营业利润加上生产补贴,但要扣除从利润中开支的工资和福利等。

③**支出法** 支出法是从最终使用角度来反映国内生产总值最终去向的一种方法。最终使用包括货物和服务的最终消费支出、资本形成总额、货物和服务净出口三部分。最终消费是指常住单位在一定时期内对于货物和服务的全部最终消费支出,也就是常住单位为满足人们物质、文化和精神生活的需要,从本国经济领土和国外购买的货物和服务的支出。最终消费分为居民消费和政府消费。

最终消费 指常住单位在一定时期内对于货物和服务的全部最终消费支出,也就是常住单位为满足物质、文化和精神生活的需要,从本国经济领土和国外购买的货物和服务的支出;不包括非常住单位在本国经济领土内的消费支出。最终消费分为居民消费和政府消费。

居民消费 指常住住户对货物和服务的全部最终消费支出。居民消费按市场价格计算,即按居民支付的购买者价格计算。购买者价格是购买者取得货物所支付的价值,包括购买者支付的运输和商业费用。居民消费除了直接以货币形式购买货物和服务的消费之外,还包括以其他方式获得的货物和服务的消费支出,即所谓的虚拟消费支出。居民虚拟消费支出包括以下几种类型:单位以实物报酬及实物转移的形式提供给劳动者的货物和服务;住户生产并由本住户消费了的货物和服务,其中的服务仅指住户的自有住房服务;金融机构提供的金融媒介服务;保险公司提供的保险服务。

政府消费 指政府部门为全社会提供公共服务的消费支出和免费或以较低价格向住户提供的货物和服务的净支出。前者等于政府服务的产出价值减去政府单位所获得的经营收入的价值,政府服务的产出价值等于它的经常性业务支出加上固定资产折旧;后者等于政府部门免费或以较低价格向住户提供的货物和服务的市场价值减去向住户收取的价值。资本形成总额 指常住单位在一定时期内获得的减去处置的固定资产加存货的变动,包括固定资本形成总额和存货增加。

固定资本形成总额 指常住单位购置、转入和自产自用的固定资产,扣除固定资产的销售和转出后的价值,分有形固定资产形成总额和无形固定资产形成总额。有形固定资产形成总额包括一定时期内完成的建筑工程、安装工程和设备工器具购置(减处置)价值,以及土地改良、新增役、种、奶、毛、娱乐用牲畜和新增经济林木价值。无形固定资产形成总额包括矿藏的勘探、计算机软件、娱乐和文学艺术品原件等获得减处置。

存货增加 指常住单位存货实物量变动的市场价值,即期末价值减期初价值的差额。存货增加可以是正值,也可以是负值;正值表示存货上升,负值表示存货下降。它包括生产单位购进的原材料、燃料和储备物资等存货,以及生产单位生产的产成品、在制品等存货等。

货物和服务净出口 指货物和服务出口减货物和服务进口的差额。出口包括常住单位向非常住单位出售或无偿转让的各种货物和服务的价值;进口包括常住单位从非常住单位购买或无偿得到的各种货物和服务的价值。由于服务活动的提供与使用同时发生,因此服务的进出口业务并不发生出入境现象,一般把常住单位从国外得到的服务作为进口,非常住单位从本国得到的服务作为出口。货物的出口和进口都按离岸价格计算。

三次产业 是根据社会生产活动历史发展的顺序对产业结构的划分,产品直接取自自然界的部门称为第一产业,对初级产品进行再加工的部门称为第二产业,为生产和消费提供各种服务的部门称为第三产业。它是世界上较为通用的产业结构分类,但各国的划分不尽一致。

我国的三次产业划分是:

第一产业:农业(包括种植业、林业、牧业和渔业)。

第二产业:工业(包括采掘业,制造业,电力、煤气及水的生产和供应业)和建筑业。

第三产业:除第一、第二产业以外的其他各业。由于第三产业包括的行业多、范围广,根据我国的实际情况,第三产业可分为两大部分;一是流通部门,二是服务部门。具体又可分为四个层次:

第一层次:流通部门,包括交通运输、仓储及邮电通信业,批发和零售贸易、餐饮业。

第二层次:为生产和生活服务的部门,包括金融、保险业,地质勘查业、水利管理业,房地产业,社会服务业,农、林、牧、渔服务业,交通运输辅助业,综合技术服务业等。

第三层次:为提高科学文化水平和居民素质服务的部门,包括教育、文化艺术及广播电影电视业,卫生、体育和社会福利业,科学研究业等。

第四层次:为社会公共需要服务的部门,包括国家机关、政党机关和社会团体以及军队、警察等。

当年价格 指报告期的实际价格,如工业品的出厂价格,农产品的收购价格,商业的零售价格等。按当年价格计算,是指一些以货币表现的物量指标,如工农业总产值、国内生产总值等,按照当年的实际价格来计算总量。使用当年价格计算的数字,是为了使国民经济各项指标互相衔接,便于考察当年社会经济效益,便于对生产流通、生产和分配、生产和消费进行经济核算和综合平衡。

按当年价格计算的价值指标,在不同年份之间进行对比时,因为包含有各年间价格变动的因素,不能确切地反映实物量的增减变动。必须消除价格变动因素后,才能真实反映经济发展动态。因此,在计算增长速度时都使用按可比价格计算的数字。

可比价格 指计算各种总量指标所采用的扣除了价格

变动因素的价格,可进行不同时期总量指标的对比。按可比价格计算总量指标有两种方法:一种是直接用产品产量乘某一年的不变价格计算;另一种是用价格指数进行换算。

不变价格 指以同类产品某一时期的平均价格作为固定价格,用于计算各时期的产品价值。按不变价格计算的产品价值消除了价格变动因素,不同时期对比可以反映生产的发展速度。新中国成立后,随着工农业产品价格水平的变化,国家统计局先后五次制定了全国统一的工业产品不变价格和农业产品不变价格。从 1949 年到 1957 年使用 1952 年工(农)业产品不变价格,从 1957 年到 1971 年使用 1957 年不变价格,从 1971 年到 1981 年使用 1970 年不变价格,从 1981 年到 1990 年使用 1980 年不变价格,从 1991 年开始使用 1990 年不变价格。

平均增长速度:我国计算平均增长速度有两种方法:一种是习惯上经常使用的“水平法”,又称几何平均法,是以间隔期最后一年的水平同基期水平对比来计算平均每年增长(或下降)速度;另一种是“累计法”,又称代数平均法或方程法,是以间隔期内各年水平的总和同基期水平对比来计算平均每年增长(或下降)速度。在一般正常情况下,两种方法计算的平均每年增长速度比较接近;但在经济发展不平衡、出现大起大落时,两种方法计算的结果差别较大。

各个计划时期 年鉴中各个“时期”代表的年份如下:恢复时期为 1950 年到 1952 年;第一个五年计划时期(简称一五时期)为 1953 年到 1957 年;第二个五年计划时期(简称二五时期)为 1958 年到 1962 年;第三个五年计划时期(简称三五时期)为 1966 年到 1970 年;第四个五年计划时期(简称四五时期)为 1971 年到 1975 年;第五个五年计划时期(简称五五时期)为 1976 年到 1980 年;第六个五年计划时期(简称六五时期)为 1981 年到 1985 年;第七个五年计划时期(简称七五时期)为 1986 年到 1990 年;第八个五年计划时期(简称八五时期)为 1991 年到 1995 年;第九个五年计划时期(简称九五时期)为 1996 年到 2000 年。

企业(单位)登记注册类型 是以在工商行政管理机关登记注册的各类企业为划分对象,以工商行政管理部门对企业登记注册的类型为依据,将企业登记注册类型分为内资企业、港澳台商投资企业和外商投资企业三大类。内资企业包括国有企业、集体企业、股份合作企业、联营企业、有限责任公司、股份有限公司、私营公司和其他企业;港澳台商投资企业和外商投资企业分别包括合资经营企业、合作经营企业、独资经营企业和股份有限公司。对不在工商行政管理部门进行登记注册的行政机关、事业单位和社会团体,主要按其经费来源和管理方式进行划分。

国有企业 指企业全部资产归国家所有,并按《中华人民共和国企业法人登记管理条例》规定登记注册的非公司制的经济组织。不包括有限责任公司中的国有独资公司。

集体企业 指企业资产归集体所有,并按《中华人民共和国企业法人登记管理条例》规定登记注册的经济组织。

股份合作企业 指以合作制为基础,由企业职工共同出资入股,吸收一定比例的社会资产投资组建,实行自主经营,自负盈亏,共同劳动,民主管理,按劳分配与按股分红相结合的一种集体经济组织。

联营企业 指两个及两个以上相同或不同所有制性质的企业法人或事业单位法人,按自愿、平等、互利的原则,共同投资组成的经济组织。联营企业包括国有联营企业、集体联营企业、国有与集体联营企业和其他联营企业。

有限责任公司 指根据《中华人民共和国公司登记管理条例》规定登记注册,由两个以上、五十个以下的股东共同出资,每个股东以其所认缴的出资额对公司承担有限责任,公司以其全部资产对其债务承担责任的经济组织。有限责任公司包括国有独资公司以及其他有限责任公司。

(1)国有独资公司:指国家授权的投资机构或者国家授权的部门单独投资设立的有限责任公司。

(2)其他有限责任公司:指国有独资公司以外的有限责任公司。

股份有限公司指根据《中华人民共和国公司登记管理条例》规定登记注册,其全部注册资本由等额股份构成并通过发行股票筹集资本,股东以其认购的股份对公司承担有限责任,公司以其全部资产对其债务承担责任的经济组织。

私营企业 指由自然人投资设立或由自然人控股,以雇佣劳动为基础的营利性经济组织。包括按照《公司法》、《合伙企业法》、《私营企业暂行条例》规定登记注册的私营有限责任公司、私营股份有限公司、私营合伙企业和私营独资企业。

(1)私营独资企业:指按《私营企业暂行条例》的规定,由一名自然人投资经营,以雇佣劳动为基础,投资者对企业债务承担无限责任的企业。

(2)私营合伙企业:指按《合伙企业法》或《私营企业暂行条例》的规定,由两个以上自然人按照协议共同投资、共同经营、共负盈亏,以雇佣劳动为基础,对债务承担无限责任的企业。

(3)私营有限责任公司:指按《公司法》、《私营企业暂行条例》的规定,由两个以上自然人投资或由单个自然人控股的有限责任公司。

(4)私营股份有限公司:指按《公司法》的规定,由五个以上自然人投资,或由单个自然人控股的股份有限公司。

其他内资企业 指上述企业之外的其他内资经济组织。

与港澳台商合资经营企业 指港澳台地区投资者与内地企业依照《中华人民共和国中外合资经营企业法》及有关法律的规定,按合同规定的比例投资设立、分享利润和分担风险的企业。

与港澳台商合作经营企业 指港澳台地区投资者与内地企业依照《中华人民共和国中外合作经营企业法》及有关法律的规定,依照合作合同的约定进行投资或提供条件设立、分配利润和分担风险的企业。

港澳台商独资经营企业 指依照《中华人民共和国外资企业法》及有关法律的规定,在内地由港澳台地区投资者全额投资设立的企业。

港澳台商投资股份有限公司 指根据国家有关规定,经外经贸部依法批准设立，其中港、澳、台商的股本占公司注册资本的比例达25%以上的股份有限公司。凡其中港、澳、台商的股本占公司注册资本的比例小于25%的，属于内资企业中的股份有限公司。

中外合资经营企业 指外国企业或外国人与中国内地企业依照《中华人民共和国中外合资经营企业法》及有关法律的规定，按合同规定的比例投资设立、分享利润和分担风险的企业。

中外合作经营企业 指外国企业或外国人与中国内地企业依照《中华人民共和国中外合作经营企业法》及有关法律的规定，依照合作合同的约定进行投资或提供条件设立、分配利润和分担风险的企业。

外资企业 指依照《中华人民共和国外资企业法》及有关法律的规定，在中国内地由外国投资者全额投资设立的企业。

外商投资股份有限公司 指根据国家有关规定，经外经贸部依法批准设立，其中外资的股本占公司注册资本的比例达25%以上的股份有限公司。凡其中外资股本占公司注册资本的比例小于25%的，属于内资企业中的股份有限公司。

行政机关、事业单位和社会团体 参照企业登记注册类型，主要按其经费来源和管理方式划分。具体规定如下：

(1)行政机关：包括国家机关和政党机关，原则上均列为"国有"。但有特殊规定的，如供销社等，则列为"集体"。

(2)事业单位：包括经国家机构编制部门和有关业务主管部门批准成立的各类事业单位，不包括实行企业化管理的事业单位。事业单位的划分办法如下：

①由国家财政预算拨款或列人财政预算外资金管理以及经费主要来源于国有主管部门或国有上级单位的事业单位，列为"国有"。

②经费主要来源于集体单位的事业单位，列为"集体"。

③公民个人(或个人合伙)开办的事业单位，列为"私营"。

④上述以外的其他事业单位，如果其经费来源不明确，按管理方式进行归类。

(3)社会团体：包括经民政部门批准成立以及未纳入社会团体管理条例范围的工会、妇联等各类社会团体。社会团体的划分办法如下：

①未纳入民政部社会团体管理条例范围的工会、妇联、共青团、青联、工商联、科协、侨联等社会团体，国家拨款设立的基金会或基金管理组织以及经费主要来源于国有业务主管部门或国有上级单位的社会团体，列为"国有"。

②经费主要来源于集体单位的社会团体，列为"集体"。

③公民个人(或个人合伙)开办的社会团体，列为"私营"。

④上述以外的其他社会团体，如果其经费来源不明确，列按管理方式进行归类。

三、人　　口

人口数 指一定时点，一定地区范围内的有生命的个人的总和。年度统计的年末人口数是指每年12月31日24时的人口数。

市镇总人口和乡村总人口一般是按常住人口划分的。

市镇总人口指市、镇辖区的全部人口。

乡村总人口指县(不含镇)的全部人口。

人口密度指一定时点，一定地区的人口数与该时点、该地区的面积之比，即一定时点的单位土地面积上的人口数，通常以每平方公里的居民人数来表示：

$$人口密度=\frac{该地区的人口数}{该地区的土地面积}$$

出生率(又称粗出生率)指在一定时期内(通常为一年内)平均每千人所出生的人数的比率，一般用千分率表示。计算公式：

$$出生率=\frac{年出生人数}{年平均人数}\times 1000‰$$

出生人数是指活产婴儿，即胎儿脱离母体时(不管怀孕月数)，有过呼吸或其他生命现象。

年平均人数是年初、年末人口数的平均数，也可用年中人口数代替。死亡率指在一定时期内(通常为一年内)一定地区的死亡人数与同期平均人数(或期中人数)之比，一般用千分率表示。计算公式：

$$死亡率=\frac{年死亡人数}{年平均人数}\times 1000‰$$

人口自然增长率在一定时期内(通常为一年内)人口自然增加数(出生人数减死亡人数)与平均人数(或期中人数)之比，一般用千分率表示。计算公式：

$$人口自然增长率=\frac{本年出生人口数-本年死亡人口数}{年平均人数}\times 1000‰$$

$$人口自然增长率=人口出生率-人口死亡率$$

人口平均增长速度(或人口平均增长率)指在两年以上的时期内，平均每年人口增长速度或增长率(包括人口机械变动因素)，最常用的计算方法是几何平均数法。计算公式：

$$人口平均增长率=\sqrt[n]{\frac{报告年度人口数}{基年人口数}}-1=人口平均发展速度-1$$

n是计算区间的年数

性别比反映两性人口间比例的指标，指在总人口中或各年龄组人口中，男性人数与女性人数之比。通常以每100个女性人口相对应的男性人口数。计算公式：

$$性别比=\frac{男性人口}{女性人口}\times 100$$

四、从业人员和劳动报酬

劳动力资源总数指一定时点上在劳动年龄内人口总数中,有劳动能力的人口数和不足或超过劳动年龄,但实际经常参加社会劳动并取得劳动报酬或经营收入的人口数。包括社会劳动者、城镇待业人员和其他在劳动年龄内有劳动能力的人口数。但不包括现役军人、在劳动年龄内的在押犯人和因病残而丧失劳动能力的人口数。

从业人员:指从事一定社会劳动并取得劳动报酬或经营收入的全部劳动力。包括:

①全部在岗职工

②城镇私营企业从业人员

③城镇个体劳动者

④农村社会劳动者

⑤其他社会劳动者

这一指标取代了现行制度中的社会劳动者,它反映了一定时期内全部劳动力资源的实际利用情况,是研究我国基本国情国力的重要指标。

各单位的从业人员是指在各级国家机关、政党机关、社会团体及企业、事业单位中工作,取得工资或其他形式的劳动报酬的全部人员。包括在岗职工、再就业的离退休人员、民办教师以及在各单位中工作的外方人员和港澳台方人员、兼职人员、借用的外单位人员和第二职业者,不包括离开本单位仍保留劳动关系的职工。

各单位的从业人员反映了各单位实际参加生产或工作的全部劳动力。

经济活动人口指在16岁以上,有劳动能力,参加或要求参加社会经济活动的人口;包括从业人员和失业人员。

城镇登记失业人员指有非农业户口,在一定的劳动年龄内,有劳动能力,无业而要求就业,并在当地就业服务机构进行求职登记的人员。

城镇登记失业率 指城镇登记失业人数同城镇从业人数与城镇登记失业人数之和的比。计算公式为:

城镇登记失业率 = 城镇登记失业人数/(城镇从业人数 + 城镇登记失业人数) × 100%

职工指在国有经济、城镇的集体经济、联营经济、股份制经济、外商和港、澳、台投资经济、其他经济单位及其附属机构工作,并由其支付工资的各类人员。不包括城镇私营企业和乡镇企业从业人员。

在岗职工:指在本单位工作并由单位支付工资的人员以及有工作岗位,但由于学习、病伤、产假等原因暂未工作,仍由单位支付工资的人员。

国有单位在岗职工指在各级党政机关、人民团体及其所属企业、事业单位工作,并由其支付工资的各种人员。

城镇集体单位在岗职工指在城镇集体企业、事业及其管理部门中工作,并由其支付工资的各种人员。包括固定职工、临时职工、季节工、轮换工等。

合同制职工 指根据国务院国发(1986)77号文件和国务院令第99号的规定,通过签订有固定期限劳动合同、无固定期限劳动合同和以完成一项工作为期限劳动合同所使用的职工,包括实行全员劳动合同制单位的全部职工。

下岗职工:指由于企业生产和经营状况等原因已经离开本人的生产和工作岗位,并已不在本单位从事其他工作,但仍与用人单位保留劳动关系的人员。

从业人员劳动报酬 指各单位在一定时期内直接支付给本单位全部从业人员的劳动报酬总额。包括在岗职工工资总额和本单位其他从业人员劳动报酬两部分。

在岗职工工资总额 指各单位在一定时期内直接支付给本单位全部在岗职工的劳动报酬总额。包括:计时工资、计件工资、奖金、津贴和补贴、加班加点工资和其他工资。

职工平均工资 指企业、事业、机关单位的职工在一定时期内平均每人所得的货币工资额。它表明一定时期职工工资收入的高低程度,是反映职工工资水平的主要指标。计算公式为:

职工平均工资 = 报告期实际支付的全部职工工资总额/报告期全部职工平均人数

职工平均实际工资指扣除物价变动因素后的职工平均工资。计算公式为:

职工平均实际工资 = 报告期职工平均工资/报告期城镇居民消费价格指数

五、固定资产投资

固定资产投资 是社会固定资产再生产的主要手段。通过建造和购置固定资产的活动,国民经济不断采用先进技术装备,建立新兴部门,进一步调整经济结构和生产力的地区分布,增强经济实力,为改善人民物质文化生活创造物质条件。

固定资产投资额是以货币表现的建造和购置固定资产活动的工作量,它是反映固定资产投资规模、速度、比例关系和使用方向的综合性指标。全社会固定资产投资按登记注册类型可分为国有、集体、股份合作、联营、有限责任公司、股份有限公司、港澳台商、外商、个人投资等。按照我国现行计划管理体制,全社会固定资产投资总额分为基本建设、更新改造、房地产开发投资和其他固定资产投资四个部分。其他固定资产投资中的城乡集体投资包括城镇集体投资和农村集体投资。城乡居民个人投资包括私营个体投资、城市、县城镇所辖范围内的个人建房和农村个人建房及购买生产性固定资产的投资。

基本建设投资　是指利用国家预算内拨款、自筹资金、国内外基本建设贷款以及其他专项资金进行的，扩大生产能力(或新增工程效益)为主要目的新建、扩建工程及有关的工作。基本建设投资综合范围为计划总投资(或实际需要总投资)50万元及50万元以上的基本建设项目。具体包括：

(1)列入中央和各级地方本年基本建设计划的建设项目，以及虽未列入本年基本建设计划，但使用以前年度基建计划内结转的投资(包括利用基建库存设备材料)在本年继续施工的建设项目。

(2)本年基本建设计划内投资与更新改造计划内投资结合安排的新建项目和新增生产能力(或工程效益)达到大中型项目标准的扩建项目，以及为改变生产力布局而进行的全厂性迁建项目。

(3)国有单位既未列入基建计划，也未列入更新改造计划的新建、扩建、恢复项目和为改变生产力布局而进行的全厂性迁建项目，以及行政、事业单位增建业务用房和行政单位增建生活福利设施的项目。

更新改造投资　一般是利用企业折旧资金、国家更新改造预算拨款、企业自由资金、国内外技术改造贷款等资金，对现有企、事业单位原有设施进行技术改造(包括固定资产更新)以及相配套的辅助性生产、生活福利设施等工程和有关的工作。

更新改造投资综合范围为计划总投资(或实际需要总投资)50万元及50万元以上的更新改造单位(或项目)。具体包括：

(1)列入中央和各级地方本年更新改造计划的投资单位(或项目)以及未列入本年更新改造计划，但使用上年更新改造计划内结转的投资在本年继续施工的单位(或项目)。

(2)本年更新改造计划内投资与基本建设计划内投资结合安排的对企、事业单位原有设施进行技术改造或更新的项目和增建主要生产车间、　分厂等，其新增生产能力(或工程效益)未达到大中型项目标准的项目，以及由于城市环境保护和安全生产的需要而进行的迁建工程。

(3)国有企、事业单位既未列入基建计划也未列入更新改造计划，属于改建或更新改造性质的项目，以及由于城市环境保护和安全生产的需要而进行的迁建工程。根据更新改造项目的直接用途，可分为：

a.增产：是指增加工业以及农、牧、渔业产品生产能力的建设的项目。

b.节约能源：指节约煤、电、油等燃料动力的项目，如为了压缩燃料的消耗而进行的烧油锅炉改烧煤工程；为节约用煤而进行的低效锅炉改造、余热利用等工程；为了压缩用电而进行的电加热设备改为红外线技术工程等等。

c.其他节约：指节约钢材、木材、棉花、化工原料等各种原材料的项目和其他节约项目。

d.增加品种：指增加产品花色品种的项目。

e.提高产品质量：指提高产品质量，促进产品升级换代的项目。

f.三废治理：指各生产企业为减少和消除环境污染、回收物资等而治理废水、废气、废渣的项目。

g.其他：指除上述各项用途之外的更新改造投资。

其他固定资产投资其他固定资产投资综合范围包括：

(1)国有单位按规定不纳入基本建设计划和更新改造计划管理，计划总投资(或实际需要总投资)50万元及50万元以上的以下工程：

①用油田维护费和石油开发基金进行的油田维护和开发工程；

②煤炭、铁矿、森工等采掘采伐业用维简费进行的开拓延伸工程；

③交通部门用公路养路费对原有公路、桥梁进行改建的工程；

④商业部门用简易建筑费建造的仓库工程。

(2)城镇集体经济单位固定资产投资：所有隶属城市、县城和经国务院及省、自治区、直辖市批准建制的镇领导的集体经济单位(乡镇企业局管理的除外)建造和购置固定资产其计划总投资(或实际需要总投资)50万元及50万元以上的单位(项目)。

(3)除国有、城镇集体以外的其他各种登记注册类型的企业，事业单位建造和购置固定资产其计划总投资(或实际需要总投资)50万元及50万元以上、未列入基本建设计划和更新改造计划的单位(项目)。

房地产开发投资　房地产开发投资额又称房地产开发工作量，是指房地产开发公司、商品房建设公司及其他房地产开发单位进行土地开发工程、商品房屋建设工程所完成的投资额。

房地产开发投资综合范围包括各种房地产开发公司、商品房建设公司及其他房地产开发单位统一开发的包括统代建、拆迁还建的住宅、厂房、仓库、饭店、宾馆、度假村、写字楼、办公楼等房屋建筑物和配套的服务设施、土地开发工程，如道路、给水、排水、供电、供热、通讯、平整场地等基础设施工程。包括附属于其他法人单位实际从事房地产开发或经营的活动单位。

商品房建设投资额：是指房地产开发企业(单位)开发建设的供出售、出租用的商品住宅、厂房、仓库、饭店、度假村、写字楼、办公楼等房屋工程及其配套的服务设施所完成的投资额(含拆迁、回迁还建用房)。

商品住宅：是指房地产开发企业(单位)建设并出售、出租给使用者，仅供居住用的房屋。

土地开发投资额：是指房地产开发企业(单位)进行的土地开发工程所完成的投资额，如进行场地平整、道路、给水、排水、供电、供热、通讯等工程所完成的投资额。未进行开发工程、只进行单纯的土地交易活动不作为土地开发投资统计。

城镇私人建房投资和农村个人投资城镇私人建房包括市、县城镇所辖范围内的全部私人建房，不论其房主是否系本地的常住户口均应包括。农村个人投资包括农村个人建房及购置生产性固定资产的投资。

固定资产投资资金来源：

本年资金来源：是指固定资产投资单位在报告期收到的，用于固定资产投资的各种货币资金。包括国家预算内资金、国内贷款、债券、利用外资、自筹资金和其他资金。

(1)国家预算内资金：分为财政拨款和财政安排的贷款两部分。包括中央财政的基本建设基金(分经营性基金和非经营性基金两部分)、专项支出(如煤代油专项等)、收回再贷、贴息资金，财政安排的挖潜改造和新产品试制支出、城建支出、商业部门简易建筑支出、不发达地区发展基金等资金中用于固定资产投资的资金、地方财政中由国家统筹安排的资金等。

(2)国内贷款：指报告期固定资产投资单位向银行及非银行金融机构借入的用于固定资产投资的各种国内借款，包括银行利用自有资金及吸收的存款发放的贷款、上级主管部门拨入的国内贷款、国家专项贷款(包括煤代油贷款、劳改煤矿专项贷款等)，地方财政专项资金安排的贷款、国内储备贷款、周转贷款等。

银行贷款：是指向各商业银行、政策性银行借入的用于固定资产投资的各项贷款。

非银行金融机构贷款：是指向除上述银行之外从事金融业务的机构借入的用于固定资产投资的各项贷款。非银行金融机构包括城市信用社、农村信用社、保险公司、金融信托投资公司、证券公司、财务公司、金融租赁公司、融资公司(中心)等。

(3)债券：是企业(公司)或金融机构通过发行各种债券，筹集用于固定资产投资的资金。包括由银行代理国家专业投资公司发行的重点企业债券和基本建设债券。

(4)利用外资：是指报告期收到的用于固定资产建造和购置的境外资金(包括设备、材料、技术在内)。包括外商直接投资、对外借款(外国政府贷款、国际金融组织贷款、出口信贷、外国银行商业贷款、对外发行债券和股票)及外商其他投资(包括补偿贸易和加工装配由外商提供的设备价款、国际租赁)。不包括我国自有外汇资金(包括国家外汇、地方外汇、留成外汇、调济外汇和中国银行自有资金发行的外汇贷款等)。

(5)自筹资金：是指报告期收到的，由各地区、各部门及企事业单位筹集用于固定资产投资的预算外资金，包括中央各部门、各级地方和企业、事业单位的自有资金。

发行股票：指股份制企业通过发行股票筹集到的，用于固定资产投资的资金。

(6)其他资金来源：是指在报告期收到的除以上各种资金之外其他用于固定资产投资的资金。包括社会集资、个人资金、无偿捐赠的资金及其他单位拨入的资金等。固定资产投资按国民经济行业分建设项目归哪个行业，按其建成投产后的主要产品或主要用途及社会经济活动性质来确定。基本建设按建设项目划分国民经济行业，更新改造、国有单位其他固定资产投资及城镇集体投资根据整个企业、事业单位所属的行业来划分。一般情况下，一个建设项目或一个企业、事业单位只能属于一种国民经济行业。为了更准确地反映国民经济各行业之间的比例关系，联合企业(总厂)所属分厂属于不同行业的，原则上按分厂划分行业。

固定资产投资按建设性质分　建设项目的性质一般分为新建、扩建、改建、迁建、恢复。基本建设按建设项目划分建设性质，更新改造、国有单位其他固定资产投资及城镇集体投资按整个企业、事业单位的建设情况确定建设性质。目前基本建设和更新改造是根据我国现行的计划管理体制区分的，所以基本建设和更新改造都可以分别按新建、扩建等划分。

(1)新建：一般是指从无到有、"平地起家"新开始建设的单位。有的单位原有的基础很小，经过建设后其新增加的固定资产价值超过原有固定资产价值(原值)三倍以上的也算新建。

(2)扩建：一般是指为扩大原有产品的生产能力，在厂内或其他地点增建主要生产车间(或主要工程)、独立的生产线或分厂的企业；事业单位和行政单位在原单位增建业务用房(如学校增建教学用房、医院增建门诊部或病房、行政机关增建办公楼等)也作为扩建。

(3)改建：一般是指现有企业、事业单位为了技术进步，提高产品质量，增加花色品种，促进产品升级换代，降低消耗和成本，加强资源综合利用和三废治理、劳保安全等，采用新技术、新工艺、新设备、新材料等对现有设施、工艺条件进行技术改造或更新(包括相应配套的辅助性生产、生活福利设施)。有的企业为充分发挥现有生产能力，进行填平补齐而增建不增加本单位主要产品生产能力的车间等，也属于改建。

固定资产投资按构成分固定资产投资活动按其工作内容和实现方式分为建筑安装工程，设备、工具、器具购置，其他费用三个部分。

(1)建筑安装工程(建筑安装工作量)：指各种房屋、建筑物的建造工程和各种设备、装置的安装工程。包括各种房屋建造工程，各种用途设备基础和各种工业窑炉的砌筑工程；为施工而进行的各种准备工作和临时工程以及完工后的清理工作等；铁路、道路的铺设，矿井的开凿及石油管道的架设等；水利工程；防空地下建筑等特殊工程；以及各种机械设备的安装工程；为测定安装工程质量，对设备进行的试运工作。在安装工程中，不包括被安装设备本身的价值。

(2)设备、工具、器具购置：指购置或自制达到固定资产标准的设备、工具、器具的价值，固定资产的标准按财务部门规定。新建单位、扩建单位的新建车间按照设计和计划要求购置或自制的全部设备、工具、器具，不论是否达到固定资产标准均计入"设备、工具、器具购置"中。

(3)其他费用：指在固定资产建造和购置过程中发生的，除建筑安装工程和设备、工具、器具购置以外的各种应摊入固定资产的费用。

基本建设项目按大中小型划分　基本建设划分大中小型项目原则上应按照上级批准的设计任务书或初步设计所确定的总规模或总投资划分，没有正式批准设计任务书或初步设计的，按国家或省、自治区、直辖市年度基本建设投资计划中所列的总规模或总投资划分。上述两条均不具备的，按本年计划施工工程的建设总规模或总投资划分。生产单一产品的工业项目，按产品的设计能力划分；生产多种产品的工业项目，按其主要产品的设计能力划分。品种繁多，难以按生产能力划分的，按全部计划投资额划分。划分标准以国家颁发的《大中小型建设项目划分标准》为依据。国家曾在1953年、1962年、1972年、1977年和1979年先后五次修订《大中小型建设项目划分标准》，因此各历史时期的大中型项目数不完全可比。

新增生产能力(或工程效益) 新增生产能力(或工程效益)，是指通过固定资产投资活动而增加的设计能力。计算新增能力(或工程效益)是以能独立发挥生产能力(或工程效益)的工程为对象，如一座矿井、一座转炉、一套化工装置、一条铁路专用线等。当工程建成，经有关部门验收鉴定合格，正式移交投入生产，即应计算新增生产能力或效益。

新增固定资产 新增固定资产(又称交付使用的固定资产)，是指已经完成建造和购置过程，并已交付生产或使用单位的固定资产价值。

施工和竣工房屋建筑面积 房屋建筑面积是从房屋的外墙线算起的各层平面面积的总和，包括房屋结构(如柱、墙)占用的面积和地下室面积。多层建筑按各自然层面积计算，包括房屋内的楼隔层，突出墙面的眺望间、门斗、有柱雨罩的面积。不包括突出墙架结构的构件、艺术装饰等所占面积，如台阶等。

施工房屋面积：指报告期内施工的全部房屋建筑面积。包括本期新开工的面积和上期开工跨入本期继续施工的房屋面积，以及上期已停建在本期复工的房屋面积。本期竣工和本期施工后又停缓建的房屋，其建筑面积仍计入本期施工房屋面积中。

竣工房屋面积：指在报告期内房屋建筑按照设计要求已全部完工，达到住人和使用条件，经验收鉴定合格(或达到竣工验收标准)，可正式移交使用的各栋房屋建筑面积的总和。

建设项目投产率 指一定时期内全部建成投入生产项目个数与同期正式施工项目个数的比率。它是从项目建设速度的角度反映投资效果的指标。

固定资产交付使用率 指一定时期新增固定资产与同期完成投资额的比率。它是反映各个时期固定资产动用速度，衡量建设过程中投资效果的一个综合性指标。

房屋建筑面积竣工率 指一定时期内房屋竣工面积与施工面积的比率。它是从房屋建筑施工速度的角度反映投资效果的指标。

建设工期 指建设项目或单项工程从正式施工到全部建成投入生产(或交付使用)时止所经历的全部时间。

土地购置和开发情况

(1)本年完成开发土地面积：指报告期内对土地进行开发并已完成七通一平等前期开发工程，具备进行房屋建筑物施工或出让条件的土地面积。

(2)正在开发的土地面积：指已开始七通一平等前期开发工程，但尚未完工，不具备进行房屋建筑物施工或出让条件的土地面积。

(3)待开发土地面积：指经有关部门批准，通过各种方式获得土地使用权，但尚未进行开发的土地面积。

(4)本年购置土地面积：指在本年内通过各种方式获得土地使用权的土地面积。

商品房屋销售与出租情况

(1)实际销售面积：指报告期已竣工的房屋面积中已正式交付给购房者或已签订(正式)销售合同的商品房屋面积。不包括已签订预售合同正在建设的商品房屋面积，但包括报告期或报告期以前签订了预售合同，在报告期又竣工的商品房屋面积。

销售给个人：指实际销售给国内私人的商品房屋面积。不包括外销中销售给个人的部分。

(2)预售面积：指报告期末仍未竣工交付使用，但已签订预售合同的正在建设的商品房屋面积。报告期预售又在报告期转正式或协议销售的商品房屋的面积应列入实际销售面积，同时统计销售收入。

(3)空置面积：指报告期末已竣工的可供销售或出租的商品房屋建筑面积中，尚未销售或出租的商品房屋建筑面积，包括以前年度竣工和本期竣工的房屋面积，但不包括报告期已竣工的拆迁还建、建代建、公共配套建筑、房地产公司自用及周转房等不可销售或出租的房屋面积。

(4)出租面积：指在报告期期末房屋开发单位出租的商品房屋的全部面积。

出租给个人：指实际出租给国内个人的商品房屋面积，不包括外租部分。

(5)实际销售额：指报告期内出售房屋的总收入(即双方签署的正式买卖合同中所确定的合同总价)。该指标与实际销售面积同口径，包括正式交付的商品房屋在建设前期预收的定金、预收的款项及结算尾款和拖欠款。不包括未交付的商品房所预收的款项。收取的外汇按当时外汇调节市场价折算在其中。如果商品房是跨年完成的，应包括以前年度所收的定金及预收款。

其他指标

(1)竣工房屋住宅套数：指报告期内房屋按照设计要求已全部完工，经验收合格，达到住人或使用条件的正式交给开发公司的成套住宅数量(以设计图纸为准)。

(2)拆迁还建房屋竣工面积：指报告期房地产公司竣工的用于拆迁还建的房屋面积。

(3)统建代建房屋竣工面积：指报告期房地产公司接受委托、定向开发建设，并收取一定的管理费所建设的房屋竣工面积。

(4)公益性建筑竣工面积：指报告期房地产开发公司竣工的学校、幼儿园、派出所、居委会、商店等公益设施建筑面积。

六、能　　源

能源生产总量　指一定时期内全国一次能源生产量的总和，是观察全国能源生产水平、规模、构成和发展速度的总量指标。一次能源生产量包括原煤、原油、天然气、水电、核能及其他动力能（如风能、地热能等）发电量，不包括低热值燃料生产量、生物质能、太阳能等的利用和由一次能源加工转换而成的二次能源产量。

能源消费总量　指一定时期内全国（地区）用于生产和生活的各种能源消费量的总和。能源消费总量包括原煤和原油及其制品、天然气、电力。不包括生物能和太阳能等的利用。能源消费总量分为三部分，即终端能源消费量、能源加工转换损失量和损失量。它是观察能源消费水平、构成和增长速度的总量指标。

(1)终端能源消费量指一定时期内全国（地区）物质生产部门、非物质生产部门和生活消费的各种能源数量。不包括用于加工转换的中间能源消费量、加工转换损失量和损失量。

(2)能源加工转换损失量指一定时期内全国（地区）投入加工转换的各种能源数量之和与产出各种能源产品及其它石油制品和其它焦化产品之和的差额。它是观察能源在加工转换过程中损失量变化的指标。

(3)能源损失量指一定时期内能源在输送、分配、储存过程中发生的经营管理损失和由于客观原因造成的各种损失量。不包括各种气体能源放空、放散量。

能源生产弹性系数是研究能源生产量的增长与国民经济增长之间关系的指标。其计算公式为：

$$能源生产弹性系数=\frac{能源生产总量年平均增长速度}{国民经济年平均增长速度}$$

国民经济年平均增长速度，可根据不同目的或需要，用国民生产总值，国民收入等指标来计算。

电力生产弹性系数　是研究电力生产量的增长与国民经济增长之间关系的指标。一般来说，电力的发展应当快于国民经济的发展，也就是说电力应超前发展。其计算公式为：

$$电力生产弹性系数=\frac{电力生产量年平均增长速度}{国民经济年平均增长速度}$$

能源消费弹性系数是反映能源消费增长速度与国民经济增长速度之间比例关系的指标。其计算公式为：

$$能源消费弹性系数=\frac{能源消费年平均增长速度}{国民经济年平均增长速度}$$

电力消费弹性系数　是反映电力消费增长速度与国民经济增长速度之间的比例关系的指标，其计算公式为：

$$电力消费弹性系数=\frac{电力消费年平均增长速度}{国民经济年平均增长速度}$$

能源加工转换效率　指一定时期内能源经过加工转换后，产出的各种能源产品的数量与同期内投入加工转换的各种能源数量的比率。它是观察能源加工转换装置和生产工艺先进与落后、管理水平高低等的重要指标。计算公式为：

$$能源加工转换效率=\frac{加工转换产出量}{加工转换投入量}\times 100\%$$

七、财　　政

财政收入　指国家财政参与社会产品分配所取得的收入，是实现国家职能的财力保证。财政收入所包括的内容几经变化，目前主要包括：

(1)各项税收：包括增值税、营业税、消费税、土地增值税、城市维护建设税、资源税、城市土地使用税、印花税、固定资产投资方向调节税、个人所得税、企业所得税、关税、农牧业税和耕地占用税等。

(2)专项收入：包括征收排污费收入、征收城市水资源费收入、教育费附加收入等。

(3)其他收入：包括基本建设贷款归还收入、基本建设收入、捐赠收入等。

(4)国有企业计划亏损补贴：这项为负收入，冲减财政收入。

财政支出　国家财政将筹集起来的资金进行分配使用，以满足经济建设和各项事业的需要，主要包括：

(1)基本建设支出：指按国家有关规定，属于基本建设范围内的基本建设有偿使用、拨款、资本金支出以及经国家批准对专项和政策性基建投资贷款，在部门的基建投资额中统筹支付的贴息支出。

(2)企业挖潜改造资金：指国家预算内拨给的用于企业挖潜、革新和改造方面的资金。包括各部门企业挖潜改造资金和企业挖潜改造贷款资金，为农业服务的县办”五小”企业技术改造补助，挖潜改造贷款利息支出。

(3)地质勘探费用：指国家预算用于地质勘探单位的勘探工作费用，包括地质勘探管理机构及其事业单位经费、地质勘探经费。

(4)科技三项费用：指国家预算用于科技支出的费用，包括新产品试制费、中间试验费、重要科学研究补助费。

(5)支援农村生产支出：指国家财政支援农村集体（户）各项生产的支出。包括对农村举办的小型农田水利和打井、喷灌等的补助费，对农村水土保持措施的补助费，对农村举办的小水电站的补助费，特大抗旱的补助费，农村开荒补助费，扶持乡镇企业资金，农村农技推广和植保补助费，农村草场和畜禽保护补助费，农村造林和林木保护补助费，农村水产补助费，发展粮食生产专项资金。

(6)农林水利气象等部门的事业费用：指国家财政用于

农垦、农场、农业、畜牧、农机、林业、森工、水利、水产、气象、乡镇企业的技术推广、良种推广(示范)、动植物(畜禽、森林)保护、水质监测、勘探设计、资源调查、干部训练等项费用,园艺特产场补助费,中等专业学校经费,飞播牧草试验补助费,营林机构、气象机构经费,渔政费以及农业管理事业费等。

(7)工业交通商业等部门的事业费:指国家预算支付给工交商各部门用于事业发展的经费,包括勘探设计费、中等专业学校经费、技术学校经费、干部训练费。

(8)文教科学卫生事业费:指国家预算用于文化、出版、文物、教育、卫生、中医、公费医疗、体育、档案、地震、海洋、通讯、电影电视、计划生育、党政群干部训练、自然科学、社会科学、科协等项事业的经费支出和高技术研究专项经费。主要包括工资、补助工资、福利费、离退休费、助学金、公务费、设备购置费、修缮费、业务费、差额补助费。

(9)抚恤和社会福利救济费:指国家预算用于抚恤和社会福利救济事业的经费。包括由民政部门开支的烈士家属和牺牲病残人员家属的一次性、定期抚恤金,革命伤残人员的抚恤金,各种伤残补助费,烈军属、复员退伍军人生活补助费,退伍军人安置费,优抚事业单位经费,烈士纪念建筑物管理、维修费,自然灾害救济事业费和特大自然灾害灾后重建补助费等。

(10)国防支出:指国家预算用于国防建设和保卫国家安全的支出,包括国防费、国防科研事业费、民兵建设以及专项工程支出等。

(11)行政管理费:包括行政管理支出,党派团体补助支出,外交支出,公安安全支出,司法支出,法院支出,检察院支出和公检法办案费用补助。

(12)价格补贴支出:指经国家批准,由国家财政拨给的政策性补贴支出。主要包括粮食加价款,粮、棉、油差价补贴,棉花收购价外奖励款,副食品风险基金,市镇居民的肉食价格补贴,平抑市价肉食、蔬菜价差补贴等以及经国家批准的教材课本、报刊新闻纸等价格补贴。

中央财政收入和地方财政收入　指按财政体制划分的中央本级收入和地方本级收入。1994 年分税制财政体制以后,属于中央财政的收入包括关税、海关代征消费税和增值税,消费税,中央企业所得税,地方银行和外资银行及非银行金融企业所得税,铁道、银行总行、保险总公司等集中缴纳的营业税、所得税、利润和城市维护建设税,增值税的 75% 部分,海洋石油资源税和证券(印花)税 50% 部分。属于地方财政的收入包括营业税,地方企业所得税,个人所得税,城镇土地使用税,固定资产投资方向调节税,城镇维护建设税,房产税,车船使用税,印花税,屠宰税,农牧业税,农业特产税,耕地占用税,契税,增值税 25% 部分,证券交易税(印花税)50% 部分和除海洋石油资源税以外的其他资源税。

中央财政支出和地方财政支出　指根据政府在经济和社会活动中的不同职责,划分中央和地方政府的责权,按照政府的责权划分确定的支出。中央财政支出包括国防支出,武装警察部队支出,中央级行政管理费和各项事业费,重点建设支出以及中央政府调整国民经济结构、协调地区发展、实施宏观调控的支出。地方财政支出主要包括地方行政管理和各项事业费,地方统筹的基本建设、技术改造支出,支援农村生产支出,城市维护和建设经费,价格补贴支出等。

预算外资金收支　预算外资金指国家机关、事业单位和社会团体为履行或代行政府职能,依据国家法律、法规和具有法律效力的规章而收取、提取和安排使用的未纳入国家预算管理的各种财政性资金。其范围主要包括:法律、法规规定的行政事业性收费、基金和附加收入等;国务院或省级人民政府及其财政、计划(物价)部门审批的行政事业性收费;国务院及财政部审批建立的基金、附加收入等;主管部门所属单位集中上缴资金;用于乡镇政府开支的乡自筹和乡统筹资金;其他未纳入预算管理的财政性资金。社会保障基金在国家财政尚未建立社会保障预算制度以前,先按预算外资金管理制度进行管理,专款专用。财政部门在银行开设统一的专户,用于预算外资金收入和支出管理。部门和单位的预算外收入必须上缴同级财政专户,支出由同级财政按预算外资金收支计划和单位财务收支计划统筹安排,从财政专户中拨付,实行收支两条线管理。

八、物　　价

商品零售价格指数　是反映城乡商品零售价格变动趋势的一种经济指数。零售物价的调整变动直接影响到城乡居民的生活支出和国家的财政收入,影响居民购买力和市场供需平衡,影响消费与积累的比例。因此,计算零售价格指数,可以从一个侧面对上述经济活动进行观察和分析。商品零售价格指数分为食品、饮料烟酒、服装鞋帽、纺织品、中西药品、化妆品、书报杂志、文化体育用品、日用品、家用电器、首饰、燃料、建筑装璜材料、机电产品等十四个大类,国家规定 304 种必报商品,需要予以特别说明的是,从 1994 年起,国家、各省(区)和县编制的商品零售价格指数不再包括农业生产资料。

居民消费价格指数　是反映一定时期内城乡居民所购买的生活消费品价格和服务项目价格变动趋势和程度的相对数,是对城市居民消费价格指数和农村居民消费价格指数进行综合汇总计算的结果。利用居民消费价格指数,可以观察和分析消费品的零售价格和服务价格变动对城乡居民实际生活费支出的影响程度。居民消费价格指数分为食品、衣着、家庭设备及用品、医疗保健、交通和通讯、娱乐教育和文化用品、居住、服务项目等八个大类,国家规定 325 种必报商品和服务项目,其中,一般商品 273 种,餐饮业食品 16 种,服务项目 36 种。

城市居民消费价格指数 是反映城市居民家庭所购买的生活消费品价格和服务项目价格变动趋势和程度的相对数。城市居民消费价格指数可以观察和分析消费品的零售价格和服务项目价格变动对职工货币工资的影响,作为研究职工生活和确定工资政策的依据。

农村居民消费价格指数 是反映农村居民家庭所购买的生活消费品价格和服务项目价格变动趋势和程度的相对数。农村居民消费价格指数可以观察农村消费品的零售价格和服务项目价格变动对农村居民生活消费支出的影响,直接反映农民生活水平的实际变化情况,为分析和研究农村居民生活问题提供依据。

农产品收购价格指数 是反映国有商业、集体商业、个体商业、外贸部门、国家机关、社会团体等各种经济类型的商业企业和有关部门收购农产品价格的变动趋势和程度的相对数。农产品收购价格指数可以观察和研究农产品收购价格总水平的变化情况,以及对农民货币收入的影响,作为制订和检查农产品价格政策的依据。农产品收购价格指数分为粮食、经济作物、斤木材、工业用油漆、禽畜产品、蚕茧蚕丝、干鲜果、干鲜菜及调味品、药材、土副产品、水产品等十一个大类,包括 250 种商品。

农村工业品零售价格指数 是反映农村市场工业品零售价格水平变动趋势和程度的相对数。通过农村工业品零售价格指数,可以观察工业品零售价格变动对农民货币支出的影响。工业品出厂价格指数是反映全部工业产品出厂价格总水平的变动趋势和程度的相对数,包括工业企业售给本企业以外所有单位的各种产品和直接售给居民用于生活消费的产品。通过工业品出厂价格指数能观察出厂价格变动对工业总产值的影响。工业品出厂价格指数采用加权算术平均公式计算。我国从 1986 年开始正式编制工业品出厂价格指数。

原材料、燃料和动力购进价格指数 是反映工业企业作为生产投入,购买原材料、燃料、动力产品的价格水平变动趋势和程度的统计指标,是扣除工业企业物质消耗成本中的价格变动影响的重要依据。

固定资产投资价格指数 是反映固定资产投资额价格变动趋势和程度的相对数。固定资产投资额是由建筑安装工程投资完成额、设备、工器具购置投资完成额和其他费用投资完成额三部分组成的。编制固定资产投资价格指数应首先分别编制上述三部分投资的价格指数,然后采用加权算术平均法求出固定资产投资价格总指数。

编制固定资产投资价格指数可以准确地反映固定资产投资中涉及的各类商品和取费项目价格变动趋势和变动幅度,消除按现价计算的固定资产投资指标中的价格变动因素,真实地反映固定资产投资的规模、速度、结构和效益,为国家科学地制定、检查固定资产投资计划并提高宏观调控水平,为完善国民经济核算体系提供科学的、可靠的依据。

九、居 民 生 活

城镇居民家庭就业人口 指从事社会劳动取得劳动报酬或经营收入的人口。不论在全民所有制、集体所有制单位工作或从事个体劳动,不论有固定性职业或临时性职业都是就业人口。

城镇居民家庭可支配收入 指居民家庭在支付个人所得税之后,所余下的实际收入。计算公式为:

可支配收入 = 实际收入 − 个人所得税 − 家庭副业生产支出 − 记帐补贴

城镇居民家庭全部收入 指调查户的全部实际的现金收入,包括经常或固定得到的收入和一次性收入。不包括周转性的收入,如提取银行存款、向亲友借入款、收回借出款以及其它各种暂收款。

城镇居民家庭生活费支出 指调查户用于日常生活的全部支出,包括购买各种商品支出和文化生活、服务等非商品支出。

城镇居民家庭购买商品支出 指调查户购买商品的全部支出,包括从商店、工厂、饮食业、工业单位食堂、集市以及直接从农民购买各种商品的开支。共分九类:食品、衣着商品、日用品、文化娱乐用品、书报杂志、药及医疗用品、房屋及建筑材料、燃料、其它商品。不论自用的或赠送亲友的都包括在内。

农民总收入 是指农村住户年内从各种来源得到的全部实际收入(包括现金收入和实物收入)。由基本收入,转移性收入和财产性收入等三部分组成。

基本收入:包括劳动者报酬收入和家庭经营收入。

劳动者报酬收入:指受雇于单位或个人,出卖劳动而得到的报酬收入。包括在乡村组织中劳动得到的报酬收入、在企业劳动得到的报酬收入和在其他单位劳动得到的报酬收入。

家庭经营收入:主要用来反映以家庭为生产单位的收入水平、生产规模和经济效益情况。它是农村住户从事各项生产的收入,包括种植业收入、林业收入、牧业收入、渔业收入、手工业收入、采集捕猎收入、工业收入、建筑业收入、运输业收入、商业收入、饮食业收入、服务业收入和其他家庭经营收入。

转移性收入:包括在外人口寄回和带回、农村外部亲友赠送的收入、调查补贴、保险赔款、救济金、救灾款、退休金、抚恤金、五保户的供给、奖励收入、土地利用补偿收入和其他转移性收入。

财产性收入:包括利息收入、股息收入、租金收入、出让特许权收入、集体财产收入、其他财产收入。

农民纯收入 是总收入扣除相应的各项费用性支出后，归农民所有的收入。它既可以用于生产、非生产投资，改善物质和文化生活，以及用于再分配的支出和结余的收入。这个指标用来观察农民实际收入水平，以及农民扩大再生产和改善生活的能力。

全年纯收入＝总收入－家庭经营费用支出－生产用固定资产折旧－税收－上交集体承包任务－调查补贴－赠送农村外部亲友的支出

农民总支出 是指农村住户全年用于生产、生活和再分配等方面的全部实际支出。包括家庭经营费用支出、购置生产用固定资产支出、缴纳税款、上交集体承包任务、集体提留和摊派、生活消费支出和其他非借贷性支出。但借贷性支出不包括在内。

城乡居民储蓄年末余额包括城镇居民储蓄和农民个人储蓄两部分的年末余额。不包括工矿企业、部队、机关团体等集团存款。

城镇居民储蓄年末余额是指工商银行的城市居民储蓄、农业银行的镇的居民储蓄和中国银行的华侨储蓄之和。农村居民储蓄是指信用社社员储蓄。

十、城 市 建 设

年末自来水生产能力指年末城建部门管理的自来水厂和社会单位自备水源的取水、净化、送水、出厂输水干管等环节的实际生产能力。

年末供水管道长度 指从送水泵至用户水表之间所有管道的长度。

全年供水总量指公用自来水厂和社会单位自备水源全年的供水总量，包括有效供水量及损失水量。

生活用水量 指居民日常生活与公共福利设施的用水量。包括饮食店、旅馆、医院、理发店、浴池、洗衣店、游泳池、商店、学校、机关、部队等单位的用水量。

人工煤气生产能力 指城市煤气厂制气、净化、输送等环节的综合实际生产能力。

输气管道长度 指由压缩机、鼓风机、储气罐的出口到用户立管之间的全部管道长度。

煤气供气总量 指售给各类用户的全部煤气量。包括工业用量、家庭用量和其它用量。

城市供热能力 指热电厂和热力公司每小时向城市输送的蒸汽、热水能力。

供热总量 指热电厂和热力公司全年向城市输送的全部蒸汽、热水量。

供热管道长度 指热电厂和热力公司管理的集中供热热源到用户之间的全部供气、供热水的管道长度。

年末实有铺装道路长度 指除土路外，路面经过铺装宽度在3.5米以上的道路，包括高级、次高级道路和普通道路。

城市桥梁 指市范围内，修建在河道上桥梁和道路与道路立交、道路跨越铁路的立交桥以及人行天桥。包括永久性和半永久性桥，不包括临时性桥、铁路桥、涵洞。

城市下水道总长度指所有排水总管、干管、支管及暗渠、检查井、连接井进出水口等长度之和。

城市污水日处理能力 指污水处理厂每昼夜处理污水量的设计能力。

年末实有公共汽(电)车辆指年底可参加营运的全部车辆数，包括年底营运车辆数和库存查封未参加营运的车辆，不包括非营运车辆，如架线车、油罐车、工程车、货车及其他专用车辆和借入的客运车辆。

营运线路长度指设置的固定营运线路长度，包括郊区营运线路长度。不包括临时行驾的线路长度。

城市园林绿地面积 指城市公共绿地、专用绿地、生产绿地、防护绿地、郊区风景名胜区的全部面积。

公共绿地 指供游览休息的各种公园、动物园、植物园、陵园以及花园、游园和供游览休息用的林荫道绿地、广场绿地。不包括一般栽植的人行道树及林荫道的面积。

城市人口用水普及率、用气普及率指城市人口中的非农业人口用自来水、用煤气(包括人工煤气、液化石油气、天然气用气量)的普及情况。

十一、农 业

农林牧渔业产值 是以货币表现的农、林、牧、渔业全部产品的总量，它反映一定时期内农业生产的总规模和总成果。

农、林、牧、渔四业的统计范围是：

(1)农业产值，包括农作物种植业、农民家庭兼营工业商品部分的产值和采集野生植物产值。农作物种植业，包括粮、棉、油料、糖料、麻类、烟叶、蔬菜、药材、瓜类和其他农作物的种植，以及茶园、桑园、果园的生产经营。

(2)林业，包括林木的栽培(不包括茶园、桑园和果园的栽培、管理和收获等活动)。林产品的采集和村及村以下(即原生产大队、生产队和社员)的竹木采伐。

(3)牧业，包括除渔业养殖以外的一切动物饲养和放牧以及捕猎野兽野禽产值。

(4)渔业，包括水生动物和海藻类植物的养殖和捕捞。

从经济类型看，包括国有单位的各种专业农（林、牧、渔）场和农业试验场、所；集体单位的农村各种经济组织经营的农林牧渔业；农民自营的农作物栽培、动物饲养及农民家庭兼营工业等。

农业总产值的计算方法通常是以农林牧渔业产品及其副产品的产量乘以该项产品的单位价格而得该项产品的产值，少数生产周期较长，当年没有产品或产品产量不易统计的则采用间接方法匡算产值。

1957年以前的农业总产值中包括了厩肥和农民自给性手工业（如农民自制衣服、鞋、袜，自己从事粮食初步加工等）。1958年及以后的农业总产值，林业中增加了村及村以下竹木采伐产值；牧业中取消了厩肥产值；副业中取消了农民自给性手工业产值，增加了村及村以下办的工业产值；渔业中增加了海洋捕捞水产品产值。1980年及以后的农业总产值，在副业中增加了农民家庭兼营工业商品性部分的产值。从1984年起村及村以下办工业产值划归工业。从1993年起取消副业，将采集野生植物产值和农民家庭兼营商品性工业产值划归农业产值，捕猎野兽、野禽产值划入牧业产值。

农林牧渔业增加值是指各种经济类型的农业生产单位和农户从事农业生产经营活动所提供的社会最终产品的货币表现。统计范围：

包括国营、集体和农户从事农、林、牧、渔业生产的生产的生产单位，但不包括农业科学试验机构，也不包括军事部门的军马生产等。

农林牧渔业增加值的计算方法：采用生产法和分配法（收入法）两种。

1、生产法计算公式：

农林牧渔业增加值＝农林牧渔业总产值－农林牧渔业中间消耗

2、分配法计算公式：

农林牧渔业增加值＝固定资产折旧＋劳动者报酬＋生产税净额＋营业盈余

其中：生产税净额＝生产税收—生产补贴

农林牧渔业中间消耗是指在农林牧渔业生产过程中投入（或消耗）的各种物质产品和劳务价值的总和。包括中间物质消耗和对非物质生产部门的劳务支出两部分。计算中间消耗有两个原则：一是计算的口径范围要与总产值保持一致。二是本期消耗的不属于固定资产的低值易耗品。某些小农具即使使用年限超过一年，但价值在50元以下，也作为中间物质消耗处理。

粮食产量指全社会的粮食作物产量。包括国营农场等全民所有制经营的、集体统一经营的和农民家庭经营的粮食产量，还包括工矿企业家属办的农场和其他生产单位的产量。粮食除包括稻谷、小麦、玉米、高粱、谷子及其他杂粮外，还包括薯类和大豆。其产量计算方法，豆类按去豆荚后的干豆计算；薯类包括甘薯和马铃薯，不包括芋头和木薯。1963年以前按每4公斤鲜薯1公斤粮食计算，从1964年以后按5公斤鲜薯折1公斤粮食计算。其他粮食一律按脱粒后的原粮计算。

油料产量指全部油料作物的生产量。包括花生、油菜籽、芝麻、向日葵籽、胡麻籽（亚麻籽）和其他油料。不包括大豆、木本油料和野生油料。花生以带壳干花生计算。

水产品产量指人工养殖的水产品和天然生长的水产品的捕捞量。包括海水的鱼类、虾蟹类、贝类和藻类以及淡水的鱼类、虾蟹类和贝类，不包括淡水水生植物。

猪、牛、羊肉产量指当年出栏并已屠宰的猪、牛、羊的肉产量。即屠宰后除去头蹄下水后带骨肉（即胴体重）的重量。

耕地面积指年初可以用来种植农作物、经常进行耕锄的田地，包括熟地、当年新开荒地、连续撂荒未满三年的耕地和当年的休闲地（轮歇地），还包括以种植农作物为主并附带种植桑树、茶树、果树和其他林木的土地，以及沿海、沿湖地区已围垦利用的"海涂"、"湖田"等面积。

不包括属于专业性的桑园、茶园、果园、果木苗圃、林地、芦苇地、天然或人工草地面积。

农作物播种面积指实际播种或移植有农作物的面积。凡是实际种植有农作物的面积，不论种植在耕地上还是种植在非耕地上，均包括在农作物播种面积中。在播种季节基本结束后，因遭灾而重新改种和补种的农作物面积，也包括在内。

灌溉面积指有效灌溉面积，即具有一定的水源，地块比较平整，灌溉工程或设备已经配套，在一般年景下半年能够进行正常灌溉的耕地面积。

农用化肥施用量指本年内实际用于农业生产的化肥数量，包括氮肥、磷肥、钾肥和复合肥。化肥施用量要求按折纯量计算数量。折纯量是指把氮肥、磷肥、钾肥分别按含氮、含五氧化二磷、含氧化钾的百分之一百成份进行折算后的数量。复合肥按其所含主要成分折算。

农业机械总动力指主要用于农、林、牧、副、渔业的各种动力机械的动力总和。包括耕作机械、排灌机械、收获机械、农产品加工机械、运输机械、植物保护机械、牧业机械、林业机械、渔业机械和其他农业机械（内燃机按引擎马力折成瓦（特）计算），电动机按功率折成瓦特计算。不包括专门用于乡办工业、基本建设、非农业运输、科学试验和教学等非农业生产方面用的动力机械与作业机械。

十二、工　　业

工业　指从事自然资源的开采，对采掘品和农产品进行加工和再加工的物质生产部门。具体包括：(1)对自然资源的开采，如采矿、晒盐、森林采伐等（但不包括禽兽捕猎和水产捕捞）；(2)对农副产品的加工、再加工，如粮油加工、食品加工、轧花、缫丝、纺织、制革等；(3)对采掘品的加工、再加工，如炼铁、炼钢、化工生产、石油加工、机器制造、木材加工等，以及电力、自来水、煤气的生产和供应等；(4)对工业品的修理、翻新，如机器设备的修理、交通运输工具(包括小卧车)的修理等。

1984年以前农村的村及村以下办工业归属农业，1984年以后划归工业。

工业统计调查单位工业统计调查单位分为两类：独立核算法人工业企业和工业活动单位。

(1)独立核算法人工业企业：指从事工业生产经营活动的单位。独立核算法人工业企业应同时具备以下条件：①依法成立，有自己的名称、组织机构和场所，能够承担民事责任；②独立拥有和使用资产，承担负债，有权与其他单位签订合同；③独立核算盈亏，并能够编制资产负债表。

(2)工业活动单位：指在一个场所从事一种或主要从事一种工业生产活动的经济单位。它包括独立核算工业企业按主营业务活动(即工业生产活动)划分的主营业务活动单位和非工业企业所属的工业生产活动单位(即原非独立核算工业生产单位)。工业活动单位，一般应同时具备以下三个条件：①具有一个场所，从事一种或主要从事一种工业活动；②单独组织工业生产、经营或业务活动；③单独核算收入和支出。

国有经济工业(即过去的全民所有制工业或国营工业)指生产资料归国家所有的一种经济类型。包括中央和地方各级国家机关、部队、科研机构、学校、人民团体和国有经济企事业单位等举办的国有经济工业。1957年以前的公私合营和私营工业，后均改造为国营工业，1992年改为国有工业，这部分工业的资料不单独分列时，均包括在国有工业内。

集体经济工业指生产资料归公民集体所有的一种经济类型，是社会主义公有制经济的组成部分。包括城乡所有使用集体投资举办的企业，以及部分个人通过集资自愿放弃所有权并依法经工商行政管理机关认定为集体所有制的企业。

其他经济类型工业指除国有经济、集体经济、城乡个体经济以外的其他经济类型工业企业(单位)。包括私营经济、联营经济、股份制经济(股份有限公司，有限责任公司)；外商投资经济(中外合资经营、中外合作经营、外资企业)；港、澳、台投资经济(与大陆合资经营、与大陆合作经营、港、澳、台独资企业)及其他经济类型的工业。

轻工业 指主要提供生活消费品和制作手工工具的工业。按其所使用的原料不同，可分为两大类：(1)以农产品为原料的轻工业，是指直接或间接以农产品为基本原料的轻工业。主要包括食品制造、饮料制造、烟草加工、纺织、缝纫、皮革和毛皮制作、造纸以及印刷等工业；(2)以非农产品为原料的轻工业，是指以工业品为原料的轻工业。主要包括文教体育用品、化学药品制造、合成纤维制造、日用化学制品、日用玻璃制品、日用金属制品、手工工具制造、医疗器械制造、文化和办公用机械制造等工业。

重工业 指为国民经济各部门提供物质技术基础的主要生产资料的工业。按其生产性质和产品用途，可以分为下列三类：(1)采掘(伐)工业，是指对自然资源的开采，包括石油开采、煤炭开采、金属矿开采、非金属矿开采和木材采伐等工业；(2)原材料工业，指向国民经济各部门提供基本材料、动力和燃料的工业。包括金属冶炼及加工、炼焦及焦炭化学、化工原料、水泥、人造板以及电力、石油和煤炭加工等工业；(3)加工工业，是指对工业原材料进行再加工制造的工业。包括装备国民经济各部门的机械设备制造工业、金属结构、水泥制品等工业，以及为农业提供的生产资料如化肥、农药等工业。

根据上述划分原则，修理业中以重工业产品为修理作业对象的划为重工业，反之划为轻工业。

工业总产值 是以货币表现的工业企业在一定时期内生产的已出售或可供出售工业产品总量，它反映一定时期内工业生产的总规模和总水平。包括在本企业内不再进行加工，经检验、包装入库(规定不需包装的产品除外)的成品价值，对外加工费收入，自制半成品、在产品期末期初差额价值。工业总产值采用“工厂法”计算，即以工业企业作为一个整体，按企业工业生产活动的最终成果来计算，企业内部不允许重复计算，不能把企业内部各个车间(分厂)生产的成果相加。但在企业之间、行业之间、地区之间存在着重复计算。

轻重工业总产值的划分也是按“工厂法”计算的，即一个工业企业在正常情况下生产的主要产品的性质属于轻工业，则该企业的全部总产值作为轻工业总产值；一个工业企业生产的主要产品的性质属于重工业，则该企业的全部总产值作为重工业总产值。

工业增加值 指工业行业在报告期内以货币表现的工业生产活动的最终成果。

固定资产原价 指企业在建造、购置、安装、改建、扩建、技术改造某项固定资产时所支出的全部货币总额。它一般包括买价、包装费、运杂费和安装费等。

固定资产净值 指固定资产原价减去历年已提折旧额后的净额。

流动资产 指可以在一年或者超过一年的一个营业周期内变现或者耗用的资产，包括现金及各种存款、短期投资、应收及预付货款、存货等。

总资产贡献率 反映企业全部资产的获利能力，是企业经营业绩和管理水平的集中体现，是评价和考核企业盈利能力的核心指标。计算公式为：

总资产贡献率(%)=(利润总额+税金总额+利息支出)/平均资产总额×100%

资产负债率 该指标既反映企业经营风险的大小，也反映企业利用债权人提供的资金从事经营活动的能力。计算公式为：

资产负债率(%)=负债总额/资产总额×100%

工业成本费用利润率 指在一定时期内实现的利润与成本费用之比，是反映工业生产成本及费用投入的经济效益指标，同时也是反映降低成本的经济效益的指标。计算公式为：

工业成本费用利润率(%)=利润总额/成本费用总额×100%

工业增加值率 指在一定时期内工业增加值占同期工业总产值的比重，反映降低中间消耗的经济效益。计算公式为：

工业增加值率(%)＝工业增加值(现价)/工业总产值(现价)×100%

流动资产周转次数 指在一定时期内流动资产完成的周转次数，反映流动资产的周转速度。计算公式为：

流动资金周转次数＝产品销售收入/全部流动资产平均余额

产品销售收入 指企业销售产品的销售收入和提供劳务等主要经营业务取得的收入总额。

产品销售成本 指企业销售产品和提供劳务等主要经营业务的实际成本。

产品销售税金及附加 指企业销售产品和提供工业性劳务等主要经营业务应负担的城市维护建设税、消费税、资源税和教育费附加。

产品销售利润 指企业销售产品和提供工业性劳务等主要经营业务收入扣除其成本、费用、税金后的利润。

利润总额 指企业实现的利润。

应交增值税 指企业在报告期内应交纳的增值税额。

产品销售率 指报告期工业销售产值与同期全部工业总产值之比，是反映工业产品已实现销售的程度，分析工业产销衔接情况，研究工业产品满足社会需求程度的指标。计算公式为：

产品销售率(%)＝工业销售产值/工业总产值(现价)×100%

全员劳动生产率 指根据产品的价值量指标计算的平均每一个从业人员在单位时间内的产品生产量，是考核企业经济活动的重要指标，是企业生产技术水平、经营管理水平、职工技术熟练程度和劳动积极性的综合表现。目前我国的全员劳动生产率是将工业企业的工业增加值除以同一时期全部从业人员的平均人数来计算的。计算公式为：

全员劳动生产率＝工业增加值/全部从业人员平均人数

为了使各年度的全员劳动生产率数字可以比较，1990年以前各年的全员劳动生产率均按指数换算成1990年不变价格。

实收资本 指企业实际收到的投资人投入的资本。按投资主体可分为国家资本、集体资本、法人资本、个人资本、港澳台资本和外商资本。

总资产 指企业拥有或控制的全部资产。包括流动资产、长期投资、固定资产、无形及递延资产、其他长期资产、递延税项等，即为企业资产负债表的资产总计项。

(1)流动资产：指企业可以在一年内或者超过一年的一个生产周期内变现或耗用的资产合计，包括现金及各种存款、短期投资、应收及预付款项、存货等。(2)固定资产：指企业固定资产净值、固定资产清理、在建工程、待处理固定资产损失所占用的资金合计。(3)无形资产：指企业长期使用而没有实物形态的资产，包括专利权、非专利技术、商标权、著作权、土地使用权、商誉等。

总负债 指企业承担并需要偿还的全部债务。包括流动负债和长期负债、递延税项等，即为企业资产负债表的负债合计项。

(1)流动负债：指企业在一年内或者超过一年的一个营业周期内需要偿还的债务合计，包括短期借款、应付及预收款项、应付工资、应交税金和应交利润等。

(2)长期负债：指企业在一年以上或者超过一年的一个生产周期以上需要偿还的债务合计，包括长期借款、应付债务、长期应付款项等。

所有者权益 指企业投资人对企业净资产的所有权。企业净资产等于企业全部资产减去全部负债后的余额，其中包括投资者对企业的最初投入，以及资本公积金、盈余公积金和未分配利润，对股份制企业即为股东权益。

十三、建　筑　业

建筑业 是国民经济中专门从事建筑安装工程施工的物质生产部门。建筑业生产就是以工农业产品为原料，经过建筑安装活动形成各种用途的固定资产。其主要活动包括：①各种房屋、建筑物和构筑物的建造；②各种线路、管道和机械设备的安装；③原有房屋、建筑物和构筑物的修理；④部分非标准设备的制造。

建筑业总产值 是以货币表现的建筑安装企业和附营施工单位在一定时期内生产的建筑业产品的总和。它是反映建筑业生产规模、发展速度、经营成果的重要标志；也是用以计算建筑业经济效益、劳动生产率和建筑业在国民经济中所占比重的依据。建筑业总产值包括：

(1)建筑工程产值：指列入建筑工程预算内的各种工程价值。

(2)设备安装工程产值：指设备安装工程价值，不包括被安装设备本身价值。

(3)房屋、构筑物修理产值：指房屋、构筑物修理所完成的价值，但不包括被修理房屋、构筑物本身的价值和生产设备的修理价值。

(4)非标准设备制造产值：指加工制造没有定型的、非标准的生产设备的加工费和原材料价值，以及附属加工厂为本企业承建工程制作的非标准设备的价值。

建筑业增加值 指建筑业企业在报告期内以货币表现的建筑业生产经营活动的最终成果。目前建筑业增加值采用分配法(收入法)计算，即从收入的角度出发，根据生产要素在生产过程中应得的收入份额计算。具体计算公式为：

建筑业增加值＝本年提取的固定资产折旧＋应付工资

+应付福利费+管理费用中的劳动待业保险金、税金+工程结算税金及附加+工程结算利润

竣工产值 是指以货币表现的建筑业生产所形成的成品的价值,反映建筑业的成就,是考核建筑业施工速度和经济效益的依据之一。

竣工产值 包括范围应是报告期内竣工单位工程从开工到竣工的全部自行完成的价值。

房屋建筑面积是指房屋全部平面面积的总和。它从房屋的外墙线算起,包括可供使用的有效面积和墙柱等结构占用面积。多层房屋按各层(包括地下室)面积总合计算。旧房加层或改造,只计算增加的建筑面积;旧房拆除重建,计算其全部面积;临时房屋不计算建筑面积。房屋竣工面积是指在报告期内房屋建筑按照设计要求已全部完工,达到了使用条件,经检查验收鉴定合格的房屋建筑面积。

资产 是企业拥有或控制的能以货币计量的经济资源,包括各种财产、债权和其他权利。建筑业企业的资产其按流动性分为:流动资产、长期投资、固定资产、专项工程、无形及递延资产和其他资产。

固定资产原价 指企业在建造、购置、安装、改建、扩建、技术改造某项固定资产时所支出的全部货币总额。它一船包括买价、包装费、运杂费和安装费等。

工程结算收入 指本企业承包工程实现的工程价额结算收入以及向发包单位收取的除工程价款以外按规定列作营业收入的各种款项,如临时设施费、劳动保险费、施工机构调迁费等以及向发包单位收取的各种索赔款。

利润总额 指建筑施工企业在一定时期内所实现的利润。它包括工程结算利润、产品销售利润、作业销售利润、材料销售利润及其他销售利润、营业外收支差额。

工程结算利润指已结算工程实现的利润,如亏损以“-”号表示。计算公式为:

工程结算利润=工程结算收入-工程结算成本-工程结算税金及附加

十四、交通运输和邮电通讯业

铁路通车里程 指已经建成通车的铁路正线总长度。凡是全线或部分建成双线及以上的线路,以第一线的实际长度计算;复线、站线、段管线、岔线和特别用途线以及不计算运费的联络线都不计算通车里程。铁路通车里程是反映铁路运输业基础设施发展水平的重要指标,也是计算客货周转量、运输密度和机车车辆运用效率等指标的基础资料。

公路通车里程 是指实际达到交通部制定的公路工程技术标准规定的等级的公路长度。它包括大中城市的郊区公路以及通过小城镇街道的公路里程,也包括桥梁、渡口的长度,但不包括城市的街道以及厂矿、林区和农业生产用道的里程。两条或多条公路共同经由同一路段,只计算一次,不得重复计算里程长度。公路里程是反映公路建设发展规模的重要指标,也是计算运输网密度等指标的基础资料。

内河航道里程也称内河通航里程,是指凡能通航机动船、木帆船以及运输排筏的河段均应纳入统计.包括天然河流及人工河渠,但不包括仅供木材流放的河道。内河航道里程是反映内河水运网规模、水平和发展情况的主要指标。

货(客)运量 指运输业实际运送的货物(旅客)数量。货运按吨计算,客运按人计算。货物不论运输距离长短,货物类别,均按实际重量统计;旅客不论行程远近或票价多少,均按一人一次作为客运量统计。半价票、小孩票也按一人统计。货(客)运量反映运输业为国民经济和人民生活服务的数量指标,也是制定和检查运输生产计划,研究运输发展规模和速度的重要指标。

货物(旅客)周转量 指运输业运送的货物(旅客)数量与其相应运输距离的乘积之总和,通常以吨公里和人公里为计算单位。计算货物周转量通常按发出站与到达站之间的最短距离,也就是计费距离计算。它是反映运输业生产总成果的重要指标,也是编制和检查运输生产计划、计算运输效率、劳动生产率以及核算运输单位成本的主要基础资料。

铁路货车静载重 指铁路货车在始发站静止状态下平均每车装载的货物重量。静载重的多少取决于运送货物的性质、种类、车辆的类型和装载技术的高低。根据货车的平均载重能力和静载重进行对比,可以反映货车载重能力的利用程度。计算公式为:

$$货车静载重=\frac{货物发送吨数}{装车数}$$

铁路货运机车平均日产量 指平均每台货运机车在一昼夜内所完成的总重吨公里数。它既包括载运货物的重量,也包括车辆本身的自重,它从时间和牵引能力两方面反映了机车运用效率的综合性指标。计算公式为:

$$货运机车平均日产量=\frac{货运总重吨公里数}{货运机车台日数}$$

沿海主要港口货物吞吐量 指由水运进出沿海主要港口港区范围,并经过装卸的货物数量。吞吐量可以分为进口、出口,又可以分为国内贸易和对外贸易。货物吞吐量的货种分类及其主要流向流量,反映了港口在国内外物资交流和对外贸易运输中的地位和作用。

邮电业务总量 指以货币表现的邮电部门为用户传递信息和提供其他邮电服务的总量。它用各种邮电分类业务量,如函件件数、电报份数、长话张数、市内电话和农村电话的年均户数、订销报刊累计份数等,分别乘以相应的平均单价(不变价),加总后再加上出租电路和设备的收入、代用户维护电话交换机和线路等设备的收入、其他业务收入求得。邮电业务总量综合反映了一定时期邮电工作的总成果,是研

究邮电业务量构成和发展趋势的重要指标。

移动电话用户　指在电信部门登记，通过移动电话交换机进入移动电话网、占有移动电话号码的电话用户。用户数量以实际办理登记手续进入电信部门移动电话网的户数进行计算，一部或一台移动电话统计为一户。

从 1997 年起，电话用户数和电话机部数分组调整为以用户所在区域划分为"城市电话用户"和"乡村电话用户"，与过去的按市内电话和农村电话划分方法不同。而总用户数、总电话机部数统计方法不变。

(1)城市电话用户：指直辖市、省辖市、地级市、县级市的市区、市郊区及县城（包括县人民政府所在地的县城关区或行政建制相当于县人民政府所在地的镇）范围内接入局用交换机的电话用户数，包括分布在农村地区的独立工矿区、林区、驻军等接入局用交换机的电话用户数。

(2)乡村电话用户：指县城关区以下的集镇和农村接入局用交换机的电话用户数。

(3)住宅电话：指话机装在居民住宅里的电话，包括私人付费、公费和免费三个部分。

(4)私人付费电话：指住宅居民自费安装并自己缴纳通话费的电话。

十五、批发零售贸易业和餐饮业

商品购进总额　指从本企业以外的单位和个人购进（包括从国外直接进口）作为转卖或加工后转卖的商品。本指标由从生产者购进额、从批发零售贸易业购进额、进口额和其他项目组成。这个指标反映批发零售贸易企业从国内、国外市场上购进商品的总量。

商品销售总额　指对本企业以外的单位和个人出售（包括对国外直接出口）的商品（包括售给本单位消费用的商品）。本指标由对生产经营单位批发额、对批发零售贸易业批发额、出口额及对居民和社会集团商品零售额项目组成。这个指标反映批发零售贸易企业在国内市场上销售商品以及出口商品的总量。

批发　指除零售以外的一切商品销售活动，包括对生产经营单位批发、对批发零售贸易业批发和出口。

对居民和社会集团的商品零售（即零售）　指售给城乡居民直接用于生活消费的商品和社会集团直接用于公用消费的商品。

期末库存　指批发零售贸易企业已取得所有权的全部商品。这个指标反映批发零售贸易企业的商品库存情况和对市场商品供应的保证程度。

社会消费品零售总额　指各种经济类型的批发零售贸易业、餐饮业、制造业和其他行业对城乡居民和社会集团的消费品零售额和农业生产者对非农业居民零售额的总和。

市　指中央直辖市，省、地辖市的市区和郊区以及县级市的市区。

县　指县城关镇地区。

县　以下指县城关区以及县级市的市区以外的集镇和农村。

城乡集市贸易成交额　指在农村集市和城市集市上买卖双方（包括农民、非农业居民、机关、团体、工商企业、个体商贩）成交的全部商品金额。

十六、对外经济贸易和旅游业

进出口总额　是指实际进出我国国境的货物总金额。包括对外贸易实际进出口货物，来料加工装配进出口货物，国家间、联合国及国际组织无偿援助的物资和赠送品，华侨、港澳台同胞、外籍华人的捐赠品，租赁期满归承租人所有的租赁货物，进料加工进出口货物，边境地方贸易及边境地区小额贸易进出口货物（边民互市贸易除外），中外合资经营企业、中外合作经营企业、外商独资经营企业进出口货物和公用物品，到离岸价格在规定限额以上的进出口货样和广告品（无商业价值、无使用价值和免费提供出口的除外），从保税仓库提取在中国境内销售的进口货物，以及其他进出口货物。我国规定出口货物按离岸价格统计，进口货物按到岸价格统计。

利用外资　是指我国各级政府、部门、企业和其他经济组织通过对外借款、吸收外商直接投资以及用其他方式筹措的境外现汇、设备、技术等。

对外借款　包括我国通过外国政府贷款、国际金融组织贷款、外国银行商业贷款、出口信贷以及对外发行证券等方式，从国外和港澳台地区借用的资金。

外商直接投资　是指外国企业和经济组织或个人（包括华侨、港澳台胞以及我国在境外注册的企业）按我国有关政策、法规，用现汇、实物、技术等在我国境内开办外商独资企业、与我国境内的企业或经济组织共同举办中外合资经营企业、合作经营企业或合作开发资源的投资（包括外商从企业得到收益的再投资），以及经政府有关部门批准的项目投资总额内，企业从境外借入的资金。

对外承包工程　包括各对外承包公司以招标议标承包方式承揽的下列业务(1)承包的国外工程建设项目；(2)承包我国对外经援项目；(3)承包我国驻外机构的工程建设项目；(4)承包我国境内利用外资进行建设的工程项目；(5)与外国承包公司合营或联合承包工程项目时我国公司分包的部分；

(6)以服务成果向业主收费的技术服务项目(包括承担的地形地貌测绘;地质资源勘探与普查;建设区域规划;提供设计文件、图纸、生产工艺技术资料和工程技术经济咨询;工程项目的可行性考察、研究和评估;进行技术指导和培训人员等);(7)对外承包兼营的房屋开发业务。对外承包工作的营业额是以货币表现的本期内完成的对外承包工程的工作量,包括以前年度签订的合同和本年度新签订的合同在报告期完成的工作量。

对外劳务合作 指以收取工资的形式向业主或承包商提供技术和劳动服务的活动。我国对外承包公司在境外开办的合营企业,中国公司同时又提供劳务的,其劳务部分也纳入劳务合作统计。劳务合作营业额按报告期内向雇主提交的结算数(包括工资、加班费和奖金等)统计。

对外设计咨询 指以服务成果向业主收费的技术服务项目。包括承担地形地貌测绘,地质资源勘探与普查,建设区域规划,提供设计文件、图纸、生产工艺技术资料和工程技术经济咨询,工程项目的可行性考察、研究和评估,进行技术指导和培训人员等;也包括承担国(境)内利用外资进行建设的工程项目的上述规定的设计咨询项目的收取外币部分。

旅游人数 包括入境国际旅游者人数、出境居民人数和国内旅游者人数。

(1)入境国际旅游者人数:指来中国参观、访问、旅行、探亲、访友、休养、考察、参加会议和从事经济、科技、文化、教育、宗教等活动的外国人、华侨、港澳和台湾同胞的人数。不包括外国在我国的常驻机构,如使领馆、通讯社、企业办事处的工作人员;来我国常住的外国专家、留学生以及在岸逗留不过夜人员。

(2)出境居民人数:指大陆居民因公务活动或私人事务短期出境的人数。公务活动出境居民人数包括在国际交通工具上的中国服务员工,因私出境居民人数不包括在国际交通工具上的中国服务员工。

(3)国内旅游者人数:指我国大陆居民和在我国常住1年以上的外国人、华侨、港澳台同胞离开常住地在境内其他地方的旅游设施内至少停留一夜,最长不超过6个月的人数。

十七、金　　融

存款 企业、机关、团体或居民根据可以收回的原则,把货币资金存入银行或其他信用机构保管并取得一定利息的一种信用活动形式。根据存款对象的不同可划分:企业存款、财政存款、机关团体存款、对外贸易存款、城镇居民储蓄存款、农村存款等科目。

贷款 银行或其他信用机构根据必须归还的原则,按一定利率,为企业、个人等提供资金的一种信用活动形式。我国银行贷款,分流动资金贷款、固定资产贷款,城乡个体工商户贷款以及农户贷款等科目。

承保额又叫保险金额。它是保险人对被保险人负担损失补偿或约定给付的金额。它是保险合同上的最高责任额,也是计算保费的依据。

可保财产额社会总财产额(包括固定资产和流动资产),剔除按保险公司财产保险条款规定不在保险范围内的财产额(如土地、货币等)和有自保能力不向保险公司投保单位的财产额后,所余财产额。保费被保险人按其得到保险利益的保险程度(保险金额)的一定比率向保险人缴付的费用。

赔费保险人对财产保险的保险事故给予的经济补偿或对人身保险的保险事故给付的保险金。分为已决赔款和未决赔款。

十八、教育、科学、文化

普通高等学校 指按照国家规定的审批程序批准举办,通过全国统一招生考试,招收高级中等学校毕业生和具有同等学历者,实施高等教育,培养高等专门人才的学校。包括大学、专门学院、专科学校和短期职业大学。

成人高等学校 指按照国家规定的审批程序批准举办,招收在职高中毕业或同等学历者,利用多种形式对成人实施高等教育,培养相当普通高等学校专科或本科毕业水平的专门人才的学校。包括广播电视大学、职工高等学校、农民高等学校、干部管理学院、教育学院、独立函授学院以及普通高等学校举办的函授、夜大学等。

小学学龄儿童入学率 指调查范围内已入小学学习的学龄儿童占校内外学龄儿童总数(包括弱智儿童在内,但不包括盲聋哑儿童)的比重。计算公式是:

小学学龄儿童入学率＝已入学的小学学龄儿童数/校内外小学学龄儿童总数×100%

综合性研究机构 指主要从事揭示客观事物本质运动规律,提出新发现,新学说和对有重大应用前景的新的产品、工艺、材料、方法等提出新的理论、构思、原理等工作的机构。

从事科技活动人员 指报告期内从事科技活动的时间(不包括加班时间)占全年工作时间10%及以上的工程技术人员、管理人员、工人及其他为科技活动提供直接服务的人员。

科学家工程师 指大学毕业及以上文化程度和其他具有高、中级职称的从事科技活动人员。

其他技术人员 指中专、大专毕业和具有初级职称的从事科技活动人员。

自然科学技术人员 指已取得科学技术职称,或大学、中专的理工、农、医科系毕业,以及国民经济各部门从工作实践中提拔,从事理工、农、医等自然科学技术的研究、教学、生产(事业)技术方面工作的专业人员和在机关、企业事业中从事科学技术业务管理工作的专业人员。

工程技术人员 指在国民经济各行业从事工程技术工作的自然科学技术的专业人员,包括:高级工程师、工程师、助理工程师、技术员和未评定职称的技术人员。

农业技术人员 指在国民经济各行业从事农业技术工作的自然科学技术的专业人员,包括:高级农艺师、农艺师、助理农艺师、技术员和未评定职称的技术人员。

卫生技术人员 指在国民经济各行业从事卫生医务工作的自然科学技术的专业人员,包括:正副主任医师、主治医师、医、师、医(护)士和未评定职称的技术人员。

科学研究人员 指在国民经济各行业从事科学技术活动的自然科学技术的专业人员,包括:正副研究员、助理研究员、研究实习员、技术员和未评定职称的技术人员。

教学人员 指在国民经济各行业从事科学技术活动的自然科学技术的专业人员,包括:正副教授、讲师、助教、教师和在中学从事自然科学技术人方面的教学活动的人员。

艺术表演场所 指由各级文化主管部门或文化单位举办的除部队系统外的其他部门举办的,具有观众厅、舞台、灯光设备,经常供专业艺术表演团体演出,在工商、税务部门登记,公开售票的营业场所。

公共图书馆 指文化部门举办的面向社会服务的图书馆。

群众艺术馆、文化馆、文化站指从事群众文化工作的专业机构。不包括临时抽调人员组成、没有编制的农村和街道文化工作队、服务站等。

艺术创作机构 指有专职创作人员、独立建制的剧目创作室(组)、美术创作室(组)及各类画院等专门从事艺术创作的机构。不包括业余性质的文艺创作单位。

十九、卫生、体育、民政、司法、测绘、标准计量、环保

等级运动员人数 指经考核正式批准授予等级运动员称号的人数。运动员等级分为国际级运动健将、运动健将、一级运动员、二级运动员、三级运动员、少年级运动员。

等级裁判员人数 指经考核正式批准授予等级裁判员称号的人数。裁判员等级分为国际裁判、国家级裁判、一级裁判、二级裁判、三级裁判。

医院 指名称为医院,设有固定床位能收容病人住院并能为病人提供医疗、护理服务的医疗机构。包括县及县以上医院、农村乡卫生院、其他医院三部分。按所属性质分为卫生部门、工业及其他部门、集体所有制三类。其中县及县以上医院按业务性质分为综合医院和专科医院。

卫生技术人员 指卫生事业机构支付工资的全部固定职工和合同制职工中现任职务为卫生技术工作的人员。包括中医师、西医师、中西医结合高级医师、护师、中药师、西药师、检验师、其他技师、中医士、西医士,护士、助产士、中药剂士、西药剂士、检验士、其他技术士、其他中医、护理员、中药剂员、西药剂员、检验员、其他初级卫生技术人员。医生指经卫生部门审查合格,从事医疗工作的专业人员。分为中医医生和西医医生。包括卫生技术人员中的中医师、西医师、中西医结合高级医师、中医士、西医士和其他中医。

社会福利事业单位 指集中收养社会孤老、残、幼的机构,包括由民政部门管理的社会福利院、儿童福利院、精神病人福利院和城镇集体举办的福利院及农村集体举办的敬老院。社会福利事业单位收养人数包括民政部门管理和城镇、农村集体举办的社会福利事业单位中收养的老人、少年儿童、缺乏生活自理能力的残疾人员和精神病人。

社会福利企业单位 指以安置城镇有一定劳动能力的盲、聋、哑和肢体残疾人员就业为目的,享受国家减免税待遇的国有或集体企业。包括福利工厂、福利商业和服务业、假肢厂和安置农场等单位。

律师 指受聘参加法律顾问处工作,担任法律顾问、刑(民)事代理人、刑事辩护人,办理非诉讼事件、解答法律询问,代写法律事务文书等主要从事律师业务的专职法律工作者和兼职律师。

公证人员 指在国家公证机关依法办理公证事务的司法人员,包括公证员、助理公证员和在公证处工作的其他人员。

办理公证文书 指公证处在一定时期内办结的公证文书件数。公证文书按司法部规定或批准的格式制作,包括国内公证和涉外公证两部分。国内公证分为经济合同公证和民事法律关系公证两大类。

调解人员 指在人民调解委员会担负调解民间一般民事纠纷和轻微违法行为引起纠纷的工作人员,包括调解委员会的委员和调解小组的调解员。

工业废水排放量 指经过企业厂区所有排放口排到企业外部的工业废水量。包括生产废水、外排的直接冷却水、超标排放的矿井地下水和工业废水混排的厂区生活污水,不包括外排的间接冷却水(清污不分流的间接冷却水应计算在内)。

工业废水排放达标量 指各项指标都达到国家或地方排放标准的外排工业废水量,包括经过处理后外排达标的和未经处理外排达标的两部分。

工业废水处理量　指报告期内各种水治理设施实际处理的工业废水量，包括处理后外排的和处理后回用的工业废水量。虽经处理但未达到国家或地方排放标准的废水量也应计算在内。工业废气排放总量指企业燃料燃烧和生产工艺过程中产生的各种排入空气的含有污染物的气体的总量，以标准状态计。

二氧化硫排放量　指企业在燃料燃烧和生产工艺过程中排入大气的二氧化硫总量。

工业烟尘排放量　指企业厂区内燃料燃烧产生的烟气中夹带的颗粒物的量。

工业固体废物产生量　指企业在生产过程中产生的固体状、半固体状和高浓度液体状废弃物的总量，包括危险废物、冶炼废渣、粉煤灰、炉渣、煤矸石、尾矿、放射性废物和其他废物等；不包括矿山开采的剥离废石和掘进废石（煤矸石和呈酸性或碱性的废石除外）。工业固体废物处置量指将固体废物焚烧或者最终置于符合环境保护规定要求的场所并不再回取的工业固体废物量（包括当年处置往年的工业固体废物累计贮存量）。

工业固体废物综合利用量　指通过回收、加工、循环、交换等方式，从固体废物中提取或者使其转化为可以利用的资源、能源和其他原材料的固体废物量（包括当年利用往年的工业固体废物累计贮存量）。如用作农业肥料、生产建筑材料、筑路等。

污染治理项目本年完成投资合计指企业在报告期内实际用于治理废水、废气、固体废物、噪声和其他环境污染（如电磁波、恶臭等）的资金总额。

本年安排污染治理项目数　指报告期内由国家、部门、地方或企业单位安排的，并以治理污染、“三废”综合利用为主要目的治理废水、废气、固体废物、噪声和其他（如电磁波、恶臭等）环境污染的环境治理工程的总数。不包括“三同时”项目。

部分企业简介

INTRODUCTION OF SOME ENTERPRISES

兖矿集团有限公司

兖矿集团有限公司，位于举世闻名的孔孟之乡——山东济宁市境内，跨兖州、济宁、邹城、曲阜、微山等5县市，拥有兖州、济宁东部两大煤田，煤炭可采储量21.56亿吨，现有生产矿井8对，核定年生产能力2595万吨，2000年煤炭生产水平为3040万吨。兖州矿区建设立足于高起点、高科技、高水平，是国内第一个以大型矿井群为主体的现代化矿区。“兖州煤炭”被中国社会调查事务所评定为全国煤炭行业唯一的“中国公认名牌产品”，是中国重要的煤炭生产和出口基地。

兖矿集团有限公司的前身为兖州矿务局，1996年改制为矿业集团公司，1999年组建兖矿集团。经过30多年来的开发建设，现已发展成为以煤炭生产为主导，融建井、建筑安装、发电、化工、机械制修、金融、房地产等企业为一体的特大型企业集团和横跨5县市区的区域经济群体。2000年形成固定资产原值186.34亿元，实现利税13.55亿元，为国内盈利最好的煤炭企业。

1998年度，兖州矿业集团所属子公司兖州煤业股份有限公司在纽约股票交易所、香港联合交易所、上海证券交易所实现境内外三地股票上市。自亚洲金融危机以来，“兖州煤业”是中国国有企业1998年度在境外成功上市的唯一一家公司，并被国际金融公司列为IFC环球可投资投票指数成份股，被《欧洲周刊》评为1998年度最佳中国股票发行项目。

1999年初，兖州矿业集团首家被国务院正式批准为全国120家试点企业集团之一，并且是被国务院确定的全国100家现代企业制度试点单位之一、全国500家重点企业之一。矿业集团曾先后获得“国家科技进步特等奖”、“全国优秀企业(金马奖)”、“全国质量效益型先进企业”等殊荣。在1998年，集团公司质量体系通过了ISO9000系列标准认证审核。并且兖州矿业集团公司作为全国14家优秀企业单位之一，受到了国务院的表彰。

面对我国市场经济的不断深化和未来的世界经济大潮，兖州矿业集团公司以跻身世界经济之林的优势，绘制自己经济运作的发展蓝图，并且在近几年的发展中，以资本运作为手段，通过深化改革，产业重组和低成本扩张，正逐步实现煤炭企业由单一产业向多元产业、由单一所有制形式向公有制为主体的多种所有制形式、由工厂制向现代企业制度为特征的公司制的转变，为参与国际竞争创造了条件。

华能德州电厂

华能德州电厂是全国第一家在美国挂牌上市的中外合资股份制火力发电企业，山东电网的主力发电厂之一，装机容量为2520MW。

电厂于1989年7月31日正式开工兴建。一、二期工程共安装4台300MW国产燃煤汽轮发电机组，锅炉、汽轮机、发电机分别由哈尔滨锅炉厂、东方汽轮机厂和东方电机厂制造。一期工程＃1、2机组分别于1991年7月8日、12月14日投产，创造了一年投产二台300MW机组的电建新记录；二期工程＃3、4机组分别于1993年12月17日、1994年12月28日投产，并且＃4机组是全国第一台“基建移交生产投产达标机组”。

1999年9月28日，德州电厂三期工程破土动工，这也是我国20世纪最后一个开工的跨世纪电力建设项目。工程设计安装两台660MW进口燃煤机组，采用国际招标引进主机设备和主要辅助设备，锅炉、汽轮发电机组和仪控设备分别由德国巴布考克公司、美国通用公司和德国西门子公司提供。工程由山东电力建设一、二公司、东北电力建设二公司和天津电力建设公司中标承建，上海监理咨询公司负责工程监理。为保证投资效益，德州电厂瞄准国际一流水平，立志创建精品工程，全面推行项目法人负责制、招投标制、监理制，为控制工程造价，提高自身竞争能力打下坚实的基础，将为促进中国电力发展发挥积极的作用。两台机组计划分别于2002年6月、2002年12月投入商业运营。

1994年6月，拥有德州电厂全部产权的山东华能发电股份有限公司成立，股东方分别为中国华能集团公司、山东省国际信托投资公司和山东电力集团公司。公司股票于同年8月4日在美国纽约股票交易所挂牌上市，融集资金3.3亿美元，开创中国大型国有电力企业直接进入国际资本市场融资之先河。经过资产重组，华能德州电厂于2000年底正式并入华能国际发电股份有限公司。

德州电厂立足山东，面向世界。坚持以经济效益为中心，以深化改革为动力，以安全文明生产为基础，以创一流企业、与国际管理接轨为目标，转变观念，开拓创新，为国民经济发展做出了突出贡献。先后荣获“全国绿化先进单位”、“全国部门造林绿化400佳单位”、“电力安全生产达标企业”、“全国电力行业思想政治工作优秀企业”、“全国电力质量效益型先进企业”、国家电力公司“双文明单位”、“全心全意依靠职工办企业先进单位”、山东省“富民兴鲁劳动奖状”等荣誉称号。1999年7月8日被国家电力公司命名为“一流火力发电厂”。

企业价值观：

以持续发展为目标，追求利润的最大化，回报股东，贡献社会，追求科学、文明的物质和精神生活。

企业精神：求严、创新、拼搏、争先

企业理念：逢山开路，遇水架桥

地址：山东省德州市华兴路10号

邮编：253024

电话：(0534)2432121

传真：(0534)2468956

山东凤凰纺织集团公司

山东凤凰纺织集团公司地处古称“中都”的汶上县城，是山东省纺织骨干企业，济宁市重点企业集团，是在国内纺织行业中率先通过ISO9002质量认证的企业。

目前，企业总资产达6.8亿元，职工6300人。公司拥有6万枚棉纺锭，120台喷气织机，1000头气流纺纱机，3000枚捻锭。设备水平具有90年代国际国内先进水平。主要产品为：年产10000吨精梳纱(线)，5000吨普梳纱(线)和700万米宽幅喷织坯布。产品质量上乘，部分产品达到省优水平，并填补省内空白。

集团公司下辖销售公司、进出口公司、永和公司和四个分厂，是以棉纺制品及中被制造为主，集科、工、贸为一体的大型企业集团。在纺织市场持续疲软的情况下，凤凰集团全体员工在公司党委的正确领导下，团结一致，齐心协办，战胜重重困难，稳定了企业，保证了发展，取得了较好的经济效益。

2000年实现产品销售收入4.12亿元,同比增长17%,实现利税3621万元,同比增长15%,其中利润1264万元,同比增长72%,上交利税2900万元,同比增长12%,实现工业总产值2.6亿元,同比增长1%。

为迎接WTO,公司已在1995年就取得进出口经营权,自1998年以来,已连续几年实现出口创汇800万美元以上,入世以后,企业将出现更快的发展。

公司拥有一支年轻的员工队伍和团结战斗的干部队伍。企业带头人、总经理朱宁民同志是省级优秀共产党员、省人大代表。凤凰集团连续几年被市、县政府授予经济效益支柱企业和功勋企业称号。

山东省凤凰纺织集团公司坚持以"质量立业、管理创新、科技兴企"的企业精神,正以高昂的斗志和百倍的信心描绘着企业未来的宏伟蓝图。

地址:中国·山东汶上县凯旋路47号

http://www.shandongphoenix.com

E-mail:shtbc@ji—publlc.sd.cninfo.net

电话:0537—7212619　　7212208

传真:0537—7212171　　7220058

邮编:272501

山东滨化集团有限责任公司

山东滨化集团有限责任公司(原山东滨州化工厂)地处黄河三角洲腹地,东临渤海湾,位于环渤海经济区和黄河经济带的交汇处,公司始建于1968年,1970年投产,时至今日已成为一个以石油化工为中心,精细化工、氯碱、炼油、热电相配套的综合性的国有大型(一)化工企业。占地面积62万平方米,现有员工2450人,其中各类技术人员800多名。公司拥有总资产达9.8亿元,2000年全年实现销售收入26.34亿元,利税总额2亿元。1993年以来,企业生产发展速度和效益居全省同行业前列,连续六年被排入"全国行业经济效益百强企业",先后获得了"山东省重合同守信用企业"、"山东省化工优秀企业"、"清洁文明工厂"、"思想政府工作优秀企业"、"国家二级企业"、"山东省工交财贸系统行业经济效益排头兵企业"、"山东省AAA特级信誉企业"等众多荣誉称号,是滨州市第一纳税大户。1998年,作为滨州地区的龙头企业,被山东省政府确定为齐鲁百家重点扶持企业,为滨化今后的发展扩大奠定了基础。1999年2月,又顺利通过了ISO9001、9002质量认证体系,这标志着山东滨化集团公司的质量保证体系,实现了与国际化的接轨。

多年来,山东滨化集团公司始终以"优良的信誉和品质,是对客户忠诚的承诺"作为经营信念,把质量管理作为企业管理工作之纲,诚信经营,力塑高品质的"滨化"品牌。公司主要产品有:

氯碱系列:氯气、盐酸、液碱、固碱、片碱系列产品。

油品系列:柴油、无铅汽油、液化气、丙烯、高等级道路沥青。

油田化学品及其它工业助剂系列:原油破乳剂(150个品种)、乳化剂、表面活性剂、油田污水处理剂、堵水剂、三次采油助剂、原油集输破乳剂、化学降凝降粘剂、造纸、纺织助剂、化纤油剂等。

石化产品系列:环氧丙烷、聚醚等。

八十年代以来,企业积极加强技术开发的组织与管理,逐步从"跟进型"向"主创型"转变,创造自己的"核心开发能力",重点进行石油深加工及精细化工产品的开发。

1987年,成立了科研所,进行油田化学品的研究,研制开发了六十余种新产品。油田化学品系列中的主导产品破乳剂产量、销量连续十年居全国前列,其中BZG-14高含水原油破乳剂、AP-05稠油破乳剂分别被评为国家级新产品。

1994年,山东滨化集团公司被确定为全国十五个精细化工基地之一的油田化学品化工基地。

1996年,成立设计院,配备了微机、扫描仪、绘图仪等先进设备。在国家推广应用CAD微机制图之前全部设计采用了CAD微机制图,达到了国内先进设计院的标准。

1997年,山东滨化集团公司技术中心又被省政府确认为省级技术开发中心。

滨化硬件的完善为广纳群贤、争夺人才资源创造了有利条件。三年来招收全国十六所高等院校、十几个省份的大中专毕业生220余人。在大量引进人才的同时,山东滨化集团公司完善了人才使用机制,从基础教育入手,重点抓职工的技术教育、岗位培训和工程技术人员的继续教育等,开展形式多样化的人才培育工作,举办了环保、化验、微机、安全、标准化管理等各种各样的学习班,为了使大中专毕业生、技术骨干不断地更新知识,请大专院校的教授及有关专家到公司讲学,促进技术人才的成长提高。目前,拥有大专以上学历的毕业生已占职工总数的30%,为滨化的后继发展蓄足了后劲。

在生产经营中,山东滨化集团公司坚持优良的信誉和品质,不断推进企业管理现代化。在各项专业管理日趋完善,逐步形成自己成熟的管理体制基础上,集团公司董事长、总经理张忠正又提出了"横向切入"与"纵向积累"联合发展相辅相成的战略构想。"九五"以来,滨化陆续向德国、日本国派出留学生,又向中国著名院校选送培养自己的工商管理硕士和专业带头人。1998年,滨化着手建设了Internet/Intranet信息系统,以DDN专线方式接入因特网,建立了丰富的企业网站,大大加快了企业信息化和电子商务的建设进程。

为加快产品结构调整,为提高经济增长的质量,进一步搞好资本运营和低成本的资本扩张,充分发挥了集团的管理、技术创新、产品开发、市场、融资等方面的优势。滨化集团公司与中海石化公司、北京公路局、北京京胜合资组建了中海沥清(滨州)有限责任公司,实现了资本、资源、技术与市场的有机结合,探索出了企业发展的新路子。

在推进企业全面进步,提高经济效益的同时,山东滨化集团公司关切自然界的平衡,致力于人与生物圈的协同发展,并积极参与各项社会公益事业的建设。在九六年小清河工程中,一次性捐款100万元。

目前,山东滨化集团公司正在起动各项技术储备、实施"十五"宏伟规划。"十五"期间滨化预算投入约10亿元,先后开工建设20万t/aDCC项目;60万t/a环氧丙烷项目;5万t/a离子膜烧碱项目;1000t/a碳酸二甲酯项目;20万t/a环保型重质燃料油项目。以上工程的实施必将使滨化集团驶入二十一世纪经济发展的快车道。

到2005年,企业总资产力争突破15亿元,销售总额力争突破50亿元,滨化将发展成为以原油深加工为龙头,以氯碱、石油化工、油田化学品和精细化工产品、生产经营为一体的大型企业集团,为国家做出更大的贡献。

山东滨化集团公司热忱希望与各行各业的朋友开展多方位的合作与交流,坦对风云,携手并进,共图繁荣与发展!

董事长、总经理:张忠正

电　话:0543－3308000　3316688
传　真:0543－3308888
邮　编:256619
地　址:山东省滨州市黄河五路560号
E－mail:bz009@public.bzptt.sd.cn
　　befar@befar.com.cn
Http://www.befar.com.cn

山东海化集团

山东海化集团是以发展海洋化工新兴产业为主导,集科、工、贸为一体的跨行业、现代化特大型企业集团,现为"全国120家试点企业集团"之一,综合实力居全国同行业前列。

海化集团产品有纯碱、原盐、溴素、癸二酸、三单体、三聚氰胺、水泥等近百种,其中主导产品纯碱、原盐、溴素、三聚氰胺、氯化钙的规模、效益、市场占有率等项指标均居全国同行业前茅。

海化集团所属的潍坊纯碱厂,是国家"七五"重点建设项目,设计规模为年产纯碱60万吨,经过技术革新改造和填平补齐,目前已达到85万吨生产能力,为亚洲最大的生产厂家之一。所属的山东羊口盐场,是全国三大海盐生产企业之一,原盐生产能力已达到150万吨,实现了"提卤扬水现代化、气象预报自动化、收盐运盐机械化、结晶管理塑苫化",成为全国盐业系统的样板场。1995年,潍坊纯碱厂和山东羊口盐场成功地实现了盐碱联合,组建了山东潍坊海洋化工集团总公司,1996年12月,改制为山东海化集团有限公司,并实行山东省计划单列。

1998年,海化集团在大力搞好资产重组的同时,以集团母公司为独家发起人,以募集方式设立了山东海化股份有限公司。同年5月18日,山东海化1.2亿A股在深交所成功发行,募集资金6.27亿元,为企业的长足发展奠定了坚实基础。

山东海化集团立足自身优势,面向国际国内市场,先后开发新产品10多种,使企业发展后劲进一步增强。同时,对外合资工作取得了较大进展,与以色列合资开发的溴化物项目已进入实施阶段,项目总投资3亿美元,一期工程投资3000万美元,预计2001年底建成投产。这个项目建成后,将大大缩短与国际先进水平的差距 ,并辐射和拉动其他产品的发展,成为全国最大的溴化物生产基地之一。

海化集团积极实施名牌战略,培植出了一批在国内外市场上叫得响、过得硬的名牌拳头产品。目前,纯碱、溴素、三单体、癸二酸、三聚氰胺、氯化钙、水泥、硫酸钾等10多种产品通过了ISO9000系列国际质量体系认证。产品畅销全国30多个省、市、自治区,并出口日本、韩国、泰国、新加坡、菲律宾等20多个国家和地区,年出口创汇额近4000万美元,其中纯碱出口占全国出口总量的五分之一。

"十五"期间,是海化集团发展的关键时期。根据山东省委、省政府和潍坊市委、市政府建设"海上山东"、"海上潍坊"的要求和海化集团"十五"发展规划,海化集团将致力于加快传统产业和产品的技术改造,推进高新技术产业化和传统产业高新技术化,发挥资源优势,突出产业特色,突出高新技术,积极搞好海洋化工和精细化工的深度开发,并逐步向海洋生物领域进军。积极发展新兴产业,大力推进信息化管理,积极稳妥地搞好资产重组,盘活存量,优化增量,扩张总量,走集约化、现代化、国际化发展的新路子。到"十五"末,使年销售收入达到60亿元,实现利税10亿元,出口创汇1亿美元,把海化集团建成全国乃至世界知名的、独具特色的现代化海洋化工生产和出口创汇基地。

山东海化集团地处渤海莱州湾南岸,位于潍坊海洋化工高新技术产业开发区内,地理位置优越,海洋化工资源丰富,公路、铁路、港口交通运输发达,电力、通讯、金融体系完备,教育、科研、文化、游乐设施完善,具有良好的投资环境。

三　角　集　团

三角集团已经有二十多年发展历史。自1976年建厂至今,历经威海轮胎厂、山东轮胎厂、三角集团有限公司的变更,不断成长壮大,1997年成立了三角集团有限公司为核心的三角集团,现有员工6300多人,资产总计23亿元。

集团以生产经营轮胎(包括外胎、内胎和垫带)为主业,同时涉足精细化工、机电维修、工程安装、汽车运输等行业,被列入全国520家和山东省136户重点企业集团,经济效益居全国同行业首位,在世界轮胎行业50强中排名第15位。

二十多年专业生产轮胎的历史,企业已形成较为完整的产品系列。目前主要生产轿车轮胎、载重汽车轮胎、工程机械轮胎、农业轮胎、工业车辆轮胎、沙漠轮胎等6大类60多种规格的子午胎和100多种规格的斜交胎,能够满足国内外主要车型及专业化需求,年生产能力近800万套,其中子午胎350万套,居全国同行业前列。

集团推行以科技、质量、市场为核心的名牌战略,企业形象和品牌价值不断提升,目前"三角"是全国轮胎品牌中唯一的"中国驰名商标"、山东省重点培植的九个国际知名品牌之一。

本着向市场提供优质的产品和服务,持续提高顾客满意度的宗旨,企业基础管理全面与国际接轨。"三角"牌轮胎先后通过了中国轮胎认证委员会、美国DOT和欧洲ECE安全认证,主要性能指标达到国际先进水平。集团核心企业在国内同行业率先建立ISO9001质量体系、ISO14001环境管理体系、QS－9000质量体系和ISO10012计量确认体系,并通过权威机构认证。

集团持续推进技术创新与产品创新,强化核心竞争优势,建有国家级技术开发中心、博士后科研工作站,运用国际先进的研发、中试、生产、检测技术和装备,不断推出优质、适用、环保型新产品,满足和引导市场需求。

"三角"牌轮胎在市场上得到用户的广泛青睐。公司与一汽、重汽、天汽、上汽等40多家汽车和拖拉机厂建立了良好的合作伙伴关系,常年为解放、斯太尔、跃进、五十铃、长安、五菱、昌河、江淮、奥拓、夏利、大发等车型供应原配轮胎,在替换胎市场上,销售网点遍布全国所有省市自治区和世界100多个国家和地区,市场份额居国内同行业前列。

面对市场竞争新形势,三角集团以"建国际先进企业,创世界知名品牌"为目标,正在全力推进企业的资本多元化、经营国际化和管理现代化,完善营销网络体系和科技创新体系,促进企业发展在"十五"期间实现新突破。

地　址:山东省威海市青岛中路56号
电　话:0631－5305566　5305565(销售)
传　真:0631－5321246
邮　编:264200

山东德棉集团有限公司

山东德棉集团有限公司是集纺、织、印染、针织、服装加工和进出口经营于一体的国有大型企业集团，总资产 16.74 亿元，职工 15000 名。是山东省最大的棉纺织企业和省纺织行业进出口骨干企业。集团拥有德棉股份有限公司、德州恒丰纺织有限公司、德州印染有限公司、德州雅德联针织品有限公司、德州进出口有限公司、德州实业有限公司、德州纺织有限公司、恒华纺织有限公司、栖霞纺织有限公司、青岛恒源兴实业有限公司和香港雅东国际有限公司等十一个子公司。生产设备先进，技术力量雄厚，拥有棉纺纱锭 27.5 万枚，气流纺 4000 头，精梳机 34 套，织机 2605 台，其中引进无梭织机 799 台，印染生产线 6 条，针织主辅机 807 台(套)，能生产具有国际先进水平的各类纱、线、坯布、色织布、印染布、针织品和服装等系列产品，可年产纱 4 万吨，布 1 亿米，印染布 4000 万米，针织服装 200 万件，多种产品被获准采用国际标准标志并出口免检。进出口公司除经营集团自产产品外，还对外开展来料、进料加工和代理出口等业务，经营范围还涉及工艺品、装饰品等非纺织类产品，年创汇额达 5000 万美元。

德棉集团有五个子公司先后通过了 ISO9002 国际质量体系认证，有两个子公司获得了 ISO14001 环境管理体系认证。集团成立三年来，经济效益不断攀升，企业规模和整体实力不断壮大，综合效益进入全国棉纺织行业十强。1999 年，集团实现销售收入 10.68 亿元，同比提高了 50.6%；利税 8124 万元，利润 2840 万元，出口创汇 3364 万美元；进入 2000 年以来，集团继续保持迅猛的发展势头，全年实现销售收入 16.62 亿元，实现利税 1.796 亿元，利润 10989 万元，出口创汇 4301 万美元，取得了良好的经济效益和社会效益。企业先后荣获全国 50 家标准化管理示范企业、山东省现场管理样板企业、山东省优秀自营进出口生产企业、全国纺织系统双文明建设先进单位、全国五一劳动奖状，海关信得过企业等荣誉称号，1999 年又分别荣获了全国纺织工业系统先进集体荣誉奖牌和棉纺织行业前五十强“排头兵企业”荣誉称号。

2000 年，经国务院批准，集团 3.8 亿元的“替代进口、扩大出口”技术改造项目正在全面实施，该项目实施后将大大提高生产能力和产品的档次，随着资本运营、技术改造步伐的加快，到 2005 年，集团将形成服装、床上用品、针织服装、印染布和高档坯布五条产品链，达到年创利税 5 亿元，年销售收入 50 亿元，成为跨行业、跨地区、跨所有制和跨国经营的大型企业集团。

山东德棉集团有限公司 **董事长王根源、总经理王加毅**携集团全体员工愿与海内各界朋友合作，共创美好明天！

地　址：山东省德州市德城区顺河西路 18 号

电　话：0534－2413001

传　真：0534－2413002

邮　编：253002

电子信箱：nifo@dmjt.com

网址：http://www.dmjt.com

山东东丽针织集团

山东东丽针织集团地处国际旅游胜地——孔孟之乡，交通便利，风光秀美，资源丰富。集团以“东丽”名牌产品为龙头，由 17 个具有法人资格的企业组建的跨行业、跨地区、跨所有制的大型企业集团。该企业始建于 1958 年，经过 42 年的长足发展，现有职工 3000 人，拥有独立自营进出口权，资产总值 2.5 亿元，年产针织坯布 4500 吨，针织衫裤 2000 多万件，梭织服装 300 万件，销售收入近 2.5 亿元，出口创汇近千万美元，是山东省纺织行业重点企业和济宁市出口创汇骨干企业。

山东东丽针织集团拥有具有国际先进水平的现代化设备，主要有德国产单、双面大园机、道尼尔丝光机、西班牙产罗纹机，日本产横机、缝纫机、电脑绣花机、香港小浴比染色机，意大利产呢毯预缩机等，设备齐全，装备精良，已成为一家集织、染、绣、缝为一体的全能性针织行业。

东丽集团拥有全省首家科研中心，依靠先进的设备优势、技术人才优势，实施借脑工程和产学研相结合，先后开发的内衣类、T 恤类、休闲类、童装类四大类十大系列 600 多个花色品种在市场上占有较大份额，产品波及全国各大中城市，远销欧洲、亚洲、大洋洲、美洲几十个国家和地区。

东丽产品质地柔软，款式新颖，色泽亮丽，飘逸滑爽，吸湿性强，倍受国内外消费者的青睐。先后荣获部优、省优、山东省名牌，97 山东畅销品牌十强、中国针协向全国消费者推荐产品。氨棉丝光产品获国家级新产品称号。

集团**董事长、总经理陈克勤**坚持“以人为本，以成本控制为主线，以利润为中心”的管理理念，建立了适应市场的现代企业制度，运用科学的管理方法，促进了集团快速发展。他先后荣获济宁市“十佳”优秀厂长、经理，“七五”、“八五”建功勋章，省劳动模范等荣誉。

“有朋自远方来，不亦乐乎”！

东丽集团热诚欢迎海内外客商来人来函洽谈贸易，共兴大业！

地　址：济宁市中区红星东路 28 号

电　话：0537－2347501

传　真：0537－2316060

邮　编：272049

电子信箱：donglii@ji－public.sd.cninfo.net

聊城交通汽运(集团)有限责任公司

聊城交运集团始建于 1950 年，是交通部确定的重点联系企业，现拥有总资产 2.65 亿元，营运车辆 1980 部，职工 5500 余人，下辖 42 个二级单位、9 个控股和参股子公司。

近几年来，集团公司认真贯彻党的十五大和十五届四中全会精神，解放思想，深化改革，加强管理，创新经营，企业获得快速发展，经济效益逐年提高，2000 年实现利税 1267.7 万元，其中利润 393 万元，上缴国家税金 1014 万元，经济效益创企业历史最好水平。1995 年以来连续六年被省交通厅评为“全省交通系统先进单位”，1999 年被聊城市授予“富民兴聊”劳动奖章，2000 年荣获省交通厅“文明建设先进单位”、省委宣传部“思想政治工作优秀企业”。下属聊城汽车总站、旅游出租公司、一汽轿车服务站获得“ISO9002 国际质量体系认证”。

集团公司大力发展客货运输，实施龙头带动战略。客车发展迅猛，拥有高中低普通客车 942 部，中高档客车 208 部，营运线路 256 条，日发班次 2535 个，跨区长途直达北京、上海、天津、沈阳、武汉、宁波、温州等全国 30 多个中心城市，12 个汽车站月收入过千万元。公司拥有大中小型及零担货车1038辆，货物运输已辐射全国各地，在深圳、广州、上海、温州、福建、青岛、济南等地设立办事处和配载站，并与各中心城市通过现代化的通讯手段，形成公路、铁路、航空大联手，提供多功能、全方位的运输服务。

围绕主业的补充，优势的延伸，集团公司大力实施相关经营战略。与国内汽车工业企业合作建立了一汽、二汽、奥迪、重汽、南汽、天汽销售和维修服务站，技术力量雄厚，服务信誉良好，在全市维修市场中占有相当份额。同时，集团公司投资1200多万元，建设了2万多平方米的农贸中心市场，日交易额10万余元，是全市及周边规模最大、品种最全的农贸市场，还先后兴建了凤凰台市场、文体用品批发市场、海鲜水产品市场、大通精品服饰城和全市一流的幼儿园。在城区黄金地段还承建了投资1.9亿元，集住宅、商贸、娱乐于一体的聊城卫育综合区一期工程和投资近6000万元的山东省“十五”交通重点项目之一聊城客货集疏运中心的开发建设任务。目前，集团公司已由单一的汽车运输公司发展成为集客货运输、交通工业、市场管理、房地产开发于一体的企业集团。

菏泽交通集团总公司

菏泽交通集团总公司是一个集运、工、商、贸于一体的国有大型综合性企业集团，下属单位53个，其中包括12个汽车运输公司、10个汽车站、30多个工商贸单位，现有职工11000人，各类汽车1200部，资产总额5.2亿元，年营业收入4亿元，年实现利税2000万元，上交规费近2000万元。企业经营范围是：公路客货运输、内河航运、公铁联运、起重装卸、汽车修理、工业设备安装、火柴、玩具、扑克及镍氢电池原料生产、石油、建材、汽车、农机及配件销售、宾馆饮食服务、广告装饰、驾驶培训、包装印刷、房地产开发及进出口贸易等。企业多次荣获：全国交通系统先进集体、全省工交财贸系统行业排头兵企业、全省交通系统先进企业、全省思想政治工作优秀企业、省级重合同守信用企业、地区明星企业等荣誉称号。

十多年来，交通集团总公司按照市场经济的要求，以改革统揽全局，追求最大效益，坚持深化改革，转换机制，开拓经营，强化管理，促进了企业超长规、浪动式发展。

公司首先进行了三项制度改革。在人事、劳动制度上建立了“公平、公开、竞争、择优”的用人机制，对基层领导干部实行选聘制，对机关人员实行竞争上岗，对职工实行全员劳动合同制，优化劳动组合，实行动态管理。在分配制度上率先打破了八级工资制，标准工资进档封存，个人收入全凭贡献，从而调动了广大干部职工的积极性。

公司进行了经营机制改革，确立并实施了“一业为主、多种经营、主副并举、全面发展”的经营战略。一方面更新车辆，发展运力，开辟线路，扩建车站，强化运输主业；一方面以主业为依托，以市场为导向，大力发展多种经营，形成了“主业精、副业兴”的新格局。

公司进行了产权制度改革。推行了客、货车单车承包、抽本经营、国有资产授权经营、基层单位风险抵押承包、花都商埠股份制改造，形成了混合经济体制。

公司实施资产经营，成功地走出一条低成本扩张之路。先后兼并、承包、接管、收购了16家困难企业，盘活存量资产近亿元，壮大了企业规模，增强了企业实力。公司加速市场开发建设，完成了花都商埠扩建工程，大力发展高新技术产业，组建了鲁峰科技有限公司。

公司注重精神文明建设，加强了党建和思想政治工作，加强了领导班子和职工队伍建设，加强了民主管理，实行了企务公开，加强了企业文化建设，增增了企业凝聚力。

交通集团万名职工以昂扬的斗志，百倍的信心，扎实的工作，优异的成绩，迎接新世纪，再创新辉煌！

总经理、党委书记：史崇亮

电话：0530－5625191　5625194

传真：0530－5623536

邮编：274003

网址：http://www.lhjtjt.com.cn

山东晨鸣纸业集团

山东晨鸣纸业集团是集制浆造纸于一体的大型企业集团，全国同行业唯一拥有A、B股的上市公司。集团总部设在山东寿光市，以晨鸣第一造纸厂、第二造纸厂为核心层；租赁山东齐河板纸厂，控股武汉晨鸣汉阳纸业公司、寿光晨鸣热电公司、襄樊晨鸣纸业公司、海拉尔晨鸣纸业公司、赤壁晨鸣纸业公司为紧密层；另有多家松散层企业。总资产55亿元，职工8000人，集团规模居中国造纸业首位，1997年被列入520家全国重点企业。

山东晨鸣纸业集团股份有限公司的前身是寿光县造纸厂，始建于1958年。改革开放以来，特别是近十几年来，公司干部员工大力弘扬“团结拼搏、自我加压、多做奉献、勇创一流”的企业精神，以科技进步为先导，以资本运营为手段，逐步将一个县属小型企业发展成为国家大型一档企业。经济效益在连续12年保持全省同行业第一的基础上，连续6年位居全国同行业首位。企业先后荣获山东省管理示范企业、山东省优秀政工企业、山东省AAA企业、“八五”全国节能先进企业、全国“五一”劳动奖状、轻工业全国“十佳企业”、中国企业管理杰出贡献奖、山东省文明单位、全国精神文明建设先进单位等省级以上荣誉称号120多项。1996年，企业通过ISO9002质量体系认证，跨地区承租了山东齐河板纸厂，投资1.1亿元与日本制纸株式会社合资建成了万吨无碳复写原纸生产线。1997年，在深圳证券交易所成功上市1.15亿股B种股票，对寿光市热电股份有限公司实行了控股经营，与湖北汉阳造纸厂合资组建了武汉晨鸣汉阳纸业股份有限公司。1998年，100吨碱回收、4万立方米中段水等配套环保项目顺利通过省政府验收，国家“双加”工程——10万吨高级文化用纸项目成功投运。1999年，控股经营了襄樊晨鸣纸业公司和海拉尔晨鸣纸业公司。2000年，控股经营了赤壁晨鸣纸业公司，动工兴建了15.3万吨高档铜版纸项目，成功增发了7000万A种股票。资本运营的成功实施，使企业实现了低成本迅速扩张，生产能力由1995年的10万吨扩大到50万吨，牢固确定了晨鸣集团在全国同行业的龙头地位。

根据“内抓滚动式发展，外抓低成本扩张”的发展思路和国际化经营战略，计划在建成国家重点技改项目15.3万吨高档铜版纸生产线的基础上，陆续上马20万吨超低定量涂布纸和10万吨纸杯纸板等一批科技含量高、发展后劲足的项目；并继续走好资本运营、低成本扩张的路子，力争3—5年内实现产量过百万吨的目标，为中国纸业振兴贡献更大力量。

泉林纸业集团

山东泉林纸业集团前身是高唐县造纸厂，属国有大型企业，山东省百强企业集团之一，座落于素有"金高唐"之称的历史文化名城——高唐县城北郊。集团下设爱信纸业有限公司、爱义纸业有限公司、爱德纸业有限公司、印刷有限责任公司、建材有限责任公司、林业有限责任公司等六个分公司，于1996年租赁了县第二造纸厂，1997年又依靠自身实力托管了高威化工有限公司，2000年又租赁了中德(夏津)新华纸业有限公司，是集造纸、印刷、化工、建材于一体的企业集团。集团占地1.72万亩，职工3200余人，拥有资产18.3亿元，主导产品有"泉木"牌重涂高档铜版纸、轻涂纸、特种胶印书刊纸、仿古彩色印刷纸、双胶纸、书写纸等，年生产能力15万吨，其中铜版纸7万吨，轻涂纸、特种胶印书刊纸、仿古彩色印刷纸等6万吨。

在1976年7月建厂时，当时投资140多万元，占地100余亩，年生产能力2000多吨，产品比较单一，生产包装纸、有光纸、瓦楞纸等，一直到1993年领导班子调整时，企业实际产量仅2366吨，产值(按不变价)1019万元，利税19万元，实际负债却达1500万元。但是自1993年开始起步发展后，企业取得了飞速发展，1998年实现产量5.15万吨，产值1.98亿元，利税4200万元，平均每年分别以1.85倍、1.81倍和2.9倍的速度发展，1999年公司完成机制纸8.89万吨，实现产值4.27亿元，利税7018万元，与98年同比分别为72.9%、115.7%和68.9%，产销率已连续四年达到100%，按利税完成数额在全省一轻系统同行业中进入前五名。到2000年，已完成机制纸12.6万吨，实现销售收入7.54亿元，利税1.01亿元，分别比上年同期增长41%、75%和43%。作为山东省造纸行业骨干企业之一，公司拥有雄厚的技术力量，先进的加工工艺，完备的检测手段，完善的ISO9002质量保证体系，先进的污水处理设施和热情周到的服务，在全国各地久享"纸贵高唐"的美誉。

除主导产品"泉木"版重涂高档铜版纸、轻涂纸、特种胶印书刊纸、仿古彩色印刷纸、高档双胶纸、书写纸外，还有低定量铜版纸、超级压光纸、高级压纹纸、证券纸、电话簿纸、电脑打印纸等三十余种产品，其中3800型纸机生产的重涂高档铜版纸，各项指标经国家纸张质量监督检验中心检验，"均超过国家铜版纸A级标准，属国内领先，国际先进水平"，国家轻工业局为该产品颁发了"新产品新技术鉴定验收证书"和"科学技术成果鉴定证书"，其印刷性能优良，可与进口铜版纸媲美，这在国有企业中尚属首家，并于2000年荣获山东省科技进步一等奖。各类文化用纸在全国独具"下机即可印刷"的优势，被省技术监督局授予"采用国际标准产品标志证书"和"工业产品采用国际标准证书"，并在中国国际造纸工业博鉴会上荣获"优秀产品奖"。公司研制开发的重涂高档铜版纸、特种胶印书刊纸、仿古采色印刷纸、轻涂纸、电话簿纸、低定量涂布纸、超级压光纸成功填补了六项聊城空白，三项国家空白，多次获国家、省、市科技进步奖，各类产品远销埃及、阿联酋、越南等国家。

公司着眼于可持续性发展，坚持"环保兴厂"战略，高起点调整产品结构；合理避开污染源；调整以草浆为主的原料结构，减少污染源；投资7000多万元，自主研制、设计、建设了"三段水"治污工程，有效治理了污染源，于1999年12月通过省级验收。在2000年，又投资近3000万元进行技改，又通过兼并、租赁等措施，建设了17000多亩三倍体毛白杨育苗、种植基地，使企业治污上了新台阶。2001年投资9000万元的APMP浆工程即将启动。

公司具有较为完善的生活服务设施，在公司飞速发展的过程中，先后投资建起了三幢单身宿舍楼、招待所，解决了职工住房问题；改善了职工食堂、浴室、卫生院和职工俱乐部等福利设施；在公司内建起了花园，为职工在工作之余休闲提供了好去处；1999——2000年筹资4000多万元，新建13幢职工家属楼和一座幼儿园，以及相应的生活服务设施。

泉林纸业集团的快速膨胀发展，引起了各级领导、专家学者以及社会各界的充分关注，中央政治局委员、全国人大副委员长田纪云，中央政治局委员、省委书记吴官正，省长李春亭等领导同志先后视察泉林纸业集团。公司党委书记、董事长兼总经理李洪法先后被评为全国轻工系统劳动模范，荣获山东省富民兴鲁劳动奖章，连续五年被评为省一轻系统明星企业家和山东省优秀企业家及其他数十项荣誉。多种报刊对泉林纸业集团的飞速发展不断编发着有关报道文章。

在跨世纪的今天，公司将继续深化股份制改造，搞好产权制度改革，建立现代企业制度，构建企业再创业机制；对人才，育、引、聘多种形式并举，坚持为人才"输氧补血"，大力推行竞争上岗制度，激活人力资源，建设企业"人才高地"；着力进行组织机构调整，搞好人员调整，以"精兵强将"深入挖掘企业发展潜力，节能降耗；努力实现公司技改目标，使列入国家"双加"工程多层复合软包装项目到2001年一季度投产，抓紧实施20万吨铜版纸项目和一期60万亩三倍体毛白杨及30万吨机制浆项目，优化产品结构和原料结构，从而实现公司跨世纪战略规划：到2005年达到机制纸40多万吨，多层复合软包装纸4.8万吨及相应规模的涂料、建材等生产能力，实现销售收入35亿元，利税5亿元；到2010年达到机制纸生产能力60万吨，软包装纸10万吨，深加工纸20万吨，涂料制备20万吨，实现销售收入200亿元，利税26亿元，以雄厚的发展实力走向国际市场。

山东诸城市对外贸易集团公司

山东诸城市对外贸易集团公司是一个拥有31.9亿元总资产、1.8万名职工的综合性企业集团，国家大型(一)企业。2000年完成工业产值32.9亿元，实现销售收入34.3亿元，利税1.1亿元，出口创汇7216万美元，被列入520户国家重点企业、151户农业产业化国家重点龙头企业、山东省111户重点国有企业，被授予全国外经贸系统先进集体、全国食品行业优秀企业、山东省最佳外贸企业等荣誉称号。

公司适应经济国际化和改革发展形势，大力实施投资主体多元化战略，改革调整企业组织形式，使公司变成国有控股、投资多元、体制健全、管理规范的现代企业，为企业全面发展与走向国际市场提供了机制优势。在加快企业改革步伐，建立现代企业制度中，公司实施招商引资带动战略，兴建合资企业，加快了外向型经济的发展。

公司依靠科技进步加强质量管理，建立健全科研机构，组建了省级技术中心，加快新产品的开发，加大技术创新与技术改造力度，严格按照ISO9000质量标准生产，目前，已有多个主导产品生产厂通过了ISO9000质量标准体系认证，大大提高了产品质量，增强了市场竞争力。

公司以市场为导向，调整优化产品结构，在膨胀规模的同时，加快产品深加工，推动产业升级。目前，公司围绕肉鸡、淀粉、色素、包装等主导产品形成了肉鸡良种繁育、饲料生产、产品包装、宰杀加工、熟食品生产、淀粉生产、色素提炼等支柱产业。其中肉鸡一体化生产体系形成年产父母代种鸡200万套、商品代雏鸡8000万只、饲料50万吨、加工冻鸡14万吨、分割出口4万吨的规模，是全国最大的肉鸡出口生产基地：玉米淀粉年产能力106万吨，居全国同行业首位；色素提炼形成年加工色素2亿克的能力，带动基地20万亩，是全国最大的天然色素出口生产基地。

公司实施市场多元化战略，拓宽企业发展空间。目前已建立了网络化、立体式、全方位的产品内外销经营格局，产品出口到五大洲三十多个国家与地区。2000年加工出口各类冻鸡产品3.1万吨，创汇4673万美元，占全国冻鸡出口量的12%，内销冻鸡9.2万吨；加工出口色素6167万克，创汇734万美元，占全球市场的1/3；加工出口玉米淀粉及精深加工品3.5万吨，创汇900万美元，内销淀粉71.3万吨，占全国市场的1/4；加工出口编织袋1200吨，创汇114万美元。

公司牢固树立"农业发展我发展、我与农民共兴衰"的经营指导思想，走"贸工农一体化、产加销一条龙"的产业化发展道路，通过实施合同化管理，加强优质服务，推广应用科学技术，大力加强商品生产基地建设，带领百万户农民参与国际市场竞争。2000年公司向农村投放资金30亿元，为农民增加收入3.8亿元，为农村经济的发展注入了活力。近年来，党和国家领导人江泽民、李鹏、朱镕基、李岚清、温家宝等先后到公司视察，对公司的经营业绩和贸工农一体化的发展道路给予了充分肯定。

德州机床厂

德州机床厂始建于1945年，1956年开始正式生产金属切削机床，现为全国机床行业重点企业，山东省环保产业重点企业，全国机械企业500强之一。工厂占地总面积30万平方米，现有职工1600人，设有13个分厂，拥有各类主要生产设备674台，总资产2.1亿元。**厂长、党委书记陈声环，高级工程师。**

德州机床厂设有省级技术开发中心，拥有进出口自主经营权，1999年通过ISO9001质量保证体系认证。企业建有1270平方米的产品开发实验基地，拥有现代高精度工艺设备和检验仪器，采用计算机辅助设计和辅助工艺编制，具有普通机床和数控机床及各种专机设计制造能力。作为国家机床生产定点厂家，正式生产车床产品有45年历史，深孔加工机床产品为全国独家生产，产品水平和市场占有率居于国内领先地位。现有产品主要有：卧式车床(Φ400—Φ1500mm)，数控卧式车床(Φ25—Φ1125mm)，数控立式车床(Φ630mm)，数控钻镗床(镗孔直径最大Φ500mm，镗孔长度最大12mm)，数控深孔钻床(枪钻，钻孔直径最小Φ4mm)，深孔珩磨机床(珩孔直径最大Φ500mm，珩孔长度最大12m)，组合机床，深孔力具及数控活塞车床、数控管螺纹车床，砌块机等专用设备，以及工程油缸、铸件等产品，共八大系列，九十多个品种，二百六十多个规格，产品出口世界40多个国家和地区，其中铸件出口2000年达到1270吨，创汇100万美元。

在厂长、党委书记陈声环带领下，德州机床厂近两年来，以"现代化、多元化、集团化"为奋斗目标，以"重市场、重机制、重科技"为战略重点，以"有序、渐进、求实"为工作策略，倡导"创新、求实、进取、无畏"的企业精神，团结奋斗，大力推行内部改革，全面引入市场机制，使企业内部机制实现重大转换，各项工作都有较大进展，生产经营形成良性循环，2000年与1998年相比，工业总产值增长83.2%，产品产量增长85.1%，产品销售量增长72.6%，销售收入增长78.4%，自营出口创汇增长169.9%，上交税金增长141%，各项主要经济指标都创造了本厂历史最好水平，综合经济指标在全国同行业70多家骨干重点企业中居于前15位。

中国统计出版社最新资料书简目

山东泉林纸业有限责任公司

公司董事长兼总经理：李洪法

中共中央政治局委员、山东省委书记吴官正视察集团公司

国内首台机内涂布3800型铜版纸生产线

山东泉林纸业有限责任公司前身是高唐纸业集团，属国有大型企业，山东省百强企业高新技术企业之一。下设爱信纸业有限公司、爱义纸业有限公司、中东造纸公司、高威化工有限公司、印刷有限责任公司、建材有限责任公司、林业有限责任公司等七个子（分）公司，是集造纸、印刷、化工、建材于一体的企业集团。集团占地1.72万亩，职工3800余人，拥有资产19.67亿元，主导产品有"泉木"版重涂高档铜版纸、轻涂纸、特种胶印书刊纸、仿古彩色印刷纸、双胶纸、书写纸等三十余种产品，年生产能力15万吨，其中铜版纸7万吨。

作为山东省造纸行业骨干企业之一，公司拥有雄厚的技术力量，先进的加工工艺，完备的检测手段，完善的ISO9002质量保证体系，先进的污水处理设施和热情周到的服务，在全国各地久享"纸贵高唐"的美誉。其中3800型纸机生产的重涂高档铜版纸，荣获国家轻工业局颁发"新产品新技术鉴定验收证书"和"科学技术成果鉴定证书"，并于2000年荣获山东省科技进步一等奖。产品成功填补了六项聊城空白，三项国家空白，多次获国家、省、市科技进步奖，各类产品远销埃及、阿联酋、越南等国家。

公司党委书记、董事长兼总经理李洪法先后被评为全国轻工系统劳动模范，荣获山东省富民兴鲁劳动奖章，连续五年被评为省一轻系统明星企业家和山东省优秀企业家及其他数十项荣誉。在跨世纪的今天，公司在他的带领下将继续深化股份制改革，坚持为人才"输氧补血"，大力推行竞争上岗制度，以"精兵强将"深入挖掘企业发展潜力，优化产品结构和原料结构，从而实现公司跨世纪战略规划。

占地600亩日处理造纸废水40000吨的污水处理系统工程一角

地址：山东·聊城·高唐
电话：0635-3951080（总机）
邮编：251300

山东省地方铁路局岚山管理处

山东省地方铁路局岚山管理处主任、党委书记：任福增

坪岚铁路是山东省“七五”重点建设项目，设计年运输能力近期505.5万吨，远期811.4万吨。1990年4月建成通车，同年7月开办换票运输，2000年9月1日正式与全路开办了直通运输。该线西与荷（泽）日（照）铁路在铁牛庙站接轨，东至全国最大的液化品集散地 — 岚山港，沿线与6条铁路专用线相沟通，形成一线多支，环沿海辐射的铁路运输网络。由山东省地方铁路局岚山管理处负责运营管理，设四科二室、三站二段、公安分局，省属正处级企业。坪岚铁路的建成，对加快岚山港物资集散和区域经济的开发具有重要意义，运营10年来，已为日照乃至鲁东南地区的经济建设和社会发展起到了积极的促进作用。

近年来，该处面对运输市场新形势，狠抓基础建设和技术创新，深化内部改革，不断完善运营环境。同时，大力开发运输市场，使货运量连年递增，逐步形成了以煤炭、化工产品两大货物品类为主，矿产、建材、农资等杂货为辅的较为稳固的货运结构，铁路的经济带动作用日益增大。

该处坚持“两手抓、两手都要硬”的方针，大力加强精神文明建设，促进了企业的整体发展。近年来，该处先后被评为“市级精神文明单位”、“省级花园式单位”、“山东省共建文明口岸先进单位”和“中国地方铁路扭亏增盈先锋”。运营管理经验和事迹先后被《经济日报》、《大众日报》、《日照日报》及省、市电视台等媒体宣传报道。

团结奋进的领导班子

地址：山东 · 日照 · 岚山

电话：0633-2631313　2631314

传真：0633-2632270

邮编：276808

行车指挥一丝不苟

进站列车如流